MATHLETICS
수학으로 풀어보는 스포츠

Wayne L. Winston, Scott Nestler, Konstantinos Pelechrinis 저
현문섭 역

YoungJin.com Y.
영진닷컴

MATHLETICS
수 학 으 로 풀 어 보 는 스 포 츠

ISBN : 978-89-314-6959-2

독자님의 의견을 받습니다.

이 책을 구입한 독자님은 영진닷컴의 가장 중요한 비평가이자 조언가입니다. 저희 책의 장점과 문제점이 무엇
인지, 어떤 책이 출판되기를 바라는지, 책을 더욱 알차게 꾸밀 수 있는 아이디어가 있으면 팩스나 이메일, 또는
우편으로 연락주시기 바랍니다. 의견을 주실 때에는 책 제목 및 독자님의 성함과 연락처(전화번호나 이메일)를
꼭 남겨 주시기 바랍니다. 독자님의 의견에 대해 바로 답변을 드리고, 또 독자님의 의견을 다음 책에 충분히 반
영하도록 늘 노력하겠습니다.

파본이나 잘못된 도서는 구입처에서 교환 및 환불해드립니다.

이메일 : support@youngjin.com
주 소 : (우)08507 서울특별시 금천구 가산디지털1로 128 STX-V타워 4층 401호
등 록 : 2007. 4. 27. 제16-4189호

STAFF
저자 Wayne L. Winston, Scott Nestler, Konstantinos Pelechrinis | **역자** 현문섭 | **총괄** 김태경
기획 김용기 | **디자인·편집** 김소연 | **교정·교열** 이혜원 | **영업** 박준용, 임용수, 김도현, 이윤철
마케팅 이승희, 김근주, 조민영, 김도연, 김민지, 김진희, 이현아 | **제작** 황장협 | **인쇄** 예림

서문

2005년 처음 웨인 윈스턴(Wayne Winston)이 『Mathletics』를 집필하기 시작했을 당시, 대다수의 북미 스포츠 팀들에는 스포츠 분석 부서 자체가 존재하지 않았다. 그리고 그 유명한 MIT 슬론 스포츠 애널리틱스 학회도 아직 시작하기 전이었다. 단지 아주 소수의 학교들이 스포츠 애널리틱스 과목을 가르치고 있었을 뿐이었다. 요즘은 모든 북미 메이저 스포츠(야구, 미식축구, 농구, 아이스하키) 팀들이 스포츠 애널리틱스 부서를 가지고 있고, MIT 슬론 스포츠 애널리틱스 학회 입장권은 매우 빠르게 매진된다. 또한 많은 대학들이 스포츠 애널리틱스 과목을 가르치고 있다. 구글에서 "sports analytics"라는 단어를 검색하는 빈도는 2007년 이후 4배가 증가했으며, 스포츠 애널리틱스 관련 논문도 폭발적으로 증가해왔다. 경기장에 설치된 카메라와 선수들이 착용하는 피트니스 장비들에서 얻어지는 새로운 데이터는 스포츠 분석의 새 장을 열었다. 재미있게도, 심지어 몇몇 팀들은(휴스턴 로키츠 같은) 선수보다 분석팀 직원이 더 많다!

『Mathletics』 제1판이 많은 호평을 받았지만, 스포츠 애널리틱스 분야의 급속한 발전으로 인해 개정판의 출간시기가 다가왔다고 생각했다. 노트르담 대학의 스캇 네슬러(Scott Nestler)와 피츠버그 대학의 코스타스 펠레치리니스(Kostas Pelechrinis)와 함께 작업할 수 있어서 정말 행운이었다.

만약 여러분이 스포츠에서 수학이 어떻게 활용되는지 스스로 공부를 시작해보고 싶다면 이 책이 여러분들에게 아주 유용할 것이다. 이 책은 독자가 어떠한 배경지식도 없다는 가정하에 쓰였다. 따라서 고등학생 정도만 된다면 이 책의 대부분의 내용을 이해할 수 있을 것이다. 여러분이 스포츠와 전혀 관련 없는 분야에 종사한다 할 지라도 스포츠 팀들이 어떻게 스포츠 애널리틱스를 통해 좋은 결과를 얻어내는지 배우는 것은 여러분의 커리어에서 데이터 분석을 활용하는데 큰 도움이 될 것이라 확신한다. 또한 여러분은 앞으로 스포츠 경기를 볼 때 지금까지 없었던 새로운 시각으로 스포츠를 즐기게 될 것이다.

새로운 점

『Mathletics』 제2판에서는 새롭게 17 챕터가 추가되었고, 기존 챕터에도 상당한 수정 보완이 이루어졌다. 중요 개정내용은 아래와 같다.

- 선수 관련 내용들을 최신 정보로 업데이트 했다(마이크 트라웃, 클레이튼 커쇼, 제임스 하든 관련 내용들이 업데이트 되었다!).
- 야구, 농구, 미식축구에서 사용되는 비디오 데이터들과 관련된 논의들이 추가되었다.
- 야구와 농구에서 대체선수대비승수(Wins Above Replacement, WAR)를 어떻게 계산 하는지에 대해 상세히 설명하였다.
- 새로운 농구선수 능력 측정 지표인 Real Plus Minus와 RAPTOR가 추가되었다.
- 주르조와 밀러가 연구한 뜨거운 손 오류(hot hand effect)에 관한 내용이 추가되었다.
- 축구, 아이스하키, 배구, 골프, eSport 관련 챕터가 추가되었다.
- 베팅에 관한 챕터가 신규 데이터로 업데이트 되었고 캘커타 경매(Calcuttas) 관련 챕터가 추가되었다.
- 미국 대학 농구 토너먼트와 대학 미식축구 토너먼트 출전 팀들 선택에 고려되는 요인들 에 대한 내용들이 추가되었다.
- 데일리 판타지 스포츠(Daily Fantasy Sports, DFS)[1] 관련 내용들이 추가되었다.
- 새로운 챕터들에서 데이터 수집 및 시작화, 베이지안 분석, 행렬 인수분해, 네트워크 분 석과 같은 새로운 분석 방법들에 대한 내용들을 다룬다.

---

1 역주. 온라인에서 가상으로 팀을 꾸려 일정 그룹의 상대방 (주로 친구들)과 승패를 겨루는 스포츠 베팅의 한 종류.

데이터 분석 도구

이 책에서 활용한 소프트웨어에 대해 전할 말이 있다. 이 책에서는 엑셀을 활용하여 모든 계산을 하였는데, 이는 숙고 끝에 내린 결정이었다. 이 책의 핵심은 데이터를 활용하여 통찰력을 얻고 결정을 내리는 방법에 있기 때문에 어떠한 도구를 활용하는지에 대한 것은 차순위 고려사항이었다. 그리고 엑셀을 사용함으로써 프로그래밍에 대한 배경 지식이 없는 고등학생이나 인문계 졸업생들도 이 책의 내용에 쉽게 접근할 수 있도록 하였다. 이와 동시에, 요즈음 대두되는 프로그래밍의 중요성을 고려하여 이 책에 포함된 통계 분석들을 구현한 파이썬 코드를 찾아볼 수 있는 웹사이트를 만들어 놓았다. 파이썬을 어떻게 활용하는지 처음부터 가르치고자 만든 웹사이트는 아니지만, 프로그래밍 기초가 없는 사람들에게 많은 도움이 되었으면 한다. 언제든지 필요할 때마다 해당 코드들은 최신 데이터로 업데이트 될 것이다.

웹사이트 주소는 http://www.mathleticsbook.com 이다. 이 웹사이트에서 정오표, 데이터, 엑셀 파일, 파이썬 코드, R 코드(준비중) 등 많은 자료들을 찾아볼 수 있을 것이다. 해당 프로그래밍 코드들은 GitHub에서도 찾아볼 수 있다. https://github.com/mathletics-book/.

이메일 주소

- 웨인 윈스턴(Wayne Winston): winston@indiana.edu
- 코스타스 펠레치리니스(Kostas Pelechrinis): kpele@pitt.edu
- 스캇 네슬러(Scott Nestler): scott@nestler.com

감사의 말

출판에 변함없는 지지를 보내준 전 에디터 비키 컨에게 깊은 감사를 드린다. 또한 집필기간 동안 그녀의 후임인 수산나 슈메이커가 보여준 인내와 도움에도 깊은 감사를 드린다.

웨인: 개요작성의 묘미를 가르쳐준 7학년 사회과목 선생님이셨던 고(故) 토마스 스피츠 선생님께 감사의 인사를 전하고 싶다. 또한, 나의 가장 친한 친구이자 세계적 수준의 스포츠 핸디캡퍼인 제프 사가린을 언급하지 않을 수 없다. 스포츠와 수학에 대해 그와 토론하는 시간은 언제나 나에게 자극이 되었다. 제프를 알지 못했다면 이 책은 없었을 것이다.

코스타스: Big Data Bowl의 첫번째 미국 미식축구리그 데이터를 제공해준 마이크 로페즈에게 감사인사를 전하고 싶다. 또한 이 책에서 다뤄진 몇몇 재미있는 농구 관련 토픽들에 대해 토론하곤 했던 컬크 골드스베리에게 감사 인사를 전하고 싶다. 그리고 진정한 학문적 호기심을 자극시켜준 박사과정 지도교수님이신 스리칸스 크리쉬나멀시에게 감사 인사를 드리고 싶다. 수년에 걸쳐 많은 조언과 도움을 나누어준 미챌리스 팔로우소스에게도 감사드린다. 마지막으로 평범하지 않은 영역의 연구분야를 추구하고 있음에도 아무런 제약을 주지 않으셨던 학과장님들, 데이비드 티퍼, 마틴 위즈, 그리고 프라샨트 크리쉬나멀시에게 감사드린다.

스캇: 이 책의 수정보완에 공헌해준 학부 대학원 학생들 (마크 지아니니, 체이스 톰슨, 앤 벌주, 찰리 푼틸로, 캐시 맥컬로프, 그리고 세바스챤 아마토)에게 감사 인사를 전하고 싶다. 데이터 수집, 연구 모델 수정, 그리고 젊은 세대들을 위한 문구 수정들에 있어서 그들의 도움이 매우 소중했다. 그리고 스포츠 분석학 수업 학생들의 조언과 제안들은 초안의 수정에 많은 도움이 되었다. 또한 집필기간동안 집필이

늦어질 때도 인내심을 보여준 공저자들에게 감사인사를 전하고 싶다. 마지막으로 이 책을 집필하는 동안 부족했던 가정 일과 가족행사 참여를 이해해준 가족들 (크리스틴, 안나, 소피아)에게 감사 인사를 전하고 싶다.

비비안, 그렉, 그리고 젠. 나를 참고 기다려줘서 고마워!
– 웨인 –

긴 시간동안의 작업을 참고 견디어 준 와이프에게,
그리고 나에게 스포츠라는 세상을 알려주고는 너무 일찍 세상을 떠난 아버지에게
– 코스타스 –

스포츠와 숫자에 대한 사랑을 우리 모두에게 나누어 준 베가스 호위에게.
– 스캇 –

"우리는 신을 믿는다. 그러나 신이 아닌 모든 이들은 데이터를 제시해야한다."
– 에드워즈 디밍 –

역자의 말

　전세계적으로 급속도로 발전하고 있는 스포츠 애널리틱스 분야 교양서적이 한국에 출간된다는 사실 자체에 많은 흥분과 보람을 느낍니다. 이 새롭고 모험 충만한 분야에는 끝없는 열정을 가진 수많은 사람들이 존재합니다. 이 책은 그러한 분들의 끊임없는 노력에 기반하여 쓰여지고 번역되었다고 생각합니다.

　이 책은 스포츠 애널리틱스 전반에 대해 깊게 다루고 있습니다. 스포츠 애널리틱스의 현재와 미래 활용가치 등에 대해 논하는 것을 넘어 실제 분석 데이터와 파일까지 제공하며 독자들이 실제로 분석을 진행해볼 수 있도록 하고 있습니다. 이는 그동안 어디서도 찾아볼 수 없던 방식입니다. 스포츠 애널리틱스를 이야기하는 사람은 많지만 실제 분석을 진행하고 인사이트를 뽑아낼 수 있는 사람은 극소수입니다. 본서는 이러한 과정을 연습해볼 수 있는 아주 좋은 시작점이 될 것입니다.

　특히 개인적인 바람은 독자들이 이 책을 통해 매우 간단하면서도 효과적인 수학적, 통계적 분석의 묘미를 느껴보았으면 하는 것입니다. 골밑슛과 3점슛에 집중하여 NBA를 휩쓸었던 휴스턴 로키츠 데릴 모리의 전략은 중학생 수준의 수학인 기대값을 활용한 아이디어였습니다.

　제가 사랑하는 분야인 스포츠 애널리틱스 서적을 기획해주신 영진닷컴 김용기 편집자님께 깊은 감사를 드립니다. 또한 첫째 딸 육아와 둘째 딸 출산에 본인 일까지 챙겨가며 남편을 지지해준 사랑하는 아내 진동이에게 깊은 감사의 말을 전합니다.

2023년 10월

현문섭 드림

목차

PART 1
야구

CHAPTER 1

야구의 피타고라스 정리

야구에서는 한 팀이 점수를 더 많이 낼수록 더 많은 승리를 가져가는 것이 당연하다. 또한 반대로, 더 적은 점수를 허용할수록 더 많은 승리를 가져갈 것이다. 메이저 리그 야구 분석에 수학을 적용한, 아마도 세계에서 가장 유명한 세이버메트리션(수학과 통계학을 통해 야구를 분석하고자 하는 사람들)인 빌 제임스는 수년에 걸쳐 메이저 리그 팀 순위와 승률을 분석하여 다음의 공식이 한 팀의 예상 승률을 아주 잘 예측할 수 있다고 제시했다.

$$\frac{총득점^2}{총득점^2 + 총실점^2} = 예상\ 승률 \qquad (1)$$

위의 공식은 몇 가지 유용한 특성을 지니고 있다.

- 예상 승률은 언제나 0과 1 사이로 계산된다.
- 총득점의 증가는 예상 승률을 상승시킨다.
- 총실점의 감소는 예상 승률을 상승시킨다.

빗변의 길이가 c이고 나머지 두 변의 길이가 각각 a와 b인 직각 삼각형을 생각해 보자. 그리고 중학교 수학 시간으로 돌아가 보자. 피타고라스 정리에 따르면 직각 삼각형에서는 언제나 $a^2+b^2=c^2$이 성립한다. 예를 들어, 세 변의 길이가 각각 3, 4, 5인 삼각형은 직각 삼각형이다. $3^2+4^2=5^2$이 성립하기 때문이다. 앞의 야구팀 승률 공식 (1)에서 두 개의 제곱수를 더한다는 점 때문에 빌 제임스는 앞의 공식을 야구의 피타고라스 정리라고 불렀다.

자, 이번에는 새로운 미지수 R을 $\frac{총득점}{총실점}$으로 정의해 보자. 다시 말해 R은 한 팀의 득실률(실점 대비 득점 비율)이다. 우리가 먼저 제시했던 야구의 피타고라스 정리 공식 (1)의 분자와 분모에 모두 총실점의 제곱($총실점^2$)을 나누어 준다면,[2] 전체 분수 값은 변화하지 않으면서 공식 자체는 아래와 같은 새 공식 (1')로 나타낼 수 있다.

$$\frac{R^2}{R^2+1} = 예상\ 승률 \qquad (1')$$

위의 (1') 공식이 2005년에서 2016년까지 메이저 리그 팀들의 승률을 얼마나 잘 예측했는지는 다음 [표 1-1]에 정리되어 있다(본 챕터의 모든 분석은 Mathleticsch1files.xlsm에서 찾아볼 수 있다). 예를 들어, 2016년 LA 다저스는 725점을 득점했고 638점을 실점했다. 따라서 득실률은 $R = \frac{725}{638} = 1.136$이다. 예상 승률은 위의 (1') 공식에 따라 $\frac{1.136^2}{1.136^2+1} = 0.5636$이다. 실제 2016년 다저스의 승률은 $\frac{91}{163} = 0.5618$이었다. 따라서, 위의 (1') 공식은 2016년 LA 다저스의 승률을 예측하는 데 겨우 0.18%의 오차밖에 발생시키지 않았다.[3]

---

2   역주 $\dfrac{\frac{총득점^2}{총실점^2}}{\frac{(총득점^2+총실점^2)}{총실점^2}} = \dfrac{\left(\frac{총득점}{총실점}\right)^2}{\left(\frac{총득점}{총실점}\right)^2 + \left(\frac{총실점}{총실점}\right)^2} = \dfrac{R^2}{R^2+1}$

3   역주. 원서에서는 0.18%라고 표기되어 있으나 0.5636−0.5618=0.0018=0.18%p가 수학적으로 더 올바른 표기이다. 예를 들어, 승률이 10%에서 15%로 증가했을 때 이는 5% 증가가 아닌 5%p 증가 혹은 50% 증가로 표기해야 한다.

이번에는 앞의 예시를 조금 더 일반화해서 예상 승률 오차라는 개념을 정의해 보자. 간단하게 말하자면, 예상 승률 오차는 실제 승률에서 예상 승률을 뺀 값으로 정의할 수 있다. 예를 들면, 2016 시즌 애틀랜타 브레이브스의 경우 예상 승률 오차는 0.42-0.41=.01(1.0%), 동일 시즌 콜로라도 로키스의 경우 예상 승률 오차는 0.46-0.49=-0.03(-3.0%)이다. 여기서 양수로 나타나는 예상 승률 오차는 해당 팀이 예상치보다 더 많은 승리를 거뒀다는 의미이며, 음수인 예상 승률 오차는 예상보다 적은 승리를 가져갔다는 것을 의미한다. [표 1-1]의 J 열에 각 팀의 예상 승률 오차의 절댓값이 계산되어 있다. 절댓값은 어떠한 값이 0에서부터 얼마나 떨어져 있는지를 나타낸다는 것을 기억하리라 믿는다. 예를 들어, |5|=|-5|=5이다. [표 1-1]의 J열에 모든 팀의 예상 승률 오차의 절댓값의 평균을 계산해 놓았다. 이를 통해 우리의 예상 승률 공식이 얼마나 잘 작동하는지 살펴볼 수 있을 것이다. 이 예상 승률 오차의 절댓값의 평균은 평균 절대 편차, 영어로는 MAD(Mean Absolute Deviation)라고 불린다.[4] 우리의 데이터에 따르면 야구의 피타고라스 정리를 통해 계산된 예상 승률은 실제 승률과 평균적으로 2.17%밖에 차이나지 않았다.

---

4 왜 예상 승률 오차의 평균이 아닌 예상 승률 오차의 절댓값의 평균을 구할까? 양수인 오차와 음수인 오차가 섞여 있는 상태에서 오차들의 평균을 구하면 양수인 오차들과 음수인 오차들이 서로 상쇄시키기 때문이다. 예를 들어, 만약 한 팀이 예상 승률보다 5% 높은 승률을 기록하고 또 다른 팀은 예상 승률보다 5% 낮은 승률을 기록한다면, 평균 예상 승률 오차는 0이 될 것이다. 하지만 실제 평균 예상 승률 오차는 절댓값을 활용해 5%로 계산되어야 정확하다.

A	B	C	D	E	F	G	H	I	J
					지수	2.000		평균 절대 편차	0.021
연도	팀	승	패	득점	실점	득실 비율	예상 승률	실제 승률	오차
2016	애리조나	69	93	752	890	0.845	0.417	0.426	0.009
2016	애틀랜타	68	93	649	779	0.833	0.410	0.420	0.010
2016	볼티모어	89	73	744	715	1.041	0.520	0.549	0.030
2016	보스턴	93	69	878	694	1.265	0.615	0.574	0.041
2016	시카고 컵스	103	58	808	556	1.453	0.679	0.636	0.043
2016	시카고 화이트삭스	78	84	686	715	0.959	0.479	0.481	0.002
2016	신시내티	68	94	716	854	0.838	0.413	0.420	0.007
2016	클리블랜드	94	67	777	676	1.149	0.569	0.580	0.011
2016	콜로라도	75	87	845	860	0.983	0.491	0.463	0.028
2016	디트로이트	86	75	750	721	1.040	0.520	0.531	0.011
2016	휴스턴	84	78	724	701	1.033	0.516	0.519	0.002
2016	캔자스스시티	81	81	675	712	0.948	0.473	0.500	0.027
2016	LA 에인절스	74	88	717	727	0.986	0.493	0.457	0.036
2016	LA 다저스	91	71	725	638	1.136	0.564	0.562	0.002
2016	마이애미	79	82	655	682	0.960	0.480	0.488	0.008
2016	밀워키	73	89	671	733	0.915	0.456	0.451	0.005
2016	미네소타	59	103	722	889	0.812	0.397	0.364	0.033
2016	뉴욕 메츠	87	75	671	617	1.088	0.542	0.537	0.005
2016	뉴욕 양키스	84	78	680	702	0.969	0.484	0.519	0.034

[표 1-1] 2005~2016 시즌 야구의 피타고라스 정리

빌 제임스는 야구의 피타고라스 정리에서 2를 득실률의 지수로 사용했지만 혹시 다음 공식 (2)와 같이 식을 일반화시킨 후 지수를 바꿔 보다 보면 더 나은 예측을 할 수 있을지도 모른다. 예를 들면, 다음 공식 (2)에서 x로 표기된 지수를 바꿔 가며 테스트해 보면 득실률의 승률 예측 정확도를 더 높일 수도 있을 것이고 해당 공식을 다른 스포츠에도 적용할 수 있을 것이다.

$$\frac{R^x}{R^x + 1} \qquad (2)$$

일단 야구에서는 위의 공식 (2)에서의 지수 x를 1에서 3까지 변화시켜 보자(물론 2를 대입한다면 처음 제시했던 야구의 피타고라스 정리와 똑같아질 것이다).

	평균 절대 편차
	0.020513
1.1	0.028122
1.2	0.02618
1.3	0.024416
1.4	0.022893
1.5	0.021602
1.6	0.02069
1.7	0.020143
1.8	0.019929
1.9	0.020109
2	0.020513
2.1	0.021144
2.2	0.022088
2.3	0.023287
2.4	0.024734
2.5	0.026403
2.6	0.028238
2.7	0.030194
2.8	0.032285
2.9	0.03447
3	0.036706

[표 1-2] 지수에 따른 피타고라스 정리 결과 변화

[표 1–2]는 엑셀에서 제공하는 What–If 분석〉데이터 표[5]라는 기능을 활용해서 지수를 1에서 3까지 변화시킬 때 나타나는 평균 절대 편차(MAD)의 변화를 나타내고 있다. 보다시피 앞의 표에서는 지수가 1.8일 때 평균 절대 편차가 가장 작아지는 것으로 나타난다(1.99%). 그리고 빌 제임스가 제시했던 지수인 2를 대입해 보면 평균 절대 편차가 2.05%로 1.8일 때와 크게 차이가 나지 않는 것을 볼 수 있다. 따라서 앞으로는 계산 편의를 위해 빌 제임스가 제시한 2를 지수로 사용하도록 하자. 지금까지의 분석을 바탕으로 우리는 간단한 결론을 내릴 수 있다. 지수가 2(정확하게는 1.8)일 때 야구의 피타고라스 정리의 변형식인 공식 (2)가 가장 뛰어난 승률 예측력을 보인다. 물론 야구의 피타고라스 정리보다 더 뛰어난 승률 예측력을 가진 공식이 존재할 수도 있다. 하지만 중요한 점은, 야구의 피타고라스 정리는 쉽고 간편하면서도 꽤 괜찮은 예측력을 보여 준다는 점이다. 위에서 보다시피, 이 공식을 사용했을 때 오차는 평균적으로 162×0.0205에 불과하다.[6] 이는 대략 3게임 정도의 오차만을 보인다는 것이며, 따라서 아주 약간의 정확도를 향상하려고 훨씬 복잡한 모델을 사용하는 것은 큰 의미가 없을 것이다.

야구에서 피타고라스 정리의 예측력은 어느 정도일까?

야구에서 피타고라스 정리의 유용성을 테스트하려면 이 공식이 얼마나 미래를 잘 예측하는지를 확인해 봐야 한다. 따라서 우리는 2005년에서 2016년 시즌 동안 메이저 리그 플레이오프 게임들을 대상으로 야구의 피타고라스 정리를 통해 계산된 예

---

5   What–If 분석〉데이터 표 활용법은 Chapter 1 부록 참조. Microsoft에서 제공하는 추가적인 정보는 아래 링크에서 얻을 수 있다. https://support.microsoft.com/ko-kr/office/데이터-표를-사용하여-여러-결과-계산-e95e2487-6ca6-4413-ad12-77542a5ea50b

6   역주. 메이저 리그 한 시즌 경기 수=162, 평균 절대 평균 편차=0.0205

측치와 단순히 승수만을 바탕으로 한 예측치를 비교해 보기로 했다. 각각의 플레이오프 게임에 대해서 야구의 피타고라스 정리는 득실률이 높은 팀들을 승자로 예측하고 승수 방식은 단순히 그동안 더 많은 승리를 거뒀던 팀들을 승자로 예측할 것이다. 이 비교 분석에서 야구의 피타고라스 정리는 84번의 플레이오프 게임 중 46번을 맞혔고(54.8%) 승수 방식은 80번 중 44번을 맞혀 55%의 정확도를 기록했다.[7] 이 책을 읽고 있는 여러분들은 아마도 적잖이 실망했을 것이라고 생각한다. 야구의 피타고라스 정리가 결국은 54% 정도의 예측력밖에 가지지 못했기 때문이다. 하지만 이는 정규 시즌 성적이 플레이오프 성적을 예측하는 좋은 지표가 아니기 때문이라고 생각한다. 정규 시즌에는 많은 팀이 5명의 선발 투수진을 운용한다. 하지만 플레이오프 중에는 보통 세 명 혹은 네 명의 최고 투수를 선발 투수로 기용하므로 4 선발과 5 선발이 선발 투수로 나선 많은 정규 시즌 게임 데이터가 플레이오프 성적을 예측하는 데 오히려 방해가 될 수 있다.

2005 시즌 워싱턴 내셔널즈는 야구의 피타고라스 정리가 승수보다 더 나은 예측치를 제공한다는 일화를 제공한다. 2005년 7월 4일, 내셔널즈는 50승 32패를 기록하며 순위표의 가장 위에 위치하고 있었다. 만약 우리가 7월 4일 자 승률을 기반으로 승수 기반 예측 방법을 사용했다면, 최종 승패는 99승 63패라고 예측했을 것이다. 반면 2005년 7월 4일 기준 내셔널즈의 득실률은 0.991이었다. 따라서 야구의 피타고라스 정리는 아마도 내셔널즈가 남은 80게임 중 40게임 정도를 이길 것이라고 예측했을 것이고 따라서 최종 승패는 90승 72패라고 예측했을 것이다. 해당 연도에 내셔널즈는 남은 80게임 중 31게임에서 승리했고 최종적으로 81승 81패를 기록했다.

---

7   네 번의 플레이오프 게임에서 두 팀이 동일한 승패 기록을 가지고 있어 승수 방식 분석에서 제외되었다.

야구에서 피타고라스 정리의 중요성

야구의 피타고라스 정리를 활용하면 트레이드를 통해 얼마나 많은 추가적 승리를 가져올 수 있는지도 예상해 볼 수 있다. 예를 들어 우리가 한 메이저 리그 팀의 제너럴 매니저(GM)라고 가정해 보자. 우리 팀은 한 시즌 동안 850점을 득점하고 800점을 실점했다. 그리고 우리는 유격수인 조(Joe)를 다른 팀의 유격수인 그렉(Greg)과 트레이드할 계획을 세우고 있다고 가정해 보자. 우리 팀의 조는 총 150점을 만들어 냈고 그렉은 같은 타석 기준 170점을 만들어 냈다.[8] 다른 모든 변수가 동일하다는 가정하에 산술적으로 이 트레이드는 우리 팀에 추가로 170점-150점=20점을 가져다줄 것이다. 트레이드하기 전에 $R=\dfrac{850}{800}=1.0625$이므로 우리 팀의 예상 승수는 $\dfrac{162\times1.0625^2}{1+1.0625^2}=85.9$일 것이다. 트레이드 이후에는 $R=\dfrac{870}{800}=1.0875$가 될 것이고 따라서 우리 팀의 예상 승수는 $\dfrac{162\times1.0875^2}{1+1.0875^2}=87.8$로 예측될 것이다. 즉, 이 트레이드를 통해 우리 팀은 추가로 약 87.8-85.9=1.9승을 거둘 수 있을 것이다. Chapter 9에서 메이저 리그 선수들의 적당한 연봉을 구하는 데 야구의 피타고라스 정리가 어떻게 이용될 수 있는지 더 자세히 다룰 것이다.

미식축구와 농구에서의 피타고라스 정리

야구의 피타고라스 정리는 미식축구와 농구에도 적용 가능할까? 휴스턴 로키츠의 제너럴 매니저인 대릴 모리[9]는 앞 공식 (2)에 지수로 2.37을 대입했을 때 가장 정확하게 NFL 팀들의 승률을 예측할 수 있다고 제안했다. 반면 NBA 팀들의 승률을

8　한 타자가 얼마나 많은 점수를 만들어 내는지 계산하는 법에 대한 내용은 챕터 2-4에 기술되어 있다.

9　역주. 2022년 현재 필라델피아 세븐티식서스의 제너럴 매니저이다.

예측하려면 지수로 13.91을 제시했다. 아래 [표 1-3]에 지수를 2.37로 사용했을 때 2015 시즌 NFL 팀들의 승률 예측치와 실제 승률이 계산되어 있다. [표 1-4]에는 지수로 13.91을 사용했을 때 2015~2016 시즌 NBA 팀들의 예상 승률과 실제 승률이 계산되어 있다. 해당 자료들은 본서에 첨부된 Mathleticsch1files.xlsm에서 자세히 찾아볼 수 있다.

A	B	C	D	E	F	G	H	I	J	K	L	M
							지수	2.37	평균 절대 편차	0.051		
연도	팀	승	패	무승부	득점	실점	득실 비율	예상 승률	실제 승률	오차		
2015	애리조나 카디널스	13	3	0	489	313	1.562	0.742	0.813	0.071		
2015	애틀랜타 팰컨스	8	8	0	339	345	0.983	0.490	0.500	0.010		평균절대편차
2015	볼티모어 레이븐스	5	11	0	328	401	0.818	0.383	0.313	0.070	지수	0.0639
2015	버펄로 빌스	8	8	0	379	359	1.056	0.532	0.500	0.032	1.5	0.087458
2015	캐롤라이나 팬더스	15	1	0	500	308	1.623	0.759	0.938	0.179	1.6	0.083786
2015	시카고 베어스	6	10	0	335	397	0.844	0.401	0.375	0.026	1.7	0.080411
2015	신시내티 벵골스	12	4	0	419	279	1.502	0.724	0.750	0.026	1.8	0.077292
2015	클리블랜드 브라운스	3	13	0	278	432	0.644	0.260	0.188	0.072	1.9	0.074381
2015	댈러스 카우보이스	4	12	0	275	374	0.735	0.325	0.250	0.075	2	0.071699
2015	덴버 브롱코스	12	4	0	355	296	1.199	0.606	0.750	0.144	2.1	0.069283
2015	디트로이트 라이언스	7	9	0	358	400	0.895	0.435	0.438	0.003	2.2	0.067049
2015	그린베이 패커스	10	6	0	368	323	1.139	0.577	0.625	0.048	2.3	0.065011
2015	휴스턴 텍산스	9	7	0	339	313	1.083	0.547	0.563	0.016	2.4	0.063455
2015	인디애나폴리스 콜츠	8	8	0	333	408	0.816	0.382	0.500	0.118	2.5	0.062159
2015	잭슨빌 재규어스	5	11	0	376	448	0.839	0.398	0.313	0.085	2.6	0.06128
2015	캔자스시티 치프스	11	5	0	405	287	1.411	0.693	0.688	0.005	2.7	0.060819
2015	마이애미 돌핀스	6	10	0	310	389	0.797	0.369	0.375	0.006	2.8	0.060759
2015	미네소타 바이킹스	11	5	0	365	302	1.209	0.610	0.688	0.078	2.9	0.060942
2015	뉴잉글랜드 패트리어츠	12	4	0	465	315	1.476	0.716	0.750	0.034	3	0.061358
2015	뉴올리언스 세인츠	7	9	0	408	476	0.857	0.410	0.438	0.028	3.1	0.061892
2015	뉴욕 자이언츠	6	10	0	420	442	0.950	0.470	0.375	0.095	3.2	0.062649
2015	뉴욕 제츠	10	6	0	387	314	1.232	0.621	0.625	0.004	3.3	0.063595
2015	오클랜드 레이더스	7	9	0	359	399	0.900	0.438	0.438	0.000	3.4	0.064745
2015	필라델피아 이글스	7	9	0	377	430	0.877	0.423	0.438	0.015	3.5	0.065956
2015	피츠버그 스틸러스	10	6	0	423	319	1.326	0.661	0.625	0.036		

[표 1-3] 지수가 2.37일 때 NFL 예상 승률

A	B	C	D	E	F	G	H	I	J	K	L
						지수	13.91	평균 절대 편차	0.0287		
연도	팀	승	패	득점	실점	득실 비율	예상 승률	실제 승률	오차		
2015–16	애틀란타 호크스	48	34	8433	8137	1.036	0.622	0.585	0.037		
2015–16	보스턴 셀틱스	48	34	8669	8406	1.031	0.606	0.585	0.021		
2015–16	브루클린 네츠	21	61	8089	8692	0.931	0.269	0.256	0.013	지수	0.028653
2015–16	샬럿 호네츠	48	34	8479	8256	1.027	0.592	0.585	0.007	12	0.034029
2015–16	시카고 불스	42	40	8335	8456	0.986	0.450	0.512	0.062	12.2	0.033213
2015–16	클리블랜드 캐벌리어스	57	25	8555	8063	1.061	0.695	0.695	0.000	12.4	0.032428
2015–16	댈러스 매버릭스	42	40	8388	8413	0.997	0.490	0.512	0.022	12.6	0.03172
2015–16	덴버 너기츠	33	49	8355	8609	0.970	0.397	0.402	0.005	12.8	0.031045
2015–16	디트로이트 피스톤스	44	38	8361	8311	1.006	0.521	0.537	0.016	13	0.030451
2015–16	골든 스테이트 워리어스	73	9	9421	8539	1.103	0.797	0.890	0.093	13.2	0.029896
2015–16	휴스턴 로케츠	41	41	8737	8721	1.002	0.506	0.500	0.006	13.4	0.029427
2015–16	인디애나 페이서스	45	37	8377	8237	1.017	0.558	0.549	0.009	13.6	0.029041
2015–16	LA 클리퍼스	53	29	8569	8218	1.043	0.641	0.646	0.005	13.8	0.028753
2015–16	LA 레이커스	17	65	7982	8766	0.911	0.214	0.207	0.007	14	0.0286
2015–16	멤피스 그리즐리스	42	40	8126	8310	0.978	0.423	0.512	0.089	14.2	0.0285
2015–16	마이애미 히트	48	34	8204	8069	1.017	0.557	0.585	0.028	14.4	0.028448
2015–16	밀워키 벅스	33	49	8122	8465	0.959	0.360	0.402	0.042	14.6	0.028473
2015–16	미네소타 팀버울브즈	29	53	8398	8688	0.967	0.384	0.354	0.030	14.8	0.028568
2015–16	뉴올리언스 펠리컨즈	30	52	8423	8734	0.964	0.377	0.366	0.011	15	0.028757
2015–16	뉴욕 닉스	32	50	8065	8289	0.973	0.406	0.390	0.016	15.2	0.028969
2015–16	오클라호마시티 썬더	55	27	9038	8441	1.071	0.721	0.671	0.050	15.4	0.029268
2015–16	올랜도 매직	35	47	8369	8502	0.984	0.445	0.427	0.018	15.6	0.029618
2015–16	필라델피아 세븐티식서스	10	72	7988	8827	0.905	0.200	0.122	0.078	15.8	0.030008
2015–16	피닉스 선스	23	59	8271	8817	0.938	0.291	0.280	0.011	16	0.030453
2015–16	포틀랜드 트레일 블레이저스	44	38	8622	8554	1.008	0.528	0.537	0.009		

[표 1–4] 지수가 13.91일 때 NBA 예상 승률

한편 필자가 직접 2008년에서부터 2015년까지 NFL 시즌 데이터를 분석해 본 결과로는 지수가 2.8일 때 평균 절대 편차가 6.08%로 가장 작게 나타났다. 반면 데릴 모리가 제시했던 2.37을 지수에 대입했을 때 평균 절대 편차는 6.39%였다. 2008년에서 2016년까지의 NBA 데이터에서는 14.4를 지수로 활용했을 때 실제 승률과의 차이가 가장 적었다(평균 절대 편차=2.84%). 13.91을 사용했을 때 평균 절대 편차는 2.87%였다. 데릴 모리가 제시했던 지수 값들과 우리가 최근 시즌 데이터를 바탕으로

찾아낸 최적 지수 값들의 차이가 그리 크지 않으므로 앞으로 데릴 모리가 제시했던 지수 값들을 사용하는 것으로 하자. 자세한 계산 결과는 Mathleticsch1files.xlsm에서 찾아볼 수 있다.

우리의 분석 결과에서 나타난 승률 예측치와 실제 승률 간의 편차가 정규 분포를 따른다고 가정하면, 약 95%의 NBA 팀 승률 예측치가 실제 승률과 2.5× MAD[10]=7.3% 이내의 차이를 보일 것이다. 그리고 이는 82경기 중 약 6경기 차이이다. 따라서 피타고라스 정리를 통한 예측치가 실제 승률과 6게임 이상 차이가 난다면 해당 예측치는 아웃라이어(이상값, Outlier)라고 할 수 있다. 데이터상 아웃라이어를 찾았을 때 우리는 왜 해당 아웃라이어가 존재하는지 설명하려고 노력해야 한다. 예를 들어, 2006~2007 시즌 보스턴 셀틱스의 득실률은 0.966이었다. 따라서 피타고라스 정리에 따르면 셀틱스는 31경기에서 승리를 거두었어야만 한다. 하지만 해당 시즌 그들은 24경기밖에 승리하지 못했다. 그해에 셀틱스는 일부러 최선을 다하지 않았다는 것이 많은 사람의 공통적 의견이다.[11] 성적이 나빠질수록 다음 해 신인 드래프트에서 높은 추첨 순위를 받을 확률이 올라가 이를 노렸다는 지적이다(그해 신인 드래프트 1순위는 그렉 오던, 2순위는 케빈 듀란트였다). 단순히 예상보다 승리가 적다는 점이 셀틱스가 탱킹(Tanking)했다고 직접적으로 증명해 주지는 못하지만, 많은 정황 증거가 일관적으로 셀틱스의 승률이 확률상의 예측치보다 현저히 낮았다고 말하고 있다.

---

10 역주. 데이터상에서 아웃라이어를 정의하는 수많은 방법 중 하나이다. MAD에 3을 곱하는 경우도 있고 표준 편차를 계산하여 이용하는 방법도 있다. 어떤 한 방법이 최고라고 할 수 없으며 주어진 데이터의 상황에 맞게 선택하여 활용한다.

11 역주. 미국에서는 이를 탱킹(Tanking)이라고 표현하지만 우리말에서는 한 단어로 표현할 방법이 없다.

엑셀에서 제공하는 데이터 표라는 기능을 활용하면 한 개 혹은 두 개의 값이 변할 때 전체 공식이 어떻게 변하는지 볼 수 있도록 해 준다. 본 부록에서는 어떻게 데이터 표를 활용해서 공식 (2)의 지수 변화에 따른 승률 예측 정확도를 계산할 수 있는지 보여 주고자 한다. 우선 지수가 1에서 3까지 변할 때 메이저 리그 팀 승률 예측의 평균 오차가 어떻게 변하는지 데이터 표를 활용해서 살펴보자([표 1-2] 참고).

1단계: 엑셀의 N7:N26 셀에 지수로 들어갈 수 있는 모든 값을 넣어 준다. 이를 위해 N7 셀에 1을 입력하고 N8 셀에 1.1을 입력한 다음 N7:N8을 선택한다. 그 다음 N8 셀의 우측 하단에 있는 십자 모양을 N26 셀까지 드래그해 준다.

2단계: 셀 O6에 계산하려는 수식을 입력하고 =J1이라고 입력하여 여러 지수 값에 대한 결과를 계산한다.

3단계: 데이터 〉 가상 분석 〉 데이터 표에 들어간다.

4단계: 행 입력 셀 항목은 비워 두고 열 입력 셀에서 지수 값이 들어 있는 H1을 선택한다. 확인을 누르면 [표 1-2]와 같은 결과가 보일 것이다. 엑셀이 자동으로 지수 값을 1에서 3까지 변화시키면서 평균 절대 편차를 계산해서 보여 준 것이다.

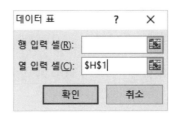

CHAPTER 2

누가 더 잘했을까?
마이크 트라웃 대 크리스 브라이언트

득점 창출력을 바탕으로

24살 때인 2016 시즌, 로스앤젤레스 외야수였던 마이크 트라웃은 그의 커리어 두 번째 아메리칸 리그 MVP를 수상했다. 시카고 컵스의 크리스 브라이언트도 마찬가지로 24살 때인 2016 시즌 내셔널 리그 MVP를 수상했다. [표 2-1]은 그들의 중요 스탯을 보여 준다.

타자의 장타율이 다음과 같이 계산된다는 것을 기억하는가?

$$\text{장타율} = \frac{\text{총 루타 수}}{\text{타수}}$$

총 루타 수 = 1루타+2×2루타+3×3루타+4×홈런

[표 2-1]에서 볼 수 있듯이 마이크 트라웃이 크리스 브라이언트보다 높은 타율을 기록했다. 하지만 크리스 브라이언트가 장타율이 약간 더 높았다. 이는 그가 마이크 트라웃보다 2루타와 홈런을 더 많이 쳤기 때문이다. 그리고 크리스 브라이언트는 마이크 트라웃보다 54타수가 더 많았고 루타도 3개 더 많았다. 자, 이 해에 누가 더 나은 타자였는가?

사건	트라웃	브라이언트
타수	549	603
타율	.315	.292
장타율	.550	.554
Hits	173	176
1루타	107	99
2루타	32	35
3루타	5	3
홈런	29	39
볼넷+사사구	127	93

[표 2-1] 마이크 트라웃과 크리스 브라이언트의 2016년 기록

모두가 알듯이, 타자가 타석에 들어섰을 때 좋은 결과(안타, 홈런 혹은 볼넷)가 있을 수도 있고 나쁜 결과(아웃)가 나올 수도 있다. 따라서 타자들의 능력을 비교하기 위해서는 타석에서의 좋은 결과와 나쁜 결과의 상대적 빈도가 팀 전체 득점에 어떠한 영향을 주는지 측정하는 지표가 필요하다.

1979년에 빌 제임스는 각각의 타자가 한 시즌 동안 얼마나 득점을 창출해 내는지를 계산하려고 득점 생산(Runs Created)이라는 지표의 첫 번째 버전을 개발했다. 타자들이 만들어 낸 결과가 한 팀의 득점에 어떠한 영향을 미치는지 알아볼 때 활용할 수 있는 가장 손쉬운 데이터는 시즌별 타격 통계이다. 2010년부터 2016년까지의 전체 데이터는 Mathleticsch2files.xlsx에서 찾아볼 수 있고 [표 2-2]에 그중 일부를 담아 놓았다.

A	B	C	D	E	F	G	H	I	J	K
팀	득점	타수	Hits	1루타	2루타	3루타	홈런	볼넷+사사구		
애리조나	752	5665	1479	948	285	56	190	513	득점 생산 공식	=(D5+I5)×(E5+2×F5+3×G5+4×H5)/(C5+I5)
애틀랜타	649	5514	1404	960	295	27	122	561		
볼티모어	744	5524	1413	889	265	6	253	512	득점 생산	916.981(917)

보스턴	878	5670	1598	1022	343	25	208	601	실제 득점 생산	878
시카고 컵스	808	5503	1409	887	293	30	199	752		
시카고 화이트삭스	686	5550	1428	950	277	33	168	508	오차	−39
신시내티	716	5487	1403	929	277	33	164	504	오차 %	−4.44%
클리블랜드	777	5484	1435	913	308	29	185	580		
콜로라도	845	5614	1544	975	318	47	204	534		
디트로이트	750	5526	1476	983	252	30	211	546		
휴스턴	724	5545	1367	849	291	29	198	601		
캔자스시티	675	5552	1450	1006	264	33	147	427		

[표 2-2] 2016 시즌 팀 타격 데이터

빌 제임스는 안타, 홈런, 아웃, 볼넷 그리고 몸에 맞는 볼[12]을 통해 각 팀의 득점을 예상할 수 있는 방법이 있을 것이라고 믿었다. 그리고 그는 이러한 믿음을 바탕으로 아래와 같은 간단한 공식을 도출하였다.

$$득점\ 생산 = \frac{(안타+홈런+볼넷+몸에\ 맞는\ 볼)^{12} \times (총루타\ 수)}{(총타수+볼넷+몸에\ 맞는\ 볼)} \qquad (1)$$

다음에 다시 설명하겠지만 이 공식은 한 팀이 한 시즌 동안 어느 정도 득점을 올릴 수 있는지에 대해서 놀랍도록 높은 예측력을 보인다. 이 공식은 어떻게 작동하는 걸까? 우선 득점을 하려면 루상에 주자가 있어야 한다. 그리고 어떤 방식으로든 그들을 홈으로 다시 불러들여야 한다. (안타+홈런+볼넷+몸에 맞는 볼)은 기본적으로 한 시즌 동안 얼마나 많은 주자가 있었는지를 계산해 준다. 그리고

---

12 보다시피 이 초기 버전에는 희생타, 도루, 도루 실패 등이 포함되지 않았다. 득점 생산이 어떻게 진화되었는지에 대한 아주 훌륭한 설명을 아래 링크에서 찾아볼 수 있다. http://danagonistes.blogspot.com/2004/10/brief-history-of-run-estimation-runs.html.

13 역주. 영어에서는 (Hits+Walks+HBPs)라고 표현하고 여기에서 Hits는 안타와 홈런을 모두 포함한다. Hits를 안타로만 번역하게 되면 홈런이 포함되는지가 모호하므로 안타+홈런으로 명확히 표기하였다.

$\dfrac{\text{총루타 수}}{\text{총타수+볼넷+몸에 맞는 볼}}$ 은 타석당 몇 루를 진루하는지를 측정해 준다. 그러므로 위의 공식 (1)은 전체 주자 수에 그들이 타석당 얼마나 진루하는지를 곱해 준 값이다. [표 2-2]에 나온 데이터를 사용해서 2016년 보스턴 레드삭스의 득점 생산을 계산해 보면 다음 식과 같다.

$$\text{득점 생산} = \frac{(1598^{13}+601) \times (1022+2 \times 343+3 \times 25+4 \times 208)}{(5670+601)} \cong 917$$

실제로 2016년에 보스턴 레드삭스는 총 878점을 득점했다. 따라서 득점 생산은 실제 결과보다 약 4% 정도 과장되어 있었다. Teams.xlsx 파일에 TeamRC 탭에는 2010년에서 2016년까지의 모든 팀의 득점 생산과 실제 득점이 계산되어 있다. 이에 따르면 득점 생산은 실제 득점과 팀당 약 21점 정도의 차이를 보였다. 평균적으로 팀당 약 693점 정도를 득점했다는 것을 고려해 보면 21점 차이는 약 3% 정도의 평균 오차를 보인 것이다. 이렇게 간단하고 직관적인 공식의 오차가 겨우 이 정도라는 것은 정말 놀라운 일이다. 최근 훨씬 복잡한 형태의 득점 생산 공식이 개발되어 조금 더 정확한 예측이 가능해졌지만 앞의 공식 (1)의 단순함 때문에 여전히 이 공식이 야구 커뮤니티에서 널리 활용되고 있다.

외삽(extrapolation)[15]에 주의하라!

어떠한 버전의 득점 생산 공식이든 모두 팀 타격 통계를 기반으로 계산된다는 점에 주의해야 한다. 예를 들어, 어떤 팀의 팀 타율이 0.25이고, 총 타석의 3%에서 홈

---

14 역주. Hits=안타+홈런

15 역주. 특정 범위의 데이터를 기반으로 개발된 예측 모델을 해당 데이터에 포함되어 있지 않은 값에 적용하는 것. 예를 들어 1, 2, 3, 4라는 네 가지 값을 가지고 개발한 모델에 5를 대입하여 결괏값을 추정하는 것.

런을 치고, 총 타석의 약 10% 정도에서 볼넷과 몸에 맞는 볼을 얻어 낸다고 가정해 보자. 그리고 이 수치를 2013년 최고의 한 해를 보냈던 미구엘 카브레라의 타격 통계와 비교해 보자. 그해 그는 타율 0.348을 기록했고, 총 타석의 약 7%에서 홈런을 쳐냈으며, 총 타석의 15% 정도에서 볼넷과 몸에 맞는 볼을 기록했다. 경영 통계 과목에서 우리가 첫 번째로 가르치는 것 중 하나는 특정 데이터에서 도출해 낸 두 변수 간의 관계를 해당 데이터와 아주 다른 형태의 데이터에 적용하여 예측값을 추정하지 말라는 것이다. 따라서, 팀 타격 통계를 기반으로 도출된 득점 생산 공식을 미구엘 카브레라 같은 슈퍼스타나 혹은 성적이 아주 형편없는 타자들의 개인 득점 생산을 계산하는 데 사용할 수 없다. Chapter 4에서 다른 예측 모델을 통해서 이와 관련된 문제를 피해 갈 수 있는 방법을 다룰 것이다.

마이크 트라웃 대 크리스 브라이언트

앞의 외삽에 대한 경고에도 불구하고 공식 (1)을 마이크 트라웃과 크리스 브라이언트를 비교하는 데 한번 사용해 보자. 재미를 위해 2013 시즌 미구엘 카브레라의 득점 생산도 함께 계산해 보자. Mathleticsch2files.xlsx에 포함된 내용인 [그림 2-3]에 관련 값들이 들어 있다.

우리의 데이터로부터 우리는 마이크 트라웃이 134점, 크리스 브라이언트가 129점을 생산해 냈다는 것을 알 수 있다. 미구엘 카브레라는 2013년에 156점을 생산해 냈다.

A	B	C	D	E	F	G	H	I	J	K	L	M
선수	타수	Hits	1루타	2루타	3루타	홈런	아웃 예상치	나머지 아웃	볼넷+사사구	득점 생산	사용된 아웃 수	득점생산/경기 수
브라이언트(2016)	603	176	99	35	3	39	416.15	11	93	129.09	427.15	8.11
트라웃(2016)	549	173	107	32	5	29	366.12	17	127	134.02	383.12	9.39
카브레라(2013)	555	193	122	26	1	44	352.01	21	95	156.41	373.01	11.25
									J2 수식	=(C2+J2)*(D2+2*E2+3*F2+4*G2)/(B2+J2)		
									K2 수식	=I2+H2		
									L2 수식	=K2/(L2/26.83)		

[표 2-3] 트라웃, 브라이언트, 카브레라의 득점 생산

이는 마이크 트라웃이 크리스 브라이언트보다 약간 좋은 한 해를 보냈다는 것을 나타낸다. 그리고 득점 생산 공식 결괏값에 따르면 미구엘 카브레라의 2013년 시즌은 마이크 트라웃, 크리스 브라이언트보다 훨씬 대단했다.

경기당 득점 생산

득점 생산 공식의 중요한 문제점은 700 타석에 들어선 그저 그런 타자가 400 타석에 들어선 슈퍼스타보다 더 높은 수치를 기록할 수도 있다는 점이다.

A	B	C	D	E	F	G	H	I	J	K	L	M
선수	타수	Hits	1루타	2루타	3루타	홈런	아웃		볼넷+사사구	득점 생산	사용된 아웃 수	득점 생산/경기 수
크리스천	700	190	170	10	1	9	497.4		20	66.79	497.4	3.60
그레고리	400	120	90	15	0	15	272.8		20	60.00	272.8	5.90

[표 2-4] 크리스천과 그레고리의 가상의 통계 데이터

[그림 2-4](Mathleticsch2files.xlsx의 Fig2_2 탭 참조)에서 볼 수 있듯이, 우리는 크리스천과 그레고리라는 두 명의 가상의 선수들을 만들어 보았다. 크리스천은 타율 0.257, 그레고리는 타율 0.3을 기록했다. 그레고리는 타석당 더 많은 볼넷을 기록

했고 더 많은 장타를 생산해 냈다. 하지만 득점 생산은 크리스천이 더 나은 타자라고 말하고 있다. 이 문제를 해결하려면 우선 한 경기에서 "사용"할 수 있는 아웃의 수는 정해져 있다는 점을 이해해야 한다. 대부분의 경기에서 한 팀은 9이닝 동안 이닝당 세 번, 총 27번의 아웃을 가지고 있다(3×9=27).[16] 이제 이를 바탕으로 경기당 득점 생산을 계산할 수 있다. 이를 위해 [표 2-3]에 나와 있는 2016년 마이크의 데이터를 살펴보자(Teams.xlsx 파일의 PlayerRC 탭 참조).

일단 아웃이란 모든 타수에서 안타, 홈런 그리고 실책을 제외한 숫자이다. 이 중 실책은 대략 전체 타수의 1.8% 정도이다. 따라서, 우리는 전체 아웃 숫자를 타수−안타−홈런−0.018×타수로 계산하였다. 그리고 타자들은 희생타, 희생 번트, 도루 실패, 병살타로 추가적인 아웃을 만들어 낸다. 2016년에 마이크 트라웃은 17개의 이러한 추가적 아웃을 만들어 냈다. L3 셀에 나와 있듯이 마이크 트라웃은 총 383.11 아웃을 "사용"했다. 이는 $\frac{383.11}{26.83} = 14.28$ 경기에 해당한다. 따라서, 마이크 트라웃은 경기당 $\frac{134.02}{14.28} = 9.39$점을 생산해 냈다. 수학적으로 표현하면 아래와 같다.

$$경기당\ 득점\ 생산 = \frac{총득점\ 생산}{\frac{0.982×타수-안타-홈런+병살+희생타+희생\ 번트+도루\ 실패}{26.83}} \qquad (2)$$

공식 (2)에서 볼 수 있듯 경기당 득점 생산은 한 타자의 총득점 생산을 그 타자가 "사용"한 아웃의 숫자에 해당하는 경기 수로 나누어 준 것이다. 미구엘 카브레라는 경기당 10.61점을 생산했다([표 2-3] 참조). 또한 2016년 마이크 트라웃이 크리스 브라이언트보다 더 나은 타자였음이 [표 2-3]에 명확히 나타나 있다. 특히 마이크 트라웃은 경기당 9.39점을 생산해 냈고 크리스 브라이언트는 이보다 약 1.28점 적게 생산해 냈다(8.11점). 또한 가상의 선수인 그레고리는 또 다른 가상의 선수인 크리스천보다 경기당 2.29점을 더 생산해 냈음을 알 수 있다(5.88−3.59). 즉, 경기당 득점

---

16 홈 팀이 9회 말에 공격하지 않는 경우도 있고 연장전에 가는 경우도 있어 평균 아웃 수는 정확히 27개는 아니다. 2010~2016 시즌 경기당 평균 아웃 수는 26.83이었다.

생산을 사용함으로써 총득점 생산만 고려했을 때 크리스천이 그레고리보다 더 나은 선수인 것처럼 나타나는 문제를 해결할 수 있었다.

마이크 트라웃이 경기당 9.39점을 생산해 냈다는 것은 만약 마이크 트라웃이 9명으로 구성된 팀이 있다면 이 팀은 경기당 평균 9.39점을 득점할 것이라는 것을 의미한다. 이 세상에 마이크 트라웃이 9명으로 구성된 팀은 없으므로, 조금 더 현실성 있는 질문은 나머지 8명이 평균적인 타자들일 때 마이크 트라웃이 얼마나 많은 득점을 생산해 낼 것인가 하는 것이다. 빌 제임스는 2002년에 출간한 그의 책 『Win Shares』에서 조금 더 복잡한 형태의 득점 생산 공식을 제시함으로써 이 질문에 답했다. 해당 질문에 대한 이 책만의 대답은 Chapter 3과 Chapter 4에서 찾아볼 수 있다.

선형 계수를 이용한 타자 능력 측정

Chapter 2에서 다뤘듯이 타수, 볼넷, 몸에 맞는 볼, 1루타, 2루타, 3루타 그리고 홈런을 통해서 타자들의 득점 생산을 계산하고 이를 토대로 선수들을 비교할 수 있다. 이번 챕터에서는 선형 계수를 통해서 타자들을 비교하는 방법에 대해 다룰 예정이다. 경영학과 여타 사회 과학에서는 종종 다양한 독립 변수(독립 변수 X_1, X_2, …, X_n)를 통해 어떠한 결과 변수(Y 혹은 종속 변수)를 예측하려고 시도하곤 한다. 이러한 모델은 보통 여러 계수(B_1, B_2, …, B_n)와 상수(Constant)로 이루어져 있으며 이 식을 통해 종속 변수를 예측하곤 한다.

$$Constant + B_1X_1 + B_2X_2 + \cdots + B_nX_n$$

통계학자들은 이러한 모델을 통해 종속 변수를 가장 잘 예측할 수 있는 계수와 상수를 찾는 방법을 다중 선형 회귀(Multiple Linear Regression)라고 부른다. 세이버메트리션은 이러한 모델의 계수들을 선형 계수(Linear Weights)라고 부른다.

2010~2016 시즌 팀별 타격 통계 데이터에서 시즌당 득점을 종속 변수로 설정해 보자.

Y=종속 변수=한 시즌 총득점

독립 변수로는 (볼넷+몸에 맞는 볼), 1루타, 2루타, 3루타, 홈런, 도루 그리고 도루 실패를 사용해 보자. 따라서 우리의 예측 모델은 아래와 같을 것이다.

$$한 시즌 총득점 = Constant + B_1(볼넷 + 몸에 맞는 볼) + B_2(1루타) + B_3(2루타) + \quad (1)$$
$$B_4(3루타) + B_5(홈런) + B_6(도루) + B_7(도루 실패)$$

간단한 연산을 통해 홈런 한 개의 대략적 가치를 계산할 수 있는지 한번 알아보자. 2010~2016 시즌 동안 메이저 리그 팀들은 평균 38명의 타자가 타석에 들어섰고 약 4.3점을 득점했다. 따라서, 대략 9명 중 1명의 타자가 홈 베이스로 돌아와 득점했다. 진루에 성공한 타자들만 따져 보자면, 한 게임당 평균적으로 12명의 타자가 진루했다. 따라서 4.3/12(약 36%)의 주자가 득점한 셈이다. 홈런이 나왔을 때 루상에 평균적으로 한 명의 주자가 나가 있었다고 가정해 보자. 그렇다면 홈런이 나왔을 때 다음과 같은 방식으로 득점이 나올 것이다.

- 타자는 1/8의 확률이 아닌 항상 득점할 것이다. 이는 7/8(0.875)점을 생산한다.
- 평균적인 한 명의 주자는 37%가 아닌 100% 득점할 것이다. 이는 0.63점을 생산한다.

이는 대략 홈런 한 개가 0.87+0.63=1.5점 정도의 가치가 있다고 할 수 있다.[17] 다음에 나오는 회귀 분석에서도 홈런 한 개의 가치에 대하여 비슷한 추정치가 도출되는 것을 확인할 수 있을 것이다.

이제 총득점을 예측하려면 위의 (1) 수식에서의 계수와 상수를 도출해야 한다. 이를 위해 우리는 엑셀에서 제공하는 회귀 분석 기능을 사용할 것이다(회귀 분석 기

---

17 역주. 개인적으로 다소 비논리적인 통계적 추정이라고 생각한다. 큰 의미를 부여할 필요는 없을 것이다.

능 사용 방법은 Chapter 3 부록 참조). 회귀 분석은 기본적으로 각 팀의 (실제 득점−예상 득점)²의 합을 최소화하는 회귀식을 구성하는 계수와 상수를 찾아내 준다.[18] 우리가 실행한 회귀 분석의 결과는 Ch3Data.xlsx 파일의 MLR 탭에서 찾아볼 수 있다. 다음 [표 3−1]에도 정리되어 있다.

모형 요약

모형	
R	0.949366525
R 제곱	0.9012968
수정된 R 제곱	0.897876392
추정값의 표준 오차	22.07547927
표본 수	210

분산 분석

	자유도	제곱합	평균 제곱	F	유의 확률
회귀 모형	7	898893.5132	128413.359	263.5056454	6.66264E−98
잔차	202	98440.01059	487.3267851		
합계	209	997333.5238			

	계수	표준 오차	t	유의 확률	95% 신뢰 구간 하한	95% 신뢰 구간 상한
상수	−411.813356	33.00675506	−12.4766387	7.34227E−27	−476.895329	−346.731383
볼넷+몸에 맞는 볼	0.326171191	0.026991877	12.08405016	1.18127E−25	0.272949219	0.379393163
1루타	0.459107774	0.028209869	16.2747222	1.325E−38	0.403484193	0.514731355
2루타	0.805141015	0.070539419	11.41405797	1.30999E−23	0.666052984	0.944229045
3루타	1.072129559	0.185083303	5.792686554	2.62436E−08	0.707186489	1.43707263
홈런	1.428105264	0.052270693	27.32133795	9.16082E−70	1.325039094	1.531171434
도루	0.250044999	0.063490957	3.938277396	0.000112962	0.124854967	0.375235031
도루 실패	−0.2543803	0.190576335	−1.33479482	0.183445995	−0.63015441	0.121393803

[표 3−1] 도루(SB)와 도루 실패(CS)가 포함된 회귀 분석 결과

---

18 실제 득점과 예상 득점의 차를 제곱해 주는 이유는 제곱하지 않을 경우 예상 득점보다 많이 득점한 팀의 편차와 예상 득점보다 적게 득점한 팀의 편차가 서로 다른 부호를 가지기 때문이다.

엑셀 파일에서 B17:B24셀은 앞에서 말한 최적의 선형 계수와 상수들을 나타낸다 (Intercept는 상수를 의미한다). 이 회귀식을 통해 아래와 같이 한 시즌 예상 득점을 예측할 수 있다.

$$예상\ 득점 = -411.81 + 0.46(1루타) + 0.81(2루타) + 1.07(3루타) + 1.43(홈런) + \quad \text{(2)}$$
$$0.33(볼넷+몸에\ 맞는\ 볼) + 0.25(도루) - 0.25(도루\ 실패)$$

셀 B5에 하이라이트 되어 있는 결정 계수(R-squared)는 우리의 독립 변수들(1루타, 2루타, 3루타, 홈런, 볼넷+몸에 맞는 볼, 도루, 도루 실패)로 이루어진 회귀식이 시즌당 팀별 실제 득점의 약 90% 정도를 설명할 수 있다는 것을 의미한다. 위의 식 (2)는 1루타는 약 0.46점을 생산하고, 볼넷이나 몸에 맞는 볼은 약 0.33점을 생산하며, 도루는 약 0.25점, 도루 실패는 약 0.25점을 깎아 낸다고 해석할 수 있다. 위의 회귀식에서 홈런의 득점 생산력은 우리가 대략 도출했던 1.5점과 거의 비슷하다. 또한 2루타가 1루타보다 더 가치 있지만 1루타 2개보다는 득점 생산력이 떨어진다는 점을 보여 준다. 그리고 위의 회귀식에서 보이듯이 1루타가 볼넷이나 몸에 맞는 볼보다 더 가치 있다. 이는 1루타가 종종 기존 주자를 두 베이스 진루시킨다는 점을 생각해 보면 논리적인 결과라고 할 수 있다. 3루타가 2루타보다 가치 있지만 홈런보다는 덜하다는 점도 합리적이다.

p 값의 의미

회귀 분석을 실행할 때는 항상 각각의 독립 변수가 종속 변수를 예측하는 데 유의미한 영향력을 가지고 있는지를 확인해야 하는데, 이는 각 독립 변수의 p 값을 통해 알 수 있다. 바로 [표 3-1]의 E 열에 있는 값들이다. 각 독립 변수는 0에서 1 사이의 p 값을 갖는다. 기본적으로 p 값이 낮으면, 다른 독립 변수들의 영향력을 모두 통제한 상태에서, 종속 변수를 유의미하게 예측하는 변수라고 할 수 있다. 여기서 p 값이 낮다는 것은 보통 0.05보다 낮다는 것을 의미한다. 이 p 값은 해당 독립 변수가 종속 변수를 예측하는 데 아무런 의미가 없는 변수일 가능성을 의미한다. 어떠한 독립 변수가 종속 변수를 예측하는 데 아무 의미가 없다면 회귀 분석에서의 계수는 0이어야 한다.[19] p 값은 회귀 분석을 통해 도출된 계숫값이 실제로는 0이며 해당 계숫값은 그저 우연의 일치로 도출된 값일 확률을 의미한다. 예를 들어, 위의 회귀식에서 2루타가 실제 득점을 예측하는 데 아무런 의미가 없을 확률은 $1/10^{23}$정도이다. [표 3-1]을 보면 도루 실패를 제외한 모든 변수의 p 값이 0과 근사한 것을 알 수 있다. 예를 들어, 1루타의 p 값은 1.33×10^{-38}이다. 이는 1루타는 거의 확실하게 팀당 득점을 예측하는 데 유의미한 정보를 전달해 준다는 것을 의미한다. 하지만, 도루 실패의 경우 p 값이 너무 높아 해당 변수를 제하고 다시 분석을 돌려야 한다. [표 3-2]에 해당 회귀 분석 결과가 나타나 있다(Ch3Data.xlsx 파일의 MLRnoCS 탭 참조).

이 결과를 살펴보면 모든 독립 변수가 0.05 이하의 p 값을 가지고 있음을 알 수 있다. 따라서 통계적 유의미성에 대한 테스트를 모두 통과한 것이다. 이제 [표 3-2]의 B 열에 나와 있는 계수들을 바탕으로 만들어진 아래 새로운 회귀식에 따라서 팀당 득점을 예측해 보자.

$$예상\ 득점 = -422.32 + 0.46(1루타) + 0.81(2루타) + 1.06(3루타) + 1.43(홈런) + \\ 0.33(볼넷 + 몸에\ 맞는\ 볼) + 0.205(도루) \tag{3}$$

[표 3-2]에서 볼 수 있듯 도루 실패를 제외했지만 결정 계수(R-squared)는 여전히 90%이다. 이는 도루 실패가 p 값이 높은, 결과에 크게 영향을 미치지 않는 변수이기 때문이다.

---

19 역주. 계수가 0인 경우, 독립 변수에 어떤 값이 들어가더라도 0이 되므로 수학적으로 종속 변수에 아무런 영향을 주지 않는다.

모형 요약

모형	
R	0.948907909
R 제곱	0.900426219
수정된 R 제곱	0.897483152
추정값의 표준 오차	22.11794065
표본 수	210

분산 분석

	자유도	제곱합	평균 제곱	F	유의 확률
회귀 모형	6	898025.2542	149670.8757	305.9482144	8.8346E-99
잔차	203	99308.26962	489.2032986		
합계	209	997333.5238			

	계수	표준 오차	t	유의 확률	95% 신뢰 구간 하한	95% 신뢰 구간 상한
상수	−422.321486	32.11582993	−13.1499478	5.65403E-29	−485.644873	−358.998098
볼넷+몸에 맞는 볼	0.328427033	0.026990732	12.16814092	6.11576E-26	0.275208898	0.381645169
1루타	0.462425312	0.028154216	16.4247273	3.99605E-39	0.406913115	0.51793751
2루타	0.809004928	0.070615562	11.45646795	9.22438E-24	0.669770893	0.948238964
3루타	1.056646807	0.185074775	5.709296723	3.98682E-08	0.691731384	1.421562229
홈런	1.432093994	0.052285581	27.38984579	4.19362E-70	1.329001529	1.535186459
도루	0.204454976	0.05362427	3.812732098	0.00018226	0.098722992	0.31018696

[표 3-2] 선형 계수 p 값

회귀 분석 대 득점 생산: 무엇이 더 정확할까?

회귀 분석이 빌 제임스가 창안했던 득점 생산 공식보다 더 예측력이 뛰어날까? [표 3-3]의 E 열을 보면 2010년에서 2016년까지 팀 타격 데이터를 기반으로 했을 때 회귀 분석은 시즌 총득점을 예측하는 데 평균 17.15점의 오차를 보인다는 것을 알 수 있다(Ch3Data.xlsx의 Accuracy LW 탭 참조). 이 오차 수치는 팀당 평균 2.5% 정도에 불과한 것이다. 반면에 앞에서 언급했듯이 득점 생산은 약 21점의 오차를 보였다. 따라서, 회귀 분석이 조금 더 정확했다고 할 수 있다.

A	B	C	D	E	F	G	H	I	J	K
				평균 절대 편차	선형 계수					
				17.15642123	0.4624253	0.809	1.507	1.432	0.328427	0.204
연도	팀	득점	예상 득점	절대 오차	1루타	2루타	3루타	홈런	볼넷+사사구	도루
2016	애리조나	752	774.38759	−22.3876	948	285	56	190	513	137
2016	애틀랜타	649	663.08989	−14.0899	960	295	27	122	561	75
2016	볼티모어	744	743.85987	0.14013	889	265	6	253	512	19
2016	보스턴	878	866.412	11.588	1022	343	25	208	601	83
2016	시카고 컵스	808	802.04548	5.954523	887	293	30	199	752	66
2016	시카고 화이트삭스	686	699.12203	−13.122	950	277	33	168	508	77
2016	신시내티	716	695.04522	20.95478	929	277	33	164	504	139
2016	클리블랜드	777	762.51113	14.48887	913	308	29	185	580	134
2016	콜로라도	845	816.4904	28.5096	975	318	47	204	534	66
2016	디트로이트	750	761.16262	−11.1626	983	252	30	211	546	58
2016	휴스턴	724	738.13446	−14.1345	849	291	29	198	601	102
2016	캔자스시티	675	666.82024	8.179764	1006	264	33	147	427	121
2016	LA 에인절스	717	675.91079	41.08921	955	279	20	156	522	73
2016	LA 다저스	725	704.66487	20.33513	894	272	21	189	583	45
2016	마이애미	655	670.71673	−15.7167	1031	259	42	128	501	71
2016	밀워키	671	709.9592	−38.9592	837	249	19	194	636	181
2016	미네소타	722	745.32146	−23.3215	886	288	35	200	557	91
2016	뉴욕 메츠	671	702.85673	−31.8567	865	240	19	218	579	42
2016	뉴욕 양키스	680	673.66393	6.336066	930	245	20	183	517	72
2016	오클랜드	653	639.03228	13.96772	892	270	21	169	475	50
2016	필라델피아	610	616.04736	−6.04736	878	231	35	161	482	96
2016	피츠버그	729	733.81416	−4.81416	964	277	32	153	642	110

[표 3-3] 선형 계수의 정확도 측정

선형 계수가 어떻게 사용되어 왔는가?

이 책에서 앞으로의 논의를 더 진행하기 전에 선형 계수가 어떻게 사용되어 왔는지 살펴보지 않는다면 찝찝함이 남을 것이다.(댄 아고니스츠의 요약 정리(http://danagonistes.blogspot.com/2004/10/brief-history-of-run-estimation.html)와 앨런 슈왈츠의 『The Numbers Game(2002)』도 반드시 살펴보길 추천한다.) 「Baseball Magazine」의 편집자였던 F. C. 레인은 1916년에 1,000개의 안타가 주자들을 얼마나 진루시켰는지에 대한 결과를 활용해 선형 계수를 측정했다. 그리고 1950년대 말과 1960년대에는 당시 군 장교였던 조지 린제이가 다량의 게임 데이터를 활용해 선형 계수들을 측정했다. 1978년에는 통계학자인 피터 팔머(「The hidden Game of Baseball」 참조)가 몬테카를로 시뮬레이션(Chapter 4 참조)을 통해 야구에서 일어나는 각각의 상황이 얼마나 가치 있는지 계산해 내었다. 1989년에는 「워싱턴 포스트」의 기자였던 토머스 보스웰이 그의 책 『Total Baseball』을 통해 그가 계산한 선형 계수들을 발표하였다. 이러한 선구자들이 계산해 내었던 선형 계수들은 다음 [표 3-4]에 정리되어 있다.

사건	레인	린제이	팔머	보스웰	우리의 선형 계수
볼넷+사사구	0.164		0.33	0.33	0.35
1루타	0.457	0.41	0.46	0.47	0.63
2루타	0.786	0.82	0.8	0.78	0.71
3루타	1.15	1.06	1.02	1.09	1.26
홈런	1.55	1.42	1.4	1.4	1.49
아웃			0.25		
도루			0.3	0.3	
도루 실패			0.6		

[표 3-4] 선형 계수 추정의 진화 과정

이 중 필자는 팔머가 제시한 몬테카를로 시뮬레이션이 선형 계수들을 계산하는 최적의 방법이라고 생각한다(그 이유는 Chapter 4에서 다룰 것이다). 그럼에도 불구하고, 일단은 우리가 앞에서 계산한 회귀 분석으로 선형 계수들을 통해 타자들을 평가해 보자. 이를 위해 타격 통계를 통해 총득점을 예측하는 공식이었던 공식 (2)로 돌아가야 한다.

선형 계수를 활용하여 타자의 득점 생산 계산하기

만약에 한 팀의 타자가 2016년의 마이크 트라웃이나 2016년의 크리스 브라이언트 혹은 2013년의 미구엘 카브레라 아홉 명으로 구성되어 있다면 얼마나 득점을 생산할 수 있을까? 다음 [표 3-5]를 살펴보자.

A	B	C	D	E	F	G	H	I	J	K	L	M
				0.4624	0.809	1.057	1.432		0.3284	0.204		
선수/연도		타수	Hits	1루타	2루타	3루타	홈런	사용한 아웃 수	볼셋+사사구	도루		
트라웃16		549	173	107	32	5	29	366.118	127	30		
브라이언트16		603	176	99	35	3	39	416.146	93	8		
카브레라13		555	193	122	26	1	44	352.01	95	3		
	스케일 팩터	타수	Hits	1루타	2루타	3루타	홈런		볼넷+사사구	도루	추정 득점 생산	게임당 득점 생산
트라웃16	11.8240567	6491.41	2045.561813	1265.2	378.4	59.12	342.9		1501.66	354.7	1588.071	9.803
브라이언트16	10.4025991	6272.77	1830.857439	1029.9	364.1	31.21	405.7		967.442	83.22	1297.190	8.007
카브레라13	12.2979461	6825.36	2373.503594	1500.3	319.7	12.3	541.1		1168.3	36.89	1709.317	10.551

[표 3-5] 트라웃, 브라이언트, 카브레라의 게임당 득점 생산 추정을 위한 선형 계수

2016년의 마이크 트라웃은 366.118아웃을 만들어 냈다(I4 셀). Chapter 2에서 설명했듯이, 한 타자가 만들어 내는 아웃의 개수는 0.982×타수+희생타+희생 번트+도루 실패+병살로 계산할 수 있다. 한 팀이 평균적으로 게임당 26.72개의 아웃

을 생산하므로, 한 시즌당 4,329아웃을 생산한다. 2016년 마이크 트라웃은 29개의 홈런을 쳤다. 아웃 한 개당 0.079개의 홈런을 친 셈이다(29/366.118=0.079). 따라서, 만약 한 팀이 2016년 마이크 트라웃 아홉 명으로 구성되어 있다면, 4,329×(29/366.118)=342.9개의 홈런을 칠 것으로 예상할 수 있다. 자, 이제 아홉 명의 마이크 트라웃으로 구성된 팀이 얼마나 많은 득점을 생산할지 계산해 보고자 앞의 예상 득점 공식 (2)를 활용해 보자.[20] 일단 마이크 트라웃의 타격 통계 수치들을 아래 비율을 이용해 증폭시켜 보았다.

4,329/366.118=11.824=시즌당 아웃 수/선수당 아웃 수

[표 3-5]의 아래 세 행으로 해당 값들이 계산되어 있다. 즉, 이 값들은 3~5행의 수치들에 4,329/(선수당 아웃 수)를 곱한 값들이다. 우리는 이것을 선수들의 "스케일 팩터"라고 부른다. 그리고 L 열에 공식 (2)에서 구한 회귀 분석 모델의 선형 계수들을 통한 예측값을 계산해 놓았다. 즉, 이는 한 시즌을 통틀어 한 선수로만 구성된 팀이 몇 점을 득점할 수 있는지를 의미한다. M 열에는 이 득점 예측치를 다시 162로 나누어 게임당 득점 예측치를 계산해 놓았다. 예를 들어, 2016년 마이크 트라웃 아홉 명으로 구성된 팀은 평균 9.803점을 매 게임 득점할 것이다. 그리고 2016년 크리스 브라이언트 아홉 명으로 구성된 팀은 게임당 8.007점, 2013년 미구엘 카브레라 아홉 명으로 구성된 팀은 게임당 10.551점을 득점할 것이다. 득점 생산 공식을 통해 예측한 세 선수의 득점 생산이 각각 9.39, 8.11 그리고 11.25점이었던 것을 기억하는가? 따라서 득점 생산 공식과 선형 계수 이 두 가지 방법이 한 선수가 팀에서 담당하는 득점을 상당히 유사하게 예측한다는 것을 알 수 있다.

20 이 식에서 양변에 있는 값들의 단위는 동일하다.

출루율, 장타율, 출루율+장타율 그리고 득점 생산

마이클 루이스가 그의 책 『머니 볼』에서 잘 설명해 놓았듯이, 1980년대부터 1990년대까지 메이저 리그 각 팀은 출루율의 중요성에 대해 인지하기 시작했다. 출루율은 단순히 한 선수가 타석당 안타+홈런, 볼넷, 몸에 맞는 볼을 통해 얼마나 많은 출루를 했는지에 관한 것이다. 2010년에서 2016년까지 메이저 리그 평균 출루율은 0.319였다. 출루율은 타자들의 타격 효율을 측정하는 데 타율보다 훨씬 효과적이다. 출루율이 높은 타자들은 한 팀의 한정된 자원(경기당 총 아웃 수)을 적게 사용하기 때문이다. 하지만 타이 콥이나 로저스 혼스비 같은 출루율이 높은 타자는 보통 홈런 수가 적은 경우가 대부분이다. 따라서 출루율만 가지고 타자를 평가한다면 이런 타자들이 과대평가될 것이다. 이를 보완하고자 야구 전문가들이 OPS(On-based Plus Slugging)이라는 새로운 통계 수치를 만들어 냈다. OPS는 출루율과 장타율을 합한 것이다. 장타율을 고려함으로써 장타자들에게도 공평한 타격 능력 측정 지표를 만들고자 한 것이다. 2004년 OPS는 Topps 야구 카드에도 포함되었다.

OPS는 출루율과 장타율을 같은 비율로 고려한다. 하지만 이게 합리적인 걸까? 출루율과 장타율의 적정한 상대적 비율을 계산하고자 2010년에서 2016년까지의 팀 데이터를 가지고 득점 생산을 종속 변수로 출루율과 장타율을 독립 변수로 포함시켜 회귀 분석을 돌려 보았다. 첨부된 Ch3Data.xlsx의 OBP_SLG 탭과 다음 [표 3-6] 참조.

분석 결과를 살펴보면 출루율과 장타율 모두 득점 생산을 예측하는 데 유의미한 변수들이었다(각각의 p 값이 거의 0에 가깝다). 셀 B5에 나와 있는 결정 계수는 88.5%로, 이는 출루율과 장타율이 득점 생산의 약 88.5%를 설명한다는 것을 의미한다. 이는 위에서 보여 준 회귀 분석 식에서의 결정 계수였던 0.9와 거의 근접한 수치이다. 즉, 출루율과 장타율 두 가지만 가지고 분석해도 복잡한 회귀 분석식과 거의 비슷한 수치의 결정 계수를 가진다. 왜 메이저 리그 팀들이 이 두 수치를 좋아하는지 쉽게 이해할 수 있는 대목이다. 그리고 아래 회귀식을 살펴보면 출루율이 장타율보다 조금 더 중요하다는 것을 알 수 있다.

$$득점\ 생산 = -738.74 + 2{,}338.1(출루율) + 1{,}707(장타율).$$

모형 요약

모형	
R	0.940845892
R 제곱	0.885190993
수정된 R 제곱	0.884081728
추정값의 표준 오차	23.51922548
표본 수	210

분산 분석

	자유도	제곱합	평균 제곱	F	유의 확률
회귀 모형	2	882830.6526	441415.3263	797.9972172	5.09931E-98
잔차	207	114502.8712	553.153967		
합계	209	997333.5238			

	계수	표준오차	t	유의 확률	95% 신뢰 구간 하한	95% 신뢰 구간 상한
상수	-738.7520251	43.82154709	-16.85819133	1.04367E-40	-825.1457842	-652.3582661
출루율	2338.121668	191.8515917	12.18713719	4.14782E-26	1959.888099	2716.355238
장타율	1707.332494	92.94672979	18.3689356	2.39874E-45	1524.088909	1890.576078

[표 3-6] 출루율(OBP)과 장타율(SLG)을 이용한 회귀 분석을 통해 팀 득점 생산 예측하기

평균 대비 득점 생산

2016년 크리스 브라이언트 같은 타자를 평가하는 한 방법은 평균적인 메이저 리그 팀에 이 선수가 추가되었을 때 얼마나 많은 추가적인 득점을 얻을 수 있을지 계산해 보는 것이다. 해당 내용은 Ch3Data.xlsx의 AboveAverage 탭에서 찾아볼 수 있으며 다음 [표 3-7]에도 나와 있다. 한 선수의 타격 통계 수치들은 7행에 넣으면 D의 11행에 이 선수가 평균적인 메이저 리그 팀에 추가할 수 있는 득점 수가 계산되어 나온다.

7행에는 1루타, 2루타, 3루타, 홈런, 볼넷+몸에 맞는 볼, 희생 번트 그리고 해당 선수에 의해 만들어진 총 아웃 개수가 들어간다. 크리스 브라이언트의 경우 416아웃을 만들어 냈다. 6행에는 해당 타격 지표의 2010~2016년 메이저 리그 평균을 넣었다.

만약 크리스 브라이언트가 평균적인 메이저 리그 팀에 추가된다면 나머지 여덟 명의 선수는 4,328.64−416.15=3,912.49아웃을 만들어 낼 것이다. 즉, 나머지 여덟 명의 선수는 팀 전체 아웃 수의 90.4%를 만들어 낸다(3,912.49/4,328.64=0.904). 이를 활용해 계산해 보면 평균적으로 여덟 명의 선수가 939.83×0.904개의 1루타를 만들어 냈음을 알 수 있다. 따라서 평균적인 여덟 명의 선수와 크리스 브라이언트로 이루어진 팀은 99+939.83×0.904=948.47개의 1루타를 생산했을 것이며, 35+276.2×0.904=284.64개의 2루타를 만들어 냈을 것이다.

A	B	C	D	E	F	G	H	I	J	K
					사용된 아웃 수					
					416.146					
나머지 여덟 명의 선수가 만들어 내는 아웃		상수	1루타	2루타	3루타	홈런	볼넷+사사구	도루		
0.90386218	선형 계수	−422.3215	0.46242531	0.809	1.05664681	1.43209399	0.32842703	0.20445498	아웃	예상 득점
	평균적인 팀		939.828571	276.195	29.1619048	159.357143	544.590476	95.0761905	4328.64	673.6088188
	2016 브라이언트		99	35	3	39	93	8	416.15	
	2016 브라이언트가 평균적인 팀에 추가된 경우		948.475504	284.642	29.3583429	183.036895	585.234737	93.9357731	3912.49	731.9090705
			2016 브라이언트의 추가 득점							
			58.30025							

[표 3-7] 2016년 브라이언트가 평균적인 메이저 리그 팀에 가져다줄 수 있는 추가 득점 계산

이와 같이 계산을 이어 간 후 앞에서 계산해 놓았던 선형 계수들을 활용해 예측치를 계산해 보면 여덟 명의 평균적인 선수와 크리스 브라이언트로 이루어진 팀은 총 −422+(0.462)×(948.47)+(0.809)×(284.64)+(1.056)×(29.36)+(1.432)×(183.04)+(0.328)×(585.23)+(0.204)×(93.94)=731.91점을 득점했을 것으로 예측할 수 있다. 한편 K 열에서 볼 수 있듯 리그의 평균적인 팀은 673.61점을 득점할 것이다. 따라서, D 열에서 볼 수 있듯 리그의 평균적인 팀에 크리스 브라이언트가 추가된다면 731.91−673.61=58.30점을 추가로 득점할 수 있을 것이다. 이렇게 평균적인 팀을 고려하여 선수의 능력을 평가하는 방법은 단순히 크리스 브라이언트 9명으로 구성된 팀의 득점 생산을 계산하는 것보다 그 활용도가 훨씬 높을 수 있다.

Chapter 4에서는 몬테카를로 시뮬레이션을 이용하여 한 선수가 특정 팀에 얼마나 많은 추가 득점을 가져올 수 있는지 계산해 볼 것이다.

Chapter 3 부록:
엑셀에서 회귀 분석 실행하기

엑셀에서 회귀 분석을 실행하려면 추가 기능인 분석 도구 팩을 설치해야 한다.

분석 도구 팩 설치하기

분석 도구 팩을 설치하려면 엑셀 좌측 위의 '파일'을 클릭하고 좌측 아래 '옵션'을 클릭한다. 해당 메뉴에서 아래쪽에 '추가 기능'을 클릭한다. 추가 기능 탭에서 '분석 도구 팩'을 선택한 후 아래 '이동' 버튼을 클릭한다. 분석 도구-VBA가 아닌 분석 도구 팩을 설치해야 한다.

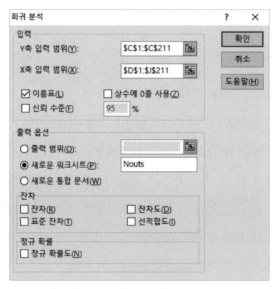

[그림 3-1] 예상 득점 회귀 분석

회귀 분석 실행하기

[표 3-1]에 나와 있는 회귀 분석은 한 팀의 1루타, 2루타, 3루타, 홈런, 볼넷+몸에 맞는 볼, 도루, 도루 실패를 활용해서 한 팀의 총득점을 예측했다.

이 회귀 분석을 실행하려면 우선 Ch3Data.xlsx에 있는 Data 탭을 실행시킨다. 다음 데이터 탭의 데이터 분석 도구 팩을 선택한다.

새로 열린 창에서 회귀 분석을 선택하고 위의 [그림 3-1]과 같이 변수들을 선택한다.

즉, 엑셀에 우리가 D2:J211에 있는 변수들(1루타, 2루타, 3루타, 홈런, 볼넷+몸에 맞는 볼, 도루, 도루 실패)을 이용하여 C2:C211에 있는 팀 총득점을 예측하길 원한다고 말해 주는 것이다.

마지막으로 이름표라고 되어 있는 박스를 체크해 준다. 이는 우리의 데이터 파일에서 첫 번째 행이 해당 열의 이름이기 때문이다. 결과는 [표 3-1]에 나온 것과 같이 새로운 워크시트인 Nouts 탭에 출력될 것이다.

몬테카를로 시뮬레이션을 이용한 타자 능력 측정

Chapter 2와 Chapter 3에서 득점 생산과 선형 계수를 활용해 타자의 능력을 평가하는 방법에 대해 다뤘다. 이 두 가지 방법은 기본적으로 안타, 홈런, 볼넷과 같은 팀의 타격 통계와 총득점 간의 관계를 설명하는 데 초점이 맞춰져 있다. 하지만 이는 개별 타자들의 능력치를 평가하는 데는 한계가 있을 수 있음을 지적한 바 있다.

「USA Today」의 스포츠 통계학자인 제프 사가린이 아주 간단한 예를 통해 득점 생산과 선형 계수가 개별 타자의 능력을 평가하는 데 적합하지 않을 수 있다는 것을 보여 준 바 있다. 조 하디라는 가상의 선수를 생각해 보자. 이 선수는 전체 타석의 50%에서 홈런을 친다. 그리고 나머지 50%는 삼진 아웃된다. 이 선수의 아웃 수와 홈런 수가 정확히 같으므로, 이 선수 아홉 명으로 구성된 팀은 평균적으로 홈런 한 번 아웃 한 번 홈런 한 번 아웃 한 번 홈런 한 번 아웃 한 번, 이런 식의 결과를 나타낼 것이다. 즉, 이닝당 평균 3점을 기록할 것이다. Chapter 6 부록에 이와 관련된 수학적 증명이 수록되어 있다.

	K	L	M	N	O	P
예측 방법	타수	홈런	아웃	득점 생산	경기당 득점 생산
빌 제임스(득점 생산)	8748	4374	4374	8748	54
선형 계수	8748	4374	4374	5957.26	36.77321

[표 4-1] 득점 생산과 선형 계수를 이용해 예측한 조 하디의 경기당 득점 창출

한 시즌 162번의 9이닝 경기를 다 치르고 나면 이 선수는 평균적으로 162×
27=4,374개의 홈런과 4,374개의 아웃을 기록할 것이다. [표 4-1](simulation-
motivator.xlsx 참고)에 나와 있듯이 이 경우 득점 생산은 게임당 54점(이닝당 6점),
선형 계수는 게임당 36.77점(이닝당 4.01점)을 기록할 것으로 각각 예측한다. 이는
실제 수치인 게임당 27점보다 현저하게 큰 예측치이다!

몬테카를로 시뮬레이션이란?

그렇다면 어떻게 이 선수로 이루어진 팀이 이닝당 3점 정도를 득점할 것이라는 것
을 보여 줄 수 있을까? 홈런을 칠 확률과 아웃될 확률이 각각 50%인 선수의 경우
를 프로그래밍한 후 많은 이닝을 실제로 시뮬레이션해 보면서 여기에서 나온 이닝당
득점의 평균을 계산해 보면 이를 확인할 수 있을 것이다. 이렇게 불확실한 상황을
실제로 여러 번 시뮬레이션 돌려 보는 방법을 몬테카를로 시뮬레이션이라고 부른다.
물리학자들과 천문학자들이 우주의 진화 과정을 시뮬레이션해 보는 데 이 방법을
사용한다. 생물학자들 또한 이 방법을 통해 지구 생명체들의 진화 과정을 시뮬레이
션한다. 더욱이 기업의 재무 담당자들은 몬테카를로 시뮬레이션을 통해 새로운 GM
의 자동차나 혹은 새로운 P&G 샴푸가 성공할 수 있을지 테스트해 보기도 한다. 몬
테카를로 시뮬레이션이라는 용어는 폴란드에서 태어난 물리학자인 스태니슬로 울람
(Stanislaw Ulam)에 의해 만들어졌다. 그는 1930년대 몬테카를로 시뮬레이션을 통해

원자 폭탄을 성공적으로 폭발시키고자 연쇄 반응의 성공 확률을 계산하였다. 울람의 이 시뮬레이션은 몬테카를로라는 군사 작전명이 붙어 있었고 이 이름이 지금까지 쓰이고 있다.

그래서 어떻게 야구 데이터를 시뮬레이션해 볼 수 있을까? 동전 던지기를 생각해 보자. 여기서 앞이 나올 경우 아웃, 뒤가 나올 경우 홈런이다. 이 경우 0.5의 확률로 홈런, 0.5의 확률로 아웃이 나올 것이다. 이제 세 번의 아웃이 나올 때까지 계속해서 동전을 던져 보자. 그러면서 그중에 나온 홈런의 개수를 세어 보면 이닝당 득점이 된다. 이와 같은 과정을 1,000번 반복해 보고 여기서 나온 이닝당 득점의 평균을 계산해 본다. 이렇게 구해진 평균 득점은 이 가상의 선수로 이루어진 팀의 실제 평균 득점과 근사할 것이다. 즉, 우리는 약 3,000점과 아주 가까운 값을 얻을 것이며, 이는 이닝당 약 3점이다. 우리는 이 간단한 몬테카를로 시뮬레이션을 엑셀을 이용해 돌려 보았다([표 4-2]와 simulationmotivator.xlsx 참고). 엑셀에서 =RAND()라고 입력한 후 F9 를 눌러 보면 매번 누를 때마다 숫자가 바뀔 것이다. RAND() 함수는 0에서 1 사이의 값을 랜덤하게 추출해 주는 함수이다. 예를 들어 RAND() 함수는 50%의 확률로 0에서 0.5 사이의 값을, 나머지 50%의 확률로 0.5에서 1 사이의 값을 추출해 줄 것이다. 이 함수를 통해 나온 값들을 난수라고 부른다. 따라서 0.5 이하의 값을 홈런이라고 하고 0.5에서 1 사이의 값을 아웃이라고 하면 이를 통해 가상의 선수를 통한 시뮬레이션을 할 수 있을 것이다. simulationmotivator.xlsx 파일에서 F9 를 눌러 보면 시뮬레이션된 결괏값을 얻을 수 있다([표 4-2] 참고). 이 파일에서 0.5 이하의 난수는 홈런, 나머지 난수는 아웃으로 계산된다. [표 4-2]에서는 해당 이닝에 5점을 득점했다.

B	C	D	E	F	G	H
타자	난수	결과	아웃	득점	이닝 종료?	총득점
1	0.801196698	아웃	1	0	no	2
2	0.37246128	홈런	1	1	no	
3	0.491059603	홈런	1	2	no	
4	0.59030895	아웃	2	2	no	
5	0.899120622	아웃	3	2	yes	
6					yes	
7					yes	
8					yes	
9					yes	
10					yes	
11					yes	
12						
13						
14						

[표 4-2] 조 하디의 1이닝 시뮬레이션

엑셀 파일을 확인해 보면 셀 J6:J1005는 1,000번의 시뮬레이션 결과를 보여 주고 셀 J3은 이 1,000번의 시뮬레이션 결과의 평균값을 나타내고 있다(17행부터 1,002행까지는 숨겨져 있다). 본 챕터 부록에 우리가 어떻게 엑셀 데이터 표 기능을 이용해서 1,000번의 시뮬레이션을 돌렸는지 설명되어 있다. F9를 누를 때마다 J3의 값이 바뀌는 것을 확인할 수 있을 것이다. 하지만 언제나 3과 아주 가까운 값이 출력될 것이다. 즉, 우리의 가상 선수로 이루어진 팀은 득점 생산 공식에서 예측한 54점이 아닌 이닝당 약 3점, 게임당 약 27점을 득점할 것이라는 것을 의미한다.

마이크 트라웃 아홉 명으로 이루어진
팀의 총득점 시뮬레이션

앞의 간단한 예제를 시뮬레이션해 본 것을 바탕으로 다음의 시뮬레이션을 실행해 보자. 만약 2016년 마이크 트라웃 아홉 명으로 구성된 팀이 있다면 총 몇 점을 득점할까? 우리는 한 이닝을 그대로 시뮬레이션하면서 주자, 득점, 아웃 수를 계산해 보아야 한다. 먼저 한 타석에서 일어날 수 있는 모든 경우의 수는 [표 4-3]에 나와 있다.

C	D
	사건
1	삼진 아웃
2	볼넷
3	사사구
4	실책
5	긴 1루타
6	중간 1루타
7	짧은 1루타
8	짧은 2루타
9	긴 2루타
10	3루타
11	홈런
12	병살
13	땅볼
14	라인 드라이브 혹은 인필드 플라이
15	긴 플라이 볼
16	중간 플라이 볼
17	짧은 플라이 볼

[표 4-3] 야구 공격 상황에서 나올 수 있는 모든 경우

- 만약 에러가 발생하면 모든 주자가 한 루씩 진루한다고 가정했다.

- 긴 1루타(Long Single)는 모든 주자를 두 루씩 진루시킨다.

- 중간 1루타(Medium Single)는 2루에 있는 주자를 득점시키지만 1루에 있는 주자는 한 루만 진루시킨다.

- 짧은 1루타(Short Single)는 모든 주자를 한 루씩 진루시킨다.

- 짧은 2루타(Short Double)는 모든 주자를 두 루씩 진루시킨다.

- 긴 2루타(Long Double)는 1루에 있는 주자를 득점시킨다.

- 1루 또는 1루와 2루 또는 1루와 3루에 주자가 있거나 만루인 상황에서 병살타가 발생할 수 있다. 이 외 다른 상황에서는 타자는 아웃되고 다른 주자들은 진루하지 않고 머문다.

- 땅볼(Normal Ground Ball)은 1루 또는 1루와 2루 또는 1루와 3루에 주자가 있거나 만루인 상황에서 주자들을 포스 아웃시킨다. 주자가 2루와 3루에 있는 경우 주자들은 그대로 해당 루에 머문다고 가정했다. 주자가 3루에 있는 경우 주자는 득점한다고 가정했다. 주자가 2루에 있는 경우 3루로 진루한다고 가정했다.

- 긴 뜬공은 2사 후가 아닌 경우 2루나 3루에 있는 주자를 진루시킨다.

- 중간 뜬공은 2사 후가 아닌 경우 3루에 있는 주자를 득점시킨다.

- 짧은 뜬공이나 라인 드라이브 혹은 인필드 플라이는 주자들을 진루시키지 못한다.

다음 단계는 모든 발생 가능한 경우에 대해 각각의 발생 확률을 계산해 놓은 것이다. 최근 시즌 동안 모든 타수의 약 1.8% 정도에서 에러가 발생했다. 그리고 엑셀 파일의 음영 처리된 셀에 선수의 타격 통계를 입력한다. 여기서는 2016년 마이크 트라웃의 기록을 입력해 보자([표 4-4]와 Trout2016.xlsx 파일 참고). 참고로 본 시뮬레이션에서는 도루, 도루 실패, 포수 패스트 볼, 폭투, 보크와 같은 발생 확률이 낮은 이벤트들은 제외했다.

D	E	F
결과	빈도	확률
타석	681	
타수+희생타+희생 번트	554	
실책	10	0.0146843
아웃	234	0.3436123
삼진	137	0.2011747
볼넷	116	0.1703377
사사구	11	0.0161527
1루타	107	0.1571219
2루타	32	0.0469897
3루타	5	0.0073421
홈런	29	0.0425844

[표 4-4] 트라웃 시뮬레이션에서 입력값

2016년 마이크 트라웃의 타수+희생타+희생 번트=554였고 107개의 1루타를 쳤다.

인플레이 아웃은 삼진 아웃을 제외한 나머지 아웃들이다.

인플레이 아웃=(타수+희생타+희생 번트)-(안타+홈런)-에러-삼진 아웃.

역사적으로 메이저 리그에서는 (타수+희생타+희생 번트)의 약 1.8%의 경우에서 에러가 발생했다. 즉, 에러=0.018×(타수+희생타+희생 번트).

총 타석수=볼넷+몸에 맞는 볼+(타수+희생타+희생 번트)=554+116+11=681.

이제 이 다양한 경우의 발생 확률을 계산해 보자. 즉, (각 이벤트의 발생 빈도)/(총 타석수)를 계산해 보자. 예를 들어, 마이크 트라웃이 1루타를 칠 확률은 107/681=0.157이다.

또한 모든 가능한 종류의 1루타, 2루타, 인플레이 아웃의 발생 확률을 계산해야 한다. 예를 들어, 총 인플레이 아웃 중 몇 번이 병살타로 인한 아웃이었을까? 우리는 언쇼 쿡의 『Percentage Baseball(1966)』 책에 나온 데이터와 많은 야구 시뮬레이션 모델을 구축해 본 경험이 있는 「USA Today」의 제프 사가린과 토론을 통해 다음과 같은 추정치들을 도출해 냈다.

- 30%의 1루타가 긴 1루타이고, 50%가 중간 1루타, 20%가 짧은 1루타이다.
- 80%의 2루타가 짧은 2루타이고, 20%가 긴 2루타이다.
- 53.8%의 인플레이 아웃은 땅볼이고, 15.3%는 인필드 플라이거나 라인 드라이브 타구이며, 30.9%는 뜬공이다.
- 50%의 땅볼 아웃은 병살타이고, 나머지 50%는 일반 땅볼 아웃이다.
- 20%의 뜬공은 긴 뜬공이고, 50%가 중간 뜬공, 나머지 30%가 짧은 뜬공이다.

앞의 추정치가 정확한지 알아보려고 2016년 메이저 리그 데이터를 이용해 50,000이닝의 시뮬레이션을 돌려 보았다. 이 시뮬레이션에서 도출된 게임당 득점수는 실제 2016 시즌 득점과 약 1% 정도밖에 차이가 나지 않았다.

이제 @RISK라는 엑셀 시뮬레이션 추가 기능을 활용해 수천 번(혹은 수백만 번)의 시뮬레이션을 돌려 보자. palisade.com에서 @RISK 무료 15일 체험판을 다운로드받을 수 있다. 기본적으로 이 추가 기능은 우리가 입력해 놓은 확률표에 따라서 각 타석당 발생 가능한 이벤트 중 한 가지를 발생시킨다. 핵심적인 것은, @RISK가 각 타석마다 0에서 1 사이의 난수를 발생시키고 이에 해당하는 결괏값을 매칭시킨다는 것이다. 예를 들어 0.157이 난수로 생성되면 1루타가 매칭되며, 이는 2016 시즌 마이크 트라웃의 실제 1루타 확률과 일치한다.[21] 이와 같은 방법으로 모든 발생 가

21 역주. 원서의 설명이 모호하여 최대한 이해하기 쉽게 번역하느라 원문의 표현과 다르게 표현했다. 더 정확한 설명을 첨부하자면, 가장 먼저 모든 발생 가능한 이벤트들의 발생 확률을 누적해서 표로 만들어야 한다. 예를 들어, 1루타 발생 확률이 0.157이므로 0에서 0.157까지는 1루타로 지정하고, 2루타 발생 확률이 0.047이므로 0.157에서 0.157+0.047=0.204까지는 2루타로 지정하며, 이와 같은 방식으로 모든 발생 가능한 이벤트들의 확률 누적 분포표를 만들어야 한다. 그다음 난수를 생성한다. 만약 생성된 난수가 0.157에서 0.204 사이라면 2루타가 매칭될 것이다. 0에서 1까지의 난수 생성에서 0.157에서 0.204 사이의 값이 나올 확률은 0.047(0.204−0.157)이므로 이는 마이크 트라웃이 2루타를 칠 확률과 정확히 일치한다.

능한 이벤트들에 대해 실제 발생 확률과 비슷한 확률대로 시뮬레이션이 돌아갈 것이다.

다음 [표 4-5]에는 한 이닝을 시뮬레이션한 결과가 나타나 있다.

D	E	F	G	H	I	J
결과	현재 상황	결과	득점	아웃 추가	아웃 수	이닝 종료?
삼진	1	1	0	0	1	no
짧은 2루타	1	8	0	0	1	no
중간 플라이 볼	6	16	0	0	2	no
긴 1루타 (2베이스 진루)	6	5	1	1	2	no
볼넷	2	2	0	0	2	no
긴 1루타 (2베이스 진루)	3	5	1	1	2	no
라인 드라이브 혹은 인필드 플라이	4	14	0	0	3	yes

[표 4-5] 한 이닝 시뮬레이션 예

엑셀 파일에서 Entering State 열은 몇 명의 주자가 루상에 있는지를 나타낸다. 예를 들어, 101은 1루와 3루에 주자가 있다는 뜻이고, 100은 1루에 주자가 있다는 뜻이다. 결과 열은 [표 4-3]에 나와 있는 코드들을 이용해 각 타석에서의 결과를 트래킹한다. 예를 들어, 코드 6은 중간 1루타를 의미한다.

[표 4-5]에 나와 있는 한 이닝 시뮬레이션 결과는 아홉 명의 마이크 트라웃로 이루어진 팀이 해당 이닝에 두 점을 득점했음을 나타낸다. @RISK를 통해 수천 번의 이닝을 시뮬레이션해 본 결과 해당 시뮬레이션들에서 나타난 이닝당 득점수의 평균을 계산할 수 있었다. 이 값에 한 팀의 게임당 평균 이닝(26.72/3)을 곱해, 한 게임당 평균 득점 예상치를 추정해 보았다. 우리가 마이크 트라웃가 실제 타격 통계 자료를 이용해 시뮬레이션을 돌리고 있어 마이크 트라웃 아홉 명으로 이루어진 팀의 시뮬레이션 결과는 득점 생산이나 선형 계수를 통한 예측치보다 훨씬 그 예측력이 뛰어날 것이다. 다시 말하면, 몬테카를로 시뮬레이션은 마이크 트라웃이 아닌 어떤 선수의 타격 통계를 사용하든 그 정확도가 상당히 뛰어날 것이다. 위에서 보여 준 가상

의 선수 예에서처럼, 득점 생산이나 선형 계수의 예측력은 종종 아주 형편없을 경우도 있다.

마이크 트라웃, 크리스 브라이언트, 미구엘 카브레라, 배리 본즈 데이터를 활용한 몬테카를로 시뮬레이션 결과

2016년 마이크 트라웃, 2016년 크리스 브라이언트, 2013년 미구엘 카브레라, 2004년 배리 본즈의 데이터를 활용해 몬테카를로 시뮬레이션을 돌려 본 결과, 각각의 게임당 득점 예상치는 다음과 같았다.

- 2016년 마이크 트라웃: 게임당 9.38점
- 2016년 크리스 브라이언트: 게임당 7.95점
- 2013년 미구엘 카브레라: 게임당 10.24점
- 2004년 배리 본즈: 게임당 21.02점!!!

여기서 2004년 배리 본즈의 시뮬레이션 결과는 약간의 문제점이 있다. 2004 시즌 배리 본즈는 232개의 볼넷을 기록했다. 하지만 이 중 120개가 고의 사구였다. 당연하게도, 투수들은 그다음 타자를 상대하는 것이 편해 많은 고의 사구를 던졌다. 배리 본즈 아홉 명으로 구성된 가상의 팀에서는 이러한 고의 사구가 아무런 의미가 없다. 따라서, 고의 사구를 제외하고 다시 시뮬레이션을 돌렸다. 만약 고의 사구가 없을 경우 2004년 배리 본즈 9명으로 구성된 팀은 게임당 약 15.98점을 득점했을 것으로 예측되었다.

마이크 트라웃은 2016년 LA 에인절스에 몇 점의 추가 득점을 가져다줬을까?

솔직히 말해서 아홉 명의 마이크 트라웃이나 아홉 명의 배리 본즈로 이루어진 팀은 현실성이 없다. 우리가 진짜로 알고 싶은 것은 한 선수가 팀의 득점에 얼마나 기여하는가이다. 따라서, 2016년 마이크 트라웃이 그의 팀인 LA 에인절스에 몇 점을 공헌했는지 살펴보도록 하자. 2016년 마이크 트라웃을 제외한 나머지 LA 에인절스 선수들의 타격 통계는 다음의 [표 4-6]에 나와 있는 바와 같다.

D	E	F
결과	빈도	확률
타석	5360	
타수+희생타+희생 번트	4962	
실책	89	0.01660448
아웃	2782	0.51902985
삼진	854	0.15932836
볼넷	355	0.06623134
사사구	40	0.00746269
1루타	848	0.15820896
2루타	247	0.04608209
3루타	15	0.00279851
홈런	127	0.02369403

[표 4-6] 마이크 트라웃이 없는 상태에서 2016년 LA 에인절스 타격 통계

예를 들어, 마이크 트라웃이 그의 타석수의 4.3%에서 홈런을 기록한 것과 달리 나머지 선수들은 타석수의 2.4%에서만 홈런을 기록했다. 이제 마이크 트라웃이 그의 팀에 몇 점을 추가했는지 계산해 보자. 마이크 트라웃을 제외한 나머지 타자들의 발생 가능한 모든 이벤트에 대한 확률은 [표 4-6]에 나온 숫자들을 활용하였다. 25,000이닝의 시뮬레이션을 통해서 얻은 값에 따르면 마이크 트라웃이 없

는 에인절스는 평균 626점을 득점했다. 마이크 트라웃이 있을 때 에인절스는 실제로 717점을 득점했다. 그렇다면 에인절스의 평균적인 타자들과 비교하여, 마이크 트라웃이 얼마나 많은 승리에 기여했을까? Chapter 1에서 다뤘던 야구의 피타고라스 정리를 활용해 보자. 2016 시즌 에인절스는 727점을 실점했다. 따라서 득실률은 717/727=0.986이다. 야구의 피타고라스 정리에 따르면 그들은 이론적으로 $\frac{162 \times 0.986^2}{0.986^2 + 1} = $ **79.88**승을 거뒀어야 한다.

마이크 트라웃이 없는 상태에서 우리의 시뮬레이션은 득실률 626/727=0.861을 기록했다. 그러므로 마이크 트라웃이 없었다면 에인절스는 이론적으로 $\frac{162 \times 0.861^2}{0.861^2 + 1} = $ **68.97**승을 거뒀을 것이다.

즉, 우리의 모델은 마이크 트라웃이 다른 평균적인 타자로 대체됐을 때와 비교해 마이크 트라웃이 포함되었을 때, 에인절스가 79.88-68.97=10.91승을 추가로 거뒀음을 보여 준다.

마이크 트라웃 대 메이저 리그 평균 타자

빌 제임스는 「Historical Baseball Abstract(2001)」에서 한 선수를 메이저 리그 평균 타자와 비교하는 방식을 보여 줬다. 따라서, 평균적인 팀의 681번의 타석수를 [표 4-4]에 나온 마이크 트라웃의 타격 통계로 대체했을 때 얼마나 많은 추가 득점을 얻을 수 있는지 살펴보자. Troutaboveaveragesimulation.xlsx 파일에 두 세트의 선수 타격 통계를 입력할 수 있다. 필자는 2016년 마이크 트라웃의 통계를 B2:B12 셀에 입력했다. 그리고 2016년 메이저 리그 평균적인 팀의 타격 통계를 H2:I12 셀에 입력했다([표 4-7] 참고).

H	I	J
결과	빈도	확률
타석	6153	
타수+희생타+희생 번트	5593	
실책	101	0.016414757
아웃	2784	0.452462214
삼진	1299	0.211116529
볼넷	503	0.08174874
사사구	55	0.008938729
1루타	918	0.149195514
2루타	275	0.044693645
3루타	29	0.004713148
홈런	187	0.030391679

[표 4-7] 2016 평균적인 팀 타격 통계

해당 자료에서 마이크 트라웃이 평균적인 타자들보다 훨씬 많은 홈런과 볼넷을 기록했다는 것을 알 수 있다. 몬테카를로 시뮬레이션을 돌릴 때 마이크 트라웃의 데이터를 활용한 값은 D 열에, 평균적인 타자들의 자료를 활용한 결괏값은 J 열에 표시된다. 마이크 트라웃이 681번의 타석수를 기록한 반면 평균적인 팀은 6,153번의 타석수를 기록했으므로, 시뮬레이션을 돌릴 때 681/6,153=0.111의 확률로 평균적인 타자를 마이크 트라웃으로 대체했고 1−0.111=0.889의 확률로 평균적인 타자의 타격 통계를 입력했다. 평균적인 타자로만 구성된 팀과 평균적인 타자 8명과 마이크 트라웃으로 구성된 팀으로 50,000번의 이닝을 시뮬레이션한 결과 마이크 트라웃이 포함될 경우 득점수가 727점에서 804점으로 늘어났다. 이 추가 득점이 몇 승을 추가로 가져왔을까? 마이크 트라웃이 있을 때 득실률은 804/727=1.106이다. 야구의 피타고라스 정리를 이용하면 마이크 트라웃이 있을 때 $\frac{162 \times 1.106^2}{1.106^2 + 1} = 89.12$승을 거뒀을 것이라고 예측할 수 있다. 따라서, 마이크 트라웃이 평균적인 팀에 추가된다면, 89.12−81[22]=8.12승을 추가로 거둘 수 있다고 예측할 수 있다. Chapter 9에서 또 다른 방식의 분석을 통해 2016년 마이크 트라웃이 리그의 평균적인 선수 대비 그의 팀에 약 6.64승을 추가로 가져다주었음을 보여 줄 것이다.

Chapter 4 부록:
엑셀 데이터 표 기능을 활용해서 시뮬레이션 돌리기

simulationmotivator.xlsx 파일의 B2:H22 셀에 50%의 확률로 홈런 혹은 아웃을 기록하는 타자로 구성된 팀의 한 이닝을 시뮬레이션하는 코드를 프로그래밍해 놓았다. F9를 누르면 총 득점수가 H3 셀에 기록될 것이다. 한 번 더 설명하자면, RAND() 함수가 생성한 난수가 0.5보다 작을 때는 홈런으로 기록되고 0.5보다 큰 경우 아웃으로 기록된다. 여러 번의 시뮬레이션에서 나온 득점수를 기록하고자 I6:I1005 셀에 1부터 1000까지의 숫자를 입력한다. 이를 쉽게 하고자 I6 셀에 1을 입력한 후 홈탭 〉 편집 〉 채우기를 선택한 후 계열을 선택한다. 그 후 아래 [그림 4-1]에 나오는 것처럼 값을 입력한다.

[그림 4-1] 한 열에 1에서 1000까지 입력하기

---

22 역주. 원서에는 정확히 나와 있지 않지만 같은 방식으로 예측한 평균적인 타자로만 구성된 팀의 예상 승수가 81승이었을 것이다.

다음으로, J3 셀에 수식 =H3을 입력하여 우리가 시뮬레이션 돌리길 원하는 횟수를 넣어 준다. 이제, I3:J1005를 선택한 후 데이터 탭 〉 What-If 분석 〉 데이터 표를 선택한다.

다음으로, 행 입력은 비워 두고 열 입력에는 아무 셀이나 비어 있는 셀을 선택한다. 그러면 엑셀이 1, 2, …, 1,000까지 연속해서 우리가 선택한 비어 있는 셀에 입력할 것이다. 이렇게 하면 RAND() 함수가 난수를 새로 생성할 때마다 H3 셀에 있는 이닝당 득점이 새로 계산될 것이다. J3 셀에 =AVERAGE(I6:I1005)라고 입력하면 1,000번의 시뮬레이션에서 도출된 이닝당 득점의 평균값이 계산될 것이다. 예를 들어 [표 4-8]에서는 1,000번의 시뮬레이션에서 나온 이닝당 득점의 평균이 3.01점이 나온 것을 확인할 수 있다.

I	J
	평균 이닝당 득점
	3.01
시뮬레이션 #	1
1	6
2	6
3	5
4	4
5	0
6	0
7	7
8	1
9	2
10	6
11	1
998	1
999	8
1000	4

[표 4-8] 조 하디의 타격을 1,000이닝 동안 시뮬레이션 돌린 결과

야구에서의 투수 능력 평가, 투수 성적 예측 그리고 스탯캐스트(STATCAST) 소개

Chapter 2에서 Chapter 4까지 득점 생산, 선형 계수, 몬테카를로 시뮬레이션을 이용한 타자 능력 측정 방법들을 소개했다. 이제 투수들의 능력을 평가하는 방법들에 대해서 알아보자. 앞으로 설명하겠지만 투수들을 평가하는 것은 쉬운 일이 아니다.

최근까지 투수 능력치를 평가하는 데 가장 자주 사용되던 방법은 평균 자책점을 계산하는 것이었다. 조 하디라는 가상의 투수가 있다고 해 보자. 그리고 조 하디가 루상으로 보내 준 모든 주자에 대해 생각해 보자. 이 주자 중 에러나 패스트 볼(passed ball)같이 투수의 책임이 없는 상황을 제외한 나머지 상황에서 득점한 주자들이 조 하디의 자책점이 될 것이다. 예를 들어, 조 하디가 2사 후 3루타를 허용하고 다음 타자에게 1루타를 허용했다면, 자책점은 1점이 늘어날 것이다. 그렇다면 3루타를 친 타자의 다음 타자가 친 공이 유격수로 향했고 유격수가 실책을 범해 점수를 허용했다고 생각해 보자. 이 경우 에러가 없었다면 상대방이 득점하지 못했을 것이므로 조 하디의 자책점이 아니다. 투수의 평균 자책점(ERA)은 매 9이닝당 투수가 허용한 자책점을 의미한다. 예를 들어, 만약 조 하디가 45이닝 동안 20점의 자책점을 기록했을 경우, 그는 매 9이닝당 $\frac{20 \times 9}{45} = 4$점의 자책점을 기록한 것이 된다. 따라서, 조 하디의 평균 자책점(ERA)은 4가 된다. 일반적으로 평균 자책점은 $\frac{(자책점) \times 9}{투구\ 이닝}$으로 계산된다.

평균 자책점(ERA)의 문제점

투수를 평균 자책점으로 평가하는 데는 다음과 같은 몇 가지 문제점이 있다.

1. 에러라는 것은 상대적이다. 기록원들의 성향에 따라 타자가 친 공을 에러로 기록하는 빈도에 차이가 있다. 칼리스트와 스퍼(2006)는 공식 기록원들이 홈 팀에 조금 더 유리하게 판단하는 경향이 있다는 증거를 밝히기도 했다.

2. 선발 투수가 루상에 주자를 남겨 둔 상태에서 다음 투수로 교체되었을 때, 교체된 다음 투수의 투구가 선발 투수의 자책점에 영향을 미치게 된다. 예를 들어, 조 하디가 2사 만루 상황에서 다음 투수와 교체되었다고 가정해 보자. 만약 다음 투수가 아웃을 잡아낸다면 조 하디의 자책점은 0점일 것이다. 하지만 만약 다음 투수가 만루 홈런을 허용한다면 3점이 조 하디의 자책점으로 기록될 것이다.

3. 야수의 수비력이 좋은 팀의 투수들이 그렇지 못한 투수들보다 훨씬 적은 자책점을 기록하게 된다. 야수들을 평가하는 방법은 Chapter 7에서 다룰 것이다.

선발 투수들은 종종 그들의 승패 수에 따라서 평가되곤 한다. 하지만 이 방법은 당연하게도 해당 팀 타자들의 타격 능력에 큰 영향을 받을 수밖에 없다. 예를 들어, 2018년 뉴욕 메츠의 투수였던 제이콥 디그롬은 평균 자책점 1.70으로 내셔널 리그 선두였지만 최악의 타격을 선보였던 그해 메츠 타자들 때문에 겨우 10승 9패의 승패 수를 기록하였다.

마무리 투수들은 종종 세이브 숫자로 평가된다. 대부분 세이브는 동점 주자를 상대한 투수들에게 주어진다. 세이브의 공식적 정의는 다음과 같다.

공식 기록원은 투수가 아래에 주어진 네 가지 조건을 모두 만족시켰을 때 세이브를 기록한다.

1) 투수가 승리 팀의 마지막 투수여야 한다.

2) 투수가 승리 투수가 아니어야 한다.

3) 최소 1/3이닝을 투구해야 하며,

4) 다음 중 하나 이상의 조건을 만족해야 한다.

    a. 3점 이하로 리드하고 있는 경우에 등판하여 최소 1이닝 이상 투구한 경우

    b. 아웃 카운트와 상관없이 루상에 있는 주자 또는 타석에 있는 타자 또는 그다음 타자가 동점 주자가 되는 상황에 등판한 경우

    c. 최소 3이닝 이상 투구한 경우

조지 오웰의 문구를 인용해 보겠다. "모든 세이브는 표면상 동일하다. 하지만 몇몇 세이브는 다른 세이브들보다 더욱 가치 있다." 마무리 투수들의 통계 자료에는 단순히 세이브의 숫자만 적혀 있다. 하지만 9회 초 3-2 상황에서 등판한 마무리 투수 혹은 무사 만루 상황에서 등판한 마무리 투수를 생각해 보자. 만약 이 마무리 투수가 승리를 지켜 낸다면 엄청난 일을 하는 것이다. 반면에 어떤 마무리 투수는 4-2로 리드하고 있는 상황, 2사 1루에 등판한다면, 이 투수는 한 타자를 아웃시키고 세이브를 받는다. 누가 보더라도 첫 번째 경우의 마무리 투수가 더 많은 보상을 받아야 하지만 두 경우 모두 똑같은 1 세이브를 얻어 간다.

Chapter 8에서 설명할 승리 확률 기여도(Win Probability Added, WPA)라는 개념은 투수 능력 측정에 대한 많은 문제를 해결해 준다. 승리 확률 기여도는 또한 마무리 투수와 선발 투수의 가치 비교도 가능하게 해 준다.

과거의 평균 자책점(ERA)은 미래의 평균 자책점을 잘 예측하지 못한다.

평균 자책점의 여러 가지 문제점에도 불구하고 한 투수의 과거 성적을 기반으로 미래의 평균 자책점을 예상하는 것은 중요한 일이다. 이는 각 팀이 투수들의 성적을 향상하고자 하는 목적을 달성하는 데 도움을 줄 수 있을 것이다.

먼저, 과거 평균 자책점으로 미래 평균 자책점을 예측해 보고자 하는 것은 합리적인 시도처럼 보인다. 오랫동안 야구 커뮤니티에서는 이 방법이 꽤 괜찮은 다음 시즌 평균 자책점 예측 방법이라고 생각해 왔다. 자, 이 가설을 한번 테스트해 보자. 2015년과 2016년에 출전했던 모든 투수를 대상으로 x축에는 2015년 평균 자책점, y축에는 2016년 평균 자책점을 표시해 보았다([그림 5-1]과 XERA.xlsx 참고). 그리고 엑셀의 추세선 추가 기능을 활용하여 해당 데이터를 가장 잘 설명할 수 있는 추세선을 그려 넣었다(본 챕터 부록에 추세선 기능을 사용하는 방법에 대해 설명해 놓았다).

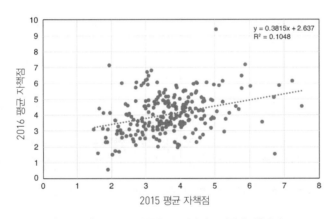

[그림 5-1] 작년 평균 자책점으로 내년 평균 자책점 예측하기

[그림 5-1]의 그래프는 작년 시즌 평균 자책점을 바탕으로 내년 시즌 평균 자책점을 예상하는 최적의 추세선을 표시하고 있다.[23]

$$2016년 평균 자책점 = 2.637 + 0.3815 \times 2015년 평균 자책점$$

예를 들어, 작년 평균 자책점이 4.0이었던 투수의 내년 시즌 평균 자책점은 2.637+0.3815×(4)=4.16점이라고 예측할 수 있다.

하지만 [그림 5-1]의 추세선은 우리의 데이터를 그다지 잘 설명하지 못한다. 2016 시즌 평균 자책점이 4점 정도일 것이라고 예측된 투수 중 많은 수가 실제로는 5점 이상 혹은 3점 이하의 평균 자책점을 기록했기 때문이다. 통계학자들은 이러한 추세선이 해당 데이터를 얼마나 잘 설명하는지 결정 계수(R-squared), 상관 계수 (Correlation) 그리고 절대 평균 편차(Mean Absolute Deviation) 등을 통해 수치화 하곤 한다.

결정 계수(R-squared)와 상관 계수(Correlation)

결정 계수(R-squared)는 [그림 5-1]에서 볼 수 있듯 2015 시즌 평균 자책점으로 2016 시즌 평균 자책점을 예측하는 회귀식의 결정 계수는 0.1048이다. 이는 작년 시즌 평균 자책점이 내년 시즌 평균 자책점의 약 10.5% 정도밖에 설명하지 못한다는 의 미이다. 다시 말해, 내년 시즌 평균 자책점의 89% 이상이 작년 시즌 평균 자책점으 로는 설명되지 않는다는 뜻이다. 통계학자들은 또한 결정 계수의 제곱근을 통해 선 형 연관성을 측정하기도 한다. 이는 상관 계수라고 불리고 보통 소문자 r로 표기한다. 앞의 예에서 2015 시즌과 2016 시즌 평균 자책점 간의 상관 계수는 $\sqrt{0.104} = 0.32$ 이다. 상관 계수는 변수들의 측정 단위에 영향받지 않으면서 두 변수 간의 선형 연관

---

23 각각의 데이터값에서 추세선까지의 수직 거리의 제곱합이 최소화되는 추세선을 엑셀에서 찾아낸 것이다. 이는 최소 제곱법이라고 불린다.

성을 측정하는 지표로서 항상 −1과 1 사이의 값을 갖는다.

보통 r로 표시되는 상관 계수는 두 변수(여기서는 X와 Y라고 하자) 간의 선형 관계의 강도를 나타낸다. 두 변수 간의 상관 계수는 항상 −1에서 1 사이이다. 상관 계수를 구하는 공식은 그리 중요하지 않다.[24] 중요한 것은 두 변수 간의 상관 계수를 해석할 수 있어야 한다는 것이다.

상관 계수가 +1에 가깝다면, 이는 두 변수 간에 강한 양의 상관 관계가 있다는 뜻이다. 즉, X 값이 평균보다 클 때 Y 값도 평균보다 큰 경향이 강하며, X 값이 평균보다 작을 때 Y 값도 평균보다 작은 경향이 강하다는 뜻이다. 다른 방식으로 설명하자면, 두 변수 간의 관계를 설명하는 직선의 추세선은 양의 기울기를 가질 것이다. 예를 들어, [그림 5-2]에서 생산량과 총생산 비용 간의 상관 관계는 +0.95이다.

상관 계수가 −1에 가깝다면, 이는 두 변수 간에 강한 음의 상관 관계가 있다는 뜻이다. 즉, X 값이 평균보다 클 때 Y 값은 평균보다 작은 경향이 강하며, X 값이 평균보다 작을 때 Y 값은 평균보다 큰 경향이 강하다는 뜻이다. 다른 방식으로 설명하자면, 두 변수 간의 관계를 설명하는 직선의 추세선은 음의 기울기를 가질 것이다. 예를 들어, [그림 5-3]에서 가격과 수요 간의 상관 관계는 −0.9이다.

상관 계수가 0에 가까운 경우 두 변수 간에 별다른 선형 관계가 없다는 뜻이다. 즉, X 값이 그 평균값보다 큰지 작은지 아는 것은 Y 값이 그 평균보다 클지 작을지 예상하는 데 별 도움이 되지 않는다는 뜻이다. [그림 5-4]는 두 변수 간의 상관 계수가 0.003인 경우를 보여 주고 있다. 즉, 두 변수 간에 그다지 의미 있는 관계가 없다는 뜻이다. 하지만 이 그림에서 볼 수 있듯이 두 변수 간에 강력한 비선형 관계가 존재한다. 상관 계수는 이러한 비선형 관계의 강도를 측정하지 못한다.

24 그럼에도 불구하고 궁금하다면 엑셀에서 =CORREL 함수를 사용해서 직접 상관 계수를 구해 볼 수 있다.

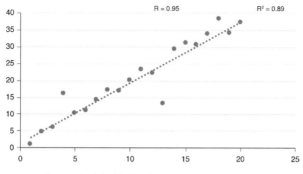

[그림 5-2] 상관 계수가 +1에 가까운 강한 양의 상관 관계

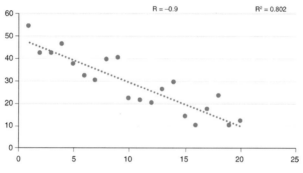

[그림 5-3] 상관 계수가 −1에 가까운 강한 음의 상관 관계

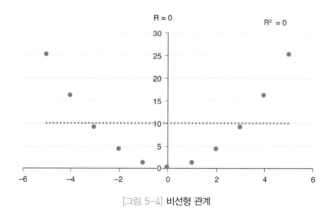

[그림 5-4] 비선형 관계

절대 평균 편차(Mean Absolute Deviation, MAD)

절대 평균 편차는 예측치의 정확성을 측정할 때 사용되는 지표이다. 앞의 회귀식을 통해 예측된 각 투수의 평균 자책점과 이 투수들의 실제 평균 자책점 차이의 절댓값들의 평균값을 구해 주면 된다. 해당 데이터에서 절대 평균 편차는 0.93이었다. 즉, 이 회귀식을 통해 구한 내년 시즌 평균 차책점 예측치들은 평균적으로 0.93점의 오차를 보인다는 뜻이다.

보로스 맥커친이 야구계를 들썩이게 만들다!

보로스 맥커친은 왜 과거 평균 자책점이 미래의 평균 자책점을 잘 설명하지 못하는지 설명해 낸 최초의 인물이다(http://www.baseballprospectus.com/article.php?articleid=878, January 2001참조). 맥커친은 투수의 실력이 다음에 제시되는 것들에 주로 영향받는다는 것을 발견했다.

1) 상대한 타자 중 볼 인플레이를 만들어 내는 타자들의 비율(볼 인플레이란 타자가 타석에 들어선 후 땅볼 아웃, 실책, 1루타, 2루타, 3루타, 뜬공 혹은 라인 드라이브 아웃 중 하나의 결과가 나온 것을 말한다).

2) 볼 인플레이가 된 상황 중 안타[25]가 나온 비율(Batting Average on Balls In Play, BABIP)

3) 상대한 타자 중 볼 인플레이가 되지 않은 경우의 최종 결과. 즉, 볼 인플레이가 되지 않았을 때 삼진 아웃, 볼넷, 몸에 맞는 볼, 홈런의 비율

---

25 역주. BABIP는 홈런을 제외하고 계산한다.

맥커친의 아이디어가 뛰어난 이유는 그가 앞의 (1)번과 (3)번은 과거 기록으로 예측하기가 꽤 쉬운 반면 (2)번은 과거 기록과 크게 상관없다는 점에 주목했다는 것이다. 예를 들어, 지난 시즌 한 투수의 삼진 비율로 내년 시즌 삼진 비율을 예측한다고 해 보자. 우리의 분석에 따르면 $r=0.78$이었다. 볼넷의 경우 $r=0.66$, 홈런의 경우 $r=0.34$였다. 맥커친은 삼진 아웃, 볼넷, 몸에 맞는 볼 그리고 홈런을 수비 무관 투수 기록(Defense-Independent Pitching Statistics, DIPS)이라고 불렀다. 이 네 가지는 팀의 야수들 수비 능력과 전혀 상관없는 기록들이기 때문이다. 수비 무관 투수 기록은 평균 자책점에 비해 과거 기록을 기반으로 예측하는 것이 훨씬 쉬울 것이다. 반면 볼 인플레이가 된 경우 중 안타로 연결된 경우의 비율은 생각보다 예측하기 쉽지 않다.[26] 예를 들면, 한 투수의 지난 시즌 BABIP와 다음 시즌 BABIP 간의 상관관계는 0.24에 불과하다. 이러한 BABIP의 예측 불가능성이 바로 작년 시즌 평균 자책점으로 다음 시즌 평균 자책점을 예측하는 것을 어렵게 만드는 이유이다. 맥커친은 다음과 같이 그의 생각을 정리했다.

볼 인플레이 상황에서 안타가 나오는 것을 막는 데 가장 뛰어난 투수들이 종종 다음 시즌에서는 그렇지 못한 경우가 있다. 1998년 그렉 매덕스는 이 항목에서 가장 뛰어난 투수 중 하나였는데 1999년 그는 이 부분에서 최악의 투수 중 한 명이었다. 그리고 2000년에 다시 한번 이 부분 최고의 투수 중 한 명이었다. 1999년에는 패드로 마르티네즈가 이 항목에서 최악의 투수 중 한 명이었는데 2000년에는 최고였다. 또 다른 비슷한 예들도 쉽게 찾아볼 수 있다.

이와 같이, 운이나 시즌별 야수들의 수비 능력 변화가 BABIP 예측을 어렵게 만든다. 하지만 몇몇 선수는 지속해서 BABIP에서 훌륭한 수치를 보인다. 즉, 평균

---

26 추후 연구자들이 특정 분류의 투수(너클 볼 투수)들의 경우 볼 인플레이의 결과를 예측하기가 상대적으로 쉽다는 것을 밝혀냈다.

BABIP가 0.3 언저리에서 일관되게 형성된다. 마이크 트라웃의 경우 2016년까지 평균 BABIP가 0.36이었다. 이는 제2차 세계 대전 이후 가장 높은 수치이다. 이러한 엄청난 수치의 BABIP는 단지 운 때문이라고 설명하기에는 무리가 있다. 반면 클레이튼 커쇼의 커리어 BABIP는 약 0.27이다. 이 역시 단지 운 때문이라고 하기에는 너무 좋은 수치이다. 커쇼가 타자를 삼진 아웃시키지 못했을 때 그들의 타구는 안타로 연결될 확률이 다른 평균적인 경우보다 현저하게 낮았다.[27]

수비 무관 성분 추정 평균 자책점 (Defense-Independent Component ERA, DICE)[28]

보로스 맥커친의 아이디어는 투수의 미래 평균 자책점을 예측하는 데 어떻게 실제 이용될 수 있을까? 맥커친은 이를 위해 상당히 복잡한 방법을 제시했다. 하지만 볼넷, 삼진 아웃, 몸에 맞는 볼, 홈런 등 수비 무관 투수 기록들은 꽤 예측이 쉬워 맥커친이 제시한 복잡한 식보다 더 간단한 방법으로 투수의 평균 자책점을 예측하고자 하는 시도가 있어 왔다. 2001년, 클레이 드레슬로가 더 간단한 식을 통해 평균 자책점을 예측하는 식을 제시했다. 이는 수비 무관 성분 추정 평균 자책점이라고 불리며, 아래와 같이 계산된다.

$$수비\ 무관\ 성분\ 추정\ 평균\ 자책점(DICE) = 상수 + \frac{13 \times 홈런 + 3 \times (볼넷 + 몸에\ 맞는\ 볼) - 2 \times 삼진}{투구\ 이닝} \tag{2}$$

---

27 역주. 논란의 여지가 있을 수 있는 주장이다. 일단 방망이에 맞아 그라운드로 나간 공이 안타가 될 확률은 투수의 능력과 무관하며 최고 수준의 투수들도 리그 평균과 비슷한 확률을 보인다는 게 보로스 맥크라켄의 주장이었다.

28 역주. 한국에서는 보통 Fielding Independent Pitching(FIP)을 수비 무관 평균 자책점으로 번역한다. DICE와 FIP는 사실 그 계산식이 똑같으며, DICE가 먼저 개발되었다. 아래 KBReport에 자세히 설명되어 있다(http://www.kbreport.com/statDic/detail?seq=240). 두 지표 간 구분을 위하여 DICE를 수비 무관 성분 추정 평균 자책점, FIP를 수비 무관 평균 자책점으로 번역하였다.

팬그래프(fangraphs.com)에서는 DICE 대신 FIP(Fielder-Independent Pitcher)라는 용어를 쓰고 있다. 앞 공식에서 상수는 매 시즌 리그 평균을 고려하여 새로 계산되며 보통 3.1 정도이다. 팬그래프는 또한 FIP-라는 지표를 제공하는데, 이것은 구장 효과를 고려하여 계산한 FIP이다. 팬그래프 홈페이지에 자세한 설명들이 제시되어 있다.

수비 무관 성분 추정 평균 자책점(DICE)은 팀의 수비 능력과 무관한 투수의 시즌 기록을 측정한다. 예를 들어, 2016년 클레이튼 커쇼는 아래와 같은 기록을 거두었다.

- 볼넷 11개
- 몸에 맞는 볼 2개
- 삼진 172개
- 피홈런 8개
- 투구 이닝 149이닝

위 기록을 공식 (2)에 대입하고 상수로 3.1을 대입하면 2016년 클레이튼 커쇼의 수비 무관 성분 추정 평균 자책점을 구할 수 있다.

$$수비\ 무관\ 성분\ 추정\ 평균\ 자책점\,(DICE) = 3.10 + \frac{13 \times 8 + 3 \times (11+2) - 2 \times 172}{149} = 1.75$$

커쇼의 2016년 실제 평균 자책점은 1.80이었다. 커쇼의 실제 평균 자책점이 수비 무관 성분 추정 평균 자책점보다 더 좋은 것은 커쇼가 BABIP를 낮추는 데 탁월했기 때문이다.[29]

---

29 역주. 원문 그대로 번역하였으나 명백한 원저자의 오류로 보인다. 평균 자책점은 낮을수록 좋은 수치이므로 2016년 커쇼의 경우 DICE가 ERA보다 좋다. 또한 앞에서 언급했듯이 BABIP는 투수의 능력과 무관하다는 견해가 일반적이다.

또 다른 예로는, 2016년 월드 시리즈 우승 팀의 시카고 컵스에서 뛰었던 카일 핸드릭스가 있다. 핸드릭스의 DICE는 3.16이었지만 실제 평균 자책점(ERA)은 2.13으로 훨씬 낮았다. 이 두 수치 간의 극명한 차이는 아마도 핸드릭스의 탁월했던 BABIP(0.25) 때문이었을 것이다. 그전 세 시즌 동안 핸드릭스의 평균 BABIP는 0.296으로 리그 평균과 거의 비슷했다. 이것이 의미하는 바는 핸드릭스의 2점대 초반의 평균 자책점은 계속 유지되지 못할 것이며, 향후 시즌에는 평균 자책점이 올라갈 확률이 높다는 것이다. 그의 BABIP가 곧 리그 평균인 0.3 수준으로 올라갈 것이기 때문이다. 당연하게도 2017 시즌부터 2019 시즌까지 핸드릭스의 평균 자책점은 약 3.33이었다.

과거 ERA보다 DICE가 미래 평균 자책점을 더 잘 예측할까?

2019 시즌 최소 100이닝 이상 던진 투수들을 대상으로 2018년 DICE를 이용해 2019년 평균 자책점을 예측해 보았다. 그 결과는 다음 [그림 5-5]에 나와 있다 (Dice18_19.xlsx 참조).

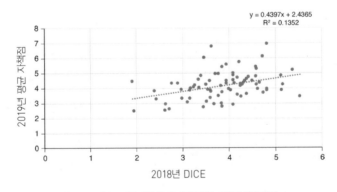

$$y = 0.4397x + 2.4365$$
$$R^2 = 0.1352$$

[그림 5-5] DICE를 이용하여 미래 평균 자책점 예측하기

전 시즌 DICE는 다음 시즌 평균 자책점의 약 13.5%를 설명하는 것으로 나타났다(참고로 전 시즌 평균 자책점의 설명력은 10.5%였다). 2018 시즌 DICE와 2019 시즌 평균 자책점 간 상관 계수는 0.37이었다(참고로 전 시즌 평균 자책점과 다음 시즌 평균 자책점 간 상관 계수는 0.34였다). 평균적으로 전 시즌 DICE를 통해 예측한 다음 시즌 평균 자책점과 실제 평균 자책점은 약 0.64점밖에 차이를 보이지 않았다(전 시즌 평균 자책점을 통한 예측치의 경우 약 0.93점 차이를 보였다).

놀랍게도, 우리의 분석을 통해 전 시즌 평균 자책점보다 홈런, 볼넷, 몸에 맞는 볼, 삼진이 다음 시즌 평균 자책점을 더 정확하게 예측하는 것을 알 수 있었다. Chapter 8에서는 승리 확률(Win Probability)을 통해 투수의 능력을 평가해 볼 것이다.

스탯캐스트는 우리가 투수들의 능력을 예측하는 데 도움이 될까?

2015년 메이저 리그는 환상적인 스탯캐스트 시스템을 도입했다. 스탯캐스트는 레이더와 카메라 시스템을 결합하여 매 투구와 플레이에 대한 수많은 소중한 정보를 수집한다. 누구든지 관심 있는 데이터들을 https://baseballsavant.mlb.com/statcast_search에서 다운로드할 수 있다. 투수 기록에 관해서는 아래와 같은 정보들을 스탯캐스트에서 얻을 수 있다.

액티브 스핀(Active Spin): 각각의 투구에 대해 볼의 움직임에 영향을 준 스핀의 비율을 추적

익스텐션(Extension): 투수가 공을 릴리즈하는 순간 60피트 6인치[30]보다 얼마나 더 홈 플레이트에 가까이 있는지를 측정한다. 익스텐션이 없는 상태에서의 90

---

30 역주. 홈 플레이트에서 투구판까지의 거리가 60피트 6인치이다.

마일짜리 직구를 익스텐션이 4피트인 투수가 던진다고 가정하면 그 볼은 90×(60.5/56[31])=97마일짜리 직구로 보일 것이다.

체감 속도(Perceived Velocity): 리그 평균 익스텐션 대비 익스텐션을 이용하여 실제 속도를 조정한 타자 입장에서의 공의 체감 속도. 당연하게도, 두 명의 투수가 정확히 같은 속도의 공을 던진다면 익스텐션이 긴 투수가 더 높은 체감 속도를 기록할 것이다.

투구 무브먼트(Pitch Movement): 평균적인 투수 대비 공의 수평, 수직 움직임을 인치 단위로 측정한다. 이 수치는 중력에 의해 공이 밑으로 내려간다는 점을 감안하여 조정된다. 2019년 트레버 바우어의 커브볼은 리그의 평균적인 커브볼보다 평균 9.5인치 더 많은 투구 무브먼트를 기록했다.

풋 어웨이 확률(Putaway Percentage): 2스트라이크 이후 투구 시 삼진 비율.

스핀 비율(Spin Rate): 분당 공의 회전수. 2020년 샌디에이고 파드레스의 가렛 리차드가 가장 높은 평균 커브 볼 스핀 비율을 기록했다(3,343rpm).

기대 평균 자책점(xERA): 본 챕터에서 타자의 방망이에 맞아 그라운드로 날아간 공이 안타가 될지 아웃이 될지 운이 결정하는 경우가 종종 있다는 점을 논의한 바 있다. 기대 평균 자책점은 만약 투수가 평균 정도의 운(타자들이 타격한 공의 속도와 발사 각도 등을 고려하여 측정한다)을 가지고 있다면 평균 자책점이 얼마나 될지를 측정한다. XERA.xlsx 파일에 2015년과 2016년 시즌 모든 메이저 리그 투수들의 평균 자책점과 기대 평균 자책점이 기록되어 있다. 우리는 엑셀의 RSQ 함수를 이용하여 투수들의 2015 시즌 평균 자책점이나 기대 평균 자책점이 2016년 평균 자책점이나 기대 평균 자책점을 얼마나 잘 예측할 수 있는지 분석해 보았다. 결과는 다음과 같다.

31　역주. 익스텐션이 4피트이므로 56.5로 계산해야 맞다. 1피트는 12인치이다. 90×(60.5/56.5)=96.37

- 2015년 평균 자책점은 2016년 평균 자책점의 약 10.5%만을 설명할 수 있는 반면 2015년 기대 평균 자책점은 18%로 훨씬 높은 설명력을 가졌다.
- 2015년 기대 평균 자책점은 2016년 기대 평균 자책점의 약 23%를 설명한다. 기대 평균 자책점은 운에 의한 요소들을 최대한 배제하는 방법이므로 기대 평균 자책점이 평균 자책점보다 더 예측력이 높은 것은 놀랄 만한 일은 아니다.

발사 각도	타구 종류
0~10도	땅볼
10~25도	라인 드라이브
25-50도	플라이 볼
〉50도	팝업

[표 5-1] 타구 발사 각도에 따른 타구 종류

스탯캐스트의 타자 관련 지표

Chapter 2부터 Chapter 4까지 타자들의 능력을 측정하는 다양한 방법에 대해 이야기한 바 있다. 스탯캐스트는 다양한 타격 관련 지표를 포함하고 있어 타자들의 능력에 대해 더 상세한 분석이 가능하다.

발사 각도(Launch Angle): 공이 방망이에 맞아 나갈 때 평균적인 공의 발사 각도. [표 5-1]에 발사 각도가 어떻게 타격 결과에 영향을 미치는지 간략히 나와 있다.
타구 속도(Exit Velocity): 공이 방망이에 맞아 나갈 때 공의 평균 속도.
배럴(Barrel): 방망이에 맞아 나간 공 중 타율 0.5와 장타율 1.5를 기대할 수 있는 타구를 의미한다. 배럴 타구는 타구 속도가 최소 98마일을 기록해야 한다. 또한 타구 속도가 98마일일 때, 26도에서 30도 사이의 발사 각도를 기록해야 한다. 타구 속도가 높아질수록 배럴 타구를 충족하는 발사 각도의 범위가 더 넓어진다.

예를 들어, 타구 속도가 100마일이라면, 발사 각도 24도에서 33도 사이의 타구들이 배럴 타구로 분류된다.

스포츠 애널리틱스의 성배

본 챕터에서 투수들의 향후 성적을 예측하는 모델들을 개발하는 방법들에 대해 간단히 다루었다. 과거 기록을 기반으로 미래 성적을 예측하고자 하는 시도는 다양한 스포츠에서 아주 중요하게 다뤄진다. 예를 들어 보자면,

- NBA, NFL, MLB 팀들의 고등학교, 대학교 혹은 해외 선수 드래프트 시 선수들의 기록 예측
- 타자의 향후 득점 생산 능력 예측
- 미식축구에서 러닝 백, 쿼터백, 와이드 리시버의 미래 성적 예측
- 과거 성적과 선수 트레이드를 기반으로 다음 시즌 팀 성적 예측
- 한 투수의 토미 존 수술이 필요할 확률 예측

많은 사람이 위와 같은 예측 모델들을 만들어 왔다. 예를 들면, 매 시즌 론 쉰들러와 빌 제임스는 다음 시즌 메이저 리그 성적을 예측하는 프로젝트를 위해 애쓰고 있다. 애런 셔츠의 「Football Prospectus(그리고 열 개 이상의 판타지 풋볼 잡지들)」는 매 시즌 NFL 팀과 선수들의 내년 시즌 성적을 예측하고 있다. ESPN의 케빈 펠튼과 FiveThirtyEight.com의 네이트 실버는 매 시즌 NBA 팀과 선수들의 내년 시즌 성적을 예측한다.

이러한 예측들은 대단히 흥미롭지만 더 필요한 것은 이러한 다양한 예측 기법의 정확도를 비교하는 것이다. 그리고 나서야 우리가 어떤 예측 모델을 판타지 리그에

이용할지, 드래프트할 때 참고할지 혹은 선수들이 개인적인 결정을 내릴 때 사용할지 결정할 수 있을 것이다. 예를 들면, 론 쉰들러와 빌 제임스 중 누가 더 야구 성적을 잘 예측하는가? 또한, 「FiveThirtyEight」는 최근 다양한 게임 결과 예측치를 대중에 공개하고 있다.(https://fivethirtyeight.com/features/when-we-say-70-percent-it-really-means-70-percent/) 따라서, 누구나 그들의 예측 정확도를 평가할 수 있다. 스포츠 결과 예측 모델들의 정확도에 대한 데이터를 온라인상에서 쉽게 접할 수 있는 미래가 곧 오기를 기대한다.

Chapter 5 부록:
엑셀 추세선 기능 이용하는 법

엑셀에서 추세선 기능을 이용하면 우리가 가지고 있는 데이터를 가장 잘 설명하는 선을 그릴 수 있다. XERA.xlsx 파일에는 2015년부터 2016년 시즌 투수들의 평균 자책점이 기록되어 있다. 우리는 x축에 투수들의 2015년 평균 자책점, y축에 투수들의 2016년 평균 자책점을 그려 보려고 한다. 그리고 나서 이 둘 간의 관계를 가장 잘 설명하는 선과 그 선에 해당하는 수식을 구하려고 한다([그림 5-1] 참조).

따라서, [그림 5-1]과 같은 그래프를 그리려면

- 그래프로 그리고자 하는 데이터를 선택한다(2016 탭의 F5:G235).

- 삽입에서 분산형 차트의 첫 번째 옵션을 선택한다. 그리고 나서 차트 위의 아무 데서나 마우스를 우클릭한 뒤 추세선 추가를 클릭한다. 그리고 "선형"을 선택한다. 그런 다음 "수식을 차트에 표시"와 "R-제곱 값을 차트에 표시"를 체크한다. 이렇게 하면 [그림 5-1]이 완성될 것이다.

이렇게 구해진 추세선의 수식은 2016 평균 자책점=2.637+0.3815×(2015 평균 자책점)이다. 2016년 평균 자책점의 약 10.5%가 이 식에 의해서 설명될 수 있다.

CHAPTER 6
야구에서의 의사 결정

한 시즌을 치르는 동안 감독들은 아래의 예와 같은 다양한 상황에 결정을 내려야 한다.

- 무사 1루에서 희생 번트를 시도해야 하는가?
- 1사 1루에서 도루를 시도해야 하는가?
- 우리가 홈 팀이고 9회 초 수비 상황의 동점인 상황에서 무사 3루인 경우 내야수 전진 수비(Infield In)를 해야 하는가? 전진 수비를 할 경우 안타의 확률을 올린다는 게 정설이다(인필드 플레이를 할 경우 타율 0.25인 타자가 타율 0.3을 기록할 것이라는 게 보통의 의견이다). 하지만 전진 수비를 했을 때 땅볼이 나오는 경우 3루에 있는 주자는 득점하지 못할 것이다.

무사 1루 상황에서 번트를 대는 것에 대한 이야기부터 해 보자. 만약 번트가 성공한다면 주자는 2루로 진루할 것이므로 득점까지 한 베이스 가까워지겠지만 소중한 아웃 카운트 하나를 버려야 한다.

한 베이스 더 진루하는 것이 귀중한 아웃 카운트 하나를 버릴 만큼 가치 있는 것인가? 만약 1루에 있는 주자가 성공적으로 도루한다면 주자는 2루로 한 루 더 진루하여 득점까지 한 베이스 줄어들면서 아웃 카운트는 그대로 유지할 수 있다. 그렇다면 도루를 성공한다면 의심할 여지 없이 더 나은 결과가 된다. 그런데 만약 도루를 시도하다가 실패한다면 해당 이닝 자체가 거의 실패로 돌아갈 것이다. 아웃 카운트는 두 개만 남고 루상에는 아무도 남지 않을 것이기 때문이다.

야구에서 나올 수 있는 상황들

야구에서의 의사 결정을 할 체계를 개발하는 데 가장 중요한 것은 한 이닝 내에서 어떤 팀이든지 다음 24가지 가능한 상황 중 한 가지에 놓여 있다는 것을 이해하는 것이다([표 6-1] 참조).

각각의 상황은 네 자릿수 숫자들로 구분되어 있다. 첫 번째 자릿수는 아웃 카운트를 의미한다(0, 1 혹은 2아웃). 두 번째 자릿수는 1루에 주자가 있는지 없는지를 나타낸다(1=주자 있음, 0=주자 없음). 비슷하게, 세 번째 자릿수와 네 번째 자릿수는 각각 2루와 3루에 주자가 있는지를 나타낸다.

상태	아웃 수	1루 주자 유무	2루 주자 유무	3루 주자 유무
0000	0	No	No	No
1000	1	No	No	No
2000	2	No	No	No
0001	0	No	No	Yes
1001	1	No	No	Yes
2001	2	No	No	Yes
0010	0	No	Yes	No
1010	1	No	Yes	No
2010	2	No	Yes	No
0011	0	No	Yes	Yes
1011	1	No	Yes	Yes
2011	2	No	Yes	Yes

0100	0	Yes	No	No
1100	1	Yes	No	No
2100	2	Yes	No	No
0101	0	Yes	No	Yes
1101	1	Yes	No	Yes
2101	2	Yes	No	Yes
0110	0	Yes	Yes	No
1110	1	Yes	Yes	No
2110	2	Yes	Yes	No
0111	0	Yes	Yes	Yes
1111	1	Yes	Yes	Yes
2111	2	Yes	Yes	Yes

[표 6-1] 한 이닝에서 나올 수 있는 모든 상황

예를 들어, 1010은 1사 2루, 2001은 2사 3루를 의미한다. 직관적으로 공격 팀에게 가장 이상적인 상황은 0111임을 알 수 있다(무사 만루). 2000은 반대로 최악의 상황일 것이다(2사 주자 없는 상황). 이 중 두 가지 상황을 비교하여 어느 한 가지가 다른 상황보다 얼마나 더 좋은지 측정할 수 있는 방법은 없을까? 가장 단순하게는, 과거 기록들을 살펴보면서 각각의 상황에서 나온 평균 득점을 계산해 보면 될 것이다. [표 6-2]를 보면, 2016 시즌 각 24가지 상황별 기대 득점이 나와 있다.

상황	0아웃	1아웃	2아웃
000	0.5062	0.2737	0.1028
001	1.3163	0.9225	0.3638
010	1.0932	0.668	0.3174
011	1.9033	1.3168	0.5784
100	0.8744	0.5263	0.2199
101	1.6845	1.1751	0.4809
110	1.4614	0.9206	0.4345
111	2.2715	1.5694	0.695

[표 6-2] 기대 득점

예를 들어, 1사 1, 2루 상황(상황 번호 1110)에서 평균 득점은 0.92점이다. 이 표는 야구에서 의사 결정을 내리는 데 핵심적인 정보를 제공해 준다. 그 이유를 살펴보기 위해, 무사 1루에서 번트를 시도해야 하는지에 대한 의사 결정 상황을 가정해 보자. 이 상황은 0100이다. 앞의 표가 모든 팀의 모든 타자를 대상으로 한 결과이므로 타석에 들어와 있는 타자는 평균적 수준의 타자라고 가정하겠다. 무사 1루(0100)에서 평균적인 팀은 0.87점을 득점한다. 이제 만약 희생 번트를 시도해서 성공한다면 1루에 있던 주자는 2루로 진루하고 아웃 카운트는 하나 늘어나서 1사 2루(1010)가 될 것이다. 혹은 희생 번트를 시도해서 실패한다면 1루에 있던 주자는 아웃되고 타자는 1루로 진루하여 1사 1루(1100)가 될 것이다. 이 두 가지가 희생 번트를 시도했을 때 나올 수 있는 가장 일반적인 경우들이다. 만약 번트를 시도했을 때 시도하지 않았을 때보다 평균 득점이 높다면 번트를 대는 것이 좋은 선택일 것이다. 그럼 번트를 시도했을 때의 기대 득점은 어떻게 얻어 낼 수 있을까? 이를 알아보기 전에 수학적 확률 이론 중 몇몇 중요 개념을 간략히 소개하고 넘어가는 것이 올바른 순서일 것 같다.

실험과 확률 변수
(Experiments and Random Variable)

먼저, 실험과 확률 변수라는 중요한 개념에 대해서 짚고 넘어가자. 실험은 결과가 불확실한 상태를 말한다. 예를 들자면 다음과 같다.

- 2개의 주사위를 던지는 것(각 주사위에서 나올 수 있는 결과는 1, 2, 3, 4, 5, 6이다).
- 타자가 타석에 서는 것(홈런, 안타, 삼진 등 다양한 결과가 나올 수 있다).
- 자유투를 던지는 것(성공, 실패 후 공격 리바운드, 실패 후 수비 리바운드).
- 쿼터백이 패스를 던지는 것(패스 실패, 가로채기, 100야드 패스, 150야드 패스 등의 결과).

• 미식축구에서 필드 골 시도(성공 혹은 실패).

확률 변수는 실험과 연계될 수 있다. 예를 들면 다음과 같다.

• 두 개 주사위의 합(가능한 결과는 2, 3, ⋯, 10, 11, 12).
• 타석당 득점하는 주사위 숫자(0, 1, 2, 3, 4).
• 자유투 시도 시 득점수(0 혹은 1).
• 미식축구에서 패스 플레이 시 득점수(0 혹은 6).
• 미식축구에서 필드 골 시도 시 득점수(0 혹은 3).

기댓값

우리가 야구, 농구, 미식축구를 분석할 때, 종종 확률 변수의 기댓값을 계산해야 할 필요가 있을 것이다. 확률 변수의 기댓값은 앞에서 정의한 실험이 여러 번 이루어졌을 때 나오는 확률 변수의 결괏값의 평균이라고 할 수 있다. 일반적으로 확률 변수의 기댓값은 아래와 같이 계산한다.

$$\sum_{\text{모든 가능한 결과}} (어떠한\ 결과가\ 나올\ 확률) \times (그\ 결과가\ 나왔을\ 때\ 확률\ 변수의\ 값)$$

예를 들어, 만약 우리가 주사위 한 개를 던진다면, 각각의 가능한 결과는 1/6의 확률을 가지고 있다. 따라서 우리가 확률 변수 X를 주사위를 던졌을 때의 결괏값으로 정의한다면, X의 기댓값 E(X)는 $\frac{1}{6}(1) + \frac{1}{6}(2) + \frac{1}{6}(3) + \frac{1}{6}(4) + \frac{1}{6}(5) + \frac{1}{6}(6)$이다.

따라서, 우리가 주사위 한 개를 계속해서 던진다면 그 결괏값들의 평균은 3.5로 수렴할 것이다.

이제 기대 득점을 활용해 야구에서의 다양한 의사 결정을 비교해 보자. 예를 들어, 만약 번트를 시도하지 않았을 때의 기대 득점이 번트를 시도했을 때의 기대 득점보다 높다면, 번트를 하지 말아야 한다. 앞으로 미식축구나 농구를 분석할 때도 종종 몇 점 차이로 경기에서 이길 수 있는지에 대한 기댓값을 활용해 선택 가능한 전략들을 비교할 것이다. 예를 들어, 미식축구 시합 초반 상대방 35야드 라인에서 네 번째 다운 시도에 10야드 전진까지 3야드 남은 상황을 가정해 보자. 만약 이 상황에서 필드 골을 성공시킬 경우 평균 0.5점의 우위를 지킬 수 있고 터치다운을 성공시킬 경우 평균 1.5점을 앞서 나갈 수 있다는 통계치를 가지고 있다면 필드 골보다는 터치다운을 시도해야 할 것이다.[32]

확률 변수의 기댓값을 계산할 때 우리는 종종 조건부 기댓값을 활용할 것이다.

$$\text{확률 변수의 기댓값} = \sum_{\text{모든 결과}} \text{결괏값이 나올 확률} \times \text{해당 결과의 기댓값}$$

예를 들어, 미식축구에서 러닝 플레이를 시도할 때 수비가 패스 플레이 수비 대형을 갖추면 평균 5야드를 얻고 러닝 플레이 수비 대형을 갖추면 평균 3야드를 얻는다고 가정해 보자. 그리고 수비가 러닝 플레이 수비 대형을 갖출 확률은 40%이고 패스 플레이 수비 대형을 갖출 확률을 60%라고 가정해 보자. 그러면 이제 우리는 조건부 기댓값을 활용하여 러닝 플레이를 시도할 때 기대할 수 있는 야드를 계산할 수 있다(패스 플레이 수비 확률)×(패스 수비 시 기대 야드)+(러닝 플레이 수비 확률)×(러닝 수비 시 기대 야드)=((0.6)×(5)+(0.4)×(3))=4.2야드.

---

32 반대로 만약 경기 막바지라면 득실 차보다 승률을 높이는 데 집중해야 할 것이다. 경기가 끝날 무렵이 아니라면 상대방과 득실 차를 크게 만드는 것이 승리 확률을 높이는 길이 될 것이다. Chapter 22에서 이 방식을 통해 미식축구에서의 중요한 의사 결정에 대해 알아볼 것이다. 예를 들자면, 4번째 시도에서 필드 골을 시도해야 하는가, 하지 말아야 하는가와 같은 문제들을 알아볼 것이다.

번트, 해야 하는가 말아야 하는가 그것이 문제로다

이제 무사 1루에서 번트를 대야 하는지 분석해 볼 준비가 되었다. 조셉 애들러는 그의 책 『Baseball Hacks』에서 2004 시즌 1루에 주자가 있는 상황에서 번트를 시도했을 때의 결과를 표로 정리하였다([표 6-3] 참고).

[표 6-2]에서 보았듯이 무사 1루 상황(0100)에서는 평균적으로 0.87점을 득점한다. 이 결과는 모든 팀의 모든 선수를 대상으로 한 결과이므로 타석에는 리그 평균적인 타자가 들어서 있었다고 가정할 수 있다. 만약 더 뛰어난 타자가 타석에 들어선다면 예상 득점은 0.87점보다 높을 것이다. 반면 평균보다 떨어지는 타자가 들어선다면 0.87점보다 낮을 것이다. [표 6-3]에 나와 있는 결과를 활용해 조건부 기댓값을 계산해 보면 번트를 시도했을 때 기대할 수 있는 득점수는 0.1(1.46)+0.7(0.67)+0.02(0.1)+0.08(0.53)+0.1(0.53)=0.71점이다. 이러한 계산을 통해 우리는 번트를 시도했을 때 시도하지 않았을 때보다 평균적으로 0.16점(0.71-0.87=-0.16)을 손해 본다는 사실을 알 수 있다. 그러므로 만약 타석에 평균적인 타자가 들어선 상황에서 이닝당 기대 득점을 최대로 하고자 한다면 번트를 시도하는 것은 그다지 좋은 생각이 아니다.

결과	결과 상황 #	확률	기대 득점
타자 세이프, 주자 2루로 진루	0110	0.1	1.46
타자 아웃, 주자 2루로 진루	1010	0.7	0.67
타자와 주자 모두 아웃	2000	0.02	0.1
타자 세이프, 주자 2루에서 아웃	1100	0.08	0.53
타자 아웃, 주자 1루에 그대로 머묾	1100	0.1	0.53

[표 6-3] **1루에 주자가 있을 때 번트를 시도하는 가능한 결과**

타석에 평균 이하의 타자가 들어선 경우에는 어떨까?

만약 타격 성적이 별로 좋지 않은 타자일 경우는 어떨까? 타격이 약한 투수가 타석에 들어섰다고 가정해 보자. 그의 이름은 조 하디라고 하자. 조는 85%의 확률로 삼진 아웃을 당하고, 10%의 확률로 1루타를 치며, 5%의 확률로 볼넷을 골라 낸다. 1루타를 칠 경우 언제나 1루에 있는 주자가 3루로 진루한다고 가정하고 분석해 보자. 만약 번트를 시도하지 않을 경우 예상 득점의 조건부 기댓값을 계산해 보면 $0.85 \times E(1100) + 0.1 \times E(0101) + 0.05 \times E(0110)$이 될 것이다. 여기서 E(현재 상황)는 각 상황 기대 득점을 의미한다. [표 6-2]를 활용하여 각 상황 기대 득점을 대입해 보면 이 타자가 타석에 들어섰을 때 기대 득점은 $0.85(0.53) + 0.1(1.68) + 0.05(1.46) = 0.69$점임을 알 수 있다.

따라서, 조 하디가 타석에 들어선 경우 번트를 대는 것이 기대 득점을 올리게 될 것이다.

동점 상황에서 번트 시도는 가치가 있을까?

야구에서 딱 한 점이 더 필요할 때 번트를 시도할 만한 가치가 있을까? 예를 들어, 9회 말 동점에서 무사 1루 상황을 가정해 보자. 한 점만 득점하면 승리하게 된다. 번트를 시도해야 할까? 아주 약한 타자가 들어서지 않는 이상 번트를 시도하는 것이 기대 득점을 오히려 낮춘다는 사실을 위의 분석을 통해 알아보았다. 하지만 이 상황은 딱 한 점만 득점하면 되는 상황이다. 조나 케리는 『Baseball Between the Numbers』라는 책에서 24가지 가능한 모든 상황에서 한 점 이상 득점한 확률을 정리했다. 이에 따르면 무사 1루 상황에서 최소 한 점 이상 득점할 확률은 0.417이다.

다른 관련된 확률들은 [표 6-4]에 정리되어 있다.

이제 조건부 기댓값을 통해 번트를 시도했을 때 최소 한 점 이상 득점할 확률을 계산해 보면, 0.1(0.625)+0.7(0.41)+0.02(0.071)+0.08(0.272)+0.1(0.272)=0.4가 나온다. 즉, 40%의 확률로 최소 한 점 이상을 득점한다. 따라서, 번트를 시도하든 안 하든 추가로 1점을 득점할 확률은 거의 비슷하다는 것을 알 수 있다. 리그 평균적인 타자가 타석에 들어섰다고 가정하면, 번트를 시도하든 하지 않든 별 차이가 없다.

결과	결과 상황 #	확률	최소 1점을 득점할 확률
타자 세이프, 주자 2루로 진루	0110	0.1	0.625
타자 아웃, 주자 2루로 진루	1010	0.7	0.41
타자와 주자 모두 아웃	2000	0.02	0.071
타자 세이프, 주자 2루에서 아웃	1100	0.08	0.272
타자 아웃, 주자 1루에 그대로 머묾	1100	0.1	0.272

[표 6-4] **최소 1점을 득점할 확률**

도루를 해야 할까 하지 말아야 할까?

이제 도루에 관한 의사 결정에 대해 알아보자. 무사 1루 상황을 가정해 보자. 그리고 p는 2루 도루에 성공할 확률이라고 정의해 보자. 이 p가 얼마가 됐을 때 도루를 시도해야 할까? 현재 상황(0100: 무사 1루)에서 기대 득점은 0.87점이다. 만약 도루에 성공한다면 새로운 상황은 0010이고 이때 기대 득점은 1.09점이다. 만약 도루에 실패한다면 새로운 상황은 1000이고 이때 기대 득점은 0.27점이다. 따라서 만약 도루를 한다면 조건부 기대 득점은 1.09×p+0.27(1-p)이다. 1.09×p+0.27(1-p)〉0.87일 때 도루를 시도해야 한다. 이 부등식을 풀면 p〉0.6/0.82=73%일 때 도루를 시도해야 한다는 결론이 나온다. 그러므로, 만약 도루 성공 확률이 73%가 넘는다면 도루를 시도하는 것은 좋은 생각이다. 2016년 시즌 총 도루 시도 중 71%가 성공했다.

만약 이 성공 확률이 무사 1루 상황에서의 성공 확률이라고 가정하면, 도루를 시도하는 것은 그리 좋은 의사 결정은 아닐 것이다. 당연하겠지만 이 73%라는 기준점을 넘는 성공 확률을 기록하느냐 마느냐는 현재 득점 상황, 상대 투수가 누구인지, 다음 타자가 누구인지 등 다양한 요소의 영향을 받을 것이다. 무사 1루가 아닌 다른 상황에서의 기준 확률을 구하고자 다음과 같이 정의해 보자.

- S=도루 성공 시 기대 득점
- F=도루 실패 시 기대 득점
- SQ=현재 상황에서의 기대 득점

만약 우리가 P를 도루 성공 확률로 가정한다면 $P \times S + (1-P) \times F > SQ$, 즉 $P > (SQ-F)/(S-F)$일 때 도루가 기대 득점을 증가시킬 수 있을 것이다. Stolenbases.xlsx와 [표 6-5]에 각 상황 기준 확률이 계산되어 있다.

I	J	K	L	M
현재 상태	성공	실패		확률
0.87	1.09	0.27	2루 도루	0.7317073
1.09	1.32	0.27	3루 도루	0.7809524
1.32	1.51	0.27	홈 스틸	0.8467742

[표 6-5] 도루를 시도할 만한 가치가 있는 상황별 기준 확률들

1루타나 2루타 시 주자들이 진루에 너무 소극적인 것 아닌가?

만약 1루에 주자가 있는 상태에서 1루타가 나오면 코치들과 주자는 3루까지 진루를 시도할지 2루에 멈출지를 결정해야 한다. 만약 2루에 주자가 있는 상태에서 1루

타가 나올 경우 주자와 코치들은 3루에서 멈출지 홈까지 진루해서 득점을 시도할지를 결정해야 한다. 만약 주자가 1루에 있는 상황에서 2루타가 나오면, 주자와 코치들은 득점을 시도할지 3루에 멈출지를 결정해야 한다. 이제 필자는 대부분의 메이저리그 팀이 이러한 진루에 대한 결정을 할 때 너무 소극적으로 하고 있다는 점을 보여 줄 것이다.

무사 1루 상황을 가정해 보자. 만약 1루타가 나오면 주자는 3루로 진루한다. 그러면 [표 6-2]에서 볼 수 있듯 무사 1, 3루가 되면서 평균 기대 득점은 1.68점이 된다. 만약 주자가 아웃되면 1사 1루가 된다(타자는 공이 3루로 향할 때 2루를 시도하지 않고 2루에 멈춘다고 가정하자). 이러한 상황에서 평균 기대 득점은 0.53점이다. 만약 주자가 2루에 멈추면 무사 1, 2루가 되고 평균 기대 득점은 1.46점이다. P를 1루 주자가 3루에서 세이프 될 확률로 정의하자. 그렇다면 P×(1.68)+(1−P)×0.53≥1.46일 때 한 루 더 진루하도록 시도해야 하고 이는 기대 득점을 높일 것이다. 이 부등식을 풀면 P≥0.93/1.15=81%가 나온다. 즉, 무사 1루 상황에서 1루 주자가 3루에서 세이프 될 확률이 81% 이상이면 3루를 시도해야 한다는 뜻이다. 2005년 메이저 리그 데이터(http://baseballanalysts.com/archives/2005/10)에 따르면 1루에서 3루를 향하는 주자들은 겨우 3% 정도만 아웃되었다. 이는 아마도 많은 상황[33]에서 주자들이 80~90% 정도에 달하는 성공 확률에도 불구하고 3루 진루를 시도하지 않고 2루에 멈췄다는 것을 의미할 것이다. 여러 상황에서 3루 진루를 시도해야 하는 기준 확률은 [표 6-6]에 정리되어 있다. baserunners.xls 파일에서 계산식을 찾아볼 수 있다.

---

33 당연하겠지만, 이 확률에는 자기 선택 편향(Self-selection bias) 문제가 있다. 즉, 3루를 시도하는 주자들은 평균적인 주력을 가진 주자들은 아닐 것이다.

I		J
상황		기준 확률
무사 1루 주자 3루 시도		0.81
1사 1루 주자 3루 시도		0.73
2사 1루 주자 3루 시도		0.90
무사 2루 주자 홈 시도		0.86
1사 2루 주자 홈 시도		0.73
2사 2루 주자 홈 시도		0.39

[표 6-6] 추가 진루를 시도하는 데 필요한 기준 확률

2루에 있던 주자가 1루타가 나왔을 때 홈 쇄도에서 아웃될 확률은 약 5% 정도이다. 그러므로 무사 상황에서는 주자들이 홈으로 들어가 득점을 노리는 것을 잘 시도하고 있다. 아웃될 확률이 14% 이하일 때는 무조건 뛰어야 하기 때문이다. 하지만 다른 모든 상황에서는 주자들이 한 루를 더 노려야 하는 상황에서도 너무 주저하고 있다. 예를 들면, 2사 2루에서 주자는 성공 확률이 39%만 넘는다면 홈을 노리고 뛰어야 하는 것이 맞다.

3루 태그 업(Tag up)?

세이버메트릭스의 대가인 피터 팔머가 본서의 제1판을 검토했을 때, 많은 사람이 다음의 질문에 답할 수 없을 것이라고 말했다. 1사 3루 상황을 가정해 보자. 외야로 플라이 볼이 날아갔다. 3루 베이스 코치는 주자가 태그 업해서 득점을 노릴지 결정해야 한다. 성공 확률이 어느 정도 될 때 태그 업을 시도해야 할까?

이 질문에 답하고자 만약 태그 업이 성공한다면 1점을 득점하고 2사에 주자 없는 상황(이때 기대 득점은 0.1점이다)이 된다는 점을 기억해야 한다. 만약 실패한다면 득점하지 못한다. 만약 태그 업을 하지 않는다면 2사 3루가 되고 이때 기대 득점

은 0.36점이다. P를 태그 업이 성공할 확률로 정의해 보자. 그렇다면 우리는 다음과 같은 확률이 나올 때 태그 업을 시도해야 한다.

P×1.1+(1−P)×0⟩0.36 즉, P⟩0.36/1.1=33%

필자는 이 확률을 계산해 보고 충격을 받았다. 필자는 65% 정도는 될 것이라고 예상했기 때문이다. 다음 타자가 안타를 칠 확률보다 아웃될 확률이 훨씬 높은 편이기 때문에 태그 업은 언제나 시도해 볼 만한 가치가 있다. 문제는 주자가 아웃됐을 때 감독과 코치들이 비난받는다는 점이다. 태그 업을 하는 3루 주자들의 성공 확률이 거의 95%에 육박한다는 점을 고려해 보면 3루 베이스 코치들은 아마도 이 태그 업을 시도할지 결정할 때 매우 보수적으로 하고 있다고 생각한다.

요약하자면, 번트나 도루와 같은 전략적 선택을 해야 할 때는, 단순히 평균 기대 득점을 올릴 수 있는지만 생각하고 결정을 내려야 한다. 만약 게임 막판이라면 최소 한 점 이상 더 득점할 수 있는지에 대한 기대 확률만을 생각해야 한다.

Chapter 6 부록: 이닝당 평균 득점과 조건부 확률

Chapter 4에서 우리가 수학적 증명 없이 시뮬레이션을 통해서 50%의 확률로 홈런을 치고 50%의 확률로 삼진 아웃되는 타자들은 이닝당 평균 3점을 기록할 것이라고 주장했던 것을 떠올려 보자. 이제 조건부 기댓값을 통해 이 결과를 증명해 보자.

R_i=i만큼의 아웃 카운트가 남아 있을 때 이닝당 기대 득점이라고 정의해 보자.[34] 그렇다면 $R_1=0.5(0)+0.5(1+R_1)$가 될 것이다. 즉, 50%의 확률로 이 타자는 아웃될 것

---

34 역주. R1은 아웃 카운트가 한 개 남은 2사 상황을 의미한다.

이고 이때 이닝은 0점을 기록하고 끝날 것이다. 또한 나머지 50%의 확률로 타자가 홈런을 칠 것이고 그러면 우리는 $1+R_1$점을 득점할 것으로 기대할 수 있다. 마지막 타자가 홈런을 치면 아웃 카운트 한 개가 그대로 남아 다음 타자에게서 R1 점을 다시 기대할 수 있기 때문이다. 이 식을 풀면 R1=1이다.

이제 R_2를 계산해 보자. $R_2=0.5(R_1)+0.5(1+R_2)$이다. 타자는 50%의 확률로 아웃될 것이고 이제 아웃 카운트가 한 개 남은 상황에서 기대 득점은 R_1이 된다. 또한 50%의 확률로 홈런을 칠 것이고 그렇다면 기대 득점은 $1+R_2$가 된다. 아웃 카운트 2개가 그대로 남기 때문이다. R_1에 1을 대입하고 위 식을 풀면 $R_2=2$가 나온다.

이제 R_3를 계산해 보자. $R_3=0.5(R_2)+0.5(1+R_3)$가 된다. R_2에 2를 대입하면 우리가 주장했던 대로 $R_3=3$이 나온다. 위 식을 일반화하면 $R_n=n$이 됨을 쉽게 보일 수 있다.

CHAPTER 7

수비 능력 평가

놀랍게도, 1990년대 말까지 수비 능력을 어떻게 평가해야 되는지에 대해서 그다지 활발한 논의가 이루어지지 않았다. 또한 타격 능력에 비해 수비 능력은 상대적으로 등한시되어 왔다. 본 챕터에서는 선수들의 수비 능력을 정확히 측정하려는 끊임없는 노력에 대해 이야기할 것이다. 또한 수비 시프트의 엄청난 효과에 대해서도 이야기할 것이다. 마지막으로 포수들의 프레이밍을 통해 심판들이 스트라이크를 부르도록 하는 것의 효과에 대해 논의할 것이다.

수비율:
전통적인 평가 지표지만 치명적인 오류가 있다

메이저 리그 첫 100년 동안 수비 능력을 평가하는 유일한 지표는 수비율이었다. 구하는 공식은 아래와 같다.

$$수비율 = \frac{PO + A}{PO + A + E}$$

여기서 PO는 자살(Putout: 刺殺)을 의미한다. 예를 들어, 유격수가 플라이 볼이나 라인 드라이브 타구를 잡아내거나 주자를 태그 아웃시키거나 혹은 공을 받아 2루를 밟아 포스 아웃시킬 때 자살을 기록한다. A는 보살(Assist: 補殺)을 의미한다. 예를 들어 유격수가 1루로 공을 던져 주자가 아웃될 경우 유격수에게 보살이 주어진다. E는 에러를 의미한다. 타자의 방망이에 맞은 공이 에러로 기록될지 말지는 공식 기록원의 주관적 결정 사항이다.

기본적으로 수비율은 야수가 인 플레이 볼을 에러 없이 처리하는 비율을 계산한다. [표 7-1]은 명예의 전당에 헌액된 데릭 지터의 2000~2006 시즌 수비 데이터를 나타내고 있다. 데릭 지터는 각 포지션 최고의 선수에게 주어지는 골든 글러브를 다섯 번이나 수상했다. 그리고 일반적인 야구팬들은 데릭 지터를 매우 훌륭했던 수비수로 기억하고 있다. 하지만 사실은 그렇지 않다. 이에 대해 살펴보자.

B	C	D	E	F	G	H	I
	연도	InnOuts	자살	보살	에러	수비 기여도	수비율
지터	2000	3836	236	349	25	0.9081	0.9605
지터	2001	3937	211	344	15	0.8394	0.9736
지터	2002	4150	219	367	14	0.8408	0.9766
지터	2003	3101	160	271	14	0.8276	0.9685
지터	2004	4025	273	392	13	0.9838	0.9808
지터	2005	4058	262	454	15	1.0506	0.9794
지터	2006	3877	214	381	15	0.9138	0.9754

[표 7-1] 데릭 지터의 수비 스탯

표에 나온 Innouts과 수비 기여도는 나중에 설명할 것이다. 수비율을 계산하는 과정을 보여 주고자 아래와 같이 데릭 지터의 2004년 수비율(표의 수비율 열)을 계산해 보자.

$$2004년\ 데릭\ 지터\ 수비율 = \frac{273+392}{273+392+13} = 0.981$$

앞에 계산된 대로 데릭 지터는 평균 98.1%의 비율로 그에게 온 수비 기회를 적절하게 처리했다. 2000~2006년 사이에 유격수들의 평균 수비율은 0.974였다. 따라서 데릭 지터의 2004년 수비율은 상당히 좋은 것처럼 보인다. 2002~2006년까지 데릭 지터의 수비율은 2003년을 빼고는 항상 평균보다 높았다. 2003년에는 부상의 여파가 있었지만, 이러한 표면적인 수치로 분석한 결과를 놓고 보면 데릭 지터는 평균적인 유격수보다 뛰어난 선수였다. 하지만 잠깐! 수비율의 문제점은 선수들이 볼을 만지지 않는다면 절대 에러를 범할 수 없다는 데 있다. 예를 들어, 유격수가 전혀 움직이지 않는다면 쉬운 볼들은 잘 처리할 것이고 에러는 거의 범하지 않을 것이다. 그렇지만 당연하게도 많이 움직이지 않는 유격수들은 활발하게 움직이는 넓은 수비 범위를 가진 유격수들보다 더 많은 안타를 허용할 것이다.

수비 기여도: 수비 능력을 측정하는 향상된 지표

그렇다면 유격수의 수비 범위는 어떻게 측정할까? 빌 제임스는 수비 기여도(Range Factor)라는 간단하면서도 매우 획기적인 수비 지표를 개발했다. 제임스는 수비수의 수비 기여도를 게임당 자살과 보살의 합으로 정의했다. 그런 후에 제임스는 이 수치를 같은 포지션의 모든 선수의 값들을 이용해 표준화했다. 2000~2006 시즌 유격수들은 평균 4.483(자살+보살)을 기록했다. 그러므로 5(자살+보살)를 기록한 유격수의 경우 5/4.48=1.11의 수비 기여도를 기록하게 된다. 이 유격수의 경우 평균적인 유격수에 비해 11% 더 많은 수비 기여도를 기록한다는 뜻이다. 수비 기여도가 1보다 큰 유격수들은 평균 이상의 수비 기여도를 가지고 있다는 뜻이고, 1보다 작은 경우 평균 이하라는 의미이다. 데릭 지터의 2006년 수비 기여도를 계산해 보자. 일단 게임당 8.9이닝이라고 가정하자. Innouts 열은 데릭 지터가 수비할 때 나온 수비에 의한 아웃 개수를 의미한다. 그러므로 2006년 데릭 지터는 3877/(8.9×3)[35]=145.2게임에서 수비에 나섰다. 데릭 지터는 자살 214개, 보살 381개, 총 595개를 기록했다. 따라서 데릭 지터는 595/145.2=4.098개의 수비 기회를 잘 마무리했다. 이는 4.48개를 기록한 리그 유격수 평균보다 낮은 값이다. 따라서 표준화된 데릭 지터의 수비 기여도는 4.098/4.483=0.91이다. 따라서, 2006년 데릭 지터는 리그 평균 유격수보다 9% 적은 수비 기여도를 기록했다고 할 수 있다.

역사상 최고의 유격수로 평가받는 아지 스미스를 살펴보자. 아지 스미스는 커리어 통산 0.978의 수비율을 기록했는데 이는 평균보다 살짝 높은 수준이다. 하지만 몇몇 시즌 동안 그는 1.3이 넘는 수비 기여도를 기록했다. 이런 수치는 아지 스미스가 얼마나 대단한 선수였는지를 보여 준다. 데릭 지터가 처리하지 못했던 타구들이 양키스에게 어느 정도 손해를 가져다주었는지 본 챕터 마지막에 다시 이야기하도록 하자.

수비 기여도의 문제점

수비 기여도에는 몇 가지 문제점이 존재한다. 유격수 A가 평균적으로 게임당 8개의 삼진 아웃을 잡는 투수가 있는 팀에서 뛴다고 가정해 보자. 그리고 유격수 B는 게임당 5개의 삼진 아웃밖에 잡지 못하는 투수가 있는 팀에서 뛴다. 평균적으로 유격수 B 팀은 유격수 A가 있는 팀보다 3개 더 많은 인플레이 볼을 기록할 것이다. 따라서 만약 두 유격수가 똑같은 수비 능력을 지니고 있다고 할지라도 유격수 B가 더 높은 수비 기여도를 기록하게 된다. 또한 유격수 A 팀이 대부분 왼손 투수로 구성되어 있고 유격수 B 팀의 투수들은 대부분 오른손 투수들이라고 가정해 보자. 유격수 A 팀을 상대하는 팀의 감독들은 대부분 플래툰 효과(Platoon effect, Chapter 12 참

---

35 역주. 총 아웃 개수 나누기 경기당 이닝 수(8.9) 나누기 이닝당 아웃 개수(3)

조)를 위해 오른손 타자들로 타격 라인업을 채울 것이다. 오른손 타자들은 보통 왼손 타자들에 비해 유격수 방향 땅볼 타구가 많이 나온다고 알려져 있다. 따라서 유격수 B 팀의 상대방들은 대부분 왼손 타자들일 것이고 그들은 오른손 타자들에 비해 유격수 땅볼 타구를 적게 기록할 것이다. 이러한 상황에서는 유격수 A가 더 많은 타구를 처리하게 되면서 유격수 B보다 더 높은 수비 기여도를 기록할 확률이 높다.

외야수의 수비 기여도를 측정할 때는 반드시 구장의 크기가 외야수들이 수비할 수 있는 타구의 개수에 영향을 준다는 점을 고려해야 한다. 예를 들어 좌익수들의 경우 Green Monster[36] 때문에 좌익수들이 잡을 수 있는 공의 개수가 줄어드는 Fenway Park에 비해 구장이 넓은 LA Dodger Stadium에서 플레이할 때 자살 개수가 많아질 것이다. 일단 여기서는 이러한 구장 효과들을 고려하고자 세이버메트리션들이 조정 수비 기여도와 같은 지표를 개발하고 있다는 것까지만 이야기하고 넘어가자.

The Fielding Bible: 비약적 발전

『The Fielding Bible』의 저자인 존 디완은 수비 평가 지표에 비약적 발전을 가져온 인물로 평가받아 마땅하다고 생각한다. Baseball Info Solutions[37]의 디완과 그의 동료들은 메이저 리그의 모든 경기를 시청한 후 각각의 공이 얼마나 치기 힘든지 그리고 타자가 친 공이 구장의 어느 구역으로 가는지를 정리했다. 그리고 그들은 한 시즌 동안 모든 플레이를 바탕으로 특정 스피드로 친 공이 어느 한 구역으로 향했을 때 성공적으로 수비될 확률을 계산했다. 예를 들자면, 타자가 가볍게 친 공이 2

---

36 역주. Boston Redsox의 홈구장인 Fenway Park 외야 좌측에 설치된 매우 높은 초록색 담장. 다른 구장에서 찾아볼 수 없는 매우 높은 담장이며, 초록색으로 칠해져 있어 Green Monster라고 불린다.

37 역주. 스포츠 관련 데이터를 수집 판매하는 기업

루 베이스 위를 지나갔을 때 유격수에 의해 성공적으로 수비될 확률은 20%이다. 이러한 공을 성공적으로 수비한 유격수는 안타 한 개를 막은 것이다. 평균적인 수비수는 20% 정도의 확률로 앞과 같은 공을 성공적으로 수비할 수 있다. 따라서 이 유격수는 평균적인 유격수 대비 1-0.2=0.8개의 안타를 더 막아 낸 것이다. 만약 이 유격수가 수비에 실패한다면 -0.2안타를 더 허용한 것이다. 만약 유격수가 이 구역으로 오는 타구의 5개 중 1개를 잘 수비해 낸다면 그의 스코어는 0.8-4(0.2)=0이 될 것이다. 만약 한 시즌 동안에 유격수가 총 -20점의 스코어를 가지고 있다면 이는 그 유격수가 평균적인 유격수 대비 20개의 안타를 더 허용했다고 할 수 있다. 30점을 가지고 있는 유격수는 평균적인 유격수 대비 30개의 안타를 더 막아 낸 것이다.

수비수들의 *Fielding Bible* 점수를 득점으로 바꾸어 보자

이러한 수비수들의 Fielding Bible 점수를 득점수(혹은 수비로 인한 승리 혹은 패배수)로 바꿀 수 있을까? 추가로 허용하거나 막아 낸 타구의 개수를 득점수로 변환시키려면 모든 가능한 상황에서의 기대 득점을 보여 주는 [표 6-2]를 참고해야 한다. 어떠한 유격수가 무사 주자 없는 상황에서 수비에 실패했다고 가정해 보자. 이 타구가 나오기 전 상황은 0000이고 이 상황에서 평균적인 팀은 0.51점을 득점한다. 이제 이 상황에서 유격수가 수비에 실패한다면 새로운 상황은 0100이 되고 평균적인 팀들은 이 상황에서 0.87점을 득점한다. 만약 이 유격수가 이 상황을 잘 막아서 아웃시킨다면 새로운 상황은 1000이 되고 이때 평균적인 공격 팀은 0.27점을 득점한다. 이러한 상황에서 유격수가 수비를 실패하는 것은 그의 팀에게 0.87-0.27=0.6점의 예상 실점을 가져다준다고 할 수 있다. 가능한 모든 상황에서 아웃 한 개 대신에 안타를 허용하는 경우의 예상 실점을 계산해서 평균을 내 보면 안타 한 개를 허용하는 것은 평균적으로 0.8점의 실점을 의미한다는 것을 알 수 있다.

수비수들의 실점 방어를 승리 수로 변환해 보자

수비수들의 실점 방어 및 허용을 팀의 승리 수로 변환할 수 있을까? Chapter 1의 야구의 피타고라스 정리를 다시 한번 활용해 보자. 2016 시즌에 평균적인 팀은 725점을 득점하고 725점을 실점했다(당연히 이러한 평균적인 팀은 81승을 거두었을 것이다). 만약 한 수비수가 10점을 방어한다면, 평균적인 팀은 725점을 득점하고 715점을 실점할 것이다. 이는 725/715=1.014의 득실률을 의미한다. 야구의 피타고라스 정리에 의하면 이 득실률은 $\frac{162(1.014^2)}{1.014^2+1}$ = 82.12승을 의미한다. 따라서 10점은 약 1승으로 변환될 수 있다. 즉, Fielding Bible 점수가 −12.5인 수비수는 그의 팀에 약 1승을 손해 보게 만든다는 것을 알 수 있다. 대부분의 선수는 Fielding Bible 점수가 −20에서 +20 사이이다. 즉, 대부분의 선수는 그들의 수비 능력으로 인해 팀에 2승 이상 추가시키거나 손해 보게 하지 않는다. Chapter 8에서는 어떻게 타자들의 수비 능력과 타격 능력을 조합하여 종합적인 선수 능력 평가 지표를 얻을 수 있는지에 대해 이야기할 것이다.

스탯캐스트가 Fielding Bible을 더욱 발전시킨다

2017 시즌이 시작하면서, 스탯캐스트는 타구와 수비수들의 위치 그리고 외야수들이 공을 잡기까지 평균적으로 필요한 시간을 고려하여 평균적인 외야수가 플라이 볼을 잡을 수 있는 확률을 계산하였다. 이 확률을 바탕으로 스탯캐스트는 평균 대비 기여 아웃(outs above average, OAA)을 계산하였다. 예를 들어, 한 외야수에게 두 개

의 타구가 날아왔고 평균적인 외야수가 40%의 확률로 첫 번째 볼을 잡고 80%의 확률로 두 번째 볼을 잡는다고 가정하자. 그리고 이 외야수는 첫 번째 볼은 잡았지만 두 번째 볼은 잡지 못했다고 가정하자. 그렇다면 이 외야수의 평균 대비 기여 아웃은 (1−0.4)+(0−0.8)=−0.2로 계산된다. 내야수들의 평균 대비 기여 아웃은 계산하기가 조금 더 복잡하다(http://mlb.com/glossary/statcast/outs−above−average 참고). OAA19. xlsx 파일(출처: https://baseballsavant.mlb.com/leaderboard/outsabove_average#)을 보면 모든 수비수의 OAA를 찾아볼 수 있다. [표 7−2]에 평균 대비 기여 아웃 상위 10명과 하위 10명을 정리해 놓았다. 예를 들어 워싱턴 내셔널스의 중견수인 빅터 로블스가 23으로 1위를 기록하고 있다. 이는 그가 19점의 실점을 막았다는 것을 의미한다.

A	B	C	D	E	F	G
성	이름	팀	연도	포지션	실점 방어	평균 대비 기여 아웃
로블스	빅터	내셔널스	2019	중견수	20	23
베이즈	자비어	컵스	2019	유격수	14	18
키어마이어	케빈	레이즈	2019	중견수	15	17
아리나도	놀란	로키스	2019	3루수	12	16
시몬스	앤덜튼	에인절스	2019	유격수	12	16
아메드	닉	다이아몬드백스	2019	유격수	11	15
케인	로렌조	브루어스	2019	중견수	12	14
스토리	트레버	로키스	2019	유격수	11	14
배더	해리슨	카디널스	2019	중견수	11	13
벅스턴	바이런	트윈스	2019	중견수	11	12
지메네즈	일로이	화이트삭스	2019	좌익수	−10	−11
팜	토미	레이즈	2019	좌익수	−10	−11
추	신수	레인저스	2019	좌익수	−11	−12
산타나	도밍고	마리너스	2019	좌익수	−12	−13
타티스 주니어	페르난도	파드레스	2019	유격수	−10	−13
빌라	조나단	오리올스	2019	2루수	−10	−13
그레고리우스	디디	양키스	2019	유격수	−11	−14
게레로 주니어	블라디미르	블루 제이스	2019	3루수	−12	−16
폴랑코	조르지	트윈스	2019	유격수	−12	−16
로사리오	에디	트윈스	2019	좌익수	−16	−18

[표 7−2] 평균 대비 기여 아웃(OAA) 상위/하위 선수들

데릭 지터는 골든 글러브를 받을 자격이 있는가?

필자는 데릭 지터를 정말 좋아한다. 야구장 안팎에서 모두 진정한 명예의 전당 헌액자답다고 생각한다. 데릭 지터는 총 다섯 번의 골든 글러브를 수상했다(2004, 2005, 2006, 2009 그리고 2010년). 스탯캐스트가 나오기 전에는 FanGraphs가 ultimate zone rating(UZR, 2001년에 고안한 야구의 성적 평가 항목 중 하나이다)을 이용해 Fielding Bible 점수를 확대 적용시켰다. UZR은 평균 대비 한 수비수가 막아 낸 점수를 대략 계산한다. UZR에 따르면 데릭 지터는 골든 글러브를 받았으면 안 되는 선수였다. [표 7-3]은 데릭 지터가 골든 글러브를 받았던 해 그의 UZR을 나타낸다.

5시즌 중 4시즌 동안 그는 평균보다 못한 수비수였다. 요즘에는 UZR이 음수인 수비수가 골든 글러브를 받는 것이 거의 불가능하다는 점을 생각해 보면 스포츠 커뮤니티에서 세이버메트릭스의 영향력을 실감해 볼 수 있다.

연도	UZR
2004	−1
2005	−15
2006	−7
2009	6
2010	4

[표 7-3] 2004~2010 시즌 데릭 지터의 UZR

탬파베이 레이스는 어떻게
2008년 아메리칸 리그 우승을 할 수 있었는가?

시장의 효율성을 잘 활용하는 투자자는 주식 시장의 평균 수익률보다 높은 수익률을 기록할 수 있다. 예를 들어, 1990~2018년 사이에 르네상스 테크놀로지 메달리온 펀드는 고유의 알고리즘을 통해 연평균 수익률 41%를 달성했다. 이와 비슷하게 시대를 앞서 나가는 분석을 하는 팀은 다른 팀들보다 좋은 성적을 거둘 수 있다. 예를 들자면, 2007~2008년 사이에 대부분의 팀은 수비의 중요성에 대해 크게 인식하지 않고 있었다. 2007년 탬파베이 레이스의 UZR은 −47점이었다. 이는 2007년 평균보다 약 5승이 적은 수치였다. 2008년 탬파베이 레이스의 UZR은 +72점이었고 이는 평균보다 7.2승을 더 거두었음을 의미한다. 2007년과 2008년 사이에 일어난 수비 능력의 향상은 약 12승의 가치가 있었다. 2007년 탬파베이 레이스는 66승을 거두었고 2008년에는 97승을 거두었다. 수비 능력 향상만이 이러한 성공의 이유는 아니지만 분명히 중요한 역할을 했음에 틀림없다.

수비 시프트!

위대한 왼손 타자인 테드 윌리엄스는 보통 구장의 오른쪽으로 타구를 보냈다. 1946년 7월 14일, 클리블랜드 인디언스의 선수 겸 감독이었던 루 보드로는 모든 네 명의 내야수, 우익수 그리고 중견수까지 모두 필드의 오른쪽에 서게 하는 결정을 내린다. 한국 전쟁으로 인한 입대 기간을 제외하고 테드 윌리엄스의 위대한 커리어의 나머지 기간에 상대 팀들은 그가 타석에 들어설 때마다 수비 시프트를 시행했다. 테드 윌리엄스는 이로 인해 타율에서 15points(1푼 5리) 정도 손해를 보았다고 추정했다.

약 50년의 시차를 두고, 수비 시프트가 부활했다. 2010년 메이저 리그 팀들은 전체 타석의 약 3% 정도에서 수비 시프트를 활용했다. 하지만 2019년에는 약 15%의 타석에서 수비 시프트를 시행했다(이 중 41%가 왼손 타자들을 상대할 때였다). 이제 팀들은 각 타자가 여러 다른 유형의 투수를 상대할 때 어느 쪽으로 타구를 보내는지 알고 있다. 따라서 타자들의 능력을 최소화시키고자 수비수들을 어디에 위치시켜야 하는지 수학적으로 계산하는 것은 생각보다 어렵지 않은 일이다. 예를 들어,

[표 7-4]에 나와 있는 엑셀 파일 shift.xlsx의 Shift 탭을 살펴보자. 이 파일은 타자들이 땅볼 타구를 어느 방향으로 보내는지에 대한 가상의 만들어 낸 데이터이다. C열의 1은 공이 1루와 2루 사이로 갔다는 것을 의미하고 2는 2루와 3루 사이로 갔음을 의미한다. 예를 들어, 첫 타석에서 타구가 1루에서 67.65피트 떨어진 1, 2루 간으로 지나갔다고 가정해 보자. 그리고 두 번째 타구는 2루와 3루 사이 2루에서 64.76 피트 떨어진 곳으로 지나갔다고 가정하자. L 열에 성공적으로 공을 잡아 낼 내야수들의 최적의 위치를 계산해 놓았다. 만약 내야수가 공이 지나간 자리에서 5피트 이내에 있을 경우 아웃이라고 가정했다. 그리고 1루수는 반드시 1루에서 10피트 이내에 서 있어야 한다는 조건을 추가했다. Excel의 해 찾기 기능을 활용해 1루수를 1루에서 6.57피트 떨어진 곳에, 2루수는 1루에서 50피트 떨어진 곳에, 유격수는 1루에서 60피트 떨어진 곳에 그리고 3루수는 1루에서 69피트 떨어진 곳에 위치시키는 것이 최적이라는 것을 찾아냈다. 87%의 타구가 1, 2루 간으로 지나갔다는 사실을 기억하자.

C	D	E	F	G	H	I	J	K	L	M
					0.7621	1루수는 반드시 1루에서 10피트 이내에 있어야 한다.				
베이스	거리	변경된 거리	1번까지 거리	2번까지 거리	3번까지 거리	4번까지 거리	수비 성공		최적의 위치	기본값
1	67.64781	67.65	61.07	1.27	7.81	17.76	1	1	6.57903	8
2	64.7642	154.76	148.19	85.84	94.92	104.88	0	2	68.9195	78
1	61.70228	61.7	55.12	7.22	1.86	11.82	1	3	59.8392	130
1	57.92893	57.93	51.35	10.99	1.91	8.04	1	4	49.8871	170
1	47.12942	47.13	40.55	21.79	12.71	2.76	1			
1	52.00031	52	45.42	16.92	7.84	2.11	1			
2	54.77674	144.78	138.2	75.86	84.94	94.89	0			
2	59.68765	149.69	143.11	80.77	89.85	99.8	0			
2	41.28925	131.29	124.71	62.37	71.45	81.4	0			

[표 7-4] 수비 시프트의 위력

C	D	E	F	G	H	I	J	K	L	M
					0.1931	1루수는 반드시 1루에서 10피트 이내에 이어야 한다.				
베이스	거리	변경된 거리	1번까지 거리	2번까지 거리	3번까지 거리	4번까지 거리	수비 성공		최적의 위치	기본값
1	67.65	67.65	61.07	2.35	62.35	102.35	1	1	6.57903	8
2	64.76	154.76	148.19	84.76	24.76	15.24	0	2	70	78
1	61.70	61.7	55.12	8.3	68.30	108.30	0	3	130	130
1	57.93	57.93	51.35	12.07	72.07	112.07	0	4	170	170
1	47.13	47.13	40.55	22.87	82.87	122.87	0			
1	52.00031	52	45.42	18.00	78.00	118.00	0			
2	54.77674	144.78	138.2	74.78	14.78	25.22	0			
2	59.68765	149.69	143.11	79.69	19.69	20.31	0			
2	41.28925	131.29	124.71	61.29	1.29	38.71	1			

[표 7-5] 기본 수비 진형을 사용했을 때의 결과

[표 7-5]에 나와 있듯이 수비 시프트를 하지 않고 원래 자리에 서 있는 경우 19%의 땅볼 타구만이 수비에 성공했다.

수비 시프트가 얼마나 효과적인지 정확히 계산하는 것은 어려운 일이지만 수비 시프트가 라이언 하워드의 커리어를 박살 냈다는 것은 확실하다. FiveThirtyEight.com의 롭 아서가 이 슬픈 스토리의 디테일을 전해 주었다(https://fivethirtyeight.com/features/ryan-howards-career-is-dead-the-shift-killed-it/). 2010~2016 시즌 동안 필라델피아의 이 훌륭한 왼손 홈런 타자는 상대방이 수비 시프트를 하지 않을 때 OPS 0.975를 기록한 반면 상대방이 수비 시프트를 할 때 0.643 이라는 초라한 OPS를 기록하였다.

또한 2017년 6월까지, 시카고 컵스의 월드 시리즈 영웅인 왼손 타자 카일 슈와버는 수비 시프트로 인해 땅볼 타구 타율이 0.18에 불과했다(http://wrigleyville.locals.baseballprospectus.com/2017/06/04/schwarber-and-the-shift/).

포수의 프레이밍

모든 타석에서, 볼 판정은 결과에 엄청난 영향을 미친다. 예를 들어 1-0[38] 카운트일 때 타자들은 평균 1.064의 OPS를 기록하는 반면 0-1[39]일 때 평균 OPS는 0.813에 불과하다. 따라서 포수들은 실제로는 스트라이크 존 밖으로 들어온 공일지라도 스트라이크가 불릴 수 있도록 최선의 노력을 다한다. 이 능력은 프레이밍(pitch framing)이라고 불린다. 2015 시즌이 시작하면서 스탯캐스트는 이러한 프레이밍 능력을 통해 몇 점의 실점을 막아 냈는지를 계산했다. Catcherframing.csv 파일에 각 포수 포구 개수와 프레이밍을 통한 추가 스트라이크로 몇 점의 실점을 막아 냈는지가 계산되어 있다. 상위 10명의 포수는 [표 7-6]에서 찾아볼 수 있다.

A	B	C	D
성	이름	투구 수	추가 스트라이크로 인한 실점 억제
헤지스	오스틴	2684	15
플라워스	타일러	2252	15
페레즈	로베르토	3036	12
그랜달	야스마니	3701	12
배즈케즈	크리스천	3186	11
리얼무토	J.T.	3730	8
맥캔	브라이언	2269	8
스태시	맥스	1206	7
포시	버스터	2675	7

[표 7-6] 2019 시즌 포수 프레이밍 상위 선수들

---

38 역주. 1볼 0스트라이크

39 역주. 0볼 1스트라이크

CHAPTER 8

승리 확률 기여도
(Win Probability Added, WPA)

　선수들의 최종 목적은 소속 팀이 승리하도록 돕는 데 있다. 따라서 프로 선수들이 소속팀의 승리 혹은 패배에 어느 정도의 역할을 하는지 측정하는 것은 매우 중요하다. 하지만 모든 스포츠에서 이 작업은 쉽지 않은 과정이다. 그런데 야구에서는 할란 밀스와 엘던 밀스 형제가 간단하면서도 아주 고상한 방법으로 야구 선수가 소속 팀의 승리 확률에 얼마나 기여하는지 계산하는 아이디어를 고안해 내었다. 이 방법을 설명하기 위해 아마도 야구 역사에서 가장 유명했던 타구를 예로 들어 보자. 1951년 플레이오프에서 나온 바비 톰슨의 홈런이다. 만약 시간이 있다면 https://www.youtube.com/watch?v=3T0drh8i4Tw에서 러스 호지스의 유명한 중계와 함께 이 장면을 시청하길 추천한다. 바비 톰슨은 당시 뉴욕 자이언츠 소속으로 브루클린 다저스와 1951년 플레이오프 마지막 게임 9회 말에 타석에 들어섰다. 뉴욕 자이언츠는 4-2로 지고 있었고 1사 2, 3루 상황이었다. 만약 두 팀이 동일한 전력을 가지고 있다고 가정하면 그렉 스톨의 승리 확률 파인더(Win Expectancy Finder, https://gregstoll.com/~gregstoll/baseball/stats.html#V.0.1.0.1.0.0)를 활용해 뉴욕 자이언츠가 이 경기를 이길 확률을 계산해 볼 수 있다([그림 8-1] 참조). 1957~2019 시즌 모든 경기를 대상으로 했을 때 이와 같은 상황에서는 어웨이 팀이 73%의 확률로 승리했다. 따라서 당시 홈 팀이었던 뉴욕 자이언츠의 승리 확률은 1−0.73=27%였다.

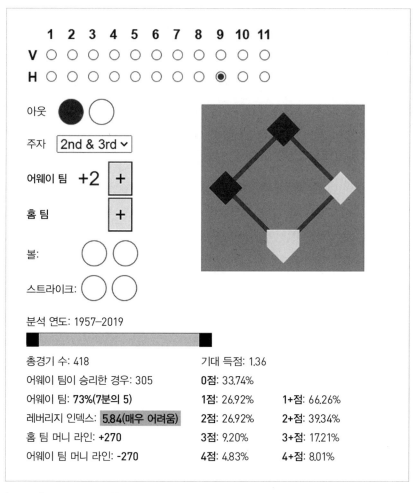

[그림 8-1] 승리 확률 파인더(출처: https://gregstoll.com/~gregstoll/baseball/stats.html#V .0.1.0.1.0.0)

바비 톰슨은 이 상황에서 역사에 남을 만한 홈런을 쳤고 자이언츠가 승리하게 되었다. 자, 이 상황에서 어떻게 바비 톰슨의 팀 승리 기여도를 측정할 수 있을까? 경기를 시작할 때 각 팀이 50%의 승리 확률을 가지고 있다고 가정하자. 이제 매 타석마다 공격 팀의 승리 확률 변화를 계산할 것이다. 이 지표를 승리 확률 기여도(WPA)라고 부르자. 매번 어떠한 상황이 벌어질 때(타구, 도루 등)마다 타자와 투수는 동일한 비율의 승리 확률 기여도를 가져간다. 참고로 바비 톰슨이 홈런을 칠 때 다음 타자는 그 위대한 윌리 메이스였다.

톰슨이 홈런을 치기 전에 뉴욕 자이언츠는 27.89%의 승리 확률을 가지고 있었다. 따라서 톰슨의 홈런은 1-0.2789=0.7211의 승리 확률 기여도를 만들어 냈고 반대로 당시 투수였던 랄프 브랑카는 0.7211의 승리 확률 기여도를 빼앗겼다. 팬그래프 (FanGraphs)는 모든 선수의 WPA를 표로 만들고 있다. [표 8-1]은 2019년 WPA 상위 20명의 기록을 정리해 놓은 표이다.

A	B	C
이름	팀	WPA
크리스천 옐리치	브루어스	7.34
코디 벨린저	다저스	5.41
마이크 트라웃	에인절스	5.17
앤서니 렌던	내셔널스	4.95
매트 올슨	애슬래틱스	4.82
맥스 먼시	다저스	4.82
브라이스 하퍼	필리스	4.71
프레디 프리먼	브레이브스	4.65
앤서니 리조	컵스	4.54
로널드 아쿠나 주니어	브레이브스	4.5
알렉스 브레그맨	애스트로스	4.32
샌더 보가츠	레드삭스	4.09
무키 베츠	레드삭스	3.84
피트 알론소	메츠	3.78
매트 챔프맨	애슬래틱스	3.67
놀란 아리나도	로키스	3.66
후안 소토	내셔널스	3.57
찰리 블랙먼	로키스	3.43
크리스 브라이언트	컵스	3.35
마이클 브랜틀리	애스트로스	3.32

[표 8-1] 2019년 WPA 상위 타자 20명

예를 들어, 마이크 트라웃의 타석은 에인절스에 5.17승[40]을 추가시켰다고 할 수 있다. 팬그래프는 [표 8-2]와 같이 팀의 대부분 경기에 나선 선수들의 WPA를 어떻게 해석해야 하는지에 대한 가이드를 제공하고 있다.

2019 시즌 투수 WPA 상위 선수들을 [표 8-3]에 정리하였다.

레이팅	WPA
최상	+6.0
상	+3.0
평균 이상	+2.0
평균	+1.0
평균 이하	0.0
하	−1.0
최하	−3.0

[표 8-2] **WPA 해석 기준**

A	B	C
이름	팀	WPA
저스틴 벌랜더	애스트로스	5.19
현진 류	다저스	4.33
게릿 콜	애스트로스	4.31
제이콥 디그롬	메츠	4.21
잭 플래허티	카디널스	3.97
셰인 비버	인디언스	3.82
맥스 슈어저	내셔널스	3.47
마이크 소로카	브레이브스	3.45
찰리 몰튼	레이스	3.4
잭 그레인키	———	3.36
마이크 마이너	레인저스	3.32
스테판 스트라스버그	내셔널스	3.28

40 역주. WPA 100%는 1승을 의미하므로 5.17은 517%로 5.17승을 의미한다.

소니 그레이	레즈	2.88
루카스 지올리토	화이트삭스	2.74
랜스 린	레인저스	2.64
패트릭 콜빈	내셔널스	2.6
카일 헨드릭스	컵스	2.58
루이스 카스틸로	레즈	2.52
클레이튼 커쇼	다저스	2.48
워커 뷸러	다저스	2.25

[표 8-3] 2019 WPA 상위 투수 20명

K	L	M
시즌	팀	WPA
1995	양키스	−0.86
1996	양키스	5.26
1997	양키스	1.99
1998	양키스	4.65
1999	양키스	3.38
2000	양키스	2.53
2001	양키스	3.23
2002	양키스	1.38
2003	양키스	3.69
2004	양키스	4.93
2005	양키스	3.15
2006	양키스	3.33
2007	양키스	2.25
2008	양키스	4.26
2009	양키스	3.94
2010	양키스	2.01

[표 8-4] 마리아노 리베라 WPA

구원 투수들의 경우 100이닝을 넘게 던지는 경우가 별로 없지만, 한 타석 만에 팀의 승리 확률이 급격하게 변하는 중요한 상황에 등판하는 경우가 많다. 이 때문에 리그 최고의 구원 투수들의 경우 단 몇 이닝 투구만으로 매우 높은 WPA를 기록하게 만든다. [표 8-4]는 뉴욕 양키스의 위대한 구원 투수였던 마리아노 리베라의 시즌별 WPA를 보여 준다. 1996 시즌에만 100이닝 이상 투구했음에도 불구하고 그의 커리어에서 14시즌 동안 2.25 이상의 WPA를 기록했다. [표 8-3]에서 볼 수 있듯 이 기록은 2019 시즌 기준 상위 20명 안에 들어가는 WPA이다.

수비 능력과 승리 확률 기여도

평균 대비 기여 아웃(OAA)을 활용하여 WPA와 수비 능력을 결합시킬 수 있다. 10점을 득점하면 1승을 거둔다고 가정해 보자. 예를 들어, 코디 벨린저의 2019 시즌 WPA는 5.41이고 그의 수비는 평균보다 5점을 덜 실점하도록 만들었다. 따라서 벨린저의 수비 능력을 고려하면 그의 2019 시즌 WPA는 5.41+0.5=5.91이다.

주루 능력과 승리 확률 기여도

주루 능력이 좋은 타자는 팀이 승리하는 데 기여도가 더 높을 수밖에 없다. 대부분의 주루 능력이 좋은 타자들은 다음과 같은 방법으로 소속 팀이 승리하는 데 기여한다.

- 높은 성공 확률로 많은 도루를 기록한다.
- 병살타 기록 확률을 낮춘다.
- 타자가 안타를 쳤을 때 추가로 더 많은 베이스를 진루한다. 예를 들어 빠른 주자가 2루에 있을 때 1루타가 나오면 주루 능력이 뛰어나지 않은 주자가 2루에 있을 때보다 득점 확률이 높다.

팬그래프의 도루 제외 주루 기여도(Ultimate Base Running, UBR)는 주자들이 평균적인 주자와 비교했을 때 그들의 주루 능력을 통해(도루와 병살타는 제외한다) 소속 팀이 얼마나 많은 점수를 득점 혹은 실점하게 했는지를 측정한다. 예를 들어, 1루타가 나왔을 때 100%의 확률로 2루에서 득점한 주자가 있다면 이 주자는 UBR은 높아질 것이고 같은 상황에서 2루에서 한 번도 득점한 적이 없는 주자가 있다면 이 선수의 UBR은 낮아질 것이다.

2019 시즌 팀별 UBR 점수는 다음 [표 8-5]에 나와 있다. 또한 선수별 혹은 팀별 wSB(weighted stolen bases)는 선수들의 도루가 팀 득점에 평균 대비 얼마나 도움 혹은 해가 되었는지를 측정한다. 마지막으로 wGDP(weighted ground into double play)는 선수들의 병살타 비율이 팀 득점에 평균 대비 얼마나 도움 혹은 해가 되었는지를 측정한다.

이러한 통계치의 예로서 매우 뛰어난 주자였던 신시내티 레즈의 빌리 해밀턴을 살펴보자. 2016년 그는 UBR=4.1점, wGDP=0.6점 그리고 wSB=8.1점을 기록했다. 따라서, 그의 주루 플레이는 12.8점의 가치가 있었고 그의 승리 확률 기여도를 1.28점 정도 올렸을 것이다.

A	B	C	D
팀	UBR	wGDP	wSB
양키스	7.3	0.3	0.6
로키즈	6.6	0.5	2.8
컵스	6.2	-1.8	-1.2
다이아몬드백스	5.3	0.5	-0.1
애슬레틱스	5.2	1.9	2.2
매리너스	4	0.3	1.4
필리스	2.8	2.7	1.8
레인저스	1.7	-2.2	2.3
브레이브스	1.1	0.8	1.1
트윈스	1.1	0.3	-1.8
파이러츠	0.7	0.8	-3

카디널스	0.3	0.8	-2.4
레이스	0.2	1.2	4
타이거스	0.2	-0.1	-0.3
말린스	0.1	-0.1	2.4
로열스	0	2.4	-0.5
화이트삭스	-0.1	-0.9	-1.2
인디언스	-0.5	1.4	-1.1
애스트로스	-0.7	1.5	-2
자이언츠	-1	-0.4	-1.4
레드삭스	-1.2	0	0.6
에인절스	-1.3	-0.7	-1.1
레즈	-2.3	-2.9	0.1
오리올스	-2.9	2.5	-3.9
다저스	-3.6	-1.9	0.6
파드레스	-3.9	0.9	3.7
블루제이스	-5	0.4	2.3
내셔널스	-5.2	-0.8	-0.3
메츠	-7.4	-1.7	-2.2
브루어스	-7.6	-6.2	-3.4

[표 8-5] 2019 팀별 UBR 레이팅

승리 확률 파인더 없이 승리 확률 기여도 계산하기

승리 확률 파인더는 과거 경기 결과들을 바탕으로 주어진 상황에서 어떤 팀이 승리할 확률을 계산한다. 2014년 톰 탱고, 미첼 리치맨, 앤드루 돌핀이 출간한 『The Book』에서 그들은 수천 가지가 넘는 다양한 상황에서의 홈 팀 승리 확률을 마르코프 체인(Markov chain) 분석을 통해 계산하였다[41](마르코프 체인에 대해서는 Chapter 39의 축구 분석에서 다룰 예정이다). 마르코프 체인 분석 혹은 우리의 시

---

41 만약 두 팀 간의 점수 차가 -10에서 10까지로 한정한다고 해도, 24×18×21=9,072가지 상황이 생긴다. 한 이닝 내에서 가능한 상황의 수(24) 곱하기 한 이닝당 공격과 수비, 예를 들어 1회 초와 1회 말, (9×2) 곱하기 21가지 가능한 점수 차이.

뮬레이션 모델을 이용하여 다양한 상황에서의 결과를 수천 수만 번 시뮬레이션해 볼 수 있다. 예를 들어, 야구에서 1회가 종료된 후 홈 팀이 매우 큰 점수 차로 지고 있는 경우는 그리 많지 않을 것이다(예를 들어 12점 차라고 하자). 이런 경우 승리 확률 파인더를 이용한다면 과거 경기 결과 데이터가 많지 않아 홈 팀이 이길 확률을 정확히 계산하는 것은 매우 어려운 일이다. 시뮬레이션이나 마르코프 체인 분석을 이용하면 이러한 상황을 수백만 번 돌려 볼 수 있어 더 정확한 홈 팀 승리 확률을 구해 낼 수 있다. 바비 톰슨의 "Shot heard round the world(랄프 왈도 에머슨과 그의 Concord Hymn에게 사과한다)"의 경우 『The Book』이 예측한 자이언츠의 승리 확률은 30.1%였다.[42]

---

42 역주. Chapter 8 첫 문단의 예로 사용된 바비 톰슨의 끝내기 홈런을 Shot heard round the world라고 부른다. 당시는 한국 전쟁 중이어서 참전 중인 많은 주한 미군도 이 경기를 라디오로 듣고 있었다고 한다. 사실 Shot heard round the world는 미국 독립 전쟁 당시 첫 번째 전투에 대한 랄프 왈도 에머슨의 「Concord Hymn」이라는 시에서 차용한 것이다. 그래서 이 책의 저자가 일종의 유머로 이들에게 사과한 것이다.

CHAPTER 9

대체 선수 대비 승리 기여도
(Win Above Replacement, WAR)

사람들은 종종 중요한 정보를 간단한 숫자로 요약하여 표현하고자 한다. 예를 들면, GE의 전 CEO였던 잭 웰치에 의해 도입되어 널리 쓰였던(다행히도 요새는 잘 쓰이지 않고 있는) 누적 평가 시스템은 각각의 직원에게 A, B, C와 같이 평가를 매긴다. 야구 감독들은 야구 선수의 능력을 하나의 숫자로 평가할 수 있는 지표가 있다면 정말 좋아할 것이다. 대체 선수 대비 승리 기여도(WAR)가 현재로서 이를 위한 최적의 지표이다. 이번 챕터에서는 타자들의 WAR를 어떻게 계산하는지에 대해 이야기할 것이다. 요즘과 같은 포스트 스테로이드 시대의 투고 타저 시대에서는 약 10점이 1승과 같다는 과거 생각과는 다르게 9점 정도가 1승이라고 가정하는 것이 맞을 것이다. 하지만 계산의 편의를 위해 10점을 내면 1승을 거둔다고 가정하겠다.

타격과 주루 그리고 수비 능력을 바탕으로 한 팀의 중견수가 소속 팀에 평균 대비 50점의 추가 득점을 가져다준다고 가정해 보자. 그의 진짜 가치는 어느 정도일까? 우디 알렌이 오스카 상을 수상했던 「Annie Hall」에서 말했던 대로 "인생의 80%는 일단 무언가를 하러 나타나는 것이다(http://quoteinvestigator.com/2013/06/10/showing-up/)." 그리고 이는 야구에서도 다르지 않다. 선수의 진짜 가치를 측정하려면 각각의 타석이 상당한 가치를 가지고 있다는 것을 이해해야 한다. 왜냐하면 어떠한 선수가 타석에 나섰다는 것은 특수한 상황이 아닌 이상 팀 내에 그를 대체할 선수가 없다는 뜻이기 때문이다. 팬그래프는 타자의 경우 주전이 아닌 대체 선수는 한 시즌 동안 평균 대비 팀에 약 20점 적게 기여한다고 가정했다. 이는 대체 선수들로만 구성된 팀은 시즌당 약 48승만을 거둘 것이라는 뜻이다. 모든 측면에서 정확히 리그 평균인 타자를 가정해 보자. 그리고 그가 팀 타석의 1/9에 올라왔다고 가정하자. 그리고 지명 타자 제도가 있는 아메리칸 리그라고 가정하자. 이 선수의 타석은 팀의 대체 선수 대비 20점(즉 2승)을 더 가져다줄 것이다. 만약 평균적인 선수가 팀 타석의 1/18(한 시즌의 절반)에 올라왔다고 가정하면 이 선수는 약 10점을 더 얻어 냈을 것이고 이는 1WAR이 된다. 따라서 우디 알렌이 옳았다. 무언가를 하러 나타나는 것 자체가 소중한 가치를 지니고 있다. 이제 톰 탱고의 wOBA(weighted On-Base Average)에 대해 먼저 이야기한 후에 WAR을 어떻게 계산하는지에 대해 자세히 설명하고 2016년 마이크 트라웃을 예시로 그의 WAR을 계산해 볼 것이다.

가중 출루율
(Weighted On-base Average, wOBA)

톰 탱고는 타자들의 능력을 평가하는 선형 계수의 한 종류로서 wOBA를 개발하였다. 이 선형 계수는 [표 9-1]에 나와 있는 대로 매 시즌 조금씩 달라지긴 하지만 대략 아래 근사값으로 수렴한다. 앞으로 또 이야기하겠지만 선수들의 wOBA는 아주 쉽게 타자의 평균 대비 공격 능력으로 전환할 수 있다.

- 볼넷 0.69
- 몸에 맞는 볼 0.72
- 1루타 0.89
- 2루타 1.27

- 3루타 1.62
- 홈런 2.1

예를 들면, wOBA에 따르면 볼넷 3개가 홈런 한 개 정도의 가치가 있다고 할 수 있다.

2016시즌 평균적인 타자의 wOBA는 0.318이었다. [표 9-2]는 2016년 wOBA 상위 타자들을 나타낸다.

A	B	C	D	E	F	G	H	I
시즌	wOBA	wOBA 스케일	볼넷	몸에 맞는 볼	1루타	2루타	3루타	홈런
2017	0.321	1.185	0.693	0.723	0.877	1.232	1.553	1.98
2016	0.318	1.212	0.691	0.721	0.878	1.242	1.569	2.015
2015	0.313	1.251	0.687	0.718	0.881	1.256	1.594	2.065
2014	0.31	1.304	0.689	0.722	0.892	1.283	1.635	2.135
2013	0.314	1.277	0.69	0.722	0.888	1.271	1.616	2.101
2012	0.315	1.245	0.691	0.722	0.884	1.257	1.593	2.058
2011	0.316	1.264	0.694	0.726	0.89	1.27	1.611	2.086
2010	0.321	1.251	0.701	0.732	0.895	1.27	1.608	2.072

[표 9-1] 시즌별 wOBA 선형 계수

A	B	S
이름	팀	wOBA
데이비드 오티즈	레드삭스	0.419
마이크 트라웃	에인절스	0.418
조이 보토	레즈	0.413
다니엘 버피	내셔널스	0.408
조시 도널드슨	블루제이스	0.403
프레디 프리먼	브레이브스	0.402
미구엘 카브레라	타이거스	0.399
크리스 브라이언트	컵스	0.396
찰리 블랙먼	로키스	0.394
DJ 르메이유	로키스	0.391
앤서니 리조	컵스	0.391
호세 알투베	에스트로스	0.391

놀란 아레나도	로키스	0.386
J.D. 마르티네즈	타이거스	0.384
넬슨 크루즈	매리너스	0.383
폴 골드슈미츠	다이아몬드백스	0.382
무키 베츠	레드삭스	0.379
라이언 브라운	브루어스	0.378
맷 카펜터	카디널스	0.375
브랜든 벨트	자이언츠	0.374

[표 9-2] 2016 wOBA 상위 선수들

타자의 대체 선수 대비 승리 기여도 (Win Above Replacement) 계산하기

이제 우리는 타자의 WAR을 계산하는 방법에 대해 이야기해 볼 것이다.

1단계: 타자의 평균 대비 득점 생산(weighted runs above average, wRAA) 계산하기. wRAA=((wOBA−lgwOBA)/wOBA Scale)×PA. 여기서 PA는 타석, lgwOBA는 리그 평균 wOBA 그리고 wOBA Scale은 해당 시즌 wOBA의 정규화(normalized)된 값을 의미한다. 팬그래프는 여기에 더해 WAR을 계산하기 전 구장 효과(park adjustment)까지 이 숫자에 추가한다. 예를 들어, wRAA가 똑같은 두 명의 타자가 있다고 가정하자. 한 명은 투수 친화적인 구장을 사용하는 샌디에이고 파드리스 선수이고 다른 한 명은 타자 친화적인 구장인 콜로라도 로키스 선수이다. 그렇다면 파드리스에서 뛰는 타자가 더 뛰어난 타자라는 것이 명백하다. 구장 효과에 대해서는 Chapter 10에서 더 자세하게 다룰 것이다.

2단계: 타자의 평균 대비 주루 능력을 계산한다. 이는 UBR+wSB+wGDP로 계산할 수 있다.

3단계: 포수 외의 선수들은 UZR을 해당 선수의 평균 대비 수비 능력으로 사용한다. 포수들의 경우 조금 더 복잡해진다. 이 웹사이트를 참고하자(http://www.

fangraphs.com/library/war/war-position-players/).

4단계: 몇몇 포지션의 경우 타 포지션에 비해 뛰어난 선수들의 숫자가 적은 경우가 있다. 따라서 포지션에 따라서 점수를 조정할 필요가 있다. [표 9-3]에 나와 있는 이러한 점수 조정은 한 타자가 팀 타석의 1/9에 들어선다는 가정에 바탕을 두고 만들어졌다.

포지션	조정 값
포수	12.5
1루수	−12.5
2루수	2.5
유격수	7.5
3루수	2.5
좌익수	−7.5
중견수	2.5
우익수	−7.5
지명 타자	−17.5

[표 9-3] WAR 포지션별 조정 값

이 표에 따르면 포수들이 타 포지션에 비해 상대적으로 귀하다는 것을 보여 준다. 반면 지명 타자들은 그 반대이다.

5단계: 앞에서 설명한 대로 타자들은 대체 선수 대비 뛰어난 성적을 거둘 때 이에 대한 점수를 획득한다. 이러한 조정은 대체 선수의 예상 득점을 활용해 계산된다. 즉, 20×(팀 전체 타석 중 몇 타석에 들어섰는지에 대한 비율)/(1/9)로 계산된다. 따라서 팀 전체 경기의 약 반 정도에 출전한 선수의 경우 팀 타석의 1/18에 들어섰을 것이고 10점의 대체 득점을 만들어 냈을 것이다.

6단계: wRAA+대체 선수 대비 주루 능력+대체 선수 대비 수비 능력+대체 득점을 통해 타자의 대체 선수 대비 총득점을 계산한다.

7단계: 타자의 WAR을 계산하고자 대체 선수 대비 총득점을 승리당 득점수로 나누어 준다. 대체 선수 대비 총득점을 WAR로 전환하기에 앞서 팬그래프는 약간의 리그 조정을 사용한다. 이는 각 리그 평균 대비 총득점을 0으로 맞추려는 것이다. 여기서는 이 리그 조정은 생략하도록 하겠다.

WAR을 계산하고자 승리당 10점으로 가정하도록 하겠다. 요즘에는 점차 경기당 득점이 줄어들면서 승리당 득점이 줄어들고 있다. 야구의 피타고라스의 정리에 따르면 1.0124의 득실 비가 82승으로 계산된다. 따라서 0.0124×(시즌당 평균 득점)이 1승으로 계산될 수 있다. 이는 시즌당 평균 득점이 줄어들고 있음을 명확하게 보여 준다.

이제 우리는 2016 시즌 마이크 트라웃의 WAR을 계산할 준비가 되었다.

- 마이크 트라웃의 2016 시즌 wOBA=0.418이었고 타석은 681이었다. 따라서 구장 효과 조정 전 마이크 트라웃의 wOBA는 681×(0.418−0.318)/1.21=56.3점이다. 팬그 래프에 따르면 구장 효과 적용 후 58.3점이 된다.
- 마이크 트라웃의 평균 대비 주루 능력은 UBR+wGDP+wSB=3.2+3.5+2.6=9.3점이다.
- 마이크 트라웃의 UZR=−0.3점이다.
- 마이크 트라웃은 로스앤젤레스 에인절스 전체 타석의 11.3%에 들어섰다(그냥 1/9이 라고 하자!). 따라서 중견수 포지션에 따른 점수 조정을 거치면 2.5점이 나온다.
- 마이크 트라웃이 에인절스 전체 타석의 1/9에 들어섰으므로 20점의 대체 득점을 얻게 된다.
- 따라서 마이크 트라웃의 대체 득점은 총 56.3+9.3−0.3+2.5+20=87.8점으로 계산된다.
- 승리당 10점이라는 가정을 바탕으로 마이크 트라웃의 WAR은 8.8이다. 승리당 9점 으로 가정하면 9.8WAR이 나온다. 팬그래프는 그의 WAR로 9.4를 제시했다. 따라서 우리의 계산이 꽤 정확했음을 알 수 있다.

투수의 WAR을 계산하는 것에 대해서는 이 책에서 다루지 않을 것이다. 팬그래 프는 wOBA 대신에 DICE와 투구 이닝을 사용해서 투수들의 WAR을 계산한다는 점만 간단히 짚고 넘어가겠다.

팬그래프는 WAR을 다음 [표 9-4]와 같이 해석하고 있다. 그리고 [표 9-5]에는 2016 시즌 WAR 상위 타자들이, [표 9-6]에는 WAR 상위 투수들이 정리되어 있다.

신인 선수	0-1 WAR
롤 플레이어	1-2 WAR
선발 출전 선수	2-3 WAR
평균 이상의 선수	3-4 WAR
올스타 선수	4-5 WAR
슈퍼스타	5-6 WAR
MVP	6+ WAR

[표 9-4] WAR 해석

D	E	F	G
순위	이름	팀	WAR
1	마이크 트라웃	에인절스	9.4
2	크리스 브라이언트	컵스	8.4
3	무키 베츠	레드삭스	7.8
4	조시 도널드슨	블루제이스	7.6
5	코리 시거	다저스	7.5
6	호세 알투베	에스트로스	6.7
7	매니 마차도	오리올스	6.5
8	프란시스코 린더	인디언스	6.3
9	프레디 프리먼	브레이브스	6.1
10	아드리안 벨트레	레인저스	6.1
11	애덤 이튼	화이트삭스	6
12	로빈슨 카노	매리너스	6
13	브라이언 도지어	트윈스	5.9
14	이안 킨슬러	타이거스	5.8
15	브랜든 크로포드	자이언츠	5.8
16	저스틴 터너	다저스	5.6
17	다니엘 머피	내셔널스	5.5
18	카일 시거	매리너스	5.5
19	더스틴 페드로이아	레드삭스	5.2
20	놀란 아레나도	로키스	5.2

[표 9-5] 2016 WAR 리더 보드: 타자

J	K	L	M
순위	이름	팀	WAR
1	노아 신더가드	메츠	6.5
2	호세 페르난데스	마린스	6.1
3	맥스 슈어저	내셔널스	5.6
4	조니 쿠에토	자이언츠	5.5
5	릭 포셀로	레드삭스	5.2
6	저스틴 벌랜더	타이거스	5.2
7	크리스 세일	화이트삭스	5.2
8	코리 클루버	인디언스	5.1
9	매디슨 범가너	자이언츠	4.9
10	호세 퀸타나	화이트삭스	4.8
11	마사히로 다나카	양키스	4.6
12	데이비드 프라이스	레드삭스	4.5
13	카일 헨드릭스	컵스	4.5
14	존 레스터	컵스	4.3
15	애런 산체스	블루제이스	3.9
16	제이크 아리에타	컵스	3.8
17	존 그레이	로키스	3.7
18	마커스 스트로맨	블루제이스	3.6
19	카를로스 마르티네스	카디널스	3.3
20	켄타 마에다	다저스	3.3

[표 9-6] 2016 WAR 리더 보드: 투수

대체 선수 대비 승리 기여도(WAR)와 선수 연봉

2016시즌 선수들의 WAR을 이용해 선수들의 적정 연봉을 계산해 볼 수 있다. WAR에 따르면 메이저 리그 최저 연봉인 $500,000(약 6억 원)을 받는 선수 25명으로 이루어진 팀은 48승을 거두게 된다. 다시 말하면 $12,500,000로 48승을 살 수 있다는 뜻이다. 81승 정도를 기록하는 평균적인 메이저 리그 팀의 2016 시즌 총연봉은 약

$114,000,000이었다. 이는 33^{42} WAR(대체 선수 대비 승리 기여도)이 $101,500,000의 가치가 있다는 것을 의미한다. 혹은 1WAR이 $3,080,000의 가치가 있다고 계산할 수 있다. 이 숫자를 이용해서 우리는 선수 가치 기반 연봉을 계산할 수 있다. [표 9-7]에는 2016 시즌 리그 상위권 선수들의 선수 가치 기반 연봉이 계산되어 있다.

이름	팀	WAR	실제 연봉	적정 연봉
존 레스터	컵스	4.3	$25.00	$13.24
로빈슨 카노	매리너스	6	$24.00	$18.48
아드리안 벨트레	레인저스	6.1	$18.00	$18.79
마이크 트라웃	에인절스	9.4	$16.08	$28.95
프레디 프리먼	브레이브스	6.1	$12.36	$18.79
조시 도널드슨	블루제이스	7.6	$11.65	$23.41
매니 마차도	오리올스	6.5	$5.00	$20.02
호세 알투베	에스트로스	6.7	$3.69	$20.64
애덤 이튼	화이트삭스	6	$2.75	$18.48
크리스 브라이언트	컵스	8.4	$0.70	$25.87
무키 베츠	레드삭스	7.8	$0.60	$24.02
코리 시거	다저스	7.5	$0.50	$23.10
프란시스코 린더	인디언스	6.3	$0.50	$19.40

[표 9-7] 2016 시즌 WAR을 기준으로 한 적정 연봉

프란시스코 린더, 코리 시거, 크리스 브라이언트 같은 젊은 선수들은 상당히 저평가되어 있음을 염두에 두고 살펴보자. 부상만 없다면 이들은 곧 엄청난 연봉을 받을 것이다. 놀라운 점은 많은 유명한 나이 많은 선수가 상당히 과대평가되어 있다는 점이다(존 레스터나 로빈슨 카노 같은 선수들). 이는 아마도 프리 에이전트(FA) 계약 시 많은 팀이 해당 선수와 계약하려고 과대평가된 금액을 제시하는 경향이 있기 때문일 것이다. 이는 종종 승자의 저주라고 불리는데 이는 어떠한 상품에 대해 그 가치보다 더 많은 돈을 지불하는 것을 의미한다. 이 현상은 해양 원유 시추와 관련해

43 역주. 81승-48승=33승

서 처음 나타났는데, 경쟁 입찰에서 승리하는 금액은 그 상품의 실제 가치보다 훨씬 높은 경우가 많았다.

왜 승자의 저주가 자주 일어나는지 이해하고자 약 $5,000,000짜리 예술품을 생각해 보자. 아무도 이 예술품의 진짜 가치를 알지 못하지만 우리는 경쟁 입찰에서의 입찰가가 이 예술품의 진짜 가치라고 가정한다. 만약 이 가정이 맞다면, 다섯 명의 입찰자가 각각 3백만 달러, 4백만 달러, 5백만 달러, 6백만 달러, 7백만 달러를 써낼 것이다. 그러면 평균 입찰가는 이 예술품의 가치와 같은 5백만 달러가 된다. 하지만 이 경쟁 입찰의 승자는 이 예술품의 진짜 가치인 5백만 달러보다 2백만 달러를 더 지불하게 된다.

보스턴 레드삭스가 WAR을 이용하여 "The Curse" 저주를 풀 수 있었던 방법

아주 똑똑한 제너럴 매니저였던 테오 엡스타인이 이끌었던 보스턴 레드삭스가 WAR을 이용하여 선수들의 가치를 평가했던 것을 상세하게 설명한 『Mind Game』이란 책을 인용하면서 이 장을 마무리하고자 한다. 보스턴 레드삭스는 이를 통해 2004년 월드 시리즈 우승을 일구어 냈다. 『Mind Game』에는 레드삭스가 2004년 마무리 투수인 케이스 파울크와 계약한 이유가 그가 1999~2003 시즌 동안 기록한 높은 WAR(평균+2.2를 기록했다) 때문이라는 점이 자세히 나와 있다. 파울크는 2004 시즌 레드삭스에서 32세이브를 기록하고 WAR 1.6을 기록했는데 그의 연봉은 고작 4백만 달러였다. 같은 시즌 명예의 전당 헌액자인 마리아노 리베라는 1천 1백만 달러를 받았고 WAR 2.5를 기록했다. 엡스타인이 파울크와 계약한 것은 그들이 가진 재정 자원을 아주 효율적으로 이용한 것이었고, 이것이 그 유명한 머니볼의 핵심 개념이다.

CHAPTER 10

구장 효과
(Park Factors)

2016 시즌 콜로라도 로키스는 총 845점을 득점한 반면 플로리다 마린즈는 655점을 득점했다. 이는 로키스가 마린즈보다 더 좋은 공격력을 지니고 있었기 때문이라고 보일 수도 있겠다. 하지만 로키스의 홈구장인 덴버는 높은 고도로 인해 대기층이 얇고 이 때문에 타구들이 더 멀리 뻗어 나간다. 따라서 콜로라도에서는 다른 구장들보다 득점하기가 조금 더 수월해진다. 이러한 이유로 콜로라도 로키스가 정말 더 좋은 공격력을 가지고 있었는지 분석하려면 구장 효과에 대한 분석이 필요하다.

다시 빌 제임스 얘기를 해 보자. 그는 구장 효과에 대한 개념을 처음 개발한 사람이다. 모든 NBA 구장은 정확히 같은 사이즈를 가지고 있고 모든 골대가 10피트로 높이가 똑같다. 모든 NFL 구장 역시 정확히 같은 크기를 가지고 있다(물론 미식축구는 야외 스포츠라 덴버의 얇은 공기층, 돔 구장, 추운 날씨 등이 영향을 미치기는 한다). 하지만 야구는 각각의 구장이 크기가 다르다. 이는 각 팀의 득점 확률에 큰 영향을 미칠 것이 확실하다. 구장 효과는 이러한 구장별 차이점이 득점이나 홈런 등에 어떠한 영향을 미치는지에 대한 정보를 제공한다.

우리는 여기서 가장 단순한 형태의 구장 효과에 대해 이야기해 볼 것이다. 다른 평균적인 구장에 비해 쿠어스 필드는 얼마나 득점하거나 홈런을 치기가 수월할까? 마린스 파크는 평균적인 구장에 비해 득점하기가 얼마나 어려울까? [표 10-1]에 ESPN이 발표한 2016년 구장 효과를 정리해 놓았다. 곧 보여 주겠지만 마린스의 득점 구장 효과는 0.834이다. 이는 마린스 파크에서의 득점이 평균적인 구장에서의 득점의 83.4%에 불과하다는 뜻이다. 로키스의 득점 구장 효과는 1.368이고 이는 평균적인 구장에서보다 36.8% 득점이 더 나온다는 의미이다.

쿠어스 필드의 득점 구장 효과를 계산하려면 쿠어스 필드에서의 게임당 득점을 로키스의 어웨이 게임에서의 게임당 득점으로 나누어 줘야 한다. [표 10-2]에 나와 있는 데이터를 사용하여 로키스와 마린스 파크의 득점 구장 효과를 계산 후 [표 10-1]에 정리하였다(parkfactors2016.xlsx 참고). 로키스의 팀 공격력, 수비력, 평균적인 타 팀의 공격력 그리고 평균적인 타 팀의 수비력은 홈구장이나 어웨이 구장에서 똑같이 영향을 미칠 것이다. 따라서, 쿠어스 필드에서의 득점과 로키스의 어웨이 경기에서의 득점 간의 차이는 오로지 쿠어스 필드의 구장 효과 때문이라고 할 수 있을 것이다.

E	F	G	H	I	J	K
구장 이름	득점	홈런	1루타	2루타	3루타	볼넷
마린스 파크(마이애미, 플로리다)	0.834	0.793	0.868	0.963	0.667	0.967
시티 필드(뉴욕, 뉴욕)	0.988	1.09	0.887	0.838	0.455	1.168
트로피카나 필드(세인트 피터스부르그, 플로리다)	0.889	0.877	0.901	0.861	0.952	1.048
다저 스타디움(로스앤젤레스, 캘리포니아)	0.813	0.914	0.908	0.919	0.382	0.895
오클랜드 콜로세움(오클랜드, 캘리포니아)	0.829	0.727	0.921	0.954	1.043	0.872
시티즌스 뱅크 파크(필라델피아, 펜실베이니아)	0.84	1.149	0.924	0.821	0.889	0.969
미닛 메이드 파크(휴스턴, 텍사스)	0.808	0.822	0.926	0.886	1.152	0.918
리글리 필드(시카고, 일리노이)	0.874	0.819	0.928	0.93	1.045	1.066
앤젤 스타디움(애너하임, 캘리포니아)	0.91	1.056	0.936	0.828	0.6	0.958
세이프코 필드(시애틀, 워싱턴)	0.941	1.158	0.953	0.963	0.538	1.029
게런티드 레이트 필드(시카고, 일리노이)	0.927	1.101	0.96	0.89	1.071	0.933
밀러 파크(밀워키, 위스콘신)	0.972	1.126	0.961	1	1.037	0.977
오리올 파크(볼티모어, 메릴랜드)	0.953	1.009	0.967	0.834	0.846	0.975

그레이트 아메리칸 볼 파크(신시내티, 오하이오)	0.99	1.175	0.97	0.949	0.645	1.019
부시 스타디움(세인트루이스, 미주리)	0.921	0.901	0.972	0.914	0.543	0.914
내셔널스 파크(워싱턴, D.C.)	0.956	1.023	0.974	0.891	0.806	0.972
양키 스타디움(뉴욕, 뉴욕)	1.035	1.377	0.982	0.871	0.5	1.033
코메리카 파크(디트로이트, 미시간)	1.019	1.138	0.984	0.884	1.904	0.945
터너 필드(쿰버랜드, 조지아)	1.059	0.77	1.009	0.9	0.936	1.135
PNC 파크(피츠버그, 펜실베이니아)	1.007	0.8	1.013	1.034	1.769	1.007
펫코 파크(샌디에이고, 캘리포니아)	1.014	0.957	1.042	1.062	0.75	0.977
타깃 필드(미니애폴리스, 미네소타)	1.044	1.014	1.064	1.081	1.031	0.875
로저스 센터(토론토, 온타리오)	1.156	1.01	1.083	1.3	1.1	1.039
AT&T 파크(샌프란시스코, 캘리포니아)	1.012	0.704	1.084	1.101	1.526	1.076
카우프맨 스타디움(캔자스시티, 미주리)	1.171	0.783	1.092	1.256	1.571	1.039
글로브 라이프 파크(알링턴, 텍사스)	1.156	1.049	1.1	1.052	1.813	1.029
프로그레시브 필드(클리블랜드, 오하이오)	1.207	1.168	1.115	1.299	0.507	1.119
체이스 필드(피닉스, 애리조나)	1.225	1.292	1.139	1.145	2.032	1.042
펜웨이 파크(보스턴, 매사추세츠)	1.199	1.065	1.161	1.424	1.667	0.977
쿠어스 필드(덴버, 콜로라도)	1.368	1.265	1.231	1.405	1.39	1.078

[표 10-1] ESPN 2016 구장 효과

Z	AA	AB	AC
로키스			
	경기 수	득점	실점
홈 팀	81	508	477
어웨이 팀	81	337	383
마린스			
	경기 수	득점	실점
홈 팀	80	302	302
어웨이 팀	81	353	380

[표 10-2] 로키스와 마린스 홈-어웨이 득점 차이

표 10-2: 2016년 로키스와 마린스의 홈
- 어웨이 게임 상세 득점

앞에서 로키스의 구장 효과는 $\frac{(508+477)/81}{(337+383)/81} = 1.368$로 계산되었고 마린스 파크의 구장 효과는 $\frac{(302+302)/81}{(353+380)/81} = 0.834$로 계산되었다.

이제 로키스와 마린스의 득점을 평균적인 구장에서의 예상 득점으로 변환시켜 보자. 우선 쿠어스 필드에서의 136.8점이 일반 구장에서의 100점과 비슷하다. 그러므로 쿠어스 필드에서의 득점을 평균적인 구장에서의 득점으로 변환시키려면 100/136.8을 곱해야 한다. 따라서 로키스는 508/1.368+337=708점을 득점한 셈이다. 이는 게임당 708/162=4.37점 정도이다. 비슷한 방식으로 마린스의 경우 302/0.834+353=715점을 득점한 셈이고 이는 게임당 715/161=4.44점이다. 이러한 분석 결과 2016년 마린스의 공격력이 로키스의 공격력보다 우위에 있었다는 점이 나타났다.

Chapter 9에서 이야기했듯이 타자의 WAR을 계산하기에 앞서 타자의 평균 대비 득점 생산(wRAA)은 구장 효과를 이용해 조정되어야 한다. 예를 들어 2016년 로키스에서 뛰었던 트레버 스토리의 경우 wOBA 0.38을 기록했다. 구장 효과를 고려하기 전 이는 wRAA 21점을 의미한다. 하지만 팬그래프는 구장 효과를 고려하여 그의 wRAA를 10.4점으로 조정하였다. 이는 트레버 스토리의 WAR을 1만큼 낮추는 수치이다.

마지막으로, [표 10-1]에서의 홈런, 3루타, 2루타, 1루타 그리고 볼넷 열들은 각각 홈런, 3루타, 2루타, 1루타 그리고 볼넷에 해당하는 구장 효과를 나타낸다. 예를 들어 2016년 쿠어스 필드의 경우 평균적인 구장 대비,

- 26.5% 더 많은 홈런
- 23.1% 더 많은 1루타
- 40.5% 더 많은 2루타
- 39.0% 더 많은 3루타
- 7.8% 더 많은 볼넷이 기록되었다.

ESPN이 계산한 방식의 문제점

ESPN이 제시한 구장 효과는 어떤 구장에서든 홈 팀이 똑같은 상대방을 만난다는 가정하에 계산되었다. 하지만 내셔널 리그 팀과 아메리칸 리그 팀 간의 인터 리그 경기와 한 팀이 한 시즌 동안 각각의 상대 팀을 정확히 같은 횟수로 만나지는 않는다는 점 때문에 현실적으로 이 가정은 유효하지 않다.

CHAPTER 11

스포츠에서의 연승과 연패
(Streakiness in Sports)

여러분들은 마브 앨버트가 "르브론 제임스가 오늘 불붙었네요."라고 하거나 혹은 잭 벅이 "마이크 트라웃이 오늘 방망이가 뜨겁네요!"라고 말하는 것을 자주 들어 봤을 것이다.[44] 또한 아나운서들이 종종 워리어스가 연승 행진을 달리고 있고 아무도 그들을 이길 수 없을 것이라고 말하는 것도 자주 들었을 것이다. 운동선수나 팀들의 연승 행진이 이어지는 것은 어떤 관성이 작용하는 것일까 아니면 그저 무작위(Random)로 벌어지는 일일까?

무작위(Random)로 일어나는 경우

먼저 162경기 중 무작위로 승패가 일어나는 경우에 대해 살펴보자. 한 팀의 승률이 60%라고 가정해 보자. 그렇다면 162경기의 결과가 무작위로 일어나는 경우를 만들어 보려면 매 게임 이 팀이 60%의 승리 확률을 가지고 있고 이러한 승리 확률은

---

44 역주. 마브 앨버트와 잭 벅은 유명한 스포츠 아나운서들이다.

팀의 과거 기록과 연관이 없다는 점을 명확히 해야 한다. 예를 들어, 직전 다섯 경기를 모두 지고 있거나 혹은 직전 다섯 경기를 모두 이기고 있다고 하더라도 다음 게임의 승리 확률은 동일하게 60%이다. [그림 11-1]은 무작위로 생성된 승리와 패배의 배열을 표시하고 있다(총 162경기 91승 71패). 이 예에서 이 팀은 10연승과 9연승을 각각 한 차례씩 기록했다. [그림 11-1]과 같은 표를 제시할 때 이것이 무작위 배열의 결과임에도 불구하고 대부분 사람은 이 배열에 어떠한 연속성(Streakiness)이 있다고 생각한다.

[그림 11-1] 무작위 배열의 예

많은 사람이 어떠한 팀이 연승을 거두고 있을 때 여기에는 어떠한 연속성 혹은 hot team 효과가 있다고 믿는다. 하지만 위에서 보여 준 예에 나타난 연승은 그저 무작위 배열에 따른 우연의 일치일 뿐이다. 카네만과 트베르스키(1971)는 사람들이 무작위 배열과 작위(의도적 행위) 배열을 구분하는 것이 상당히 어렵다는 것을 찾아냈다.

어떠한 팀이 60%의 승리 확률을 가지고 있고 과거 기록이 이 승리 확률에 전혀 영향을 미치지 않는다고 가정해 보자. 우리는 이러한 경우에 대해 1,000번의 시뮬레이션을 돌려 보았다(Longeststreak.xlsx 참조). 그 결과는 [그림 11-2]와 같았다. 가장 긴 연승이 최소 8연승 이상이었던 시즌이 50% 이상이었다.

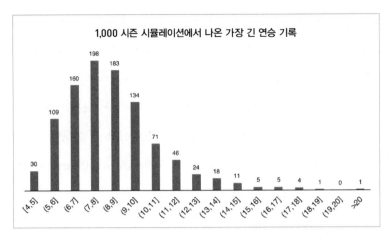

[그림 11-2] 무작위 배열에서 가장 긴 연승 기록의 분포

뜨거운 손 효과(Hot Hand Effect)는
정말 존재하는가?

많은 사람이 뜨거운 손 효과를 믿고 있다. 길로비치, 발론 그리고 트베르스키 (1985)에 따르면 91%의 농구 팬들이 농구 선수가 직전 슛을 성공시켰을 때 그렇지 않은 경우보다 다음 슛을 성공시킬 확률이 높다고 믿고 있다.

자, 이제 야구 혹은 농구에서의 뜨거운 손 효과를 입증할 만한 증거가 있는지 찾아보자. 이를 테스트해 볼 가장 보편적인 방법은 왈드-월포위츠의 런 검정(Wald-Wolfowitz runs test, WWRT)이다. WWRT에 대해 이야기하기 전에 기본적인 확률론과 통계에 대한 간단한 튜토리얼을 진행하겠다.

정규 확률 변수에 대하여

무작위로 선수나 사람을 골라서 그 사람의 타율이나 아이큐와 같은 수치들을 추출한다면 그 수치는 당연히 확정되지 않은 수치일 것이다. 우리는 이러한 확정되지 않은 변수들을 확률 변수(random variable)라고 부른다. 야구 선수의 타율이나 어떠한 사람의 아이큐와 같은 어떠한 확률 변수가 있다고 했을 때, 해당 수치가 어느 정도로 드문 경우인지 알 수 있을까? 예를 들어, 아이큐가 140인 경우가 드물까 아니면 타율 3할 6푼인 타자가 나오는 경우가 더 드물까? "드물다"라는 것을 정의하는 일반적인 방법은 해당 데이터가 정규 분포를 이루고 있다고 가정하는 것이다. 예를 들면, 사람의 아이큐는 다음 [그림 11-3]에 나와 있는 것과 같은 확률 밀도 함수(Probability Density Function, PDF)의 모습을 보이는 정규 분포를 따른다고 알려져 있다.

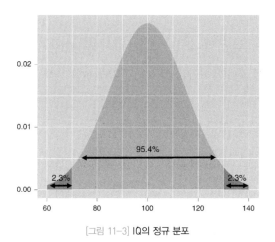

[그림 11-3] IQ의 정규 분포

[그림 11-3]의 아이큐 확률 밀도 함수의 높이(y 값)는 해당 x 값에 해당하는 아이큐를 가진 사람이 있을 확률에 비례한다. 예를 들면, 아이큐가 82일 때의 y 값은 아이큐가 100일 때의 y 값의 약 절반 정도이다. 이는 아이큐가 82 정도인 사람의 수가

아이큐가 100인 사람의 수의 약 절반가량이라는 것을 의미한다. 정규 분포는 아래의 두 가지 숫자에 의해 표현된다.

- 평균(μ)
- 표준 편차(σ): 확률 변수들이 평균에서 얼마나 떨어져 있는지 측정

아이큐는 μ=100, σ=15인 정규 분포를 따르는 것으로 알려져 있다. 만약 어떠한 확률 변수가 정규 분포를 따른다면,

- 평균값은 해당 확률 변수에서 가장 높은 확률로 추출될 것으로 기대되는 값이다.
- 전체의 68%의 변숫값이 평균 ±1×표준 편차 내에 존재할 것이다. 확률 밀도 함수 아랫부분의 면적이 해당 값들이 추출될 확률을 의미한다. 따라서 확률 밀도 함수 아랫부분의 총면적은 1이고 위의 아이큐 확률 밀도 함수에서 85와 115 사이의 면적은 0.68이다.
- 전체의 95%의 변숫값이 평균 ±2×표준 편차 내에 존재할 것이다. 즉, 95% 사람들의 아이큐는 70에서 130 사이이다. 그리고 아이큐 확률 밀도 함수에서 70과 130 사이의 면적은 0.95이다.
- 이 확률 밀도 함수는 좌우 대칭이다. 즉, 평균 +1×표준 편차와 평균 −1×표준 편차일 때의 y 값은 동일하다. 예를 들어, 아이큐가 120인 사람들과 80인 사람들의 숫자는 거의 비슷할 것이다.

표준화 점수(z-scores)

만약 어떠한 데이터의 히스토그램이나 막대그래프가 대칭적이라면, 통계학자들은 보통 어떠한 변숫값이 평균에서 표준 편차 몇 개만큼 멀리 떨어져 있는지를 가지고

그 값의 희귀성을 파악한다. 여기서 표준 편차 몇 개만큼 떨어져 있는지를 측정하는 값이 표준화 점수(z 값)이다. 즉,

$$z = \frac{\textit{변숫값} - \textit{평균}}{\textit{표준 편차}}$$

모든 변숫값의 z 값들을 평균 내면 0이 나오고 표준 편차는 1이 나온다. 그러므로 z 값을 계산하는 것은 종종 측정값의 표준화라고 불린다. z 값이 2인 경우 해당 측정값은 아주 드물게 나타나는 값이며, 일어날 확률은 약 5% 정도이다. z 값이 3인 경우는 약 1,000번 중에 3번 일어날 확률을 가진 값이다. z 값을 사용하는 하나의 예로서 아래와 같은 질문을 해 볼 수 있다. 1987년 10월 19일 주식 시장이 22% 하락할 확률과 키가 30인치인 번 트로이어보다 작은 사람을 길에서 마주칠 확률 중 무엇이 더 낮을까? 아래 주어진 숫자들을 가정하고 계산해 보자.

- 주식 시장 하루 등락률 평균=0%, 표준 편차=1.5%
- 미국 성인 남성 평균 신장=69인치, 표준 편차=4인치

그렇다면 1987년 10월 19일의 z 값은 $\frac{-22-0}{1.5} = -14.67$이고 번 트로이어의 z 값은 $\frac{30-69}{4} = -9.75$이다. 즉, 하루에 주식 시장이 22% 떨어지는 일은 길에서 번 트로이어보다 작은 사람을 마주칠 확률보다 낮다.

z 값을 활용하는 또 다른 예는 로저스 혼스비가 1924년 기록한 4할 2푼 4리의 타율과 조지 브렛이 1980년 기록한 타율 3할 9푼에 대해서 살펴보는 것이다. 만약 1924년과 1980년 투수들의 능력과 수비 능력이 동일하다고 가정한다면, 어느 쪽이 더 뛰어난 성적일까? [그림 11-4](BA1980.xlsx 파일 참조)에서 1980년 300타석 이상을 기록한 모든 타자의 타율 히스토그램을 볼 수 있다. 이 히스토그램은 대략 대칭적이라고 할 수 있다. 엑셀 2016 이상의 버전에서는 데이터를 선택 후 삽입 → 통계

차트 → 히스토그램을 선택하면 쉽게 멋있는 히스토그램을 그릴 수 있다. x축 위에서 우클릭한 후 축 서식으로 들어가면, 오버플로 계급 구간(여기서는 0.320으로 설정했다), 언더플로 계급 구간(0.220으로 설정했다) 그리고 계급 구간 너비(0.01로 설정했다)를 설정할 수 있다.

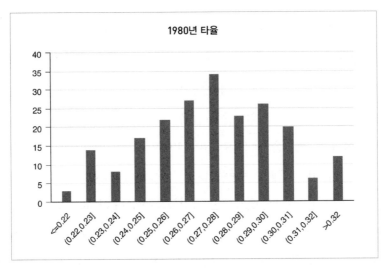

[그림 11-4] 1980년 타율 히스토그램

1980년 시즌 300타석 이상을 기록한 타자들의 평균 타율은 0.274였고 표준 편차는 0.0286이었다. 이때 조지 브렛의 z 값은 $\frac{0.390-0.274}{0.0286}=4.04$이다. 1924년 평균 타율은 0.299이고 표준 편차는 0.0334이다. 따라서, 혼스비의 z 값은 $\frac{0.424-0.299}{0.0334}=3.66$이다. 즉, 브렛의 타율이 혼스비보다 3푼 4리 낮음에도 불구하고 해당 시즌 타자들의 전체적인 타율을 고려해서 살펴보면 브렛의 타율이 더 뛰어났다는 것을 알 수 있다.

왈드-월포위츠의 런 검정으로 돌아가자

이제 다시 왈드-월포위츠의 런 검정(WWRT)에 대해 이야기해 보고자 어떠한 팀이 현재 5승 5패를 하고 있다고 가정해 보자. 가장 긴 연승 연패를 통해 5승 5패를 기록할 수 있는 방법은 5연승을 기록한 후 5연패를 하는 것이다. 즉, 승승승승승패패패패패를 기록하는 것이다. 가장 짧게 연승 연패를 하면서 5승 5패를 기록하는 방법은 승패승패승패승패승패를 기록하는 것이다. 여기서 런(run)을 연승 혹은 연패의 수로 정의해 보자. 즉, 승승승승승패패패패패의 경우 런이 2개 있는 것이다(5연승과 5연패). 반면 승패승패승패승패승패의 경우 10개의 런이 있는 것이다(1연승 5개, 1연패 5개). 따라서 런의 개수가 적을수록 더 많은 연승 혹은 연패를 기록하는 것이고 런의 개수가 많을수록 연승 혹은 연패가 적은 것이다. 여기서 중요한 질문은, 이러한 승패가 무작위로 나타난다는 가정하에(승과 패는 이전 게임의 결과에 영향을 받지 않는다), 이 런의 개수는 평균적으로 몇 개가 나올 것이며 그 표준 편차는 얼마가 될 것인가 하는 것이다. 왈드와 월포위츠는 성공과 실패로 이루어진 무작위 배열에서 위에서 정의한 런의 평균과 표준 편차는 다음과 같다는 것을 밝혀냈다. 이 식은 아래와 같다.

N=S+F=배열의 총길이

μ=런의 평균= $\frac{2FS}{N} + 1$

σ=런의 표준 편차= $\sqrt{\frac{(\mu-1)(\mu-2)}{N-1}}$

예를 들어, 만약 어떤 팀이 5승 5패를 기록 중이라면, 평균적으로 $\frac{2(5)(5)}{10}+1=5.5$ 런을 기대할 수 있고 이때 표준 편차는 $\sqrt{\frac{(5.5-1)(5.5-2)}{10-1}}=1.32$일 것이다.

그러므로, 승승승승승패패패패패가 나타나는 경우의 표준화 점수는 $\frac{2-5.5}{1.32}=-2.65$일 것이고, 승패승패승패승패승패의 경우 $\frac{10-5.5}{1.32}=3.41$이 될 것이다.

가설 검정

통계학자들은 종종 귀무가설(null hypothesis)과 대립가설(alternative hypothesis)을 세우곤 한다. 우리가 대립가설을 뒷받침하는 상당한 양의 증거를 찾지 못하는 이상 항상 귀무가설이 채택된다(이는 미국의 사법 체계와 동일하다. 유죄가 확실하게 입증되지 못하는 한 우리는 모든 사람을 무죄로 추정한다). 그렇다면 귀무가설을 기각하게 되는 상당한 양의 증거란 무엇일까? 대부분의 통계학자[45]는 귀무가설이 참인 경우 나타날 확률이 5% 이하인 결과가 그들의 실제 데이터에서 나타날 때 귀무가설이 참이 아닐 수 있다고 결론 내린다.[46] 어떠한 확률 변수가 정규 분포를 따를 때 표준화 점수의 절댓값이 2(정확하게는 1.96)를 넘어갈 확률이 5%라는 것을 기억하는가? 따라서 우리가 정규 분포를 따르는 데이터에서 검정 통계량(test statistic)을 계산한다면, 이 검정 통계량의 표준화 점수의 절댓값이 2를 넘어갈 확률이 5%라는 뜻이 된다. 즉, 만약 검정 통계량의 표준화 점수의 절댓값이 2를 넘어간다면 우리는 귀무가설을 기각해야 한다. 이런 경우 우리는 데이터가 0.05 수준에서 유의하다고 표현한다. 왜냐하면 만약 귀무가설이 참이라면, 검정 통계량이 이렇게 평균에서 먼 값이 나올 확률은 0.05보다 작기 때문이다. 앞의 예에서의 귀무가설은 승과 패가 배열에 무작위로 퍼져 있다는 것이다. 즉, 이 배열에서 과거의 승패가 다음 이벤트에서의 승패에 영향을 미치지 않는다는 것이다.

반대로 대립가설은 과거의 승패가 어떤 형태로든 다음 이벤트의 승패에 영향을

---

45 많은 재판에서 (예를 들어 카스타네다 vs 파티다(1977)) 미국 대법원은 원고와 피고 간 누구에게 입증 책임을 넘겨야 하는지 판단할 때 5%의 통계적 유의성 혹은 2×표준 편차를 기준으로 삼아 왔다.

46 이 5% 통계적 유의성 기준은 절대적인 것이 아니며, 어떤 경우에는 쉽게 조작될 수 있다. 이를 p-hacking이라고 부른다. p-hacking은 항상 고의적으로 저지르는 것은 아니며, 많은 경우 p-value에 대한 정확한 이해 부족에서 비롯된다. 독자들은 p-value가 무엇을 의미하는지 정확히 파악하길 바란다. 앞으로 본인이 실행할 통계 분석을 이해하는 데 많은 도움이 될 것이다.

미친다는 것이다. 이 배열에서의 승과 패가 무작위로 나타나는지 알아보고자 할 때 적절한 검정 통계량은 런의 숫자이다. 예를 들어 우리가 승승승승승패패패패패나 승패승패승패승패승패를 목격했다고 해 보자. 이 두 가지 경우 모두 표준화 점수가 2를 넘어간다. 즉, 둘 중에 어떤 형태의 배열이 나오든 어떠한 팀의 승패가 무작위 배열일 확률은 5% 미만이다. 따라서 우리는 귀무가설을 기각하고 승패의 배열이 무작위가 아니라고 결론 내릴 것이다.

GVT와 뜨거운 손 효과로 돌아가 보자!

이제 길로비치(Gilovich), 밸론(Vallone), 트버스키(Tversky), 줄여서 GVT에 대한 이야기로 돌아가 보자. 그들은 1985년 농구 선수의 슈팅 능력이 뜨거운 손 효과를 가지고 있는지에 대해 분석했다. GVT는 1980~1981 시즌 필라델피아 세븐티식서스의 모든 홈 게임에서 나온 연속적인 야투 시도들을 분석했다. 예를 들어 GGGMMG는 선수가 첫 세 번의 슛을 성공시키고 다음 두 개를 실패하고 마지막 6번째 슛을 성공시켰다는 뜻이다. 그들은 각각의 선수 야투 시도 기록을 가지고 왈드-월포위츠의 런 검정을 시행했다. 그 결과는 [표 11-1]에 나와 있다.

F	G	H	I	J	K
선수 이름	필드 골 성공	필드 골 실패	실제 런 수	예상 런 수	표준화 점수
크리스 리처드슨	124	124	128	125	-0.38
줄리어스 어빙	459	425	431	442.4	0.76
리오넬 홀린스	194	225	203	209.4	0.62
모 치크스	189	150	172	168.3	-0.41
칼드웰 존스	129	143	134	136.6	0.32
앤드루 토니	208	243	245	225.1	-1.88
바비 존스	233	200	227	216.2	-1.04
스티브 믹스	181	170	176	176.3	0.04
대릴 도킨스	250	153	220	190.8	-3.09

[표 11-1] 1980~1981년 필라델피아 세븐티식서스에서 뜨거운 손 효과가 있었는지 검증할 데이터

대릴 도킨스만 유일하게 절댓값 2가 넘는 표준화 점수를 가지고 있어 유일하게 이 선수만이 유의미한 슛 성공 실패의 연속성을 보여 줬다고 할 수 있다. 아마도 이 선수의 표준화 점수가 큰 이유는 대부분 그의 득점이 덩크로 이루어져 있기 때문일 것이다(그의 별명은 Chocolate Thunder였다). 그리고 그가 덩크로 득점을 올렸다는 뜻은 그가 그의 수비를 압도할 수 있다는 뜻이고 이는 다음 덩크 슛도 성공할 확률이 높다는 의미일 것이다.

그렇다면 세븐티식서스 전체 선수들을 전체적으로 분석하려면 어떻게 해야 할까? 간단히 그들의 표준화 점수의 평균을 구하면 된다. 그런 다음 N개의 독립적인 표준화 점수[47]의 평균의 표준 편차는 N−5라는 통계학적 지식을 이용하면 된다. 9명 선수의 표준화 점수의 평균은 −0.56이고 표준 편차는 9−5=1/3=0.333이다. 이 경우에 표준화 점수의 평균 표준화 점수는 $\frac{-0.56-0}{0.333}$ = −1.68이다. 따라서 0.05 수준에서 통계적으로 유의미하지 않다. 즉, 세븐티식서스 선수들을 전체적으로 봤을 때 그들의 슛 성공/실패에 유의미하게 연속성이 나타나지 않았다. 다시 말하면 뜨거운 손 효과가 관찰되지 않았다.

뜨거운 손 효과에 대한 최신 연구

최근 들어 뜨거운 손 효과가 있는지에 대한 논쟁이 매우 뜨겁다. 조슈아 밀러와 아담 산주르조(2018)의 경우 GVT와 상반되게 특히 농구에서 뜨거운 손 효과가 있다고 주장했다. 여기서는 뜨거운 손 효과를 둘러싼 약간 전문적이지 않은 부분에 대한 논의들을 소개하겠다.

---

47 어떠한 확률 변수들의 집합에서 어떠한 부분 집합도 나머지 확률 변수들의 분포에 대해서 설명하지 못할 때 이 확률 변수들의 집합은 독립이라고 이야기한다. 앞의 예의 경우, 몇몇 세븐티식서스 선수의 표준화 점수를 안다고 해서 다른 선수들이 뜨거운 손 효과를 가지고 있는지 알아낼 방법이 없다. 따라서, 각 선수의 표준화 점수는 독립적인 확률 변수라고 가정하는 것이 합리적일 것이다.

농구를 조금 해 봤다고 하는 사람들(NBA와 WNBA 선수들 포함)은 코트 안에 숏을 절대로 놓칠 수 없는 특정 구역이 있다고 생각한다. 뜨거운 손 효과에 대한 계량적인 분석을 해 볼 수 있는 가장 쉬운 방법은 아래와 같은 부등식들이 참이라는 것을 보여 주는 것이다.

- Prob(다음 숏 성공|직전 숏 성공) 〉 Prob(다음 숏 성공|직전 숏 실패)
- Prob(다음 숏 성공|직전 두 번 숏 성공) 〉 Prob(다음 숏 성공|직전 두 번 숏 실패)
- Prob(다음 숏 성공|직전 세 번 숏 성공) 〉 Prob(다음 숏 성공|직전 세 번 숏 실패)

1980~1981 시즌 세븐티식서스의 경우, GVT가 위 상황별 숏 성공 확률을 정리해 놓았다.

[표 11-2]에서 알아낼 수 있는 것은 각각의 주어진 상황에서 선수들이 직전 숏이 실패했을 때 더 좋은 결과를 얻었다는 점이다. [표 11-2]는 명확하게 뜨거운 손 효과가 없음을 보여 주고 있다.

앤드루 보스코스키, 존 에코위츠, 캐롤라인 스테인은 그들의 논문(「Heat check: New evidence on the hot hand, available」 https://papers.ssrn.com/sol3/papers.cfm?abstract_id=2481494)에서 우리가 뜨거운 손 효과에 대해 기존에 알고 있던 것 외에 새로운 발견들을 제시했다. 그들은 2012~2013 NBA 시즌 중 시도된 모든 숏을 분석해서 다음과 같은 두 가지 중요한 결과를 보여 주었다.

직전 슛 결과	다음 슛 결과
성공 성공 성공	46%
실패 실패 실패	56%
성공 성공	50%
실패 실패	53%
성공	51%
실패	54%

[표 11-2] 1980~1981, 세븐티식서스 슛 성공률

- 만약 농구 선수의 다음 슛 성공 확률을 직전 네 개 슛의 결과와 그 선수의 전체적인 슛 성공 확률을 통해 계산하고자 할 때 직전 네 개 슛의 성공률은 다음 슛 성공 확률을 예측하는 데 유의미한 영향력이 없다. 이는 GVT의 주장과 일치한다.

- 슛을 성공시킨 이후, 그 슛을 던진 선수는 다음번에 더 어려운 슛을 시도하는 경향이 있다. 성공 이후 시도한 슛의 난이도와 직전 네 개 슛의 난이도를 모두 고려해서 분석했을 때, 농구 선수의 직전 네 개 슛 성공률은 다음 슛 성공률에 유의미한 영향이 있다. 보스코스키, 에코위츠, 스테인은 각 슛의 난이도를 골대까지의 거리, 슈터와 수비수 간의 거리 등을 고려해서 측정했다. 그들은 어느 정도의 뜨거운 손 효과가 존재한다고 결론 내렸다. 즉, 농구 선수의 슛 성공률 자체는 직전 슛 성공 여부에 따라 올라가지는 않지만, 직전 슛을 잘 던졌을 때 다음 슛의 정확도가 올라간다(슛의 난이도라는 측면을 고려해서 분석했을 때). 따라서, 다음 샷의 난이도가 올라간다는 것과 슛의 정확도가 올라간다는 두 가지가 서로 상쇄된다.

밀러와 산주르조의 2018년 논문은 수학, 심리학 그리고 스포츠 분야를 뜨거운 손 효과에 대한 분석으로 떠들썩하게 만들었다. [표 11-3]과 Broadie.xlsx 파일을 살펴보자(이 저자들은 컬럼비아 대학의 마크 브로디 교수가 공유한 뜨거운 손 효과에 대한 설득력 있는 분석을 감사히 받아들였다).

슛 성공 확률이 50%이며, 각각의 슛 성공률이 다른 슛들에 전혀 영향을 받지 않는 선수가 있다고 가정해 보자. 그리고 이 선수가 16경기에 출전했고 각 경기당 4번

의 숏을 시도했다고 하자. 16경기의 모든 결과는 정확히 똑같은 확률을 가진 네 번의 숏 성공 실패의 배열에 따라 나타난다. [표 11-3]에서 볼 수 있듯이 직전 숏이 성공한 다음에 시도한 숏에서 24개 중 12개를 성공시켰다. 이는 뜨거운 손 효과가 없다고 가정했을 때 우리가 기대할 수 있는 정확한 수치이다. 직전 숏의 성공 여부는 다음 숏의 성공 여부에 영향을 미치지 못한다. 하지만 각각의 행이 각각 다른 선수에 의해서 나온 결과라고 가정해 보자. 이 선수들은 모두 50%의 숏 성공 확률을 가지고 있고 각각의 숏은 이전의 숏 결과에 영향을 받지 않는다. 만약 어떠한 행에서 그 선수의 전체 숏 성공률보다 직전 숏이 성공한 다음 시도한 숏의 성공률이 더 높게 나타난다면, 이는 뜨거운 손 효과가 존재한다는 증거라고 할 수 있다. 반대로, 만약 어떠한 행에서 그 선수의 전체 숏 성공률보다 직전 숏이 성공한 다음 시도한 숏의 성공률이 더 낮게 나타난다면 뜨거운 손 효과가 존재하지 않는 증거라고 간주하자. 다음 [표 11-3]에서 다른 색으로 표시된 행들이 뜨거운 손 효과의 증거를 제시하는 행들이고 회색으로 칠해진 행들은 그 반대 증거들을 제시하는 행들이다. 놀랍게도, 분석 대상인 9명의 선수[48] 중 오직 3명의 선수[49]에서만 뜨거운 손 효과의 증거가 나타났다. 따라서, 어떠한 분석을 돌렸을 때 만약 전체 선수 중 절반이 뜨거운 손 효과의 증거를 제시한다면, 이는 뜨거운 손 효과가 실재하지 않는 것이라고 가정할 때 나타날 수 있는 뜨거운 손 효과의 증거보다 높게 나타나는 것이다. 따라서 이런 경우에는 뜨거운 손 효과가 존재한다고 결론 내릴 수밖에 없다.

---

48 역주. 직전 숏이 성공한 다음 숏 시도가 아예 없었던 선수와 모든 숏이 성공한 선수 그리고 직전 숏이 성공한 다음 숏 성공 확률이 50%로 처음에 가정한 선수들의 숏 성공 확률과 동일한 경우 분석에서 제외한 것으로 보인다.

49 8번째 배열은 분석이 잘못된 것으로 보인다. 직전 숏이 성공한 다음 숏을 성공시킬 확률이 66.7%로 그 선수의 전체 숏 성공률인 75%보다 낮기 때문이다.

A	B	C	D	E	F	G	H	I	J	K
					9명 중 3명이 뜨거운 손 효과 보임					
	24	12			직전 숏이 성공일 때 숏 성공률이 전체 숏 성공률보다 높음					
시퀀스	숏 시도 1	숏 시도 2	숏 시도 3	숏 시도 4	직전 숏이 성공일 때 숏 성공률	시도	성공	직전 숏이 성공일 때 숏 성공률	실제 숏 성공률	성과
1	실패	실패	실패	실패		0	0	none	0	0
2	실패	실패	성공	실패	0	1	0	0	0.25	−1
3	실패	성공	실패	실패	0	1	0	0	0.25	−1
4	성공	실패	실패	실패	0	1	0	0	0.25	−1
5	실패	성공	성공	실패	0.5	2	1	0.5	0.5	0
6	성공	실패	성공	실패	0	2	0	0	0.5	−1
7	성공	성공	실패	실패	0.5	2	1	0.5	0.5	0
8	성공	성공	성공	실패	0.666667	3	2	0.666667	0.75	1
9	실패	실패	실패	성공		0	0	none	0.25	0
10	실패	실패	성공	성공	1	1	1	1	0.5	1
11	실패	성공	실패	성공	0	1	0	0	0.5	−1
12	성공	실패	실패	성공	0	1	0	0	0.5	−1
13	실패	성공	성공	성공	1	2	2	1	0.75	1
14	성공	실패	성공	성공	0.5	2	1	0.5	0.75	0
15	성공	성공	실패	성공	0.5	2	1	0.5	0.75	0
16	성공	성공	성공	성공	1	3	3	1	1	0

[표 11-3] 4번의 숏: 직전 숏이 성공일 때 숏 성공률

[표 11-4]에서는 똑같은 16개의 숏 성공/실패 배열을 가지고 2개의 숏을 연속으로 성공시킨 이후 시도한 숏의 성공률을 분석해 보았다. 직전 2개의 숏을 성공시킨 후 선수들은 8개 중 4개(50%)의 숏을 성공시켰다. 이는 우리가 예상했던 것과 일치한다. 하지만 전체 숏 성공률과 직전 2개 숏을 성공시킨 후 시도한 숏의 성공률이 다른 5개의 행만 놓고 보면, 한 개 행에서 뜨거운 손 효과의 증거를, 나머지 네 개 행에서는 뜨거운 손 효과가 없다는 증거를 제시하고 있다. 따라서, 만약 어떠한 분석을 시도했을 때 전체의 절반에서 뜨거운 손 효과에 대한 증거가 나온다면, 이는 뜨거운 손 효과가 실재한다는 증거가 될 것이다.

A	B	C	D	E	F	G	H	I	J	K
					5명 중 1명이 뜨거운 손 효과 보임					
					직전 두 번의 슛이 성공일 때 슛 성공률이 전체 슛 성공률보다 높음					
시퀀스	슛 시도 1	슛 시도 2	슛 시도 3	슛 시도 4	직전 두 번의 슛이 성공일 때 슛 성공률	시도	성공	직전 두 번의 슛이 성공일 때 슛 성공률	실제 슛 성공률	성과
1	실패	실패	실패	실패		0	0		0	0
2	실패	실패	성공	실패		0	0		0.25	0
3	실패	성공	실패	실패		0	0		0.25	0
4	성공	실패	실패	실패		0	0		0.25	0
5	실패	성공	성공	실패	0	1	0	0	0.5	−1
6	성공	실패	성공	실패		0	0		0.5	0
7	성공	성공	실패	실패	0	1	0	0	0.5	−1
8	성공	성공	성공	실패	0.5	2	1	0.5	0.75	−1
9	실패	실패	실패	성공		0	0		0.25	0
10	실패	실패	성공	성공		0	0		0.5	0
11	실패	성공	실패	성공		0	0		0.5	0
12	성공	실패	실패	성공		0	0		0.5	0
13	실패	성공	성공	성공	1	1	1	1	0.75	1
14	성공	실패	성공	성공		0	0		0.75	0
15	성공	성공	실패	성공	0	1	0	0	0.75	−1
16	성공	성공	성공	성공	1	2	2	1	1	0

[표 11-4] 4번의 슛: 직전 두 번의 슛이 모두 성공일 때 슛 성공률

밀러와 산주르조(2018)는 또한 슛 성공률이 50%이고 슛 성공률이 직전 슛 성공/실패에 영향을 받지 않는 선수가 100개의 슛을 던진다면, 이때 이 선수가 3개의 슛을 연속적으로 성공시킨 후 네 번째 슛을 성공시킬 확률이 50%가 아닌 46%임을 보여 줬다. Hundredshots.xlsx 파일에 이 결과를 보여 주는 시뮬레이션이 담겨 있다. 각각의 슛을 성공시킬 확률이 50%이고 각각의 슛을 성공시킬 확률이 직전 슛들의 결과에 영향받지 않는 선수가 100개의 슛을 던졌을 경우를 가정하여 시뮬레이션을 돌려 보았다. @RISK를 이용하여 위 시뮬레이션을 10,000번 돌려 본 결과 3번 연속으로 슛을 성공시킨 후에는 정말로 50%가 아닌 46%의 슛 성공률을 보임을 확인하였다. 이 결과를 바탕으로 밀러와 산주르조(2018)는 만약 어떠한 선수가 3개 슛을

연속으로 성공시킨 후 시도하는 숏의 성공률이 50%라면, 이 선수는 뜨거운 손을 가지고 있는 것이라고 주장했다. 왜냐하면, 만약 뜨거운 손 효과가 없다면 3개 숏을 연속으로 성공시킨 뒤 시도하는 숏의 성공률은 46%여야 하기 때문이다.

뜨거운 손 효과에 대한 경험적 증거

본서의 필자 중 두 명(펠레치리니스와 윈스턴, 2021)은 2013~2014 시즌과 2014~2015 시즌 실제 NBA 숏 데이터를 분석해서 뜨거운 손 효과가 실재하는지 알아보았다. 우리는 2014~2015 시즌 최소 1,000번 이상의 숏을 시도한 21명의 선수를 분석했다. 우선 2013~2014 시즌 데이터를 활용해 신경망 분석을 시도하여 각각의 숏이 성공될 확률을 계산했다. 이때 골대와의 거리, 수비수와의 거리 등 여러 가지 변수를 고려했다. 각각의 숏이 다른 숏들의 성공 여부에 영향받지 않는다는 가정하에, 2014~2015 시즌 각 선수의 숏 성공/실패 배열을 500번씩 시뮬레이션해 보았다. 예를 들어, 만약 크리스 폴이 첫 번째 숏을 성공시킬 확률이 40%이고 두 번째 숏을 성공시킬 확률이 55%라면, RAND()[50]≤0.4가 됐을 때 첫 번째 숏을 성공한 것이고 RAND()≤0.55라면 두 번째 숏을 성공시킨 것이다. [표 11-5]에 나와 있는 바와 같이, 21명 중 8명 선수의 경우 직전 숏을 성공한 후 다음 숏을 성공할 확률이 시뮬레이션에서 예측된 확률보다 통계적으로 유의미하게 다르게 나왔다(p 값 〈0.05〉. 예를 들어, 데미안 릴라드의 경우 직전 숏 성공 이후의 숏에서 42%의 성공률을 보였다. 하지만 시뮬레이션에서는 만약 각 숏의 성공 여부가 서로 영향받지 않는다면 직전 숏 성공 이후 다음 숏 성공률이 37% 정도인 것으로 나타났다. 두 확률 간 이 정도 차이가 우연히 생길 확률은 0.04밖에 되지 않는다. 만약 뜨거운 손 효과

---

50 역주. 0에서 1 사이의 숫자 중 하나를 무작위로 추출하는 엑셀 함수

가 실재하지 않는 것이라면, 21명 중 한 명 정도만 0.05보다 낮은 p 값을 기록할 것이라는 것이 우리의 예상이었다. 각각의 선수가 0.05보다 작은 p 값을 가질 확률이 0.05라는 가정하에 BINOM.DIST.RANGE(21,0.05,8,21)[51]이라는 엑셀 함수를 통해 계산해 보면, 0.000004라는 아주 작은 확률로 8명 이상의 선수가 p 값 0.05 이하를 보여 준다는 것을 알 수 있었다. 더 자세한 사항들은 현재 진행 중인 논문에서 다룰 예정이다.

선수 π	$\Pr[M_{\_,i}|M_{\_,i-1}]_{data}$	$\Pr[M_{\_,i}|M_{\_,i-1}]_{sim}$	P 값
르마커스 알드리지	0.47	0.44	0.14
루디 게이	0.49	0.41	〈 0.001
포 가솔	0.46	0.46	0.46
크리스 폴	0.48	0.41	0.01
앤서니 데이비스	0.51	0.52	0.7
데미안 릴라드	0.42	0.37	0.04
빅터 올라디포	0.43	0.42	0.32
르브론 제임스	0.46	0.48	0.72
드웨인 웨이드	0.47	0.46	0.26
몬타 엘리스	0.44	0.42	0.18
러셀 웨스트브룩	0.42	0.37	0.04
앤드루 위긴스	0.39	0.43	0.93
블레이크 그리핀	0.52	0.47	0.02
제임스 하든	0.44	0.4	0.1
타이릭 에번스	0.48	0.45	0.17
스테픈 커리	0.46	0.47	0.58
덕 노비츠키	0.42	0.39	0.15
카이리 어빙	0.42	0.38	0.1
클레이 톰슨	0.49	0.44	0.02
마키에프 모리스	0.48	0.41	〈 0.001
니콜라 부세비치	0.5	0.45	0.01

[표 11-5] 뜨거운 손 효과의 경험적 증거

51 역주. 이항 분포를 사용하여 시행한 결과의 확률을 구하는 함수

야구 타격에 뜨거운 손 효과가 존재하는가?

올브라이트(1993)는 메이저 리그 선수들의 타격 능력에 뜨거운 손 효과가 있는지를 분석해 보았다. 그는 각각의 선수에 대해 그들의 안타(H)와 아웃(O) 간의 배열을 살펴보았다. 올브라이트는 각 선수의 안타 혹은 아웃이 연속적으로 나오는 런의 개수(예를 들어 HHOOHO는 네 개의 런을 가지고 있다)의 기댓값과 실제 선수들이 기록한 안타 혹은 아웃 런의 개수를 비교했다. 그다음 그는 실제 런의 개수의 표준화 점수를 계산했다. 예를 들어 1987년 칼 립켄(Ripken.xlsx 참고)의 경우 [표 11-6]과 같은 결과를 보여 줬다.

	A	B	C	D
	칼 립켄 1987			
	실제 득점	Hits	아웃	
	233	150	446	
	평균 득점	225.4966443	=2*B4*C4/(B4+C4)+1	
	득점 표준 편차	10.61843284	=SQRT((B6-1)*(B6-2)/(C4-1))	
	득점 표준화 점수	0.706634945	=(A4-B6)/B7	
	P 값	0.479793367	=2*(1-NORM.S.DIST(B9,TRUE))	

[표 11-6] 칼 립켄은 뜨거운 손을 가진 타자가 아니다

립켄의 표준화 점수가 양수인 것은 무작위로 계산된 런 개수의 기댓값보다 실제 더 많은 수의 런을 기록했다는 뜻이다. 즉, 립켄은 1987년 기댓값보다 더 적은 타격의 연속성을 보여 줬다고 할 수 있다. 1987 시즌 총 501명 선수의 평균 표준화 점수는 -0.256이었고 이 평균 표준화 점수의 표준 편차는 $\frac{1}{\sqrt{501}} = 0.045$였다. 따라서, 전체 선수들의 평균 표준화 점수의 표준화 점수는 $\frac{-0.256-0}{0.045} = -5.68$이었고, 이는 선수

들이 평균보다 더 강한 타격의 연속성을 보인다는 유의미한 증거이다. 올브라이트는 더 나아가 더 정교한 분석 방법인 로지스틱 회귀 분석을 이용해 한 타자가 타석에서 안타를 만들어 낼 확률을 최근 타석에서의 기록 및 아래와 같은 변수들을 활용해 예측하였다.

- 투수가 왼손 투수인가 오른손 투수인가?
- 투수의 평균 자책점(ERA)이 얼마인가?
- 홈 게임인지 어웨이 게임인지?
- 천연 잔디 구장인지 인조 잔디 구장인지?

위의 모든 변수를 고려하고 분석했을 때는, 타격의 연속성에 대한 증거들이 사라졌다. 올브라이트는 또한 한 시즌 동안 눈에 띄게 타격의 연속성을 보인 타자가 다음 시즌에도 연속성을 보일 확률은 무작위로 고른 선수가 다음 시즌에 타격의 연속성을 보일 확률과 엇비슷했다는 점을 밝혀냈다. 이는 일부 타격의 연속성을 보인 타자라고 할지라도 매 시즌 이런 현상이 반복적으로 나타나지는 않는다는 것을 의미한다.

팀이 연승을 이어 나가는 것은 어떻게 설명할 수 있을까?

그렇다면 팀 전체 레벨에서 연승의 기운을 이어 나가는 것은 어떻게 설명할 수 있을까? 우리는 2002~2003 시즌 NBA 데이터를 분석하여 팀 성적에 어떠한 연속성이 있는지를 살펴보았다. 우리는 단순하게 승패의 배열만 고려할 수는 없었다. NBA 시즌 중에 팀들은 종종 강한 상대 팀을 만나서 6경기 연속 어웨이 게임을 하는 경우도 있기 때문이다. 이런 경우 팀들은 아주 긴 연패를 기록하곤 한다. 이러한 연패는 상대방이 강해서 일어나는 것이지 팀 능력치의 변화 때문에 생기는 것이 아니다. 따라서, 우리는 각 게임 해당 팀의 능력치, 상대 팀의 능력치 그리고 홈 어드밴티지를 고려하여 포인트 스프레드(point spread)[52]를 만들었다. 예를 들어, 새크라멘토 킹스가 시카고에서 시카고 불스와 원정 경기를 치른다고 가정해 보자. 새크라멘토 킹스는 2002~2003 시즌 평균보다 7.8점 더 기록했고 시카고 불스는 평균보다 8.5점 덜 기록했다. NBA에서 홈 어드밴티지는 약 3점 정도이다. 따라서 이 경기에서 새크라멘토 킹스는(7.8−(−8.5)=16.3점 정도 시카고 불스보다 앞설 것으로 예상되고 시카고 불스의 홈 어드밴티지를 고려하면 새크라멘토 킹스가 약 13.3점 정도 차이로 이길 것이라고 예측할 수 있다. 즉, 만약 새크라멘토 킹스가 13점 차이 이상으로 승리한다면 그들은 승(W)을 기록할 것이고, 만약 새크라멘토 킹스가 13점 차 이하로 승리하거나 패배한다면 그들은 패(L)를 기록할 것이다. 요약하자면 W는 한 팀이 그들의 평소 실력보다 더 잘했다는 것을 의미하고 L은 그들이 평소 실력보다 더 못 했다는 것을 의미한다. 우리는 런 검정(WWRT)을 이용해 각 팀의 승패 배열에 어떠한 연속성이 있는지를 테스트해 보았다. 결과는 [표 11-7]에 나와 있다(teammomentum. xlsx 참고). 이 결과에서 우리는 오직 포틀랜드만이 유의미한 연속성을 보여 준다는 사실을 알 수 있었다. 여기서 주의해서 봐야 할 것은 팀의 승패에 연속성이라는 것이 실재하지 않는다는 가정하에서도 우연히 29개 팀 중 약 1.45개 팀에서 유의미한 연속성이 관찰될 수 있다는 점이다(0.05(29)=1.45). 즉, 약 1.45개 팀의 표준화 점수의 절댓값이 2 이상일 것이다. 29개 팀의 평균 표준화 점수는 −0.197이었다. 이 평균값의 표준 편차는 $\frac{1}{\sqrt{29}}=0.186$이고 따라서 29개 팀의 평균 표준화 점수는 $\frac{-0.197-0}{0.186}=-1.05$가 된다. 이는 0.05 수준에서 유의미하지 않은 결과이다. 이러한 결

---

52 역주. 스포츠 베팅에서 주로 사용되는 예상 점수 차이에 대한 예상치. 예를 들어 팀 A와 팀 B의 경기에서 팀 A의 포인트 스프레드가 −6이라면 팀 A가 6점 차이로 이길 것이라는 뜻이다.

과를 바탕으로 2002~2003 시즌 NBA 팀들의 팀 능력치 변동 추이는 무작위로 나타난다고 결론 내릴 수 있다. 이 분석 결과는 팀들이 승패 기록에 어떤 연속성을 가지고 있지 않다는 주장에 힘을 실어 주고 있다.

D	E	F	G	H	I	J
팀	표준화 점수	평균 득점	표준 편차	실제 득점	승	패
애틀랜타	0.888957	42	4.499657	46	41	41
보스턴	0.45017	41.9756	4.496947	44	40	42
샬럿	1.562035	41.9756	4.496947	49	42	40
시카고	0.467286	41.9024	4.488816	44	43	39
클리블랜드	0.672543	41.9756	4.496947	45	40	42
댈러스	−1.02608	40.439	4.326202	36	49	33
덴버	0.005424	41.9756	4.496947	42	42	40
디트로이트	−0.39785	41.7805	4.475265	40	44	38
골든스테이트	0.222239	42	4.499657	43	41	41
휴스턴	0.27368	40.8049	4.366855	42	48	34
인디애나	−1.55567	42	4.499657	35	41	41
LA 클리퍼스	0.044682	40.8049	4.366855	41	34	48
LA 레이커스	−1.10644	41.9756	4.496947	37	40	42
멤피스	−0.66672	42	4.499657	39	41	41
마이애미	−0.64659	41.9024	4.488816	39	43	39
밀워키	0.467286	41.9024	4.488816	44	39	43
미네소타	−1.03444	41.6098	4.456293	37	37	45
뉴저지 네츠	−0.39785	41.7805	4.475265	40	44	38
뉴욕 닉스	0.888957	42	4.499657	46	41	41
올랜도	0.495951	41.7805	4.475265	44	38	44
필라델피아	−0.20104	41.9024	4.488816	41	39	43
피닉스	−0.31369	41.3902	4.431901	40	36	46
포틀랜드	−2.21831	41.9756	4.496947	32	42	40
새크라멘토	−0.1744	41.7805	4.475265	41	44	38
샌안토니오	−0.13683	41.6098	4.456293	41	45	37
시애틀	−0.21695	41.9756	4.496947	41	42	40
토론토	−0.39785	41.7805	4.475265	40	38	44
유타	−0.13683	41.6098	4.456293	41	37	45
워싱턴	−1.5151	41.7805	4.475265	35	38	44

[표 11-7] NBA 팀들은 승패에 연속성을 보이지 않는다

CHAPTER 12

플래툰 효과

대부분의 오른손 투수들의 경우, 커브 볼이 그들의 투구 패턴에 중요한 부분을 차지한다. 오른손 투수의 커브 볼은 왼손 타자의 몸 쪽으로 휘어들어 가고 오른손 타자의 경우 바깥쪽으로 휘어져 나간다. 이론적으로 오른손 투수를 상대할 때 왼손 타자들이 오른손 타자들보다 상대적인 이점을 가지고 있다. 마찬가지로 왼손 투수가 마운드에 올라 있을 때는 오른손 타자가 이점을 가지고 있다. 감독들은 이러한 점을 근거로 플래툰 시스템을 운영한다. 즉, 감독들은 왼손 투수가 등판하는 경우 오른손 타자들을 라인업에 많이 배치하고 오른손 투수가 등판하는 경우 왼손 타자들을 많이 출전시키는 경향이 있다. 스위치 타자들을 제외하고 분석했을 때, 조셉 애들러(2006)는 왼손 투수 상대 타자들의 35%가 왼손 타자였고 오른손 투수 상대 타자들의 41%가 왼손 타자였다는 점을 찾아냈다. 이는 감독들이 확실히 플래툰 시스템을 운영한다는 뜻이다. 미국의 유명한 통계학자인 에드워즈 디밍이 말했듯이 "우리는 신을 믿는다. 그러나 신이 아닌 모든 이는 데이터를 제시해야 한다." 실제 경기 데이터에서도 플래툰 효과(왼손 투수에게 오른손 타자가 유리하고 오른손 투수에게 왼손 타자가 유리하다는 것)가 존재한다는 점을 찾아낼 수 있을까? [표 12-1]에서 (platoon.xlsx 참고) 팬그래프가 계산한 각 투수와 타자의 주 사용 손 조합별 OPS를 찾아볼 수 있다.

Y	Z	AA	AB
투수	타자	OPS	비중
좌투	좌타	0.699	7.43%
좌투	우타	0.744	18.97%
우투	좌타	0.759	31.81%
우투	우타	0.717	41.80%

[표 12–1] **플래툰 결과**

[표 12–1]은 아래와 같은 사실을 보여 준다

- 왼손 타자들은 왼손 투수를 상대할 때보다 오른손 투수를 상대할 때 약 0.06 높은 OPS를 기록했다.
- 오른손 타자들은 오른손 투수를 상대할 때보다 왼손 투수를 상대할 때 약 0.027 높은 OPS를 기록했다.
- 평균적으로 왼손 투수들은 왼손 타자를 상대할 때보다 오른손 타자를 상대할 때 약 0.045 높은 OPS를 허용했다.
- 평균적으로 오른손 투수들은 오른손 타자를 상대할 때보다 왼손 타자를 상대할 때 약 0.042 높은 OPS를 허용했다.
- 전체 타석의 약 39%가 왼손 타자들이었고 나머지 61%가 오른손 타자들이었다.
- 왼손 타자들은 약 28%의 타석에서 왼손 투수를 상대했고 오른손 타자들은 약 43%의 타석에서 왼손 투수를 상대했다.
- 26%의 타석에서 왼손 투수들이 등판했고 나머지 74%의 경우 오른손 투수들이 등판했다.

대부분의 세이버메트리션들은 위와 같은 차이를 플래툰 스플릿이라고 부른다. [표 12–1]은 이러한 플래툰 스플릿이 존재한다는 사실을 보여 준다.

대부분의 메이저 리그 투수들이 오른손잡이이므로 왼손 타자들이 상대적인 이점을 가지고 있다. 미국 전체 인구 중 약 10%만이 왼손잡이인 반면 메이저 리그 전체 타석의 39%에 왼손 타자들이 들어섰다는 점을 생각해 보면 이러한 왼손 타자들의 상대적 이점이 쉽게 이해될 것이다.

플래툰 스플릿의 예

MLB.com(https://www.mlb.com/news/mlb-hitters-pitchers-with-wide-latoon-splits-c303175734)에서 2017~2018 시즌 플래툰 스플릿이 크게 작용했던 선수들의 기록을 정리해 놓았다.

- 콜로라도 로키스의 놀란 아레나도는 왼손 투수를 상대로 0.166 더 높은 OPS를 기록했다.
- 샌디에이고 파드레스의 에릭 호스머는 오른손 투수를 상대로 0.157 더 높은 OPS를 기록했다.
- 카일 슈와버는 오른손 투수를 상대로 0.25 더 높은 OPS를 기록했다.
- 워싱턴 내셔널스의 투수인 맥스 슈어저는 오른손 타자들을 상대로 0.139 낮은 OPS를 허용했다.
- 애틀랜타 브레이브스의 투수인 훌리오 테헤란은 오른손 타자를 상대로 0.170 낮은 OPS를 허용했다.

CHAPTER 13

토니 페레즈는 가장 위대한
클러치 히터였는가?

토니 페레즈는 1960년대와 1970년대 "Big Red Machine[53]" 소속의 1루수였다. 그의 커리어 통산 타율은 0.279였고, 총 380개의 홈런을 기록했다. 커리어 통산 타율 0.279 정도로는 보통 명예의 전당에 헌액되기 어려움에도 불구하고 그는 2000년 명예의 전당에 헌액되었다. 참고로 그보다 더 좋은 기록을 가지고 있던 짐 라이스(통산 타율 0.298, 통산 홈런 382개)도 명예의 전당에 헌액될 수 있는 마지막 해인 2009년까지 헌액되지 못했다. 토니 페레즈와 짐 라이스를 둘러싼 명예의 전당 헌액 기준에 대한 논쟁은 http://bleacherreport.com/articles/30821-which-baseball-hall-of-fame-players-arent-worthy에서 찾아볼 수 있다.

토니 페레즈가 명예의 전당에 그토록 빠르게 헌액될 수 있었던 이유 중 하나는 그의 감독이었던 스파키 앤더슨이 토니 페레즈가 그가 봤던 선수 중 최고의 클러치 히터(Clutch Hitter)[54]였다고 말하고 다녔기 때문이다. 그런데 그가 정말 최고의 클러치 히터였는지 확인할 수 있는 객관적인 방법이 있을까?

---

53 역주. 1970년대 메이저 리그를 주름잡았던 신시내티 레즈의 별칭

54 역주. 찬스에 강한 타자

어떠한 타자의 전체 시즌 성적보다 중요한 순간에 성적이 더 좋을 때 좋은 클러치 히터라고 정의한다고 해 보자. 『Baseball Hacks』의 저자인 애들러는 9회 혹은 그 이후 타석에서 타자의 팀이 1, 2점 혹은 3점 차이로 뒤진 상태에서 추격 중인 상황을 클러치 상황이라고 정의했다. 그 후 애들러는 이러한 클러치 상황에서의 출루율(OBP)과 시즌 전체 출루율을 비교했다. 만약 어떠한 타자가 클러치 상황에서 유의미하게 높은 출루율을 보인다면 그 타자는 클러치 능력이 있는 타자라고 할 수 있을 것이다. 하지만 이 접근 방식의 문제는 평균적인 타자들은 한 시즌에 보통 약 11번 정도밖에 클러치 상황을 맞이하지 않는다는 점이다. 이렇게 적은 양의 데이터로는 신뢰할 만한 결과를 얻기가 힘들다.

기대되는 클러치 능력에 대한 기준치 만들기

각각의 타석은 각각 다른 수준의 중요성을 가지고 있다. 9회 말 2사 후 한 점 뒤진 상황에서 타석에 들어서는 것은 너무나 분명한 클러치 상황인 반면 9회 초 7점 앞서고 있는 상황에서의 타석은 전혀 클러치 상황이 아니라고 할 수 있다. Chapter 8에서 다루었던 팬그래프의 승리 확률 기여도(WPA)가 각 타석의 상대적 중요도에 따라 계산되었던 것을 다시 한번 생각해 보자. 한 선수가 유의미한 클러치 능력을 가지고 있느냐 없느냐를 측정하고자 우리는 그 선수의 전체 시즌 타석당 실제 승리 확률 기여도가 타자의 공격 능력(weighted on-base average, wOBA)을 바탕으로 한 승리 확률 기여도 기대치보다 유의미하게 높은지를 살펴볼 것이다.

타석당 승리 확률 기여도 기대치를 계산하고자 2016년 데이터를 가지고 Y=2016 시즌 타석당 승리 확률 기여도, X=2016 시즌 wOBA인 회귀 분석을 돌려 보았다. 이 분석은 CLUTCH.xlsx에서 찾아볼 수 있다. 이 회귀 분석의 결과는 [표 13-1]에 정리해 놓았다.

wOBA의 p 값이 낮다는 것은 wOBA가 타석당 승리 확률 기여도의 유의미한 예측 변수라는 의미이다. 그리고 결정 계수(R-squared)가 0.55라는 것은 wOBA가 타석당 승리 확률 기여도의 약 55%를 설명한다는 뜻이다. CLUTCH.xlsx 파일에 우리가 아래의 회귀식을 통해 계산한 타석당 승리 확률 기여도의 예측치가 정리되어 있다.

$$타석당\ 승리\ 확률 = -0.01926 + 0.06132 \times wOBA \qquad (1)$$

회귀 분석의 표준 오차를 이용하여 각 선수의 표준화 점수를 계산하였다(실제 타석당 승리 확률 기여도−예상 타석당 승리 확률 기여도)/회귀식 표준 오차.

모형 요약

모형	
R	0.740917606
R 제곱	0.548958899
수정된 R 제곱	0.545826669
추정값의 표준 오차	0.001749169
표본 수	146

분산 분석

	자유도	제곱합	평균 제곱	F	유의 확률
회귀 모형	1	0.000536228	0.000536228	175.2613704	1.1308E−26
잔차	144	0.000440581	3.05959E−06		
합계	145	0.00097681			

	계수	표준 오차	t	유의 확률	95% 신뢰 구간 하한	95% 신뢰 구간 상한
상수	−0.019258341	0.001583132	−12.16471057	7.30109E−24	−0.02238752	−0.016129162
wOBA	0.061323864	0.004632191	13.23863174	1.1308E−26	0.052167992	0.070479736

[표 13-1] 클러치 회귀 분석

표준화 점수가 2를 넘는 것은 해당 선수가 그 선수의 전반적인 타격 능력 대비 클러치 상황에서 유의미하게 높은 성과를 거두었다는 뜻이다. 표준화 점수가 −2보다 낮은 것은 해당 선수가 그 선수의 전반적인 타격 능력 대비 클러치 상황에서 유의미하게 낮은 성과를 거두었다는 뜻이다. 2016 시즌 아무도 2 이상의 표준화 점수를 기록하지 못하였다. 브라이스 하퍼가 가장 높은 1.97을 기록하였고, 그다음이 1.92를 기록한 마이크 트라웃이었다. 나중에 자세히 이야기하겠지만 마이크 트라웃은 그가 전반적으로 매우 뛰어난 타자라는 사실을 고려하여 분석하더라도 클러치 능력이 엄청나게 뛰어난 선수이다.

토니 페레즈는 클러치 히터였는가?

팬그래프는 토니 페레즈의 전성기 시절인 1967년에서 1973년 사이의 승리 확률 기여도 데이터를 가지고 있지 않다. 다행스럽게도 필자의 친구이자 동료인 제프 사가린이 1957~2006 시즌 승리 확률 기여도를 계산해 주었다(http://sagarin.com/mills/seasons.htm). [표 13-2]는 토니 페레즈의 1967년에서 1973년까지 매 시즌 표준화 점수를 보여 주고 있다. 예상 타석당 승리 확률 기여도를 계산하고자 1980 시즌(팬그래프가 가지고 있는 승리 확률 기여도 데이터의 가장 첫해) 데이터를 기반으로 위 (1)과 같은 회귀식을 만들어서 사용하였다.

1967~1973년 토니 페레즈는 평균 표준화 점수 0.48을 기록하였다. 이때 7개 표준화 점수의 평균 표준 편차는 $\frac{1}{\sqrt{7}}$ = 0.378이었다. 따라서 1967~1973 시즌 토니 페레즈의 클러치 능력은 비슷한 타격 통계를 가진 타자들과 비교하여 1.26×(0.48/0.378)×표준 편차만큼 더 뛰어났다.

D	E	F	G	H	I	J
연도	WPA	타석	wOBA	실제 WPA/타석	예상 WPA/타석	표준화 점수
1967	3.5	644	0.359	0.005435	0.003293	0.94
1968	3.5	690	0.344	0.005072	0.002003	1.34
1969	5	704	0.391	0.007102	0.006047	0.46
1970	4.4	681	0.427	0.006461	0.009145	−1.17
1971	3.2	664	0.344	0.004819	0.002003	1.23
1972	3.8	576	0.373	0.006597	0.004498	0.92
1973	4.2	647	0.406	0.006491	0.007338	−0.37

[표 13-2] 토니 페레즈는 위대한 클러치 타자였다!

F	G	H	I	J	K	L
짐 라이스는 클러치 타자였는가?						
			0.39371			
연도	WPA	타석	wOBA	실제 WPA/타석	예상 WPA/타석	표준화 점수
1977	3.39	710	0.414	0.004775	0.008026	−1.4199748
1978	6.57	746	0.425	0.008807	0.008973	−0.0723889
1979	2.29	688	0.421	0.003328	0.008629	−2.3145846
1980	1.17	542	0.369	0.002159	0.004154	−0.871326
1981	−0.8	495	0.349	−0.001616162	0.002433	−1.7682486
1982	2	638	0.383	0.003135	0.005359	−0.9711537
1983	3.71	689	0.395	0.005385	0.006391	−0.4395861

[표 13-3] 짐 라이스는 클러치 능력이 매우 떨어지는 타자였다!

1977~1983 시즌 짐 라이스를 대상으로 한 이와 동일한 분석이 [표 13-3]에 정리되어 있다. 이 시즌 동안 짐 라이스는 평균 표준화 점수 −1.12를 기록했다. 이때 표준 편차는 0.38이었다. 따라서 1977~1983 시즌 짐 라이스의 클러치 히팅 능력은 거의 3×표준 편차만큼 예상치보다 낮았다. 엑셀의 목푯값 찾기 기능을 활용하여(Tony Perez New wOBA와 Jim Rice New wOBA 엑셀 워크시트 참조), 두 선수의 평균 표준화 점수를 0으로 만드는 wOBA 값을 찾아보았다. 예를 들어, Tony Perez New wOBA 워크시트([표 13-4])에 나와 있듯이 목푯값 찾기 기능을 이용하여 G20 셀의 값을 0으로 만드는 G6 셀의 값을 찾아내었다. 이 워크시트에서, 예

상 타석당 승리 확률 기여도는 토니 페레즈의 실제 wOBA 값+G6 셀의 값(이 값들은 H 열에 계산되어 있다)으로 계산되어 있다. 토니 페레즈의 실제 wOBA의 평균은 0.378이었고 그의 클러치 능력은 wOBA 0.391에 해당하는 수준이었다. 같은 분석을 실제 wOBA 0.394를 기록한 짐 라이스에게 적용하여 라이스의 클러치 능력이 wOBA 0.364에 해당하는 수준이라는 점을 알 수 있었다. 따라서 이 분석은 짐 라이스보다 토니 페레즈를 더 나은 선수로 평가했던 명예의 전당 투표자들에게 정당성을 부여하고 있다.

D	E	F	G	H	I	J	K
				wOBA가 0.391일 때 페레즈의 표준화 점수가 0이 된다.			
			0.012704를 더함				
연도	WPA	타석	wOBA	새로운 wOBA	실제 WPA/타석	예상 WPA/타석	표준화 점수
1967	3.5	644	0.359	0.371704	0.005435	0.00438656	0.46
1968	3.5	690	0.344	0.356704	0.005072	0.003095794	0.86
1969	5	704	0.391	0.403704	0.007102	0.007140193	−0.02
1970	4.4	681	0.427	0.439704	0.006461	0.01023803	−1.65
1971	3.2	664	0.344	0.356704	0.004819	0.003095794	0.75
1972	3.8	576	0.373	0.385704	0.006597	0.005591274	0.44
1973	4.2	647	0.406	0.418704	0.006491	0.008430958	−0.85

[표 13-4] 페레즈의 클러치 능력은 wOBA 0.391에 해당한다

1969년, 대단했던 메츠

1969년 메츠는 시즌 전에 나왔던 모든 예상을 뒤집어 엎었다. 1968년 메츠는 겨우 73승을 기록했는데 1969년 메츠는 102승을 거두고 월드 시리즈에서 우승했다. 이러한 메츠의 예상 밖 성공의 일정 부분은 엄청난 클러치 히터였던 아트 샘스키(Art Shamsky)와 론 스와보다(Ron Swoboda)의 덕이었다. 샘스키와 스와보다는 이 시즌 엄청난 클러치 능력을 보여 줬다. [표 13-5]에 나와 있듯이 샘스키의 표준화 점수는 2.07이었고 스와보다의 경우 3.83이라는 엄청난 수치를 기록하였다.

D	E	F	G	H	I	J
연도	WPA	타석	wOBA	실제 WPA/타석	예상 WPA/타석	표준화 점수
샘스키	2.5	349	0.349	0.007163	0.002433	2.07
스와보다	3.1	375	0.315	0.008267	-0.000492884	3.83

[표 13-5] 샘스키와 스와보다는 대단한 클러치 능력을 가지고 있었다

마이크 트라웃은 당신이 생각하는 것보다 훨씬 뛰어난 타자이다

2016년 마이크 트라웃의 표준화 점수가 1.92였던 것을 상기해 보자. 그의 클러치 능력이 다른 해에도 좋았는지 궁금해하는 것은 아주 자연스러운 일일 것이다. [표 13-6]과 CLUTCH.xlsx 파일의 Trout 워크시트에 이에 대한 대답이 담겨 있다.

2012~2019 시즌 동안 마이크 트라웃의 평균 클러치 능력 표준화 점수는 놀랍게도 그의 모든 상황에서의 뛰어난 타격 능력을 고려하고도 일반적 예상치보다 3.11× 표준 편차만큼이나 높다.

E	F	H	H	I	J	K
연도	타석	wOBA	WPA	예측치	WPA/타석	표준화 점수
2012	639	0.409	5.41	0.005823	0.008466	1.51114
2013	716	0.423	5.01	0.006682	0.006997	0.1804
2014	705	0.402	7.18	0.005394	0.010184	2.73875
2015	682	0.415	5.28	0.006191	0.007742	0.88663
2016	681	0.418	6.64	0.006375	0.00975	1.92968
2017	507	0.437	5.29	0.00754	0.010434	1.65435
2018	608	0.447	4.14	0.008153	0.006809	−0.76849
2019	600	0.436	5.17	0.007479	0.008617	0.65048
						평균
					표준화 점수 평균	1.09787
					표준화 점수 표준 편차	0.35355
					트라웃의 표준화 점수의 평균은 평균적인 클러치 능력에서의 표준화 점수보다 높다	3.10524

[표 13-6] 마이크 트라웃은 매우 뛰어난 클러치 히터이다

CHAPTER 14

투구 수, 투수 효과성, 투구 궤적 데이터 PITCHF/X

2003년 10월, 아메리칸리그 챔피언십 시리즈의 승패를 결정짓는 마지막 7차전에서 보스턴 레드삭스가 뉴욕 양키스를 5 대 2로 앞선 상태로 8이닝을 맞이했다. 페드로 마르티네즈는 단 2실점만을 기록하면서 순항하고 있었다. 8회를 시작하면서 마르티네즈는 첫 번째 타자를 아웃시켰고 다음 타자인 데릭 지터에게 2루타를 허용했다. 보스턴 레드삭스의 감독이었던 그레이디 리틀은 마운드로 올라갔고 페드로 마르티네즈와 이야기했지만 투수를 교체하지 않고 그대로 내려갔다. 그런 후에 바로 뉴욕 양키스는 게임을 동점으로 만들었고 결국 11회에 가서 애런 분의 극적인 끝내기 홈런으로 승리를 거두었다. 그레이디 리틀은 해당 게임이 끝난 후 그 주에 바로 경질되었다. 대부분의 야구 분석가는 그레이디 리틀이 경질된 이유 중 한 가지가 페드로 마르티네즈의 한계 투구 수가 대략 100개 정도라는 사실을 무시했기 때문이라고 생각한다. 8회에 들어서면서 마르티네즈는 투구 수 100개가 훌쩍 넘어가고 있었다. 『Baseball Hacks』에 따르면, 마르티네즈는 투구 수 100개 이하에서 평균 0.256의 출루율을 허용하고 있었다. 이는 페드로 마르티네즈가 100개 이하로 던진 상태에서는 타자들이 진루할 확률이 약 26%라는 뜻이다. 하지만 투구 수 100개가 넘어간 시점에서는 페드로 마르티네즈를 상대하는 타자들이 약 0.364의 출루율을 기록하고 있었다. 즉 타자들은 36%의 확률로 진루에 성공한다는 뜻이다. 평균 출루율이 34%라는 점을 생각해 보면, 명예의 전당에까지 헌액된 페드로 마르티네즈도 100개 이상 던졌을 때 투구 능력이 매우 떨어진다는 것을 알 수 있다. 그레이디 리틀의 이러한 데이터를 무시한 결정은 뉴욕 양키스가(8회 시작 시점 승리 확률이 10%에 불과했음에도 불구하고) 2003년 아메리칸 리그 챔피언십을 가져가는 결과를 만들어 냈다.

프런트 오피스에서 데이터에 기반한 결정을 하는 팀들은 투수들의 투구 수에 따라 투수의 효과성이 어떻게 변하는지를 예의 주시한다. 『The Book』의 저자인 탱고, 리치맨 그리고 돌핀(2014)은 투구 수가 늘어남에 따라 투수의 효과성이 어떻게 변하는지 매우 현명한 방법을 통해 분석했다. 1999~2002 시즌 모든 타석을 대상으로, 각 투수와 타자들의 개인 능력치를 감안하여, 투수들이 9명의 타자 라인업을 한 바퀴씩 돌 때마다 타자들이 어떤 성적을 보였는지를 분석했다. 타자들의 성적은 wOBA를 통해 분석했다.

앞에서 설명했듯이 wOBA는 선형 계수의 형태로 되어 있다(Chapter 3 참고). 이 분석에서는 평균적인 타자가 wOBA 0.340을 기록하도록 먼저 조정하였다(0.340은 메이저 리그 평균 출루율이다). 이들의 분석 결과는 [표 14-1]에 정리되어 있다.

같은 타순을 상대하는 횟수	기대 wOBA (타자들의 wOBA를 기반으로 한)	실제 wOBA	실제 wOBA−기대 wOBA
첫 번째	0.353	0.345	−8 point
두 번째	0.353	0.354	+1 point
세 번째	0.354	0.362	+8 point
네 번째	0.353	0.354	+1 point

[표 14-1] 타순이 반복됨에 따른 wOBA 변화

첫 9명의 타자를 상대할 때 타자들은 기대치보다 0.008 낮은 성적을 기록했다. 반면 세 번째 상대할 때는 기대치보다 0.008 높은 타격 성적을 기록했다. 같은 타자들을 세 번째 상대할 때는 대부분 5회에서 7회 사이이다. [표 14-1]은 투수들이 보통 경기 중반이나 막바지보다 경기 초반에 좋은 성적을 기록한다는 점을 보여 준다. 이는 투수들이 지치기 때문일 수도 있다. 혹은 타자들이 투수의 패턴을 점점 알아 가기 때문일 수도 있다. 네 번째로 타자를 상대할 때 타자들은 예상치와 거의 엇비슷한 정도의 타격 성적을 기록했다. 이는 7~8회까지 던지고 있는 투수는 당연히 그 게임에서 아주 잘하고 있는 투수라는 뜻이고, 이 점이 투수가 지쳐서 나타나는 투구 효과성 저하를 상쇄하고 있는 것이다.

요약하자면, 팀들은 각각의 선발 투수에 대해 [표 14-1]과 같은 기록들을 가지고 있어야 하며, 이를 통해 각 투수의 한계 투구 수를 계산해 놓고 있어야 한다. 그리고 이러한 데이터를 바탕으로 투수 교체가 이루어져야 한다.

투구 수와 부상

1999년 케리 우드는 팔꿈치 부상을 당했고 많은 컵스 팬이 슬퍼했다. 데뷔 첫해 우드는 게임당 평균 112개의 공을 던졌고 첫 선발 등판에서는 137개를 던졌다. 많은 공을 던지는 선발 투수들은 팔 부상을 입을 확률이 높다고 생각하는 것이 합리적이다. 『Mind Game(골드만, 2005)』 7챕터에는 투구 수와 투수의 팔 부상 확률 간의 연관성이 설명되어 있다. 키스 울너와 라나 자자예리는 투수 혹사 지표(Pitcher Abuse Points, PAP)를 PAP=max(0, (투구 수-100)^3)로 정의하였다. 예를 들어, 투수가 100개 이하의 공을 던졌을 때 PAP는 언제나 0이다. 만약 투수가 110개의 공을 던지면 PAP는 1,000이 된다. 만약 투수가 130개의 공을 던지면 PAP=30^3=27,000이 된다. 즉, 투수 혹사 지표는 투구 수와 선형 관계가 아니다([그림 14-1]과 PAP.xlsx

참고). 울너(Woolner)와 자자예리(Jazayerli)는 (커리어 통산 투수 혹사 지표/커리어 통산 투구 수)가 30이 넘어가는 경우 그렇지 않은 투수들에 비해 팔 부상 확률이 두 배 가까이 올라간다는 점을 밝혀냈다. 예를 들어, 다섯 번 선발 등판하여 세 경기에서 100개의 투구 수를 기록하고 나머지 두 경기에서 각각 120개와 130개의 투구 수를 기록한 경우, (투수 혹사 지표/투구 수)=$(20^3+30^3)/500=70$이 되며 따라서 이 투수는 팔 부상을 입을 확률이 상당히 높다고 할 수 있다. 투수 혹사 지표/투구 수 통계는 감독들이 선발 투수들의 투구 수를 관리하고 부상 위험을 낮추는 데 유용하게 활용될 수 있다.

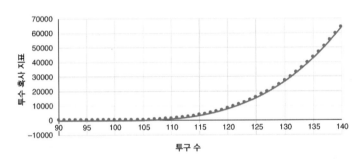

[그림 14-1] 투구 수에 따른 투수 혹사 지표

투구 궤적 데이터 PITCHF/X

2006년 이후 모든 메이저 리그 구장에 설치된 2개의 카메라를 통해 아주 상세하고 다양한 각 투구 데이터가 제공되고 있다. 어떠한 데이터들이 제공되는지 https://fangraphs.com/players/clayton-kershaw/2036/stats?position=P에서 상세히 볼 수 있으며, [표 14-2](Kershaw.xlsx 파일 참고)에는 클레이튼 커쇼의 커리어 통산 상세 f/x가 정리되어 있다.

이에 따르면, 커쇼의 투구 중 58%는 직구이고, 26%는 슬라이더, 14%는 커브, 그리고 2%가 체인지업이었다. 커쇼는 싱커는 아주 조금만 던지고, 커터와 스플리터는 전혀 던지지 않는다. 최근 들어 커쇼는 직구 비율을 줄이고 슬라이더를 더 많이 던지고 있다.

[표 14-3]에 나와 있는 데이터는 어떠한 투구가 커쇼를 위대한 투수로 만들어 주었는지를 보여 주고 있다. 이 표는 커쇼가 각 구종 투구 100개당 기록한 평균 대비 득점 생산을 나타낸다. 여기서 평균 대비의 의미는 투구가 평균적인 투구보다 얼마나 더 뛰어났는지를 의미한다. 이 표에 따르면 커쇼의 구종 중 슬라이더가 가장 위협적인 것으로 나타났다. 평균적인 메이저 리그 투수의 평균적인 투구 대비 커쇼는 슬라이더 100개당 약 1.91점의 득점을 생산했다.

시즌	팀	직구 %	커터 %	스플리터 %	싱커 %	체인지업 %	슬라이더 %	커브 %
2008	다저스	0.713				0.056	0.004	0.227
2009	다저스	0.699	0	0	0.001	0.048	0.083	0.169
2010	다저스	0.715			0.001	0.013	0.203	0.069
2011	다저스	0.653				0.035	0.259	0.053
2012	다저스	0.62				0.037	0.231	0.112
2013	다저스	0.606	0		0.001	0.023	0.244	0.125
2014	다저스	0.552		0	0.002	0.011	0.291	0.143
2015	다저스	0.538				0.004	0.276	0.181
2016	다저스	0.508				0.003	0.333	0.156
2017	다저스	0.466			0.012	0.012	0.343	0.167
2018	다저스	0.409			0.002	0.004	0.419	0.164
2019	다저스	0.438			0.001	0.006	0.391	0.163
2020	다저스	0.408				0.002	0.402	0.188
Total	–	0.578	0	0	0.001	0.021	0.26	0.139

[표 14-2] 클레이튼 커쇼의 투구 분석

시즌	팀	직구 평균 대비 득점 생산	커터 평균 대비 득점 생산	스플리터 평균 대비 득점 생산	싱커 평균 대비 득점 생산	체인지업 평균 대비 득점 생산	슬라이더 평균 대비 득점 생산	커브 평균 대비 득점 생산
2008	다저스	-0.17				2.48	-2.15	0.87
2009	다저스	1.47	-3.85	5.08	-2.12	-1.11	1.54	1.18
2010	다저스	0.69			10.91	-5.68	2.63	-0.8
2011	다저스	0.96				2.3	2.69	0.77
2012	다저스	1.14				-0.31	0.63	3.12
2013	다저스	1.9	15.15		0.91	-0.79	0.71	2.7
2014	다저스	1.36		-5.29	9.27	-6.39	2.65	2.11
2015	다저스	1.45				-7.73	1.76	2.81
2016	다저스	2.15				-3.39	3.61	1.71
2017	다저스	0.79			-1.33	7.21	1.85	1.55
2018	다저스	0.01			-30.21	0.43	1.66	1.12
2019	다저스	1.23			-1.36	-1.34	1.34	0.36
2020	다저스	0.81				-2.4	2.5	0.79
Total	-	1.12	5.65	-0.11	-2.31	-0.16	1.91	1.59

[표 14-3] 커쇼의 투구 효율성

스탯캐스트의 도입으로
투구 수 분석은 한물간 것일까?

투구 수 분석의 문제점은 모든 투구가 동일하게 취급된다는 것이다. 예를 들어, 130개의 투구 수를 기록한 두 개의 경기가 있다면, 한 경기에서는 모두 직구만 던졌고 다른 한 경기에서는 너클 볼만 던졌다고 하더라도 이 두 경기는 모두 동일하게 취급된다.

Chapter 5에서 다루었던 스탯캐스트의 투수 통계는 경기 중 투수에게 걸리는 부하를 더 정확하게 측정할 수 있게 해 준다. PAP와 비교할 때 스핀 비율과 투구 속도는 분석가들에게 투수 혹사와 관련해 더 정확한 분석을 할 수 있도록 도와준다. 팀들은 이미 그들의 투수 관리에 스탯캐스트를 도입하고 있다. 예를 들어(http://

fangraphs.com/fantasy/mash-report-pitcher-spin-rates-and-injuries/), 샌디에이고 파드레스는 라이언 부처의 스핀 비율과 구속이 떨어졌다는 이유로 마이너 리그로 보낸 바 있다. 또한 캔자스시티 로열스의 구원 투수인 웨이드 데이비스의 평균 스핀 비율이 162 정도 떨어졌다는 사실을 다른 팀들이 알게 되어 그의 트레이드 시 가치가 상당히 떨어졌다.

선발 투수들은 앞으로 쓸모없어질 것인가?

최근 야구계에서는 대부분의 팀이 5명의 선발 투수 로테이션을 활용하고 있다. 2018년 5월 19일, 탬파베이 레이즈는 구원 투수인 세르지오 라모스를 선발 투수로 등판시켜 야구계를 뒤흔들었다. 그는 1이닝을 투구하였고 탬파베이는 구원 투수 4명을 더 활용하여 5-3으로 승리를 가져갔다. 2018 시즌 동안 탬파베이는 구원 투수가 선발로 등판한 경기에서 46승 38패를 기록하였다. 이 전략에 사용된 첫 5주 동안 탬파베이는 최고의 평균 자책점을 기록하였다(5월 19일 이전까지 탬파베이의 평균 자책점은 뒤에서 8번째였다). 그래서 이 전략이 왜 좋은 아이디어일까?

- 탬파베이는 저렴한 계약을 맺은 많은 투수가 있어서 그들을 다양한 투수 운용 전략에 활용할 수 있었다.
- [그림 14-1]에 나와 있는 것처럼, 타자들은 보통 경기를 치르면서 선발 투수에게 적응하기 마련이다. 많은 투수를 활용하는 전략을 사용하면 이러한 적응이 의미가 없어진다.
- 탬파베이가 오른손 투수를 선발 기용했다고 가정하자. 상대방은 아마도 플래툰 효과 때문에 많은 왼손 타자를 라인업에 배치시킬 것이다. 그러면 탬파베이는 왼손 투수를 등판시킨다. 따라서 공격 입장에서 플래툰 효과의 효력이 없어져 버린다.

2019년 탬파베이는 아메리칸 리그 평균 자책점 1위였다. 그리고 2020년 2위를 차지했다. 따라서 이 독창적인 전략은 곧 일반적인 전략이 될 수도 있다. 2020년 탬파베이 레이즈는 아메리칸 리그 챔피언이었다.

CHAPTER 15

테드 윌리엄스가 지금 데뷔한다면
0.406을 칠 수 있을까?

1941년 테드 윌리엄스는 타율 0.406을 기록했다. 만약 테드 윌리엄스의 전성기가 요즘 시절이라면, 그는 4할 타율을 기록할 수 있을까? 미국 내에서는 아래와 같은 논쟁이 매일같이 일어나고 있다.

- 빌 러셀이 샤킬 오닐을 이길 수 있을까?
- 르브론 제임스가 마이클 조던보다 뛰어난가?
- 톰 브레디와 조 몬태나 중 누가 더 뛰어난가?

타임머신이 없는 한 다른 시대의 선수들을 직접적으로 비교할 수는 없다. 하지만 오늘날의 선수들이 과거의 선수들보다 나은지 살펴보고자 수학을 활용할 수 있다. 일단 1941년 타자들과 그 이후의 타자들을 비교해 보자. 1941년의 투수 능력치와 수비 능력치(PD1941이라고 줄여 부르겠다)를 평균이라고 가정하고 시작해 보자. 예를 들어 만약 PD1990=0.1이라면 이는 타자들이 1990년의 투수들과 수비수들을 대상으로 타격할 때 1941년의 투수들과 수비수들을 대상으로 타격할 때 대비 0.1 더 높은 타율을 기록할 것이란 뜻이다. 만약 PD1990=−0.1이라면 이는 타자들이

PD1990을 상대할 때 PD1941을 상대할 때보다 0.1 낮은 타율을 기록할 것이란 뜻이다.

PD1941=0이므로 다음과 같은 식이 성립한다.

$$PD2019-PD1941=(PD1942-PD1941)+(PD1943-PD1942)+$$
$$(PD1944-PD1943)+...+(PD2018-PD2017)+(PD2019-PD\ 2018)$$

PD1942−PD1941은 어떻게 계산할 수 있을까? 1941년과 1942년에 모두 활동했던 모든 타자를 살펴보자. 일단 그들의 타격 능력이 1941년과 1942년 사이에 변하지 않았다고 가정하자. 젊은 선수들은 경험이 쌓이면서 실력이 향상될 가능성이 높고 나이가 많은 선수들은 실력이 떨어질 가능성이 높아 선수들을 전체적으로 분석할 때는 1년 사이에 선수들의 전체적 능력이 변하지 않았다고 가정하는 것이 꽤 합리적일 것이다. 이러한 가정하에서, 1942년에도 활동한 선수들의 1941년 타율이 0.260이고 1942년 타율은 0.258이라고 가정하자. 즉, PD1942는 PD1941보다 0.002만큼 더 좋았던 것이고 따라서 PD1942−PD1941=−0.002이다. 종합하자면 PD1942−PD1941=1941년 타자들의 1942년 타율−1942년 타자들의 1941년 타율이다. 직전 시즌 대비 투수력 및 수비력에 가중치를 설정할 때도 이와 같은 방식이 적용될 수 있다. Batting.xlsx 파일에 엑셀의 SUMIFS 함수와 COUNTIFS 함수를 활용해 계산한 X 연도와 X+1 연도에 두 시즌 모두 활동한 모든 선수의 타수와 안타 개수가 나와 있다. 데이터는 션 라맨의 웹사이트에서 가져왔다(http://www.seanlahman.com/baseball-archive/statistics/).

우리의 테드 윌리엄스의 매 시즌 타율 예측치는 [그림 15-1]에 정리되어 있다. 우리의 예측에 따르면 테드 윌리엄스가 2000 시즌에 뛰었다면 타율 0.355를 기록했을 것이다. 하지만 2019 시즌 0.306까지 떨어진다. 이는 2000년 이래로 비약적으로 발전한 야구 통계 분석이 다양한 방식으로 타자들의 능력치를 떨어트렸기 때문이라고 추측한다. 예를 들면 아래와 같은 것들이다.

- 향상된 수비수 위치 선정(수비 시프트)
- 구원 투수들의 적절한 활용
- 타자의 약점에 대한 철저한 분석

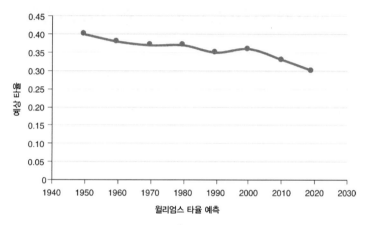

[그림 15-1] 테드 윌리엄스가 1942~2019 시즌에 뛰었다고 가정했을 때 그가 기록할 타율 예측

NBA와 NFL의 경우 선수들을 시대별로 비교하기가 훨씬 어렵다는 것을 언급하면서 이 챕터를 마치고자 한다. 이는 NBA와 NFL의 경우 1979년 NBA에 새로 도입된 3점 슛과 같은 많은 룰 변경이 있어 왔기 때문이다. 또한 NBA는 2004년 NFL은 1978년 손을 사용하는 반칙과 관련된 룰 개정이 있었다.

CHAPTER 16

조 디마지오의 56경기 연속 안타는 스포츠 역사상 가장 훌륭한 기록일까?

고생물학자이자 야구 광팬인 스테판 제이 굴드는 그가 쓴 매우 아름다운 글 (http://www.nybooks.com/articles/4337)을 통해 조 디마지오의 56경기 연속 안타는 스포츠 역사상 최고의 기록이라고 주장한 바 있다. 이번 챕터에서는 확률과 통계 그리고 몬테카를로 시뮬레이션을 통해서 56경기 연속 안타가 나올 확률이 얼마나 되는지에 대해 알아볼 예정이다.

1938년 6월, 조니 밴더 미어는 두 경기 연속 노히트 노런을 기록했다. 이는 메이저 리그 역사상 유일한 기록이다. 이게 더 위대한 스포츠 기록이지 않을까? 몇 가지 필수적인 가정을 세워 놓고 분석해 본다면 확률과 통계를 통해 56경기 연속 안타가 두 경기 연속 노히트 노런을 기록하는 것보다 더 확률이 낮다는 것을 볼 수 있다.

본격적으로 들어가기 전에, 확률과 통계가 왜 1900년과 2000년 6월 사이에 퍼펙트 게임이 단 21번밖에 없었는지 이해하는 데 도움이 될 수 있을까?(See https://en.wikipedia.org/wiki/Listof_MajorLeagueBaseballperfectgames 참고) 이러한 질문들에 대답하려면 희귀 사건 수학적 분석에 대한 약간의 지식이 필요하다.

희귀 사건 확률 분석: 포아송 확률 변수

어떠한 확률 변수가 있다고 가정하자. 이 확률 변수의 값은 0, 1, 2와 같은 값 중 하나이며, 이 숫자는 아주 희귀한 사건이 실제 일어난 횟수를 의미한다. 예를 들면,

- 어떠한 운전자가 일 년 동안 겪은 차 사고 횟수
- 야구 한 시즌 동안 일어난 퍼펙트 게임의 횟수
- 핸드폰 생산 라인에서의 결함률

이러한 확률 변수들은 보통 포아송 확률 변수를 통해 분석된다. 포아송 확률 변수의 평균이 λ일 때, 이 확률 변수가 x 값과 같아질 확률은 $\frac{\lambda^x e^{-\lambda x}}{x!}$이다. 여기서 x!=x×(x−1)×(x−2)×⋯×1이다. 예를 들어 3!=6이고 4!=24이다. 평균이 λ인 포아송 확률 변수의 값이 x로 추정될 확률은 엑셀에서 =POISSON(x, λ, False)이라는 함수로 계산이 가능하다. =POISSON(x, λ, True) 함수는 평균이 λ인 포아송 확률 변수의 값이 x보다 작거나 같을 확률을 계산해 준다.

예를 들어, 만약 10대 운전자가 평균적으로 1년에 0.1번의 차 사고를 겪는다고 하면, 한 10대 운전자가 1년에 정확히 1번의 차 사고를 겪을 확률은 $\frac{0.1^1 e^{-0.1*1}}{1!} = .0904$이다. 이 확률은 엑셀에서 =POISSON(1, 0.1, False) 함수를 통해 계산이 가능하다.

희귀 사건의 법칙

만약 X가 이항 확률 변수 Bin(n,p)이고 $\lim_{n \to \infty} np = \lambda$라면, X는 평균이 λ인 포아송 분포로 점근적으로 수렴한다. 간단히 말해, 표본의 크기인 n이 충분히 클 때 그리고 어떠한 사건이 일어날 확률(p)이 아주 작을 때, 이항 확률 변수는 포아송 분포로 근사한다.

독립 사건의 확률 계산

두 사건이 있을 때 어느 한 사건이 다른 사건의 발생 확률에 아무런 영향을 미치지 못할 때 우리는 이 두 사건이 독립이라고 한다. 예를 들어, 시카고 컵스가 월드 시리즈에서 우승하는 사건과 시카고 베어스가 슈퍼볼에서 승리하는 사건은 서로 독립이다. 왜냐하면 만약 시카고 컵스가 월드 시리즈에서 우승한다는 사실을 알더라도 시카고 베어스가 슈퍼볼에서 승리할 확률은 변하지 않을 것이기 때문이다. 여러 개의 독립 사건이 모두 일어날 확률을 계산하려면 간단히 모든 독립 사건의 발생 확률들을 모두 곱해 주기만 하면 된다.

예를 들어, 평균적인 메이저 리그 선수의 출루율이 0.32일 때 메이저 리그 평균적인 투수가 퍼펙트 게임을 달성할 확률은 얼마일까? 퍼펙트 게임을 달성하려면 27명의 타자를 연속으로 아웃시켜야 한다. 각각의 타자가 출루하는 사건을 독립이라고 가정한다면 모든 타자가 동일하게 0.320의 확률로 출루할 것이다. 그렇다면 이때 투수가 퍼펙트 게임을 달성할 확률은 $(1-0.32)27=0.0000300$이고, 이는 33,333분의 1의 확률이다. 이는 14시즌에 한 번 나올까 말까 한 확률이다.

1900년 이후로 20번의 퍼펙트 게임이 나올 확률은 얼마일까?

위에서 논의한 대로, 1900년 이래로 21번의 퍼펙트 게임이 있었다. 우리가 계산한 선발 투수가 퍼펙트 게임을 기록할 확률인 0.0003이 정확하다고 가정하면, 1900년과 2020년 10월 사이에 20번의 정규 시즌 퍼펙트 게임이 나올 확률은 얼마일까?

1900년과 2019년 사이에 198,031번의 정규 시즌 게임이 있었다. 각 게임은 퍼펙트 게임을 달성할 수 있는 두 개의 가능성을 가지고 있다. 각각의 선발 투수가 퍼펙트 게임 실패 혹은 달성 두 가지의 경우만을 가지고 있어 퍼펙트 게임을 달성할 확률은 한 투수가 기록할 퍼펙트 게임 개수의 기댓값과 동일하다. 여기서 우리는 두 확률 변수의 합의 기댓값은 각 확률 변수의 기댓값의 합과 같다는 성질을 이용할 것이다.[55] 이를 통해 1900년 이래로 기록될 수 있는 퍼펙트 게임의 기댓값은 2×(198,031)×(.00003)=11.9로 계산될 수 있다. 이렇듯 퍼펙트 게임이 나오는 것은 매우 희귀한 사건이므로, 이는 포아송 분포를 따를 것이다. 이러한 계산에 따르면 21번 이상의 퍼펙트 게임이 나올 확률은 1-POISSON(20, 11.9, True)=0.0106이다. 우리가 만든 모델을 통해 예측한 값은 실제보다 훨씬 적다. 우리의 가정에 문제가 있었던 것일까?

- 우리는 모든 타자가 동일하게 0.32의 출루율을 가지고 있다고 가정했다. 하지만 조이 보토 같은 타자는 0.32보다 훨씬 높은 출루율을 가지고 있다. 또한 맥스 슈어저 같은 투수를 상대하는 타자들의 경우 출루율이 0.32보다 훨씬 낮을 것이다. 따라서 모든 게임의 절반에서 타자들이 0.27의 출루율을 나타내고 나머지 절반에서 0.37의 출루율을 가진다고 가정을 바꿔 보자. 이렇게 하면 평균적으로는 동일하게 0.32의 출루율을 가지게 된다. 이렇게 새로운 가정하에 조건부 확률을 이용해 선발 투수가 퍼펙트 게임을 달성할 확률을 다시 계산해 보면 다음과 같다.

(선발 투수가 출루율 0.27을 허용할 확률)×$(1-0.27)^{27}$+(선발 투수가 출루율 0.37을 허용할 확률)×$(1-0.37)27$=0.5×$(1-0.27)27$+0.5×$(1-0.37)27$=0.000051966

---

55 역주. 우리나라 고등학교 교육 과정에 나오는 내용이다. E(X+Y)=E(X)+E(Y). 여기서 필자는 X와 Y를 두 팀 각각의 선발 투수로 생각하고 계산하고자 한 것이다.

이렇게 계산하면 1900년 이래로 나올 수 있는 퍼펙트 게임의 기댓값은 396,062× (0.000051966)=20.6이 된다. 이는 실제 퍼펙트 게임의 개수인 21개와 매우 근사하다.

우리가 세운 타자들이 출루할 확률이 독립적이라는 가정 때문에 이 모델에는 약간의 오류가 있을 수 있다. 만약 투수가 매우 컨디션이 좋은 상황에서 첫 10 타자를 아웃시켰다면, 그 후 타자들이 출루할 확률을 낮게 잡는 것이 합리적일 것이다. 하지만 이는 독립성 가정을 위반한다.

56경기 연속 안타는 얼마나 어려운 일일까?

1900년 이래로 56경기 연속 안타가 나올 확률을 계산하려면 아래와 같은 가정들이 필요하다.

- 시즌당 최소 500타수 이상 기록한 타자만 56경기 연속 안타가 가능하다.
- 두 시즌에 걸쳐 나오는 연속 안타는 계산하지 않겠다(이론적으로는 계산해야 한다).
- 한 시즌 500타수 이상 기록한 타자들은 평균적으로 경기당 3.5타수를 기록한다. 따라서 우리는 각 타자가 그들이 출전한 경기의 절반에서 3타수에 들어서고 나머지 절반의 경기에서 4타수에 들어선다고 가정하겠다.[56]

이제 1900년 이래로 시즌당 500타수 이상 기록한 각각의 타자가 56경기 연속 안타를 기록할 확률을 계산해 볼 수 있다. 그리고 모든 타자의 이 확률을 더하면

---

56 빌리, 휴버, 네슬레 그리고 코스타는 그들의 연구 「Simulating rare baseball events using Monte Carlo methods in Excel and R」에서 약간 더 복잡한 가정들을 사용했다. 조 디마지오가 연속 경기 안타 기록을 세울 때 실제 경기당 타수는 2타수가 3번(5.4%), 3타수가 11번(19.6%), 4타수가 26번(46.4%), 5타수가 16번(28.6%)이었다. 다양한 타수의 경우를 모두 고려하는 것이 맞기는 하겠지만, 우리의 분석과 중요한 결과들에서 큰 차이를 보이지는 않았다. 이 연구는 http://archives.math.utk.edu/I=CTCM/VOL22/S096/paper.pdf에서 찾아볼 수 있다.

1900년 이래로 기록될 수 있는 56경기 연속 안타의 기댓값을 얻을 수 있다. 이러한 계산을 통해 적어도 1번 이상의 56경기 연속 안타가 기록될 확률이 약 3%라는 것을 보이도록 하겠다.

이 계산에 대해 설명하도록 먼저 154경기를 치렀던 1900년에 타율 0.316을 기록한 타자를 가정해 보자. 이 타자가 3타수를 기록한 경기에서 적어도 1안타를 기록할 확률은 1−(3타수 무안타일 확률)이라는 것을 계산할 수 있다. 즉, $1-(1-0.316)^3=0.6794$이다. 이 타자가 4타수를 기록한 경기에서 적어도 1안타를 기록할 확률은 $1-(1-0.316)^4=0.7805$이다.

이제 각 선수가 56번의 경기에 출전하면서 28번의 3타수 경기를 치르고 28번의 4타수 경기를 치른다고 가정해 보자(조 디마지오는 사실 그가 이 기록을 달성하던 56경기 중 몇몇 경기에서 2타수 혹은 5타수를 기록했지만 이렇게 가정하더라도 최종 결과에 큰 차이는 없다). 이러한 가정하에 타자가 56경기에서 모두 안타를 칠 확률은

$$(\text{3타수 경기에서 적어도 1안타를 기록할 확률})^{28} \times (\text{4타수 경기에서 적어도}$$
$$\text{1안타를 기록할 확률})^{28}=0.000000019(약 \ 1억분의 \ 2)$$

타자들이 한 시즌 중 56경기 연속 안타 기록을 시작할 수 있는 확률은 얼마나 될까? 시즌 첫 게임에서 시작하게 될 수도 있고, 또한 시즌의 첫 99경기 중 바로 전 경기에서 안타가 없는 경우 아무 때나 이 기록이 시작될 수 있다. 위에 예로 든 타자가 무안타를 기록할 확률은 3타수 경기에서 무안타를 기록할 확률과 4타수 경기에서 무안타를 기록할 확률을 평균내어 계산하였다. 즉,

$$\text{무안타 경기를 기록할 확률}=0.5\times(1-0.679)+0.5\times(1-0.7805)=0.27$$

따라서, 이 선수는 평균적으로 56경기 연속 안타 기록을 시작할 수 있는 기회가 한 시즌에 1+98×0.27=27.46번[57] 오게 된다. 이는 어떠한 한 시즌에서 이 타자가 56경기 연속 안타를 기록할 경우의 기댓값이 27.46×(0.0000000193)=0.00000053이라는 의미이다.

1900년에서 2016년 사이 최소 500타수 이상 기록한 모든 타자의 56경기 연속 안타 기록의 기댓값들을 모두 합하면, 이 기간 사이에 56경기 연속 안타 기록이 나올 최종 기댓값은 0.024라는 것을 알 수 있다. 포아송 분포를 사용하면, 최소 한 번 이상의 56경기 연속 안타가 나올 확률은 1-POISSON(0.0,0.024,TRUE)=.024이다.

우리의 계산에 따르면 지금까지의 야구 역사에서 56경기 연속 안타는 정말 나오기 힘든 기록이긴 하지만 동시에 완전히 불가능한 기록은 아니라고 할 수 있다.

56경기 연속 안타 기록이 나올 확률을 객관적으로 계산해 볼 수 있는 또 다른 방법은 특정 타율을 기록하고 있는 타자가 몇 시즌을 뛰어야 56경기 연속 안타를 달성할 확률이 50%가 되는지 계산하는 것이다. [표 16-1]은 어떠한 타자가 매 게임 4타수를 기록한다는 가정하에서 이 계산의 결과를 보여 주고 있다.

I	J
타율	시즌 수
0.3	134515.00
0.31	53294.90
0.32	22381.66
0.33	9926.46
0.34	4633.72
0.35	2269.68
0.36	1163.25
0.37	622.18
0.38	346.47

57 역주. 1은 시즌 첫 경기, 98*0.27은 99경기 중 이전 경기가 무안타 경기일 경우에 대한 기댓값

0.39	200.41
0.4	120.18
0.41	74.56
0.42	47.77
0.43	31.56
0.44	21.46
0.45	15.00
0.46	10.77
0.47	7.92
0.48	5.96
0.49	4.59
0.5	3.61

[표 16-1] 56경기 연속 안타를 달성할 확률이 50%가 되게 할 필요한 시즌 수

예를 들어, 타율 4할을 기록하고 있는 타자는 120시즌을 뛰어야 56경기 연속 안타를 달성할 확률이 50%가 된다. 하지만 야구 역사에 4할 타자가 몇 명이나 있던가?

2경기 연속 노히트 노런을 달성하는 것은 얼마나 희귀한 일일까?

1900년 이래로 최소 한 명 이상의 선발 투수가 2경기 연속 노히트 노런을 달성할 확률은 얼마나 될까? 이 질문에 답하고자 다음과 같은 가정들이 필요하다.

- 모든 게임에 등판하는 선발 투수는 한 시즌에 정확히 35게임에서 선발 등판한다.
- 1900년 이래(0.00064/모든 선발 투수의 수)로 노히트 노런을 기록했다. 따라서, 각 경기에서 노히트 노런이 나올 확률을 0.00064라고 가정하겠다.

1900년 이래로 2경기 연속 노히트 노런을 기록하는 경우에 대한 기댓값을 계산하고자, 한 시즌 동안 35경기에 선발 등판한 투수가 2경기 연속 노히트 노런을 기록할 확률을 먼저 계산하겠다. 이 확률은 (2경기 연속 노히트 노런 중 첫 노히트 노런이 첫 번째 선발 등판일 확률)+(2경기 연속 노히트 노런 중 첫 노히트 노런이 두 번째 선발 등판일 확률)+…+(2경기 연속 노히트 노런 중 첫 노히트 노런이 34번째 선발 등판일 확률)로 계산할 수 있다. 따라서, 어떠한 투수가 2경기 연속 노히트 노런을 기록하고 이 중 첫 번째 노히트 노런을 시즌 첫 경기에서 기록할 확률은 $(0.00064)^2=0.00000041$이다.

어떠한 투수가 2경기 연속 노히트 노런을 기록하고 이 중 첫 번째 노히트 노런을 시즌 i번째 경기에서 기록할 확률은 $(1-0.00064)^{i-1} \times (0.00064)^2$이다.[58] 그러므로 (Nohitter.xlxs 파일의 N35 셀 참조), 35번 선발 등판한 어떤 선발 투수가 해당 시즌에 2경기 연속 노히트 노런을 달성할 확률은 0.0000138이다.

1900년 시즌, 1,232경기가 치러졌고, 투수들은 1,232×2=2,464번 선발 등판했다. 한 명의 선발 투수가 35번 선발 등판했다고 가정하면 2,464/35, 즉 약 70명의 선발 투수가 있었다는 이야기다. 그러므로, 1900년 2경기 연속 노히트 노런이 나올 경우의 기댓값은 70×(0.0000138)=0.00096이다.

1900년부터 2007년까지 매 시즌 2경기 연속 노히트 노런이 나올 경우의 기댓값들을 모두 더해 보니 0.145가 나왔다. 따라서, 우리의 계산에 따르면 최소 한 번 이상의 2경기 연속 노히트 노런이 나올 확률은 1−POISSON(0,0.145,TRUE)=15.7%로 계산되었다.

---

58 역주. 한 경기에서 노히트 노런이 나올 확률은 0.00064로 가정했다. 그리고 노히트 노런이 두 번 연속 나와야 하므로 (0.00064)가 아닌 $(0.00064)^2$을 곱해야 한다. 앞에 $(1-0.00064)^{i-1}$을 곱하는 이유는 시즌 i번째와 i+1번째 경기에서 노히트 노런을 달성하는 경우 i−1번째 경기는 노히트 노런이 아니어야 하기 때문이다. 예를 들어, 시즌 2번째, 3번째 경기에서 연속 노히트 노런을 달성하는 경우, 1번째 경기는 노히트 노런이 아니어야 한다. 따라서, 그 확률은 (1−0.00064)(0.00064)(0.00064)가 된다.

2경기 연속 노히트 노런이 얼마나 희귀한지 계산해 보는 또 다른 객관적인 방법은 역사상 최고의 투수(놀란 라이언)가 2경기 연속 노히트 노런을 기록할 확률이 50%가 되려면 몇 시즌을 뛰어야 하는지 계산해 보는 것이다. 놀란 라이언은 773번 선발 등판했고 이 중 6번의 노히트 노런을 기록했다. 따라서 그가 선발 등판하는 경우 노히트 노런을 기록할 확률은 6/773=0.00776이다. 따라서, 엑셀 파일의 Ryan 탭에서 볼 수 있듯이, 어떠한 시즌에서 2경기 연속 노히트 노런을 달성할 확률은 0.0018로 계산된다. 놀란 라이언이 2경기 연속 노히트 노런을 달성할 확률을 50%로 만들려면 그는 384시즌을 뛰어야 한다.

요약하자면, 2경기 연속 노히트 노런을 달성할 확률과 56경기 연속 안타를 달성할 확률 둘 다 매우 낮지만, 완전히 불가능한 것은 아니다. 그리고, 56경기 연속 안타를 기록할 확률이 2경기 연속 노히트 노런을 달성할 확률보다 더 낮은 것으로 나왔다.

퀴즈

퀴즈 하나를 내면서 이번 챕터를 마무리하고자 한다. 어떠한 투수가 완투하고 그 경기는 9회로 마무리되었다고 하자. 이 투수가 기록할 수 있는 최저 투구 수는 몇 개인가? 바로 답을 알려 드리자면, 이 투수가 원정 팀의 선발 투수이고 딱 한 명의 타자에게 홈런을 허용하여 1-0으로 지고 있어야 이 투수는 9회에 등판할 필요가 없다. 따라서 그는 8×3+1=25개만 던지면 된다.

CHAPTER 17

메이저 리그 기록 예상

야구 감독들은 어떤 선수가 최근 성적이 어땠는지보다 앞으로 어떤 성적을 낼 것인가에 더 관심이 많다. 이번 챕터에서는 마이너 리그에서 갓 올라온 선수들의 메이저 리그 성적을 예측하는 방법에 대해서 이야기해 보고자 한다. 또한 톰 탱고의 마셀 프로젝트 시스템이 메이저 리그 선수들의 과거 성적을 바탕으로 미래 성적을 예측하는 데 어떻게 쓰이는지 설명해 보고자 한다. 마셀 시스템은 다른 스포츠에도 간단하게 적용될 수 있고, 선수들의 다음 시즌 성적을 예측해 보고자 하는 판타지 스포츠 참여자들에게도 유용하게 쓰일 수 있다.

메이저 리그 동등 변환
(Major League Equivalents)

메이저 리그 감독들은 매년 전도유망한 마이너 리그 선수들이 메이저 리그로 올라올 준비가 되었는지 판단해야 한다. 당연하게도, 마이너 리그 선수들은 마이너 리그에서 실력이 떨어지는 투수들을 상대해 왔다. 따라서 감독들은 이 선수들이 마이너 리그에서 거뒀던 성적을 메이저 리그에서도 비슷하게 기록할 것이라고 생각할 수 없다. 1985년 빌 제임스는 메이저 리그 동등 변환이라는 지표를 개발하여 메이저 리그 코치진들이 마이너 리그 선수가 메이저 리그에 데뷔할 준비가 되었는지 판단하는 데 도움을 주고자 하였다.

우리는 우선 Baseball-reference.com에서 메이저 리그 입성 직전 트리플 A에서 뛰었던 모든 타자의 마이너 리그 출루율과 그들의 메이저 리그 첫 시즌 출루율 데이터를 다운로드하였다. 이 타자들은 모두 American Association(AA), International League(IL) 혹은 Pacific Coast League(PCL)에서 뛰었던 선수들이다.

예를 들어 조 하디라는 타자가 트리플 A에서 출루율 0.36을 기록하였다고 하자. 만약 우리가 조 하디를 메이저 리그로 콜 업한다면 어느 정도의 출루율을 기대할 수 있을까? 우리의 데이터에 따르면 IL에서 뛰었던 선수들의 경우 메이저 리그 콜 업 첫해 그들의 마이너 리그 출루율의 약 90% 정도를 기록하는 것으로 나타났다. 그리고 PCL에서 뛰었던 선수들의 경우 약 88% 정도를 기록하는 것으로 나타났다. 이는 트리플 A에서 기록한 출루율의 약 0.89배가 메이저 리그 출루율로 동등 변환될 수 있다는 것을 의미한다. 따라서, 여기서 예로 든 조 하디의 경우 마이너 리그 출루율이 0.360이었으므로 메이저 리그 첫 시즌 메이저 리그 동등 변환 출루율인 $0.89 \times (0.360) = 0.32$ 정도를 기록할 것이라고 할 수 있다.

세이버메트리션들은 메이저 리그 동등 변환이 마이너 리그 구장, 메이저 리그 구장 그리고 마이너 리그에서 상대한 투수들의 능력치에 따라서 조정되어야 한다는 것을 알고 있다. 예를 들어 투손(Tucson)과 앨버커키(Albuquerque)는 타자 친화적 구장으로 알려져 있다(http://www.baseballamerica.com/today/features/040408parkfactors.html 참고). 따라서 이 팀들에서 활약한 타자들의 경우 메이저 리그 동등 변환 출루율이 줄어들어야 할 것이다. 마찬가지로 만약 어떤 타자가 대표적인 투수 친화적 구장을 사용하는 마린스 같은 팀으로 콜 업되었다면, 이 경우에도 메이저 리그 동등 변환 출루율을 더 작게 추정해야 할 것이다.

장타율 데이터는 수집하지 않았지만, 장타율도 출루율과 마찬가지로 메이저 리그로 올라왔을 때 트리플 A에서 기록한 장타율 대비 약 11% 줄어든다고 가정해 보자. 그리고 Chapter 2에서 다루었던 빌 제임스의 득점 생산이 출루율 곱하기 장타율로 계산된다는 사실을 다시 꺼내 와 보자. 그렇다면 트리플 A에서 뛰었던 선수의 경우 그들이 마이너 리그에서 기록한 득점 생산의 약 0.89²=0.78=78% 정도를 메이저 리그에서 기록할 것이다. 다시 말해, 메이저 리그에서 뛸 때 트리플 A에서 기록한 득점 생산보다 약 22% 정도 적은 득점 생산 능력을 기록할 것이다.

크리스 미셸은 마이너 리그 성적 통계를 사용하여 마이너 리그 선수가 28세가 될 때까지 기록할 대체 선수 대비 승리 기여(WAR)를 예측해 보았다(https://tht.fangraphs.com/katoh-forecasting-a-hitters-major-league-performance-with-minor-league-stats/). 2014년 마이너 리그 성적을 바탕으로 크리스 미셸이 뽑은 top 10 선수들이 [표 17-1]에 나와 있다. 그리고 그들이 2020년까지 실제 기록한 WAR이 기록되어 있다. 미셸이 뽑은 최고 기대주 상위 4명 중 두 명(무키 베츠와 크리스 브라이언트)이 MVP를 수상했다.

C	D	E	F
선수 이름	2014년 나이	28세까지 기록할 WAR	2020년까지 기록한 실제 WAR
무키 베츠	21	21.6	40
작 피더슨	22	18.3	13
호세 라미레즈	21	16.3	28
크리스 브라이언트	22	16	28
조지 솔러	22	15.6	0
그레고리 폴랑코	22	14.6	7
애디슨 러셀	20	13.1	0
아리스멘디 알칸타라	22	12.3	−1
존 싱글턴	22	11.7	−1
조이 갈로	20	11	10

[표 17-1] 크리스 미셸의 마이너 리그 기록 기반 메이저 리그 기록 예측

마셀 예측 시스템

볼티모어 오리올스의 홈런 타자인 크리스 데이비스의 2017년 홈런 개수를 예측해 보고 싶다고 가정해 보자. 톰 탱고는 이러한 상황을 대비해 아주 단순한 마셀 예측 시스템을 고안해 냈다(http://www.tangotiger.net/archives/stud0346.shtml). 우선 2017년 전체 타석 중 홈런을 기록할 타석의 비율을 예측해 보자. 이를 위해, 그의 최근 세 시즌 타석당 평균 홈런 수를 계산한 후 이에 대한 가중 평균을 구하고, 최근 세 시즌 간 아메리칸 리그의 타석당 평균 홈런 수의 평균을 구해 봐야 한다. 그다음 크리스 데이비스의 최근 두 시즌 기록을 바탕으로 2017년 그의 타석수를 예측할 수 있는 공식이 필요하다. 그리고 나면 우리는 데이비스의 2017년 나이를 고려하지 않은 홈런 개수 예측치(non-age-adjusted prediction)를 계산할 수 있다.

Non-age-adjusted 2017년 홈런 예측치=

2017년 타석당 홈런 확률 예측치×2017년 타수 예측치

마지막으로 2017년 홈런 예측치를 나이에 따라서 조정할 것이다. 기존 데이터에 따르면 야구 선수들은 보통 29세에 전성기를 누리므로, 탱고는 아래와 같은 나이에 따른 예측치 조정 방식을 제안했다.

- 29세 이전에는 매년 0.006만큼 성적에 도움이 되는 결과가 나올 확률이 올라갈 것이다.
- 29세 이후에는 매년 0.003만큼 성적에 도움이 되는 결과가 나올 확률이 떨어질 것이다.

Marcel.xlsx 파일과 [표 17-2]에 마셀 예측 시스템에 따른 크리스 데이비스의 2017년 홈런 개수 예측치가 계산되어 있다. 이를 위해 필요한 계산들은 다음과 같다.

1단계: F4:G6에 데이비스의 최근 세 시즌 타석수와 홈런 개수를 입력한다(가장 오래된 시즌을 제일 위에 먼저 입력한다).

2단계: H4:H6에 각 시즌 리그 평균 타석당 홈런 개수를 입력한다.

3단계: I4:I6에 각 시즌 데이비스의 타석당 홈런 개수를 계산한다.

4단계: E8에 데이비스의 지난 세 시즌 간 타석당 홈런 개수의 가중 평균(0.0602)을 계산하여 입력한다. 각 시즌당 가중치는 3시즌 전의 경우 3×해당 시즌 타수, 2시즌 전의 경우 4×해당 시즌 타수, 1시즌 전의 경우 5×해당 시즌 타수이다. 즉, 최근 시즌일수록 그리고 타석수가 많아질수록 가중치가 높아진다. 이제, E8 셀의 엑셀 함수(F8에 나와 있다)를 활용하면 데이비스의 지난 세 시즌 타석당 홈런 개수의 가중 평균을 계산할 수 있다.

A	B	C	D	E	F	G	H	I
나이	31							
		타석 가중치	가중치		타석	홈런 개수	리그 평균 타수당 홈런 개수	데이비스의 타수당 홈런 개수
			3	3시즌 전	525	26	0.023429873	0.049524
		0.1	4	2시즌 전	670	47	0.02874408	0.070149
		0.5	5	1시즌 전	665	38	0.032105606	0.057143
			가중 평균	0.060158	=SUMPRODUCT(D4:D6,F4:F6,I4:I6)/ SUMPRODUCT(D4:D6,F4:F6)			
			리그 가중 평균	0.029114	=SUMPRODUCT(D4:D6,H4:H6,F4:F6)/ SUMPRODUCT(D4:D6,F4:F6)			
			선수 홈런 확률 가중치	0.863326	=SUMPRODUCT(D4:D6,F4:F6)/ (SUMPRODUCT(D4:D6,F4:F6)+1200)			
			리그 평균 홈런 확률 가중치	0.136674	=1-E11			
	데이비스 홈런 확률 예측치		0.055915411		=SUMPRODUCT(E11:E12,E8:E9)			
	예상 타석수		599.5		=SUMPRODUCT(E11:E12,E8:E9)			
					2017년 크리스 데이비스는 33홈런을 기록할 것으로 예측되었다.			

예상 홈런 수	33.52128881		=D14*D16		
나이 조정 예측치	33.32016108		=D14*D16		
예측 연도	2017				
태어난 해	1986				
나이	31		=D21-D22		

[표 17-2] 마셀 예측 시스템에 따른 크리스 데이비스의 2017년 홈런 개수 예측치

5단계: 같은 방식으로 E9에는 지난 세 시즌 아메리칸 리그 전체 타석당 홈런 개수의 가중 평균을 계산한다.

6단계: 이제 E8과 E9에 각각 곱해질 가중치들을 계산해야 한다. 탱고에 따르면 데이비스의 타석수가 늘어날수록 그의 홈런 개수 예상치에 더 많은 가중치를 주어야 한다. 따라서 탱고는 다음과 같은 가중치 계산식을 제안하였다(5×1시즌 전 타석수+4×2시즌 전 타석수+3×3시즌 전 타석수)/(5×1시즌 전 타석수+4×2시즌 전 타석수+3×3시즌 전 타석수+1200). 탱고에 따르면 홈런 확률 예측치에 이 가중치를 곱해 주면 해당 선수의 전반적 능력이 적절한 수준으로 리그 평균으로 회귀한다. 이를 계산할 함수는 F11에 정리되어 있다. 이 계산에 따르면 데이비스의 홈런 확률 예측치에 0.8633의 가중치가 곱해져야 하고 리그 평균 홈런 확률 예측치에는 1-0.8633=0.1367이 곱해져야 한다.

7단계: D16에 데이비스의 2017년 예상 타석수를 200+0.1×2시즌 전 타석수+5×1시즌 전 타석수=599.5로 계산해 놓았다. 이 계산식에서는 바로 직전 시즌 타석수에 많은 가중치를 주고 있다.

8단계: D19에 데이비스의 2017년 예상 홈런 개수를 계산해 놓았다. (0.8633×0.0602+(1-0.8633)×0.0291)×599.5=33.52

9단계: 데이비스가 2017년 31세였으므로, 우리의 홈런 개수 예상치를 (1-2×0.003)=0.994만큼 조정하였다. 따라서, 2017년 나이 조정 홈런 개수 예상치는 D20과 같이 33.52×0.994=33.32개로 계산되었다. 그해 실제로 36개의 홈런을 기록했다.

PART 2

PART 2

미식축구

CHAPTER 18

NFL 팀들이 승리할 수 있는 요인들은 무엇일까?

모든 NFL 팀이 승리를 원한다. 그렇다면 승리를 위한 전술 중에서 러싱 공격이 더 중요할까 아니면 패스 공격이 더 중요할까? 러싱 수비가 더 중요할까 아니면 패스 수비가 더 중요할까? 실책은 정말로 승리 기회를 날려 버리는 걸까? 1960년대 초, 버드 구디(Bud Goode)는 팀이 승리하려면 무엇이 중요한가에 대해 연구해 보았다. 그는 패스 시도당 획득 야드가 공격과 수비 모두에서 팀 승리에 가장 중요한 지표라고 주장하였다. 이는 직관적으로 이해가 가능하다. 패스 시도당 획득 야드는 패스의 효율성을 측정하는 좋은 지표이기 때문이다.

각 팀의 득실 마진(득점−실점)을 예측하고자 2014년부터 2017년까지 팀별 통계 자료를 바탕으로 회귀 분석을 시행해 보았다. 이 분석에서는 아래와 같은 독립 변수들을 사용하였다(NFLregression.xlsx 참고).

- 공격 시 패스 시도당 획득 야드(PY/A). 쿼터백이 색(sack)을 당한 경우도 패스 시도로 포함하였다. 그리고 이때 색으로 인해 손해 본 야드만큼 획득 야드에서 차감 되었다.

- 수비 시 패스 시도당 허용 야드(DPY/A). 쿼터백이 색(sack)을 당한 경우도 패스 시도로 포함하였다. 그리고 이때 색으로 인해 손해 본 야드만큼 획득 야드에서 차감하였다.
- 공격 시 러싱 시도당 획득 야드(RY/A)
- 수비 시 러싱 시도당 허용 야드(DRY/A)
- 실책(TO)
- 상대 팀 수비 실책(DTO)
- 우리 팀이 허용한 페널티 야드−상대 팀이 허용한 페널티 야드=페널티 야드 마진(PENDIF)
- 리턴 터치다운−상대 팀 리턴 터치다운=리턴 터치다운 마진(RET TD). 펌블, 가로채기, 킥오프, 펀트에서 나온 터치다운 포함

그리고 종속 변수는 각 팀의 정규 시즌 총득실 마진이다. 이 회귀 분석을 통해 [표 18-1]과 같은 결과를 얻었다.

모형 요약

모형	
R	0.886756
R 제곱	0.786337
수정된 R 제곱	0.76554
추정값의 표준 오차	43.62831
표본 수	128

분산 분석

	자유도	제곱합	평균 제곱	F	유의 확률
회귀 모형	8	840614.5193	105076.8149	55.20395801	1.70627E−36
잔차	120	228411.4807	1903.429006		
합계	128	1069026			

	계수	표준 오차	t	유의 확률	95% 신뢰 구간 하한	95% 신뢰 구간 상한	Lower 95.0%	Upper 95.0%
상수	0	#N/A	#N/A	#N/A	#N/A	#N/A	#N/A	#N/A
리턴 터치다운(RET TD)	9.872342	2.157991168	4.574783396	1.16958E−05	5.599669837	14.14501449	5.599669837	14.14501449
페널티 야드 마진(PENDIF)	−0.443983	0.229640086	−1.933385498	0.055544099	−0.898654202	0.010688576	−0.898654202	0.010688576
패스 시도당 획득 야드(PY/A)	69.04335	5.904116666	11.69410275	1.49694E−21	57.35360686	80.73308707	57.35360686	80.73308707
러싱 시도당 획득 야드(RY/A)	23.24033	8.870679499	2.619904014	0.009931475	5.677000772	40.80365688	5.677000772	40.80365688
실책(TO)	−4.996646	0.700715051	−7.130782236	8.14422E−11	−6.384013477	−3.609279406	−6.384013477	−3.609279406
수비 시 패스 시도당 허용 야드(DPY/A)	−53.68362	7.309871105	−7.343990609	2.72827E−11	−68.15666081	−39.21058869	−68.15666081	−39.21058869
수비 시 러싱 시도당 허용 야드(DRY/A)	−39.19238	11.02076077	−3.556231617	0.000539424	−61.01271724	−17.37203856	−61.01271724	−17.37203856
상대방 실책(DTO)	2.014417	0.701369345	2.872120361	0.004822265	0.625754685	3.403079667	0.625754685	3.403079667

[표 18-1] **NFL 회귀 분석 결과(NFLregression.xlsx)**

이 결과를 통해 우리가 알 수 있는 것은 모든 독립 변수가 유의미한 영향력을 발휘한다는 것이다(페널티 야드 마진의 경우만 p-value가 0.055로 0.05 이상이었다). 결정 계수(R-squared)는 0.79였고, 이는 해당 회귀 분석 식이 팀의 득실 마진의 79%를 설명해 준다는 의미이다. 그리고 표준 오차가 43이라는 것은 각 팀의 실제 득실 마진이 평균이 득실 마진 예측치이고 표준 편차가 43인 정규 분포를 따른다는 것을 의미한다. 득실 마진 예측을 위한 회귀식은 다음과 같다.

득실 마진 예측치=9.87(RETTD)−0.44(PENDIF)+69.04(PY/A)+23.24(RY/A)−4.99(TO)−53.68(DPY/A)−39.19(DRY/A)+2.01(DTO)

이 회귀식에 따르면 한 시즌의 팀 총득실 마진에 대하여 아래와 같이 해석할 수 있다.

- 패스 시도당 획득 야드가 1 증가하면 평균적으로 69.04점을 더 득점한다.
- 러싱 시도당 획득 야드가 1 증가하면 평균적으로 23.24점을 더 득점한다.
- 실책 한 개는 4.99점을 실점하게 만든다.
- 수비 시 패스 시도당 허용 야드가 1 증가하면 평균적으로 53.68점을 더 실점한다.
- 수비 시 러싱 시도당 허용 야드가 1 증가하면 평균적으로 39.19점을 더 실점한다.
- 상대 팀 수비 에러는 한 개당 약 2.01점을 더 득점하게 해 준다.
- 페널티 야드로 10야드 획득할 때마다 약 0.44점을 더 득점한다.

이 분석을 통해 러싱 공격 및 수비 효율성의 영향력보다 패싱 공격 및 수비 효율성의 영향력이 훨씬 세다는 것도 알 수 있다. 이는 패싱 효율성이 NFL에서 성공하는 핵심 지표라는 구디의 주장과도 일맥상통한다. NFL 팀의 패스 시도당 획득 야드의 표준 편차는 0.66야드이고 러싱 시도당 획득 야드의 표준 편차는 0.39야드이다. 즉, 만약 어떠한 팀이 패스 시도당 획득 야드 기록을 1 표준 편차(0.66)만큼 증가시킬 수 있다면 0.66×69.04=45점을 추가로 득점할 수 있는 반면 러싱 시도당 획득 야드 기록을 1 표준 편차(0.39)만큼 증가시킬 수 있다면 팀 총득점은 0.39×23.24=9.06점밖에 증가하지 않을 것이다. 만약 패싱 공격과 러싱 공격을 향상하는 데 투입되는 노력의 양이 동일하다면, 패싱 공격을 높이는 것이 훨씬 나은 선택이 될 것이다. 그리고 이 회귀 분석의 결과는 패싱 게임을 하려면 좋은 러싱 플레이들이 뒷받침되어야 한다는 사람들의 믿음에 대한 신빙성을 떨어트린다. 패스 시도당 획득 야드와 러싱 시도당 획득 야드 간의 상관 계수는 0.1밖에 되지 않기 때문이다.

패싱 게임의 중요성을 보여 주는 또 다른 방법은 패스 시도당 획득 야드와 수비 시 패스 시도당 허용 야드만을 가지고 득실 마진을 예측하는 회귀 분석을 돌려 보는 것이다. 이 두 변수만으로 득실 마진의 63%가 설명된다. 반대로 러싱 시도당 획득 야드와 수비 시 러싱 시도당 허용 야드를 가지고 같은 회귀 분석으로 돌려 봤을 때는 득실 마진의 1.7%밖에 설명하지 못한다(이 분석들의 결과는 여기 싣지 않았지만 NFLregression.xlsx 파일에서 찾아볼 수 있다).

실책과 상대 팀 수비 실책 계수들의 평균은 3.13이다. 그리고 우리 팀의 실책은 약 3.5점 정도를 손해 보게 만드는 것으로 나타났다. 하지만 이 회귀식에 리턴 터치다운이 독립 변수로 포함되어 있어 이 숫자들은 약간의 오차가 있을 수 있다. 만약 이 리턴 터치다운 변수를 회귀식에서 제외하면, 상대 팀 수비 실책은 2.60점 정도를 더 득점하게 해 주고 우리 팀 실책은 4.79점을 더 실점하게 한다는 결과가 나온다. 즉, 이 둘을 평균 내면 실책 한 개는 약 3.70점 정도의 가치를 지닌다고 할 수 있다.

NFL에서 지속해서 성공하기 위해 가장 중요한 것은 재정 자원의 효율적 배분을 통해 앞의 회귀식에서의 각 독립 변수들의 가치를 극대화하는 것이다. 예를 들어, 만약 연봉이 약 100억 원인 리시버와 라인백이 있을 때, 누구에게 투자하는 것이 팀 성적을 올리는 데 더 도움이 될까? 이는 답하기 쉽지 않은 문제이다. 라인백은 DTO, DY/R, DPY/A에 많은 영향을 줄 것이고 리시버는 PY/A와 실책에만 영향을 줄 것이다. 팀 스태프들은 어떤 선수를 영입하는 것이 더 큰 효과를 가져다줄지 결정해야만 한다.

좋은 러싱 플레이가 좋은 패싱 게임을 만드는 기초가 될까?

많은 미식축구 팬은 좋은 러싱 플레이를 하는 것이 좋은 패싱 게임을 할 수 있도록 도와준다고 믿고 있다. 만약 이것이 사실이라면, 우리는 PY/A와 RY/A 간에 강한 연관성을 기대할 수 있을 것이다. [표 18-2]는 이 두 변수 간의 상관관계를 보여 준다.

	리턴 터치다운 (RET TD)	페널티 야드 마진 (PENDIF)	패스 시도당 획득 야드(PY/A)	러싱 시도당 획득 야드 (RY/A)	실책 (TO)	수비 시 패스 시도당 허용 야드 (DPY/A)	수비 시 러싱 시도당 허용 야드 (DRY/A)	상대방 실책 (DTO)
리턴 터치다운 (RET TD)	1							
페널티 야드 마진 (PENDIF)	−0.0411544	1						
패스 시도당 획득 야드(PY/A)	0.11048133	−0.0159983	1					
러싱 시도당 획득 야드(RY/A)	−0.0576343	0.14013158	0.117779	1				
실책(TO)	−0.0812525	0.00623663	−0.3247161	−0.1171398	1			
수비 시 패스 시도당 허용 야드(DPY/A)	−0.231602	−0.0861299	−0.0057858	0.04259182	0.24926699	1		
수비 시 러싱 시도당 허용 야드(DRY/A)	0.01902488	−0.220135	0.22861	−0.0454787	−0.2443873	0.23895137	1	
상대방 실책(DTO)	0.20411428	−0.0429489	0.11200158	−0.1535111	−0.0576773	−0.1431152	0.14203155	1

[표 18-2] NFL 독립 변수 간의 상관 계수 행렬

이 결과에서 보면 패스 시도당 획득 야드(PY/A)와 러싱 시도당 획득 야드(RY/A) 간의 상관 계수가 겨우 0.12밖에 되지 않는다. 따라서, 좋은 러싱 플레이가 좋은 패싱 플레이를 할 수 있도록 도와준다고 할 수는 없을 것 같다. 당연하게도, 이 둘 간에 어떤 연관성이 있는지 살펴볼 수 있는 더 정교한 방법들이 있기는 하다(예를 들면, 일정 횟수의 러싱 시도 이후에 이루어진 패스 시도의 성공률을 살펴보는 것). 이

챕터에서는 일단 패싱 공격의 효율성과 러싱 공격의 효율성 간의 상관관계만을 살펴보았다. 앞으로 Chapter 22에서 다루겠지만, 전략적 측면 그리고 게임 이론적 측면에서 러싱 공격도 여전히 중요하다.

CHAPTER 19

톰 브래디와 애런 로저스:
누가 더 뛰어난가?

많은 미국인은 꽤 많은 시간을 누가 NFL 최고의 쿼터백인지 토론하는 데 사용한다. 예를 들어, 톰 브래디가 더 나은지 애런 로저스가 더 나은지와 같은 질문들 말이다. 톰 브래디의 슈퍼볼에서의 성공을 생각해 본다면 애런 로저스가 그보다 더 낫다고 하기는 어려울 것이다. 하지만 반대로 누군가는 애런 로저스가 더 꾸준한 패스 기록을 가지고 있다는 것을 근거로 그가 톰 브래디보다 더 나은 선수라고 주장할 수도 있다. 쿼터백을 평가하는 가장 흔한 방법은 쿼터백 레이팅(Quarterback Ratings, QBR)이라는 지표를 사용하는 것이다. 이 지표는 소속 팀의 수준에 따른 오차를 보정해 준다. 2016년 ESPN은 NFL 쿼터백 평가 지표를 대대적으로 업데이트하면서 토털 쿼터백 레이팅(Total QBR)이라는 지표를 새로 개발하였다. 이 지표에 대해 설명하기 전에 약간의 역사 수업 시간을 갖도록 하자.

전통적인 NFL 쿼터백 레이팅 시스템은 여전히 베리와 그의 동료들이 『Wages of Wins(2007)』에서 언급했던 복잡한 변수들에 의존하고 있다.

먼저 쿼터백들의 패스 성공률을 계산한 다음 이 숫자에서 0.3을 뺀 후 0.2로 나눈다. 그런 다음 패스 시도당 획득 야드에서 3을 뺀 후 4로 나눈다. 그 후 패스 시도당 터치다운 횟수를 0.5로 나눈다. 패스 시도당 인터셉트 허용은 해당 허용 개수를 0.095에서 뺀 후 이 결과를 0.04로 나누어 준다. 쿼터백 레이팅을 계산하려면 위에서 나온 네 가지 숫자를 모두 더해 준 후 그 결과에 100을 곱하고 다시 6으로 나누어 준다. 그런데 여기서 처음 네 단계에서 나온 숫자들은 2.375를 넘거나 0보다 작아서는 안 된다.

이 공식을 보고 있자면 양자 역학이나 페르마의 최종 정리가 더 간단한 문제인 건 아닌가 하는 의문이 들곤 한다. NCAA도 그들만의 이해할 수 없는 쿼터백 레이팅 시스템을 가지고 있다는 것을 확인하였다. 이 지표도 요 근래 수정된 바 없이 계속 쓰이고 있다.

우리가 일단 위의 지표에서 알 수 있는 것은 쿼터백 레이팅은 네 가지 변수에 의해 결정된다는 것이다.

- 패스 성공률(패스 성공/패스 시도)
- 패스 시도당 획득 야드(패스 공격으로 획득한 야드/패스 시도)
- 인터셉트 확률(인터셉트/패스 시도)
- 터치다운 패스 확률(터치다운 패스/패스 시도)

마치 야구에서 한물간 선수 평가 지표인 수비율처럼, 이 지표도 전혀 말이 되지 않는다. 위에서 말한 네 가지 평가 항목이 전부 똑같은 가중치를 갖는다는 점이 특히 말이 되지 않는다. 예를 들어, 패스 성공률과 패스 시도당 획득 야드가 같은 비중으로 고려된다는 것은 전혀 납득이 되지 않는다. 실패한 패스는 0야드를 획득하므로 패스 성공률은 부분적으로 패스 시도당 획득 야드의 일정 부분을 중복해서 반영하고 있다. 터치다운 패스 확률에서도 1야드짜리 터치다운 패스가 99야드짜리 터치다운 패스와 동일한 가중치를 가지고 반영되고 있다. 물론 99야드 패스는 나머지 세 가지 항목 중 하나인 패스 시도당 획득 야드를 크게 상승시킨다. 여기서 말하려는 핵심은 이 레이팅 시스템이 대충 제멋대로 만들어진 지표라는 것이다. 물론 어떠한 통계 지표를 활용하더라도 패스와 관련된 지표는 쿼터백의 실력뿐 아니라 소속 팀의 전체적 능력에 영향을 받을 수밖에 없다. 예를 들어 리시버나 공격 라인맨들의 실력에 크게 영향을 받는다. 그럼에도 불구하고 우리는 더 단순한 쿼터백 레이팅 시스템을 개발해 보고자 한다.

새로 나온 토털 쿼터백 레이팅은 브라이언 버크(Brian Burke)의 분석에 크게 의존하고 있다. 2007년 브라이언 버크는 회귀 분석을 통해 2002~2006 시즌 NFL 팀들의 승수를 예측해 보았다. 그는 아래와 같은 변수들을 분석 모델에 포함시켰다.

TRUOPASS=공격 시(패스 야드-색 야드)/패스 시도

TRUDPASS=수비 시(패스 야드-색 야드)/패스 시도

ORUNAVG=공격 시 러싱 야드/러싱 시도

DRUNAVG=수비 시 러싱 야드/러싱 시도

OINTRATE=인터셉트 허용/패스 시도

DINTRATE=인터셉트/패스 시도

OFUMRATE=공격 시 펌블/모든 플레이 횟수(펌블 제외)

DFFRATE=수비 시 펌블/모든 플레이 횟수

PENRATE=플레이당 페널티 야드

OPPPENRATE=상대방 플레이당 페널티 야드

그의 회귀 분석 결과는 [표 19-1]에 나와 있다. 이 중 쿼터백은 TRUOPASS와 OINTRATE에 영향을 미친다.

D	E	F
변수	계수	p 값
const	5.26	0.063
TRUOPASS	1.54	<0.00001
TRUDPASS	−1.67	<0.00001
ORUNAVG	0.92	0.00071
DRUNAVG	−0.55	0.048
OINTRATE	−50.1	0.0012
DINTRATE	83.7	<0.00001
OFUMRATE	−63.9	0.005
DFFRATE	78.7	0.0001
PENRATE	−4.49	0.013
OPPPENRATE	6.58	0.0004

[표 19-1] 예상 팀 승수에 대한 회귀 분석 결과

선수 이름	우리의 레이팅	전통적인 레이팅	토털 쿼터백 레이팅
맷 라이언	1	117.1	79.6
톰 브래디	2	112.2	79.4
닥 프레스콧	3	104.9	77.6
애런 로저스	12	104.2	72.4
드류 브리스	5	101.7	66.8
커크 커즌스	4	97.2	66.5
앤드루 럭	9	96.4	65.9
매튜 스태포드	13	93.3	65.2
타이로드 테일러	18	89.7	62.4
알렉스 스미스	14	91.2	60.8
벤 로슬리스버거	11	95.4	60.5
제이미스 윈스턴	21	86.1	59.5
마커스 마리오타	6	95.6	59.1
필립 리버스	17	87.9	58.7
러셀 윌슨	10	92.6	57.1
데릭 카	7	96.7	56.1

샘 브래드포드	15	99.3	53.1
칼슨 팔머	20	87.2	52.9
조 플라코	25	83.5	52.5
앤디 달튼	8	91.8	52.3
트레버 시미언	19	84.6	49.7
브록 오스웨일러	30	72.2	49.3
콜린 캐퍼닉	22	90.7	49.2
라이언 타니힐	16	93.5	48.6
캠 뉴턴	24	75.8	47.1
카슨 웬츠	28	79.3	46.7
일라이 매닝	23	86	45.7
블레이크 보틀스	29	78.8	43
라이언 피츠패트릭	27	69.6	39.2
케이스 키넘	26	76.4	37.5

[표 19-2] NFL 쿼터백 레이팅, 전통적인 쿼터백 레이팅, 토털 쿼터백 레이팅

이때부터 ESPN은 토털 쿼터백 레이팅의 범위를 확장해 클러치 상황이나 가비지 타임(이미 승패가 결정이 난 시간대)을 고려하고자 하였다. 그리고 ESPN은 상대방의 수비 능력을 포함할 수 있는 지표를 추가하는 것이 다음 단계라는 것도 언급하였다.

ESPN의 토털 쿼터백 레이팅이 다양한 변수를 고려함에도 불구하고 여전히 너무나 복잡하다는 문제점을 가지고 있다. 또한 가장 중요한 것은 그 계산의 모든 디테일이 다 알려져 있지 않다는 것이다. 이제부터 우리는 브라이언의 회귀 분석에서 나온 회귀 계수들을 가지고 쿼터백들을 아주 단순하게 평가할 것이다. 이 방식은 각 쿼터백 소속 팀의 패싱 게임 능력이 해당 팀의 총승수에 얼마나 많은 영향을 미쳤는지 평가하게 될 것이다. 따라서, 극도로 간단한 우리의 쿼터백 레이팅은 $1.543 \times$ TRUOPASS$-50.0957 \times$OINTRATE로 표현될 수 있다.

[표 19-2]에 2016 시즌 우리의 쿼터백 레이팅, 기존의 쿼터백 레이팅 그리고 ESPN의 토털 쿼터백 레이팅이 계산되어 있다.

여기서 우리는 맷 라이언, 톰 브라운, 닥 프레스콧 이 세 명의 쿼터백이 모든 평가 방식에서 1, 2, 3위를 차지했다는 것을 알 수 있다. 흥미롭게도 1위와 2위 쿼터백

은 슈퍼볼 51에서 맞붙었다. 이는 팀 승리에서 쿼터백의 중요성을 보여 준다고 할 수 있을 것이다. 기존의 쿼터백 레이팅과 토털 쿼터백 레이팅에서는 애런 로저스가 최고의 쿼터백 중 한 명으로 평가된 반면 우리의 레이팅에서는 12위까지 떨어졌다. 이는 아마도 애런 로저스가 쿼터백 색(Quarterback Sack)을 많이 당했고, 쿼터백 색은 우리 모델에서 결과에 상당히 강한 영향을 주기 때문일 것이다.

이 세 개의 쿼터백 평가 지표는 서로 상당히 유사한 결과를 보인다. 우리의 레이팅과 기존의 NFL 레이팅 간의 상관 계수는 0.9이다. 기존의 NFL 레이팅과 토털 쿼터백 레이팅 간의 상관 계수는 0.87이다. 마지막으로 우리의 레이팅과 토털 쿼터백 레이팅 간의 상관 계수는 0.82이다. 우리의 공식은 쿼터백의 실력을 평가하는 데 아주 단순한 몇 가지 변수만 가지고도 꽤 괜찮은 성과를 보인다. ESPN이 개발한 토털 쿼터백 레이팅은 여러 불필요한 변수를 제외하고 쿼터백의 능력만을 측정하는 데 아주 뛰어난 것으로 보이는 반면 기존의 쿼터백 레이팅은 불필요하게 복잡하면서 토털 쿼터백 레이팅보다 정확도가 뛰어나지도 않은 것 같다.

Chapter 20에서는 각 플레이가 승리 팀의 기대 득점에 미치는 영향을 분석하여 패싱 공격의 효과를 더 정확하게 분석할 수 있다는 사실을 보여 줄 것이다. 하지만 우리에게 진정 필요한 것은 한 팀의 패싱 공격을 구성하는 많은 요소를 잘게 분석해 보는 것과 이 중 어느 정도가 쿼터백 실력에, 리시버 실력에 혹은 오펜시브 라인의 실력에 기인하는지 알아내는 것이다. 오펜시브 라인과 쿼터백은 보통 거의 모든 플레이에 함께하므로 각각의 영향력을 구분하는 것은 상당히 어려운 일이다. 다음 챕터들에서 필자는 NBA 선수들이 총경기 시간의 약 17% 정도를 벤치에 앉아 있다는 사실 때문에 팀 승리의 공헌도를 선수별로 잘게 쪼개 분석하는 것이 가능해진다는 점도 이야기해 볼 것이다. 미식축구에서는 이와 같은 분석이 가능하지 않다는 점이 아쉽다. 하지만 모든 희망을 버릴 필요는 없다. Chapter 27에서 이야기하겠지만, NFL은 모든 플레이에서 선수들의 트레킹 데이터를 모으고 있다. 그리고 이 데이터를 통해서 우리는 선수들의 능력과 각 포지션 평가를 해 볼 수 있는 길을 찾을 수 있을 것이다.

CHAPTER 20

미식축구에서 나올 수 있는
상황들과 각 상황의 가치

Chapter 8에서 다뤘던 내용을 한번 생각해 보자. 우리는 야구에서 이닝, 득점 차이, 아웃 수, 주자 수 등으로 각 팀의 승리 확률을 계산해 볼 수 있었다. 예를 들어 3점 차로 뒤지고 있는 상황에서 7회 초 2사 만루라면 이 팀의 승리 확률은 약 15%이다. 여기서 이닝, 득점 차이, 아웃 수, 주자 수 등을 야구에서 나올 수 있는 상황들이라고 했다. 스포츠 경기에서 나올 수 있는 각 상황에 대해서 알고 있고 각 상황에서의 승리 확률을 계산할 수 있다면, 우리는 이에 따른 전략들(예: 번트)을 분석해 볼 수 있다. 혹은 팀의 승리 확률을 얼마나 변화시키는지 계산해 봄으로써 각 상황에서 플레이하고 있는 투수와 타자들을 평가해 볼 수도 있다.

미식축구에서 나올 수 있는 상황들

만약 우리가 미식축구에서 나올 수 있는 각각의 상황을 정리해 보고 각 상황 승리 확률을 계산할 수 있다면, 그때 나오는 플레이가 팀의 승리 확률에 어떠한 영향을 미치는지 정리해 볼 수 있다. 그리고 이 정보를 이용해서 러닝백, 쿼터백 그리고 리시버 등 각 포지션의 선수들을 평가해 볼 수도 있다. 예를 들어, A라는 러닝백이 공을 들고 있을 때 그는 매 플레이 시 0.1점을 득점하고, B라는 러닝 백이 대시할 때는 평균 0.3점을 얻는다는 식으로 계산해 볼 수 있을 것이다. 따라서 만약 오펜시브 라인의 실력이 동일하다면 러닝 백 B가 A보다 더 나은 선수일 것이다. 플레이당 득점 수를 기반으로 러닝 백들을 평가하는 것은 현재 사용하고 있는 플레이당 획득 야드보다 더 나은 방법일 수 있다. 또한 우리는 미식축구에서 나올 수 있는 상황들을 미식축구 전략적 의사 결정에 활용할 수도 있다. 예를 들어 언제 터치다운 다음 2점 시도를 해야 하는가, 4번째 다운 시도에서 펀트(punt)를 해야 하는가 말아야 하는가, 4번째 다운 시도에서 필드 골 시도를 해야 하는가 말아야 하는가, 1번째 다운 시도에서 러닝 플레이와 패스 플레이는 어느 정도 비중으로 활용되어야 하는가와 같은 결정에 도움이 될 수 있다. 이어지는 챕터들에서 이와 같은 내용들을 다룰 것이다.

미식축구에서는 아래에 나오는 항목들에 대한 정보가 있으면 어떠한 상황을 특정할 수 있다.

- 야드 라인
- 몇 번째 다운 시도인지
- 10야드 전진까지 남은 야드
- 득실 차
- 남은 시간

예를 들어, 2쿼터 10분 남은 상황에서 3번째 다운 시도에 10야드 전진 목표인 28야드 라인까지 3야드 남은 상황이고 7점 차로 지고 있을 때 앞의 항목에 따라 특정된 상황에서의 승리 확률을 계산해 볼 수 있다.

야구에서는 나올 수 있는 모든 경우의 총수가 그리 많지 않았다(만 가지 이하).

하지만 미식축구에서는 백만 가지가 넘는 상황이 나올 수 있다. 따라서 대다수의 분석가는 단순한 분석을 위하여 모든 팀이 남은 경기 시간 동안 승리를 위한 기대 득점을 최대화하는 것을 목표로 한다는 가정에서 출발한다. 그리고 우리는 본 Chapter에서 미식축구 경기가 무한대의 경기 시간을 가지고 있다고 가정할 것이다. 이 가정을 바탕으로 분석한다면 경기 종료까지 남은 시간에 대한 정보가 필요 없어진다.[59] 물론 실제 게임은 경기 종료 시간이 정해져 있다. 그리고 경기 막판으로 갈수록 기대 득점을 최대화하고자 한다는 팀들의 목표는 의미가 없어진다. 예를 들어, 우리 팀이 2점 차로 지고 있고 경기 시간은 30초가 남았다고 가정해 보자. 그렇다면 우리의 목표는 기대 득점을 최대화하는 것은 우리의 목표가 아닐 것이다. 단지 필드 골을 성공시킬 수 있는 확률만을 최대화시키면 될 것이다. 따라서, 경기 시간이 무한대라는 우리의 가정은 경기 막판으로 갈수록 점차 맞지 않는 가정이 되어갈 것이다. 하지만 대부분의 경기에서 기대 득실 마진 최대화라는 목표를 통해 의사 결정을 내릴 때 승리 확률이 가장 높아질 것이다. 즉, 우리는 미식축구 경기에서 일어날 수 있는 상황들은 아래와 같은 요인들로 특정될 수 있다고 분석을 단순화시킬 것이다.

- 몇 번째 다운 시도인지
- 10야드 전진(퍼스트 다운)까지 남은 야드
- 야드 라인

---

59 ESPN의 승리 확률 분석이나 nflWAR(Yurko, Ventura, Horowitz, 2019)과 같은 최신 분석에서는 4번째 다운 시도를 할 것인가 혹은 터치다운 후 2점 시도를 할 것인가와 같은 의사 결정을 위한 분석에서 경기 종료까지 남은 시간을 고려하여 분석한다.

이렇게 단순화시키는 것에 더해 퍼스트 다운까지 남은 야드가 30야드가 넘는 경우를 그냥 30야드로 가정하고 계산한다고 하더라도 거의 4×99×30=11,880가지[60]의 가능한 상황이 나온다.

미식축구 분석가들이 각 상황의 가치를 계산할 수 있는 한 가지 방법은 경기 시간이 무제한이라는 가정하에 현재 상황에서 볼을 소유하고 있는 팀이 승리를 기대할 수 있는 득실 차를 계산하는 것이다. 하지만 이는 계산하기가 매우 어렵다. Carter와 Machol(1971년), Romer(2006년) 그리고 footballousiders.com은 10야드 남은 상황 첫 번째 다운 시도에서 이 가치들을 계산하였다. 그리고 Cabot, Sagarin과 Winston(CSW, 1981년)은 각 야드 라인과 몇 번째 다운 시도인지 그리고 퍼스트 다운까지 남은 야드 이 세 가지에 따른 상황별 가치를 계산하였다. 첫 번째 다운 시도할 때 10야드 남은 상황에서 상황별 가치를 계산한 것의 예시를 [표 20-1]에 정리해 놓았다. 여기서 5야드 라인은 우리 팀 골라인에서 5야드 남은 상황을 의미하고, 95야드 라인은 상대 팀 골라인에서 5야드 남은 상황을 의미한다.

야드 라인	Carter and Machol	Cabot, Sagarin, and Winston	Romer (그래프에서 읽은 숫자이므로 오차가 있을 수 있다)	footballousiders.com (그래프에서 읽은 숫자이므로 오차가 있을 수 있다)
5	−1.25	−1.33	−0.8	−1.2
15	−0.64	−0.58	0	−0.6
25	0.24	0.13	0.6	0.1
35	0.92	0.84	1.15	0.9
45	1.54	1.53	1.9	1.2
55	2.39	2.24	2.20	1.9
65	3.17	3.02	2.8	2.2
75	3.68	3.88	3.30	3
85	4.57	4.84	4.0	3.8
95	6.04	5.84	4.90	4.6

[표 20-1] NFL 경기에서 상황별 가치

60 역주. 미식축구에서는 한 번에 4번까지 다운을 시도할 수 있다. 그리고 미식축구 경기장은 길이가 100야드이므로 야드 라인은 99이고, 10야드 전진까지 남은 야드를 30야드까지로 제한하여 30이 이 식에 들어가 있다.

Carter와 Machol은 1969년 NFL 데이터를 활용해서 5, 15, 25, …, 95야드 라인에서 첫 번째 다운 시도 10야드 남은 상황들의 가치를 계산하였다. 그들은 킥오프 시 공격 팀이 가지고 있는 가치가 0이라는 가정에서 출발하였다. CSW(1981년)는 각각의 다운 시도, 퍼스트 다운까지 남은 야드 그리고 현재의 야드 라인을 고려하여 각 상황의 가치를 계산하였는데, 이때 미식축구 시뮬레이션 게임인 Pro Quarterback에서 나온 확률들을 활용하였다. 이 방식의 독특한 점은 그들이 확률론적 게임 이론을 이용하여 각 상황 공격과 수비 팀의 최선 전략 믹스를 찾아내었다는 것이다. 이 모델은 각 상황 가치와 각 상황에서 매 플레이 시 공격과 수비 팀이 선택해야 하는 전략들을 동시에 계산한다. CSW의 분석을 통해 우리는 두 번째와 세 번째 다운 시도에서의 가치도 계산할 수 있게 되었다. Romer의 경우 2001~2004년 NFL 데이터를 이용하여 매 야드 라인으로 첫 번째 다운 시도 10야드 남은 상황들의 가치를 계산하였다. 앞에서 우리가 가정한 대로 미식축구에서는 12,000가지의 가능한 상황이 존재하고, 통상적인 NFL 시즌에서의 총 플레이는 보통 40,000번 이하이므로 가능한 모든 상황에 대하여 가치를 매기기에는 데이터가 충분치 않다. 이것이 아마도 위에서 언급한 연구들에서 미식축구에서 가장 많이 나오는 상황인 첫 번째 다운 시도 10야드 남은 상황에 대해서만 가치를 매길 수밖에 없던 이유일 것이다. 그리고 이것이 아마도 CSW가 미식축구 시뮬레이션 게임을 활용해서 가치를 매길 수밖에 없던 이유일 것이다.

Romer 분석의 경우 약간의 논란을 일으켰다. 그의 분석에 따르면 많은 상황에서 팀들이 4번째 다운 시도에서 정상적인 공격을 해야 하지만 실제 NFL 감독들은 펀트를 하거나 필드 골을 시도하기 때문이다. 예를 들어, 4번째 다운 시도 5야드 남은 상황에서 우리 팀 골라인에서 30야드 지점에 있는 경우, Romer의 분석에 따르면 펀트가 아닌 그대로 정상적인 플레이를 해야 한다. 이 상황에서 실제 NFL 감독들은 대부분 펀트를 시도할 것이다(물론 이 결정이 맞는지 틀린지는 아직 모른다). 이에 대해서는 Chapter 21에서 더 이야기할 것이다.

가장 최근에는 Yurko, Ventura and Horowitz(YVH, 2019년)가 오픈 소스 소프트웨어를 개발하여 다항 로지스틱 회귀 분석을 이용한 모델을 개발하였다. 이를 통해 다음 득점 상황이 일어날 확률을 계산하였다. 이 확률들과 각 상황에 대한 가치들을 고려하여 YVH는 현 상황에서의 기대 득점을 계산해 내었다. 그들은 또한 일반화 가법 모형(Generalized Additive Model)과 상황별 기대 득점을 활용하여 각 팀의 승리 확률을 계산하였다. YVH는 이 연구를 통해 엄청난 인기를 얻었고 이 모델은 사실상 모든 유명 스포츠 미디어에서 사용하고 있다(예를 들어, FiveThirtyEight. com, theathletic.com, The Wall Street Journal).

각 상황 가치의 간단한 예

CSW가 개발한 실제 모델의 수학적 계산 방법은 매우 지루할뿐더러 이 책에서 다룰 수 있는 수학적 내용의 범위를 넘어선다. 하지만 핵심 아이디어는 간단한 예를 통해 파악할 수 있고 이 모델을 이해하는 데 많은 도움이 될 것이다. 일단 [그림 20-1]에 나와 있는 것처럼 7야드짜리 운동장에서 미식축구를 한다고 가정해 보자. 우리 편 골라인은 왼편에 있고 오른쪽 골라인으로 득점하려고 한다.

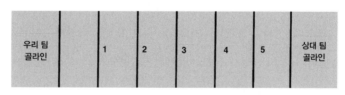

[그림 20-1] 각 상황의 가치를 평가하는 간단한 예시

이 게임의 룰은 간단하다. 첫 번째 다운 시도에서 한 번의 플레이를 할 수 있고 첫 번째 다운을 다시 얻으려면 1야드를 전진해야 한다. 50%의 확률로 1야드를 전진하고 50%의 확률로 0야드를 전진한다. 득점하면 7점을 얻고 상대방이 그들의 골라

인 1야드 앞에서 공격을 시작한다. 각 상황 가치는 어떻게 될까? V(i)를 경기 시간이 무제한인 게임에서 i야드 라인에서 공격하고 있을 때 이길 기대 득점이라고 하자. 단순화시킨 룰에 따라 항상 첫 번째 다운 시도에 1야드 남은 상황이 될 것이다. 그러면 V(1), V(2), ⋯, V(5)에 대해서 아래와 같은 식을 만들어 낼 수 있다.

$$V(1)=0.5V(2)-0.5V(5) \qquad (1)$$

$$V(2)=0.5V(3)-0.5V(4) \qquad (2)$$

$$V(3)=0.5V(4)-0.5V(3) \qquad (3)$$

$$V(4)=0.5V(5)-0.5V(2) \qquad (4)$$

$$V(5)=0.5V(7-V(1))-0.5V(1) \qquad (5)$$

이제 Chapter 6에서 다루었던 조건부 기댓값을 활용해야 한다.

$$확률\ 변수의\ 기댓값\ =\sum_{모든\ 결과} 결괏값이\ 나올\ 확률 \times 해당\ 결과의\ 기댓값$$

앞의 (1)~(5)까지의 식을 풀려면 우리가 1야드를 얻을지 못 얻을지에 따라 판단해야 한다.

우리가 1야드 라인에서 공격 중이라고 가정해 보자. 그렇다면 0.5의 확률로 1야드를 얻을 것이고(이때 상황은 V(2)로 변할 것이다), 0.5의 확률로 1야드를 얻지 못하고 상대방이 우리의 골라인에서 1야드 떨어진 곳에서 공을 갖게 될 것이다. 이제 이 상황은 −V(5)가 될 것이다. 왜냐하면 상대방이 공을 가지고 우리 팀 골라인 1야드 앞에 서 있기 때문이다. 이는 상대방 입장에서는 V(5)가 될 것이다. 즉, 식 (1)에 나온 것처럼 우리 팀 골라인에서 1야드 앞에서 공격하고 있는 상황은 0.5V(2)−0.5V(5)로 표현될 수 있다. 식 (2)~(5)도 비슷한 방식으로 해석될 수 있다. 마지막 식 (5)는 0.5의 확률로 1야드를 얻어 7점을 득점한 후 상대방이 야드 라인 5번(상대방 골라인

1야드 앞)에서 공격을 다시 시작한다는 점(우리 팀 입장에서는 −V(1)이 될 것이다)을 나타내고 있다. 그리고 나머지 0.5의 확률로 1야드를 전진하지 못하고 상대방 팀이 야드 라인 5번에서 공격을 시작할 것이다. 이는 상대 팀 입장에서 V(1)이고 우리 입장에서는 −V(1)이다. 즉 식 (5)에 나온 것처럼 5야드 라인에서 공을 가지고 있을 때의 기댓값은 다음과 같다.

$$0.5V(7-V(1))-0.5V(1)$$

이 식들을 풀면, 우리는 V(1)=−5.25, V(2)=−1.75, V(3)=1.75, V(4)=5.25, V(5)=8.75임을 알 수 있다. 따라서, 우리가 1야드 전진하면 3.5점(=0.5 터치다운)의 가치가 있다. 우리의 방식을 실제 미식축구에 도입하는 것을 어렵게 하는 것은 전이 확률을 계산하기 어렵다는 점이다. 예를 들어, 20야드 라인 첫 번째 다운 시도 10야드 남은 상황에서 26야드 라인 두 번째 다운 시도 4야드 남은 상황으로 변화할 확률을 계산하기가 어렵다는 뜻이다. 이러한 어려움에도 불구하고(CSW는 Pro Quarterback 시뮬레이션을 사용하여 이를 극복하였다), 다음 이어지는 두 챕터에서 각 상황 가치를 계산하는 것이 미식축구에서 의사 결정을 내리는 데 많은 도움을 준다는 점과 각각의 상황에서 서로 다른 전략들의 효과를 측정할 수 있도록 해 준다는 것에 대해 이야기할 것이다.

CHAPTER 21

미식축구에서의 의사 결정 101

미식축구 경기 중에 감독들은 아래에 예로 든 것과 같은 중요한 의사 결정들을 해야만 한다.

- 4번째 다운 시도 4야드 남은 상황 상대방 30야드 라인이다. 필드 골 시도를 해야 하는가 퍼스트 다운(4야드 전진)을 시도해야 하는가?

- 4번째 다운 시도 4야드 남은 상황 우리 팀 30야드 라인이다. 퍼스트 다운(4야드 전진)을 시도해야 하는가 펀트를 해야 하는가?

- 1번째 다운 시도에서 우리 팀 30야드 라인에서부터 70야드를 전진했을 때 수비가 오프사이드를 범했다. 페널티를 받아들여야 하는가?[61]

- 1번째 다운 시도 100야드 남은 상황에서 패스와 러닝 플레이의 적절한 비중은 어느 정도일까?

---

61 역주. 이 경우 공격 팀은 페널티를 받아들여 5야드 전진 후 1번째 다운 시도로 다시 시작거나 페널티를 거부하고 70야드 전진한 곳에서 2번째 다운 시도로 공격을 이어 갈 수 있다. 공격 팀이 두 가지 중 한 가지를 선택해야 한다.

Chapter 20에서 다루었던 미식축구에서 나올 수 있는 상황들과 상황별 가치들을 이용하여 위의 상황들에 대한 의사 결정을 쉽게 내릴 수 있다. 단순히 각 상황에서 기대 득점을 최대로 만드는 선택을 하면 되기 때문이다. 한 가지 주의할 것은 이는 경기 시간이 무제한이라는 가정하에 이루어지는 계산이라는 점이다. 실제 경기 막바지 혹은 2쿼터가 끝나 갈 즈음에는 잘 적용되지 않을 수 있다.

이제 위에 언급된 네 가지 상황에 대해 이야기해 보자. 우리는 CSW가 계산했던 결과를 이용할 것이다(CWS.csv 참고). 원한다면 다른 연구자가 개발한 모델을 사용해도 상관은 없다.

4번째 다운 시도 4야드 남은 시점 상대방 300야드 라인이다. 필드 골을 시도해야 하는가 퍼스트 다운을 시도해야 하는가?

일단 이 문제를 약간 단순화시킬 필요가 있다. 퍼스트 다운을 시도하여 성공할 경우 5야드를 전진하여 25야드 라인에서 1번째 다운 시도를 다시 시작한다고 가정하자. 만일 실패할 경우 정확히 2야드를 전진한다. 이제 p를 성공할 확률이라고 하면 $1-p$의 확률로 실패할 것이다. 이제 V(D, YTG, YL)라는 변수를 현 상황에서 우리 팀과 실력이 동일한 팀을 경기 시간이 무제한인 경기에서 이길 기대 득점이라고 가정하자. 이 변수는 YL(우리 팀 골라인에서부터 현재 공의 위치까지의 야드. 예를 들어, 20은 우리 팀 골라인에서 20야드 앞, 80은 상대 팀 골라인에서 20야드 남은 상황이다), D(몇 번째 다운 시도인지) 그리고 YTG(퍼스트 다운까지 몇 야드 남았는지)에 의해 결정된다. 예를 들어 CSW에 따르면 V(1, 10, 75)=3.884, V(4, 4, 70)=1.732, V(1, 10, 28)=−0.336이다.

그렇다면 우리가 맞이한 4번째 다운 시도 4야드 남은 상황에서 퍼스트 다운을 시도하는 경우의 기댓값은 다음과 같다.

$$pV(1,10,75)+(1-p)\times(-V(1,10,28))$$

즉, 만약 우리가 성공하면 5야드를 얻어 75야드 라인에서 퍼스트 다운을 시도할 것이고 만약 실패하면 상대 팀이 상대방 골라인 28야드 지점에서 공격을 시작할 것이다. 실패할 경우 상대방 입장에서는 $V(1,10,28)$이고 이는 우리 입장에서는 $-V(1,10,28)$가 된다. 따라서, 퍼스트 다운을 시도할 경우 우리가 경기 시간이 무제한인 경기에서 승리할 기대 득점은 아래와 같다.

$$3.884p+(1-p)\times(-0.336)$$

필드 골을 시도했을 때의 가치 계산

필드 골의 가치를 계산하기 위해서는 필드 골 성공 확률과 필드 골 시도 시 골대와의 거리 간 관계를 알아야 한다. 킥오프의 경우 평균적으로 27야드 라인에서 리턴된다. 그리고 모든 필드 골은 스크리미지 7야드 뒤에서 시도된다고 가정하자. 예를 들어 스크리미지 라인이 30야드 라인에 있다면 필드 골은 37야드 라인에서 시도될 것이고 이때 골대까지의 거리는 47야드이다. 만약 킥이 실패하면 수비 팀이 그들의 37야드 라인에서 공을 갖게 될 것이다. NFL 플레이별 데이터를 통해 모든 필드 골의 성공/실패에 대한 정보를 얻었고 각 필드 골 시도 시 스크리미지의 위치 또한 얻을 수 있었다. 이 데이터를 통해 필드 골 성공과 골대와의 거리 간 관계를 분석할 수 있었다. 이 분석에서 종속 변수는 두 가지 경우만 가능(성공 혹은 실패)하므로, 선형 회귀 분석은 적합한 모델이 아니다. 따라서 일반화 선형 모형을 이용해 특정 분포에서 추출된 변수들을 분석해 볼 것이다.

일반화 선형 모형(Generalized Linear Models, GLMs)

만약 분석하려는 종속 변수가 특정 분포를 따를 때(예를 들어, 포아송 분포, 이항 분포, 다항 분포), 해당 분포의 평균 함수를 모형화할 수 있다. 그다음 추정된 Y의 분포를 이용해 예측할 수 있다. 우리의 경우, Y 변수는 이항 분포를 따르고, g(연결 함수라고 한다)는 로지스틱 함수이다. $logit(p) = \log\frac{p}{1-p}$. 아래 표에 자주 활용되는 일반화 선형 모형들이 정리되어 있다.

모델	확률 분포	연결 함수
선형 회귀	정규 분포	항등
로지스틱 회귀	이항 분포	로지스틱
포아송 회귀	포아송 분포	로그
다항 회귀	다항 분포	일반화 로지스틱
음이항 회귀	음이항 분포	로그

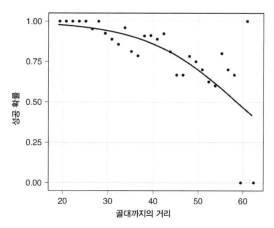

[그림 21-1] 골대까지의 거리에 따른 필드 골 성공 확률

따라서 우리는 필드 골 성공 확률을 아래와 같은 로지스틱 회귀 분석을 통해 모형화할 수 있다.

$$\log\frac{p}{1-p} = a + b(Lenght\ of\ kick)$$

우리는 2017년 이후 리그 데이터를 통해서 a=5.697(p⟨0.001⟩, b=−0.097(p⟨0.001⟩ 임을 찾아내었다. 이 결과를 바탕으로 골대까지의 거리에 따른 필드 골 성공 확률을 [그림 21-1]에 나타내었다.

예를 들어, 47야드 필드 골을 성공시킬 확률은 약 76%이다. 따라서, 필드 골 시도의 기댓값은 $0.76×(3−V(1,10,27))+0.24×(−V(1,10,37))=1.84$이다. 퍼스트 다운을 시도할지 필드 골을 시도할지 결정하고자 퍼스트 다운 시도의 성공 확률을 알아내어 퍼스트 다운 시도의 기댓값과 1.84를 비교해야 한다. 즉,

$$3.884p+(1−p)×(−0.336)⟩1.84$$

이 부등식을 풀면 퍼스트 다운 시도가 필드 골보다 더 나은 선택이 될 수 있도록 하는 퍼스트 다운 시도의 성공 확률을 계산할 수 있다. 위 식에서 좌변이 1.84가 되도록 하는 p는 약 52%이다.

10야드 전진까지 남은 야드	3번째 혹은 4번째 다운 시도에서 퍼스트 다운 획득 성공 확률
1	0.67
2	0.55
3	0.51
4	0.48
5	0.45

[표 21-1] 3번째 혹은 4번째 다운 시도에서 퍼스트 다운 획득 성공 확률

[표 21-1]에 나와 있는 것처럼 3번째 혹은 4번째 시도에 4야드 남은 상황에서 퍼스트 다운 획득에 성공할 확률은 52%를 넘지 못한다. 따라서, 비록 그 차이가 크지는 않지만 이 상황에서 퍼스트 다운 시도를 해서는 안 된다. 사실 최종 결정을 하려면 약간의 지식이 더 필요하다. 예를 들어, 우리 팀의 공격과 상대 팀의 수비가 최근 얼마나 좋은 퍼포먼스를 보였는가? 만약 실패한다면 우리 수비가 성공할 확률은 얼마나 될까? 우리 팀 키커의 실력은 어떤가? 등의 내용이 추가로 필요하다.

4번째 다운 시도 4야드 남은 상황 우리 팀 골라인 30야드 지점이다. 퍼스트 다운을 시도해야 하는가 펀트해야 하는가?

우리가 퍼스트 다운을 성공하면 5야드를 얻는다고 가정하자. 이때의 기댓값은 $V(1,10,35)=0.839$이다. 만약 퍼스트 다운에 실패한다면, 2야드를 얻는다고 가정하자. 이제 상대방은 68야드 라인에서 공을 갖게 된다. 즉, $-V(1,10,68)=-3.265$이다. 우리가 펀트한다면 45야드를 보낼 수 있다고 가정하자(2017년 NFL 평균이 45.5야드였다). 이때 기댓값은 $-V(1,10,25)=-0.46$점이다. 따라서, 만약 퍼스트 다운 시도 성공 확률 p가 부등식 $(0.839)p-3.265(1-p)\geq-0.46$을 성립시킨다면 퍼스트 다운을 시도해야 한다.

퍼스트 다운 시도 부등식은 $p\geq0.678$일 때 성립한다. 따라서, 우리는 최소 67.8%의 퍼스트 다운 시도 성공 확률을 가지고 있어야 한다. Pro-footballreference.com의 데이터에 따르면 이와 같은 상황에서 우리는 많은 NFL 감독이 그러하듯이 펀트해야 한다.

번바움(Birnbaum)이 그의 세이버메트릭스 웹사이트[62]에서 보여 준 것처럼, 로머(Romer)의 연구에 따르면 우리 편 30야드 남은 지점에서 45% 이상의 성공 확률이 있다면 퍼스트 다운을 시도해야 한다. 로머의 연구는 또한 우리 편 10야드 남은 지점에서 4번째 다운 시도 3야드 남은 상황에서도 퍼스트 다운을 시도해야 한다. 하지만 이는 타당한 주장이 아니다. 우리의 분석에 따르면 10야드 라인에서 4번째 다운 시도 3야드 남은 상황에서 퍼스트 다운을 시도하려면 최소 71%의 성공 확률이 필요하다.

---

62 http://sabermetricresearch.blogspot.com/2007/01/are-nfl-coaches-too-conservative-on.html

**우리 팀 30야드 라인에서 1번째 다운 시도에서 7야드를 전진했다.
이때 수비 팀 오프사이드로 페널티를 받을 수 있다. 페널티를 받아야 할까?**

1번째 다운 시도가 성공적으로 끝난 후 기대 득점은 V(2,3,37)=0.956이다. 만약 페널티를 받아들이면 5야드 전진하고 1번째 다운 시도로 돌아가므로 기대 득점은 V(1,5,35)=0.983이다. 그러므로, 우리는 페널티를 받아들여야 한다(사실 이 둘 간의 기대 득점의 차이는 아주 작은 편이긴 하다). 만약 우리가 8야드를 전진했다면 V(2,2,38)=1.068이므로 이때는 페널티를 받아들이면 안 된다. 따라서 1번째 다운 시도에서 8야드 이상 전진하는 것이 5야드 페널티를 받고 1번째 다운 시도로 돌아가는 것보다 나은 상황이다.

**우리 팀이 수비하고 있는 상황이다. 상대 팀 30야드 라인에서 상대방이
1번째 다운 시도 10야드 남은 상황에서 러닝 플레이를 시도했다가 실패했다.
이때 공격 팀 오프사이드로 페널티를 받을 수 있다. 페널티를 받아야 할까?**

상대 팀의 러닝 플레이 후 상대방의 기대 득점은 V(2,10,30)=0.115이다. 만약 우리가 페널티를 받아들이면 상대방의 기대 득점은 V(1,15,25)=−0.057이다. 따라서 우리는 페널티를 받아들여야 한다. V(2,11,29)=−0.007이고 V(2,12,28)=−0.125이므로, 만약 상대방 1번째 다운 시도에서 2야드 이상 잃었다면 페널티를 받지 말고 그냥 플레이해야 한다.

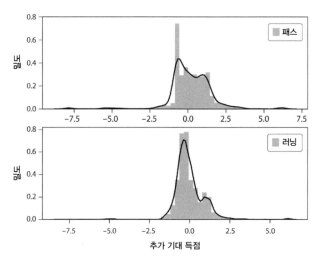

[그림 21-2] 우리 팀 25야드 라인에서 1번째 다운 시도 10야드 남은 상황에서의 추가 기대 득점 분포

1번째 다운 시도 10야드 남은 상황에서 패스 및 러닝 플레이의 최적의 비중은 어느 정도일까?

이 질문에 대답하고자 우리는 2005년 알라마르(Alamar)가 했던 분석을 다시 한 번 해 보았다. nflscrapR(NFL 데이터 스크래핑 및 집계를 위한 R 패키지)에서 얻은 데이터를 활용하여 분석해 본 결과 2016~2018 시즌 동안 NFL 팀들은 골라인 25야드 지점에서 1번째 다운 시도 10야드 남은 상황의 52.6%에서 패스 플레이를 했다. 전통적으로 많은 미식축구 데이터 분석 프로그램(예: 피나클 시스템, Pinnacle Systems)들은 1번째 다운 시도 10야드 남은 상황에서 4야드 이상 전진했을 때 이 플레이가 성공적이었다고 정의하고 있다. 하지만 추가 기대 득점이라는 개념을 활용했을 때는 성공적인 플레이의 정의가 약간 달라진다. 즉, 기대 득점이 높아지는 경우가 성공적인 플레이라고 정의된다. nflscrapR에서 얻은 데이터를 기반으로 분석해 본 결과, 골라인 25야드 지점에서 1번째 다운 시도 10야드 남은 상황에서 시도한 러싱 플레이의 40% 정도만이 성공적이었던 반면 같은 상황에서 시도한 패스 플레이의

54%가 성공적이었다.[63] 첫 번째 다운 시도에서의 러싱 플레이와 패스 플레이 성공률의 차이를 고려해 봤을 때, NFL 팀들은 1번째 다운 시도에서 패스 플레이를 더 많이 시도해야 한다. [그림 21-2]는 1번째 다운 시도 10야드 남은 상황에서의 패스 플레이와 러싱 플레이의 추가 기대 득점 분포를 나타내고 있다. 여기서 볼 수 있듯이, 패스 플레이가 더 높은 추가 기대 득점을 보여 준다. 특히, 첫 번째 다운 시도에서 패스 플레이할 경우 평균 추가 기대 득점은 0.17점인 반면 러싱 플레이는 -0.02점이었다. 이는 첫 번째 다운에서 러싱 플레이가 패스 플레이보다 훨씬 비효율적임을 보여 준다. 물론 어떠한 플레이의 성공 여부는 상대방 수비 셋업에 따라 달라진다. 즉, 우리는 항상 패스만 시도할 수는 없다. 상대 팀이 패스 플레이를 예상하고 이에 맞는 수비 진형을 구축할 것이기 때문이다. 이것이 바로 미식축구 팀들이 2인 제로섬 게임 이론의 주춧돌이 되는 확률적 혼합 전략을 연습하는 이유이다.

[63] 여기서는 페널티가 나오지 않은 플레이들만 분석했다. 따라서 러싱 플레이에서 페널티가 나오는 경우가 훨씬 많다는 점을 고려해 보면(https://fivethirtyeight.com/features/can-nfl-refs-do-what-analysts-never-could-et-coaches-to-pass-more/), 러싱 플레이의 성공률은 훨씬 더 낮아질 것이다.

CHAPTER 22

패스 플레이가 러싱 플레이보다 낫다면, 항상 패스만 하는 건 어떨까?

미식축구 경기에서는 공격 팀이 어떠한 플레이를 할지 선택하고 수비 팀은 수비 전형을 갖추어 이에 대비한다. 공격 팀과 수비 팀이 동시에 그들이 어떤 플레이를 할지 선택하는 아주 간단한 모형을 생각해 보자.

- 공격 팀은 패스를 할지 러싱을 할지 결정한다.
- 수비 팀은 패스 공격 수비를 할지 러싱 공격 수비를 할지 결정한다.

각각의 선택에 대한 결과는 [표 22-1]에 정리되어 있다(숫자들은 예시로 넣어 놓은 것이다).

만약 수비 팀이 러싱 공격에 러싱 수비로 맞서면 우리는 5야드를 잃을 것이고 만약 이때 패스 수비를 하고 있다면 5야드를 얻을 것이다. 패스 공격을 할 때 패스 수비로 맞설 경우 패스 실패로 끝날 것이고 러싱 수비로 맞설 경우 10야드를 전진할 것이다. 두 명의 참가자가 서로 정반대의 결과를 가져갈 수밖에 없는(한 명이 득을 보면 상대방은 반드시 손해를 보는) 이러한 게임을 2인 제로섬 게임이라고 한다. 이 게임에서 공격 팀이 획득한 1야드는 반드시 수비 팀에는 1야드를 손해 보게 만든다. 따라서 이는 2인 제로섬 게임이라고 할 수 있다.

	러싱 수비	패스 수비
러싱 공격	−5	5
패스 공격	10	0

[표 22–1] 미식축구 경기에서의 기대 성과 매트릭스

위대한 수학자인 폰 노이만(John von Neumann)과 천재적 경제학자 오스카 모겐스턴[64](Oskar Morgenstern)은 2인 제로섬 게임에 대한 풀이를 제시했다. 위 표에 제시된 게임에서 공격 혹은 성과를 최대화하고 싶어 할 것이고 수비 측은 손해를 최소화하려고 할 것이다. 이제 공격 팀의 최대 기대 성과를 정의해 보자. 그리고 러싱 공격을 선택했다고 해 보자. 이때 수비가 러싱 수비를 선택하면 우리는 5야드를 잃는다. 우리가 패스 공격을 선택하고 수비가 패스 수비를 선택하면 0야드를 얻는다. 따라서 패스 공격을 함으로써 공격 팀은 최소 0야드를 보장받을 수 있다. 그렇다면 어느 상황에서도 공격 팀이 확실하게 평균 0야드 이상을 획득할 수 있는 방법이 있을까? 2인 제로섬 게임의 참가자는 각각의 선택 결과에 대한 확률을 기반으로 혼합된 전략을 사용할 수 있다. 공격 팀이 q의 확률로 러싱을 선택하고 1−q의 확률로 패스를 선택한다고 가정해 보자. 이 혼합된 전략은 상대방 수비의 전략 선택에 따라 평균적으로 어떤 결과를 보일까?

- 만약 러싱 수비가 선택된다면 우리의 기대 성과는
  $q(-5)+(1-q)10=10-15q$이다.

64 John Von Neumann and Oskar Morgenstern, Theory of Games and Economic Behavior.(Princeton University Press, 1947)

- 만약 패스 수비가 선택된다면 우리의 기대 성과는

q(5)+(1−q)(0)=5q이다.

공격 팀이 q 값을 선택하면 수비 팀은 이에 따라 기대 손해를 최소화하는 전략을 택할 것이다. 따라서 공격 팀은 수비 팀의 기대 손해를 최대화하는 0에서 1 사이의 q 값을 설정해야 한다. [그림 22-1]에서 볼 수 있듯이, 이는 10−15q=5q일 때 성립한다. 즉, q=1/2일 때 성립한다.

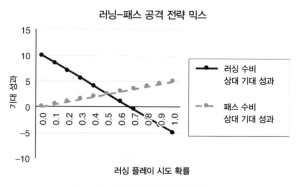

[그림 22-1] 공격 팀의 최선의 전략 믹스

따라서, 공격 팀에 최적의 혼합 전략은 절반은 러싱 플레이 절반은 패스 플레이를 하는 것이다. 이렇게 함으로써 공격은 최소 평균 5/2야드를 확보할 수 있다. q=1/2을 선택하면 공격 팀의 기대 성과가 5/2야드라는 뜻이다. 수비가 어떠한 전략을 선택하든 상관없이 우리는 평균 5/2야드를 얻는다. 따라서 이 단순화된 게임에서 공격 팀의 기대 성과는 5/2야드이다.

만약 수비 팀의 추측이 맞아서 패스 플레이에 패스 수비를 하고 러싱 플레이에 러싱 수비를 한다고 하더라도 패스 플레이가 러싱보다 5야드 이득이다. 만약 수비 팀의 추측이 틀린다면 이때도 패스가 러싱보다 5야드 이득이다. 이에 따르면 무조건 패스를 하는 것이 더 유리한 전략인 것처럼 보이지만, 사실 최적의 전략은 절반은 러싱 플레이를 하는 것이다. 2인 제로섬 게임을 통해 왜 혼합된 전략을 선택해야 하는지 이해할 수 있었을 것이다.[65] 비슷한 이유로 포커에서 선수들은 때때로 패가 좋지 않더라도 블러핑을 해 주어야 한다. 그렇게 하지 않으면 좋은 패를 가지고 있을 때 상대방이 따라붙어서 판돈을 키워 주지 않을 것이다. 그리고 가끔은 블러핑을 통해 이길 수도 있다.

이제 수비 팀의 최적의 전략을 찾아보자. x를 수비 팀이 러싱 수비를 할 확률, 1−x를 수비 팀이 패스 수비를 할 확률이라고 정의하자. 이제 수비 팀의 목표는 기대 손해를 최소화하는 것이다. 이러한 수비 팀의 혼합 전략에 대비해 공격 팀은 어떻게 할까?

- 만약 상대방이 러싱 공격을 하면 우리의 기대 성과는
  $x(-5)+(1-x)5=5-10x$이다.
- 만약 상대방이 패스 공격을 하면 우리의 기대 성과는
  $x(10)+(1-x)(0)=10x$이다.

따라서 어떤 x 값이 선택되든지, 공격 팀은 기대 성과를 최대한으로 하는 선택을 할 것이다. 수비 팀은 상대방의 기대 성과를 최소로 하는 x를 선택해야 한다. [그림 22-2]에서 볼 수 있듯이 x=1/4로 설정하면 이를 달성할 수 있다. 이때 공격 팀은 약 5/2야드를 전진할 것이다. 따라서, 수비 팀은 75%의 경우 패스 수비를 해야 한다. 이는 공격 팀의 입장에서 패스 플레이가 러싱 플레이보다 낫기 때문이다. 이렇듯 수비 팀은 패스 수비를 더 자주 서므로(75%), 공격 팀의 경우 패스 공격이 더 효율적임에도 불구하고 절반의 경우에만 패스를 시도할 것이다.

앞에서 보여 준 대로 공격 팀은 매번 평균적으로 약 5/2야드를 전진할 수 있고 수비 팀의 입장에서도 같은 숫자인 5/2야드 전진으로 공격 팀을 막아 낼 수 있다. 이

---

65 역주. 기대 성과를 최대화하려면 두 전략을 반반 섞는 것이 유리했다. [그림 22-1] 참고.

2.5야드가 이 게임에서 아주 중요한 숫자인 것이다. 폰 노이만과 모겐스턴은 2인 제로섬 게임에서 두 참가자가 갖는 이 결괏값은 항상 서로 동일함을 밝혀냈다. 위에서 보여 준 전략이 바로 이 게임의 내시 균형이라고 불린다. 두 참가자 모두 이 내시 균형 전략을 선택한다고 가정해 보자. 그렇다면 둘 중 누구도 기대 성과를 높일 방법이 없다. 간단히 말해서, 만약 σ_A와 σ_B가 각각 참가자 A와 B가 선택할 수 있는 내시 균형 전략이라고 할 때, A가 그의 전략을 다른 방식으로 변경한다고 하더라도, B가 내시 균형 전략을 고수하는 한 A의 기대 성과는 절대로 향상될 수 없다. 폰 노이만은 참가자들이 혼합된 전략을 사용하는 한 모든 2인 제로섬 게임이 이와 같은 내시 균형을 가지고 있음을 증명했다.

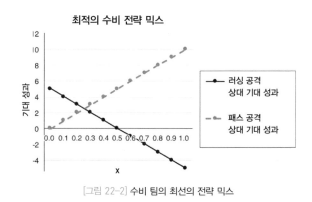

[그림 22-2] 수비 팀의 최선의 전략 믹스

	러싱 수비	패스 수비
러싱 공격	r-k	r+k
패스 공격	p+mk	p-mk

[표 22-2] 미식축구 경기에서의 기대 성과 매트릭스 일반화 모형

이제 50%의 경우 러싱 플레이를 해야 한다는 사실을 받아들이기 전에 이 결과는 [표 22-1]에 제시된 매우 구체적인 예에 따라서 도출된 결과라는 사실을 기억해야 한다. 일반적으로 기대 성과 매트릭스는 [표 22-2]와 같다.

만약 수비 팀이 러싱 수비와 패스 수비를 반반씩 사용한다면, 이 기대 성과 매트릭스에서 러닝 플레이는 평균적으로 r만큼의 성과를 낸다고 할 수 있고 패스 플레이는 평균적으로 p만큼의 성과를 낸다고 할 수 있다. 또한 수비가 공격 전략에 맞는 선택을 했을 때 패스 플레이의 경우 m만큼 성과가 더 좋다고 하자. 예를 들어 만약 m=2라면 패스 공격에 패스 수비를 했을 경우 러싱 수비를 했을 때와 비교해 공격 팀은 4k만큼 손해를 볼 것이다. 러싱 공격의 경우, 러싱 수비를 했을 때 패스 수비를 했을 때보다 2k만큼 손해를 볼 것이다.[66]

우리가 앞서 다뤘던 예에서 2인 제로섬 게임의 경우 두 참가자의 기대 성과를 같게 만드는 값을 찾았던 것을 기억하는가? [표 22–2]에 나와 있는 일반화 모형에 이를 적용해 보면 공격 팀은 $m/(m+1)$의 확률로 러싱 공격을 하고 $1/(m+1)$의 확률로 패스 공격을 하는 것이 최선이다. 최적의 수비 전략은 $0.5+\frac{r-p}{2(m+k)}$의 확률로 러싱 수비를 하고 $5+\frac{r-p}{2(m+k)}$의 확률로 패스 수비를 하는 것이다. 수비 팀은 이 기대 성과가 높은 어느 한 가지 전략을 선택하는 경우가 50% 이상일 것이라는 점을 기억해야 한다. M=2라면, 공격 팀은 2/3의 경우에서 러싱 플레이를 하고 1/3의 경우에서 패스를 할 것이다. 만약 m=0.5라면 1/3의 경우 러싱, 2/3의 경우 패스를 할 것이다. M=1이라면 러싱과 패스를 반반 할 것이다. 즉, 만약 m〉1이라면, 수비 진형 선택의 영향력은 러싱 공격보다 패스 공격에서 더 강하게 나타날 것이고, m〈1이라면 수비 진형의 영향력은 패스 공격보다 러싱 공격에서 더 크게 나타날 것이다. 따라서, 공격 팀은 수비 진형의 영향력이 적은 쪽을 더 자주 선택할 것이다. m〉1일 경우, 수비 팀의 수비 진형 선택의 영향력은 러싱 공격에서 더 적게 나타날 것이다. 따라서 공격 팀은 러싱을 더 많이 시도해야 한다. 만약 m〈1이라면, 수비 팀의 진형 선택의 영향력은 패스 공격에서 더 낮게 나타날 것이므로 패스 공격을 더 많이 해야 한다. 중요한 점은 최적의 러싱–패스 공격 조합이 각 플레이의 효율성을 나타내는 값인 r이나 p 값에 따라 결정되지 않는다는 점이다.

66 즉, 수비 팀의 올바른 선택의 효과는 패스 공격일 때 더욱 커진다.

이 간단한 식에서 재미있는 결론들을 얻을 수 있다.

- 우리 팀이 기존 쿼터백보다 훨씬 실력이 뛰어난 쿼터백을 영입했다고 가정하자. 이를 통해 수비 진형과 상관없이 매 플레이 3야드를 더 얻을 수 있다고 해 보자. 패스를 더 자주 시도해야 할까? 앞의 식에서 p를 p+3으로 바꾸고 m은 그대로 둔 채 다시 계산해 보면, 러싱–패스 공격 조합은 변함이 없다는 사실을 알 수 있다. 패스 플레이가 이전보다 나아졌음에도 불구하고, 수비 팀도 패스 공격에 대한 대비를 더 많이 할 것이므로 전과 동일한 비율로 러싱과 패스 플레이를 해야 한다.

- 우리 팀이 기존 러닝 백보다 훨씬 실력이 뛰어난 러닝 백을 영입했다고 하자. 이를 통해 상대가 패스 수비를 했을 때는 러싱을 통해 5야드를 더 전진할 수 있고 상대가 러싱 수비를 했을 때는 전과 차이가 없다고 해 보자. 러싱–패스 전략 조합은 어떻게 변할까? 직관적으로 공격 팀이 러싱 플레이를 더 많이 해야 한다고 생각할 수 있다. 하지만 밴더빌트 대학의 마이크 소어(Mike Shor)가 제시한 예(미식축구 패러독스)에서 볼 수 있듯이, 이는 틀린 생각이다.

	러싱 수비	패스 수비
러싱 공격	−5	5
패스 공격	5	−5

[표 22–3] 미식축구 패러독스 기대 성과 매트릭스

이 매트릭스에서는 $r=0$, $k=5$, $p=0$, $m=1$이다. 따라서, 최적의 전략은 50% 러싱 50% 패스이다. 이 게임의 기대 성과는 0야드이다. 최적의 수비 전략 믹스는 러싱 수비 50%, 패스 수비 50%이다.

[표 22–4]에 또 하나의 기대 성과 매트릭스가 나와 있다.

	러싱 수비	패스 수비
러싱 공격	−5	10
패스 공격	5	−5

[표 22–4] 미식축구 패러독스 기대 성과 매트릭스

이제 여러분들은 [표 22-4]의 최적의 러싱-패스 조합이 2/5번 러싱, 3/5번 패스라는 것을 알 수 있을 것이다. 이 게임에서 기대 성과는 1야드로 늘어났고 러싱 플레이의 비중은 줄어들었다. 최적의 수비 전략 믹스는 3/5번 러싱 수비, 2/5번 패스 수비이다. 패스 수비를 상대로 한 러싱 공격의 효율성이 훨씬 높아져 수비는 러싱 공격을 두려워할 것이고, 따라서 러싱 수비를 더 많이 사용할 것이다. 이 때문에 공격 팀은 러싱 공격이 전보다 나아졌음에도 불구하고 러싱보다 패스를 더 많이 시도할 것이다.

게임 이론과 미식축구

2인 제로섬 게임 예시는 실제 미식축구에 적용하기에는 너무 단순화되어 있다. 그럼에도 불구하고, 2인 제로섬 게임은 게임 이론과 관련하여 재미있는 아이디어들을 많이 제공해 준다. NFL 팀들이 2인 제로섬 게임을 이용하여 실제 전략을 짤 수 있을까? 게임 이론이 NFL에 실제적으로 이용되려면 각 플레이에 대하여 아래와 같은 정보들이 필요하다.

- 공격 팀 전략
- 수비 진형/전략(러싱을 대비한 수비 진형인지 패스를 대비한 수비 진형인지)
- 몇 번째 다운 시도인지, 현재 야드 라인이 어디인지, 몇 야드 전진했는지

먼저 몇 번째 다운 시도인지와 몇 야드 더 전진해야 하는지를 엮어 다음과 같은 상황으로 정리할 수 있다.

- 첫 번째 다운 시도 100야드 남은 상황

- 두 번째 다운 시도 30야드 이하 남은 상황

- 두 번째 다운 시도 4~70야드 남은 상황

- 두 번째 다운 시도 80야드 이상 남은 상황

- 세 번째 다운 시도 20야드 이하 남은 상황

- 세 번째 다운 시도 3~50야드 남은 상황

- 세 번째 다운 시도 50야드 이상 남은 상황

첫 번째 다운 시도 10야드 남은 상황에서 공격 팀은 15가지 전략, 수비 팀은 10가지 전략이 있다고 가정하자. 각각의 공격 및 수비 전략 조합과 현재의 상황(몇 번째 다운 시도 몇 야드 남았는지)에 따른 평균 기대 성과를 계산할 수 있을 것이다. 예를 들어, 첫 번째 다운 시도 10야드 남은 상황에서 피츠버그 스틸러스 팀의 좌측 태클이 우측으로 스위핑하는 전략이 상대방 커버 2(Cover 2) 수비 전략과 만났을 때 평균적으로 0.4의 기대 성과를 가져다준다고 가정해 보자. 이는 첫 번째 다운 시도 10야드 남은 상황에서의 기대 성과 매트릭스의 150가지 입력값 중의 하나일 것이다. 그렇다면 이제 우리는 2인 제로섬 게임을 이용해 공격과 수비에서 최적의 전략을 찾아낼 수 있다. 예를 들어, 첫 번째 다운 시도 10야드 남은 상황에서 최적의 공격 전략은 상대방 수비 전략과 상관없이 기대 성과 0.3을 가져다준다는 식으로 계산해 낼 수 있을 것이다. 물론 이 숫자는 상대 팀의 실력에 따라 조금씩 변할 것이다. 이러한 방식으로 게임 이론을 적용하려면, 모든 공격과 수비 전략을 세세하게 분석할 수 있는 전문 코치진이 필요할 것이다. 현재 Pro Football Focus(PFF)에서 이러한 서비스를 제공하고 있다. 따라서 미식축구 게임 이론이 현실화될 날이 멀지 않았다고 생각한다.

CHAPTER 23

터치다운 이후 1포인트 보너스 킥을 해야 하는가
아니면 2포인트 컨버전을 시도해야 하는가?

1994년 이래로, NFL은 터치다운 이후 팀들이 2포인트 컨버전을 선택할 수 있도록 룰을 개정하였다. 따라서 감독들은 1포인트 보너스 킥을 할지 2포인트 컨버전을 선택할지 결정하는 것이 매우 중요해졌다. 2015년 보너스 킥 거리를 바꾸기 이전까지 1포인트 보너스 킥의 성공률은 99%였다. 이는 거의 100% 성공이었다고 보면 된다. 2015년, 보너스 킥 거리가 15야드 더 길어졌고 이에 따라 성공률도 94%로 내려앉았다. 반면 2포인트 컨버전의 성공률은 약 50% 정도이다.[67] 평균적으로 1포인트 킥은 약 0.94점을 기대할 수 있고 2포인트 컨버전은 0(0.5)+2(0.5)=1점을 기대할 수 있다. 따라서 평균적으로는 2포인트 컨버전이 약간 더 높은 기대 득점을 보인다. 하지만 2포인트 컨버전이 기대 득점이 높은 반면 팀의 최종 목표인 승리 확률을 더 높여 주지는 못할 수도 있다. 예를 들어, 만약 어떤 팀이 터치다운을 기록하여 동점을 만들었고 경기 시간은 정말 얼마 남지 않았다고 하면, 이 팀은 당연히 성공률이 훨씬 높은 1점 보너스 킥을 시도해야 할 것이다. 많은 감독이 현재 스코어를 기반으로 1포인트 보너

---

67 콘스탄티노스 펠레치리니스, 「미식축구에서의 의사 결정: 7시즌 NFL 데이터를 바탕으로」 ECML/PKDD 스포츠 애널리틱스를 위한 머신러닝/데이터 마이닝 워크숍

스 킥을 시도해야 할지 2포인트 컨버전을 선택해야 할지에 대한 차트를 가지고 있다. 이 차트는 UCLA 보조 코치였던 딕 버밀(Dick Vermeil)이 1970년대 개발한 것에서 시작됐다고 보는 견해가 많다.[68] 이 차트에 대해 이야기하기에 앞서 이 두 가지 선택 지에 대한 성공률과 기대 득점에 대한 통계적 내용들을 조금 다루어 보자.

숫자들

[표 23-1]은 2009년부터 2018년까지 NFL 시즌 1포인트와 2포인트 컨버전 성공률을 나타내고 있다. 이를 활용해 앞으로의 통계 분석을 진행할 것이다. 이 전체 리그 평균을 바탕으로 계산해 보면 2포인트 컨버전은 1포인트 보너스 킥보다 평균적으로 0.07점을 더 얻을 수 있게 해 주는 것으로 드러났다. 자, 이제 다음 질문은 이 0.07이라는 차이가 정말 유의미하게 큰 차이인지를 확인해 보는 것이다.

[표 23-1]에 나와 있는 성공률과 관련하여, 약간의 오차가 존재할 수 있다. 예를 들어, 2포인트 컨버전 성공률의 경우, 표본 수가 약간 적고 선택 편향이 있을 수 있다. NFL 팀들이 2포인트 컨버전을 시도하는 경우는 보통 게임 막판에 상황적 요소들을 고려해서 결정을 내린 경우가 많다. 다시 말하면 이 표본들이 랜덤하게 추출되지 않았다는 뜻이다. 그리고 2포인트 컨버전을 시도하는 팀과 상대 수비 팀이 누구인지에 따라서 편향이 생길 수도 있다. 이러한 오차들을 감안했을 때, 2포인트 컨버전의 기대 득점과 1포인트 보너스 킥의 차이(0.07)의 95% 신뢰 구간은 [0.01, 0.15]이다. 이 신뢰 구간에 0이 포함되지 않으므로, 우리는 이 0.07이라는 차이가 통계적으로 유의미하다고 할 수 있다.

---

68 버밀은 추후 NFL에서 성공적인 감독 커리어를 쌓았고 NFL TV 중계도 했다. 색로위치(Sackrowitz)의 「Refining the point(s)-after-touchdown scenario」가 1포인트 보너스 킥과 2포인트 컨버전에 대한 최초의 수학적 연구였다.

시즌	1포인트 보너스 킥	2포인트 컨버전
2009	0.98	0.44
2010	0.99	0.55
2011	0.99	0.50
2012	0.99	0.55
2013	0.99	0.49
2014	0.99	0.52
2015	0.94	0.52
2016	0.94	0.55
2017	0.94	0.47
2018	0.94	0.54

[표 23-1] 2포인트 컨버전 성공률은 매해 비슷한 반면 1포인트 보너스 킥은 2015년 이후 유의미하게 줄어들었다

이 분석이 통계적으로는 틀린 부분이 없지만, 스포츠 애널리틱스에서 모든 결과는 그 분석에 맞는 맥락에 적용해 보고 해석해야 한다. 우리의 경우 중요하게 생각해야 될 것은 이 결정을 해야 하는 상황이 한 게임에서 얼마나 많이 나오는가 하는 점이다. 따라서, 통계적으로는 2포인트 컨버전을 시도하는 것이 추가 기대 득점이 높지만 이는 수많은 경기를 치렀을 때 적용되는 이야기이다. NFL 게임에서 팀당 평균 2.4번의 터치다운을 기록한다. 조금 긍정적으로 생각해서 팀당 3번의 터치다운을 한다고 가정해 보자. 세 번 다 2포인트 컨버전을 시도했을 때 세 번 다 실패할 확률은 12.5%밖에 되지 않는다. 그리고 37.5%의 확률로 세 번 중 두 번을 실패한다. 2포인트 컨버전을 시도하는 데 가장 큰 리스크는 그 시도 횟수가 적어지는 것이다. 따라서 리스크 회피 성향이 강한 감독들에게는(대부분의 감독이 리스크 회피적이다), 그냥 1포인트 보너스 킥을 선택하는 것이 훨씬 쉬운 선택일 것이다. 이는 리스크를 고려한 기대 득점을 최대로 만들기 때문이다.

참고로 위의 숫자들은 리그 전체를 대상으로 얻은 숫자들이고, 전체 리그에서 총 터치다운의 10% 정도에서만 2포인트 컨버전이 시도되었다. 따라서, 또 한 가지 우리가 고려해야 할 것은 각 팀 특성이다. 몇몇 팀은 공격력이 강한 반면 어떤 팀들은 수

비력이 강하다. 혹은 팀의 플레이 스타일이 2포인트 컨버전에 더 유리한 경우가 있다(예를 들어 쿼터백이 움직임이 좋은 선수인 경우). 게임 상황에서 전략에 대한 결정을 내릴 때 이러한 면들도 고려되어야 한다. 또 한 가지 중요한 것은 만약 팀들이 2포인트 컨버전을 시도하는 비율을 늘린다면, 수비 팀도 이에 따라 전략을 변경할 것이라는 것이다. 따라서 이런 경우 2포인트 컨버전의 성공률이 낮아질 것이다.

"차트"

감독의 전략에 대한 결정은 게임 시간이 얼마나 남았는지 그리고 현재 스코어가 얼마인지에 따라 결정되어야 한다. 이 두 가지에 의해 어떻게 최적의 전략을 결정할 수 있는지에 대해 논하고자 다이내믹 프로그래밍이라고 하는 조금 더 복잡한 방법을 써야만 한다. 이 방법을 사용하면 미식축구 경기의 종료 시점부터 뒤로 감기를 해 가면서 게임의 시작 시점까지 분석할 수 있게 된다. 다이내믹 프로그래밍은 1950년대 리처드 벨맨(Richard Bellman)에 의해 개발되었다.[69] 2009년 이후 통계를 살펴보면 공격하고 있는 상황에서는 약 19%의 확률로 터치다운을 기록하고, 13%의 확률로 필드 골을 기록하며, 68%의 확률로 아무 득점도 하지 못한다. 실력이 동등한 두 팀이 있다고 가정해 보자. 여기서 수비 팀이 공 소유권을 가져가서 득점하는 경우는 없다는 가정도 필요하다. 수학적으로 자신이 없는 독자들은 이 부분은 건너뛰거나 [표 23-2]와 [표 23-3]에 나와 있는 결과만 봐도 크게 상관은 없다.

$F_n(i)$를 한 팀이 i점만큼 앞서 있는 상황에서 공격권을 획득하고 n번의 공격 기회가 남아 있는 상황에서의 승리 확률이라고 해 보자. $G_n(i)$는 i점만큼 앞선 상황에서 상대방이 공격권을 획득하고 n번의 공격 기회가 남아 있는 상황이라고 가정하자. 만

---

69 Richard Bellman, Dynamic Programming(Princeton University Press, 1957).

약 n=0이라면 이 게임은 종료된다. 만약 동점 상황이라면, 각 팀이 연장전에서 50%의 승리 확률을 가지고 있다고 가정한다. 또한 한 팀이 30점 이상 앞서고 있는 경우이 팀이 무조건 승리한다고 가정하자(Gofortwo.xlsx 참고). 우리는 1포인트 보너스 킥 성공 확률이 94%라는 가정하에 이 모델을 시험해 보았다. 이때 2포인트 컨버전의 경우 45% 성공 확률과 50% 성공 확률 두 가지로 나누어 시뮬레이션해 보았다. 독자들은 자신의 생각에 따라 이 가정들을 변경해 가면서 결과를 살펴봐도 재미있을 것이다.

$$G_0(i) = F_0(i) = 1 \ for \ i > 0, G_0(i) = F_0(i) = 0 \ for \ i < 0, and \ G_0(0) = F_0(0) = 0.5$$

먼저, 2포인트 컨버전 성공 확률이 45%인 경우를 살펴보자. 경기가 끝나기 바로 직전인 마지막 1번의 공격이 남았을 때를 생각해 보면,

$$F_1(i) = MAX\{0.13 \times G_0(i+3) + 0.19 \times 0.94 \times G_0(i+7) + 0.19 \times 0.06 \times G_0(i+6) + \\ 0.68 \times G_0(i), 0.19 \times 0.45 \times G_0(i+8) + 0.19 \times 0.55 \times G_0(i+6) + 0.68 \times G_0(i) + \\ 0.13 \times G_0(i+3)\} \tag{1}$$

$$G_1(i) = MIN\{0.13 \times F_0(i-3) + 0.19 \times 0.94 \times F_0(i-7) + 0.19 \times 0.06 \times F_0(i-6) + \\ 0.68 \times F_0(i), 0.19 \times 0.45 \times F_0(i-8) + 0.19 \times 0.55 \times F_0(i-6) + 0.68 \times F_0(i) + \\ 0.13 \times F_0(i-3)\} \tag{2}$$

- (1) 식은 조건부 기댓값을 활용하고 있다. 각각의 게임 마지막 1번의 공격이 남은 상황에서 나올 수 있는 상황(필드 골, 터치다운, 무득점)에 해당 상황이 일어날 확률을 곱해 주었다.

- 0.13의 확률로 필드 골을 시도할 것이고 성공할 경우 i+3점을 앞서게 된다. 이때 승리 확률은 $G_0(i+3)$이다.

- 터치다운 후 1포인트 보너스 킥을 시도할 경우 0.19×0.94의 확률로 i+7점을 앞서게 되고 이때 승리 확률은 $G_0(i+7)$이다. 0.19×0.06의 확률로 1포인트 보너스 킥을 실패할 것이고 이때는 6점을 앞서게 될 것이다. 이때 승리 확률은 $G_0(6)$이다.

• 0.68의 확률로 득점에 실패할 것이고 이때 승리 확률은 $G_0(i)$이다.

(1) 식에서 쉼표 뒤의 부분은 2포인트 컨버전을 시도했을 경우의 승리 확률이다. 공격하고 있는 팀은 이 둘 중에 기대 승률이 높은 쪽을 선택할 것이다.

(2) 식도 같은 방식으로 도출되었다. 수비하는 쪽은 상대방의 승리 확률이 가장 작아지는 선택을 할 것이다.

$F_n(i)$와 $G_n(i)$를 도출하고 난 후 n+1번의 공격이 남은 상황에서의 승리 확률을 아래와 같이 도출할 수 있다.

$$F_{n+1}(i) = MAX\{0.13 \times G_n(i+3) + 0.19 \times 0.94 \times G_n(i+7) + 0.19 \times 0.06 \times G_n(i+6) + \\ 0.68 \times G_n(i), 0.19 \times 0.45 \times G_n(i+8) + 0.19 \times 0.55 \times G_n(i+6) + 0.68 \times G_n(i) + \\ 0.13 \times G_n(i+3)\} \qquad (3)$$

$$G_{n+1}(i) = MIN\{0.13 \times F_n(i-3) + 0.19 \times 0.94 \times F_n(i-7) + 0.19 \times 0.06 \times F_n(i-6) + \\ 0.68 \times F_n(i), 0.19 \times 0.45 \times F_n(i-8) + 0.19 \times 0.55 \times F_n(i-6) + 0.68 \\ F_n(i) + 0.13 \times F_n(i-3)\} \qquad (4)$$

(3) 식에서 1포인트 보너스 킥이 더 높은 기댓값을 가진다면 n+1번의 공격이 남은 상황에서 1포인트 보너스 킥을 시도할 것이고, 2포인트 컨버전이 더 높은 기댓값을 가지면, 2포인트 컨버전을 시도할 것이다. 우리는 25번의 공격이 남은 상황까지 계산해 보았다. 평균적으로 한 경기당 23.6번의 공격 기회를 가지고 한 공격당 2.54분 정도를 소모한다.

[표 23-2]와 [표 23-3]은 10번 이하의 공격 기회가 남았을 때의 점수 차를 바탕으로 최적의 컨버전 시도 전략을 나타내고 있다. 색으로 강조된 셀들은 2포인트 컨버전이 더 높은 기댓값을 가지고 있는 경우이다. 현재의 점수 차와 남은 공격 횟수를 기반으로 계산된 현재 공격 팀의 승리 확률이 각 셀에 계산되어 있다. 몇 번의 공격 기회가 남았는지는 남은 시간을 2.54로 나누어 봄으로써 대략 계산할 수 있다. 경기 막바지에는 약간의 조정이 필요하다. 이기고 있는 팀은 최대한 시간을 끌려고

할 것이기 때문이다. 따라서 4쿼터가 시작할 때 보통 5~6번 정도의 공격 기회가 있다고 생각하면 된다.

A	J	P	V	AB	AH	AN	AT	AZ	BF	BL
Margin	F1	F2	F3	F4	F5	F6	F7	F8	F9	F10
23	1.000	1.000	1.000	1.000	1.000	1.000	1.000	0.998	0.999	0.995
22	1.000	1.000	1.000	1.000	1.000	0.999	0.999	0.997	0.998	0.993
21	1.000	1.000	1.000	1.000	1.000	0.999	0.999	0.995	0.997	0.991
20	1.000	1.000	1.000	1.000	1.000	0.998	0.999	0.994	0.995	0.987
19	1.000	1.000	1.000	1.000	1.000	0.997	0.998	0.991	0.993	0.983
18	1.000	1.000	1.000	1.000	1.000	0.996	0.997	0.989	0.992	0.979
17	1.000	1.000	1.000	1.000	1.000	0.994	0.996	0.984	0.988	0.972
16	1.000	1.000	1.000	0.998	0.999	0.990	0.992	0.977	0.983	0.964
15	1.000	1.000	1.000	0.996	0.997	0.985	0.989	0.971	0.978	0.955
14	1.000	1.000	1.000	0.990	0.993	0.975	0.982	0.957	0.968	0.940
13	1.000	1.000	1.000	0.984	0.989	0.964	0.974	0.944	0.958	0.925
12	1.000	1.000	1.000	0.982	0.987	0.958	0.969	0.934	0.950	0.912
11	1.000	1.000	1.000	0.974	0.981	0.943	0.957	0.915	0.935	0.891
10	1.000	1.000	1.000	0.966	0.975	0.930	0.947	0.897	0.920	0.871
9	1.000	1.000	1.000	0.954	0.966	0.909	0.931	0.873	0.902	0.845
8	1.000	0.968	0.978	0.919	0.941	0.877	0.906	0.843	0.877	0.816
7	1.000	0.935	0.956	0.884	0.915	0.844	0.881	0.812	0.851	0.786
6	1.000	0.875	0.915	0.818	0.868	0.784	0.836	0.760	0.811	0.741
5	1.000	0.865	0.904	0.796	0.848	0.756	0.811	0.730	0.784	0.710
4	1.000	0.858	0.895	0.781	0.831	0.733	0.788	0.702	0.758	0.680
3	1.000	0.803	0.850	0.713	0.775	0.668	0.733	0.644	0.708	0.628
2	1.000	0.757	0.817	0.662	0.736	0.620	0.694	0.599	0.670	0.587
1	1.000	0.749	0.805	0.643	0.714	0.594	0.666	0.569	0.639	0.555
0	0.660	0.499	0.622	0.499	0.601	0.499	0.587	0.499	0.578	0.499
−1	0.320	0.251	0.440	0.357	0.489	0.405	0.509	0.430	0.518	0.444
−2	0.320	0.243	0.427	0.337	0.465	0.378	0.480	0.399	0.486	0.411
−3	0.255	0.197	0.362	0.287	0.408	0.331	0.429	0.355	0.440	0.370
−4	0.190	0.142	0.282	0.219	0.333	0.266	0.363	0.297	0.383	0.319
−5	0.190	0.135	0.271	0.203	0.311	0.243	0.335	0.269	0.351	0.289
−6	0.184	0.125	0.250	0.182	0.282	0.215	0.302	0.239	0.317	0.257
−7	0.095	0.065	0.157	0.115	0.202	0.155	0.236	0.187	0.262	0.213
−8	0.048	0.032	0.110	0.081	0.161	0.123	0.199	0.157	0.228	0.183
−9	0.000	0.000	0.062	0.045	0.119	0.090	0.161	0.126	0.193	0.154
−10	0.000	0.000	0.045	0.034	0.092	0.070	0.131	0.102	0.161	0.128
−11	0.000	0.000	0.036	0.026	0.075	0.057	0.109	0.084	0.138	0.109
−12	0.000	0.000	0.026	0.018	0.057	0.042	0.086	0.066	0.113	0.088
−13	0.000	0.000	0.023	0.016	0.049	0.035	0.074	0.055	0.096	0.074
−14	0.000	0.000	0.015	0.010	0.035	0.025	0.057	0.043	0.078	0.060
−15	0.000	0.000	0.006	0.004	0.021	0.015	0.039	0.029	0.058	0.045
−16	0.000	0.000	0.003	0.002	0.014	0.010	0.030	0.022	0.047	0.036
−17	0.000	0.000	0.000	0.000	0.008	0.006	0.021	0.016	0.037	0.028
−18	0.000	0.000	0.000	0.000	0.005	0.004	0.015	0.011	0.028	0.021
−19	0.000	0.000	0.000	0.000	0.004	0.003	0.012	0.009	0.022	0.017
−20	0.000	0.000	0.000	0.000	0.003	0.002	0.009	0.006	0.017	0.012
−21	0.000	0.000	0.000	0.000	0.002	0.001	0.006	0.004	0.013	0.009
−22	0.000	0.000	0.000	0.000	0.001	0.001	0.004	0.003	0.009	0.007
−23	0.000	0.000	0.000	0.000	0.000	0.000	0.002	0.002	0.006	0.005

[표 23-2] 컨버전 선택 차트: 2포인트 컨버전 성공률 50%인 경우

A	J	P	V	AB	AH	AN	AT	AZ	BF	BL
Margin	F1	F2	F3	F4	F5	F6	F7	F8	F9	F10
23	1	1	1	1	1	0.99979	0.99986	0.99843	0.99888	0.99571
22	1	1	1	1	1	0.99934	0.99955	0.99722	0.99802	0.99356
21	1	1	1	1	1	0.9988	0.99918	0.99582	0.99702	0.99113
20	1	1	1	1	1	0.99794	0.9986	0.99366	0.99549	0.9876
19	1	1	1	1	1	0.99711	0.99796	0.99146	0.99379	0.98387
18	1	1	1	1	1	0.99623	0.99729	0.98909	0.99195	0.97978
17	1	1	1	1	1	0.99428	0.99589	0.98464	0.98866	0.97309
16	1	1	1	0.99831	0.99885	0.99034	0.99304	0.97849	0.98402	0.96502
15	1	1	1	0.99647	0.9976	0.98615	0.99	0.97193	0.97906	0.95633
14	1	1	1	0.99065	0.99364	0.97599	0.98275	0.95916	0.96954	0.94203
13	1	1	1	0.98399	0.98911	0.96434	0.97443	0.9445	0.95861	0.9256
12	1	1	1	0.98199	0.98729	0.95836	0.96947	0.93458	0.95054	0.91261
11	1	1	1	0.97459	0.98151	0.94499	0.95878	0.91753	0.93662	0.89352
10	1	1	1	0.96654	0.97521	0.93016	0.94694	0.89829	0.92098	0.87172
9	1	1	1	0.95409	0.9664	0.90949	0.93169	0.87368	0.90213	0.84567
8	1	0.97093	0.98023	0.92272	0.94341	0.88003	0.90865	0.84593	0.87935	0.819
7	1	0.93928	0.95871	0.88827	0.91814	0.84728	0.88294	0.81471	0.85357	0.78874
6	1	0.87468	0.91478	0.81786	0.86773	0.78412	0.83557	0.76003	0.81087	0.74115
5	1	0.86524	0.90459	0.79768	0.84924	0.75806	0.81255	0.73143	0.7857	0.71175
4	1	0.85919	0.89636	0.7825	0.83295	0.73551	0.79025	0.70415	0.75965	0.68192
3	1	0.80264	0.8495	0.71273	0.7746	0.66809	0.73313	0.64347	0.70743	0.62823
2	1	0.75721	0.81705	0.66224	0.73598	0.62045	0.6946	0.59955	0.67038	0.5875
1	1	0.74905	0.80519	0.64385	0.71479	0.59503	0.66772	0.57005	0.64044	0.55606
0	0.66	0.5	0.62207	0.5	0.60072	0.49992	0.58737	0.49981	0.57822	0.49969
−1	0.32	0.25091	0.43981	0.35575	0.48785	0.4042	0.50814	0.42893	0.51692	0.44276
−2	0.32	0.24279	0.42705	0.33646	0.46519	0.37748	0.47957	0.39812	0.48544	0.4102
−3	0.255	0.19736	0.36181	0.28716	0.40829	0.3315	0.42981	0.35583	0.44074	0.37084
−4	0.19	0.14081	0.28096	0.21715	0.33047	0.2638	0.3605	0.29489	0.38025	0.31694
−5	0.19	0.13476	0.2701	0.20177	0.30976	0.24095	0.33328	0.26732	0.34944	0.28687
−6	0.1843	0.12532	0.25036	0.18187	0.28196	0.21527	0.30206	0.23906	0.31723	0.25773
−7	0.0893	0.06072	0.15176	0.11127	0.19761	0.15194	0.23217	0.18435	0.2587	0.21024
−8	0.04275	0.02907	0.10541	0.07728	0.1569	0.11981	0.19545	0.15368	0.22429	0.18041
−9	0	0	0.0619	0.04547	0.1185	0.08977	0.16118	0.12541	0.19268	0.15335
−10	0	0	0.04475	0.03343	0.09106	0.06966	0.12964	0.10135	0.1603	0.12777
−11	0	0	0.03474	0.02541	0.07303	0.05496	0.10666	0.08231	0.13466	0.10619
−12	0	0	0.0255	0.01801	0.05643	0.04144	0.08575	0.06499	0.11161	0.08679
−13	0	0	0.02308	0.01569	0.04904	0.03518	0.07362	0.05499	0.09594	0.07386
−14	0	0	0.01375	0.00935	0.03331	0.02395	0.05447	0.0407	0.07511	0.05773
−15	0	0	0.00519	0.00353	0.01909	0.01379	0.03735	0.02792	0.05663	0.04342
−16	0	0	0.00249	0.00169	0.01333	0.00963	0.02876	0.02141	0.04564	0.03482
−17	0	0	0	0	0.0078	0.00563	0.0205	0.01519	0.03517	0.02666
−18	0	0	0	0	0.0052	0.00376	0.01468	0.01087	0.0266	0.02012
−19	0	0	0	0	0.00407	0.00287	0.01165	0.00849	0.02145	0.01604
−20	0	0	0	0	0.00297	0.00202	0.00878	0.00625	0.01668	0.01228
−21	0	0	0	0	0.00174	0.00118	0.0058	0.00414	0.01194	0.0088
−22	0	0	0	0	0.00098	0.00066	0.00389	0.00277	0.00874	0.00643
−23	0	0	0	0	0.0003	0.00021	0.0022	0.00157	0.00591	0.00433

[표 23-3] 컨버전 선택 차트: 2포인트 컨버전 성공률 45%인 경우

"차트"의 직관적 이해

앞의 결과 중 일부는 직관적으로 이해가 가능하다. 예를 들어 경기 막바지에 1점 차로 지고 있는 상황에서 터치다운을 기록했다고 해 보자. 이제 5점 차로 앞서고 있다. 2포인트 컨버전을 시도해서 성공한다면 패배할 일이 없어진다. 하지만 1점을 시도해서 성공한 후 터치다운을 허용하면 패배할 수도 있다. 앞의 결과 중 또 다른 일부는 직관적으로 이해하기가 힘들 수도 있다. 경기 막바지에 14점 차로 지고 있는 상황에서 터치다운을 기록했다고 해 보자. 모든 NFL 팀 감독들은 아마도 1포인트 보너스 킥을 시도할 것이다. 터치다운을 한 번 더 기록하고 1포인트 보너스 킥을 다시 성공시키면 연장전에 갈 것이고, 연장전에서 승리하면 될 것이라고 생각하기 때문이다. 공격 기회가 3번 남은 상황에서 14점 차로 지고 있다고 가정해 보자. 만약 위와 같은 1포인트 보너스 킥 전략을 사용한다면 남은 두 번의 공격 시도에서 모두 터치다운을 기록해야만 승리할 수 있다. 그것도 상대방이 득점하지 못한다는 가정과 연장에 가면 우리가 승리한다고 가정해야만 가능한 시나리오이다. 이러한 방식으로 승리할 수 있는 확률은 $(0.19)^2(0.94)^2(0.68)(0.5)=0.0108$이다. 만약 [표 23-2]에 나온 대로 2포인트 컨버전을 시도한다면 남은 세 번의 공격 기회에서 아래와 같은 상황이 나오면 승리할 수 있다.

- 2포인트 컨버전이 성공하고, 상대 팀이 득점하지 못하고, 터치다운을 다시 한번 성공하고, 1점 보너스 킥 성공
- 2포인트 컨버전이 실패하고, 상대방이 득점하지 못하고, 터치다운을 다시 한번 성공하고, 2포인트 컨버전을 성공시킨 후 연장에서 승리

앞의 두 가지 확률을 더하면 0.0133으로 0.0108보다 더 높은 확률을 가진다. 따라서 팀들은 앞의 내용과 같이 경기 막바지에 14점 차로 지고 있는 상황에서 2포인트 컨버전을 시도해야 한다. 두 가지 확률의 차이는 물론 그리 크지 않지만 1인치를 다투는 미식축구에서 이 적은 확률도 매우 중요하다.

최소 5번의 공격 기회가 남아 있고 우리 팀이 4점 차로 지고 있는 상황에서 터치다운을 기록했다고 해 보자. 대부분의 감독은 1포인트 보너스 킥을 시도하면 3점 차로 리드하는 상황이 될 것이므로 상대방이 필드 골을 넣는다고 하더라도 패배하지는 않을 것이라고 생각한다. 만약 경기 막바지라면 위와 같은 생각이 맞다. 하지만 만약 경기 시간이 많이 남아 있다면 상대방도 터치다운을 하고 1점 보너스 킥을 성공시킬 것이라고 생각하는 것이 합리적일 것이다. 그렇다면 우리 팀은 4점 차로 지고 있는 상황이 될 것이고 필드 골을 성공시킨다고 하더라도 동점이 되지 않을 것이다. 하지만 만약 우리 팀이 4점 차로 지고 있을 때 2포인트 컨버전을 시도해서 성공한다면 그 후에 상대방이 터치다운을 하고 1포인트 보너스 킥을 성공시킨다고 하더라도 필드 골 하나로 경기를 동점으로 만들 수 있다.

질문을 바꾸어 보자

FiveThirtyEight.com의 벤저민 모리스(Benjamin Morris)는 1포인트와 2포인트 컨버전 중 무엇을 선택해야 하는가에 대한 재미있는 글을 기고한 바 있다.[70] 그의 분석이 우리의 분석과 다른 점은 그는 처음부터 약간 다른 질문으로 시작했다는 것이다. 그는 컨버전에서의 1~2점이 팀의 승리 확률을 향상할까? 라는 질문에서 시작했다. 모리스는 ESPN의 승리 확률 모델을 이용하여 각각 다른 경기 상황에서의 승리

---

70 http://fivethirtyeight.com/features/when-to-go-for-2-for-real/

확률 변화를 계산하였다. 예를 들어 [표 23-4]는 경기 시간이 10분 남은 상황에서 모리스의 계산 결과를 보여 주고 있다.

득실 차 변화	전략적 이점	승리 확률 변화
0점 차이에서 1점 차이로 리드	게임을 리드하고 있는 상황	+8.4
1점 차이에서 2점 차이로 리드	큰 의미 없는 상태	+1.8
2점 차이에서 3점 차이로 리드	필드 골 하나 차이	+6.5
3점 차이에서 4점 차이로 리드	필드 골 하나 이상의 차이	+5.0
4점 차이에서 5점 차이로 리드	큰 의미 없는 상태	+2.9
5점 차이에서 6점 차이로 리드	필드 골 두 개 차이	+3.1
6점 차이에서 7점 차이로 리드	터치다운 한 개 차이	+5.2
7점 차이에서 8점 차이로 리드	터치다운 한 개+2포인트 컨버전 차이	+3.3
8점 차이에서 9점 차이로 리드	득점 두 번이 필요한 상황	+2.9
9점 차이에서 10점 차이로 리드	터치다운 한 번+필드 골 차이	+2.2
10점 차이에서 11점 차이로 리드	터치다운+2포인트 컨버전+필드 골 차이	+1.3
11점 차이에서 12점 차이로 리드	터치다운+필드 골 이상의 차이	+1.1
12점 차이에서 13점 차이로 리드	터치다운+필드 골 2개 차이	+0.4
13점 차이에서 14점 차이로 리드	터치다운 2개 차이	+1.0
14점 차이에서 15점 차이로 리드	터치다운 2개+2포인트 컨버전 한 개 차이	+0.5
15점 차이에서 16점 차이로 리드	터치다운 2개+2포인트 컨버전 두 개 차이	+0.7
16점 차이에서 17점 차이로 리드	득점 세 번이 필요한 상황	+0.2

[표 23-4] 경기 시간 10분 남은 상황에서 득실 차에 따른 승리 확률 변화. 벤저민 모리스의 계산

위 표에 나온 승리 확률의 변화는 모리스가 그의 "차트"를 만들 때 활용한 숫자들이다. 그의 아이디어는 간단했다. 우리가 x점만큼 리드하고 있다고 가정해 보자. 이때 [표 23-4]를 사용하여 x점 차로 이기고 있는 상황에서 x+1점 차이가 되었을 때의 승리 확률 변화 그리고 x+2점 차이가 되었을 때의 승리 확률 변화 중 무엇이 큰지 확인해 보는 것이다. 예를 들어 모리스의 계산에 따르면, 10분 남은 상황에서 지고 있는 팀이 터치다운을 기록하여 이기고 있는 팀에 5점 차로 따라붙었다고 해 보자. 이때 1포인트 보너스 킥을 성공시켜 4점 차가 되면 승리 확률이 2.9% 증가한다.

만약 2포인트 컨버전을 성공시킬 경우 우리는 추가로 1점을 얻게 된다. 이때 이 추가 1점의 경우(4점 차에서 3점 차가 되는 경우) 승리 확률은 5% 올라간다. 따라서 이때는 2포인트 컨버전을 시도해야 한다. 터치다운을 기록하여 7점 차로 따라붙은 경우, 첫 번째 보너스 득점은 7점 차에서 6점 차로 줄어들게 만들고 이때 승리 확률은 5.2% 증가한다. 2포인트 컨버전을 시도함으로써 얻을 수 있는 두 번째 보너스 득점은 6점 차에서 5점 차로 만들어 주고, 이때 승리 확률은 3.1% 상승한다. 따라서 이런 경우에는 1포인트 보너스 킥을 시도해야 한다. 모리스는 각 팀의 2포인트 컨버전 성공 확률도 고려하여 각 팀의 상황에 맞는 각각의 차트를 만들어 냈다.

CHAPTER 24

선공보다 후공이 낫다

대학 미식축구 연장전 결과 분석

　대학 미식축구 경기에서 연장전을 치를 경우 동전 던지기를 해서 이긴 팀이 누가 선공할지 결정한다. 선공하는 팀은 상대방 25야드 라인에서 시작해서 필드 골이나 터치다운을 기록하거나 공 소유권을 잃어버릴 때까지 계속 공격한다. 그런 다음 후공인 팀이 공을 넘겨받아 마찬가지로 상대방 25야드 지점에서 필드 골이나 터치다운 기록 혹은 공 소유권을 잃어버릴 때까지 공격한다. 팀당 한 번씩 두 번의 공격이 끝난 후 앞서 있는 팀이 승리한다. 만약 또 동점이라면 선공/후공 순서만 바꾼 채 똑같은 방식으로 한 번 더 진행한다. 2차 연장전 이후부터는 두 팀 모두 2포인트 컨버전을 시도해야 한다. 로젠과 윌슨(Rosen and Wilson)[71]은 2006 시즌 모든 연장전 결과를 분석하여 54.9%의 경기에서 후공했던 팀이 승리했다는 사실을 알아냈다. 즉, 동전 던지기에서 이기면 후공을 선택해야 한다는 것이다. 후공을 선택하면 공격 시에 승리를 위해 무엇을 해야 할지 목표를 확실하게 정해 놓고 할 수 있게 된다. 예를 들어 선공한 팀이 터치다운을 기록하면, 우리도 반드시 터치다운을 해야 한다는

71　P. A. Rosen and R. L. Wilson, "An analysis of the defense first strategy in college football overtime games," Journal of Quantitative Analysis in Sports, 3(2), 2007.

사실을 염두에 두고 공격에 임하게 된다. 만약 상대방이 득점에 실패하면, 우리는 그저 필드 골만 목표로 삼고 진행해도 문제가 없다. 후공 팀이 54.9%의 승리 확률을 갖도록 하는 이러한 의사 결정의 유연성을 모델화할 수 있을까?

로젠과 윌슨은 아래와 같은 수치들을 제시했다.

- 선공 팀이 터치다운을 할 확률: 46.6%
- 선공 팀이 필드 골을 성공시킬 확률: 29.9%
- 선공 팀이 득점에 실패할 확률: 23.5%

우리는 후공 팀이 갖는 의사 결정의 유연성을 아래와 같은 두 가지 변수를 통해 모델화할 것이다.

- EXTRAFG: 후공인 팀이 무득점으로 그칠 수 있던 공격 기회를 필드 골로 마무리하는 확률. 선공인 팀이 득점하지 못할 경우 후공인 팀은 터치다운이 필요 없으므로 매우 보수적으로 경기를 운영할 것이다. 그러므로 실책도 적을 것이고 쿼터백 색도 적게 나올 것이다. 따라서, 무득점으로 그칠 수 있는 경우도 필드 골로 마무리할 수 있는 확률이 생긴다.
- PRESSURETD: 선공인 팀이 터치다운을 한 후 후공인 팀도 터치다운을 할 확률.

만약 선공인 팀이 터치다운을 하면 후공인 팀은 필드 골을 절대 시도하지 않을 것이고 따라서 필드 골로 끝날 수 있는 경우도 반드시 터치다운을 시도하게 된다. 만약 각 팀의 공격 이후에도 여전히 동점이면 1차 연장에서 선공이었던 팀이 2차 연장에서는 자동으로 후공이 되고 승리 확률은 0.549가 된다. 1차 연장에서 선공인 팀의 승리 확률은 이제 다음에 나와 있는 확률들을 모두 더해서 구할 수 있다.

- 두 팀 모두 1차 연장에서 득점에 실패하고, 1차 연장에서 선공이었던 팀이 2차 연장에서 승리하는 경우. 1차 연장에서 선공인 팀이 득점하지 못할 확률은 0.235이다. 후공인 팀은 필드 골만 성공시키면 되므로 EXTRAFG만큼의 경우 무득점으로 끝났어야 할 공격 기회에서 득점하게 된다. 그리고 1차 연장에서 선공 팀은 2차 연장에서 자동으로 후공 팀이 되고 이때 승리 확률은 0.549가 된다. 따라서 1차 연장에서 선공 팀이 승리할 확률은 $(0.235)(0.235)(1-EXTRAFG)(0.549)$[72]이다.

- 두 팀이 1차 연장에서 필드 골을 성공하고, 1차 연장에서 선공이었던 팀이 2차 연장에서 승리하는 경우. 각 팀이 필드 골을 성공시킬 확률은 0.299이다. 따라서 선공인 팀이 2차 연장에서 승리할 확률은 $(0.299)^2(0.549)=0.049$이다.

- 선공인 팀이 필드 골을 성공시키고 후공인 팀은 득점하지 못하는 경우. 선공인 팀이 필드 골을 성공시킬 확률은 0.299이다. 후공인 팀이 무득점할 확률은 0.235이다. 따라서 이러한 경우가 발생할 확률은 $(0.299)(0.235)=0.07$이다.

- 선공인 팀이 터치다운을 성공하고 후공인 팀이 무득점하는 경우. 선공인 팀이 터치다운을 할 확률은 0.469이다. 후공인 팀은 터치다운이 필요하다는 것을 알고 있으므로 터치다운을 성공시킬 확률이 올라갈 것이다. 필드 골을 시도하는 것이 수월할 경우에도 절대 시도하지 않고 터치다운만을 노릴 것이기 때문이다. 이러한 상황에서 후공인 팀이 터치다운을 성공시킬 확률을 위에서 PRESSURETD로 정의하였다. 따라서 1차 연장에서 선공인 팀이 이러한 형태로 승리할 확률은 $0.469 \times (1-PRESSURETD)$이다.

- 두 팀 모두 터치다운을 성공시키고, 1차 연장에서 선공이었던 팀이 2차 연장에서 승리하는 경우. 선공인 팀이 터치다운을 할 확률은 0.469이다. 후공인 팀이 터치다운을 할 확률은 PRESSURETD이다. 2차 연장에서는 1차 연장에서 선공이었던 팀이 후공이므로 이때의 승리 확률은 0.549이다. 따라서, 1차 연장에서 선공이었던 팀이 이러한 경우로 승리할 확률은 $0.469(PRESSURETD)(0.549)$이다.

---

72 역주. 1차 연장에서 후공인 팀이 무득점할 확률은 0.235이지만 이 중 EXTRAFG만큼의 경우에는 무득점에 그쳤어야 할 공격에서 필드 골을 성공시킬 것이다. 따라서 1차 연장에서 후공인 팀이 무득점할 확률은 $0.235 \times (1-EXTRAFG)$가 된다.

만약 후공 팀이 필드 골만 넣어도 되는 상황에서 무득점으로 그칠 상황의 30%를 필드 골로 연결시킬 수 있다면 그리고 터치다운이 반드시 필요한 상황에서 46.9%가 아닌 74%의 확률로 터치다운을 성공시킬 수 있다면, 후공 팀의 승리 확률은 로젠과 윌슨이 찾아냈던 2006 시즌 후공 팀 승리 확률과 동일한 54.9%가 된다.

대학 미식축구 리그를 바탕으로 한 위와 같은 분석은 코치들의 의사 결정 유연성의 중요도를 보여 주고 있다. 재무학에서 다루고 있는 실물 옵션 이론과 같은 경우 이러한 다양한 선택의 유연성의 중요함을 일찍부터 강조하고 있었다(Shockley, 2007 참고). 미식축구에서도 터치다운과 필드 골 중 어떤 것을 시도해야 할지에 대해 선택의 유연성을 가지고 있다는 것이 실제적으로 상당한 가치가 있다는 점을 이번 챕터에서 보여 주었다.

CHAPTER 25

NFL은 마침내 연장전에 대해
올바른 규칙을 정한 걸까?

NFL에서는 연장전에 돌입할 때 동전 던지기를 해서 이긴 팀이 선공할지 후공할지 선택한다. 오랜 시간 동안 연장전은 서든 데스(먼저 득점하는 팀이 바로 승리하는 방식) 형태로 진행되었다. 따라서 동전 던지기에서 이긴 팀은 거의 예외 없이 선공을 선택하여 먼저 득점 후 승리할 수 있는 기회를 갖고자 하였다. 1994~2006 시즌 동안 연장전에서 선공을 선택한 팀이 승리한 확률이 거의 60%에 육박하였다. 하지만 연장전에서 동전 던지기 결과가 이렇게 승패에 많은 영향을 끼치는 것은 공평하지 않은 것으로 생각되었다. 이에 따라, 동전 던지기 결과의 영향력을 줄이고자 NFL은 연장전에서 공격을 시작하는 지점을 30야드 지점에서 35야드 라인으로 옮기는 것을 제안했다. 이렇게 하면 선공인 팀이 득점에 약간 불리한 지점에서 공격을 시작하게 되고 따라서 선공인 팀이 득점할 확률이 줄어들 것이다. 반대로 후공인 팀의 승리 확률은 약간 올라가게 될 것이다. 하지만 이제 앞으로 논의할 수학적 모델(존스(Jones)의 모델을 단순화한 것이다)에 따르면 서든 데스 형태로 진행할 때 양 팀이 똑같은 승리 확률을 갖게 하는 것은 매우 어려운 일이다. 2012년 NFL이 시행한 새로운 연장전 룰에서는 선공인 팀이 필드 골을 성공시켰을 때는 바로 승리할 수 없다. 만약 선공인 팀이 필드 골을 성공시키면, 상대방이 공격권을 획득하게 된다. 이

때 후공인 팀은 필드 골을 득점하여 연장전을 계속 이어 나갈 수도 있고 터치다운을 성공시킨다면 게임에서 승리하게 된다. 앞으로 논의하겠지만, 이러한 규칙 변화는 선공인 팀이 누리던 유리함을 약간 누그러뜨리는 효과가 있다.

서든 데스 형태의 연장전에 대한 간단한 수학적 모델

평균적인 NFL 팀이 한 번의 공격 기회에서 득점할 확률을 p라고 하자(필드 골 혹은 터치다운). 만약 각 팀이 p의 확률을 가지고 있을 때 선공인 팀이 승리할 확률은 얼마일까? NFL 정규 시즌에서 연장전은 10분이다. 만약 두 팀 모두 1차 연장전에서 득점하지 못할 경우, 해당 경기는 무승부로 종료된다. 무승부로 경기가 끝날 확률은 1% 이하이다. 연장전이 승리 팀이 나올 때까지 무제한으로 지속된다고 가정한다면 우리의 분석은 매우 간단해진다. 무승부가 될 확률이 1% 이하이므로, 연장전이 무제한으로 지속된다는 가정과 실제 현실 간의 괴리는 기껏해야 1% 남짓이다. 따라서 이러한 가정이 현실과 너무 동떨어진 가정은 아니라고 할 수 있을 것이다. K를 연장전에서 선공인 팀이 승리할 확률이라고 하자. 선공인 팀이 승리하는 방법은 두 가지이다.

- p의 확률로 선공인 팀이 첫 번째 공격 기회에 득점한다.
- 선공인 팀이 첫 번째 공격 기회에서 득점하지 못하고, 후공인 팀도 득점하지 못한다. 그 후 선공인 팀이 다음 공격 기회에 득점한다. 첫 번째 공격 시도의 결과와 이어지는 다음번 공격 시도의 결과가 서로 독립이라고 가정한다면, 선공인 팀이 이러한 방식으로 승리할 확률은 (1−p)(1−p)K이다. 만약 연장전이 승리 팀이 나올 때까지 지속된다고 하면, 선공인 팀의 승리 확률은 첫 번째 공격 기회에서나 두 번째 공격 기회에서나 똑같을 것이기 때문이다.

따라서 K=p+(1−p)(1−p)K이다. 이 식을 K에 대해서 풀면 아래와 같은 식을 얻는다.

$$K = \frac{p}{1-(1-p)^2} = \frac{1}{2-p} \qquad (1)$$

여기서 p<1이므로 K는 반드시 0.5보다 크게 된다. 따라서 NFL이 서든 데스 형태를 유지하면서 선공과 후공의 승리 확률이 똑같도록 만드는 것은 매우 어려운 일이다.

우리의 모델은 정말 현실을 잘 설명할 수 있을까?

우리가 제시한 위의 모델은 연장전이 승리 팀이 나올 때까지 무제한으로 지속된다는 가정하에 만들어졌으며, 실책으로 인한 터치다운, 세이프티, 킥/펀트 리턴 터치다운의 가능성은 배제하였다. 그럼에도 불구하고, 우리의 모델은 선공인 팀의 승리 확률이 60%라는 것을 정확히 예측하고 있다. Chapter 23에서 이야기한 대로, P는 약 0.32라고 할 수 있다. NFL에서 필드 골 성공 확률이 0.13, 터치다운 성공 확률이 0.19이기 때문이다. 이를 (1) 식에 대입하면, 선공인 팀이 연장전에서 승리할 확률은 $\frac{1}{2-0.32}$ = 0.595이다. 실제 NFL 경기에서 연장전을 치렀을 때 선공인 팀이 60%의 경우에서 승리하였다. 따라서 우리의 모델은 실제 결과와 매우 비슷한 예측치를 나타내고 있다고 할 수 있다. 물론, NFL이 공격 시작 지점을 크게 변경시킨다면 모든 팀이 각 공격 기회에서 득점할 확률이 같다는 가정은 더 이상 성립하지 않을 것이다. 본 챕터의 후반부에서 공격 시작 지점을 변경하는 것에 대해서 이야기해 볼 것이다.

현재 NFL의 연장전 룰을 살펴보기 전에, 양 팀에 동등한 승리 확률을 부여할 수 있는 합리적인 해결책이 있는가? UC Berkeley의 Haas 경영대학 교수인 조나단 버크(Jonathan Berk)와 테리 핸더샷(Terry Hendershott)은 각 팀이 어디서 공격을 시작할지에 대해 입찰하는 방식을 제시했다.[72] 양 팀이 입찰을 마친 후 자기 팀의 골라인에 더 가까운 곳에 입찰하는 팀이 이 경매에서 승리하는 것이다. 예를 들면, 만약 휴스턴 텍산스가 20야드 라인에 입찰하고 피츠버그 스틸러스가 10야드 라인에 입찰한다면, 스틸러스가 자기 팀 10야드 라인에서 선공하는 것이다. 이 방식은 팀들로 하여금 자신들의 강점과 약점을 고려하여 입찰할 수 있도록 해 준다. 공격이 강한 팀들의 경우 최소 필드 골은 성공시킬 수 있다는 자신감이 있을 것이므로 본인들의 골라인에 가깝게 입찰하여 선공을 따낼 것이다. 수비가 좋은 팀들은 상대 팀이 조금 더 앞에서 공격을 시작하더라도 크게 신경 쓰지 않을 것이다. 만약 첫 번째 입찰에서 두 팀이 같은 숫자를 제시하면 2차 입찰을 하게 된다.

또 다른 공평한 방식은 유명한 케이크 자르기 문제의 해결책과 유사하다.[74] 케이크를 두 명에게 공평하게 배분할 수 있도록 잘라야 한다고 해 보자, 수학적으로 공평한 방식은 한 사람에게 케이크를 두 조각으로 자르고 상대방에게 원하는 조각을 먼저 고르라고 하는 것이다. 이를 NFL 연장전에 적용하면, 동전 던지기에서 성공한 팀이 첫 번째 공격을 어디서 시작할지 선택하거나 혹은 상대방에게 어디서 시작할지 고르도록 하는 것이다. 어디서 시작할지 고르지 않은 팀은 선공할지 후공할지 선택할 수 있다. 이렇게 하면 어디서 공격을 시작할지 고르는 팀은 현재 상황에서 공평

---

73 C. Bialik, "Should the outcome of a coin flip mean so much in NFL overtime?" http://faculty.haas 참고
74 Steven J. Brams, Mathematics and Democracy: Designing Better Voting and Fair-Division Procedures (Princeton University Press, 2007).

한 시작 지점을 고르게 될 수밖에 없다. 예를 들면, 만약 내가 50야드 라인을 선택하면 상대방은 선공을 선택할 것이고 우리 팀 골라인에서 10야드 라인을 선택하면 상대방은 후공을 선택하여 내가 10야드 라인에서부터 공격을 시작하도록 할 것이다. 내가 첫 번째 공격이 어디서 시작될지 결정하게 되었다고 하자. 그렇다면 우리는 두 팀의 실력이 똑같다는 전제하에, 나의 승리 확률이 50%가 되는 지점을 선택할 것이다. 내가 선공하게 되면 나의 승리 확률은 50%가 된다. 상대방이 선공하게 되면 그들도 승리할 확률 50%를 가지게 될 것이다. 만약 상대방이 어디서 공격을 시작할지 선택하게 되는 상황에서는 해당 시작 지점에서의 승리 확률이 50% 이상이라고 생각될 때 선공을 선택하고 50% 이하라고 생각될 때는 후공을 선택할 것이다. 이렇게 되면 두 팀의 실력이 동일하다는 가정하에 결국 양 팀의 승리 확률은 50%가 될 것이다. 일반적으로 이러한 방법은 동전 던지기 결과와 상관없이 양 팀의 승리 확률을 50%로 맞추어 준다. 물론, 두 팀의 실력이 동일하지 않을 것이므로 동전 던지기에서 승리하게 되면 상대 팀이 어디서 시작할지 고르도록 해야 한다. 그러면 우리의 승리 확률이 50% 이상이 되는 경우도 생길 수 있다.

현재 NFL 연장전 규칙

2012년, NFL은 룰을 약간 개정하였다. 현재 룰에 따르면 선공인 팀이 터치다운을 하더라도 후공인 팀에 공격 기회를 한 번 주도록 되어 있다. 즉, 현재 룰에서 선공 팀은 승리하려고 터치다운을 시도할 수밖에 없게 된다. 여기서 드는 의문은, 이러한 룰 변경으로 인해 기존에 선공 팀이 가졌던 유리함이 없어지게 되었는지에 대한 것이다. 간단히 대답하자면 "그렇다"이다.

2012~2017년 사이 93경기에서 연장전이 치러졌다. 선공인 팀이 47번 승리하였고 이는 50.5%이다. 이에 대해 분석해 보려고 로지스틱 회귀 분석 모델을 사용하여

선공인 팀이 이길 확률을 계산해 보았다. 먼저 상수항만 포함된 모델을 만들어 선공과 게임 승리 간의 상관성에 대해 분석해 보았다. [표 25-1](모델 1)에 나와 있듯이, 선공은 승리에 큰 영향을 미치지 못한다. 선공 팀의 승리 확률이 통계적으로 유의미하게 50% 이상을 기록하지 못했다. 이 모델에서 계산된 확률은 50.5%였다(95% 신뢰 구간 [41%, 60%]). 여기서 신뢰 구간이 의미하는 것은 선공 팀의 승리 확률이 적게는 41%에서 최대 60%가 될 수 있다는 것이다. 이 신뢰 구간이 상당히 넓은 것은 샘플의 개수가 적기 때문이다. 따라서, 새로운 룰이 공정하다는 가설을 바로 기각할 수는 없지만, 더 많은 데이터를 모으면 조금 더 확실한 결과를 얻을 수 있을 것이다.

다음으로 스포츠 베팅에서의 득실 차 예상(point spread)을 변수로 집어넣어 모델을 만들어 보았다. 즉, 경기 전에 선공 팀이 5점 차로 패배할 것이라고 예측될 경우 이 변수는 5가 된다. 이 모델([표 25-1], 모델 2)에서도 선공은 승리 확률과 통계적으로 유의미한 상관관계를 갖지 못하는 것으로 나왔다. 반면, point spread는 10% 유의 수준에서 유의미한 것으로 나타났다. 간단히 말하자면, 팀의 실력이 선공/후공보다 승리 확률을 결정하는 더 중요한 변수라는 뜻이다. 특히, 경기 전 1점 차로 이길 것이라고 예상된 팀의 경우 연장전에서 52%의 승리 확률을 보였고, 5점 차로 이길 것이라고 예상된 팀은 연장전에서 64%의 승리 확률을 보였다. [그림 25-1]은 [표 25-1]의 모델 2의 결과를 나타낸 그래프이다. 이 그림에서는 point spread를 바탕으로 예상 승리 확률을 계산하여 사용하였다.[75] 이 그림에서 볼 수 있듯이 연장전 결과는 경기 전 승리 예측에 비해 훨씬 50 대 50에 가깝게 나타난다.

NFL의 룰 변경은 일단 성공적인 것으로 보인다. 여전히 거의 모든 팀이 선공을 선택하지만 연장전에서의 승리 확률은 선공/후공과 연관성이 없다. 오히려 경기 전 승리 확률 예측치와 연관성이 있다. 그럼에도 불구하고 어떤 팀이 후공을 선택하면

---

75 Point spread로부터 승리 확률을 계산하는 방법은 Chapter 47에서 다룰 것이다.

사람들에게 떠들썩한 이야깃거리가 되곤 한다.[76] 2015년 패트리어츠가 제츠를 상대할 때 그랬고 2019년 스틸러스가 레이븐스를 상대할 때도 그랬다.

2019년 스틸러스는 왜 선공/후공 결정이 이미 결론이 정해진 의사 결정이 아닌지 보여 주는 좋은 예이다. 만약 우리가 모든 정보를 종합해서 볼 수 있다면, 스틸러스의 경우 후공을 하는 것이 올바른 선택이었다(일반 팬들은 아직도 왜 후공을 선택했는지에 대해 마이크 톰린(Mike Tomlin)을 비난하고 있다). 2019 시즌 스틸러스의 수비 팀이 매우 강력했다. 그들은 레이븐스를 상대로 매우 뛰어난 실력을 보여 주고 있었다. 하지만 공격 팀의 경우 부진을 면치 못하고 있었다. 또한 레이븐스는 저스틴 터커(Justin Tucker)라는 최고의 키커를 보유하고 있었다. 따라서, 만약 스틸러스가 선공을 선택했다가 실패할 경우(공격 팀의 실력을 봤을 때 성공 확률이 0.32보다도 훨씬 낮았을 것이다), 상대 팀은 50야드 이상의 거리에서라도 필드 골을 성공시켜 게임을 끝냈을 것이다. 이 모든 상황을 고려해 봤을 때, 필자라도 같은 결정을 내렸을 것이다. 스틸러스가 결국 패했긴 했지만 레이븐스의 첫 번째 공격을 세 번째 다운 시도까지 잘 막아 내고 있었고 패배한 결정적 이유는 주주 스미스-슈스터(Juju Smith-Schuster)의 펌블 때문이었다. 결과만 놓고 보면 아쉽지만 후공을 선택한 결정은 거의 맞아떨어질 뻔했다.

---

[76] 브라이언 버크는 ESPN이 개발한 모델을 사용하여 뉴잉글랜드 패트리어츠가 약 7.6%의 승리 확률을 날려 버린 것이라고 설명했다. 하지만 그는 새로운 연장전 룰에서 선공 팀의 승리 확률이 50.7%라는 점을 설명하기는 했다. 이 수치는 우리의 분석과 매우 가깝다. 또한 ESPN의 모델은 선공 팀의 승리 확률이 53.8%라고 예측했는데 이는 우리 분석에서의 신뢰 구간 내에 위치한다. http://www.espn.com/blog/statsinfo/post//id/112875/numbers-dont-back-up-patriots-ot-strategy

연장전 승리 확률 모델		
변수	모델 1	모델 2
상수항	0.0215(0.207)	0.0206(0.211)
선공		0.0633(0.037
로그 우도(log-likelihood)	−65.2	−62.9

[표 25-1] 연장전 승리 확률 모델 분석 결과, 종속 변수: 선공 팀 승리 확률

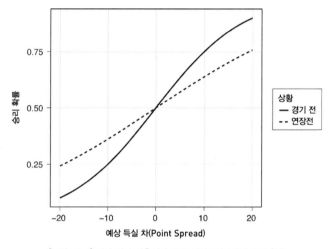

[그림 25-1] 경기 결과 예측치에 따른 게임 전/연장전 승리 확률

마세이(Massey)와 사가린(Sagarin)의 공헌

켄 마세이(Ken Massey)와 제프 사가린(Jeff Sagarin)은 스포츠 팀들을 평가하는 최고의 컴퓨터 시스템 두 가지를 개발하였다. 여기서는 그들이 제시한 동점인 경기를 다루는 방법에 대해 다루어 볼 것이다. 그들의 분석에 대해 이야기하고자 2019 캔자스시티 치프스와 패트리어츠의 2019년 아메리칸 풋볼 콘퍼런스(American Football Conference, AFC) 결승전을 예로 사용해 보자. 이 경기에서는 31 대 31 동점 상황으로 정규 시간이 종료되었다. 뉴잉글랜드 패트리어츠는 동전 던지기에서 이긴 후 선공을 선택하여 터치다운을 기록하였다. 따라서 캔자스시티의 강력한 공격 팀은 공 한 번 만져 보지 못한 채 경기가 끝났다.

정규 시간이 끝난 후 양 팀은 3분 안에 두 가지 숫자가 적힌 카드를 심판에게 제출해야 한다. 이 두 가지 숫자는 야드 라인과 경기 시간이다. 예를 들어 캔자스시티가 10과 3:45를 제출하고 뉴잉글랜드가 8과 4:00을 제출했다고 해 보자. 더 낮은 야드 라인을 적어 낸 팀이 선공하게 된다. 이 공격은 선공 팀이 적어 낸 야드 라인과 남은 경기 시간을 그대로 적용하여 진행된다. 그리고 상대 팀은 1점을 받게 된다. 따라서 캔자스시티가 32−31로 앞서게 되고, 뉴잉글랜드는 경기 시간을 4분 남긴 상황에 자기 팀 골라인 8야드 지점에서 공격을 시작하게 된다. 만약 필드 골이나 터치다운에 성공하게 되면 경기에 승리하게 되고 득점하지 못하면 패배하게 된다. 뉴잉글랜드가 캔자스시티 진영 30야드 라인까지 전진하고 경기 시간은 거의 끝나 간다고 해 보자. 그렇다면 그들은 승리하려고 47야드 필드 골을 시도하게 될 것이다. 여기서 설명한 내용은 밀봉 입찰식 경매이다. 각 팀은 그들이 받아들일 수 있을 만한 야드 라인과 경기 시간을 정해 입찰하게 된다. 이 경매에서의 전략은 팬들과 중계진들에게 흥미진진한 내용이 될 것이다. 그리고 어느 팀도 더 이상 동전 던지기 결과를 탓할 수 없게 된다. 만약 두 팀이 제출한 야드 라인이 똑같다면 경기 시간을 바탕으로 결과를 결정한다. 같은 야드 라인을 써서 제출했다면 경기 시간 3:45를 제출한 쪽이 선공하게 된다. 4분 남은 상황보다 3분 45초 남은 상황이 득점하기 더 어렵기 때문이다. 공격 팀이 강한 팀 간의 경기에서는 조금 더 대담한 입찰이 이루어질 것이다. 0-0으로 정규 시간이 끝난 2014년 버지니아 텍과 웨이크 포레스트 간의 경기와 같은 경우 매우 보수적으로 입찰이 이루어질 것이다. 그리고 이 경기는 1-0으로 끝날 가능성도 있다. 이 경매가 끝난 후 한 팀은 1점을 자동으로 획득하고 다른 한 팀은 경매 낙찰 내용에 따라서 공격하게 된다. 공격하는 팀은 4번의 공격 시도 기회가 있고 수비 팀은 이를 막으면 승리하게 된다. 약간의 추가 사항들은 아래 정리되어 있다.

- 만약 양 팀이 모두 야드 라인과 경기 시간을 똑같이 적어 내면 홈 팀이 선공이다. 이렇게 하더라도 여전히 공평한 룰이 될 것이다. 왜냐하면 각 팀이 선공하든 후공하든 자신들의 승리 확률이 똑같아지는 야드 라인과 경기 시간을 입찰할 것이기 때문이다.
- 선공인 팀이 어느 방향으로 공격할지 결정한다.
- 작전 시간은 각 팀에 한 번씩 쓸 수 있다.

NCAA와 NFL이 이와 같은 방식을 고려해 보기를 바란다. 아마도 NCAA 2부 리그에서 테스트해 보는 것도 좋은 생각일 것이다. 최종적으로는 이러한 방식이 모든 미식축구 경기에 적용될 수 있을 것이다.

위에서 언급한 대로, 이러한 경매에 입찰하는 전략은 매우 흥미로울 것이다. 각 팀은 상대 팀이 어떻게 입찰할지 예상하려고 할 것이다. 위에 예로 든 캔자스시티와 뉴잉글랜드 간의 경기에서 경매가 어떤 식으로 진행될지 몇 가지 예를 만들어 보았다.

- 캔자스시티가 (10, 2:00), 뉴잉글랜드가 (8, 5:00)을 입찰한다. 8〈10이므로 뉴잉글랜드가 5분 남은 상황에서 선공하게 된다. 경기 시간은 경매에서의 승패를 결정하지 않는다. 야드 라인만으로 결정하게 된다.

- 캔자스시티가 (1, 3:10), 뉴잉글랜드가 (1, 3:15)를 입찰한다. 즉, 양 팀은 모두 절박하게 선공을 원하고 있다. 여기서는 캔자스시티가 선공할 것이다. 더 짧은 경기 시간을 입찰했기 때문이다.

- 캔자스시티가 (10, 2:00), 뉴잉글랜드가 (10, 2:00)을 입찰한다. 이 경우 홈 팀인 캔자스시티가 선공하게 된다.

- 캔자스시티가 (10, 2:00), 뉴잉글랜드가 (20, 5:00)을 입찰한다. 캔자스시티가 2분 남은 상황 10야드 라인에서 공격을 시작하게 된다. 이 경우 승자의 저주가 일어날 수도 있다. 너무 공격적으로 입찰했기 때문이다. 이 모든 상황에서, 경매의 결과는 승리 확률에 영향을 미치지 않는다. 만약 어떤 팀이 너무 소심하게 혹은 너무 공격적으로 입찰한다면, 그것은 그들의 전략적 결정이 잘못된 것이다. 만약 선공하거나 1점을 획득한 후 후공하거나 승리 확률이 같아지는 지점을 잘 선택하여 입찰한다면, 경매에서 패배하더라도 아무 상관이 없게 된다.

CHAPTER 26
NFL 드래프트 선발권은
어느 정도의 가치가 있을까?

일반적으로 NFL은 다른 스포츠 리그에 비해 팀 간의 실력 격차가 그리 크지 않은 것으로 알려져 있다. 이는 NBA나 MLB에 비해 NFL에서는 실력이 좋지 않았던 팀도 다음 시즌에 비교적 쉽게 성적이 좋아질 수 있다는 뜻이다. 대부분의 NFL 팬은 NFL 드래프트 시스템 덕에 이러한 비교적 쉬운 성적 향상이 이뤄질 수 있다고 믿고 있다. NFL 드래프트에서는 성적의 역순으로 선수를 지명한다. 즉 가장 성적이 안 좋았던 팀이 가장 먼저 선수를 지명하고 가장 성적이 좋았던 팀을 마지막으로 지명한다. 상식적으로 먼저 선수를 지명하는 것이 다 좋은 선수를 뽑을 확률이 높아질 것이다. 하지만 노벨상 수상자인 리처드 탈러(Thaler)와 마세이(Massey)에 따르면 이러한 상식이 틀릴 수도 있다.[77]

---

[77] C. Massey and R. H. Thaler, "The loser's curse: Decision making and market efficiency in the National Football League draft," Management Science, 59(7), 1479–1495

NFL 드래프트 지명 순서의 가치 측정

탈러와 마세이는 각 드래프트 지명 순서의 가치를 매기는 것에서부터 출발했다. 그들은 드래프트 지명 순서를 트레이드에 이용한 사례들을 수집했다. 예를 들면, 9번째와 25번째 지명 순서 두 개를 3번째 지명 순서와 트레이드한 경우와 같은 것들이다. 여기서 v(n)을 n번째 지명 순서의 상대적 가치라고 해 보자. 그렇다면 위의 예시는 v(9)+v(25)=v(3)으로 표현될 수 있을 것이다. 탈러와 마세이는 그들의 데이터를 통해서 아래 식을 도출해 낼 수 있었다.

$$v(n) = e^{-a(n-1)^b} \qquad (1)$$

이 식을 만든 후 각각의 트레이드에 대해서 (1) 식의 양변에 해당하는 값들을 추정하였다. 그런 다음 모든 트레이드에 대해 위 식의 양변 차이의 제곱을 최소화하는 상수 두 개(a와 b)를 선택하였다. 따라서 위의 예처럼 9번째와 25번째 지명 순서 두 개를 3번째 지명 순서와 트레이드한 경우, $(v(3)-(v(9)+v(25))^2$을 최소로 만드는 a와 b를 찾아낼 수 있을 것이다. 이 경우 a=−0.148, b=0.7이 나온다. 이 식은 [그림 26-1]에 그래프로 표현되어 있다. 탈러와 마세이는 드래프트 순서가 팀에 얼마나 큰 효용을 가져다주는지 계산하였다. 그들의 선수 능력을 다섯 가지 카테고리로 나누었다.

- 로스터 제외
- 후보 선수
- 1∼8번 선발 출전
- 9∼16번 선발 출전
- 프로 볼 플레이어

그런 다음 앞의 다섯 가지 카테고리에 대하여 각 포지션별 평균 연봉을 계산하였다. [표 26-1]과 같이 각 카테고리 쿼터백들의 평균 연봉을 나타낼 수 있다. 이제 각각의 지명 순서에 대하여 지명된 선수의 평균 연봉 대비 잉여 가치를 계산할 수 있다. 예를 들어, 프로 볼 플레이어인 쿼터백의 가치는 $9,208,248이다. 만약 그의 연봉이 $5,000,000라면 그 팀은 $4,208,248의 잉여 가치를 누리고 있는 것이다.

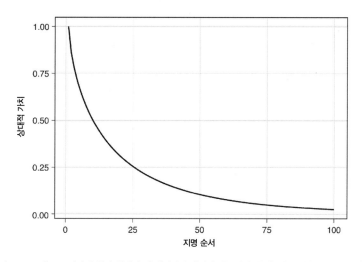

[그림 26-1] NFL 드래프트 지명 순위의 상대적 가치(탈러와 마세이 연구에서 발췌). 커브 기울기의 변화량을 주의해서 봐야 한다. 10번째 지명 순서는 1번째 지명 순서의 절반 가치밖에 되지 않는다.

평균 연봉($)	퍼포먼스 카테고리
	로스터 제외
$1,039,870.00	후보 선수
$1,129,260.00	1~8번 선발 출전
$4,525,227.00	9번 이상 선발 출전
$9,208,248.00	프로 볼 플레이어

[표 26-1] 각 퍼포먼스 카테고리의 쿼터백 평균 연봉(탈러와 마세이 연구에서 발췌)

앞의 내용과 비슷한 계산을 통해 탈러와 마세이는 포지션별 평균 잉여 가치가 43번째 지명 순서까지 지속해서 증가한다는 사실을 밝혀냈다. 즉, 뒤쪽 지명 순서가 앞쪽 지명 순서보다 그들의 연봉 대비 더 많은 잉여 가치를 만들어 낸다는 뜻이다. 탈러와 마세이는 뒤쪽 지명 순서가 더 많은 잉여 가치를 창출해 낸다는 사실을 시장 비효율성의 증거라고 생각했다. 이 결론은 NFL 팀들이 대학 선수들을 뽑는 일을 그다지 잘하고 있지 않다는 뜻으로 받아들일 수 있을 것이다.

하지만 번바움(Birnbaum)[78]이 지적했듯이, 탈러와 마세이의 분석에는 중요한 결점이 있다. 탈러와 마세이는 같은 퍼포먼스 카테고리에 있는 포지션이 같은 모든 선수의 가치가 동일하다고 가정했다. 하지만 이 퍼포먼스 카테고리들은 매우 주관적으로 정의되었고 같은 카테고리 안에 있는 선수들일지라도 실제 실력이 매우 다를 수 있다. 예를 들어, 별 의미 없는 17주차 게임에 한 번 선발 출전한 선수와 한 시즌에 걸쳐 8번 선발 출전한 선수가 같은 카테고리에 들어가게 된다. 탈러와 마세이가 NFL 드래프트가 비효율적이라는 결론에 올바르게 도달하려면 선수들의 퍼포먼스에 대한 더 정확한 측정이 필요하다.

탈러와 마세이의 연구 이후 많은 사람이 NFL 드래프트의 비효율성에 대해 관심을 갖기 시작하였다. 선수들의 실력을 단순히 다섯 카테고리로 나누는 것보다 나은 방법은 선수들의 실력을 연속형 변수로 측정하는 것이다. 예를 들어, 만약 야구에서의 대체 선수 대비 승리 기여와 같은 변수가 있다면 좋을 것이다. 하지만 미식축구에서는 이와 같은 변수를 측정하기가 매우 어렵다. 그럼에도 불구하고 프로 풋볼 레퍼런스(Pro Football Reference, PFR)를 설립한 덕 드라이넨(Doug Drinen)은 Approximate Value(AV)[79]라는 지표를 만들어 선수들의 실력을 측정해 보고자 하였다. 이 지표를 이용하면, 각 지명 순서에 대한 평균 AV를 그래프로 나타낼 수 있

---

78 http://blog.philbirnbaum.com/2006/12/do-nfl-teams-overvalue-high-draft-picks.html[Last accessed: October, 3rd 2020]
79 https://www.pro-football-reference.com/blog/index37a8.html

다.[80] 우리는 션 테일러(Sean Taylor)[81]가 수집한 프로 풋볼 레퍼런스의 데이터를 이용하여, [그림 26-2]와 같은 그래프를 그릴 수 있었다. 이 커브에서 우리는 선수들의 출전 경기 수를 이용해 정규화한 커리어 AV를 사용하였다. 이 평균 AV를 이용하여 분석해 보면, 1번째 지명 순서에 뽑힌 선수는 경기당 약 0.46의 AV를 기록하고 있음을 알 수 있다. 반면 마지막 지명 순서에 뽑힌 선수는 경기당 약 0.34의 AV를 보여주고 있다. 이는 AV가 약 26% 감소한 것이다. 하지만 마지막 지명 순서에 뽑힌 선수의 연봉은 1번째 지명 순서에 뽑힌 선수보다 약 70% 낮다(2018년 연봉 기준).

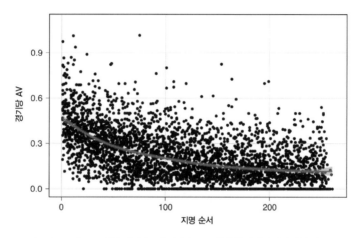

[그림 26-2] 프로 풋볼 레퍼런스의 경기당 AV를 활용한 지명 순서의 가치 커브

이 분석을 통해 선수들의 퍼포먼스를 어떤 식으로 분류하느냐가 지명 순서의 가치를 분석하는 데 매우 중요함을 알 수 있다. 예를 들어, 커리어 경기당 AV를 이용하는 대신 첫 네 시즌 동안의 AV만을 이용할 수도 있다(신인 선수들이 5년차 계약 옵션이 없는 4년 계약을 하는 것을 염두에 두고). 또한 마이클 슈커스(Michael

---

80 PFF 선수 점수를 이용하는 방법도 있지만 이 데이터는 대중에게 공개되지 않는다.
    역주. PFF는 미식축구 선수들의 퍼포먼스를 분석하는 지표를 개발한 웹사이트 이름이다(www.pff.com).
81 https://seanjtaylor.github.io/learning-the-draft/

Schuckers)[82]와 현재 NFL의 데이터 분석 디렉터인 마이클 로페즈(Michael Lopez)[83]의 경우 팀들이 드래프트에서 원하는 것은 평균적인 결과가 아닌 슈퍼스타를 찾는 것이라고 주장했다. 따라서, 앞의 그래프에서의 커브의 기울기가 더욱 가팔라질 것이다. 간단히 말해서, 지명 순서가 뒤로 갈수록 슈퍼스타를 뽑을 수 있는 확률은 가파르게 떨어질 것이고 이 떨어지는 속도는 평균적인 AV가 떨어지는 속도보다 훨씬 빠를 것이다. 혹은 각각의 커브에 가중 평균을 적용한 커브를 이용할 수도 있을 것이다.

NFL 가상 드래프트

드래프트를 앞두고 전문가, 미디어, 팬들은 그들만의 가상 드래프트를 지명하곤 한다. 피츠버그 대학 출신인 벤저민 로빈슨(Benjamin Robinson)은 이 NFL 가상 드래프트에 대한 데이터베이스를 만들어[84] 이 가상 드래프트가 실제 드래프트 결과와 얼마나 일치하는지 분석해 보았다. 벤저민은 가상 드래프트가 실제 드래프트 결과의 약 80%를 설명한다는 점을 찾아내었다. 이것이 무엇을 의미할까? 평균적으로 소위 NFL 전문가들은 각 팀의 제너럴 매니저들보다 더 나은 것이 없었다. 이 데이터는 현재 2018 시즌과 2019 시즌만 포함하고 있지만 더 많은 가상 드래프트 데이터가 모인다면 다양한 가상 드래프트들의 정확도를 분석해 볼 수 있을 것이다.

82 Schuckers, "An alternative to the NFL draft pick value chart based uponplayer performance", Journal of Quantitative Analysis in Sports, 7(2), 2011.
83 https://statsbylopez.netlify.com/post/rethinking-draft-curve/
84 https://benjaminrobinson.github.io

승자의 저주

　만약 NFL 드래프트가 비효율적이라면, 무엇이 이 비효율성을 초래하는 것일까? 아마도 이는 그 유명한 승자의 저주 때문이라고 할 수 있을 것이다. 본질적으로 승자의 저주는 경매에서의 승자가 낙찰하는 데 해당 상품의 가치보다 더 많은 돈을 지불하는 것을 의미한다. 승자의 저주는 1950년대 해저 석유 시추권에 대한 경매에서 처음 나타났다. 해저 석유 시추권을 획득한 많은 회사가 해당 시추권이 평균적으로 그들이 경매에 지불한 금액보다 가치가 적다는 것을 추후에 깨달았기 때문이다. 만약 어떠한 물건이 약 천억 원($100million)의 가치가 있다고 가정해 보자(정확한 가치는 아무도 모른다). 만약 다섯 명이 이 물건을 낙찰받으려고 경매에 참여하여, 각각 6백억 원, 8백억 원, 천억 원, 천이백억 원 그리고 천사백억 원의 가치를 매겼다고 가정해 보자. 그 물건의 가치를 천사백억 원이라고 측정한 사람은 아마도 천사백억 원 정도를 입찰할 것이다. 이렇게 그 물건에 높은 가치를 측정한 사람은 이 물건을 낙찰받게 되지만 결국에는 사백억 원을 손해 볼 것이다. NFL에서는 드래프트에서 어떤 선수를 지명한 팀은 경매에서 그 선수에게 가장 높은 가치를 매겨 입찰한 사람과 같아진다. 따라서 만약 승자의 저주가 여기서 발생한다면, 이는 앞쪽 지명 순서에서 지명된 선수가 뒤에 지명된 선수보다 더 가치가 낮은 경우를 의미할 것이다.

CHAPTER 27
NFL 선수 트래킹 데이터

NFL은 현재 선수들과 공의 위치에 대한 트래킹 데이터를 수집하고 있다. 이 정보는 선수들의 어깨 패드와 공에 부착된 RFID 태그를 통해서 수집된다.[85] 이 데이터는 선수들의 위치 정보, 그들이 움직이는 방향 그리고 12.5Hz 주파수를 활용해 측정한 선수들의 속도를 포함하고 있다. 공에 대한 데이터는 25Hz 주파수를 통해 수집되고, 이 정보는 공의 위치, 속도, 회전량을 포함한다. 이 기술이 2015 시즌부터 적용되어 중계방송에 활용되었지만 팀들은 이 데이터를 2016 시즌부터 받아 볼 수 있었다. 미식축구가 기본적으로 공간을 차지하는 게임이니만큼 이 정보는 선수 능력과 전략을 평가하는 데 획기적으로 기여할 가능성이 있었다. 또한 이 데이터는 다른 방면에서도 활용될 수 있었다. 예를 들어 NFL은 규칙을 개정하거나 선수들의 부상을 방지하는 데 이 데이터를 활용할 계획을 가지고 있었다.[86][87] 이번 챕터에서는 2017 시즌 첫 6주간의 데이터를 활용한 선수 트래킹 데이터를 활용해 분석해

---

85 https://operations.nfl.com/the-game/technology/nfl-next-gen-stats/

86 https://www.kaggle.com/c/NFL-Punt-Analytics-Competition

87 K. Pelechrinis, R. Yurko, and S. Ventura, "Reducing concussions in the NFL: A data-drivenapproach," CHANCE, 2(4), 2019, 46-56.

볼 수 있는 몇몇 새로운 아이디어에 대해서 이야기해 볼 것이다. NFL의 데이터 분석 디렉터인 마이크 로페즈는 대중들을 상대로 선수 트래킹 데이터를 활용한 데이터 분석 대회(빅 데이터 볼, Big Data Bowl)를 개최하는 혁신적인 시도를 하였다. 이 데이터들을 사용하여 분석을 진행할 수 있도록 허락해 준 마이크에게 감사의 인사를 전한다.

쿼터백 릴리즈 시간

쿼터백이 공을 전해 받은 뒤(스냅, snap) 공을 패스하거나 색을 당할 때까지 걸리는 시간은 다양한 정보를 함축하고 있다. 예를 들어 릴리즈 시간이 짧은 것은 성공률이 높은 짧은 패스를 구사하는 공격 전략을 쓰고 있음을 의미할 수 있다. 릴리즈 시간이 길다는 것은 공격 라인맨들의 능력이 뛰어나 쿼터백이 그들의 보호하[88]에 시간을 충분히 가지고 최선의 공격 전략을 선택하고 있다는 것을 의미할 수도 있다. 당연하겠지만 릴리즈 시간이 긴 것은 쿼터백 움직임이 빠른 선수여서 압박을 피해 많이 움직이고 있다는 것을 의미할 수도 있다. 우리가 분석해 볼 첫 번째 주제는 릴리즈 타임과 패스 거리 간의 상관관계이다.[89] 2017 시즌 첫 6주간의 경기에서 스크램블과 페널티 상황을 제외하고 나머지 상황에서의 선수 트래킹 데이터를 활용하여 [그림 27-1]과 같은 결과를 얻었다. 릴리즈 시간의 중앙값은 2.6초였고 그 분포는 오른쪽 고리 분포의 모양을 띠었다. 이는 몇몇 움직임이 빠른 쿼터백들이 상대적으로 매우 긴 릴리즈 시간을 갖기 때문이다. [그림 27-2]의 왼쪽에는 각각의 공격 진형에 따른 릴리즈 시간의 누적 분포표를 나타내었고, [그림 27-2]의 오른쪽에는 공격 진

---

88 역주. 영어로는 보통 쿼터백이 주머니(Pocket) 안에 들어가 있다고 표현한다.
89 Chapter 20에서 다루었던 상황별 가치를 적용할 수도 있다.

형별로 중윗값과 신뢰 구간을 나타내었다. 여기서 볼 수 있듯이, 패스 플레이 시(샷건, 엠프티 세트, 피스톨) 릴리즈 시간의 중윗값이 다른 포메이션(점보, Ⅰ 포메이션, 싱글 백)에서보다 낮은 것으로 나타났다.

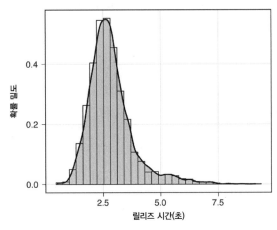

[그림 27-1] 쿼터백 릴리즈 시간 분포

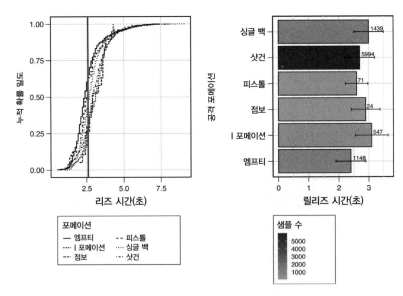

[그림 27-2] 공격 포메이션에 따른 릴리즈 시간(좌: 누적 확률 분포, 우: 중윗값)

선형 회귀 모델을 활용하여 릴리즈 시간, 쿼터백 색을 노리는 포지션 선수들(pass rushers)의 수 그리고 공격 포메이션과 패스 거리 간의 선형 관계를 나타내어 보았다. 이 분석의 결과는 [표 27-1]에 나타나 있다. 여기서 볼 수 있듯이 릴리즈 시간이 짧으면 패스 거리도 짧아진다. 릴리즈 시간이 짧다는 것은 리시버가 충분히 먼 곳까지 가기 힘들고 다른 선수들도 긴 패스를 위한 셋업을 하기 힘들다는 것을 의미하기 때문이다. 흥미롭게도 쿼터백 색을 노리는 포지션 선수들의 수가 늘어날수록 패스 거리는 오히려 늘어나고 있다. 또한 공격 포메이션 중에는 엠프티 백 필드 포메이션이 가장 긴 패스 거리를 보여 주고 있다. 주의할 점은 이 모델은 패스 거리의 약 10% 정도밖에 설명하지 못한다는 것이다. 즉, 이 모델에 포함되지 않은 변수 중에 패스 거리를 설명하는 아주 중요한 변수들이 있을 것이란 의미이다. 예를 들어, 실제 공격 및 수비 전략이 어떤 것이었는지가 포메이션보다 더 중요한 예측 변수일 수도 있다.

변수	패스 거리		
	계수	표준 오차	통계적 유의성
상수	−3.2	0.75	***
릴리즈 시간	3.3	0.13	***
Pass rushers	0.7	0.14	***
공격 포메이션(I 포메이션)	−1.1	0.61	*
공격 포메이션(점보)	−5.9	2.23	***
공격 포메이션(피스톨)	−2.4	1.42	*
공격 포메이션(샷건)	−0.9	0.39	**
공격 포메이션(싱글 백)	−0.2	0.48	
샘플 수	6,019		
설명 계수	0.11		
조정 설명 계수	0.1		

[표 27-1] **패스 거리 선형 회귀 분석** *p⟨0.1, **p⟨0.05, ***p⟨0.001

또한, 릴리즈 시간이 수비 팀이 색을 성공할 확률과 관계가 있는지 테스트해 볼 수 있었다. 쿼터백 색을 릴리즈 시간만으로 예측하긴 어렵겠지만 중요한 변수 중 한 가지라는 것은 확실하다. 따라서 우리는 릴리즈 시간, 공격 포메이션, 쿼터백 색을 노리는 포지션 선수의 수를 활용하여 간단한 로지스틱 회귀 분석 모형을 만들어 보았다. 결과는 [표 27-2]에 나타나 있다. 이에 따르면, 쿼터백 색을 노리는 포지션 선수의 수가 증가할수록 쿼터백 색 확률이 올라가고, 릴리즈 시간이 빠를수록 쿼터백 색 확률이 내려간다. 또한 엠프티 포메이션과 샷건 포메이션이 쿼터백 색을 당할 확률이 높은 것으로 나타났다. [그림 27-3]은 쿼터백 색을 노리는 선수들이 4명일 때 샷건 포메이션을 활용한 경우, 릴리즈 시간에 따른 쿼터백 색 확률 변화를 보여 주고 있다. 쿼터백 색은 전통적으로 공격 라인의 실력을 가늠하는 잣대로 사용되어 왔다. 하지만 쿼터백이 스스로 컨트롤할 수 있는 몇몇 변수도 쿼터백 색을 당할 확률에 영향을 미치는 것으로 나타났다. 제이슨 리스크(Jason Lisk)가 쿼터백 색은 쿼터백의 능력 평가 잣대 중 하나다[90] 라고 했던 것처럼, 쿼터백 색 확률은 패스 성공 확률에 버금갈 정도로 쿼터백의 능력에 기인하는 스탯 중 하나다. 쿼터백이 팀을 옮겼을 때도 쿼터백 색 확률은 거의 변하지 않고 유지된다.

변수	쿼터백 색		
	계수	표준 오차	통계적 유의성
상수	−8.5	0.40	***
릴리즈 시간	3.3	0.04	***
Pass rushers	0.6	0.07	***
공격 포메이션(I 포메이션)	−1.2	0.31	***
공격 포메이션(점보)	−13.7	324.1	
공격 포메이션(피스톨)	−1.4	1.1	
공격 포메이션(샷건)	−0.4	0.18	**
공격 포메이션(싱글 백)	−0.7	0.22	***
샘플 수	6,444		
로그우도(log-likelihood)	−1,136.4		
AIC	2,289.3		

[표 27-2] **쿼터백 색 확률 모델** *p<0.1, **p<0.05, ***p<0.001

---

90 https://www.thebiglead.com/posts/sacks-are-a-quarterback-stat-01dxqapkgvw9

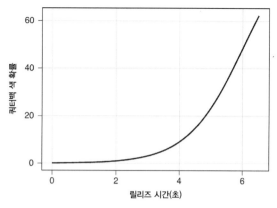

[그림 27-3] 릴리즈 시간과 쿼터백 색 확률(샷건 포메이션, Pass Rusher 4명)

우리는 릴리즈 시간과 인터셉트 확률 간의 관계도 위와 비슷한 모델을 통해 분석해 볼 수 있다. [표 27-3]의 첫 번째 열은 우리의 모델 결과를 나타내고 있다. 여기서 인터셉트 확률과 연관이 있는 유일한 변수는 릴리즈 시간이다. 쿼터백이 더 오래 볼을 소유하고 있을수록 인터셉트 당할 확률이 높다. 하지만 릴리즈 시간이 길수록 인터셉트 확률이 높다는 이 상관관계는 정말 믿을 만한 것일까?[91] 우리는 위 모델에 목표 패스 야드를 조정 변수로 추가하였다. 그 결과는 [표 27-3]의 두 번째 열에 나와 있다. 이 결과에 따르면, 릴리즈 시간은 인터셉트 확률과 통계적으로 유의미하게 연관성을 드러내지 않는다. 그리고 계수는 거의 0에 가깝게 나온다. 게다가, 인터셉트 확률은 목표 패스 거리와 통계적으로 유의미한 상관관계를 갖는 것으로 나왔다. 따라서, 첫 번째 모델에서의 릴리즈 시간과 인터셉트 확률 간의 상관관계는 릴리즈 시간 그 자체 때문이 아니라 목표하는 패스 거리가 길 때 릴리즈 시간이 길기 때문이다. 긴 패스는 인터셉트를 당할 확률이 높아진다. 리스크(Lisk)의 글에서 볼 수 있듯, 쿼터백이 팀을 옮겼을 때 가장 변화가 많은 스탯 중 하나가 바로 인터셉트 확률이다.

---

91 단순 회귀 분석으로는 두 변수 간 인과 관계를 증명할 수 없다. 따라서, 상관관계에 대해서만 이야기할 것이다. 하지만, 우리의 분석에서는 인과 관계가 반대로 성립될 확률이 없다는 것이 자명하다. 즉, 인터셉트가 긴 릴리즈 시간의 원인이라는 것은 말이 되지 않는다.

변수	인터셉트(패스 야드 미포함)			인터셉트(패스 야드 포함)		
	계수	표준 오차	통계적 유의성	계수	표준 오차	통계적 유의성
상수	-4.4	0.55	***	-4.3	0.56	***
릴리즈 시간	0.14	0.08	*	-0.05	0.1	
Pass rushers	-0.01	0.1		-0.04	0.1	
공격 포메이션(I 포메이션)	0.5	0.43		0.5	0.43	
공격 포메이션(점보)	-11.5	333.1		-11.2	329.3	
공격 포메이션(피스톨)	0.2	1.1		0.2	1.1	
공격 포메이션(샷건)	0.4	0.31		0.4	0.31	
공격 포메이션(싱글 백)	0.2	0.37		0.2	0.37	
패스 야드				0.05	0.007	***
샘플 수	6,020			6,019		
로그우도(log-likelihood)	-669.1			-649.4		
AIC	1,354.3			1,316.3		

[표 27-3] 인터셉트 확률 모델 *p<0.1, **p<0.05, ***p<0.001

위 모델에서 패스 거리와 같은 변수가 매개 변수라고 불린다. 매개 변수는 우리가 어떤 두 변수 X와 Y 간의 상관관계(혹은 실험 연구에서 독립 변수와 종속 변수 간의 관계)를 이해하고자 할 때 많은 도움을 준다. X, M, Y가 각각 독립 변수, 매개 변수, 종속 변수라고 가정해 보자. 만약 X와 Y가 M이라는 매개 변수 때문에 상관관계를 보인다면, X는 M을 예측할 수 있을 것이고 M은 Y를 예측할 수 있을 것이다. 따라서 아래와 같은 선형 회귀식들로 표현할 수 있다.

$$Y = A_0 + A_1X + \varepsilon_1 \quad (1)$$
$$M = B_0 + B_1X + \varepsilon_2 \quad (2)$$
$$Y = C_0 + C_1X + C_2M + \varepsilon_3 \quad (3)$$

매개 효과가 나타난다는 가정하에 위 식에서 주의 깊게 살펴볼 것은 식 (3)의 C_1이다. 만약 C_1이 통계적으로 유의하지 않으면 완전 매개 효과라고 하고 통계적으로 유의하면 부분 매개 효과라고 한다. [그림 27-4]는 이 매개 효과에서의 변수 간의 관계를 나타내고 있다. 이러한 변수 간의 관계에서 매개 효과가 존재하는지 검증하고자 소벨 테스트(Sobel test)라는 방법을 사용하여 아래와 같은 귀무가설과 대립가설을 검증한다.[92]

$$H_0 : \alpha \times \beta = 0$$
$$H_1 : \alpha \times \beta \neq 0$$

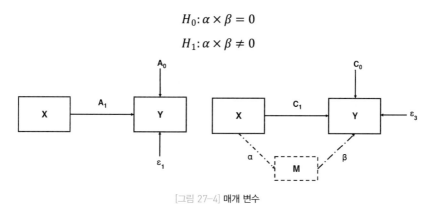

[그림 27-4] 매개 변수

스크린 패스[93]

많은 오펜스 코치가 스크린 패스를 러싱 게임의 일환으로 생각한다. 트래킹 데이터를 통해 이러한 스크린 패스들을 골라내어 러싱 플레이와 비교할 수 있게 되었다. [그림 27-5]는 스크린 패스와 러싱 공격의 플레이당 득점 가치 분포를 나타내고 있다. [그림 27-6]은 각 플레이의 평균 득점 가치를 나타내고 있다. 비교하고자 스크린 패스 외에 스크리미지 라인을 넘어가는 긴 패스의 평균 득점 가치도 추가하였다. 여기서 볼 수 있듯이 스크린 패스의 득점 가치는 러싱 플레이에 비해 분포가 넓게 퍼져 있다. 즉, 분산이 더 크다는 뜻이다. 하지만 평균 득점 가치는 통계적으로 거의

92 역주. 통계적으로 틀린 내용이다. Sobel test는 심각한 논리적 문제점이 발견되어 더 이상 사용되지 않는다. 현재에는 Sobel test가 아닌 Hayes' Bootstrapping Method를 통해 매개 효과를 검증한다. 관련 내용이 궁금한 경우 Hayes의 책인 『Introduction to Mediation, Moderation, and Conditional Process Analysis, Second Edition: A Regression-Based Approach』를 읽어 보기를 권한다. 사회 과학 분야 박사 과정 학생들에게는 필독서이다.

93 역주. 미식축구에서 공격 시, 수비수들이 스크리미지 라인 안쪽에 있는 리시버에게 하는 아주 짧은 패스.

비슷하다. 또한 두 플레이 모두 롱 패스보다 효율적이지 못하다. 여기서 중요한 것은 스크린 패스는 실제로 러싱 플레이의 확장이라고 볼 수 있다는 것이다. 사실 스크린 패스는 그 효율성의 측면에서 패스 플레이라기보다는 러싱 플레이에 조금 더 가깝다. NFL은 스크린 패스를 러싱 플레이로 분류해야 하는 것이 더 낫지 않을까? 그리고 스크린 패스에서의 패스 실패는 후방 패스(lateral pass)의 경우와 같이 펌블로 처리되어야 하지 않을까?

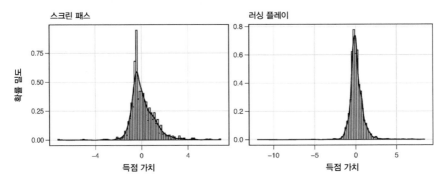

[그림 27-5] 스크린 패스와 러싱 플레이의 플레이당 득점 가치 분포

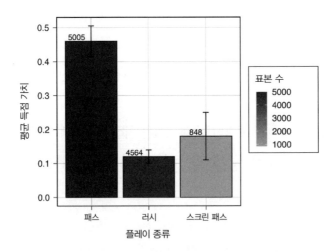

[그림 27-6] 플레이 종류별 득점 가치

오펜스 라인과 쿼터백 보호

선수 트래킹 데이터를 통해 오펜스 라인의 실력을 평가할 수도 있다. 오펜스 라인은 경기 결과에 지대한 영향을 미침에도 불구하고 그 퍼포먼스를 측정하는 지표가 거의 전무하다시피 하다. 오펜스 라인의 위치 정보를 가지고 오펜스 라인이 패스 플레이 때 쿼터백을 얼마나 잘 보호하는지 그리고 러싱 플레이 때 얼마나 많은 공간을 창출해 내는지 평가해 볼 수 있다. 예를 들어, 패스 플레이 때 쿼터백에 얼마나 여유로운 공간을 만들어 내는가? 와 같은 질문에 답할 수 있다. 이와 같은 분석을 하고자 계산 기하학에서 사용되는 볼록 껍질[94]과 같은 개념들을 이용할 것이다.

오펜스 라인의 볼록 껍질에 대해 자세히 알아보기 전에 볼록(Convex)이라는 개념에 대해서 정의해 보자. θ라는 영역 안에 점 중 임의로 두 점을 골라 직선을 그었을 때 모든 직선이 θ라는 영역 안에 있을 때 볼록이라고 정의한다. 만약 어떤 한 직선이라도 영역 밖으로 나간다면 볼록이 아니다. 예를 들어, [그림 27-7] A의 왼쪽은 볼록이고 오른쪽 그림은 볼록이 아니다. 이제 한 평면에서 S라는 볼록 껍질이 이 평면에 존재하는 모든 점을 포함하는 가장 작은 볼록 껍질이라고 해 보자. 예를 들어, [그림 27-7] B의 왼쪽에 나와 있는 점들의 경우 가장 오른쪽에 나와 있는 다각형이 볼록 껍질이다. 두 번째 그림은 볼록이 아니고 세 번째 그림인 원은 볼록이지만 가장 작은 볼록 껍질이 아니다.

---

94 역주. 기하학에서 나오는 개념으로. 2차원 평면상에 여러 개의 점이 있을 때 이 점 중 일부를 골라서 나머지 점들을 모두 포함하는 볼록 다각형을 만들 수 있다. 이때. 이 볼록 다각형을 Convex Hull(볼록 껍질)이라고 한다.

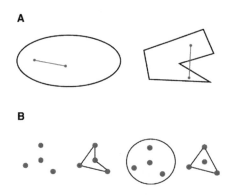

[그림 27-7] A 볼록 vs 볼록이 아닌 경우 / B 가장 작은 볼록 껍질

이제 볼록 껍질에 대해 기본적인 설명을 마쳤으므로, 이 개념을 미식축구에서 오펜스 라인이 쿼터백을 위해 만들어 내는 공간을 수량화하는 데 이용해 보자. [그림 27-8]은 어떻게 볼록 껍질을 계산할 수 있는지 그림으로 나타내고 있다. 이 예에서, 뒤쪽에 러닝 백이 서 있다. 그는 위급한 순간에는 블록(block)을 하면서 쿼터백을 보호할 순 있겠지만 개념적으로는 볼록 껍질에 포함되지 않는다(타이트 엔드 포지션도 같은 이유로 포함되지 않는다). 따라서 이 분석에서는 오펜스 라인에만 집중하도록 하겠다.

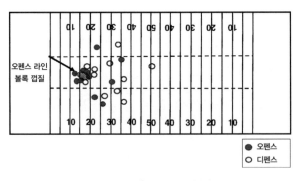

[그림 27-8] 오펜스 라인의 볼록 껍질

이제 이 오펜스 라인이 만들어 내는 볼록 껍질 공간의 넓이가 패스 게임 성공과 어떤 연관성이 있는지 알아볼 차례이다. 예를 들어 우리는 로지스틱 회귀 모형을 통해서 이 볼록 껍질 공간의 넓이와 패스 성공 여부 간의 관계를 알아볼 것이다. 이는 쿼터백이 포켓 안에서 얼마나 편안하게 느끼는지와 연관되어 있다. 하지만 수비수들이 지속해서 이 공간을 줄이려고 노력할 것이므로 그 넓이가 플레이 중에도 계속 변한다. 이 넓이는 어느 순간에 재는 것이 적당할까? 이 분석에서는 쿼터백이 패스를 던지는 순간 볼록 껍질 공간의 넓이를 이용했다. 또한 쿼터백이 수비를 피해 크게 움직이는 경우는 볼록 껍질 공간의 넓이가 예외적으로 넓어지므로 분석에서 제외했다. 이에 더해, 타깃까지의 거리를 조정 변수로 추가하였다. 이 거리가 패스 성공에 큰 영향을 줄 것이 확실하기 때문이다. [표 27-4]에 결과가 나와 있다. 여기서 볼 수 있듯이 타깃까지의 거리는 성공 확률과 음의 상관관계를 보인다. 그리고 볼록 껍질 공간의 넓이가 넓을수록 패스 성공 확률이 높아진다. [그림 27-9]에 볼록 껍질 공간의 넓이와 패스 성공 확률 간의 관계를 도식화하였다. 이 공간이 더 넓을수록 패스 성공 확률이 높아진다.

패스 성공			
변수	계수	표준 오차	유의 수준
상수	0.8	0.12	***
타깃 거리	−0.1	0.004	***
볼록 껍질 공간 넓이	0.03	0.009	***
샘플 수	4,344		
로그우도(log-likelihood)	−2,677.1		
AIC	5,340.1		

[표 27-4] 패스 성공과 볼록 껍질 공간 *p⟨0.1, **p⟨0.05, ***p⟨0.001

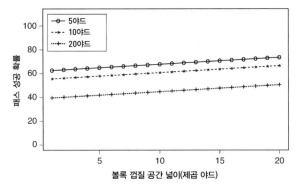

[그림 27-9] 볼록 껍질 공간 넓이와 패스 성공 확률

오펜스 라인의 퍼포먼스를 측정하는 또 다른 방법은 생존 분석을 이용하는 것이다. 즉, 라인이 무너지기까지 얼마나 걸리는지를 측정하는 것이다. 이 모델은 절단 자료(미식축구에서 쿼터백이 오펜스 라인 붕괴 전에 패스하는 경우 데이터가 기록되지 않기 때문)를 분석할 수 있다는 점에서 매우 유용할 수 있다. 예를 들어, 가속 실패 시간 모델을 통해 다양한 변수가 오펜스 라인의 지속 시간에 어떤 영향을 미치는지 알아볼 수 있다. ESPN이 이와 유사한 아이디어를 통해 Pass Block Win Rate[95]라는 오펜스 라인 능력 측정 지표를 개발하였다.

기대 대비 패스 성공 확률

기존의 패스 성공 확률은 쿼터백의 능력을 평가하는 데 부정확한 경우가 생길 수 있다. 예를 들어, 2019년 벵갈스와의 4주차 경기에서 스틸러스의 후보 쿼터백인 메이슨 루돌프는 28번의 패스를 시도했고 패스 성공 확률은 86%였다. 하지만 이 중 6

---

95 https://www.espn.com/nfl/story//id/27584726/nfl-pass-blocking-pass-rushing-rankings-2019-pbwr-prwr-leaderboard

번은 제트 스윕(jet sweeps) 패스였고, 또 다른 6번은 오펜스 라인 뒤에서 이루어지는 짧은 패스였으며, 단 3개의 패스만 5야드 이상 오펜스 라인을 넘어서 날아갔다. 이러한 경우 86%라는 패스 성공 확률은 아무런 의미가 없다고 할 수 있다. 선수 트래킹 데이터는 이러한 세세한 내용들까지 분석할 수 있게 도와준다. 특히 NFL은 트래킹 데이터를 활용해 패스 성공 확률을 모델화하였다. 이 모델에는 다양한 조정 변수 또한 포함되었다. 예를 들어, 타깃 거리, 사이드라인에서부터의 리시버의 거리, 쿼터백에 가장 가까운 수비수와 쿼터백까지의 거리와 같은 변수들이 포함되었다. 여기서 패스 성공 확률을 추정할 때 평균 기대 성공 확률을 계산하여 이를 실제 쿼터백의 패스 성공 확률과 비교하였다. 이 지표가 기대 대비 패스 성공 확률이다.

하지만 선수 트래킹 데이터는 대중에게 공개되지 않아 일반인들은 이를 이용해 모델을 만들 수 없다. 이 문제를 해결하고자 카네기 멜론 대학 학생이었던 사라 맬리팔리(Sarah Mallepalle, 현재는 레이븐스의 데이터 애널리스트이다)와 론 열코, 샘 벤추라, 코스타스 펠레치리니스는 next-gen-scraPy[96]라는 파이썬으로 쓰인 컴퓨터 소프트웨어를 개발하여 NFL 넥스트젠 데이터에서 각 패스의 좌표와 결과를 추출해 냈다. 그다음 베이즈 정리를 활용하여 각 쿼터백의 패스 성공 확률을 계산하고 이를 리그 평균과 비교하였다. 같은 방식으로 팀의 패스 수비를 분석하여 기대 대비 패스 허용 확률도 계산할 수 있다. [표 27-5]에 2017년과 2018년 100개 이상의 패스를 기록한 쿼터백들의 분석 결과를 정리해 놓았다.

96 S. Mallepalle, R. Yurko, K. Pelechrinis, and S. L. Ventura, "Extracting NFL tracking data from images to evaluate quarterbacks and pass defenses," Journal of Quantitative Analysis in Sports, 16(2), 2019, 95-120.

쿼터백 이름	기대 대비 패스 성공 확률 2017	2017 패스 시도	기대 대비 패스 성공 확률 2018	2018 패스 시도
드류 브리스	4.21	439	6.14	473
라이언 피츠패트릭	0.47	112	3.42	157
닉 폴스	−3.64	152	3.42	229
러셀 윌슨	5.77	309	3.39	295
매튜 라이언	2.77	524	3.22	552
카슨 웬츠	0.07	333	3.08	313
데릭 카	0.27	300	2.96	429
컬크 커즌스	−0.15	394	2.53	467
데릭 왓슨	2.53	110	2.43	492
카메룬 뉴턴	−1.18	352	2.14	392
마르커스 마리오타	0.95	495	1.75	275
제레드 고프	−0.41	428	1.7	553
벤 로스리스버거	2.46	394	1.29	518
패트릭 마홈스			1.27	445
필립 리버스	0.34	416	1.15	560
레이엔 프리스콧	−0.14	408	1.11	434
제이미스 윈스턴	2.55	268	0.44	295
앤드루 럭			0.33	559
미셸 트루비스키	−1.36	262	0.27	323
라이언 태니힐			0.08	191
브록 오스윌러			0.06	163
존 스태포드	3.14	384	−0.04	480
애런 로저스			−0.15	573
베이커 메이필드			−0.38	269
알렉산더 스미스	4.31	418	−0.88	254
톰 브래디	3.23	524	−0.89	519
엘리샤 매닝	−2.22	369	−1	536
샘 다널드			−1.05	289
케이스 키넘	0.33	382	−1.38	509
조셉 플라코	−0.23	438	−1.67	367
니콜라스 뮬렌스			−1.87	118
앤드루 달튼	−1.25	307	−1.89	195
라마 잭슨			−2.07	112
조시 앨런			−3.44	237
케이시 비탈드	−4.94	185	−4.37	168
조슈아 로젠			−4.54	260
제프리 드리스켈			−4.83	110
로비 보슬스	−1.9	399	−5.04	336

[표 27-5] 기대 대비 패스 성공 확률 2017, 2018 시즌

또한, 우리의 분석에서 패스의 위치만으로 추정된 기대 대비 패스 성공 확률을 넥스트젠 스탯 데이터에서 다양한 변수를 통해 추정된 기대 대비 패스 성공 확률과 비교해 보았다. 상관관계는 0.83으로 꽤 높은 편이었다. 즉, 패스 성공과 관련된 대부분의 정보가 패스 위치와 타깃까지의 거리라는 두 가지 정보 안에 함축되어 있다는 뜻이다. 게다가 각 쿼터백의 두 시즌 간 기대 대비 패스 성공 확률 사이에도 중간 정도의 상관관계가 있었다(ρ=0.41, p-value<0.05).

이번 챕터에서 다룬 내용들은 NFL 선수 트래킹 데이터를 활용할 수 있는 무궁무진한 가능성 중 단지 일부만을 겉핥기 식으로 정리한 것이다. 이러한 데이터를 이용해 앞으로 더욱 많은 연구가 진행되기를 기대하고 있다. 예를 들어 딥 러닝 모델을 활용하여 실시간으로 각 상황의 득점 가치를 추정하는 모델도 개발되어 있다.[97] 이를 통해 특히 중요한 플레이들을 선별해 낼 수도 있을 것이다. 또한 트래킹 데이터를 통해 기존에 논의되고 있던 문제들을 새로운 시각으로 해결해 낼 수도 있을 것이다. 예를 들어, 마이크 로페즈는 4번째 다운 시도 1~2야드 남은 상황에서 공격을 성공하고자 필요한 실제 야드를 분석하여, 남은 야드에 따라서 각각 다른 전략적 접근이 필요하다는 점을 주장하였다.[98] 또한 트래킹 데이터를 분석하는 것은 승리를 위해서뿐 아니라 선수 부상을 방지하는 데도 중요하다. 예를 들어, 펀트 포메이션과 뇌진탕 부상과는 어떤 상관관계가 있을까? 어떤 선수가 뇌진탕 부상을 당했을 때 필드에서 무슨 일이 일어났는지 트래킹 데이터를 통해 더 잘 알아볼 수 있을까? 이러한 부상을 방지하고자 무엇을 할 수 있을지 알아낼 수 있을까? 이제 미식축구 분석의 새로운 시대가 시작되었다.

97 R., Yurko, F., Matano, L., Richardson, N., Granered, T., Pospisil, K., Pelechrinis, and S. Ventura, "Going deep: Models for continuous-time within-play valuation of game outcomes in American football with tracking data." Journal of Quantitative Analysis in Sports, 2020, doi:10.1515/jqas-2019-0056

98 M. Lopez, "Analyzing the National Football League is challenging, but player tracking data is here to help." 2019 (preprint).

PART 3
농구

CHAPTER 28

농구 통계 101

4 변인 모델

다른 스포츠와 마찬가지로, 농구 팬들과 전문가들은 농구라는 게임에서 어떠한 변수들이 승리와 연관이 있는지에 상당한 관심을 가지고 있다. 득점을 많이 하면 승리한다는 당연한 얘기 외에 어떤 변수들을 통해 승리를 예측할 수 있을까? 딘 올리버(Dean Oliver)는 그의 책 『Basketball on Paper(2004)』에서 득점, 리바운드, 실책, 공격 이 네 가지 변수가 농구 경기에서의 승리와 밀접한 연관이 있다고 주장했다. 현실적으로 이 네 가지 변수는 공격과 수비에 관한 8가지 세부 항목으로 나뉜다. 이에 대해서 자세히 알아보자.

득점: 3점 슛 보정 슈팅 효율성
(Effective Field Goal Percentage, EFG)

많은 코치, 선수, 팬 그리고 해설가들이 야투율로 선수들의 슈팅 능력을 평가한다. 예를 들어, 매버릭스와 닉스 게임에서 매버릭스가 100번의 야투를 시도하여 45번을 성공시키면 야투율은 45%이다. 닉스는 100개의 야투 중 50개를 성공하여 야투율 50%를 기록했다고 하자. 단순히 야투율만 보면 닉스가 매버릭스보다 더 나은 것으로 보인다. 하지만 이 중 매버릭스는 20개의 3점 슛을 시도하여 15개를 성공시켰고 닉스는 5개의 3점 슛을 시도하여 1개를 성공시켰다고 해 보자. 그렇다면 두 팀다 100번의 야투를 시도했지만 결과적으로 매버릭스는 105점을 득점하고 닉스는 101점을 득점했을 것이다. 이는 매버릭스가 사실 슈팅 능력이 더 좋았다는 것을 의미한다. 이와 같은 야투율의 단점을 보완하고자 아래와 같은 3점 슛 보정 슈팅 효율성 지표를 사용한다.

$$3점\ 슛\ 보정\ 슈팅\ 효율성 = \frac{총\ 야투\ 성공\ 개수 + 0.5(3점\ 슛\ 성공\ 개수)}{총\ 야투\ 시도}$$

결론적으로 3점 슛 보정 슈팅 효율성 지표는 3점 슛에 50% 가중치를 부여한다. 이는 3점 슛이 2점 슛보다 50% 많은 점수를 가져다주기 때문이다. 위의 예를 다시 살펴보면, 매버릭스의 3점 슛 보정 슈팅 효율성은 (45+0.5×15)/100=52.5%이고 닉스는 (50+0.5×1)/100=50.5%이다. 이 예에서 볼 수 있듯이 3점 슛 보정 슈팅 효율성 지표가 기존의 야투율에 비해 한 팀의 슈팅 능력을 더 정확하게 측정한다.

리바운드: 리바운드 퍼센티지

팀당 혹은 선수당 리바운드 개수는 잘못된 방식으로 해석될 여지가 있다. 어떠한 팀이 공격 리바운드를 한 개도 잡지 못했다고 가정해 보자. 이는 리바운드 실력이 형편없거나 혹은 모든 슛이 완벽해서 리바운드를 잡을 필요조차 없었음을 의미할 것이다. 따라서, 진짜 중요한 것은 리바운드를 잡아야 하는 상황에서 몇 퍼센트를 잡아내었는가이다. 따라서, 공격과 수비 상황별로 공격 리바운드 퍼센티지와 수비 리바운드 퍼센티지를 계산해 보는 것이 합리적일 것이다.

실책: 턴 오버 퍼센티지

한 팀이 한 경기에서 몇 번의 실책을 기록할까? 여기서도 단순히 실책 개수를 세는 것은 잘못 해석될 여지가 있다. 실책 15개는 많은 것인가? 공을 소유하고 있던 횟수에 따라서 답이 달라질 것이다. 따라서, 실책도 턴 오버 퍼센티지로 계산하는 것이 더 합리적이다. 예를 들자면, 100번 플레이당 실책 개수와 같이 측정할 수 있다.

공격: 자유투 성공률

농구에서 자유투 라인이 채리티 라인(Charity[99] Line)이라고 불리는 이유가 있다. 이론적으로 자유투는 가장 득점하기 쉬운 숫이다. 그렇다면 어떻게 하면 자유투를 얻을 수 있을까? 공격하다가 파울을 당하면 된다. 따라서 딘 올리버가 분석했던 네 번째 변수는 전체 야투 시도 횟수 대비 자유투 성공 개수였다.

[표 28-1]은 2015~2016 시즌 NBA 팀들의 위 네 가지 변숫값을 나타내고 있다. [표 28-2]는 각 변수 각 팀의 순위와 해당 시즌 승수를 나타내고 있다.

예를 들어 워리어스는 3점 숫 보정 슈팅 효율성 지표에서 56.3%를 기록했고 그들의 상대방들은 47.9%를 기록했다. 그들은 100번의 공 소유권당 14.9번의 실책을 기록했고 그들의 상대방은 100번의 공 소유권당 13.8번의 실책을 기록했다. 또한, 그들은 필드 골 시도가 실패한 경우의 23.5%에서 리바운드를 잡아냈고 상대방이 숫을 실패한 경우의 76%에서 리바운드를 잡아냈다(상대방의 입장에서는 24%). 마지막으로 그들은 100번의 필드 골 시도당 19.1번의 자유투를 성공시켰고 그들의 상대

99 역주. Charity는 자선, 구호와 같이 무엇인가를 베푼다는 의미를 가진 명사이다.

방은 100번 숏 시도당 자유투를 20.8번 성공하였다. 즉, 워리어스는 오직 슈팅에서만 상대방보다 크게 앞섰고 나머지 부분은 비슷하였다. 하지만 슈팅에서의 이 엄청난 차이가 그들이 2015~2016 시즌 크게 성공할 수 있었던 원동력이었다.

A	B	C	D	E	F	G	H	I	J
	평균	0.502467	0.502467	0.143567	0.1436	0.2383	0.2380667	0.2092667	0.2092667
팀명	승수	3점 숏 보정 슈팅 효율	상대방 3점 숏 보정 슈팅 효율	실책	상대방 실책	공격 리바운드	수비 리바운드	자유투 성공률	상대방 자유투 성공률
애틀랜타 호크스	48	0.516	0.48	0.149	0.159	0.191	0.254	0.185	0.193
브루클린 네츠	21	0.491	0.534	0.15	0.142	0.241	0.243	0.186	0.176
보스턴 셀틱스	48	0.488	0.487	0.136	0.16	0.251	0.255	0.208	0.231
샬럿 호네츠	48	0.502	0.496	0.124	0.137	0.2	0.202	0.222	0.191
시카고 불스	42	0.487	0.485	0.138	0.117	0.245	0.251	0.189	0.182
클리블랜드 캐벌리어스	57	0.524	0.496	0.138	0.137	0.251	0.215	0.194	0.205
댈러스 매버릭스	42	0.502	0.504	0.129	0.14	0.207	0.238	0.211	0.198
덴버 너기츠	33	0.489	0.515	0.148	0.137	0.258	0.228	0.216	0.216
디트로이트 피스턴스	44	0.491	0.504	0.136	0.135	0.27	0.207	0.197	0.196
골든스테이트 워리어스	73	0.563	0.479	0.149	0.138	0.235	0.24	0.191	0.208
휴스턴 로케츠	41	0.516	0.516	0.156	0.161	0.257	0.272	0.244	0.219
인디애나 페이서스	45	0.497	0.489	0.147	0.156	0.234	0.24	0.205	0.205
LA 클리퍼스	53	0.524	0.48	0.129	0.153	0.202	0.262	0.22	0.222
LA 레이커스	17	0.46	0.523	0.136	0.127	0.232	0.253	0.228	0.202
멤피스 그리즐리스	42	0.477	0.518	0.136	0.165	0.253	0.25	0.231	0.251
마이애미 히트	48	0.508	0.485	0.141	0.131	0.238	0.222	0.21	0.196
밀워키 벅스	33	0.499	0.51	0.155	0.156	0.25	0.269	0.206	0.221
미네소타 팀버울브스	29	0.498	0.524	0.15	0.148	0.243	0.254	0.263	0.2
뉴올리언스 펠리컨스	30	0.498	0.523	0.134	0.136	0.212	0.212	0.201	0.225
뉴욕 닉스	32	0.483	0.487	0.135	0.115	0.237	0.242	0.205	0.204
오클라호마시티 썬더	55	0.524	0.484	0.159	0.129	0.311	0.241	0.228	0.205
올랜도 매직	35	0.5	0.513	0.141	0.15	0.231	0.235	0.175	0.215
필라델피아 세븐티식서스	10	0.487	0.51	0.159	0.148	0.207	0.26	0.186	0.24
피닉스 선스	23	0.487	0.523	0.169	0.146	0.254	0.23	0.204	0.237
포틀랜드 트레일블레이저스	44	0.511	0.503	0.146	0.133	0.259	0.238	0.202	0.225
새크라멘토 킹스	33	0.51	0.521	0.155	0.156	0.239	0.251	0.214	0.202
샌안토니오 스퍼스	67	0.526	0.477	0.134	0.153	0.23	0.209	0.197	0.182
토론토 랩터스	56	0.504	0.498	0.131	0.139	0.246	0.223	0.255	0.201
유타 재즈	40	0.501	0.495	0.155	0.145	0.259	0.223	0.213	0.21
워싱턴 위저즈	41	0.511	0.515	0.142	0.159	0.206	0.223	0.192	0.218

[표 28-1] 2015~2016 NBA 시즌 네 가지 변숫값

A	B	C	D	E	F	G	H	I	J
팀명	승수	3점 슛 보정 슈팅 효율	상대방 3점 슛 보정 슈팅 효율	실책	상대방 실책	공격 리바운드	수비 리바운드	자유투 성공률	상대방 자유투 성공률
애틀랜타 호크스	48	6	3	20	4	30	24	29	5
브루클린 네츠	21	24	30	22	16	15	19	27	1
보스턴 셀틱스	48	21	8	8	3	9	26	14	27
샬럿 호네츠	48	13	12	1	20	29	1	7	4
시카고 불스	42	25	6	12	29	13	21	26	2
클리블랜드 캐벌리어스	57	3	13	13	21	10	5	23	14
댈러스 매버릭스	42	14	16	2	17	25	13	12	8
덴버 너기츠	33	23	21	19	22	5	10	9	20
디트로이트 피스턴스	44	22	17	9	24	2	2	21	6
골든스테이트 워리어스	73	1	2	21	19	19	15	25	17
휴스턴 로케츠	41	7	23	27	2	6	30	3	22
인디애나 페이서스	45	20	10	18	6	20	16	16	15
LA 클리퍼스	53	4	4	3	9	28	28	8	24
LA 레이커스	17	30	26	10	28	21	23	5	11
멤피스 그리즐리스	42	29	24	11	1	8	20	4	30
마이애미 히트	48	11	7	14	26	17	6	13	7
밀워키 벅스	33	17	18	24	7	11	29	15	23
미네소타 팀버울브스	29	18	29	23	12	14	25	1	9
뉴올리언스 펠리컨스	30	19	27	5	23	24	4	20	25
뉴욕 닉스	32	28	9	7	30	18	18	17	13
오클라호마시티 썬더	55	5	5	28	27	1	17	6	16
올랜도 매직	35	16	20	15	11	22	12	30	19
필라델피아 세븐티식서스	10	26	19	29	13	26	27	28	29
피닉스 선스	23	27	28	30	14	7	11	18	28
포틀랜드 트레일블레이저스	44	8	15	17	25	3	14	19	26
새크라멘토 킹스	33	10	25	25	8	16	22	10	12
샌안토니오 스퍼스	67	2	1	6	10	23	3	22	3
토론토 랩터스	56	12	14	4	18	12	7	2	10
유타 재즈	40	15	11	26	15	4	8	11	18
워싱턴 위저즈	41	9	22	16	5	27	9	24	21

[표 28–2] 2015~2016 NBA 시즌 각 변수 NBA 팀 랭킹

네 가지 변수(득점, 리바운드, 실책, 공격)는
상관성이 아주 낮다!

이 네 가지 변수에 대한 재미있는 사실 중 하나는 이 변수들이 서로 상관관계가 매우 낮다는 것이다. Chapter 5에서 다루었던 상관관계에 대해 다시 한번 설명하자면, 상관관계는 −1에서 1 사이의 값을 가지고, 상관관계가 1인 경우 x가 증가할 때 y도 증가하고 상관관계가 −1인 경우 x가 증가할 때 y는 감소한다. 엑셀에서 상관관계 분석을 해 본 결과 [표 28-3]과 같은 결과를 얻을 수 있었다.

A	B	C	D	E	F	G	H	I
	3점 슛 보정 슈팅 효율	상대방 3점 슛 보정 슈팅 효율	실책	상대방 실책	공격 리바운드	수비 리바운드	자유투 성공률	상대방 자유투 성공률
3점 슛 보정 슈팅 효율	1							
상대방 3점 슛 보정 슈팅 효율	−0.11	1						
실책	−0.27	0.12	1					
상대방 실책	−0.1	0.05	−0.02	1				
공격 리바운드	−0.47	−0.04	0.46	0.05	1			
수비 리바운드	−0.0006	−0.67	0.003	−0.39	0.06	1		
자유투 성공률	−0.25	−0.24	−0.34	−0.05	0.25	0.06	1	
상대방 자유투 성공률	−0.31	0.04	0.41	0.22	0.44	0.05	0.36	1

[표 28-3] 네 가지 변수 간 상관관계

이 표에서 대부분의 상관관계가 거의 0에 가깝다는 사실을 주목해서 보자. 예를 들어 3점 슛 보정 슈팅 효율과 상대편 실책 간의 상관관계는 −0.1이다. 이는 만약 어떠한 팀의 슈팅 능력이 평균보다 좋다고 할 때 이 팀을 상대하는 팀의 실책 개수는 평균보다 약간 낮다고 할 수 있다. [표 28-3]에서 가장 상관관계가 크게 나온 세 가지 경우에 대해 살펴보자.

- 상대방의 3점 슛 보정 슈팅 효율과 수비 리바운드 사이에는 −0.67의 상관관계가 있다. 즉, 상대방에게 높은 슈팅 효율을 허용하는 팀은 수비 리바운드 능력이 낮게 나타난다는 의미이다. 이와 같은 관계는 합리적이라고 할 수 있다. 상대방이 성공시키지 못한 슛을 리바운드하지 못한다면 상대방이 공격 리바운드를 획득해 쉬운 골 밑 득점을 얻어 낼 것이기 때문이다.

- 3점 슛 보정 슈팅 효율과 공격 리바운드 간에는 −0.47의 상관관계가 있다. 이는 슈팅이 좋은 팀일수록 공격 리바운드 퍼센트가 떨어진다는 뜻이다. 2015~2016 시즌 스퍼스가 이에 대한 좋은 예일 것 같다. 스퍼스는 해당 시즌 슈팅 효율에서 2위를 기록했지만 공격 리바운드에서 23위를 기록했다. 좋은 슈터들을 많이 보유한 팀은 아마도 공격 리바운드하려고 뛰어들기보다는 수비하려고 백코트하는 것을 선호하기 때문일 수 있다.

- 공격 리바운드와 턴 오버 퍼센트 간에는 0.46의 상관관계가 있다. 이는 공격 리바운드가 좋은 팀은 실책을 많이 한다는 뜻이다. 이는 아마도 공격 리바운드가 뛰어난 선수들은 공을 잘 다루지 못하는 경향[100]이 있기 때문일 수 있다.

팀의 성공(혹은 실패)을 위한 다양한 방법

우리는 [표 28-2]를 이용하여 손쉽게 NBA 팀의 성공(혹은 실패)의 원인을 알아볼 수 있다. 예를 들어,

- 2016년 챔피언인 캐벌리어스는 슈팅 능력이 매우 뛰어났고, 상대방 슈팅을 막는 측면에서는 평균 정도였고, 공격 리바운드가 뛰어났으며, 수비 리바운드도 매우 뛰어났다.

---

100 공격 리바운드가 바로 실책으로 연결되는 경우들을 조사해 보는 것도 흥미로울 것이다.

- 2016년 스퍼스가 성공적인 시즌을 보낸 이유는 슈팅이 좋았고, 상대방 슈터들을 잘 막아 냈으며, 많은 실책을 유도하고, 수비 리바운드에 매우 뛰어났다. 그리고 상대방 자유투 퍼센트도 낮게 유지했기 때문이다.

- 2016년 세븐티식서스는 리그 최악의 팀이었다. 모든 카테고리에서 최악의 성적을 기록했다.

- 2016년 썬더는 정규 시즌에서 55승을 거두는 꽤 좋은 성적을 기록했다. 실책을 조금 줄이는 한편 상대방에게 더 많은 실책을 유도했다면 훨씬 성적이 좋을 수 있었다.

이 네 가지 변수는 얼마나 중요한가?

이 네 가지 변수의 상대적 중요도를 추정할 수 있을까? Chapter 18에서 NFL 팀들의 퍼포먼스를 측정하고자 패스와 러싱 효율성 그리고 실책 개수를 이용해 회귀 분석을 진행했던 걸 떠올려 보자. 비슷한 방식으로, 회귀 분석을 통해 이 네 가지 변수의 중요도를 평가해 볼 수 있다. 우리는 [표 28-1]에 나와 있는 데이터를 이용해 회귀 분석을 돌려 아래 네 가지 변수가 각 팀의 승수에 미치는 영향을 분석해 보았다.

- 슈팅 효율 차이=3점 숏 보정 슈팅 효율-상대방 3점 숏 보정 슈팅 효율
- 실책 퍼센트 차이=실책 퍼센트-상대방 실책 퍼센트
- 리바운드 퍼센트 차이=공격 리바운드-수비 리바운드
- 자유투 퍼센트 차이=자유투 퍼센트-상대방 자유투 퍼센트

이 회귀 분석의 결과는 [표 28-4]에 나와 있다.

모형	
R	0.91696
R 제곱	0.84081
수정된 R 제곱	0.81534
추정값의 표준 오차	5.96607
표본 수	30

분산 분석

	자유도	제곱합	평균 제곱	F	유의 확률
회귀 모형	4	4,700.15	1,175.04	33.01224	1.22E-09
잔차	25	889.84996	35.594		
합계	29	5,590			

	계수	표준 오차	t 값	p 값	
상수	59.047	20.303	2.908	0.008	
슈팅 효율 차이	383.313	36.116	10.613	0.000	
실책 퍼센트 차이	-244.369	80.413	-3.039	0.006	
리바운드 퍼센트 차이	34.491	38.719	0.891	0.382	
자유투 퍼센트 차이	84.270	42.897	1.964	0.061	

[표 28-4] 네 가지 변수 회귀 분석

따라서 다음과 같은 회귀식을 얻을 수 있다.

승수
= 59.05 + 383.31 × 슈팅 효율 차이 − 244.36 × 실책 퍼센트 차이 + 34.49 × 리바운드 퍼센트 차이 + 84.27 × 자유투 퍼센트 차이

이 네 가지 변수는 승수의 약 84%를 설명하는 것(표준 오차 5.97승)으로 나타났다.

이 네 가지 변수의 승수에 대한 영향력을 측정하고자 각 변수와 승수 간의 상관관계를 알아볼 수도 있다.

• 슈팅 효율 차이와 승수는 0.87의 상관관계를 가지고 이는 승수의 76%를 설명한다.
• 실책 퍼센트 차이와 승수는 −0.28의 상관관계를 가지고 이는 승수의 8%를 설명한다.

- 리바운드 퍼센트 차이와 승수는 −0.11의 상관관계를 가지고 이는 승수의 4%를 설명한다.
- 자유투 퍼센트 차이와 승수는 0.19의 상관관계를 가지고 이는 승수의 4%를 설명한다.

이 분석에 따르면 NBA 팀의 성공에는 한 팀의 슈팅 효율(정확하게는 우리 팀 슈팅 효율과 상대방 슈팅 효율 간의 차이)이 가장 큰 영향을 미친다는 것을 알 수 있다. 네 가지 변수의 상대적 중요도는 아래와 같이 정리할 수 있다.

- 슈팅 효율 차이를 0.01 증가시키면 약 3.8승을 추가로 거둘 수 있다. 예를 들면,
  ① 우리 팀 슈팅 효율을 1% 증가시킨다.
  ② 상대방 슈팅 효율을 1% 감소시킨다.
  ③ 우리 팀 슈팅 효율을 0.5% 증가시키고 상대방 슈팅 효율은 0.5% 감소시킨다.
- 실책 퍼센트 차이를 0.01 증가시키면 2.4승을 더 거둘 수 있다. 예를 들면,
  ① 100번의 공 소유권당 실책 개수를 1개 줄인다.
  ② 200번의 공 소유권당 실책 개수를 1개 줄이고 상대방의 200번의 공 소유권당 실책 개수를 한 개 늘린다.
- 리바운드 퍼센트 차이를 0.01 증가시키면 평균적으로 0.3승을 더 거둘 수 있다. 즉,
  ① 100번의 공격 리바운드 기회당 공격 리바운드를 한 개 더 획득한다.
  ② 100번의 수비 리바운드 기회당 수비 리바운드를 한 개 더 획득한다.
  ③ 200번의 공격 리바운드 기회당 공격 리바운드를 한 개 더 획득하고 200번의 수비 리바운드 기회당 수비 리바운드를 한 개 더 획득한다.
- 자유투 퍼센트 차이를 0.01 증가시키면 평균적으로 0.84승을 더 거둘 수 있다. 예를 들어,
  ① 100번의 필드 골 시도당 자유투를 한 개 더 성공시킨다.
  ② 상대방의 100번의 필드 골 시도당 자유투를 한 개 덜 허용한다.
  ③ 200번의 필드 골 시도당 자유투를 한 개 더 성공시키고 상대방의 200번 필드 골 시도당 자유투를 한 개 덜 허용한다.

요약하자면, 딘 올리버가 팀의 능력을 네 가지 변수로 구분하여 이해하고자 한 것은 우리가 팀의 강점과 약점을 판단하는 데 많은 도움을 주었다. 또한 우리는 회귀 분석을 통해 한 팀의 승수에 이 네 가지 변수가 어떠한 영향을 미치는지 알아보았다. 이러한 분석 모델은 기술적 분석 모델이라고 불린다. 즉, 종속 변수(승수)와 관련이 있는 변수들을 찾아내려고 하는 것이다. 이 네 가지 변수를 이용해 예측 모델을 만들어 볼 수도 있다. 예를 들어 시즌 중에 각 팀의 이 네 가지 변숫값의 변화를 추적하고 이를 이용해 최종 승수 혹은 다음 경기 결과를 예측해 볼 수 있다. 이러한 모델들을 과거 데이터를 활용해 백 테스트해 볼 수도 있다. 하지만 이러한 예측 모델의 경우 앞에서 제시한 기술적 분석 모델보다 오차가 크게 나올 것이다.

CHAPTER 29

NBA 선수 분석을 위한 선형 계수

Chapter 3에서 MLB 타자들을 분석하고자 선형 계수를 활용했던 것을 기억해 보자. 1루타, 볼넷, 2루타, 3루타, 홈런, 아웃, 도루, 도루 실패에 대해 적절한 계수들을 찾아내어 타자의 득점 생산 능력을 꽤 잘 추정할 수 있었다.

그동안 많은 사람이 NBA 경기 기록에 담겨 있는 수많은 정보를 이용하여 각 경기력 통계치에 적정한 선형 계수를 곱한 후 이들을 모두 더해 선수들의 능력치를 평가하는 선형 계수 식을 만들고자 노력하였다. 이번 챕터에서는 NBA 선수들을 평가하고자 개발된 아래와 같은 몇 가지 선형 계수 식에 대해서 이야기해 볼 것이다.

- NBA 효율성 지표
- 존 홀린저(John Hollinger)의 PER과 득점 레이팅
- 베리(Berri), 슈미트(Schmidt), 브룩(Brook)의 『Wages of Wins(2007)』에 수록되어 있다.

NBA 효율성 지표

먼저 NBA 효율성 지표에 대해 이야기해 보자. 이 지표는 다음과 같이 계산된다. 경기당 효율성=경기당 득점+경기당 리바운드+경기당 어시스트+경기당 스틸−경기당 실책−경기당 필드 골 실패−경기당 자유투 실패.

이 지표는 결국 경기 결과에 도움이 되는 지표에는 +1을 부여하고 해가 되는 지표에는 −1을 부여하는 수식을 통해 계산된다. 하지만 이는 전혀 논리적이지 않다. 예를 들어, 3점 슛 성공률이 26.67%인 선수(이는 리그 평균보다 10%나 떨어지는 형편 없는 수치이다)도 3점 슛을 더 많이 시도하기만 하면 이 지표에서 좋은 점수를 받을 수 있다. 이 선수가 3점 슛 18개를 시도하여 5개를 성공시켰다고 해 보자. 그렇다면 이 선수는 15점을 득점하고 13개의 슛을 놓친 것이 된다. 이 선수는 18개의 3점 슛을 시도함으로써 15−13=2점의 효율성 지표를 얻게 된다. 만약 이 선수가 3점 슛 36개를 시도하여 10개를 성공시키면, 이 선수는 30−26=4점의 효율성 지표를 얻게 된다. 하지만 이렇게 성공률이 낮은 선수라면, 슛을 시도도 하지 말라고 하는 경우가 더 많을 것이다. 이와 비슷한 예로, 어떠한 선수가 36.4%의 2점 슛 성공률을 보인다고 해 보자. 만약 이 선수가 11개의 슛을 시도하면 4개를 성공시킬 것이므로 8점을 득점하게 된다. 그리고 7개의 슛을 실패할 것이다. 그러면 8−7=1점을 얻게 된다. 만약 22개를 시도하여 8개를 성공시키면(리그 평균보다 10%나 낮은 수치이다), 그는 16−14=2점을 얻게 될 것이다.[101] 2015~2016 시즌 이 효율성 지표에서 가장 높은 순위를 기록한 선수들이 [표 29-1]에 정리되어 있다. Chapter 30에서는 이 표에 있

---

101 여러분들은 3점 슛 성공률이 25%가 넘거나 2점 슛 성공률이 33.33%를 넘는 선수들은 더 많은 슛을 시도함으로써 효율성 지표를 끌어올릴 수 있다는 사실을 이해할 수 있어야 한다. 예를 들어 어떠한 선수가 3점 슛을 x번 시도하고 (100−x)번 실패한다면, 그는 3x−(100−x)점을 얻을 것이다. 이는 4x−100〉0 즉 x〉25인 경우 항상 양수이다. 따라서, 3점 슛 성공률이 25% 이상인 선수는 더 많은 3점 슛을 시도함으로써 효율성 지표를 끌어올릴 수 있다. 이것이 NBA 효율성 지표의 치명적 단점이다.

는 몇몇 선수가 이 NBA 효율성 지표에 의해 매우 과대평가 혹은 과소평가되어 있다는 사실에 대해 이야기해 볼 것이다.

선수	출전 경기 수	경기당 출전 시간(분)	효율성 지표
스테판 커리	79	34.2	31.5
케빈 듀란트	72	35.8	28.2
러셀 웨스트브룩	80	34.4	27.6
르브론 제임스	76	35.6	27.5
크리스 폴	74	32.7	26.2
카와이 레너드	72	33.1	26.0
하산 화이트사이드	73	29.1	25.7
제임스 하든	82	38.1	25.3
앤서니 데이비스	61	35.5	25.0
에니스 칸터	82	21.0	24.0
드마커스 커즌스	65	34.6	23.6
조나스 발란시어나스	60	26.0	22.6
칼 앤서니 타운스	82	32.0	22.5
라마커스 알드리지	74	30.6	22.4
데미안 릴라드	75	35.7	22.2
카일 로리	77	37.0	22.2
그렉 먼로	79	29.3	21.8
브룩 로페즈	73	33.7	21.7
파우 가솔	72	31.8	21.7
데릭 페이버스	62	32.0	21.6

[표 29-1] 2015~2016 시즌 NBA 효율성 지표 상위

PER 레이팅 시스템

이제 존 홀린저(John Hollinger)가 개발한 PER(Player Efficiency)과 득점 레이팅이라는 지표를 살펴보자. 홀린저의 레이팅은 ESPN.com에서도 찾아볼 수 있다. 평균적인 NBA 선수들의 경우 PER 스코어 15 정도를 기록한다. 홀린저의 PER 레이

팅의 경우 계산식이 상당히 복잡하지만 우리는 Basketball-Reference.com에서 얻은 데이터를 통해 이 계산식을 역으로 추정해 낼 수 있다. 이를 위해서, 2018~2019 시즌에 1,000분 이상 출전한 모든 선수를 대상으로 회귀 분석을 시행하여 아래와 같은 변수들을 통해 PER 레이팅을 예측해 보았다(per.xlsx 참조).

- 필드 골 성공
- 필드 골 시도
- 자유투 성공
- 자유투 시도
- 공격 리바운드
- 수비 리바운드
- 어시스트
- 블록 슛
- 실책
- 가로채기
- 파울
- 득점

이 회귀 분석을 통해 아래와 같은 회귀식이 산출되었고 결정 계수(R2)는 0.99, 표준 오차는 0.47을 기록하였다. 이는 95% 선수들의 경우 이 식을 통해 오차 범위 0.94 이내로 PER 레이팅을 예측해 낼 수 있다는 뜻이다.

PER=0.68+26.77×필드 골 성공−35.58×필드 골 시도+26.32×자유투 성공−25.47×자유투 시도+42.74×공격 리바운드+11.45×수비 리바운드+29.7×어시스트+47.3×가로채기+38×블록 슛−47.9×실책−18.8×파울+41.1×득점이 식에서 각 계수의 부호는 합리적이라고 할 수 있지만 슈팅과 관련된 계수들은 논리에 맞지 않는다. 예를 들어 어떤 선수가 300분 출전하여 100번의 2점 슛을 시도하고 이 중 33번을 성공했다고 하자. 그의 슈팅 능력은 형편없지만 이 슈팅을 통해 그는 $(1/300) \times (26.77 \times 33 - 100 \times 35.58 + 41.1 \times 66) = 0.1267$[102]의 추가 PER 레이팅을 얻게 된다. 즉, 슈팅 능력이 형편없어도 PER 레이팅은 오르게 된다!

승리 점수와 승리 기여

이제 베리(Berri), 슈미트(Schmidt), 브룩(Brook)의 승리 점수와 승리 기여에 대해 알아보자. 그들의 블로그[103]에 공개된 승리 점수 공식은 원래의 복잡한 식을 간단하게 만들어 놓은 것이지만, 이들은 이 공식만으로도 선수들의 능력치를 평가하는 데 충분하다고 밝혔다.

$$승리 점수 = 득점 + 리바운드 + 가로채기 + \frac{1}{2} \times 어시스트 + \frac{1}{2} \times 블록 슛 -$$
$$필드 골 시도 - 실책 - \frac{1}{2} \times 자유투 시도 - \frac{1}{2} \times 파울$$

NBA 효율성 지표나 홀린저의 PER 레이팅과 다르게 승리 점수 공식에서의 계수들은 크게 논리에 어긋나는 부분이 없다. 예를 들어, 만약 어떤 선수가 더 많은 필드 골을 시도하여 이 점수를 올리고자 한다면 슛 성공률이 2점 슛의 경우 50% 이

---

102 역주. 이 부분은 원저자의 실수이다. 원저자가 제공하는 per.xlsx 파일을 보면 이 회귀식은 출전 시간(분)당 기록으로 변환된 독립 변수들을 활용하여 시행되었다. 예를 들면, 필드 골 성공 횟수가 아니라 분당 필드 골 성공 횟수(필드 골 성공 횟수/출전 시간(분))로 변환하여 회귀 분석을 시행하였다. 이는 PER 자체가 출전 시간(분) 기준으로 선수의 능력을 평가하는 지표이기 때문이다. 이 계산식에서 갑자기 1/300이 등장하는 이유가 바로 이것이다. 독자들은 간단히 이 회귀식의 독립 변수들의 이름 앞에 "출전 시간(분)당"을 붙여서 생각하면 편할 것이다.

103 http://dberri.wordpress.com/2006/05/21/simple-models-of-player-performance/

상, 3점 슛의 경우 33.33% 이상이 되어야 한다. 이는 매우 합리적이라고 할 수 있다. 실책과 리바운드에 같은 계수를 부여하는 것도 합리적으로 보인다. 리바운드는 공 소유권을 가져오고 실책은 반대로 공 소유권을 빼앗기기 때문이다. 더 복잡한 방식을 통해 이들은 승리 점수를 승리 기여도로 변환시켰다. 승리 기여도의 장점은 한 팀 모든 선수의 승리 기여도를 모두 더하면 해당 팀의 승수와 매우 근접해진다는 것이다.

하지만 각 선수의 승리 기여도를 다 더했을 때 팀의 승수와 비슷해진다는 것은 팀의 승리에 대한 기여가 모든 선수에게 정확하게 분배될 수 있다는 뜻은 아니다. 이는 승리 점수 공식이 블록 슛과 가로채기를 제외한 나머지 수비 능력을 고려하지 않기 때문이다. 농구는 절반의 공격과 절반의 수비로 이루어져 있다. 따라서 수비 능력에 대한 고려가 부족하다는 점은 뛰어난 수비수들을 과소평가하게 된다는 단점으로 이어진다.

몇몇 수비 전문 선수를 제외한 대부분의 선수의 경우, 이 승리 점수가 어떤 선수의 종합적 능력을 평가하는 데 아주 뛰어나다. 이 지표의 유일한 문제점은 선수의 능력을 평가할 때 기록지에 적혀 있는 수치만을 활용한다는 점이다. 농구 경기에서 80% 정도의 시간 동안은 기록지에 적히는 어떤 상황도 일어나지 않는다. 예를 들어 기록지에 적혀 있는 지표들은 다음과 같은 부분을 반영하지 못한다.

- 공격자 파울 유도
- 패스 디플렉션[104]
- 박스 아웃

---

104 역주. 수비할 때 공격자가 패스하는 공을 건드려서 방향을 바꾸면 이를 디플렉션(Deflection)이라고 한다.

- 어시스트로 이어지는 패스의 한 단계 이전 패스 혹은 오픈 찬스에서의 슛을 실패한 선수에게 패스한 경우
- 도움 수비
- 스크린 플레이

이제 NBA는 기존 기록지에 포함되어 있지 않은 몇몇 세부 스탯을 제공하고 있다. 예를 들어, 기존에는 많이 사용되지 않던 디플렉션, 공격자 파울 유도, 스크린플레이 그리고 몇몇 새로운 지표에 대한 데이터를 수집하고 있다. Chapter 30에서는 조정 +/−를 통해 선수들을 평가하는 방식에 대해 알아볼 것이다. 이 방식은 댈러스 매버릭스가 NBA 선수들을 평가하고자 2000~2001 시즌부터 사용해 왔던 것으로, 현재는 거의 모든 팀에서 비슷한 방식의 지표가 사용되고 있다. 조정 +/−는 기본적으로 좋은 선수는 팀이 승리하는 것을 돕는다는 전제를 이용하고 있다. 어떠한 선수의 기록지상의 지표에 집착하기보다는 그 선수가 속한 팀이 그가 코트에 있을 때와 없을 때 어떤 차이를 보이는지에 집중한다. Chapter 30에서 이에 대해 자세히 다루어 볼 것이다.

CHAPTER 30
조정 +/−

농구는 팀 스포츠이다. 위대한 선수라고 함은 단지 경기당 40점을 득점하는 선수가 아니라 그의 팀을 승리로 이끄는 선수이다. 테리 플루토(Terry Pluto)는 그의 책 『Tall Tales(1992)』에서 무엇이 위대한 선수를 만드는가에 대하여 이야기하였다. 이제는 고인이 된 셀틱스의 위대한 코치였던 레드 오어바흐(Red Auerbach)는 당시 셀틱스가 연습할 때 K.C. 존스(K.C. Jones)의 팀이 항상 승리했다고 말한 바 있다. 즉, 이는 그 선수가 매우 훌륭한 선수였음을 의미한다. 하지만 그의 전성기 시절 그의 PER은 10 언저리였고 이는 그저 그런 선수들에게 어울리는 숫자이다. K.C. 존스는 무언가 기록지에 드러나지 않는 매우 중요한 역할을 했음이 분명하다.

기존 +/− 지표의 문제점

선수의 능력과 팀의 성적을 결합하여 살펴보고자 한 첫 번째 시도는 아이스 하키에서의 +/− 지표였다(아이스하키는 Chapter 40에서 다룰 것이다). 여기서의 +/− 지표는 단순히 어떠한 선수가 플레이하고 있을 때 상대방보다 몇 점 앞서 있는가를 계산한 것이었다(어느 한 팀이 더 많은 수의 선수로 플레이하는 파워플레이 상황은 제외). 1968년 이래로 NHL은 각 선수의 +/− 지표를 추적해 왔다. 가장 높은 +/− 기록을 가진 선수는 보비 오어(Bobby Orr)였다. 그는 1970~1971 시즌 +124를 기록하였다.

기존에는 NBA와 WNBA 선수들의 경우에도 게임당 +/− 지표를 통해 해당 선수들이 소속 팀에 어느 정도 영향을 미치는지 파악할 수 있다고 믿었다. 이제 +/− 지표는 NBA 기록지에서도 볼 수 있고 경기 중에 실시간으로 업데이트된다. 하지만 이 기존 +/− 지표의 문제점은 이 수치가 상대 팀의 실력에 영향을 많이 받는다는 것이다. A라는 선수가 +/− 지표에서 0을 기록하고 있다고 하자. 그리고 이 선수가 2016~2017 시즌 리그 최악의 팀이었던 브루클린 네츠 소속이었다고 가정하자. 한편 B라는 선수는 해당 시즌 챔피언이었던 골든스테이트 워리어스 소속이고 A와 마찬가지고 +/− 지표 0을 기록하고 있다고 가정하자. 이런 경우 A가 B보다 뛰어난 선수라는 것이 명확하다. A 선수는 최악의 팀을 평균 정도까지 끌어올렸고 B 선수는 최고의 팀을 평균 정도까지 끌어내린 것이기 때문이다. 이렇게 조정되지 않은 기존 +/− 지표가 치명적 단점을 가지고 있음이 [표 30-1]에 나와 있다. 이 표에는 2016~2017 시즌 경기당 평균 20분 이상 출전한 선수 중 최고의 +/−를 기록한 10명의 선수가 나와 있다.

F	G	H	I
순위	선수 이름	팀	+/− 48분당
1	스테판 커리	골든스테이트 워리어스	18.6
2	드레이먼드 그린	골든스테이트 워리어스	16.4
3	케빈 듀란트	골든스테이트 워리어스	16.4
4	클레이 톰슨	골든스테이트 워리어스	14.7
5	크리스 폴	LA 클리퍼스	12.9
6	안드레 이궈달라	골든스테이트 워리어스	12.6
7	블레이크 크리핀	LA 클리퍼스	9.9
8	데이비드 리	샌안토니오 스퍼스	9.9
9	케빈 러브	클리블랜드 캐벌리어스	9.4
10	르브론 제임스	클리블랜드 캐벌리어스	9.2

[표 30-1] 2016~2017 시즌 NBA +/− 지표(플레이오프 포함)

[표 30-1]에 나와 있는 모든 선수는 해당 시즌 매우 기록이 좋던 팀 소속이다. 이 중 데이비드 리의 경우 그의 에이전트조차 그가 리그에서 상위 10 플레이어 중 한 명이라고 말하지 않을 것이다. 데이비드 리의 경우 카와이 레너드나 마누 지노빌리처럼 좋은 선수들과 함께 자주 코트에 나와서 높은 +/- 점수를 받을 수 있었다. 반면 니콜라 요키치(Nikola Jokic) 같은 선수들은 팀 성적이 좋지 않은 팀에서 높은 +/-를 기록했다. 그의 +/-는 7.00이었다. 워리어스의 센터인 자자 파출리아는 16.25의 +/-를 기록했지만 누구도 그가 요키치보다 나은 선수라고 생각하지 않을 것이다.

조정 +/-

기존의 +/- 지표를 조금 더 합리적으로 조정하는 방법은 함께 뛰는 선수들의 능력과 상대 팀의 능력을 고려하는 것이다. 우리가 사용한 데이터는 38,000행이 넘는 각 플레이 데이터를 포함하고 있다. 각각의 행은 코트에 있는 선수들이 교체되지 않은 상황이 지속된 시간 블록별로 데이터를 정리하여 나타낸다. 예를 들어 각 행은 아래와 같이 표현될 수 있다.

골든 스테이트(홈) 대 클리블랜드(어웨이)

골든 스테이트 출전 선수: 커리, 듀란트, 톰슨, 그린, 파출리아
클리블랜드 출전 선수: 르브론, 러브, 카이리, 톰슨, J.R. 스미스
지속 시간: 3분
해당 지속 시간 동안 득점: 골든 스테이트 9, 클리블랜드 7

여기에서 각 시간 블록별 스코어를 48분당 3.2점이라는 홈 어드밴티지를 이용하여 약간씩 조정하였다(홈 어드밴티지는 시간이 갈수록 점차 적어지고 있다. Chapter 46에서 더 정확히 홈 어드밴티지를 계산하는 방법에 대해 다룰 것이다). 따라서 위의 예에서 홈 어드밴티지 조정 스코어는 워리어스 $9-(3/48)\times0.5(3.2)$ 대 캐벌리어스 $7+(3/48)\times0.5(3.2)$이다. 즉, 8.9 대 7.1이다.

우리는 각 선수의 48분당 +/- 레이팅 변수에서 평균적인 NBA 선수는 조정 +/- 가 0이 된다. 따라서, 조정 +/- 레이팅이 5인 선수의 경우 이 선수가 평균적인 NBA 선수로 대체되었을 때, 그의 팀은 평균적으로 경기당 5점을 더 기록할 수 있다는 의미이다. 모든 시간 블록에 대하여 홈 팀의 분당 승리 마진은 $(3.2/48)+(($코트에 나와 있는 홈 팀 선수들의 레이팅 합$)-($코트에 나와 있는 어웨이 팀 선수들의 레이팅 합$))/48$로 계산할 수 있다.

이 식에서 3.2/48은 홈 팀이 어웨이 팀을 이긴 점수 차의 시간(분)당 평균을 의미한다. 웨인 윈스턴의 동료인 「USA Today」의 제프 사가린은 WINVAL(Winning Value의 줄임말)이라고 불리는 프로그램을 개발하여 경기의 최종 스코어와 가장 잘 맞아떨어지는 선수 레이팅을 계산하였다. 우리는 테스트 데이터를 사용하여 각 시간 블록당 점수 마진을 예측하고 여기서의 선수 레이팅이 최대한 정확하게 최종 경기 스코어를 예측할 수 있을 때까지 이 선수 레이팅을 조정하였다(총 38,000개의 데이터를 분석하였다).

이 조정 +/- 지표가 기존의 +/- 지표와 어떻게 다른지 알아보고자 간단한 예를 살펴보자. 팀 A는 팀 B와 총 20번의 48분짜리 경기를 치렀다. 팀 A(1~9번 선수)와 팀 B(10~18번 선수) 모두 각 9명의 선수로 구성되어 있다. 팀 A 입장에서의 경기 결과가 [표 30-2]에 나와 있다(newAdjustedplusminusex.xlsx 참고).

G	H	I	J	K	L	M	N	O	P	Q
결과	P1	P2	P3	P4	P5	P6	P7	P8	P9	P10
−13	4	1	7	5	2	15	16	10	17	14
19	1	6	2	5	4	11	17	14	15	18
−4	1	9	2	8	4	15	14	10	17	13
29	1	6	5	3	2	16	17	18	14	11
−3	9	7	1	5	6	17	15	12	18	10
12	7	2	5	1	4	17	11	15	16	18
−5	6	5	8	9	1	13	16	12	15	10
−32	4	2	9	5	3	17	12	10	18	15
18	8	3	9	1	7	17	16	15	14	11
17	1	2	9	6	4	13	16	10	11	18
−11	7	3	2	5	6	14	17	15	12	15
−14	7	8	4	6	3	18	11	12	17	15
29	4	5	9	2	6	11	13	14	17	18
17	1	8	4	2	7	13	12	14	17	18
−4	6	9	8	7	1	15	12	10	17	14
−7	6	3	2	1	8	17	18	16	14	10
9	3	2	5	6	7	13	16	14	10	11
24	1	7	6	7	4	18	13	18	15	11
18	1	2	5	8	6	14	13	12	15	18
−24	2	4	3	8	5	11	18	16	17	10

[표 30-2] 조정 +/− 계산을 위한 샘플 데이터[105]

---

105 역주. 이 표에서 P1~P5는 팀 A의 출전 선수를, P6~P10은 팀 B의 출전 선수를 의미한다. 즉 팀 A에서는 4, 1, 7, 5, 2번 선수가 출전했고 팀 B에서는 15, 16, 10, 17, 14번 선수가 출전했다는 의미이다. 결과에서 음숫값은 팀 A가 승리했다는 의미이다. 예를 들어 첫 번째 경기는 팀 A가 13점 차이로 승리했다.

A	B	C
	1.45661E-13	
선수	조정 +/-	기존 +/-
1	12.42497415	8.428571
2	2.425071482	4.214286
3	-6.575047563	-4
4	-10.57506265	2.818182
5	-0.575004084	2.333333
6	0.424985887	7.769231
7	1.425023952	5.363636
8	-6.574961831	-0.55556
9	5.425007418	2
10	16.42495706	6.6
11	-13.57506636	-11.9
12	0.425010347	4.25
13	-9.574964372	-13.125
14	-6.574989062	-8.33333
15	7.424986222	0.428571
16	1.425046331	-4
17	-0.574971597	-0.8
18	-1.575004236	-7.78571

[표 30-3] 기존 +/-와 조정 +/-

즉, 첫 번째 경기에서, 선수 4, 1, 7, 5, 2번은 선수 15, 16, 10, 17, 14번에게 13점 차이로 패배하였다. 이 데이터에 대한 기존 +/-와 조정 +/- 레이팅은 [표 30-3]에 나와 있다. 조정 +/- 레이팅이 정확하게 계산되었는지 보고자 각 경기의 예상 스코어가 아래와 같이 계산된다는 것을 기억해 보자.

팀 A 선수들의 레이팅 합-팀 B 선수들의 레이팅 합   (1)

이 식을 통해 검사해 보았을 때 각 경기에서 (1) 식이 정확하게 경기의 최종 스코어를 예측하므로 [표 30-3]의 조정 +/-는 정확하게 계산되었다고 할 수 있다. 예를 들어 첫 번째 경기에서,

팀 A 총 레이팅=-10.57+12.42+1.43-0.57+2.45=5.13

팀 B 총 레이팅=7.42+1.43+16.43-0.58-6.57=18.13

따라서, 우리는 팀 A가 5.13-18.13=-13점 차이로 승리할 것이라고 예상할 수 있고 이는 경기 결과와 정확히 일치한다. 우리가 조정 +/-를 어떻게 계산했는지 궁금하지 않은가? 우리는 엑셀의 해 찾기 기능을 이용하여 아래 식의 값을 최소화하는 각 선수의 조정 +/-를 계산하였다.

$$\sum_{i=1}^{14} (i번째\ 경기에서의\ 팀\ A\ 선수들의\ 레이팅\ 총합$$
$$-\ i번째\ 경기에서의\ 팀\ B\ 선수들의\ 레이팅\ 총합 - i번째\ 경기에서\ 팀\ A의\ 승리\ 마진)^2$$

(엑셀 해 찾기 기능에 대해서는 이 챕터 부록을 참고하길 바란다.) 위의 식은 모든 경기에서의 예측 오차의 제곱합을 계산한다. [표 30-2]에 있는 조정 +/-는 이 오차의 합을 0으로 만든다. 물론 현실 대부분의 경우에서 이 오차 제곱의 합을 0으로 만드는 것은 불가능하다. 하지만 엑셀 해 찾기 기능을 이용하면 이 오차 제곱의 합을 쉽게 최소화할 수 있다.

위 표에서 선수 4의 조정 +/-는 기존 +/-보다 훨씬 안 좋게 나온 반면 선수 10의 경우 조정 +/-가 기존 +/-보다 상당히 좋아진 것을 볼 수 있다. 선수 4가 코트에 있을 때 그의 팀은 평균 2.81점 차로 이기고 있었다. 그가 코트에 있을 때 같이 뛰었던 동료들의 평균적인 능력치를 계산해 보니 그의 동료들은 평균적으로 8.33점 차로 경기를 리드하는 선수들이었다. 그리고 선수 4가 상대한 상대 팀 선수들은 평균보다

5.06점 떨어지는 선수들이었다. 따라서, 선수 4가 없었다면 팀 1이 8.33+5.05=13.38 점 차로 이겼을 것이라고 예상할 수 있다. 팀 1이 평균적으로 2.81점 차로 승리했다는 점을 고려해 보면 선수 4의 레이팅을 2.81-13.38=-10.57로 조정하는 것이 합리적이다.

이 예에서, 매 경기의 결과는 아래와 같은 모델을 통해 정확하게 예측되었다.

팀 1의 득실 마진=(코트에 나와 있는 팀 1 선수들의 레이팅 합)-
(코트에 나와 있는 팀 2 선수들의 레이팅 합)

하지만, 여기서 몇 가지 중요한 점을 짚고 넘어가고자 한다. 첫째로, 이 예측치들은 표본 내 데이터(in-sample)를 기반으로 한다. 즉, 우리는 이 레이팅들이 기존에 우리가 가지고 있는 데이터를 얼마나 잘 설명하는지를 평가한다. 따라서 이 레이팅들은 기술적(Descriptive) 통계라고 할 수 있다. 두 번째로, 실제 데이터에서는 많은 변동성이 있어 어떠한 레이팅 계산도 우리의 예에서 나온 레이팅 정확도에 근접하지 못할 것이다(WINVAL 프로그램을 통에 여전히 최적의 레이팅을 찾을 수 있기는 하다). 마지막으로, 조정 +/-의 정의에 따르면 이 레이팅은 48분당으로 계산된 레이팅이다. 하지만 다른 방식도 사용될 수 있다. 예를 들면, 한 번의 공 소유당 혹은 100번의 공 소유당 레이팅으로 바꾸어 사용할 수도 있다. 각 시간 블록으로 몇 번의 공 소유권이 있었는지 대략 계산하는 여러 가지 방법이 있다. 나일론 캘큘러스(Nylon Calculus)는 이러한 여러 가지 방법에 대해 소개하면서 이들 간의 차이가 거의 없다는 것을 보여 주고 있다.[106] 예를 들어 ESPN은 다음과 같은 식으로 공 소유권이 몇 번 있었는지를 추정한다. (필드 골 시도+0.44×자유투 시도-공격 리바운드+실책)/2

106 https://fansided.com/2015/12/21/nylon-calculus-101-possessions/

[표 30-4]는 2016~2017 시즌 경기당 20분 이상 출전한 선수 중 조정 +/- 레이팅 top 10 선수들의 기록을 정리한 표이다.

F	G	H	I	J	K
순위	선수	팀	레이팅	공격	수비
1	르브론 제임스	클리블랜드	18	11	−7
2	스테판 커리	골든스테이트	18	22	4
3	카와이 레너드	샌안토니오	18	17	−1
4	러셀 웨스트브룩	오클라호마시티	15	26	11
5	카일 로리	토론토	12	6	−6
6	폴 조지	인디애나	11	9	−2
7	로버트 코빙턴	필라델피아	11	3	−8
8	크리스 폴	LA 클리퍼스	11	5	−6
9	마이크 콘리	멤피스	11	13	2
10	데빈 부커	피닉스	10	9	−1

[표 30-4] WINVAL 2016~2017 시즌 조정 +/- 레이팅 Top 10

이 표에서 우리는 각 선수의 공격 능력과 수비 능력을 각각 측정해 놓았다. 이에 대해서는 곧 이야기하겠다. 르브론 제임스의 경우 18점이라는 레이팅을 얻었고, 이는 그의 동료들과 상대 팀 선수들의 능력치를 모두 고려한 상태에서 그가 NBA의 평균적인 대체 선수 대비 팀의 득점을 48분당 18점을 더 기록할 수 있게 했다는 의미이다. 르브론 제임스의 공격 레이팅은 11이었다. 이는 팀 동료와 상대 팀 선수들의 능력치를 고려한 상태에서 NBA 평균인 대체 선수 대비 팀 득점에 11점을 더 기여했다는 뜻이다. 공격 레이팅은 여러 가지 요소에 의해 결정된다. 득점, 리바운드, 좋은 패스, 스크린 플레이, 더 적은 실책 등. 르브론 제임스가 어떻게 이 레이팅을 얻었는지는 알 수 없다(이 부분은 코치들이 판단하거나 혹은 Chapter 37에서 다룰 선수 트래킹 데이터를 통해 파악해야 한다). 하지만 우리는 이 레이팅을 통해 그가 공격에서 얼마나 뛰어났는지에 대해 이야기할 수 있다. 르브론 제임스의 수비 레이팅은 −7점이었다. 공격 레이팅은 높을수록 좋고 수비 레이팅은 낮을수록 좋다. 따라서, 르브론 제임스는 NBA 평균인 대체 선수 대비 7점을 덜 허용했다는 뜻이다. 좋은 수비 레이팅은 다음과 같은 요소들에 의해 결정된다. 블록 슛, 픽 앤드 롤 수비, 더 적은 실책, 상대방 실책 유도, 리바운드 등. 각 선수의 레이팅은 공격 레이팅−수비 레이팅으로 계산된다. WINVAL 선수 레이팅의 좋은 점은 공격 능력과 수비 능력이 절반씩 고려된다는 것이다. 공격과 수비는 농구에서 동일한 중요성을 가지고 있기 때문이다. NBA 공식 통계는 수비 스탯보다 공격 스탯을 훨씬 더 많이 포함하고 있어 NBA 효율성 지표나 PER 레이팅과 같은 NBA 공식 통계 지표에 기반을 둔 자료들은 공격이 뛰어난 선수를 더 높게 평가하는 편향을 가질 수밖에 없다. 승리 점수 지표는 수비 능력을 고려하고자 팀의 수비 스탯을 참고하지만 그다지 성공적이지는 못했다. 예를 들어 워리어스 수비에서 그린, 파출리아, 웨스트, 이궈달라가 얼마나 중요한 역할을 하는지 파악하지 못한다.

WINVAL은 선수 레이팅을 측정함과 동시에 팀의 레이팅도 측정한다. WINVAL 팀 레이팅의 좋은 점은 마주하고 있는 상대 팀의 능력치를 고려하여 팀 레이팅을 계산할 수 있다는 것이다. 총출전 시간에 따라 조정된 WINVAL 선수 레이팅의 평균은 언제나 팀 WINVAL 레이팅과 일치하게 되어 있다. 선수 능력을 측정하는 지표는 이와 같은 특성을 반드시 가지고 있어야 한다.

농구에서 뛰어난 선수가 되는 방법은 여러 가지가 있다.

- 르브론 제임스, 크리스 폴, 카일 로리처럼 공수에서 모두 뛰어난 선수
- 러셀 웨스트브룩이나 데빈 부커처럼 공격에는 뛰어나지만 수비는 그저 그런 선수
- 수비는 뛰어나지만 공격은 그저 그런 선수. 2016~2017 시즌 올해의 수비상은 드레이먼드 그린이 아닌 유타 재즈의 루디 고버트가 받았어야만 했다. 고버트의 공격 레

이팅은 −5였지만 수비 레이팅은 −15였다! 이는 고버트가 네 명의 NBA 평균적인 선수들과 함께 코트에 있을 때 그의 팀은 평균적인 NBA 팀보다 15점을 덜 허용했다는 뜻이다. 드레이먼드 그린의 수비 레이팅은 −70이었다.

조정 +/− 레이팅이 선수의 능력을 얼마나 잘 파악할 수 있도록 해 주는지는 2000~2009년과 2010~2019년 최고의 선수 5명을 뽑아 보면 알 수 있다. 2000~2009년 최고의 선수는 케빈 가넷, 팀 던컨, 르브론 제임스, 덕 노비츠키, 코비 브라이언트였다. 이 다섯 명이 최고의 선수였다는 것에 동의하지 않는다면 도대체 누구를 넣을 것인가? 2010~2019년 최고의 선수 5명은 르브론 제임스, 스테판 커리, 크리스 폴, 케빈 듀란트, 데미안 릴라드였다. 릴라드나 크리스 폴을 제임스 하든과 바꾸고 싶은 사람이 있을 수도 있겠지만 제임스 하든이 오클라호마시티에 있을 때 그는 최고의 선수까지는 아니었다.

능형 회귀 분석(Ridge Regression)

조정 +/−를 계산할 때 생길 수 있는 문제점 중 하나는 다중 공선성이다. 농구에서는 팀별로 3~5명의 특정 선수가 경기의 대부분을 함께 뛴다. 이러한 경우 선형 회귀 분석을 통해 계산한 계숫값들의 변동성이 커지므로, 이를 신뢰할 수 없게 되는 경우가 있다. 이러한 문제를 해결하고자 기존의 회귀식에 벌점 항(penalty factor)을 추가하여 계수의 크기와 변동성을 줄이는 방법을 쓸 수 있다. 이 방법을 정규화(Regularization)라고 부른다. 다음 챕터에서 더 상세하게 설명하겠지만, 이 방법을 통해 새로운 데이터에 대한 모델의 설명력도 높일 수 있다.

앞서 살펴본 예([표 30-2])를 다시 가져와 보자면, 다음 함수를 최소화시켜 정규화된 회귀 계수를 추정할 수 있다.

$$\left[\sum_{i=1}^{14}(게임\ i\ 에서\ 팀\ 1\ 선수들의\ 레이팅\ 합-게임\ i\ 에서\ 팀\ 2\ 선수들의\ 레이팅\ 합\right.$$

$$\left.-게임\ i\ 에서의\ 득점\ 차이)^2\right]+\lambda\sum_{j=1}^{18}(선수\ j의\ 레이팅)^2$$

이 식에 추가된 내용은 $\lambda\sum_{j=1}^{18}(선수\ j의\ 레이팅)^2$이다. 결과적으로 우리가 이 함수를 최소화하려면 이 선수 레이팅을 최대한 작게 만들어야 한다. 이 방법을 통해 아웃라이어들로 인한 과적합 문제를 예방할 수 있다. 예를 들어, 만약 평균적인 선수들로 이루어진 라인업에 포함된 어떤 선수가 있다고 하자. 만약 이 라인업이 어떤 경기에서 갑자기 높은 퍼포먼스를 보인다면 기존의 모델은 이 선수에게 아주 높은 레이팅을 부여할 것이다. 전체 라인업의 퍼포먼스에 맞추어야 하기 때문이다. 하지만 능형 회귀 분석 모델에서는 일반화 항 때문에 이 선수의 레이팅이 작아지게 되어 있다. 정규화 항이 위의 모델처럼 계수의 제곱의 합인 경우 이 회귀 분석을 능형 회귀 분석이라고 부른다.

위의 능형 회귀식은 다음 [표 30-5]와 같은 정규화된 조정 +/- 값들을 보여 준다 ($\lambda = 2$). newAdjustedplusminusex.xlsx의 Regularization 탭 참조.

이 다음 표에서 볼 수 있듯이 극단에 있는 계수들이 조금씩 줄어들었다. 능형 회귀 분석의 문제점 중 하나는 얼마나 많은 정규화를 해야 하는가에 대한 것이다. 즉 λ 값을 어떻게 설정해야 하는지에 대한 것이다. 이 값이 작아질수록 기존의 최소 자승법을 이용한 선형 회귀식의 결과와 같아지게 되고 이 값이 커질수록 상수만 포함된 모델과 비슷해진다. 현실적으로는 이 값을 선택하고자 검증 데이터 세트를 사용한다. 이를 위해 데이터를 세 개로 나누어야 한다. 트레이닝 세트, 검증 세트, 테스트 세트. 먼저 트레이닝 세트를 이용하여, 각각의 λ 값에 대한 조정 +/- 계수들을 산출한다. 다음으로 검증 세트를 이용하여 가장 좋은 결과를 보이는 λ 값을 선택한다. 마지막으로 테스트 세트(out-of-sample)를 이용하여 최종 예측치를 추정한다.

A	B
선수	조정 +/−
1	7.453124
2	−0.165542274
3	−5.675792386
4	−4.659767867
5	−0.45937132
6	2.991972
7	1.03921
8	−3.890266596
9	2.745415
10	11.78721
11	−7.820003539
12	3.193179
13	−6.676403858
14	−7.256651397
15	4.542155
16	−0.530887608
17	1.479942
18	−3.061821406

[표 30−5] 정규화된 조정 +/−

르브론 제임스와 데빈 부커의 위대함
그리고 케빈 마틴의 전설

레드 오어바흐(Red Auerbach)가 이야기했듯이, 위대한 선수는 그의 팀 동료들이 더 잘할 수 있도록 해 준다. [표 30−6]은 2016~2017 시즌 르브론 제임스의 위대함을 보여 준다.

BH	BI	BJ	BK	BL	BM	BN	BO	BP	BQ
	슘퍼트	스미스	톰슨	윌리엄스	코버	제퍼슨	러브	어빙	제임스
르브론 제임스와 함께 뛸 때	7 1227m	8 919m	6 1747m	7 256m	-1 544m	10 948m	11 1467m	10 1954m	8 2795m
르브론 제임스 없이 뛸 때	-9 691m	-15 254m	-9 582m	-16 216m	-6 314m	-5 649m	1 417m	-7 570m	DNP
르브론 제임스는 뛰고 이 선수는 없을 때	10 1568m	8 1875m	11 1047m	8 2538m	11 2250m	8 1847m	6 1327m	4 840m	DNP
르브론 제임스와 이 선수가 모두 안 뛸 때	-10 459m	-8 896m	-10 568m	-8 934m	-11 836m	-16 501m	-15 733m	-11 580m	-9 1150m

[표 30-6] **르브론 제임스의 위대함**

BQ 열에서 르브론 제임스가 뛸 때 클리블랜드가 평균보다 8점 더 득점했다는 사실을 보여 준다. 르브론 제임스가 뛰지 않을 때는 9점 덜 득점했다. 이 표에 나와 있는 거의 모든 상황에서 르브론 제임스가 뛸 때 최소 15점의 차이가 발생했다. 예를 들어, 어빙과 르브론이 뛰고 있을 때, 클리블랜드는 평균보다 10점을 더 득점했다. 어빙만 뛰고 르브론 제임스는 뛰지 않을 때, 클리블랜드는 평균보다 7점 덜 득점했다. 르브론 제임스는 뛰고 어빙은 뛰지 않을 때, 클리블랜드는 평균보다 4점 더 득점했다. 어빙과 르브론 제임스가 모두 뛰지 않을 때, 클리블랜드는 평균보다 11점 덜 득점했다.

이제 2016~2017 시즌 피닉스 선즈의 가드였던 데빈 부커의 퍼포먼스를 분석해 보자. PER 레이팅에 따르면 그는 2016~2017 시즌 평균 이하의 선수였다(PER 레이팅: 14.64). 그리고 NBA 슈팅 가드 순위 21번째였다. 데빈 부커는 셀틱스를 상대로 NBA 역사상 10번째로 높은 기록인 70점을 득점했지만 여전히 평균 아래 선수로 평가받았다. 하지만 [표 30-7]은 왜 그가 위대한 선수인지를 보여 준다.

BI	BJ	BK	BL	BM	BN	BO	BP	BQ	BR	BS
	크리스	존스	렌	율리스	워렌	벤더	부커	윌리엄스	더들리	챈들러
데빈 부커와 함께 뛸 때	-8 1428m	7 220m	-7 977m	-8 553m	-2 1574m	4 192m	-3 2731m	-4 346m	1 636m	2 1174m
데빈 부커 없이 뛸 때	-20 316m	-5 325m	-23 583m	-12 570m	-18 474m	-15 382m	DNP	-7 362m	-7 727m	-24 124m
데빈 부커는 뛰고 이 선수는 없을 때	3 1303m	-4 2510m	0 1754m	-1 2178m	-3 1157m	-3 2539m	DNP	-3 2385m	-4 2095m	-6 1557m
데빈 부커와 이 선수가 모두 안 뛸 때	-12 920m	-17 910m	-6 653m	-17 666m	-12 761m	-14 854m	-14 1236m	-17 874m	-25 509m	-13 1112m

[표 30-7] 데빈 부커의 2016~2017 시즌 On-Off 통계

BP 열에서 부커가 있을 때 선즈는 평균보다 3점 더 허용했음을 알 수 있다. 하지만 부커가 없을 때 선즈는 평균보다 14점을 더 허용했다. 이 표에서의 다양한 상황에서 부커가 없을 때 선즈는 최소 10점 정도를 더 허용했다. 이 표를 통해 왜 부커가 2016~2017 시즌 위대한 선수였는지 알 수 있다.

마지막으로, 2006~2015 시즌 케빈 마틴의 평균 PER 레이팅은 19였다. 이는 평균보다 훨씬 높은 수치이다. 추정상 선수 통계 분석에 능했을 것으로 예상되는 로케츠와 썬더는 마틴을 트레이드시켰다. 그의 조정 +/-에 따르면 그는 공격에 뛰어났지만(공격 레이팅 +5), 수비에 큰 약점이 있었고(수비 레이팅 +8), 결론적으로 평균 이하의 선수였다(종합 레이팅 -3).

임팩트 레이팅

이 챕터는 WINVAL에 대한 찬양으로 가득 차 있다. 이 지표에 단점은 정말 없을까? 첫째로, 이 시스템에는 많은 노이즈가 있다. 우선 선수 레이팅을 정확히 파악하려면 꽤 많은 출전 시간 혹은 공 소유권이 필요하다. 예를 들어, 한 시즌에 500분 미만 출전한 선수의 WINVAL 레이팅의 경우 신뢰성이 떨어진다. 또 다른 문제는 경기 결과가 거의 결정된 다음에는 가끔 좋은(혹은 나쁜) 스탯이 계속 쌓일 수

도 있다. 예를 들어, 경기 종료 3분 전 팀이 20점 차이로 뒤지고 있는 상태에서 투입된 선수를 생각해 보자. 이 경기의 결과는 이 시점에 거의 결정되어 있다고 봐야 한다. 하지만 이 선수의 팀이 만약 경기 종료 시점에 3점 차까지 따라붙는다면, 이 선수의 WINVAL 레이팅은 엄청나게 상승할 것이다. 이러한 문제점을 해결하고자, WINVAL은 WINVAL 임팩트 레이팅이라는 것을 만들었다. 임팩트 레이팅은 Chapter 8에서 다루었던 야구의 WPA 레이팅과 비슷하다. 수천 번의 NBA 경기 결과들을 바탕으로 현재 스코어와 남은 경기 시간 아래에서 한 팀이 승리할 확률을 계산하였다. 그리고 임팩트 레이팅을 개발하고자 경기의 특정 시점에서 각 팀의 승리 확률을 나타내는 스코어보드를 만들었다. 그런 다음 한 선수가 그의 팀의 스코어가 아닌 승리 확률 변화에 기여하는 바에 따라 레이팅에 변화를 주었다. 예를 들어, 경기 시작 시점에 이 스코어보드상의 스코어는 50-50이다. 만약 내가 5분간 경기에 나섰고 5분 뒤에 14-5로 우리 팀이 앞서고 있다면, 기존 스코어보드는 우리가 9점을 앞섰다고 표현할 것이다. 하지만 임팩트 스코어보드는 나의 승리 확률이 이제 72-28이 되었다고 표현할 것이고, 따라서 나의 팀은 22 임팩트 포인트를 얻은 것이다. 이번에는 경기 종료 2분 남은 상황에서 5점 차로 뒤지고 있다고 생각해 보자. 임팩트 스코어 보드상으로는 11-89가 될 것이다. 만약 우리가 이 경기를 이긴다면 우리 팀은 89 임팩트 포인트를 얻은 것이다. 이러한 임팩트 스코어보드상의 변화를 이용하여 임팩트 레이팅 분석을 진행하였다.

우리는 다음과 같이 선수들의 임팩트 레이팅을 해석할 수 있다. 임팩트 레이팅이 x인 선수는 평균적인 선수들로 이루어진 팀에서 평균적인 선수들로 이루어진 팀을 상대로 0.5+x의 임팩트 레이팅을 얻게 된다. 예를 들어, 2016~2017 시즌 카일 로리는 임팩트 레이팅이 40%였다. 따라서, 48분 경기에서 카일 로리와 네 명의 평균적인 선수로 이루어진 팀은 평균적인 선수 다섯 명으로 이루어진 팀을 상대할 때 90%의 승률을 보일 것이다.

선수의 클러치 능력을 측정하는 또 다른 방법은 그 선수의 4쿼터 레이팅을 보는 것이다. 우리는 각 선수의 레이팅을 쿼터별로 나누어 보았다. [표 30-8]은 2016~2017 시즌 4쿼터에서 좋은 능력을 보인 10명의 선수를 나타내고 있다. 러셀 웨스트 브룩의 4쿼터 레이팅은 +23이다. 러셀 웨스트브룩이 평균적인 선수와 대체됐을 때와 대비하여 그의 팀이 4쿼터에 23점을 더 얻어 냈다는 뜻이다.

F	G	H	I
순위	선수	팀	조정 4쿼터 +/-
1	러셀 웨스트브룩	오클라호마시티	23
2	카와이 레너드	샌안토니오	21
3	디마커스 커즌스	새크라멘토	17
4	크리스 미들턴	밀워키	15
5	폴 밀샙	애틀랜타	15
6	조지 힐	유타	14
7	스테판 커리	골든스테이트	14
8	카일 로리	토론토	13
9	재 크라우더	보스턴	12
10	브래들리 빌	워싱턴	12

[표 30-8] 2016~2017 시즌 4쿼터 조정 +/- 순위

NBA 애널리틱스의 시대가 오고 있다: 크리스 미들턴 계약

2017년 4월 「블리처 리포트」[107]는 크리스 미들턴을 NBA에서 가장 저평가된 선수로 뽑았다. 우리는 오랜 기간 동안 크리스 미들턴이 통계상으로 아주 뛰어난 선수라는 것을 알고 있었다. 2013~2014 시즌 그의 PER은 평균 이하인 13이었다. 2014~2015 시즌 그의 PER은 평균보다 약간 위인 16이었다. 하지만 2014~2015 시

---

107 http://bleacherreport.com/articles/2700851-milwaukee-bucks-khris-middleton-is-the-nbas-most-overlooked-star

즌, 미들턴의 조정 +/−는 +10이었고 임팩트 레이팅은 +33이었다. 그는 임팩트 레이팅에서 전체 10위였고 조정 +/− 레이팅에서 전체 15위였다. 이는 올스타 플레이어 수준의 퍼포먼스이다. 밀워키 벅스는 미들턴에게 5년간 7천만 달러의 계약을 안겨 주었다. NBA 애널리틱스가 없었다면 이러한 큰 금액의 계약은 없었을 것이다.

챕터 30 부록: 엑셀 해 찾기 기능을 활용하여 조정 +/− 레이팅 계산하기

엑셀에서 해 찾기 기능을 설치하려면 우선 파일 탭으로 간 뒤, 옵션을 선택하고, 추가 기능을 선택한다. 여기에서 이동을 선택한 다음, 해 찾기 추가 기능을 체크 후 확인을 클릭한다. 이제 해 찾기 추가 기능이 설치되었다. 데이터 탭으로 간 뒤 오른쪽 부분에 보면 해 찾기 기능이 활성화되어 있을 것이다. 이를 클릭하면 대화창이 새롭게 생길 것이다. 여기에 세 가지 중요한 정보를 입력해야 한다.

- **목표 설정**: 이 값은 최대화 혹은 최소화하려는 목푯값이다. 우리의 예에서 우리의 목표는 각 경기 예측 오차의 제곱합을 최소화하는 것이었다.
- **변수 셀 변경**: 이 값들은 해 찾기 기능을 통해 목푯값을 찾고자 엑셀이 변경할 수 있는 값들이다. 우리의 예에서 변수 셀 변경은 각 선수의 조정 +/− 레이팅이었다.
- **제한 조건**: 셀 변경에 걸어 놓을 수 있는 조건들이다. 우리의 예에서 우리가 포함한 유일한 제한 조건은 평균적인 선수의 레이팅을 0으로 만드는 것이었다. 이를 통해 평균 이상의 선수는 양숫값, 평균 이하의 선수는 음숫값을 가질 수 있었다.

다음은 우리가 조정 +/− 레이팅을 계산하고자 newAdjustedplusminusex.xlsx 파일의 Adjusted Plus Minus 탭에서 시행했던 과정을 나타낸 것이다.

1단계: B 열에 조정 +/- 실험 데이터를 입력

2단계: 이 데이터의 평균을 B3에 입력

3단계: S 열에 lookup 함수를 이용하여 각 게임 중 우리 팀의 조정 +/-의 합을 계산

4단계: T 열에 lookup 함수를 이용하여 각 게임 중 상대 팀의 조정 +/-의 합을 계산

5단계: E 열에 각 게임 예측치를 계산. [우리 팀 선수 레이팅의 합(S 열)] - [상대 팀 선수 레이팅의 합(T 열)]

6단계: D 열에 각 게임 예측치의 오차 제곱을 계산(G 열-E 열)^2

7단계: D2 셀에 각 게임 예측치의 오차 제곱의 합을 계산

8단계: [그림 30-1]에 나온 것과 같이 해 찾기 기능에 입력. 우리의 목푯값은 D2이다(오차 제곱합의 최소화). 변수 셀 변경은 조정 +/- 레이팅이다 (B5:B22). 그리고 레이팅의 평균(B3)이 0이 되도록 제한 조건을 걸었다. 이를 통해 평균 이상의 선수는 양숫값의 레이팅을, 평균 이하의 선수는 음숫값의 레이팅을 가질 것이다.

만약 경기 시간이 동일하지 않다면, 각각의 게임에 대하여 분당 지표를 예측한 다음 예측 오차의 제곱을 계산하여 이 지표를 분당 지표로 변환해야 한다. 그런 다음 목푯값을 계산하고자 각 경기의 분당 오차 제곱에 경기 시간(분)을 곱해 주어야 한다.

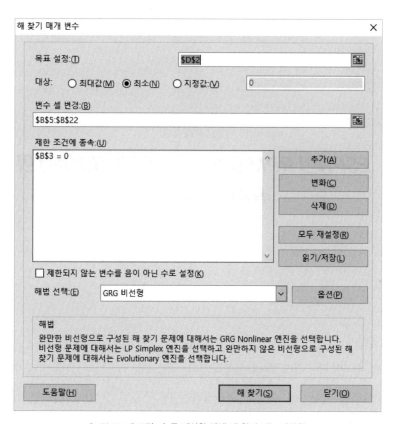

[그림 30-1] 조정 +/-를 계산할 엑셀 해 찾기 기능 대화창

CHAPTER 31

ESPN의 RPM과 FIVETHIRTYEIGHT의 RAPTOR 레이팅

이전 챕터에서 한 선수가 팀의 성공에 얼마나 기여하는지 평가하고자 조정 +/-가 사용될 수 있다는 점에 대해 설명하였다. 즉, 조정 +/-는 기술적인 통계 지표로서 시즌 후 각종 시상식의 수상자를 선정하는 데 사용될 수 있다. 하지만 이는 농구 팀의 제너럴 매니저들에게는 큰 관심사가 아닐 것이다. 그들에게는 과거 데이터를 정확하게 분석하는 것보다 미래 퍼포먼스를 예측하는 것이 훨씬 중요한 일이다. 하지만 한 가지 지표만으로 이 두 가지 작업을 모두 처리하기가 쉽지 않은 경우가 많다.

이전 챕터에서 우리는 정규화를 통해 트레이닝 데이터 세트의 과최적화 문제를 피하고자 하였다. 또한 이를 통해 우리의 모델 자체가 정규화될 수 있도록 하였다. 즉, 우리의 모델이 단지 데이터를 기억하는 것이 아니라 그 데이터 안에서 어떠한 패턴을 찾아낼 수 있도록 하는 것이다. 정규화된 모델은 새로운 데이터를 대상으로 더 정확한 예측을 할 수 있을 것이고, 따라서 이러한 모델을 이용한다면 과거 데이터를 통해 미래 퍼포먼스를 예측하는 것이 가능할 것이다. 이것이 바로 제너럴 매니저들이 원하는 것이다. 현재는 워싱턴 위저즈에서 일하고 있는 조 실(Joe Sill)은 2010 MIT 슬론 스포츠 애널리틱스 콘퍼런스에서 최초로 정규화 모델을 NBA 선수 레이

팅에 적용하는 방식을 소개하였다.[108]

멀러스 매버릭스의 데이터 분석가인 제레마이어스 잉글맨(Jeremias Engelmann)과 캔자스 대학교 임상 심리학과 교수인 스티브 이랄디(Steve Ilardi)는 실(Sill)이 했던 작업을 더욱 정교하게 만들어 RPM(Real Plus-Minus)이라는 지표를 만들었다. 잉글맨과 이랄디는 능형 회귀 분석을 이용하면서 계수나 선수 레이팅을 0으로 축소하는 대신 NBA 공식 통계에 있는 +/-로 축소시켰다.

[표 31-1]에 2018~2019 시즌 RPM 상위 선수들을 정리하였다(RPM201819.csv 파일 참조).

A	B	C	D	E	F	G	H	I	J	K	L	M
순위	이름	팀	출전 경기 수	경기당 출전 시간	ORPM	DRPM	RPM	WINS	RAPM	PIMP	RAPTOR	PREDATOR
1	폴 조지	오클라호마시티	77	36.9	4.55	3.08	7.63	19.86	6.08	6.33	9.53	9.96
2	제임스 하든	휴스턴	78	36.8	7.4	0.02	7.42	18.54	3.24	5.58	10.72	12.57
3	스테판 커리	골든스테이트	69	33.8	5.99	0.85	6.84	15.24	5.43	7.34	7.79	8.7
4	지아니스 안테토쿰포	밀워키	72	32.8	3.16	3.53	6.69	15.22	4.31	7.66	6.81	7.08
5	니콜라 요키치	덴버	80	31.3	3.89	2.59	6.48	14.91	2.14	4.41	8.7	9.02
6	조엘 엠비드	필라델피아	64	33.7	2.68	3.72	6.4	12.9	4.11	6.62	7.53	7.15
7	앤서니 데이비스	뉴올리언스	56	33	2.54	3.2	5.74	10.81	2.18	5.83	7.38	7.32
8	니콜라 부세비치	올랜도	80	31.4	1.9	3.59	5.49	13.67	2.76	4.2	4.8	4.93
9	르브론 제임스	LA 레이커스	55	35.2	3.61	1.83	5.44	11.04	3.32	4.39	5.58	4.3
10	데미안 릴라드	포틀랜드	80	35.5	5.67	-0.59	5.08	14.52	3.38	4.9	5.6	6.12
11	케빈 듀란트	골든 스테이트	78	34.6	4.36	0.6	4.96	14.1	5.78	5.79	5.06	4.97
12	크리스 폴	휴스턴	58	32	2.49	2.27	4.76	9.17	2.27	3.23	4.63	6.44
13	대니 그린	토론토	80	27.7	2.66	2.07	4.73	11.23	5.84	3.97	4.06	4.91
14	지미 버틀러	미네소타/필라델피아	65	33.6	2.55	2.16	4.71	10.97	2.11	2.45	5.62	5.56
15	카일 로리	토론토	65	34	2.83	1.82	4.65	10.97	3.49	3.84	5.6	6.95
16	루디 고버트	유타	81	31.8	0.29	4.35	4.64	13.1	2.42	4.54	5.43	6.15
17	즈루 홀리데이	뉴올리언스	67	35.9	3.38	1.23	4.61	12.28	4.76	3.96	5.57	5.46
18	알 호포드	보스턴	68	29	1.77	2.66	4.43	9.51	3.07	3.05	3.77	4.17
19	폴 밀샙	덴버	70	27.1	1.57	2.74	4.31	8.77	4.36	2.9	3.87	3.93
20	카이리 어빙	보스턴	67	33	3.77	0.46	4.23	10.34	2.66	2.97	5.69	6.96

[표 31-1] 2018~2019 RPM 랭킹

108 J. Sill, "Improved NBA adjusted +/- using regularization and out-of-sampletesting," in MIT SSAC, 2010.

앞에 주어진 정보들을 해석하고자 지아니스의 기록을 예로 사용하도록 하겠다. WINVAL의 조정 +/−와 다르게 모든 RPM 지표는 100번의 공 소유권당 기록으로 계산되어 있다.

- 출전 경기 수−지아니스는 72번의 정규 시즌 게임에 출전하였다.
- 경기당 출전 시간−지아니스는 경기당 평균 32.8분을 출전하였다.
- RPM−100번의 공 소유권당. 지아니스는 평균적인 NBA 선수 대비 팀에 6.69점을 더 기여하였다.
- ORPM−100번의 공 소유권당. 지아니스는 평균적인 NBA의 공격수 대비 팀에 3.16점을 더 기여하였다.
- DRPM−100번의 공 소유권당. 지아니스는 평균적인 NBA의 수비수 대비 3.53점을 덜 허용하도록 만들었다. WINVAL과 달리 수비 지표도 양수인 경우가 더 좋은 것이다. RPM=ORPM+DRPM은 항상 성립한다.
- WINS−이 열은 해당 선수가 대체 선수 대비 그의 팀에 몇 승을 기여했는지를 보여준다. 이를 계산하고자 해당 선수의 RPM과 그 선수가 몇 번의 공 소유권을 플레이했는지를 고려한다.

RPM을 통해 WINS를 계산하기

RPM2016−kp.xlsx에는 ESPN의 2015~2016 시즌 RPM 지표와 WINS 지표가 나와 있다. 만약 어떠한 선수가 평균 이상의 선수라면, 더 많은 출전 시간을 가지는 것이 WINS 지표를 올리는 데 도움이 될 것이다. 우리는 아래 공식이 WINS를 매우 정확히 예측한다는 것을 찾아냈다. 이 공식의 오차는 0.016WINS밖에 되지 않았다. 이 모델을 통해 우리는 ESPN이 공 소유권 한 번당 −3.15RPM을 기록하는 선수를 평균적인 대체 선수라고 정의하고 있다는 점을 알 수 있다.

$$WINS=0.00064\times(RPM-(-3.15))\times출전\ 시간(분)$$

RPM의 대안들

ESPN은 최근 선수 트래킹 데이터를 활용하여 RPM을 계산하는 방법을 약간 수정하였다(트래킹 데이터에 대해서는 Chapter 37에서 자세히 다룰 것이다). 특히, 트래킹 데이터(예: 누가 누구를 수비했는지)를 활용한 더 진보된 NBA 공식 통계 기록이 RPM 계산에 활용되었다. 케빈 펠튼(Kevin Pelton)은 ESPN이 발표한 새로운 RPM인 RPM 2.0에 대해 상세한 글을 발표하였다.[109]

FiveThirtyEight 또한 2019~2020 시즌 전에 RAPTOR라는 그들만의 선수 평가 지표를 발표하였다. RAPTOR는 100번의 공 소유권당 리그 평균 선수 대비 기록을 통해 선수의 실력을 평가한다. 네이트 실버(Nate Silver)는 어떠한 방식으로 이 지표가 계산되는지 매우 상세하게 설명해 두었다.[110] 간단하게 이야기하자면 이 지표는 선수 트래킹 데이터와 이미 공개된 선수 스탯 자료를 이용하고 있다. RAPTOR는 두 가지 지표를 제공한다. (a) 누가 팀 승리에 기여하고 있는지를 보여 주는 기술적인 지표 그리고 (b) 미래 경기들의 결과 예측을 목적으로 하는 예측 지표(PREDATOR). 이 중 PREDATOR는 각 선수의 출전 시간을 알아보고자 뎁스 차트를 이용한다.

NBA 선수 지표와 관련하여 다양한 버전의 조정 +/- 지표들이 존재한다. 라이언 데이비스(Ryan Davis)는 운에 의한 요소를 조정한 버전의 정규화 조정 +/-를 개발

109 https://www.espn.com/nba/story/_/id/28309836/how-real-plus-minus-reveal-hidden-nba-stars
110 https://fivethirtyeight.com/features/how-our-raptor-metric-works/

하였다.[111] 이 지표에서는 3점 숏이나 자유투의 결과가 아닌 해당 숏의 기대 득점을 활용하여 지표를 계산한다. 비슷하게, Player Impact Plus-Minus 지표도 운이라는 요소를 조정한 버전의 조정 +/-이다.[112]

이러한 각각의 버전은 같은 선수에 대하여 각각 다른 시각을 보여 줄 것이다. [그림 31-1]은 2018~2019 시즌 톱 10명 선수의 RPM과 다양한 버전의 조정 +/-(100번 공 소유권당) 간의 관계를 보여 준다. [그림 31-1]과 [그림 31-2]에서 볼 수 있듯이, 이들 지표들은 약간의 상관성을 보이지만 꽤 다른 결과를 나타내고 있다. 득점과 같은 지표들만 보아 왔던 일반적인 팬들의 경우 이러한 지표들을 해석하는 데 어려움을 겪을 수도 있다. 하지만 결과가 다르다는 것은 해당 지표들이 서로 다른 의미를 함축하고 있다거나 만들어지는 과정에서 서로 다른 부분을 중요하게 생각했다는 것을 의미한다. 이러한 지표들을 활용할 때 각 지표의 측정하고자 하는 부분이 어떤 것인지를 면밀하게 검토해 볼 필요가 있다. 휴스턴의 일반적인 농구 팬인 대릴은 제임스 하든이 MVP를 받아 마땅하다는 그와 그의 친구들의 의견을 뒷받침해 줄 수 있다는 이유만으로 새로운 지표를 선택할지도 모른다. 예를 들면, 제임스 하든이 지아니스보다 더 나은 선수로 평가되어 있다는 이유로 결과가 다른 PIMP보다 RAPTOR를 선택하여 활용할 수도 있다. 하지만 분석가라면 기존의 자기가 가지고 있던 믿음을 뒷받침해 주는 지표를 찾는 것이 아닌 자신의 견해와 맞지 않더라도 객관적인 결론을 내리는 데 도움이 되는 지표를 선택해야만 한다.

---

111 http://nbashotcharts.com/rapm?id=1109440799

112 https://www.bball-index.com/

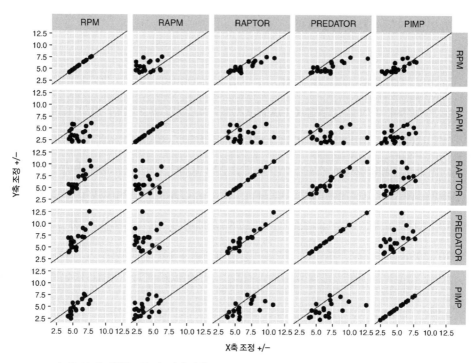

[그림 31-1] 다양한 조정 +/- 간의 관계(RPM 기준 2018~2019 시즌 톱 20 선수들을 대상으로)

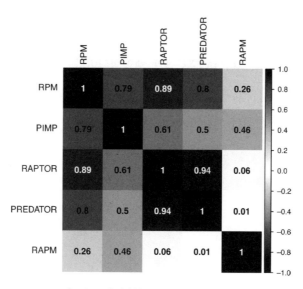

[그림 31-2] 다양한 조정 +/- 간의 상관관계

마이클 조던은 GOAT인가?

「ESPN」, 「CBS Sports」, 「Fox Sports」, 「SLAM 매거진」 그리고 「블리처 리포트」에서는 한결같이 마이클 조던을 GOAT라고 평가하고 있다. 하지만 만약 RPM 지표만으로 GOAT를 선발한다면 마이클 조던을 GOAT로 뽑을 수 없을 것이다. RPM. xlsx 파일에 1990~2004 시즌 동안의 잉글맨의 RPM 레이팅을 정리해 놓았다. 이 데이터는 마이클 조던의 위대했던 초창기 시즌(1985~1990) 데이터를 포함하고 있지 않지만 그의 3시즌 연속 우승과 그 외 많은 위대했던 시즌 기록을 포함하고 있다. 1990~1998 시즌 동안 마이클 조던은 평균 RPM 4.3을 기록했다. 또 다른 명예의 전당 헌액자인 스코티 피펜과 같은 수치이다. 이 기간에 또 다른 팀 동료였던 데니스 로드맨은 RPM 2.7을 기록했다. 샤킬 오닐의 평균 RPM은 6.6이다. The Admiral이라고 불렸던 데이비드 로빈슨은 1989년 데뷔하여 이 데이터는 그의 첫 시즌을 제외하고는 모든 기록을 포함하고 있다. 로빈슨의 평균 RPM은 7.3이었다. 1990~1998 시즌 존 스톡턴은 평균 RPM 5.3을 기록했다. 2017 시즌 르브론 제임스는 평균 RPM 8을 기록했다.

필자 개인적 생각으로 GOAT는 월트 체임벌린이다. 하지만 그 옛날 시절에는 +/− 지표가 존재하지 않았다. 그리고 1961~1962 시즌 그는 게임당 평균 48.5분을 출전하여 벤치에 나와 있던 시간이 너무 부족하여 정확한 조정 +/−를 계산하는 것이 불가능하다.

CHAPTER 32
NBA 라인업 분석

Chapter 30에서, 조정 +/−를 계산하는 우리의 방법에 대해 설명했다. 이는 트레이드와 연봉에 대한 결정을 내리는 데 도움이 될 수 있을 것이다. 하지만 시즌 중에 트레이드 되는 선수의 숫자가 적을뿐더러 시즌 중에는 팀들의 관심사가 현재 로스터를 가지고 어떻게 최대한 많은 승수를 올리느냐에 집중되어 있기 마련이다. 시즌 중 코치들이 내려야 하는 중요한 결정 중 하나는 어느 게임에 어떠한 라인업을 세울 것인가 하는 것이다. 예를 들어, 워리어스의 듀란트, 커리, 톰슨, 그린, 이궈달라를 상대로 빅 라인업을 가는 것이 좋을까 스몰 라인업으로 맞서는 것이 좋을까?

한 시즌 동안 보통의 팀들은 500개 정도의 다른 라인업을 사용한다. 코치들이 라인업을 결정할 때 어떠한 기준을 가지고 있을까? 좋은 라인업을 사용하는 것은 더 많은 승리를 거두는 데 도움이 될 것이다. 그리고 라인업 레이팅은 라인업을 결정하는 데 많은 도움을 줄 것이다. 좋은 라인업을 더 많이 내세우고 나쁜 라인업은 최대한 덜 사용하도록 해 줄 것이다.

우리가 선수 레이팅을 계산할 수 있으면 라인업 레이팅을 개발하는 것은 매우 쉬운 일이 될 것이다. 우리가 앞서 이야기한 워리어스의 라인업을 평가한다고 해 보자. 이 라인업을 워리어스 2A라고 부르자. 이 라인업은 2016~2017 시즌 전체 라인업

중 두 번째로 많은 시간을 함께 플레이하였다. 워리어스 2A는 288분을 플레이하였고 이때 상대방보다 162점을 더 득점하였다. 즉, 워리어스 2A는 288/48=6게임을 함께 플레이하였고 +/- 162/6=27점을 기록하였다. 이제 워리어스 2A가 코트에 있을 때 분당 기록을 살펴보고 그때 상대방들의 능력에 대해서도 분석해 보자. 이때 3.2점의 홈코트 어드밴티지도 고려할 것이다. 우리는 이 라인업이 코트에 있을 때 맞섰던 상대방들이 평균적으로 +2.67점을 기록하였다는 것을 알아내었다. 즉, 워리어스 2A는 조정 +/- 27+2.67=29.67점을 갖게 된다. 요약하자면, 워리어스 2A는 NBA의 평균적인 라인업(5명 선수 레이팅의 합이 0인 라인업)보다 게임당 29.67점을 더 득점했다는 뜻이다.

놀라운 점은 많은 팀이 좋은 라인업보다 나쁜 라인업을 운용하는 시간이 훨씬 길다는 것이다. 이 상황을 묘사하고자 2016~2017 애틀랜타 호크스를 예로 들어 보자. 해당 시즌 가장 오랜 시간 플레이한 라인업은 베이즈모어, 하워드, 밀샙, 시펠로샤, 슈로더였다. 이 라인업은 426분을 함께 뛰었고 평균적인 라인업 대비 2.4점을 덜 득점하였다. 이 라인업에서 베이즈모어만 팀 하더웨이 주니어로 교체된 라인업은 126분만을 같이 플레이하였는데 이때는 평균보다 28점을 더 득점하였다. 왜 이 라인업이 평균 이하인 라인업보다 더 적게 플레이하였는지 이해할 수가 없는 부분이다.

2000~2007 시즌 동안 댈러스 매버릭스는 코치들이 결정을 내릴 때 WINVAL 라인업 레이팅을 참고하도록 하였다. 이 7년 동안 매버릭스는 샌안토니오 스퍼스를 제외한 모든 팀보다 더 많은 승수를 거뒀다. 우리의 라인업 레이팅과 매버릭스의 좋은 성적 간의 관계를 객관적으로 증명할 방법은 없지만 좋은 라인업으로 더 많이 플레이하고 좋지 않은 라인업을 최대한 배제하는 것은 너무나 합리적인 결정이다.

2012~2013 시즌 뉴욕 닉스의 뛰어난 리더였던 제너럴 매니저 글렌 그룬왈드(Glen Grunwald)는 WINVAL을 이용하여 선수와 라인업을 평가하였다. 2013년 3월 닉스는 4연패에 빠져 있었다. 이때 우리의 라인업 분석은 프리지오니와 펠튼이 투

입되었을 때 평균보다 41점 더 득점하고 있다는 사실을 보여 주고 있었다. 닉스는 이 두 선수를 선발 출전시키기 시작하였고 곧바로 13연승을 거두었다. 2012~2013 시즌 닉스는 54승을 거뒀고 이는 1997년 이후 최다승이었다. 닉스는 그해 로이 히버트의 마지막 블록 샷에 가로막혀 아주 아깝게 이스턴 콘퍼런스 결승 진출에 실패하였다(사실 그 블록 샷은 골 텐딩 반칙이었다). 마지막으로, 그룬왈드의 후임이었던 필 잭슨 체제에서 뉴욕 닉스는 겨우 34% 승률을 기록했다는 것을 언급하고 싶다.

몇몇 사람은 특정 라인업이 그렇게 많은 시간을 함께 플레이하지 않는다는 사실을 들어 라인업 레이팅에 상당한 변동성이 있을 것이라고 생각할 수 있다. 그리고 이는 어느 정도 사실이다. 예를 들어, 위의 예에서, 하더웨이 주니어, 하워드, 밀샙, 시펠로샤, 슈로더로 이루어진 라인업은 베이즈모어, 하워드, 밀샙, 시펠로샤, 슈로더 라인업 출전 시간의 30% 정도밖에 출전하지 않았다. 이러한 차이가 표본의 크기에 얼마나 영향을 받을까? 어느 한 라인업이 다른 라인업보다 더 나을 확률은 실제로 얼마나 되는 걸까? lineupsuperiority.xlsx 파일에 이에 대한 답이 담겨 있다 ([표 32-1]). 성적이 뒤처지는 라인업의 출전 시간과 라인업 레이팅을 4행에 입력하고 성적이 뛰어난 라인업의 데이터를 5행에 입력해 보자. 그러면 E 열에 성적이 뛰어난 라인업이 정말로 더 좋은 성적을 기록하는지에 대한 확률이 계산되어진다. 애틀랜타 호크스의 예에서 팀 하더웨이 주니어가 포함된 라인업이 베이즈모어가 포함된 라인업보다 실제로 더 뛰어날 확률은 다음 표에서 볼 수 있듯이 99%가 넘는다. 즉, 호크스는 팀 하더웨이 주니어가 포함된 라인업의 출전 시간을 훨씬 더 늘렸어야 했다.

B	C	D	E	F
하워드, 슈로더, 밀샙, 세이프로샤				
다섯 번째 선수	라인업	레이팅	출전 시간	경기 수
베이즈모어	1	−2.4	426	8.875
하더웨이 주니어	2	28	126	2.625
차이	분산 차이	시그마 차이	라인업 2가 더 뛰어날 확률	
−30.4	71.082495	8.431043528	0.9999289	

[표 32–1] 라인업 비교 계산기

두 번째 라인업이 첫 번째 라인업보다 더 뛰어나다는 확률은 어떻게 계산하는 걸까? 우리가 가진 데이터에 따르면 한 라인업이 48분 동안 기록하는 실제 퍼포먼스는 평균이 해당 라인업의 레이팅이고 표준 편차가 12인 정규 분포를 따른다. 한 라인업의 레이팅 표준 편차는 아래와 같이 구할 수 있다.

$$\frac{12}{\sqrt{경기\ 수}}$$

예를 들어, 192분을 플레이한 라인업의 경우, 우리의 레이팅에서 표준 편차 12/2=6을 갖게 된다. 통계학 이론에 따르면 두 개의 독립된 확률 변수 간 차이의 분산은 두 독립 확률 변수의 분산 합으로 계산할 수 있다. 확률 변수의 표준 편차는 분산의 제곱근이므로, 두 라인업의 레이팅 차이의 표준 편차는 아래와 같이 구할 수 있다. 여기서 경기 수는 경기 시간(분)/48이다.

$$\sigma = \sqrt{\frac{144}{라인업1\ 의\ 경기\ 수} + \frac{144}{라인업2\ 의\ 경기\ 수}}$$

이제 우리는 라인업2가 더 뛰어날 확률의 평균이 (라인업2 레이팅−라인업1 레이팅)이고 표준 편차 σ인 확률 변수가 0보다 클 확률과 같다는 것을 알 수 있다. 이 확률은 아래와 같은 엑셀 함수를 통해 계산할 수 있다.

1-NORMDIST(0, 라인업1 레이팅-라인업2 레이팅, σ, True)

[표 32-1]은 팀 하더웨이 주니어가 있는 라인업이 베이즈모어가 있는 라인업보다 뛰어날 확률이 99%가 넘는다는 것을 보여 주고 있다.

라인업 케미스트리 101

코치들은 종종 특정 라인업이 코트 위에서 케미스트리가 좋다 혹은 손발이 잘 맞는다고 표현하곤 한다. 어느 라인업이 퍼포먼스가 좋지 못할 때는 코치들이 종종 이들을 향해 "그들은 전에 서로 한 번도 만난 적 없는 사람들 같아 보인다."고 말하곤 한다. 우리는 라인업 레이팅과 개별 선수 레이팅을 통해 특정 라인업이 손발이 잘 맞는지 아닌지 확인해 볼 수 있을 것이다. 라인업의 케미스트리=라인업 레이팅-개별 선수 레이팅의 합으로 정의해 보자. 손발이 잘 맞는 경우 라인업의 케미스트리가 양수가 나올 것이고 이는 기대치보다 라인업 레이팅이 높다는 것을 의미할 것이다. 반면 음수가 나오는 경우 해당 라인업이 기대치에 못 미친다는 뜻이고 서로 손발이 잘 맞지 않는다고 할 수 있을 것이다.

[표 32-2]를 보면 2016~2017 시즌 이에 대한 예시가 나와 있다. 예를 들어, 앞에 예로 들었던 팀 하더웨이 주니어 라인업의 경우 개별 선수들의 조정 +/- 레이팅의 합보다 경기당 27점을 더 득점하였다. 반면에 브래들리 크라우더, 스마트, 토머스, 올리닉으로 이루어진 보스턴 셀틱스 라인업은 각 선수의 조정 +/- 레이팅의 합보다 경기당 평균 14점을 덜 득점하였다.

B	C	D	E	F	G	H	I
팀	선수 1	선수 2	선수 3	선수 4	선수 5	출전 시간(분)	케미스트리
애틀랜타	하더웨이	하워드	밀샙	슈뢰더	시펠로샤	120	27
보스턴	브래들리	크라우더	스마트	토마스	올리틱	114	−14
시카고	버틀러	깁슨	그랜트	로페스	웨이드	133	−16
클리블랜드	스미스	제임스	프라이	러브	어빙	83	18
골든스테이트	스테판 커리	그린	이궈달라	맥기	톰슨	94	−11
댈러스	세스 커리	반스	해리스	매슈스	메즈리	57	−14
휴스턴	비버리	디커	고든	카펠라	브루어	91	−15
LA 클리퍼스	크로퍼드	그리핀	조던	폴	바아무타이	80	19
LA 레이커스	잉그램	모즈고브	랜들	러셀	영	63	−23

[표 32–2] 케미스트리가 좋은 라인업과 그렇지 않은 라인업의 예

출전 시간에 따라 라인업 레이팅 조정하기

앞에서 언급한 대로, 라인업 레이팅에 대한 비판 중 한 가지는 분석에 활용된 샘플과 관련이 있다. 예를 들어, 50분의 출전 시간이 어떠한 라인업의 성과를 측정하는 데 충분한 시간일까? +28이 팀 하더웨이 주니어 라인업의 성과에 대한 올바른 측정치일까? 우리는 이러한 라인업 레이팅 추정치를 베이지안 분석을 활용하여 조금 더 조정할 수 있다(베이지안 모델에 대해서는 **Chpater 52**에서 더 자세히 설명할 것이다). 특히 우리는 베이지안 평균을 활용하여 샘플의 크기를 반영할 수 있다. 어떠한 라인업이 60분을 출전했고 48분당 12.5의 +/−를 기록했다고 가정해 보자. 만약 평균적인 라인업이 100분 출전에 +/− 0을 기록한다고 하면, 우리는 +/− 측정값을 아래 식과 같이 업데이트할 수 있을 것이다.

$$\overline{라인업}_{+/-} = \frac{(12.5 \times 60) + (0 \times 100)}{(60 + 100)} = 4.69$$

여기서 새로운 48분당 라인업 레이팅 측정치는 0에 가깝게 줄어든 것을 볼 수 있다. 100분당 0이라는 +/−는 사전 확률(prior)이라고 부를 것이다. 이 값은 랜덤하게 고를 수도 있고 데이터를 통해 구할 수도 있다(예를 들어, 일반적인 라인업이 플레이하는 평균 시간과 이때의 평균 +/−). 베이지안 평균에서의 사전 확률은 능형 회귀 분석에서 정규화 항이 하는 것과 똑같은 역할을 한다. 위의 예에서는 라인업 레이팅이 0에 가까워지는 결과를 가져왔다. 만약 우리가 사전 확률을 다른 숫자로 설정하면, NBA 공식 통계 자료를 이용하여 선수 레이팅을 0이 아닌 사전 확률에 회귀시키는 RPM과 비슷해질 것이다. 우리가 더 많은 증거(라인업의 플레이 시간)를 가지고 있을수록 베이지안 평균은 실제 관측된 라인업의 +/−와 가까워질 것이다. 반대로 우리가 가진 증거가 적을수록, 베이지안 평균은 사전 확률에 가까워질 것이다(이 예에서는 0). [그림 32-1]은 2016~2017 시즌 애틀랜타 호크스 라인업들의 순수 +/−와 이 지표들의 베이지안 조정값을 보여 주고 있다. 원의 크기가 각 라인업의 플레이 시간을 의미한다. 앞에서 설명한 대로 플레이 시간이 적은 라인업일 경우 베이지안 +/−가 0에 가까워짐을 볼 수 있다. x축과 y축의 스케일이 다르다는 점을 주목하자. 베이지안 평균을 나타내는 y축은 훨씬 작은 범위를 가지고 있다. 예를 들어, 하워드 험프리스, 시폴로샤, 슈로더, 하더웨이 주니어로 이루어진 라인업은 전체 시즌 중 1분을 플레이하였고 상대방보다 6점을 앞섰다. 이는 48분당 +/− 288이라는 수치를 만들어 낸다. 이 숫자가 믿을 만하지 못하다는 것은 자명하다. 베이지안 조정을 거치면, 이 +/−는 더 현실적인 숫자인 48분당 +2.85로 줄어들게 된다.

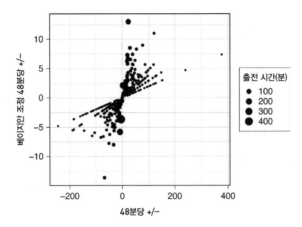

[그림 32-1] 2016~2017 애틀랜타 호크스 라인업

CHAPTER 33

팀과 개별 선수 매치업 분석

성공적인 코치가 되려면 다양한 능력이 필요하다. 위대한 코치는 선수들이 개인보다는 팀을 위해 경기할 수 있도록 이끌 수 있는 뛰어난 심리학자여야 한다. '나'보다 '팀'이 우선이라는 사실을 기억해야 한다. 또한 전체가 부분의 합보다 뛰어나다는 점도 기억해야 한다! 위대한 코치들은 뛰어난 공격 및 수비 전략을 준비하고 있어야 하고 선수들이 이 전략들을 믿고 따를 수 있도록 만들어야 한다. 위대한 코치들은 또한 상대방 라인업에 맞서 최선의 결과를 가져다줄 수 있는 선수들을 선택하여 경기에 투입할 수 있는 능력이 있어야 한다. Chapter 30에서 다루었듯이 우리는 각 NBA 선수에 대한 조정 +/− 지표를 가지고 있다. 또한 우리는 각 선수의 조정 +/−를 상대방이 누군지에 따라서 세분화할 수 있다. 이렇게 세분화된 조정 +/−는 코치들이 상대방에 따라 어떤 선수를 투입해야 하는지 결정을 내릴 때 많은 도움이 될 것이다.

스퍼스-매버릭스
2006 웨스턴 콘퍼런스 준결승

댈러스 매버릭스가 2006년 플레이오프에서 결승에 진출하기까지의 과정은 팀별 조정 +/- 지표의 유용성을 알아볼 수 있는 좋은 예이다. 많은 사람이 댈러스 매버릭스가 당시 샌안토니오 스퍼스를 이길 가능성이 없다고 봤다. 이때 코치진이 내린 가장 중요한 결정은 에이드리언 그리핀 대신 데빈 해리스를 스타팅 라인업에 넣는 것이었다. 이 놀라운 결정은 댈러스 매버릭스가 샌안토니오와의 두 번째 경기에서 승리를 가져올 수 있도록 해 주었다. 그리고 댈러스는 7차전 연장 접전 끝에 샌안토니오 스퍼스를 꺾을 수 있었다. 우리의 팀별 조정 +/- 레이팅은 코치진의 의사 결정에 중요한 근거를 제시했다. 데빈 해리스의 2005~2006 시즌 레이팅은 -2.1이었다. 그리고 그의 임팩트 레이팅은 -15%였다. 스퍼스를 상대로 해리스의 레이팅은 +9.4점이었고 임팩트 레이팅은 +8%였다. 스퍼스를 상대로 그리핀은 -5점의 레이팅을 보여 주고 있었고 임팩트 레이팅은 -18%였다. 더 중요한 것은 그리핀은 공격 레이팅 -18을 기록하고 있었다는 것이다. 스퍼스를 상대로 그리핀은 댈러스 매버릭스의 공격력을 완전히 죽여 놓고 있었다. 이 데이터를 보면 해리스가 그리핀 대신 투입되었던 것이 너무나 당연한 일이었다. 그래서 해리스가 어떻게 플레이했던 걸까? 플레이오프 기간을 대상으로 우리는 댈러스의 다양한 라인업이 상대방의 다양한 라인업 조합을 상대로 어떤 퍼포먼스를 보였는지 계산해 보았다. 2005~2006 정규 시즌, 이 데이터는 해리스가 추후 명예의 전당에도 헌액되는 토니 파커보다도 더 좋은 선수였다는 것을 보여 줬다. 스퍼스-매버릭스의 플레이오프 시리즈 중 첫 6경기에서는 무슨 일이 벌어졌던 걸까? 해리스가 파커를 상대할 때 댈러스 매버릭스는 스퍼스를 48분당 102-100으로 리드하였다. 해리스가 없는 상태에서 파커가 출전했을 때는 스퍼스가 48분당 평균 96-81로 경기를 리드하였다. 이 플레이오프 시리즈가 지속되면서 우리는 매우 흥미로운 사실을 발견할 수 있었다. 마퀴스 다니엘스가 코트에서 마누 지노빌리를 상대하고 있을 때 매버릭스는 48분당 132–81로 지고 있었다. 지노빌리가 코트에 나서고 다니엘스가 벤치로 물러나 있을 때 매버릭스는 48분당 평균 94–91로 앞서고 있었다. 다니엘스는 7차전에 나서지 않았다.

2006 시즌 웨스턴 콘퍼런스 결승에서는 댈러스 매버릭스가 피닉스 선즈를 상대하였다. 우리는 이 경기에서는 데빈 해리스가 그다지 좋은 플레이를 펼치지 못할 것이라는 것을 알고 있었다. 그는 스티브 내시와 상대할 때 최악의 모습을 보여 왔기 때문이다. 이 시리즈에서 해리스와 제이슨 테리가 내시를 상대로 플레이할 때 매버릭스는 48분당 평균 113–90으로 뒤지고 있었다. 반대로 테리와 제리 스택하우스가 들어가서 내시를 상대하고 해리스가 벤치로 나왔을 때는 48분당 평균 116–96으로 앞서고 있었다. 매버릭스는 이 정보를 이용해 더 효과적인 라인업이 더 많이 경기에 나설 수 있도록 로테이션을 구상했다.

** 성적이 좋은 라인업, *** 성적이 나쁜 라인업

						레이팅	출전 시간	48분당 +/-	+/-	라인업 코드
댈러스 매버릭스										
1	디옵	해리스	하워드	노비츠키	테리	16.36	41.04	1.18	1	8816_DAL_2006
2	댐피어	하워드	노비츠키	스택하우스	테리	29.24	31.06	15.45	10	12868_DAL_2006**
3	댐피어	해리스	노비츠키	스택하우스	테리	60.55	21.34	49.47	22	12836_DAL_2006**
4	댐피어	해리스	하워드	노비츠키	테리	−1.78	15.89	−18.12	−6	8804_DAL_2006***
5	댐피어	해리스	하워드	노비츠키	스택하우스	−20.83	14.19	−33.8	−10	4708_DAL_2006***
6	디옵	해리스	노비츠키	스택하우스	테리	15.54	11.48	4.18	1	12848_DAL_2006
7	댐피어	다니엘스	하워드	스택하우스	테리	−65.28	8.92	−75.26	−14	12364_DAL_2006***
8	디옵	하워드	노비츠키	스택하우스	테리	−26.13	8.79	−43.62	−8	12880_DAL_2006***
9	디옵	해리스	하워드	노비츠키	스택하우스	81.91	8.02	65.92	11	4720_DAL_2006**
10	다니엘스	해리스	하워드	노비츠키	스택하우스	78.79	7.82	67.55	11	4712_DAL_2006**
11	디옵	하워드	노비츠키	테리	그리핀	−9.51	6.92	−34.7	−5	41552_DAL_2006***
12	해리스	하워드	노비츠키	스택하우스	테리	44.11	6.78	35.43	5	12896_DAL_2006**
13	댐피어	다니엘스	노비츠키	스택하우스	테리	−42.3	6.37	−52.81	−7	12812_DAL_2006***
샌안토니오 스퍼스										
1	보웬	던컨	핀리	지노빌리	파커	21.08	45.83	6.29	6	1054_SAS_2006**
2	베리	보웬	던컨	핀리	파커	37.9	33.42	20.12	14	1039_SAS_2006**

3	보웬	던컨	지노빌리	호리	파커	17.94	28.23	5.1	3	1078_SAS_2006
4	베리	보웬	던컨	호리	파커	−26.88	10.05	−47.75	−10	1063_SAS_2006***
5	베리	던컨	핀리	지노빌리	파커	71.11	9.52	60.37	12	1053_SAS_2006**
6	베리	보웬	던컨	지노빌리	파커	−25.71	8.48	−45.28	−8	1047_SAS_2006***
7	베리	던컨	핀리	지노빌리	반 엑셀	46.74	7.7	37.35	6	4125_SAS_2006**
8	보웬	던컨	핀리	지노빌리	반 엑셀	32.55	7.67	18.79	3	4126_SAS_2006
9	던컨	핀리	지노빌리	호리	반 엑셀	−22.46	5.84	−24.68	−3	4156_SAS_2006
10	베리	보웬	던컨	핀리	반 엑셀	−53.95	5.66	−59.24	−7	4111_SAS_2006***
11	베리	핀리	지노빌리	호리	파커	−14.32	5.53	−26.06	−3	1081_SAS_2006
12	보웬	던컨	지노빌리	호리	반 엑셀	46.51	4.13	34.84	3	4150_SAS_2006
13	베리	보웬	핀리	호리	파커	−179.83	4.11	−186.96	−16	1067_SAS_2006***

[표 33-1] 스퍼스-매버릭스 2006 플레이오프 라인업 분석

플레이오프 시리즈 동안에 우리는 각각의 라인업이 얼마나 좋은 성적을 보였는지를 분석해 보았다. 스퍼스-매버릭스 시리즈의 5경기에 대한 분석 결과가 [표 33-1]에 나와 있다. 예를 들어 매버릭스의 라인업 3(댐피어, 해리스, 노비츠키, 테리, 스택하우스)은 21.34분을 출전했고 22점을 앞서고 있었다. 이 라인업은 +60.55의 레이팅을 기록했다. 매버릭스의 라인업 7(댐피어, 다니엘스, 하워드, 테리, 스택하우스)은 매우 좋지 않은 기록을 보였다. 이 라인업은 8.92분을 소화하고 상대방에게 14점을 뒤지고 있었다. 레이팅은 −65.28이었다.

이행성을 충족시키지 못하는 NBA 매치업

이행성은 수학에서 나오는 개념이다. 농구에서 이행성은 만약 A 선수와 B 선수 간의 매치업에서 A 선수가 더 좋은 성적을 보이고 B 선수와 C 선수 간의 매치업에서 B 선수가 더 좋은 성적을 보인다면, A 선수는 C 선수와의 매치업에서 더 좋은 성적을 보여야 한다는 것을 의미한다. 하지만 농구 선수들의 매치업에서는 이 이행성이 충족되지 않는다는 점에 대해서 이야기해 보자.

데빈 해리스가 토니 파커와의 매치업에서 좋은 성적을 보이고 스티브 내시가 데빈 해리스와의 매치업에서 상대방을 압도한다는 사실을 알고 있다. 하지만 2006~2007 시즌, 토니 파커는 스티브 내시와의 매치업에서 매우 좋은 성적을 거두었다. 이 시즌에 내시는 임팩트 레이팅 +28%를 기록했지만 스퍼스를 상대로는 0%를 기록했다. 같은 시즌 파커는 임팩트 레이팅 −3%를 기록했지만, 피닉스 선즈를 상대로는 +35%를 기록했다. 해리스가 파커를 이기고 파커가 내시를 이기고 내시는 해리스를 이긴다. 이 예는 농구의 매치업에서는 이행성이 성립되지 않는다는 것을 보여 준다. 위대한 코치들은 아마도 직관적으로 이 사실을 이해하고 있을 것이다. 하지만 우리의 WINVAL 분석은 코치들이 상대방 라인업에 따라 최고의 실력을 보여 줄 수 있는 라인업을 선택할 수 있도록 더 정확한 데이터 기반의 정보를 제공할 수 있다.

2011년 댈러스 매버릭스는 스포츠 애널리틱스를 통해 챔피언이 되었다!

2011 NBA 플레이오프가 시작될 때 마이애미 히트는 르브론 제임스, 드웨인 웨이드, 크리스 보시를 보유하고 있어 누구든지 이 팀을 우승 후보 1순위로 꼽았다. 하지만 댈러스 매버릭스가 마이애미를 꺾었고 이 과정에서 라인업 분석이 지대한 공을 세웠다. 정규 시즌 동안 매버릭스의 최고 라인업은 제이슨 테리, 제이슨 키드, 덕 노비츠키, 숀 매리온, 타이슨 챈들러였다. 정규 시즌에서, 이 라인업은 게임당 평균 2분밖에 함께 뛰지 않았다. 하지만 정규 시즌에서 이 라인업은 평균적인 라인업 대비 팀에 약 28점 더 많이 기여하였다. 이 라인업의 성적이 좋다는 것을 깨달은 매버릭스는 이 라인업의 출전 시간을 경기당 약 8분까지 늘렸고, 플레이오프에서는 이 라인업이 평균적 라인업 대비 팀에 약 46점 더 많이 기여하였다!

코치들이 내려야 하는 가장 중요한 결정 중 하나는 그 팀의 슈퍼스타(이 예에서는 덕 노비츠키)가 없을 때 어떤 라인업을 출전시켜야 하는가 하는 것이다. 세 번의 웨스턴 콘퍼런스 플레이오프 시리즈에서 매버릭스는 덕 노비츠키가 쉴 때 피야 스토야코비치를 투입했다. 126분 동안 피야는 평균 대비 게임당 3점을 더 기여했다. 스타플레이어가 쉬는 동안에도 성공적으로 평균 이상으로 플레이하는 선수를 투입한 것이다.

마이애미 히트를 상대한 NBA 결승전 첫 세 경기에서, 매버릭스는 덕 노비츠키 대신 피야를 계속 투입했다. 하지만 이때 매버릭스는 18분 동안 약 24점 뒤처졌다. 이 경기들은 모두 접전이었고 따라서 매버릭스는 무언가 변화를 주어야만 했다. 네 번째 경기에서 매버릭스는 덕 노비츠키가 쉴 때 피야 대신 브라이언 카디널을 투입하기 시작했다. 네 번째부터 여섯 번째 경기까지 매버릭스는 덕 노비츠키가 쉬고 있을 때 24분 동안 약 3점밖에 뒤처지지 않았다. 이 라인업 변경은 매버릭스의 전체 퍼포먼스를 게임당 약 7점가량 향상했다.

첫 세 경기에서 매버릭스의 선발 라인업은 키드, 덕, 챈들러, 매리온, 스티븐슨이었고 이들은 28분 동안 −7포인트를 기록했다. 바리아가 포함됐을 때는 51분 동안 −14포인트를 기록했다. 첫 세 경기에서 바리아는 주로 마리오 샬머를 상대했다. 이 매치업은 매버릭스에게는 좋은 결과를 가져다주지 못하고 있었다. 첫 세 경기에서, 샬머는 바리아를 압도하고 있었다(매버릭스는 21분간 −31포인트를 기록했다). 반면에 첫 세 경기 동안 마이애미 히트의 주전 멤버였던 마이크 비비를 상대로는 바리아가 상당히 좋은 모습을 보여 줬다(매버릭스가 33분간 +17포인트를 기록했다). 이 데이터를 바탕으로 매버릭스는 스티븐슨을 대신해 바리아를 선발 라인업에 넣었다. 이 새로운 라인업은 네 번째, 다섯 번째 경기에서 28분 동안 +8포인트를 기록했다. 바리아를 선발 라인업에 넣게 되면서 바리아는 경기 중 샬머보다는 비비를 더 많이 상대하게 되었다. 마이애미 히트도 여섯 번째 경기에서 바리아를 막는 것이 중요하다는 것을 깨닫고 샬머를 선발로 투입하기 시작했다. 이 때문에 여섯 번째 경기에서는 매버릭스의 라인업 변경이 큰 효과가 있진 않았지만 결국 매버릭스가 최종 우승을 차지하게 되었다.

CHAPTER 34

NBA 선수 연봉과 드래프트 픽의 가치

Chapter 9에서 야구 선수들의 연봉을 추정할 때, 어떠한 선수가 평균적인 대체 선수들로 이루어진 팀 대비 얼마나 많은 승수를 가져다주는가를 계산했다. ESPN의 RPM WINS 지표를 활용하여, 이와 비슷한 방식으로 NBA 선수들의 적정 연봉을 산출해 보고자 한다.

2017~2018 시즌 동안, 평균 팀 연봉은 약 9천 3백만 달러였다. 최저 연봉은 해당 선수가 얼마나 NBA에서 뛰었는가에 따라 달라지지만 보통 50만 달러에서 150만 달러 사이이다. 평균 최저 연봉이 백만 달러라고 가정해 보자. ESPN의 RPM WINS를 이용한 분석에서 우리는 평균적인 대체 선수의 RPM을 −3.1이라고 가정하고 시작했다. 이는 2016~2017 시즌 하위 10% 선수들의 평균 100번의 공 소유권당 RPM이다. 이러한 대체 선수들로만 이루어진 팀은 평균적인 NBA 팀과 경기할 때 100번의 공 소유권당 5×(−3.11)=15.55점을 뒤처질 것이다. 이를 게임당 수치로 변환하면 게임당 14.88점이다(2017~2018 시즌 한 경기당 평균 96번의 공 소유권이 발생했다). 평균적인 NBA 팀이 게임당 105.6점을 득점하므로 대체 선수 다섯 명으로 이루어진 팀은 득실 차 0.86 정도를 기록할 것이다. Chapter 1에서의 피타고라스 정리를 가져와 대입해 보면, 대체 선수로만 이루어진 팀은 $\frac{0.86^{14}}{0.86^{14}+1}$=10.7%의 승률을 기

록할 것이다. 즉, 대체 선수로만 이루어진 팀은 82경기를 치르는 시즌에서 0.107×82=8.7승 정도를 거둘 것이다.

ESPN RPM WINS를 활용하여 선수 적정 연봉 산출하기

어떠한 선수의 2017~2018 시즌 레이팅이 그의 2016~2017 시즌과 동일하다고 가정하면, 우리는 그의 예상 레이팅을 기반으로 적정 연봉을 산출할 수 있다. 12명의 대체 선수로만 이루어진 팀이 약 9승에서 41승까지 승수를 올리고자 우리는 약 9천 3백만 달러-1천 2백만 달러=8천 1백만 달러를 쓸 수 있다. 따라서, 32승이 8천 1백만 달러의 가치가 있다고 할 수 있다. 계산의 편의를 위해 8천만 달러가 32승의 가치가 있다고 가정하자. 그러면 각 1승은 2백 5십만 달러의 가치가 있다.

적정 가치 계산의 한 예로, 팀에 20승을 기여하는 선수의 연봉을 계산해 보자. 어림잡아 계산해 보면 이 선수는 약 20×2.5=5천만 달러를 받아야 한다. 여기서 우리가 고려해야 할 한 가지는 기술적 지표와 예측적 지표의 차이이다. 위의 계산에서 우리는 선수의 RPM WINS 지표가 다음 시즌에도 동일할 것이라고 가정했다. 여기서 우리는 기대치보다 더 나은 기록을 보여 준 선수들을 찾아내 볼 수 있다. FiveThirtyEight는 이와 비슷한 계산 방식으로 2018~2019 시즌 최고의 가성비 선수들을 선정한 바 있다.[113] 파스칼 시아캄이 이 리스트에서 1위에 올랐다. 그는 기대치보다 약 3천 5백 8십만 달러 정도 팀에 더 기여하였다. 폴 조지가 3천만 달러, 제임스 하든이 2천 7백만 달러, 지아니스가 2천 2백만 달러를 기록하여 톱 10에 이름을 올렸다. 즉, NBA 슈퍼스타들은 대체로 그들의 퍼포먼스 대비 적은 돈을 받고 있다.

---

113 https://fivethirtyeight.com/features/forget-giannis-pascal-siakam-is-our-mvp/

NBA 드래프트 제도는 효율적인가?

Chapter 26에서 소개했던 NFL 드래프트에 대한 탈러와 마세이의 연구를 기억해 보자. 그들은 드래프트에서 나중에 뽑힌 선수들이 일찍 뽑힌 선수들보다 더 많은 가치를 창출해 낸다는 점을 들어 NFL 드래프트가 비효율적이라고 주장했다. 하지만 그들의 연구에서 선수 가치를 측정하는 방식이 정확하지 않았다는 이유로 많은 비판을 받게 되었다.

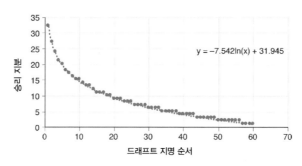

[그림 34-1] 5년간 드래프트 지명 순서별 승리 지분

winshares.xlsx 파일에 NBA 드래프트에 대한 매우 흥미로운 연구에 대해 요약해 놓았다.[114] 여기서 선수 가치는 저스틴 쿠밧코(Justin Kubatko)의 승리 지분 지표를 바탕으로 측정하였다.[115] 한 선수의 승리 지분은 이 선수가 얼마나 많은 승리를 창출해 내었는가를 측정한다. 보통 한 팀 선수들의 승리 지분의 총합은 그 팀의 실제 승수와 비슷해진다. [그림 34-1]에는 1985~2010 시즌 각 드래프트 지명 순서(1~60번)에 따른 첫 다섯 시즌(루키 계약) 동안의 평균 승리 지분이 나타나 있다. [그림 34-1]에 나와 있는 대로 다섯 시즌 간 승리 지분 커브 수식은 −7.5542×ln(드래프트 지명 순서)+31.945이다. 이 차트는 트레이드의 가치를 평가할 때 유용하게 쓰일 수

114 https://www.reddit.com/r/nba/comments/36wv9m/trying_to_create_an_nba_draft_trade_value_chart/

115 https://www.basketball-reference.com/about/ws.html

있다. 예를 들어, 8번 지명 순서 2장은 평균적으로 1번 지명 순서 1장과 비슷한 가치를 가진다.[116] 물론, 샐러리 캡과 선수가 기대 이상의 활약을 해 줄 경우에 대해서도 고려해야 한다. 또한, NBA는 확연하게 스타플레이어들에게 의존하는 리그이다. 그렇기 때문에 만약 제너럴 매니저가 르브론 제임스를 2장의 8번 지명 순서와 트레이드한다면 머지않아 해고될 운명에 처할 것이다.

---

116 NBA 드래프트의 보호픽 제도는 이와 같은 분석을 조금 더 복잡하게 할 수 있긴 하다. 포스터와 빈스(foster and Binns)는 최근 NBA 드래프트의 보호픽 제도의 가치에 대한 재미있는 연구를 발표한 바 있다("Analytics for the front office: Valuing protections on NBA draft picks," MIT SSAC, 2019).

CHAPTER 35

NBA 심판들은 편견에 빠져 있는 것일까?

2007년 5월 2일 「뉴욕타임스」의 스포츠면 헤드라인[117]은 "NBA 파울 콜에 인종적 편견이 영향을 미치는지에 대한 연구"였다. 이 글은 펜실베이니아 대학 와튼 스쿨 교수인 저스틴 울퍼스(Justin Wolfers)와 코넬대학 교수인 조셉 프라이스(Joseph Price)의 연구에 대한 글이었다. 울퍼스와 프라이스는 선수와 같은 인종의 심판일 때보다 다른 인종의 심판일 때 더 많은 파울이 선언되었다고 주장했다. 이 챕터에서는 심판들의 편견에 대한 그들의 분석을 소개하고자 한다.

심판들의 편견을 분석할
최고의 데이터는 무엇일까?

NBA 경기에는 세 명의 심판이 투입된다. 이 세 심판의 인종적 구성이 인종이 다른 선수에 대한 파울 콜에 영향을 미치는지 보는 최적의 방법은 흑인과 백인 심판이

---

117 http://www.nytimes.com/2007/05/02/sports/basketball/02refs.html?ex=1335844800&en=747ca51bedc1
548d&ei =5124)

각각 백인과 흑인 선수에게 얼마나 많은 파울을 선언했는지 보는 것이다. 이 데이터는 [표 35-1]에 나와 있는 것과 같은 형태로 구성되어 있을 것이다(이 데이터는 예시로 만들어진 1,000경기에 대한 데이터이다). refsim.xls 파일에서 이 데이터를 찾아볼 수 있다.

C	D	E	F	G	H	I	J	K	L	M
	합계	978	768	288		합계	9204	11351	19667	5453
		1	2	3		심판	흑인 심판	백인 심판	백인 심판	흑인 심판
게임	백인 심판의 수	심판 1	심판 2	심판 3	흑인 선수 출전 시간	백인 선수 출전 시간	흑인 선수	백인 선수	흑인 선수	백인 선수
1	1	1	0	0	396.85	83.15	35	1	6	10
2	2	1	1	0	283.98	196.02	14	14	20	8
3	2	1	1	0	274.56	205.44	6	14	14	9
4	3	1	1	1	369.24	110.76	0	9	38	0
5	3	1	1	1	387.83	92.17	0	8	44	0
6	2	1	1	0	350.36	129.64	12	6	18	6
7	3	1	1	1	342.29	137.71	0	19	35	0
8	2	1	1	0	315.09	164.91	9	9	26	5
9	2	1	1	0	337.87	142.13	10	11	24	9

[표 35-1] 5년간 드래프트 지명 순서별 승리 지분

이 데이터에서 각각의 파울은 아래 네 가지 중 한 가지로 분류할 수 있다.

- 흑인 심판이 흑인 선수에게 파울을 선언한 경우
- 백인 심판이 백인 선수에게 파울을 선언한 경우
- 백인 심판이 흑인 선수에게 파울을 선언한 경우
- 흑인 심판이 백인 선수에게 파울을 선언한 경우

E 열부터 G 열까지에서 1은 백인 심판을, 0은 흑인 심판을 의미한다. 예를 들어 게임 1에는 백인 심판 한 명과 흑인 심판 두 명이 투입되었다는 뜻이다. 흑인 선수들

은 약 397분을 출전하였고 백인 선수들은 약 83분을 출전하였다. 35개의 파울이 흑인 심판에 의해 백인 선수에게 선언되었고, 백인 심판은 백인 선수에게 한 개의 파울을 선언하였다. 백인 심판이 흑인 선수를 상대로 6개의 파울을 선언하였고, 흑인 심판이 백인 선수에게 10개의 파울을 선언하였다.

1,000경기가 넘는 데이터를 종합해 본 결과 우리는 이 네 가지 경우의 파울 선언에 대한 비율을 계산할 수 있었다.

- 백인 심판들은 흑인 선수에게 48분당 1.454개의 파울을 선언하였고 흑인 심판들은 흑인 선수에게 48분당 1.423개의 파울을 선언하였다.
- 흑인 심판들은 백인 선수에게 48분당 1.708개의 파울을 선언하였고 백인 심판들은 백인 선수에게 48분당 1.665개의 파울을 선언하였다.

이 결과는 비록 차이가 크진 않지만 심판들이 인종이 다른 선수에게 더 많은 파울을 선언한다는 것을 보여 주고 있다.

이 예에서 흑인 심판들은 흑인 선수에게 총 9,204개의 파울을 선언하였다. 흑인 심판이 있을 때 흑인 선수들은 총 310,413분을 플레이하였다(만약 흑인 선수들이 200분을 출전했을 때 흑인 심판이 두 명 있었으면 400분 출전으로 기록하였다). 따라서 흑인 심판들은 1분당 48×9,204/310,413=1.423개의 파울을 흑인 선수들에게 선언하였다.

[표 35-1]과 같은 데이터를 생성하는 데 한 가지 문제점은 각각의 파울을 어떤 심판이 선언하였는지 알아야 한다는 것이다. NBA는 이 데이터를 가지고 있지만 대중에게 공개되지 않는다. NBA는 이러한 종류의 연구가 어떠한 편견의 증거도 보여 주지 못한다고 주장하고 있다. 하지만 울퍼스와 프라이스의 연구는 전혀 다른 이야기를 하고 있다.

울퍼스와 프라이스의 연구: 상호 작용 항을 포함한 회귀 분석

울퍼스와 프라이스는 어느 심판이 각각의 파울을 선언하였는지에 대한 정보가 없어 NBA 공식 기록지 데이터로 연구를 진행하였다. 각 경기에서 각 선수의 다음과 같은 데이터를 수집하였다. 48분당 파울 개수, 선수의 인종, 백인 심판의 비율. 울퍼스와 프라이스는 첫 번째 변수를 파울 비율이라고 불렀고 두 번째 변수는 흑인 선수, 세 번째 변수는 %Whiteref라고 명명하였다.

예를 들어, 만약 한 흑인 선수가 32분을 플레이하고 3번의 파울을 기록했을 때 그 경기에 두 명의 백인 심판이 있었으면, 이 데이터는 $(3×48/32,1,2/3)=(4.5,1,2/3)$과 같이 기록되었다. 울퍼스와 프라이스는 흑인 선수는 1, 백인 선수는 0으로 코딩하였다. 이 데이터를 통해 회귀 분석을 시행하여 48분당 파울 수를 예측하였다. 이 분석에서 예측 변수들은 다음과 같다.

- %Whiteref×흑인 선수
- %Whiteref
- 흑인 선수

울퍼스와 프라이스는 각각의 데이터에 해당 선수의 출전 시간(분)을 가중치로 부여하였다. 그리고 그들은 아래와 같은 회귀식을 도출하였다.

파울 비율=5.10+0.182×흑인 선수×(%Whiteref)−0.763×   (1)

(흑인 선수)−0.204×(%Whiteref)

이 회귀 분석에서 독립 변수들의 p 값은 모두 0.001보다 작았다. 이는 각 독립 변수들이 모두 유의미한 영향력을 가지고 있다는 뜻이다. 다시 말하면, 각 독립 변수에 대하여 이 변수가 사실은 파울 비율을 예측하는 데 의미가 없는 변수일 확률이 1/1000 이하라는 뜻이다. 그래서 (1) 식을 통해 무엇을 결론 내릴 수 있을까? [표 35-2]은 모든 가능한 %Whiteref(0, 1/3, 2/3, 1)와 흑인 선수(1 혹은 0)에 대하여 48분당 파울 비율 예측치를 나타내고 있다.

[표 35-2]에 따르면, 심판 세 명 모두가 흑인일 때 흑인 선수들은 백인 선수들에 비해 48분당 약 0.76회 적은 파울을 선언받았다. 심판 세 명이 모두 백인일 때는 흑인 선수들이 백인 선수들에 비해 48분당 약 0.58회 적은 파울을 선언받았다. 또한 [표 35-2]에 따르면, 심판의 인종적 구성과 상관없이 백인 선수들이 흑인 선수들보다 더 많은 파울을 범했다. 하지만 심판 세 명이 모두 백인일 때 흑인 선수와 백인 선수 간의 파울 비율의 차이는 약 23%(0.18/0.76) 감소하였다.

울퍼스와 프라이스는 선수 신장, 선수 몸무게, 포지션, 올스타 선수인지 아닌지와 같은 또 다른 독립 변수들도 추가하였다. 이렇게 추가적인 독립 변수들을 포함하였을 때도 결론은 변하지 않았다. 심판의 인종적 구성은 여전히 흑인 선수와 백인 선수의 파울 콜에 영향을 미쳤다.

%Whiteref	흑인 선수 = 1	흑인 선수 = 0	흑인 선수와 백인 선수 간 파울 비율 차이
0	5.10 + 0.182(0)(1) − 0.763(1) −0.204(0) = 4.337	5.10 − 0.204(0)= 5.1	−0.763
1/3	5.10 + 0.182(1/3)(1) − 0.763(1) −0.204(1/3) = 4.329	5.10 − 0.204(1/3)= 5.032	−0.702
2/3	5.10 + 0.182(2/3)(1) − 0.763(1) −0.204(2/3) = 4.323	5.10 − 0.204(2/3)= 4.964	−0.642
1	5.10 + 0.182(1)(1) − 0.763(1) −0.204(1) = 4.315	5.10 − 0.204(1)= 4.896	−0.581

[표 35-2] 48분당 파울 비율 예측치

회귀 분석에서 상호 작용 항은 한 모델에서 변수 간의 관계를 이해하는 데 도움을 준다. 두 개의 독립 변수 간에 통계적으로 유의미한 상호 작용이 있다는 사실은 한 변수의 종속 변수에 대한 영향력이 다른 한 변수의 값에 영향을 받는다는 뜻이다. 울퍼스와 프라이스는 파울 비율을 예측할 때 선수의 인종과 심판 세 명의 인종적 구성 간에 상호 작용이 있다는 사실을 밝혀냈다. 이러한 상호 작용 항의 존재는 회귀 분석 결과의 해석을 드라마틱하게 바꾼다. (1) 식에서 만약 상호 작용 항이 없었으면 −0.763은 선수가 흑인 선수인지 백인 선수인지에 따라 파울 비율이 어떻게 달라지는지에 대한 유일한 지표였을 것이다. 하지만 울퍼스와 프라이스 모델은 상호 작용 항이 있어 선수의 인종이 파울 비율에 미치는 영향은 −0.763만으로 설명할 수가 없게 된다. 상호 작용 항의 계수인 .182에도 영향을 받기 때문이다.

울퍼스와 프라이스가 선수 인종과 심판의 인종 간의 상호 작용을 파악한 방법은 흑인 선수×%Whiteref로 계산된 새로운 독립 변수를 모델에 추가하는 것이었다. 이렇게 두 변수 간의 곱을 새로운 변수로 추가하는 방법은 두 독립 변수 간 상호 작용을 파악할 때 일반적으로 사용되는 방법이다. 만약 이 상호 작용 항의 계수가 0이 아니라면 이 두 독립 변수는 서로 상호 작용하는 것이다. 그리고 만약 이 상호 작용 항의 계수가 0이라는 귀무가설을 기각할 수 없게 된다면, 이 두 독립 변수는 통계적으로 유의미한 상호 작용을 보여 주지 않는 것이다.

지금도 인종적 편견이 존재할까?

2010년 데빈 포프(Devin Pope), 조셉 프라이스(Joseph Price) 그리고 저스틴 울퍼스(Justin Wolfers)는 기존의 연구를 다시 한번 진행했고[118] 재미있는 사실을 발견했다. 그리고 「워싱턴 포스트」의 한 기사[119]에서 이 결과들을 잘 정리해 놓았다. 이 세 명의 연구자는 그들의 첫 연구가 발표되기 전인 2003~2006년 데이터와 그들

---

118 D. Pope, J. Price, and J. Wolfers, "Awareness reduces racial bias," Management Science, 64(11), 2018, 4988-4995.

119 https://www.washingtonpost.com/news/wonk/wp/2014/02/25/what-the-nba-can-teach-us-about-eliminating-racial-bias/

의 연구가 발표된 후인 2007~2010년 데이터를 비교하였다.[120] 이 연구에서 그들은 2003~2006년 시즌에서는 기존의 연구에서 밝혔던 인종적 편견을 그대로 찾아낸 반면 2007~2010년 시즌에서는 이와 같은 인종적 편견이 NBA에서 사라졌음을 밝혀냈다. 이것은 우리가(의식적이든 무의식적이든) 편견을 가지고 있다는 것을 안다는 사실 자체가 편견을 없애는 데 도움을 줄 수 있다는 점을 밝힌 매우 의미 있는 연구였다.

---

120 ote that the original WP study analyzed data from 1991-1992 to 2003-2004 seasons, and hence there is no overlap between the data used in the two studies.

CHAPTER 36

승리하려면 픽 앤드 롤을 하라.
포스트 업과 아이솔레이션 시대의 종말

NBA가 그들의 홈페이지를 통해 제공하는 가장 최신 형태의 데이터 중 하나는 플레이 형태이다. 이를 통해 우리는 픽 앤드 롤 플레이에 어떤 선수들이 관여했는지, 아이솔레이션, 포스트 업, 오프 스크린, 풋 백, 컷 등 다양한 플레이 형태에 대한 정보를 얻을 수 있게 되었다. 이를 분석하여 어떤 팀이나 선수의 플레이 스타일을 파악할 수 있다. 또한 이를 통해 NBA 역사에서 어떤 형태로 플레이 스타일이 변화되어 왔는지도 살펴볼 수 있다.

픽 앤드 롤: 기본으로 돌아가자

이 내용은 이 책의 필자 중 한 명인 콘스탄티노스 펠레치리니스와 특히 연관 있는 내용이므로 필자의 개인적인 이야기로 시작해야 할 것 같다. 2006년 8월 31일은 펠레치리니스는 박사 학위를 취득하려고 그리스에서 미국으로 넘어왔던 날이다. 이날은 그리스 농구 국가 대표 팀이 2006년 일본에서 벌어진 농구 월드컵 준결승전에서 미국 국가 대표 팀을 상대로 역사적인 승리를 거두었던 날이기도 하다. 이날 미국 국가 대표 팀에는 르브론, 웨이드 카멜로, 보시, 하워드, 폴과 같은 최고의 NBA 스타들이 포함되어 있었다. 이날 그리스 국가 대표 팀은 거의 모든 공격 기회마다 반복적으로 똑같은 플레이만 시도하였다. 이에 대한 실제적인 데이터는 없지만 우리 이야기를 믿어야 한다. 참고로 ESPN도 똑같은 내용을 이야기했다.[121] 이 공격 방법은 바로 픽 앤드 롤이었다. 스톡턴과 말론이 1990년대 이 플레이로 NBA를 휩쓸었지만 나머지 NBA 팀들은 여전히 아이솔레이션과 1 대 1 매치로 경기를 풀어 나가곤 했다. 반면 미국을 제외한 다른 나라들에서는 픽 앤드 롤을 가장 근본적인 플레이 중 하나로 가르치고 있었다. 빅 맨들의 스킬이 점차 변화하고 다양해지면서 픽 앤드 롤은 농구 리그들을 휩쓸고 있었다. 「시너지 스포츠(Synergy Sports)」에 따르면 2006년 NBA에서 나온 공 소유권의 약 20%에서 픽 앤드 롤 플레이가 시도되었다. 2018~2019년에는 이 숫자가 30%로 급증하였다. 시도 횟수로 계산해 보자면 약 34% 증가한 수치였다. [표 36-1]은 2018~2019 시즌 픽 앤드 롤이 시도된 공 소유권들에 대한 데이터를 나타내고 있다.[122] 이 데이터는 누가 마지막으로 공격을 시도했는지(볼 핸들러 혹은 스크리너)에 대한 정보도 담고 있다. 여기서 볼 수 있듯이 픽 앤드 롤 플레이 중 3분의 2는 볼 핸들러에 의해 마무리된다. 하지만 공 소유권당 득점(Points Per Possession, PPP)에서 볼 수 있듯이 볼 핸들러에 의해 마무리되는 것은 비효율적이다. 전반적으로 픽 앤드 롤은 약 0.93PPP를 기록하고 있다. 포틀랜드는 이 시즌에 가장 높은 PPP인 1.023을 기록했다. 이는 볼 핸들러가 거의 1에 가까운 PPP를 기록한 덕분이다(해당 시즌 데미안 릴라드가 픽 앤드 롤 플레이에서 볼 핸들러로 경기당 10.9번의 공 소유권을 플레이했고 여기서 1.08PPP를 기록하였다). 댈러스도 효율성이 아주 높은 픽 앤드 롤을 구사했다. 2018~2019 시즌 신인

---

121 https://www.espn.com/olympics/wbc2006/news/story?id=2568543

122 시너지 스포츠에 따르면 모든 공 소유권은 근본적으로 공격 기회이다. 예를 들어 공격 리바운드를 잡으면 기존의 공 소유권은 그대로 유지되며 그저 새로운 공격 기회를 가져왔음을 의미한다. 하지만 시너지는 공격 리바운드를 잡는 순간 새로운 공 소유권이 다시 시작되었다고 간주한다. 따라서 시너지에서 제공하는 공 소유권당 득점과 다른 데이터에서의 공 소유권당 득점은 구분해서 이해할 필요가 있다.

왕인 루카 돈치치의 플레이 메이킹 능력을 이용하여 클리버와 파웰이 각각 1.39와 1.35의 PPP를 기록했다. 여기서 우리는 NBA 스탯 웹사이트에 있는 데이터들이 어떠한 정보들을 담고 있는가를 이해하고 넘어가야 한다. 픽 앤드 롤은 볼 핸들러에 의해 마무리된 픽 앤드 롤은 두 가지 경우밖에 없다. 볼 핸들러가 숏을 시도했거나 실책했거나. 스크린이 이루어진 뒤에 나온 다른 플레이에 대한 정보는 포함되어 있지 않다. 예를 들어, 스크린을 돌아 지나쳐 가는 플레이도 좋은 공격 기회를 창출할 수 있음에도 불구하고 리그에서 제공하는 공식 데이터에 포함되어 있지 않다(시너지(Synergy)가 이에 대한 정보를 모으지만 이는 팀들에게만 제공된다).

팀	총 시도 횟수	볼 핸들러 공 소유권	볼 핸들러 PPP	스크리너 PPP	스크리너 공 소유권	PPP
애틀랜타 호크스	26.1	23	0.8	1.18	7.8	0.9
보스턴 셀틱스	21.3	16.3	0.91	1.18	7.5	1
브루클린 네츠	27.2	23.7	0.89	1.05	7.5	0.93
샬럿 호네츠	29.2	25	0.93	1.04	7.4	0.96
시카고 불스	27.7	22	0.85	1.1	8.4	0.92
클리블랜드 캐벌리어스	26.1	23.3	0.86	1.06	5.2	0.9
댈러스 매버릭스	24.6	21.3	0.86	1.21	6.1	0.94
덴버 너기츠	20.2	16	0.88	1.03	6.6	0.92
디트로이트 피스턴스	21.9	19	0.88	1.05	5.4	0.92
골든스테이트 워리어스	14.5	12.1	0.99	0.93	4.1	0.97
휴스턴 로케츠	21	16.2	0.9	1.11	7	0.96
인디애나 페이서스	25.8	17.2	0.81	1.03	11	0.9
LA 클리퍼스	29.7	25.8	0.9	1.21	7.9	0.97
LA 레이커스	22.9	19.7	0.83	1.13	6.8	0.91
멤피스 그리즐리스	23.7	17.6	0.85	1.03	7.9	0.91
마이애미 히트	25	21	0.75	1.16	6.9	0.85
밀워키 벅스	17.1	13.9	0.91	1.13	5.6	0.97
미네소타 팀버울브스	23.3	19.4	0.84	1.18	7.4	0.93
뉴올리언스 펠리컨스	18.4	15	0.81	1.14	6.5	0.91
뉴욕 닉스	26.5	24	0.88	1.1	5.8	0.92
오클라호마시티 썬더	24	21.1	0.85	1.02	7.2	0.89
올랜도 매직	24.4	20.3	0.83	1.11	6.5	0.9

필라델피아 세븐티식서스	15	13.1	0.91	1.1	4	0.95
피닉스 선즈	26.5	23.4	0.83	1.09	6.3	0.89
포틀랜드 트레일블레이저스	24.5	21.5	0.98	1.17	6.3	1.02
새크라멘토 킹스	22.6	19	0.84	1.08	7.1	0.91
샌안토니오 스퍼스	24.1	20.2	0.92	1.06	6.2	0.95
토론토 랩터스	22.3	16.8	0.87	1.07	8.1	0.94
유타 재즈	27.9	24.1	0.86	1.22	7.2	0.94
워싱턴 위저즈	21.1	17.2	0.86	1.08	6.8	0.92

[표 36-1] 픽 앤드 롤 플레이 형태 데이터

그런데 볼 핸들러에 의해 마무리되는 픽 앤드 롤이 비효율적이라면, 왜 많은 팀이 여전히 이 전략을 사용하는 걸까? 이 부분을 이해하려면 가지고 있는 데이터가 실제로 어떠한 정보를 담고 있는지 그리고 이 데이터가 어떤 방식으로 기록되는지를 이해해야 한다. 볼 핸들러는 롤 맨(스크린을 서는 빅 맨)에게 공을 전달하지 못하고 턴 오버를 기록하면 공격 기회를 날려 버린 것으로 기록된다. 즉, 픽 앤드 롤에서 볼 핸들러가 시도한 슛만 기록되는 것이 아니다. 농구에서는 당연히 공을 가지고 있을 때 실책을 기록할 확률이 올라간다. 이것이 바로 효율성에 관한 숫자에 영향을 미치는 것이다.[123] 데이터 분석을 할 때는 불편하더라도 상황을 정확하게 인지하는 것이 데이터를 올바르게 해석하는 데 아주 중요하다.

Second Spectrum에서 제공하는 선수 트래킹 데이터는 픽 앤드 롤 플레이 시 상대방 수비가 취하는 전략(예를 들어, 오버(over), 쇼(show), 블리츠(blitz))과 스크리너가 어떻게 움직였는지(예를 들어, 팝(pop), 롤(roll), 슬립(slip))에 대한 데이터도 포함하고 있다. Second Spectrum이 각각의 픽 앤드 롤 플레이에서의 선수 데이터를 제공하므로 픽 앤드 롤 플레이로부터 창출되는 볼 핸들러와 스크리너의 조정 +/−를

---

123 The Athletic의 세스 파트나우(전 밀워키 벅스 데이터 분석 담당)는 이에 대한 재미있는 글을 썼다. https://theathletic.com/1733785/2020/04/10/nba-offensive-styles-analysis-part-ii-variety-is-the-spice-of-life/

계산해 볼 수도 있을 것이다. 선수의 역할에 대한 부분은 상당히 흥미로운 분석이 될 것이다. 왜냐하면 전통적으로 스크리너들은 빅 맨들이었고 볼 핸들러는 가드들이었기 때문이다. 하지만 FiveThirtyEight의 최근 글[124]에 따르면 가드가 스크린을 서는 픽 앤드 롤 플레이가 늘어나고 있다. 이러한 형태의 픽 앤드 롤은 전통적 형태의 픽 앤드 롤 대비 약 +0.09PPP의 효과가 있다. 또 다른 형태의 데이터는 플레이 형태 데이터에서 볼 수 없는 아주 중요한 내용을 보여 준다. 플레이 타입 데이터는 픽 앤드 롤 형태로 플레이가 종료된 경우만 포함하고 있다. 하지만 많은 경우 수비수들에 의해 픽 앤드 롤 플레이의 진행 양상이 달라지기도 한다. 예를 들어, 롤 맨 수비수가 좋은 수비를 보여 주어 볼 핸들러가 롤 맨에게 패스하지 못하고 그대로 공을 가진 채로 다른 공격 방식을 선택할 수도 있다. 플레이 타입 데이터에서는 이러한 좋은 수비에 의한 상황을 파악하기가 힘들다. 즉, 데이터를 가지고 있을 때는 그 데이터가 어떠한 방식으로 기록되었는지 파악하는 것이 정말 중요하다.

포스트 업 플레이의 종말

만약 여러분들이 1980년대, 1990년대 혹은 2000년대에 자라났더라도, 농구 팀들이 수비수들을 손쉽게 제압하고 덩크를 꽂아 넣을 수 있는 큰 선수들을 찾아 헤맸다는 모습이 익숙할 것이다. 몇몇은 심지어 이러한 선수들을 다시 보고 싶을 것이다. 하지만, NBA에서 페인트 존 5초 바이얼레이션 룰(포스트 업을 5초 이상 지속한 경우 파울이 선언된다. 이는 이와 같은 플레이가 리그 전체 게임의 질을 떨어뜨리기 때문이다)을 도입한 이래로 이렇게 큰 선수들만을 고집하는 일이 드물어졌다. 포스

---

124 https://fivethirtyeight.com/features/want-to-confuse-an-nba-defense-have-a-guard-set-a-ball-screen/

트 업은 요즘 농구에서는 그다지 큰 비중을 차지하지 않는 공격 스타일이다. 그 이유는 포스트 업 숏이 더 이상 효율적이지 않기 때문이다. 특히, 포스트 업으로 마무리되는 공 소유권에서의 PPP는 0.89 수준이다. [표 36-2]에는 2018~2019 시즌 각 팀 포스트 업 플레이의 가치가 나와 있다. 필라델피아가 리그 최고의 센터인 조엘 엠비드 덕분에 이 부분에서 가장 위에 위치했다. 하지만 샤킬 오닐과 같은 선수가 수비수가 누구든 상관없이 골대로 돌진하여 득점을 성공시키는 시대는 거의 저물었다. 커크 골즈베리는 그의 책 『SprawlBall』에서 100번의 공 소유권당 몇 번의 포스트 업이 시도되었는지에 대한 시계열 데이터를 제시했다. 이에 따르면 2013~2014 시즌부터 2018~2019 시즌 사이에 이 숫자가 45%나 감소했다. 포스트 업이 아예 의미가 없어졌다는 것을 의미하는 것이 아니다. 가드진에서부터 시작된 공격이 조금 더 효율적일 수 있다는 것뿐이다. 포스트 업 공격이 오늘날의 NBA에서 더 이상 효율적이지 않은 이유 중 하나는 선수들이 매우 빨라졌고 더블 팀 수비에 능해졌기 때문이다. 페인트 존 5초 바이얼레이션과 같은 룰과 달라진 선수들의 능력은 포스트 업 플레이의 효율성을 크게 낮췄다. 하지만 만약 포스트 업을 하는 선수가 패스에도 능하다면, 이와 같은 플레이가 다른 좋은 숏들을 유도해 낼 수 있다. DribbleHandoff. com에서 얻은 데이터에 따르면 포스트 업을 하던 선수에게서 나온 패스를 받아 시도한 숏은 약 1.14점의 가치가 있다. 이는 다른 숏들과 비교하여 0.25점 높은 가치를 가지고 있다. 많은 NCAA 팀과 유럽 리그 최고의 팀들이 패스가 좋은 가드를 포스트에 세우는 인버티드 오펜스(inverted offense) 전략을 구사하고 있다. 빌라노바 대학과 제이렌 브런슨에게 누가 두 번의 우승을 만들어 내었느냐고 물어보면 이 전략의 장점이 더 분명해질 것이다!

팀	공 소유권	PPP
애틀랜타 호크스	2.8	0.92
보스턴 셀틱스	4.6	1
브루클린 네츠	0.4	0.81
샬럿 호네츠	4.8	1
시카고 불스	2.6	0.83
클리블랜드 캐벌리어스	5.9	0.87
댈러스 매버릭스	3.7	0.8
덴버 너기츠	8.2	0.94
디트로이트 피스턴스	6.3	0.91
골든스테이트 워리어스	5	0.86
휴스턴 로케츠	2.8	0.86
인디애나 페이서스	5.3	0.92
LA 클리퍼스	7.4	0.89
LA 레이커스	8.3	0.95
멤피스 그리즐리스	6.2	0.89
마이애미 히트	3.2	0.97
밀워키 벅스	7.2	0.98
미네소타 팀버울브스	5	0.89
뉴올리언스 펠리컨스	2.9	0.9
뉴욕 닉스	7.8	0.88
오클라호마시티 썬더	4.3	0.96
올랜도 매직	6.1	0.73
필라델피아 세븐티식서스	12.6	1.01
피닉스 선스	5.6	0.93
포틀랜드 트레일블레이저스	6.2	0.95
새크라멘토 킹스	5.3	0.84
샌안토니오 스퍼스	8.7	0.98
토론토 랩터스	5.3	0.82
유타 재즈	2.3	0.95
워싱턴 위저즈	1.9	0.87

[표 36-2] **포스트 업 플레이 형태 데이터**

아이솔레이션

포스트 업이 사라지고 있다는 것이 NBA에서 더 이상 1 대 1 공격을 시도하지 않는다는 말은 전혀 아니다. 단지 그 방식과 부르는 방법이 아이솔레이션으로 달라졌을 뿐이다. 포스트 업이 점차 줄어드는 대신 아이솔레이션을 시도하는 횟수는 거의 비슷한 수준으로 유지되고 있다. 2018~2019 시즌 아이솔레이션은 약 0.87PPP를 만들어 냈다([표 36-3] 참조). 이는 포스트 업보다 못한 수치이다. 하지만 몇몇 팀은 아이솔레이션을 아주 자주 이용했다. 휴스턴은 공 소유권의 약 20%에서 아이솔레이션을 시도했고 1.06PPP를 기록했다(만약 이 정도 수치를 유지할 수 있다면 당연히 아이솔레이션을 하는 것이 맞다). 물론 이 수치는 제임스 하든 덕분이다. 그는 아이솔레이션에서 1.11PPP를 기록했다.

이 챕터를 마무리하기 전에, 수기로 데이터를 입력하는 방식의 위험성에 대해 다시 한번 이야기해야 할 것 같다. 아이솔레이션은 누가 이 플레이에 기여했는지 쉽게 판별할 수 있다. 하지만, 컷 플레이(NBA에서 가장 효율적인 플레이 형태 중 하나이다)의 경우 공격자가 슛을 성공하기까지 많은 움직임이 영향을 미치게 된다(예를 들어, 공을 가지지 않은 선수들의 움직임, 스크린, 수비수 움직임 등). 이때, 커팅해 들어가는 선수에게로 패스가 전달될 것이고 이 패스는 완벽한 슛 기회를 만들어 줄 것이다. 여기서 팀들이 얼마나 많은 커팅 플레이를 시도하고 이 중 몇 번이 수비에게 막혔는지에 대한 데이터가 있으면 아주 흥미로울 것이다. 이러한 정보는 각 팀이 개별적으로 수집하겠지만 이는 게임 전략을 세울 때 매우 중요하게 고려해야 할 부분일 것이다.

팀	공 소유권	PPP
애틀랜타 호크스	4.4	0.85
보스턴 셀틱스	7.8	0.79
브루클린 네츠	9.3	0.96
샬럿 호네츠	6.9	0.91
시카고 불스	8	0.82
클리블랜드 캐벌리어스	8.8	0.8
댈러스 매버릭스	6.8	0.85
덴버 너기츠	5.3	0.8
디트로이트 피스턴스	6.5	0.87
골든스테이트 워리어스	7.1	0.98
휴스턴 로케츠	22.4	1.06
인디애나 페이서스	5.7	0.79
LA 클리퍼스	7.2	0.93
LA 레이커스	9.4	0.91
멤피스 그리즐리스	6.2	0.86
마이애미 히트	5.1	0.78
밀워키 벅스	9.6	0.98
미네소타 팀버울브스	7.7	0.84
뉴올리언스 펠리컨스	8	0.86
뉴욕 닉스	6.3	0.76
오클라호마시티 썬더	10.5	0.83
올랜도 매직	4.6	0.9
필라델피아 세븐티식서스	5	0.88
피닉스 선스	6.5	0.87
포틀랜드 트레일블레이저스	7.7	0.9
새크라멘토 킹스	8	0.83
샌안토니오 스퍼스	7.4	0.95
토론토 랩터스	7.7	0.94
유타 재즈	3.6	0.83
워싱턴 위저즈	7.8	0.84

[표 36-3] 아이솔레이션 플레이 형태 데이터

CHAPTER 37
SPORTVU, SECOND SPECTRUM
그리고 농구에서의 공간 데이터 혁명

지난 수십 년간의 컴퓨터 테크놀로지의 발전은 스포츠 팀들로 하여금 각 플레이에 대한 엄청난 양의 세부 데이터를 수집할 수 있도록 해 주었다. 데이터 로그로부터 거의 전체 경기 하나를 복기해 볼 수 있을 정도가 되었다. 이 데이터를 바탕으로 경기 중 각 선수가 코트 위 어느 곳에 위치하고 있었는지 정확히 파악할 수 있다. Chapter 27에서 NFL이 RFID를 도입하여 공간 데이터를 수집하고 있다는 것에 대해 이야기하였다. NBA는 이러한 데이터를 훨씬 오래전인 2013년부터 수집하고 있었다. STATS Inc.에서 소유한 SportVU의 옵티컬 트래킹 시스템이 29개 전체 NBA 구장에 설치되었다. 2017~2028 시즌부터는 NBA와 Second Spectrum이 이 데이터에 대한 사용 계약을 맺었다. NFL의 선수 트래킹 데이터와 다르게 NBA 데이터는 경기장 지붕 쪽에 설치한 여섯 대의 카메라로 촬영한 초당 25프레임 영상 자료를 이용해 만들어진다. 이 데이터는 선수의 X, Y축 좌표와 공의 X, Y, Z축 좌표를 포함하고 있다. 여기에 Second Spectrum은 플레이 형태에 대한 세부 사항과 같은 몇몇 추가 사항을 입력한다(예: 포스트 업, 픽 앤드 롤).

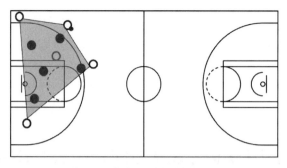

[그림 37-1] 선수 트래킹 데이터 예시

NBA 프런트 오피스와 연구자들은 이 데이터를 지난 몇 년간 지속해서 분석해 오고 있고 이를 통해 몇몇 발전을 이루어 냈다. 첫째로 이런 데이터는 수비 시 선수들의 공간적 배치와 같은 기존의 데이터로는 할 수 없는 분석을 가능하게 해 주었다. 예를 들어 [그림 37-1]에서 검은색 원은 수비 팀, 하얀색 원은 공격 팀을 의미하고, 공은 작은 검정 원으로 표시되고 있다. 경기 녹화본을 보면서 누군가는 공격 팀이 공간적으로 좋은 배치를 이루었다고 생각할 수 있다. 하지만 선수 트래킹 데이터를 가지고 있으면 이러한 생각을 계량화할 수 있다. 하지만 이러한 데이터에서 주관적 요소가 들어갈 수밖에 없다. 이렇게 공간 배치를 계량화하는 방법 중 가장 대표적인 것은 코트 위에 있는 다섯 명의 선수로 이루어진 볼록 껍질(convex hull)의 면적을 계산하는 것이다(Chapter 27 참조). [그림 37-1]에서 공격 팀 선수로 이루어진 볼록 껍질은 검은색 음영으로 표시되어 있다. 중요한 것은 이 볼록 껍질의 넓이가 계산될 수 있다는 것이다. 이는 스테판 커리가 지아니스와 비교하여 수비수들을 얼마나 넓게 펼쳐지게 만들 수 있는지와 같은 것들을 계산할 수 있도록 도와준다.

수비 능력 평가

또한 NBA 팀들은 이 데이터를 이용해 기존에 데이터 부족으로 분석하지 못했던 수비 능력과 같은 부분도 분석하고 있다. 토론토 랩터스는 이 기술을 가장 처음 받아들였던 팀이다. 그들은 이를 통해 최적의 수비 위치를 찾는 시스템을 개발하였다.[125] 그들은 공 소유권당 기대 득점이라는 관점에서 분석을 진행하여 수비 유령 선수들을 키워 냈다. 여기서 유령은 공 소유권당 상대방의 기대 득점을 최소화할 수 있는 위치에 자리 잡은 수비수들을 말한다. 최근 칼텍, 디즈니 연구소, STATS Inc. 의 연구자들이 모방 학습을 기반으로 축구에서 이와 비슷한 데이터 기반 유령 시스템을 개발하였다.[126] 이러한 데이터를 기반으로 한 방식들은 리그 평균적인 팀에서 기대할 수 있는 수비들을 알아볼 수 있도록 해 준다. 즉, 이 방식들은 직접적으로 기대 득점을 계산해 주지는 않는다.

알렉산더 프랭크스(Alexander Franks), 앤드루 밀러(Andrew Miller), 루크 본 (Luke Bornn, 전 새크라멘토 킹스 전략 분석 담당 부사장), 커크 골즈베리(Kirk Goldsberry, 전 샌안토니오 스퍼스 전략 연구 담당 부사장, 『SprawlBall』 저자)[127]는 영상 트래킹 데이터를 이용하여 농구에서의 수비 지표를 개발해 내었다. 트래킹 데이터는 누가 누구를 수비하고 있는지에 대한 정보를 담고 있다. 따라서 특정 수비수가 마주한 상대방의 공격 시도 횟수, 수비수의 효율성, 평균 허용 득점과 같은 지표들을 계산해 낼 수 있다. 이러한 수비 지표에서 가장 중요한 것은 각 공 소유권에서의 매치업 상대를 알아보는 것이다. 이 작업을 하고자 이 연구자들은 선수 k가 공격

---

125 http://grantland.com/features/the-toronto-raptors-sportvu-cameras-nba-analytical-revolution/

126 H. Le, P. Carr, Y. Yue, and P. Lucey, "Data-driven ghosting using deep imitation learning," 11th Annual MIT Sloan Sports Analytics Conference, 2017.

127 Alexander Franks, et al., "Counterpoints: Advanced defensive metrics for NBA basketball," 9th Annual MIT Sloan Sports Analytics Conference, 2015.

하는 t번째 상황에서의 수비수의 기대 위치 μ_{tk}를 회귀 분석을 통해 모델화하였다.[128] 이 회귀식에서 수비수의 위치와 관련된 예측 변수는 세 가지였다.

$$\mu_{tk} = \gamma_0 O_{tk} + \gamma_B B_t + \gamma_H H \qquad (1)$$

이때 $\gamma_0 + \gamma_B + \gamma_H = 1$, O는 t번째 상황에서의 공격 팀 선수 k의 위치, B는 t번째 상황에서의 공의 위치 그리고 H는 골대의 위치이다. 이 회귀식에서 도출된 계수들은 $\gamma_0 = 0.62, \gamma_B = 0.11, \gamma_H = 0.27$이었다. 이 결과에 따르면(모두가 예상할 수 있듯이), 수비수들은 골대 근처에서 공격수들에게 더욱 밀착하여 수비하고, 공이 없을 때보다 있을 때 더 가까이서 수비하는 것으로 나타났다. 이러한 예상 위치를 기반으로 수비수의 위치를 추적할 수 있는 은닉 마르코프 모델을 활용하면 수비 매치업의 진보가 어떠한 지표로 표현되어질 수 있다. 예를 들어 프랭크스, 밀러, 본, 골즈베리는 수비수 p의 방해 점수(disruption score)를 아래와 같이 정의하였다.

$$D_P = \frac{\text{실제 실점}}{\text{예상 실점}} \qquad (2)$$

여기서 예상 실점은 선수 p가 상대하는 슈터의 효율성을 이용하여 계산된다. 즉, $\sum_i(eff_{S(i)} \times pts(i))$이다. 이 식에서 $S(i)$는 슈터의 i번째 공 소유권, $pts(i)$는 i번째 공 소유권에서의 득점, $eff_{S(i)}$는 슈터 S의 기존 슈팅 효율성을 의미한다. $D_P < 1$인 경우 평균보다 뛰어난 수비수이고, $D_P > 1$인 경우 평균보다 떨어지는 수비수이다. 선수 트래킹 데이터를 활용하면 또 다른 형태의 수비 지표들도 다양하게 개발될 수 있을 것이다. 이 부분은 앞으로도 많은 발전이 필요한 분야이다.

128 A. Franks, A. Miller, L. Bornn, and K. Goldsberry, "Characterizing the spatial structure of defensive skill in professional basketball," The Annals of Applied Statistics, 9(1), 2015, 94-121.

DEEPHOOPS:
공 소유권당 실시간 기대 득점

　기존의 박스 스코어 스탯은 공 소유권을 끝나게 하거나 데드 볼로 끝나게 되는 어떠한 행동의 가치를 평가한다. 예를 들면, 슛 시도, 슛 성공, 실책, 블록 슛, 파울 등과 같은 것들이다. 하지만, 이와 같은 결과에 도달하기까지 수많은 다른 행동이 있었을 것이고 이러한 행동들을 평가할 수 있는 방법을 찾는 것은 매우 의미 있는 일일 것이다. 예를 들어, 해머 세트 플레이를 할 때 해머 스크린이 플레이에 얼마나 큰 도움을 주는 걸까? 이러한 정보는 박스 스코어에서 찾아볼 수 없다. 만약 어떠한 공 소유권 아래에서의 기대 득점을 지속해서 추적할 수 있는 방법이 있다면, 코트에서 일어나는 다양한 행동의 가치를 측정할 수 있을 것이다(예, 스크린, 패스). 시칠리아, 펠레치리니스, 골즈베리[129]는 딥 러닝 모델을 활용하여 r이라는 매우 작은 시간 단위 안에서 일어나는 공 소유권을 매조 짓는 최종적 플레이의 확률을 예측하는 시스템인 DeepHoops를 개발하였다. 여기서 최종적 플레이는 슛 시도(shot), 실책(to), 슈팅 파울(shF), 슈팅과 관련 없는 파울(nshF), 공 소유권 지속(null) 중 하나를 의미한다. 이 모델에 입력하는 변수는 지난 T초 동안 선수들과 공의 모든 움직임이다. 이 확률들이 모든 순간에 대해서 계산되고 나면, 이 분포의 기댓값을 계산하여 공 소유권의 기대 가치를 계산할 수 있다. 예를 들면, 만약 τ라는 시간에 일어난 다양한 플레이의 확률이 $\Pi = [\pi_{shot}, \pi_{shF}, \pi_{nshF}, \pi_{to}, \pi_{null}] = [0.21, 0.06, 0.03, 0.04, 0.66]$이라면, 이 플레이들에 대한 가치는 $V = [v_{shot}, v_{shF}, v_{nshF}, v_{to}, v_{null}] = [0.91, 1.5, 1.5, 0, 1.09]$이며, 이번 공 소유권 τ에서의 기대 득점은 $EPV(\tau) = \Pi \times V = 1.045$이다. 벡터 V는 각각의 플레이에 기대 득점을 부여한다. 이 예에서 슛의 기대 득점(V shot)은 0.91이다.

129　A. Sicilia, K. Pelechrinis, and K. Goldsberry, "DeepHoops: Evaluating micro-actions in basketball using deep feature representations of spatio-temporal data," In the 25th ACM SIGKDD, 2019.

즉, 공 소유권 τ에서 슛을 시도할 때 기대 득점이 0.91이라는 뜻이다. 만약, 슛팅과 관련 없는 파울이 나오고 팀이 이에 대한 보상을 받게 되면 이 상황의 가치는 두 번의 자유투 기대 득점과 같다. 이 예에서는 자유투 성공률 75%인 선수를 가정했다. 이러한 상황들이 아무것도 나오지 않는 경우의 가치는 평균적인 공 소유권의 가치와 똑같다(우리는 평균 공격 레이팅인 1.09를 사용했다). 이 숫자는 팀별로, 공격 수비 라인업별로 달라질 수 있다. [그림 37-2]는 케빈 듀란트가 돌파하다가 이안 클락에게 패스를 빼 주는 상황에서의 계산 결과를 예시로 보여 주고 있다. 여기서 우리는 실시간 기대 득점과 최종 플레이 확률 분포로 이루어진 이 플레이의 스냅 샷을 볼 수 있다. 프레임 1은 공이 백코트에서 시작할 때 평균 기대 득점을 보여 준다. 프레임 2a는 듀란트가 수비수들에게 둘러싸여 있고, 우리의 모델에 따르면 이때 필드 골 시도와 슛팅 파울의 확률이 증가한다. 이후 공이 코트의 코너 방향으로 패스되면 프레임 2b에서 볼 수 있듯이 슛팅 파울 확률이 떨어진다. 프레임 3은 이안 클락이 코너에서 이 패스를 받아 오픈 찬스를 맞이했음을 보여 준다. 우리의 모델은 슛팅 파울 확률을 낮은 수준으로 유지하지만(주변에 수비수가 없기 때문이다), 슛 시도 확률은 엄청나게 올라가게 된다.

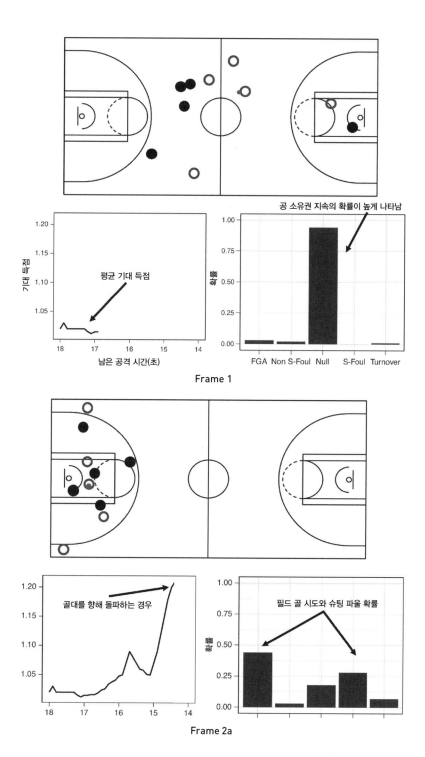

공 소유권 지속의 확률이 높게 나타남

평균 기대 득점

기대 득점

남은 공격 시간(초)

확률

FGA   Non S-Foul   Null   S-Foul   Turnover

Frame 1

골대를 향해 돌파하는 경우

필드 골 시도와 슈팅 파울 확률

확률

Frame 2a

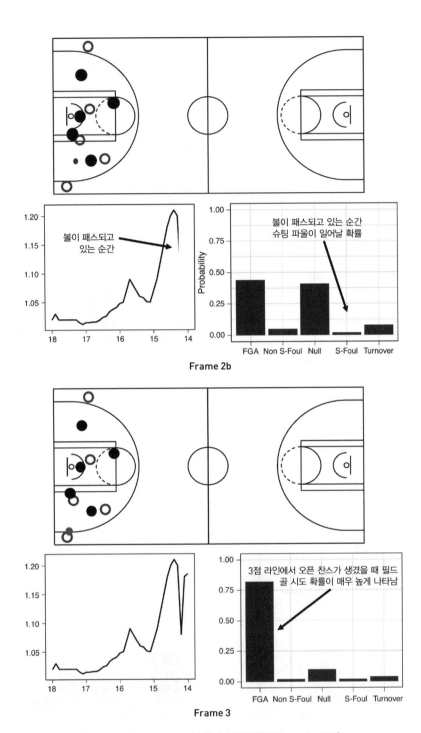

Frame 2b

Frame 3

[그림 37-2] DeepHoops 시스템 결과 시각화(Siicilia et al., 2019)

이와 비슷한 모델을 활용하여 EPV added(기대 득점 추가)를 계산하면, 다양한 플레이의 가치를 평가할 수 있게 된다. 예를 들어 t_1 상황에서 한 선수의 손을 떠나 t_2 상황에서 다른 선수의 손에 들어간 패스의 EPV added는 $EPV(t_2) - EPV(t_1)$으로 계산할 수 있다. [그림 37-3]은 시칠리아, 펠레치리니스, 골즈베리의 연구에서 나온 세 가지 다른 종류의 패스에 대한 상자 그림을 나타내고 있다(백코트 패스, 어시스트 기회(숏 성공 여부와 관계없이 숏으로 이어진 패스), 나머지 모든 패스). 여기서 볼 수 있듯이 백코트 패스는 예상대로 거의 0에 가까운 가치를 가질 뿐이고, 어시스트 기회는 평균적으로 약 0.2EPV added를 기록하여 가장 높은 가치를 가지고 있었다. 나머지 모든 패스는 평균적으로 0.05EPV added를 기록하였다.

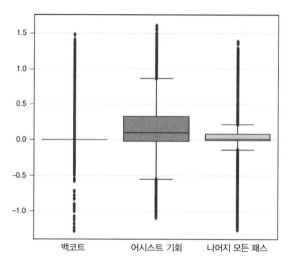

[그림 37-3] 세 가지 패스 유형의 EPV added

이 모델들은 또다시 예상되는 수비수들의 움직임을 생성하는 모델과 결합되어 코칭 스태프에게 각각의 공격 방법의 기대 효율성에 대한 정보를 제공할 수 있다. 시들(Seidl)과 동료들은 그들이 발표한 「Bhostgusters」[130]에서 선수들이 과거에 어떻게 반

---

130 T. Seidl, A. Cherukumudi, A. Hartnett, P. Carr, and P. Lucey, "Bhostguster: Realtime interactive play sketching with synthesized NBA defenses," in MIT Sloan Sports Analytics Conference, 2018.

응했는지를 기반으로 수비수들의 움직임을 예상하는 모방 학습 모델을 개발했다. 충분한 데이터가 있다면 이러한 모델들에 어떤 팀이 플레이하고 있는지 혹은 어떤 선수들이 뛰고 있고 어떤 매치업이 일어나고 있는지에 대한 정보도 추가할 수 있을 것이다.

코너에서 시도하는 삼점 슛은 왜 이렇게 효율적일까?

[그림 37-4]의 왼쪽에는 2016~2017 시즌 코트 위의 다양한 위치에서의 리그 평균 필드 골 성공률이 나와 있다. 여기서 볼 수 있듯이 슛 성공률은 슛 거리와 깊은 연관성이 있다. 이는 [그림 37-5]에 나와 있는 Basketball-Reference.com 데이터에서도 명확히 알 수 있다. 골대 가까이에서 시도한 슛의 성공 확률이 훨씬 높게 나타난다. 하지만 기대 득점을 계산해 보면, 골밑슛은 2×0.63=1.26점이고 3점 슛은 3×0.36=1.08점인 반면, 골밑슛과 3점 슛 사이에서 시도하는 슛은 평균 0.8점밖에 되지 않는다. 이는 [그림 37-4]의 오른쪽 부분에 도식화되어 있다.[131] 즉, [표 37-1]에는 슛의 효율성에 대한 부분이 그려져 있다. 중거리 2점 슛은 평균적으로 그다지 좋은 선택이 아니라는 것이 분명하다. 데이터를 살펴보면 실제로 팀들은 중거리 2점 슛을 점차 멀리하고 있다. 2002~2003 시즌 팀들은 게임당 30개 정도의 중거리 슛을 시도하였다(출처: stats.nba.com). 하지만 이 숫자는 2019~2020 시즌 10개 이하로 곤두박칠쳤다. 중거리 슛이 완전이 죽어 버렸다는 이야기는 아니다. 단지, 최근 트렌드를 보면 오직 최고의 선수들만이 중거리 슛을 시도한다(예: 듀란트, 레너드). 다른 선

---

131 피트 팔머(Pete Palmer)가 이 책의 1판을 리뷰할 때 지적했던 것처럼, 3점 슛은 중거리 2점 슛보다 성공률이 떨어진다. 이는 공격 팀이 공격 리바운드를 잡아 공격을 이어 나갈 가능성을 높여 주는 효과가 있다. 실패한 슛의 약 27%가 공격 리바운드로 이어지기 때문이다.

수들은 더 효율성이 높은 지역에서의 슛에 집중하고 있다. 이는 슛의 효율성을 높여 줄 뿐 아니라 전체적인 공간 활용에도 도움을 주고 있다.

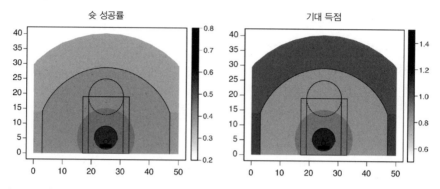

[그림 37-4] 3점 슛이 가장 낮은 슛 성공률을 보인다(그림 왼쪽). 하지만 기대 득점은 두 번째로 높다(그림 오른쪽).

A	L	M	N	O	P
	0-3피트(ft)	3-10피트(ft)	10-16피트(ft)	16피트(ft) ~ 3점	3점
애틀랜타 호크스	0.616	0.349	0.394	0.429	0.341
보스턴 셀틱스	0.633	0.395	0.417	0.405	0.359
브루클린 네츠	0.613	0.418	0.391	0.374	0.338
시카고 불스	0.6	0.449	0.393	0.377	0.34
샬럿 호네츠	0.61	0.4	0.419	0.38	0.351
클리블랜드 캐벌리어스	0.666	0.362	0.428	0.425	0.384
댈러스 매버릭스	0.637	0.444	0.441	0.391	0.355
덴버 너기츠	0.627	0.441	0.386	0.397	0.368
디트로이트 피스톤스	0.646	0.384	0.445	0.416	0.33
골든스테이트 워리어스	0.69	0.408	0.43	0.469	0.383
휴스턴 로케츠	0.667	0.391	0.375	0.374	0.357
인디애나 페이서스	0.625	0.464	0.417	0.418	0.376
LA 클리퍼스	0.661	0.419	0.423	0.439	0.375
LA 레이커스	0.633	0.397	0.379	0.39	0.346
멤피스 그리즐리스	0.58	0.416	0.385	0.38	0.354
마이애미 히트	0.63	0.412	0.387	0.389	0.365
밀워키 벅스	0.644	0.402	0.377	0.387	0.37
미네소타 팀버울브스	0.645	0.437	0.392	0.402	0.349
뉴올리언스 펠리컨스	0.627	0.417	0.427	0.38	0.35

뉴욕 닉스	0.591	0.381	0.44	0.419	0.348
오클라호마시티 썬더	0.614	0.418	0.391	0.379	0.327
올랜도 매직	0.616	0.427	0.413	0.39	0.328
필라델피아 세븐티식서스	0.638	0.376	0.384	0.344	0.34
피닉스 선스	0.629	0.412	0.402	0.374	0.332
포틀랜드 트레일블레이저스	0.596	0.418	0.441	0.417	0.375
새크라멘토 킹스	0.642	0.421	0.412	0.402	0.376
샌안토니오 스퍼스	0.644	0.429	0.391	0.431	0.391
토론토 랩터스	0.631	0.45	0.449	0.407	0.363
유타 재즈	0.651	0.413	0.427	0.363	0.372
워싱턴 위저즈	0.629	0.429	0.426	0.442	0.372
리그 평균	0.631	0.414	0.412	0.403	0.358

[표 37-1] 2016~2017 NBA 슈팅

한 가지 주목할 점은 같은 3점 슛이라고 할지라도 코너에서 시도하는 3점 슛과 나머지 3점 슛 간에 무시할 수 없는 수준의 성공률 차이가 나타난다는 점이다. 코너 3점 슛 성공률은 38.8%인 반면 다른 위치에서의 3점 슛 성공률은 34.7%이다. 즉, 코너 3점 슛의 기대 득점은 1.16점인 반면 다른 위치에서는 1.04점밖에 되지 않는다. 이는 100개의 3점 슛을 시도할 때 12.3점이나 되는 차이를 만들어 낸다. 왜 이런 현상이 일어날까? 사람들은 코너 3점 슛이 슛 거리가 더 짧다는 점을 지적했다.[132] 하지만 우리는 짧은 슛 거리 하나만으로 이 현상이 설명되지 않는다고 생각했다. 운이 좋게도, 이 부분을 직접 살펴볼 수 있는 방법이 있다. 첫째로 우리는 로지스틱 회귀 분석 모형을 개발하여 골대로부터의 거리만으로 슛 성공 확률을 예측해 보았다(Chpater 21에 나오는 NFL에서의 필드 골 성공률 예측 모델과 비슷하다). 이 모델에 따르면, 코너 3점 슛은 다른 위치에서의 3점 슛보다 더 높은 성공률을 기록했다. 하지만 그 차이는 약 1.5% 정도인 것으로 나왔다. 현실에서의 차이인 4%와

132 https://bleacherreport.com/articles/2146753-whos-responsible-for-the-nbas-corner-three-revolution

는 많은 차이가 난다.[133] 데이터를 조금 더 자세히 살펴본 후, 슛의 종류에 따라 슈터와 수비수 간의 거리가 다르다는 점을 발견했다. 특히 코너 3점 슛의 경우 다른 위치에서의 3점 슛보다 수비가 없는 오픈 찬스인 경우가 많았다. 따라서, 슈터들이 더 좋은 슛을 던질 수 있었다. 무엇이 이러한 차이를 만들었을까? 바로 어시스트이다. 패스를 받아서 던지는 슛들은 그렇지 않은 슛들에 비해 오픈 찬스인 경우가 훨씬 많았다. 코너에서 시도된 3점 슛의 90% 이상이 패스를 받아서 던지는 슛들이었다. 반면, 다른 위치에서의 슛들은 70%만이 패스를 받아서 던지는 슛이었다. 중거리 슛은 패스를 받아서 던지는 경우가 훨씬 더 적었다.

	실제 슛 성공률	기대 성공률	수비수와 슈터 간의 거리
코너 3점	38.7%	35.4%	6.4
다른 위치에서의 3점	34.7%	33.8%	5.9

[표 37-2] 짧은 슛 거리는 코너 3점 슛이 성공률이 더 높다는 사실의 오직 일부만을 설명할 수 있다. 코너 3점 슛들은 다른 위치에서의 슛들보다 오픈 찬스인 경우가 훨씬 많았다.

어시스트와 슛 성공률 차이 간에 인과 관계가 있다는 점을 더 확실하게 보이려고, 의료 분야 임상 시험에 사용되는 것과 유사한 무작위 배정 시험(Randomized Control Trial)을 시행해 볼 필요가 있었다. 이 방법은 보통 인과 관계를 입증하는 가장 좋은 방법이라고 여겨진다. 예를 들어, 절반은 모든 3점 슛 위치에서의 거리가 같은 코트에서 플레이된 게임 데이터를 모으고 나머지 절반은 NBA 정규 코트의 경기 데이터를 모으는 것이다. 또 한 가지 아주 중요한 것은 이 경기들이 두 코트 중 하나에 랜덤하게 배정되어야 한다는 것이다. 하지만 예상할 수 있듯이 이러한 실험을 실제로 하는 것은 불가능할 것이다. 하지만 자연 실험(natural experiment)을 할 수 있는 좋은 대상이 있다. 자연 실험은 관찰 연구의 한 방법으로, 실험 대상이 연

---

133 또한 실제 슛 성공률 기댓값도 모델과 실제 데이터가 달랐다. 그 이유는 현실에서는 3점 슛이 뛰어난 선수들이 지속해서 3점 슛을 시도하는 반면 모델에서는 모든 선수가 던지는 모든 3점 슛을 대상으로 분석했기 때문이다.

구자의 조작이 아닌 자연적으로 실험군과 대조군으로 나뉘어 있는 상태를 관찰하여 분석하는 방법이다. 여기에서 사용될 데이터는 FIBA 대회들이다. 이 대회들은 코너 3점 슛과 다른 위치들에서 3점 슛 간의 거리 차이가 없다. 따라서, 우리는 FIBA 챔피언스 리그(유럽 국가 농구 대항전) 데이터를 분석하여 보았고, 여기서도 같은 패턴을 관찰할 수 있었다. 코너 3점 슛이 다른 위치보다 더 효율적이었고 패스를 받아 슛을 시도하는 경우가 더 많이 나왔다. 이 분석 방식은 공식적인 자연 실험 연구는 아니었지만, 코너 3점 슛이 효율적인 이유가 단지 슛 거리 때문만은 아니라는 추가적 증거가 될 수 있을 것이다.

자연 실험

자연 실험은 관찰 연구 방법의 한 가지로서 실험군이 연구자의 의도가 아닌 어떠한 무작위 변수로 인해 설정된 경우 사용할 수 있는 방법이다. 특정 연구 주제들은 이 방법이 아주 효율적일 수 있다. 자연 실험은 인류학이나 사회학, 정치학과 같은 분야에서 많이 사용된다. 이런 분야에서는 무작위 배정 시험이 불가능하거나 비윤리적인 경우가 많기 때문이다. 한 가지 기억해야 할 것은 자연 실험에서의 실험군은 완벽히 무작위로 설정된 것이 아니라는 점이다. 따라서 생각지 못한 변수가 실험에 영향을 미칠 수도 있다. 바로 이러한 이유 때문에 자연 실험으로는 인과 관계에 대해 완벽하게 파악할 수가 없다. 따라서 자연 실험은 준실험 연구(Quasi experiments)라고 불리기도 한다.

MIT 슬론 스포츠 애널리틱스 콘퍼런스에서 커크 골즈베리와 우리는 이 주제에 대해 매우 흥미로운 이야기를 나눴고 추후 이에 대해 더 깊게 논의했다. 우리는 커크가 "슈터-수비수 댄스"라고 이름 지은 지표에 매우 깊은 관심이 있었다. 우리는 슛을 던지기 직전 4초간 슈터와 수비수의 위치에 집중하였다. 2016~2017 시즌 약 600경기 데이터를 이용하여 선수들의 궤적을 분류하여 10개의 군집을 만들었다([그림 37-5] 참조). 이 그림에서 각각 다른 숫자는 슛을 던지기 전 4초간 슈터와 수비수들의 위치를 의미한다. 이 분석에 따르면 두 개의 군집(Stationed-RC3과 Stationed-LC3)이 전체 코너 3점 슛 시도의 절반이나 차지하고 있었다! 이 상황에서, 선수는 거의 코너에 박혀서 누군가 돌파 후 패스를 빼 주기를 기다리고만 있었다. 이때 그의 수비수는 골대와 슈터 사이에 머물고 있었다. 수비수가 이렇게 망설이고 있는 것은 최적의 수비 방법이 아닌 것 같아 보인다. 정말 그럴까?

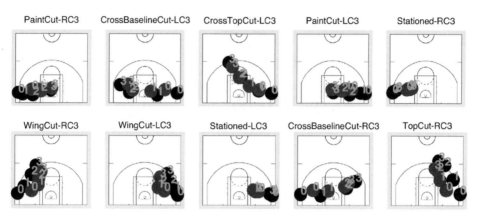

[그림 37-5] 코너 3점 슈터와 수비수 간의 댄스. 절반가량의 코너 3점 슛 시도에서
슈터는 코너에 박혀서 패스를 기다리고 있었다.

이 질문에 답하고자 게임 이론을 사용해 보도록 하자(Chapter 22 참조). [그림 37-6]에 나와 있는 단순화시킨 게임을 생각해 보자. 공격 팀 선수는 코너에서 돌파하는 선수로부터 나오는 패스를 기다리고 있다. 그리고 수비수는 d 피트 떨어진 곳에 위치하고 있으면서 돌파하는 선수에게 더블 팀을 갈지 코너 3점 슈터를 수비할지 고민하고 있다. 이 상황은 공격은 두 가지 전략을 가지고 있고(밖으로 빼 주는 패스 혹은 돌파 후 슛 시도) 수비수는 1에서 22 사이의 값 d를 선택해야 하는 제로섬 게임이다. 이 문제를 풀고자 우리는 보수 행렬(payoff matrix)을 만들어야 한다. 즉, 우리는 수비수와의 거리에 따른 슛의 기대 득점을 계산하는 것이 필요하다. Second Spectrum의 qSQ[133]라는 지표가 바로 이에 대한 지표이므로 이를 활용하도록 할 것이다. 또한 돌파가 이루어질 때 두 번째 수비수의 영향에 대한 모델도 필요하다. 예를 들어, 코너에서 d만큼 떨어진 곳(돌파하는 선수로부터는 22-d)에 위치한 두 번째 수비수는 돌파에 이은 슛의 성공률을 $1 - \dfrac{1}{\alpha^{(22-d)}}$ 만큼 떨어트린다. α 값은 더블 팀의 효과에 영향을 주는 값이다. 예를 들면, α=2일 때 공격 입장에서의 보수 행렬이 [표 37-3]에 나와 있다.[134]

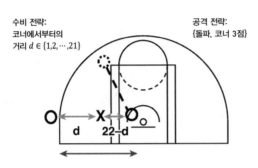

[그림 37-6] 코너 3점 슈터와 수비수 간의 움직임을 나타낸 단순화된 게임

　　1과 2 사이의 α 값에 대하여 이 문제를 풀어 보았고 [그림 37-7]에 코너 3점 슛의 수비수를 위한 혼합된 전략의 내시 균형을 나타내었다(α=1.3일 때와 α=1.9일 때). 여기서 볼 수 있듯이 내시 균형 전략에 따르면 수비수들은 두 가지 옵션 중 하나에 집중해야 한다(코너 3점을 막든지 돌파하는 선수를 더블 팀 하든지). α 값(더블 팀 수비의 효율성을 나타내는 숫자)에 따라서 각 옵션의 선택 비중이 달라진다. 하지만 명확한 것은 이 게임 이론 모델에 따르면, 수비수들은 둘 중 한 가지를 반드시 선택해야 한다는 것이다. 각 내시 균형에서 d의 기댓값은 코너에서 약 13피트 정도이다. 이는 실제 경기에서의 코너 3점 슈터와 수비수 간의 평균 거리(12.3피트)와 매우 비슷하다. 하지만, [그림 37-7]의 세 번째 파트에서 볼 수 있듯이 이 분포는 내시 균형의 혼합 전략과 매우 다르게 나타난다.

134　Y. H. Chang, R. Maheswaran, J. Su, S. Kwok, T. Levy, A. Wexler, and K. Squire, "Quantifying shot quality in the NBA," in Proceedings of the 8th Annual MIT Sloan Sports Analytics Conference, 2014.

		공격 전략	
		코너 3점	돌파
	d=21	1.22	0.82
	d=20	1.22	0.834
	d=19	1.22	0.87
	d=18	1.22	0.938
	d=17	1.22	1.028
	d=16	1.22	1.092
	d=15	1.22	1.132
	d=14	1.22	1.176
	d=13	1.22	1.202
	d=12	1.22	1.216
수비 전략	d=11	1.22	1.234
	d=10	1.219	1.252
	d=9	1.219	1.27
	d=8	1.218	1.27
	d=7	1.215	1.27
	d=6	1.21	1.27
	d=5	1.201	1.27
	d=4	1.182	1.27
	d=3	1.144	1.27
	d=2	1.068	1.27
	d=1	0.915	1.27

[표 37-3] 코너 3점 슛의 보수 행렬

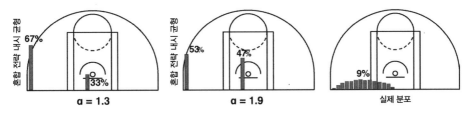

[그림 37-7] 수비수의 코너에서부터의 거리에 대한 내시 균형과 실제 분포

물론 이 모델은 매우 단순화된 모델이다. 실제 적용하려면 매우 세부적인 상황에 대한 조정이 필요하다(슈터의 능력, 돌파하는 선수의 능력, 수비수의 능력 등). 또한 이 분석은 돌파하는 선수가 더블 팀을 당하는 상황에서 코너로 정확하게 패스해 줄 수 있는지에 대한 부분도 포함하고 있지 않다. 하지만, 이 분석은 팀들이 그들의 수비 전략을 어떤 식으로 세워야 하는지에 대한 중요한 아이디어를 제공한다. 실제로 스포츠 애널리틱스에 많은 관심을 보이고 있는 세븐티식서스의 경우 이러한 부분에 대해 인지하고 있는 것으로 보도된 적이 있다.[135] 시몬스는 "숫자들은 특정 팀들을 어떤 식으로 수비해야 하는지에 대해 알려 준다."라고 이야기했다. "우리는 다른 팀들이 무엇을 잘하고 무엇을 못하는지 알고 있다. 우리는 보통 그에 맞춰 플레이한다. 사람들은 종종 우리가 멍청하다고 생각한다. 하지만 그들은 우리가 무엇을 알고 있는지 알지 못한다. 몇몇 정보와 이에 맞춘 플레이들은 종종 상식적이지 않다. 예를 들면, 만약 당신이 매우 치명적인 코너 3점 슈터가 있는 팀과 경기한다면, 돌파하는 선수에게 더블 팀을 하기보다는 코너에 있는 선수를 그대로 막고 있는 편이 훨씬 나을 것이다. 하지만 이는 몇몇 깨닫지 못한 자에게는 멍청해 보일 수도 있다."

여기서 중요한 질문 중 하나는 선수들이 혹시 수비 공간에 대한 중요도를 평가하는 데 어떠한 편향을 가지고 있지는 않은가 하는 것이다. 예를 들어, 코너에서 상대방을 가깝게 붙어서 수비할 경우 이 수비수가 코트의 넓은 범위를 소화하지 못하는 선수인 것처럼 보일 수 있다. 코트의 모든 부분이 똑같이 중요한 것이 아닌데 말이다!

135 https://www.inquirer.com/philly/sports/sixers/sixers-76ers-philadelphia-analytics-process-numbers-nba-playoffs-miami-heat-brett-brown-bryan-colangelo-20180418.html

군집화

군집화는 비지도 학습(unsupervised learning) 모형의 한 예이다. 군집화의 목적은 어떠한 데이터에서 비슷한 성향을 가진 대상들끼리 같은 그룹으로 묶어 군집을 형성하는 것이다. 이 개념 자체는 간단히 이해할 수 있지만 실제 작업은 매우 어려운 경우가 많다. 실제로 군집화는 수학적으로 부적절하게 정립된 문제라는 것이 증명되었다. 즉, 비슷한 성향이라는 개념을 어떻게 정의하느냐 혹은 어떤 방식으로 군집을 나누느냐에 따라서 결과가 많이 달라지게 된다.

NBA 트래킹 데이터는 앞으로 더 많이 보급되어 사용될 것이다. 팀들은 이러한 데이터를 기반으로 전략적 이해도를 넓혀 가고 있고 거의 모든 팀이 이러한 데이터를 분석하려고 애널리스트를 고용하여 최대한 많은 전략적 이점을 가져가고자 하고 있다. 트래킹 데이터는 바이오센서 측정 데이터와 결합하여 부상 방지와 같은 매우 중요한 문제에도 많은 정보를 제공할 수 있을 것이다. 중중 무릎 인대 손상과 같은 부상을 예측하고자 하는 시도는 마치 지진을 예측하고자 하는 시도와 비슷해 보인다. 하지만 신체 접촉으로 인한 것이 아닌 부상의 경우 곧 정확한 정보를 기반으로 한 리스크 평가 시스템이 만들어질 수 있을 것이라고 생각한다. 예를 들어, 2019 NBA 해커톤 결승 진출자 중 한 명은 선수 트래킹 데이터를 활용하여 경기 중 선수의 피로도를 측정하고자 하였다. 선수 트래킹 데이터는 농구 경기를 다른 양상으로 이끌어 갈 것이고 지속해서 혁신을 만들어 낼 것이다!

CHAPTER 38
농구 경기 중 의사 결정

이번 챕터에서는, 농구 코치들의 경기 중 의사 결정의 정확도를 높이고자 불확실한 의사 결정의 기본 콘셉트를 이용하는 방법에 대해 다룰 것이다.

- 2001년 동부 콘퍼런스 플레이오프 첫 라운드 첫 게임에서, 세븐티식서스는 페이서스에 2점 앞서 있었다. 페이서스는 5초 남은 상황에서 공격 기회를 맞이하고 있었다. 페이서스는 동점하려면 2점을 시도해야 할까 3점을 시도하여 승리를 노려야 할까?

- 2005년 서부 콘퍼런스 준결승 6번째 게임에서 댈러스 메버릭스는 피닉스 선즈에 3점 차로 앞서고 있었고 남은 시간은 5초였다. 스티브 내시가 공을 잡고 있었다. 메버릭스는 스티브 내시에게 파울을 해야 할까 혹은 그가 동점을 시도하는 3점을 시도하도록 놔두어야 할까?

- 한 쿼터가 끝나 갈 때쯤 언제 2-for-1[136] 전략을 시도해야 할까?

- 워리어스가 캐벌리어스와의 경기에서 1쿼터 15초 남은 상황에서 공을 가지고 있었다. 캐벌리어스는 파울 작전을 해야 할까?

---

136 역주. 경기 시간이 얼마 남지 않았을 때 지고 있는 팀이 빠르게 공격을 시도하여 마지막 한 번의 공격권을 더 가져오도록 하는 시간 관리 전략. 예를 들어, 40초가 남은 상황에서 10초 안에 공격을 성공하면 상대방이 공격 시간 24초를 다 쓰더라도 6초의 공격 기회가 또 한 번 주어진다.

- 켄터키 대학이 UCLA와의 경기에서 경기 스코어 동점에 15초 남은 상황이다. 켄터키 대학이 공격을 시도할 때 파울을 당해 자유투 원 앤 원(1 and 1)[137]을 받았다. UCLA 는 파울을 했어야만 했을까?
- Hack a Dwight나 Hack a Jordan[138]은 좋은 전략일까?

이 책의 저자 중 웨인 윈스턴은 앞에서 언급한 페이서스 게임과 메버릭스 게임을 직접 관전했었다. 페이서스-세븐티식서스 경기는 레지 밀러의 3점 슛으로 마무리되었다. 스티브 내시는 경기를 동점으로 만드는 3점 슛을 성공하였고, 결론적으로 피닉스 선즈는 연장 2차전 끝에 메버릭스를 꺾었다.

이제 수학을 활용해 위와 같은 상황에서 어떠한 전략을 선택해야 하는지에 대해 이야기해 보자.

2점 차로 쫓고 있다. 2점을 시도해야 할까 3점을 시도해야 할까?

우리 팀이 공격권을 가진 상태에서 2점 뒤지고 있고 남은 시간은 얼마 없는 상태라고 가정해 보자. 우리의 목표가 동점을 만드는 것이 되어야 할까? 혹은 3점을 시도하여 한 번에 경기를 끝내는 것이 되어야 할까? 이 상황은 마이크로소프트 채용 면접에서도 종종 활용되던 상황이다(이와 같은 사실을 알려 준 톰 토니나에게 감사하다!). 일단 최종 목표는 경기 승리 확률을 최대화하는 것이 될 것이다. 이 문제를

---

137 역주. 미국 대학 농구 리그에서 한 팀이 7개 이상의 파울을 했을 때 주어지는 페널티. 자유투 1구를 성공시키면 2번째 자유투 기회가 주어진다.
138 역주. 여기서 Hack이란 보통 자유투 능력이 떨어지는 선수에게 경기 내내 의도적으로 파울을 하는 것이다. 예를 들어 Hack a Dwight란 자유투 성공률이 50%에도 못 미쳤던 드와이트 하워드에게 의도적으로 경기 내내 파울을 하여 이 선수가 계속 자유투를 시도하도록 만드는 것이다. 여기서 조던은 마이클 조던이 아닌 디안드레 조던이다.

단순화하고자 우리가 슛을 던질 때 파울이 일어나지 않는다고 가정하자. 그리고 우리의 슛과 함께 경기는 종료된다고 가정하자. 올바른 의사 결정을 내리려면 아래 변수들에 대한 추정치가 필요하다.

- PTWO=2점 슛 성공 확률. 2019~2020 시즌 약 0.52였다.
- PTHREE=3점 슛 성공 확률. 2019~2020 시즌 약 0.36이었다.
- POT=연장전에 갔을 때 우리가 승리할 확률. 0.5 정도라고 가정하는 것이 합리적일 것이다.

만약 우리가 2점을 시도한다면 우리가 2점을 성공하고 연장전에 가서 승리하는 것이 경기를 승리할 수 있는 유일한 방법이다. 통계에서 어떠한 두 가지 사건이 있을 때, 한 사건의 결과가 다른 한 사건의 결과에 영향을 미치지 않으면 이를 독립이라고 한다. 독립인 사건들 $E_1, E_2, \cdots, E_n$이 모두 발생활 확률을 계산하려면 단순히 모든 사건의 확률을 곱해 주기만 하면 된다. 2점 슛을 성공시킬 확률과 연장전에서 승리할 확률은 서로 독립이므로, 2점 슛을 성공할 때 경기에서 승리할 확률은 PTWO× POT=(0.52)(0.5)=0.26이다.

만약 3점을 성공한다면, 우리가 3점을 성공시켰을 때 승리한다. 이 사건이 일어날 확률은 PTHREE=0.36이다. 따라서, 경기에 승리하려면 3점 슛을 시도해야 하는 것처럼 보인다! 많은 감독이 이 전략은 위험 부담이 크다고 생각하고 2점을 시도하곤 한다.

물론 위 변수들의 추정값에는 약간의 오차가 있을 수 있다.[139] 따라서, 우리는 민감도 분석(sensitivity analysis)을 시행하여 변수의 추정치가 결괏값에 얼마나 많은

---

139 혹은 crunch time(경기의 승부가 갈리는 중요한 시간)에서의 슛 성공률이 평소보다 낮다는 점도 영향을 미칠 수 있다.

영향을 미치는지 살펴볼 필요가 있다. 일반적으로, 2점 슛 성공률과 같은 확률의 표준 오차는 $\sqrt{\frac{p(1-p)}{N}}$로 주어진다. 여기서 N은 관측값의 개수이고 p는 주어진 확률 값이다. 위 예에서 3점 슛의 경우 N은 약 60,000개이며, 2점 슛의 경우 훨씬 많다. 따라서, 필드 골 성공률에 대한 표준 오차는 아주 작다는 것을 알 수 있다(약 1~2%). 하지만 만약 우리의 분석이 여전히 변수들의 추정치에 민감하게 영향을 받는다면, 이 추정치의 약간의 변화에도 결과가 달라져야 할 것이다. 민감도 분석을 시행하는 가장 일반적인 방법은 다른 변수들의 값은 그대로 유지한 채, 나머지 한 가지 변수에 대해 처음의 결괏값이 그대로 유지되는 값의 구간을 구하는 것이다. 이 예에서는 결괏값이 그대로 3점 슛 시도로 나오게 되는 한 가지 변수의 구간을 구하는 것이다.

우리는 PTWO<0.72인 한(PTHREE=0.36이고 POT=0.5로 유지한 상태에서) 3점을 시도해야 한다는 사실을 찾아냈다. 또한 PTWO=0.52이고 POT=0.5인 상태에서는 PTHRE E>0.26일 때 3점 슛을 시도해야 한다. 또한 PTWO=0.52, PTHREE =0.36일 때는 POT<0.36/0.5=0.72일 때 3점을 시도해야 한다. 마지막 계산이 상당히 중요한데, 그 이유는 연장전 승리 확률이 50%라고 가정하는 것이 적절하지 않을 수 있기 때문이다. 예를 들어, 어떠한 경기에서 승리할 확률이 훨씬 높게 점쳐졌던 팀은 아마도 연장전 승리 확률이 50%를 크게 넘을 것이기 때문이다. 반대로, 확실히 약팀으로 분류된 팀들의 경우 당연히 3점을 시도하는 것이 훨씬 나을 것이다. 당연하게도 모든 상황이 서로 다를 것이다. 하지만 무언가 의사 결정의 큰 줄기는 존재할 것이고 이를 바탕으로 각각의 상황에 적용해야 할 것이다. 이러한 의사 결정에 영향을 미칠 또 한 가지 변수는 이러한 상황들이 매우 부담감이 큰 상황이라는 것이다. 따라서 리그 평균적인 슛 성공률보다 훨씬 낮을 가능성이 존재한다.

민감도 분석은 실제 경기 중 상황을 분석할 때 아주 중요하다. 2020~2021 정규 시즌 중에 덴버 너기츠는 워싱턴 위저즈와 홈경기를 치르고 있었다. 너기츠는 2점 차로 뒤지고 있는 상황의 경기 남은 시간 6초에서 수비 리바운드를 잡았다. 이때 너기츠는 빠르게 공을 공격 코트로 전달하여 4 대 1 상황을 만들었다(타임아웃은 남아 있지 않았다). 이때 아마도 2점 숫은 아주 높은 성공 확률을 가지고 있었을 것이다(PTWO>0.72). 하지만 4명의 모든 선수가 3점 라인 밖에서 대기하고 있었다. 당시 감독이었던 마이크 말론(Mike Malone)이 말했듯이 이는 그가 원하던 상황이 아니었다. 그리고 이 플레이는 스포츠 애널리틱스 회의론자들에게 좋은 이야깃거리를 만들어 주었고 그들은 숫자가 스포츠를 망치고 있다고 말하고 다녔다. 하지만 스포츠 애널리틱스에서의 분석은 분명히 쉬운 2점 숫을 성공시키고 연장전으로 가야 한다고 말하고 있었다. 또한 너기츠는 경기 전부터 상대 팀보다 훨씬 강팀으로 분류되고 있었다(스포츠 베팅 시장에서는 7점 차로 승리할 것이라고 예상되었다). 따라서 연장전 승리 확률이 50%를 넘었을 것이다. 어떠한 상황에 대해서 언제나 똑같이 적용될 수 있는 해답을 갖는다는 것은 매우 희귀한 일이다. 하지만 데이터를 통해 얻은 숫자는 실제 상황에서 정확한 결정을 하는 데 도움을 줄 것이다.

3점 차로 이기고 있다. 파울을 해야 할까? 정상 수비를 해야 할까?

이제 3점 차로 이기고 있는 팀이 경기 시간이 얼마 남지 않은 상황에서 수비할 때 파울로 끊어야 할지에 대해서 알아보자. 이 질문이 첫 번째 질문보다 훨씬 대답하기 어려운 질문이다. 매드리안 로혼(2006)[140]과 데이비드 애니스(2006)[141]는 각각 이 상황에 대해서 분석하여 수비 팀은 파울을 하는 것이 유리하다는 결론을 내놓았다. 이들의 논리에 대해 간단하게 이야기해 보자. 로혼은 실제 데이터를 살펴보는 것부터 시작했다. 그는 현재 공 소유권이 정규 시간 마지막 공 소유권이라는 가정을 세

---

140 http://www.82games.com/lawhorn.htm
141 David H. Annis, "Optimal end-game strategy in basketball," Journal of Quantitative Analysis in Sports, 2(2), 2006.

웠다. 그는 경기 시간이 11초 이하로 남은 경우, 3점 차로 뒤지고 있는 팀이 205번의 3점을 시도하여 41번을 성공시켰다는 점을 찾아냈다. 이는 상대방이 그냥 3점을 시도하도록 놔두었을 때 경기가 동점이 될 확률이 20%라는 이야기이고 따라서 그 상대방은 10%의 승리 확률을 가지게 된다는 것을 의미한다(연장전 승리 확률이 50 대 50이라고 가정했을 때). 만약 파울을 한다면, 뒤지고 있는 팀이 동점을 만들 수 있는 방법은 오직 첫 번째 자유투를 성공시키고, 두 번째 자유투를 의도적으로 놓치는 방법밖에 없다. 그다음 바로 팁 인에 성공하거나 리바운드를 따내 2점 슛을 성공하는 방법밖에 없다. 로혼은 이러한 상황이 발생할 확률이 약 5%라고 계산하였고, 따라서 뒤지고 있는 팀의 승리 확률은 약 2.5%이다. 로혼은 뒤지고 있는 팀이 자유투 1구를 성공시키고 2구를 의도적으로 실패한 뒤 3점을 성공시키는 상황은 고려하지 않았다. NBA 팀들은 자유투 성공률 약 77%를 보이고 있고 자유투를 놓친 경우의 약 14%의 리바운드에 성공한다. 뒤지고 있는 팀의 3점 슛 성공률이 30%라고 가정해 보자. 만약 뒤지고 있는 팀이 리바운드 후 3점 슛을 시도한다면 승리 확률은 0.77(0.14)(0.3)=0.03, 즉 3%이다. 이는 리바운드 후 2점 슛을 시도할 때 승리 확률은 2.5%보다 약간 높은 수준이다. 따라서, 앞서고 있는 팀의 입장에서는 파울을 할 때 상대 팀의 승리 확률을 10%에서 3%로 낮출 수 있게 된다. 애니스도 비슷한 결론에 도달했다. 로혼과 애니스가 세웠던 가장 중요한 가정은 현재 공 소유권이 끝날 때 경기도 끝난다는 것이다. 현실에서는 만약 앞서고 있는 팀이 파울을 하고 뒤지고 있는 팀이 자유투가 끝난 뒤 다시 파울을 하게 되면 우리도 자유투를 시도하게 된다. 만약 뒤지고 있는 팀은 자유투 두 개를 모두 성공하고 우리는 둘 중 하나를 놓친다면, 뒤지고 있는 팀은 3점 슛으로 승리하거나 2점 슛으로 동점을 만들 기회가 다시 생기게 된다. 문제는 현재의 공 소유권이 마지막이 될지 아무도 알 수 없다는 것이다. 로혼은 11초 남은 상황 3점 차로 지고 있는 팀에 의도적으로 파울을 저지른 게임을 32개 찾아냈다. 이 중 7경기에서 뒤지고 있는 팀이 동점을 만들었다. 비록 샘플의 크기가 작긴 하지만, 이 데이터에 따르면, 공 소유권이 여러 번 이어질 가능성이 있을 때 파울을 하는 것이 좋은 전략인지는 명확하지 않은 것 같다.

웨인 윈스턴의 스포츠와 수학 수업에서의 프로젝트에서 케빈 클록은 2005년부터 2008년까지 모든 NBA 게임 중 남은 경기 시간이 1~10초 사이이고 스코어가 3점 차인 경우를 모두 살펴보았다. 앞서고 있는 팀이 파울을 하지 않은 경우는 260번이었고 이 중 91.9%에서 승리하였다. 앞서고 있는 팀이 파울을 한 경우는 27번이었고 이 중 88.9%에서 승리하였다. 이는 3점을 앞서고 있을 때 파울을 하는 것이 승리 확률을 높이는 데 그다지 큰 영향을 주지 않는 것처럼 보인다.

존 이지코위츠의 「대학 농구에 대한 연구」[142]에서는 파울을 하는 것과 하지 않는 것이 거의 동일한 결과를 나타낸다는 것을 보여 주고 있다. 파울을 한 52개 팀 중 6팀이 경기에 패배하여 승리 확률 88.46%를 기록하였다. 파울을 하지 않은 391개 팀은 이 중 33팀이 경기에 패배하여 승리 확률 91.56%를 보였다. 이 연구는 이 상황에서 파울을 하는 것과 하지 않는 것에 큰 차이가 없음을 보여 준다.

이 상황에 대한 분석을 하고자 우리의 자체 시뮬레이션도 돌려 보았다. 우리의 시뮬레이션에서 우리는 이 경기들이 현재 공 소유권을 마지막으로 끝나지 않는다고 가정했다. 하지만 만약 승리하고 있는 팀이 파울을 하지 않는다면, 뒤지고 있는 팀은 경기 종료 막바지에 가서 마지막 3점 슛을 시도할 것이라고 가정했다. 따라서, 3점 슛 성공률을 리그 평균인 0.36이라고 가정했다(위에서 계산한 0.2가 아닌). 따라서, 만약 앞서고 있는 팀이 파울을 하지 않는다면, 18%의 경우[143]에서 경기에 패배할 것이다. 파울을 할 경우 더 많은 경우의 수가 있다. 하지만 뒤지고 있던 팀이 역전하는 경우는 몇 가지 없다. 우리가 해당 공 소유권이 경기 마지막 공 소유권이라고 가정하지는 않았지만, 분석하려면 다음과 같은 몇몇 가정은 필요했다.

---

142 https://harvardsportsanalysis.wordpress.com/2010/08/24/intentionally-fouling-up-3-points-the-first-comprehensive-cbb-analysis/

143 역주. 0.36(3점 슛 성공률)×0.5(연장전 승리 확률)

- 만약 2점 차로 뒤지고 있는 팀이 마지막 슛을 시도한다면 3점을 시도할 것이다.

- 만약 뒤지고 있는 팀이 자유투를 시도한다면, 이후 딱 한 번 더 파울을 할 기회가 있을 것이다.

- 3점 차로 뒤지고 있는 팀이 자유투 이후 공격 리바운드를 따낸다면, 다시 한번 파울을 당할 상황을 만들지 않으면서 동점을 만들려고 3점 슛을 시도할 것이다. 만약 앞서고 있는 팀이 자유투를 성공한 이후 뒤지고 있는 팀이 공격을 시도할 때도 마찬가지로 3점을 시도할 것이다.

- 만약 이 시뮬레이션에서 한 팀이 4점 이상으로 앞선다면, 이 팀이 패배할 확률은 미미하다고 가정한다.

몇몇 독자는 위의 가정들에 반대할 수도 있다. 그럼에도 불구하고 이 가정들은 이기고 있는 팀이 파울을 했을 때 뒤지고 있는 팀에 일어날 수 있는 최상의 시나리오로 세워졌다. 위 가정들을 가지고 몬테카를로 방식(Chapter 4 참조)을 통해 시뮬레이션을 돌려 볼 수 있다. 우리는 10,000번의 시뮬레이션을 돌려 보았고 이 중 뒤지고 있는 팀이 승리한 경우는 7.3%였다. [그림 38-1]은 3점 차로 뒤지고 있는 팀이 파울을 당했을 때의 승리 확률 분포를 나타낸다. 이 시뮬레이션에서 우리는 PFT(자유투 성공률)=0.77, PTWO(2점 슛 성공률)=0.52, PTHREE(3점 슛 성공률)=0.36, POFR(공격 리바운드 성공률)=0.23 그리고 POT(연장전 승리 확률)=0.5를 사용했다. 공격 리바운드 확률의 경우, 자유투 시 공격 리바운드 확률이 아닌 전체 공격 리바운드 확률을 사용했다. 이렇게 계산하는 것이 뒤지고 있는 팀 승리 확률을 더 높여 주기 때문이다. 물론, 이 변수들의 값이 바뀌면 승리 확률이 변할 것이다. 더 적절한 값들이 있다면 그 값들을 활용해 이 시뮬레이션을 다시 돌려 볼 수도 있을 것이다.

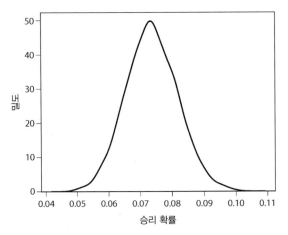

[그림 38-1] 3점 차로 앞서고 있는 팀이 파울을 했을 때 뒤지고 있는 팀은 평균적으로 7.3%의 경우에서 게임에 승리하였다.

쿼터 막바지에, 언제 2-for-1 전략을 시도해야 할까?

제프 마(Jeff Ma)의 책『The House Advantage』에서 이 질문에 대해 다루고 있다. 몇몇 독자는 아마도 그의 MIT 블랙잭 팀에 대해 다룬「MIT 수학 천재들의 카지노 무너뜨리기(Bringing Down the House)」와 영화「21」을 통해 알고 있을 것이다. 이 2-for-1 질문에 대한 답을 찾으려면 알맞은 데이터를 구하는 것이 가장 중요하다. 제프 마는 그가 모은 데이터를 기반으로, 직전 공 소유권을 잃은 팀이 상대 팀에 리드당하는 평균 점수 차를 해당 쿼터에 남은 시간의 함수로 계산하였다. 예를 들면, 그의 계산에 따르면 만약 40초 남은 상황에서 공 소유권을 잃는다면, 해당 쿼터의 남은 시간 동안 평균 0.6점을 뒤지게 된다. 하지만 32초 남은 상황에서 공 소유권을 잃는다면 약 0.3점만을 뒤지게 된다. 따라서, NBA 팀들은 각 쿼터 32초가 남은 상황에서 슛을 시도해야 한다. 이렇게 하면 다시 한번 슛을 시도할 수 있는 충분한 시간을 만들 수 있는 확률이 올라간다. 한 가지 중요한 점은 이 시나리오에서는 슛이 성공한 이후 경기 시간이 멈춘다는 가정을 하고 있다는 것이다. NBA에서는 이 가정이 성립하지만, FIBA 주관 경기 같은 국제 농구 경기에서는 슛이 들어가도 경기 시간이 계속 흐를 수도 있다.

만약 게임 전략에 관한 스포츠 통계 분석 지표 중 가장 혁신적인 것을 꼽으라면 바로 2-for-1일 것이다. 이것은 아마도 이 지표가 아주 확실하고 단순한 메시지를 전달하기 때문일 것이다: 쿼터가 끝나기 32초 전에 슛을 시도해라! 하지만 팀들은 이 전략과 관련해 너무 앞서간 듯하다. 2-for-1 전략을 시도하는 이유는 남은 시간 32초가량에 슛을 시도할 경우 해당 쿼터가 끝나기 전에 한 번의 공격 기회를 더 가질 수 있는 확률이 올라가기 때문이다. 하지만, 첫 번째 공격에서도 반드시 기회를 살려야 한다. 많은 팀이 36초가 남은 상황에서도 골대로 전진해 아무렇게나 슛을 던지기 급급하다. 애널리틱스에서 나온 결론을 실제 경기에 잘 적용하려면 해당 지표가 어떤 식으로 작동하는지 이해하는 것이 필요하다. 단지 슛을 던지는 것만을 목표로 하는 것은 아무런 효과가 없을 것이다.

쿼터 막바지에 수비 팀은 파울을 해야 할까?

워리어스가 캐벌리어스와 경기할 때, 1쿼터 마지막 15초 남은 상황에서 워리어스가 공격하면서 마지막 슛을 던지려고 준비하고 있었다. 이때 캐벌리어스는 파울을 해야 할까? 2016년 워리어스는 공 소유권당 약 1.13점을 득점하고 있었고 캐벌리어스는 1.09점을 득점하고 있었다. 쿼터 막바지에 득점을 성공하는 것은 평소에 비해 어려우므로 워리어스가 마지막 슛을 시도했을 때의 기대 득점은 1점이라고 가정해 보자(캐벌리어스는 0.9점). 워리어스는 2016년 파울을 당하는 경우 득점 성공률 79%를 보이고 있었다. 따라서 워리어스에게 파울을 하면 평균 2×0.79=1.58점을 실점할 것이고 0.9점을 얻을 것이다. 따라서 0.9−1.58=−0.68점의 기대 실점을 기록하게 된다. 만약 워리어스가 마지막 슛을 시도하도록 내버려 둔다면, 캐벌리어스는 평균 1점을 실점하게 된다. 이 분석에 따르면 캐벌리어스는 파울을 해야 한다. 만약 모든 팀이 이러한 파울 작전을 사용하게 된다면, 팬들은 모두 지겨워 죽을 것이다. 모두 이 전략이 유행하지 않기를 바라자.

> **켄터키 대학과 UCLA의 경기에서 15초 남은 상황 동점이다.**
> **켄터키 대학이 공격을 시도할 때 파울을 당해 자유투 1 and 1을 받았다.**
> **UCLA는 파울을 했어야만 했을까?**

켄 포미로이(Ken Pomeroy)의 매우 유명한 그의 대학 농구 관련 웹사이트인 Kenpom.org에서 이 문제에 대해 다룬 바 있다.[144] 그는 만약 UCLA가 파울을 하지 않는다면 UCLA의 승리 확률은 35%라고 계산하였다. 만약 UCLA가 자유투 성공률 71% 이하인 선수에게 파울을 한다면, UCLA의 승리 확률은 35%보다 높게 나온다. 따라서, 이 파울 작전은 타당한 전략일 수 있다. 물론 리스크를 회피하고자 하는 감독은 아마 이 전략을 시도하지 않을 것이다.

Hack-a-Jordan[145]은 좋은 전략일까?

농구 경기에서 드와이트 하워드나 디안드레 조던 같은 자유투 성공률이 떨어지는 선수에게 지속해서 파울을 하는 경기를 보는 것은 여간 지루한 일이 아니다. 이 전략이 나오게 된 이유는 만약 자유투를 던지는 선수가 성공률이 40%라면, 이 선수에게

---

144 http://kenpom.com/blog/studying-whether-to-foul-when-tied-part-2/
145 지금은 이 질문에 대한 대답이 명확하게 NO이다. 디안드레 조던이 LA를 떠난 후 자유투 성공률 68%를 기록하고 있기 때문이다.

파울을 하는 것은 공 소유권당 0.8점만을 허용하는 반면, 파울을 하지 않는 경우 공 소유권당 1점이 넘는 기대 실점을 기록한다는 점 때문이다. 우리는 또 한 번 존 이지코위츠의 분석을 인용하고자 한다.[146] 그는 위와 같은 단순한 기대 실점 분석에는 파울을 당한 팀이 공격 리바운드를 잡을 확률을 고려하지 않고 있다는 점을 지적했다. 만약 공격 리바운드를 잡을 기회가 분석에 포함되면, 이러한 파울 작전이 큰 효과가 없다는 점을 알게 될 것이다. 물론, 이러한 의도적인 파울 작전은 상대 팀의 공격 리듬을 끊어 줄 수 있다. 하지만 우리는 이러한 측면에 대한 분석을 한 번도 본 적이 없다.

일반적으로, 경기 막바지에 경기 시간을 더 확보하고자 파울을 하는 것[147]은 NBA에서는 크게 사용되지 않는 반면 유럽이나 국제 경기에서는 종종 사용되어 왔다. 마이크 뷰오이(Mike Beuoy)는 점수 차와 자유투 성공률을 기반으로 언제 파울을 해야 하는지 추천해 주는 hackulator라는 프로그램을 개발하였다. 2020년과 2021년 NBA 올스타 게임에 사용되었던 엘람 엔딩(Elam ending)[148][149]이 더 많은 주목을 끌어 지겨운 파울 작전에서 팬들을 구해 주었으면 하는 바람이다.

---

146 https://fivethirtyeight.com/features/intentionally-fouling-deandre-jordan-is-futile/

147 자유투가 좋지 않은 특정 선수만을 노리는 전략과는 약간 다르지만 두 전략은 비슷한 목표를 가지고 있다.

148 https://thetournament.com/elam-ending

149 역주. 현재 방식처럼 정해진 시간 내에 더 많은 점수를 득점하는 팀이 아닌, 길거리 농구에서처럼 목표 점수에 먼저 도달하는 팀이 승리하는 방식.

PART 4

다른 스포츠

CHAPTER 39

축구 애널리틱스

축구는 스포츠의 왕이다. 이는 수많은 사람이(전문적으로 혹은 취미로) 축구 통계 분석 분야에서 일하고 있다는 뜻이다. 축구에 대한 전 세계적인 관심에도 불구하고, 몇 년 전만 해도 축구 애널리틱스의 수준은 사람들이 예상했던 것만큼 많이 올라오지 못했다. 하지만, 지난 몇 년간 선수 트래킹 데이터를 기반으로 엄청나게 빠른 속도로 발전하고 있다. 이번 챕터에서는 축구에서 가장 잘 알려진 분석과 최신 기술에 대해 이야기해 보고자 한다.

유효 슈팅은 아무 의미가 없다

전형적인 축구에서의 박스 스코어 통계 기록은 총 슈팅, 유효 슈팅, 파울, 코너킥, 경고, 퇴장, 공 점유 시간을 포함하고 있다. 하지만, 이 지표들은 축구 경기에서의 중요한 정보와 팀의 퍼포먼스를 아주 조금밖에 설명하지 못한다. 예를 들어, 상대방보다 훨씬 많은 숫자의 슈팅을 기록한 팀은 경기를 지배하고 쉽게 승리할 것으로 기대된다. 하지만 슛 시도 횟수 차이와 실제 득실 차(즉, 승리)에는 거의 상관관계가 없다.[150] 공 소유 시간도 승리와 아주 약간의 상관관계를 보일 뿐이다.[151] 따라서, 축구 경기에서 어떤 일이 일어날지에 대해 분석하고 예측할 수 있는 지표를 개발할 필요성이 있다.

슈팅 개수를 사용하는 방식의 문제점은 모든 슛이 동일한 중요성을 가지고 있지 않다는 것에 있다. 박스 안에서의 슈팅은 골라인 40야드 밖에서 시도하는 슛보다 훨씬 성공률이 높다. 이와 같은 점을 분석하고자, 기대 득점(expected goals, xG)이라는 지표가 개발되었다. 기대 득점은 기본적으로 어떤 슛이 골로 이어질 확률을 계산하는 확률 모델이다. 골 성공 확률을 계산하는 모델에는 골대까지의 거리, 슛 각도와 같은 다양한 변수가 포함될 수 있다. 우리는 2016 MLS(Major League Soccer) 정규 시즌 데이터를 바탕으로 로지스틱 회귀 분석을 활용하여 자체적인 골 성공 확률 모델[152]을 만들었다(Chapter 21 참조). 이 모델의 독립 변수와 각 변수에 대한 계수들은 [표 39-1]에 정리되어 있다. 이 표에서 볼 수 있듯이 슛 거리뿐 아니라 슛 각도(슛 지점과 두 개의 골포스트를 연결한 직선이 이루는 각도)도 골 성공 확률과 유의미한 상관관계를 보였다. 또한 헤딩(더미 변수 "type"의 기준값)보다는 킥(왼발 킥, 오른발 킥 모두)이 성공 확률이 높게 나왔다.[153]

---

150 http://www.americansocceranalysis.com/home/2014/12/18/shots-confusion-in-correlations

151 http://www.telegraph.co.uk/sport/football/competitions/champions-league/10793482/Do-football-possession-statistics-indicate-which-team-will-win-Not-necessarily.html

152 A. Fairchild, K. Pelechrinis, and M. Kokkodis, "Spatial analysis of shots in MLS: A model for expected goals and fractal dimensionality," Journal of Sports Analytics, 4(3), 2018, 165-174.

153 우리의 모델은 상당히 단순화되어 있어 기본적인 이해를 돕는 용도로만 쓰여야 한다. 실제 팀들의 의사 결정에 사용되려면 수비수의 위치와 같은 선수 트래킹 데이터가 추가되어야 한다.

변수	기대 득점		
	계수	표준 오차	유의도
상수	−1.1	0.58	
어시스트(그 외)	−0.2	0.28	
어시스트(패스)	−0.1	0.25	
어시스트(본인)	−.02	0.29	
Type(왼발)	1.1	0.3	***
Type(오른발)	1.1	0.28	***
플레이(세트 피스)	0	0.2	
X	0.11	0.05	
Y	−0.01	0.01	
슛 각도	0.02	0.007	***
슛 거리	−0.19	0.062	***
샘플 수	1,114		
로그우도(log–likelihood)	−533.7		
이탈도(Deviance)	1,107.5		

[표 39–1] 골 성공 확률 로지스틱 회귀 분석 모델(유의도: ** 5%, *** 1%)

만약 yes/no 두 가지로 분류되는 모델이 아닌 위와 같은 확률 예측 모델의 정확도를 평가하고자 한다면, 분류 정확도는 더 이상 사용할 수 없게 된다. 이런 때는 확률 검량선(calibration curve)을 이용해야 한다. 우리가 두 개의 다른 모델, M_1과 M_2를 가지고 있다고 해 보자. 슛 s에 대한 각 모델에서의 골 성공 확률은 10%와 45%이다. 분류 정확도를 계산할 때 50%가 넘을 경우 골 성공, 이보다 낮을 경우 실패로 분류한다면 두 모델 모두 같은 결과를 나타낼 것이다(즉, 두 모델 모두 노골이라는 결괏값을 얻을 것이다). 하지만 이 두 모델의 기대 골은 상당히 다른 수치를 보인다. M_1에서는 10%, M_2에서는 45%). 둘 중 어느 확률이 더 정확할까? 혹은 둘 다 틀렸을까? 이상적으로는 정확히 똑같은 상황에서의 슛을 여러 번 시도한 다음 실제 골로 연결된 슛의 개수를 세면 된다. 하지만 이는 불가능하므로, 다른 방법을 써야 한다. S_{oos}를 이 모델을 통해 예측하고자 하는 슛들의 그룹이라고 가정해 보자(즉, 표본 외 테스트 데이터(the out–of–sample test set)). 먼저, S_{oos}에 포함된 슛들을 성공 확률 예측치 $\hat{p}$에 따라서 여러 그룹으로 나눌 것이다. 그다음, 각각의 그룹에 대해 실제 골로 연결된 슛들의 비중을 계산할 것이다. 이를 $\tilde{p}$라고 하자. 이는 관측된 골 확률이라고 볼 수 있다. 만약 예측 모델의 예측력이 완벽하다면 $\hat{p} = \tilde{p}$이어야 한다. 검량선은 x축에 골 성공 확률 예측치, y축에 실제 관측된 골 성공률을 그리게 된다. 따라서, 만약 예측 모델이 정확하다면, 이 선은 y=x선과 거의 비슷하게 나올 것이다. [그림 39-1]에는 우리가 개발한 모델의 검량선이 나타나 있다. 이 선의 기울기는 45도와 통계적으로 유의미하게 다르지 않다. 즉, 예측 모델의 결과가 실제 결과와 상당히 유사하다는 것이다.

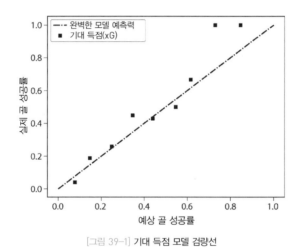

[그림 39-1] 기대 득점 모델 검량선

이 골 성공 확률 모델을 기대 득점 지표로 변환하고자 포아송 이항 분포를 이용하여 슛들의 시퀀스를 파악하였다. 포아송 분포는 서로 독립인 베르누이 시행의 합을 나타낸다(포아송과 이항 분포의 관계는 Chapter 16 참조). 평균 μ, 표준 편차 σ 인 포아송 분포는 아래와 같이 나타낼 수 있다.

$$\mu = \sum_{i=1}^{N} \pi_i \qquad (1)$$

$$\sigma^2 = \sum_{i=1}^{N} \pi_i(1 - \pi_i) \qquad (2)$$

여기서 N은 시행 횟수, π_i는 i번째 시행의 성공 확률이다. 따라서, i번째 슛의 성공 확률이 π_i일 때 한 팀의 기대 득점은 포아송 이항 분포를 따르는 평균 μ가 된다.

기대 득점 모델은 박스 스코어에도 활용될 수 있다. 예를 들어, 이 모델을 활용해 어떠한 축구팀이 기대보다 잘했는지 못했는지 평가할 수 있다. 더 구체적으로는 아래와 같은 지표를 만들 수 있다.

$$\text{공격 효율} = \frac{G_{T,+} - xG_{T,+}}{G_{T,+}} \qquad (3)$$

$$\text{수비 효율} = \frac{G_{T,i} - xG_{T,-}}{G_{T,-}} \qquad (4)$$

여기서 $G_{T,+(-)}$ (> 0)은 T 팀이 득점(실점)한 골의 개수이고 $xG_{T,+(-)}$는 T 팀의 기대 득점(실점)이다. [그림 39-2]는 우리의 데이터 분석에 따른 각 MLS 팀의 효율성을 보여 주고 있다.

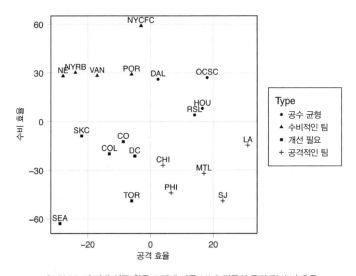

[그림 39-2] 기대 성공 확률 모델에 따른 MLS 팀들의 공격 및 수비 효율

여기서 우리가 소개한 것은 기대 골 모델의 단순화된 버전이다. 이 모델의 효율을 높이고자 여러 가지 다른 변수를 추가할 수 있다 예를 들어, 이 모델의 정확도를 높이는 변수 중 하나는 수비 포메이션이다[154](예: 슛을 시도하는 선수로부터 일정 거리 내에 몇 명의 수비수가 있는가? 가장 가까운 수비수와의 거리는 얼마인가?). 이와 같은 정보들은 트래킹 데이터를 통해 분석이 가능할 것이다.

XG ADDED: 공 소유권 기반 모델

현대 축구 통계의 문제점 중 하나는 이 지표들이 슈팅을 시도하는 선수(예: 스트라이커)의 능력만을 평가한다는 것이다. 하지만 이 슈팅을 시도하는 선수가 스스로 기회를 창출해 내는 경우는 매우 드물다. 공 소유 중에 슛을 시도하지 않은 선수들의 공헌도를 어떤 식으로 평가할 수 있을까? 맥케이(Mackay)[155]는 주로 패스와 관련된 매번의 플레이에 대해 특정 점수를 부여하는 모델을 개발했다. 이 분석을 하려면 공 소유권 기반 모델이 필요하다. 즉, 주어진 상황에서 현재의 공 소유권이 골로 이어질 확률을 계산해야 한다. 직관적으로 생각해 보면, 만약 패스에 이어지는 새로운 상황에서의 골 성공 확률이 이전보다 증가하면 해당 패스는 좋은 플레이가 된다. 혹은 슛 기반 모델을 사용할 수도 있기는 하다. 즉, 패스의 결과 슛을 하려고 좋은 자리로 공이 이동했는지를 보는 것이다. 하지만, 이런 모델은 축구 경기 중 자주 일어나는 상황 중 하나인 공격적인 패스를 보류하고 잠시 공을 돌리며 재정비하는 방식의 플레이의 효용을 분석하지 못한다.

154 P. Lucey, A. Bialkowski, M. Monfort, P. Carr, and I. Matthews, "'Quality vs quantity': Improved shot prediction in soccer using strategic features from spatiotemporal data," in 9th Annual MIT Sloan Sports Analytics Conference, 2015.

155 N. Mackay, "Predicting goal probability of possessions in football," Vrije Universiteit Amsterdam, Technical Report, 2017.

맥케이는 숏보다는 공 소유권 분석의 측면에서 기존의 기대 득점 모델을 한 단계 발전시켰다. 앞에서 다루었던 숏은 골대에서 가까운 곳 정면에서 시도했을 때 성공 확률이 올라간다. 하지만 공 소유권은 골대에서 180도 각도에 서 있을 때조차 팀에 도움이 된다. [그림 39-3]의 어두운 음영 부분은 평균적으로 공을 소유하고 있는 것이 숏을 시도하는 것보다 더 나은 위치들을 표시한다. 밝은 음영 부분에서는 공을 소유하는 것보다 숏을 시도하는 것이 낫다. 이 그림을 보면 골대에서 각도가 클 때는 숏을 시도하는 것보다 공을 소유하고 있는 것이 낫고 골대 정면 부근에서는 숏을 시도하는 것이 낫다.

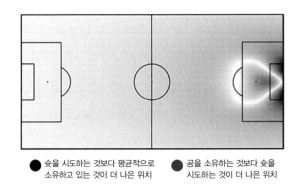

● 숏을 시도하는 것보다 평균적으로   ● 공을 소유하는 것보다 숏을
　소유하고 있는 것이 더 나은 위치   　시도하는 것이 더 나은 위치

[그림 39-3] 숏을 시도하기 좋지 않은 위치가 앞으로의 기회를 만들기 좋은 위치가 될 수 있다.
따라서 이러한 위치로의 패스는 매우 가치가 높다(Mackay, 2017에서 발췌)

이러한 공 소유권 기반 모델을 통해 우리는 패스당 xG added라는 지표를 만들 수 있다. 현재 공 소유권에서 기대 득점이 얼마나 증가했는가를 평가하는 것이다. 이 지표는 공을 소유하고 있는 전체 상황 내에서 숏을 시도하거나 어시스트를 한 개별 선수가 아닌 여러 선수의 공헌도를 측정할 수 있다.

디크루스(Decroos), 브랜슨(Bransen), 반 하렌(Van Haaren), 데이비스(Davis)[156]는 경기장 안에서 일어나는 모든 플레이(예: 드리블, 패스, 크로스)를 평가하는 모델을 개발하여 이러한 축구 분석 모델을 더 일반화시켰다. 이 모델은 기본적으로 각 플레이가 가까운 미래에 골 성공 확률에 어떤 영향을 미치는지를 평가한다(여기서 가까운 미래는 플레이 A가 발생한 이후 K번의 플레이 내에 발생한 득점으로 정의된다). 따라서, 여기서 측정된 득점 확률 증가(score probability added)를 통해 한 선수의 레이팅을 계량화할 수 있다(이 선수의 모든 플레이에서 나온 득점 확률 증가를 더한 후 출전 시간을 이용해 정규화한다). 이 연구자들은 또한 축구 팬들 사이의 끝없는 논쟁에 결론을 내어 주었다. 메시가 호날두보다 더 뛰어난 선수이다!

마르코프 체인을 활용한 축구 선수 평가

사라 루드는 그녀의 연구인 「A Framework for Tactical Analysis and Individual Offensive Production Assessment in Soccer Using Markov Chains」(NESSIS 발표, 2011)에서 마르코프 체인을 이용해 축구 선수의 기량을 평가하는 방식에 대해 설명하였다. 이 아이디어는 위에서 설명한 공 소유권 기반 모델과 매우 유사하지만, 마르코프 체인을 이용해 연속적으로 진행되는 축구 경기를 세세하게 나누어서 파악하였다. 루드의 연구에 대해 설명하기 전에 마르코프 체인에 대해 간략히 소개하고 넘어가야 할 것 같다.

---

156 T. Decroos, L. Bransen, J. Van Haaren, and J. Davis, "Actions speak louder than goals: Valuing player actions in soccer," in the 25th ACM SIGKDD, 2019, pp. 1851-1861.

마르코프 체인

우선 우리는 N개의 상태 중 한 가지가 랜덤하게 나타나는 유한한 확률적 상황을 가정해야 한다. 유한한 마르코프 체인의 상황은 유한한 확률적 상황의 한 가지 특수한 경우이다. 시간 t=0, 1, …일 때, 유한한 마르코프 체인 상황은 N 가지 상황 중 하나가 된다(1, 2, …, N). 시간 t일 때, 상태 i라고 가정하자. 그러면, 과거의 모든 마르코프 체인의 상태와 상관없이 시간 t+1에서의 상태는 p_{ij}의 확률로 j가 될 것이다. 즉, t+1에서의 상태는 오직 t에서의 상태에만 영향을 받는다. 어떠한 확률적 상황에서 미래 상태가 오직 과거의 상태에만 의존한다는 것을 마르코프 성질이라고 부른다. 이때 과거 상태와 미래 상태 간의 전이 확률을 표현한 행렬을 전이 확률 행렬이라고 부른다.

마르코프 체인의 한 예로, 도박꾼의 파산 문제에 대해 이야기해 보자. 우리가 2달러가 있고 앞면이 나올 확률이 60%인 삐뚤어진 동전을 가지고 동전 던지기 도박을 하고 있다고 가정하자. 만약 이 동전 던지기에서 앞면이 나오면 1달러를 따고, 뒷면이 나오면 1달러를 잃는다. 우리의 목표 금액인 4달러에 도달하거나 모든 돈을 다 잃으면 더 이상 이 게임을 하지 않는다. 0달러나 4달러가 되면, 이 상태에 영원히 머문다. 따라서, 0달러와 4달러는 흡수 상태(absorbing states)라고 부른다. 앞으로 설명할 이유에 의해 우리는 이 마르코프 체인의 전이 확률 행렬을 만들 때 이 흡수 상태를 가장 뒤에 넣을 것이다. 흡수 상태가 아닌 모든 상태는 단기 체류 상태라고 부른다. 왜냐하면 이러한 상태들에서는 곧 다른 상태로 전이가 일어날 것이고 다시는 이 상태로 돌아오지 않을 것이기 때문이다.

[표 39-2]는 도박꾼의 파산 예로 전이 확률 행렬을 보여 주고 있으며, gamblersruin.xlsx 파일에서 내용을 확인할 수 있다. 각 단기 체류 상태에서 각 흡수 상태로 전이되어 게임이 마무리될 확률이 계산되어 있다.

E	F	G	H	I	J	K	L	M	N	O	P
	Transition Matric										
		$1	$2	$3	$0	$4					
	$1	0	0.6	0	0.4	0					
	$2	0.4	0	0.6	0	0					
	$3	0	0.4	0	0	0.6					
	$0	0	0	0	1	0					
	$4	0	0	0	0	1					
	0	0.6	0								
Q	0.4	0	0.6								
	0	0.4	0								
R	0.4	0										
	0	0			$(I-Q)^{-1}$	1.461538	1.153846	0.692308	{=MINVERSE(F24:H26)}		
	0	0.6				0.769231	1.923077	1.153846			
						0.307692	0.769231	1.461538			
I	1	0	0				$0	$4			
	0	1	0		$(I-Q)^{-1}R$	$1	0.584615	0.415385	{=MMULT(K17:M19,F16:G18)}		
	0	0	1			$2	0.307692	0.692308			
						$3	0.123077	0.876923			
I-Q	1	−0.6	0								
	−0.4	1	−0.6								
	0	−0.4	1								

[표 39-2] 도박꾼의 파산 분석 예

흡수 상태가 있는 모든 마르코프 체인에 대하여, 행렬 Q를 단기 체류 상태 간의 전이와 관련된 전이 행렬의 일부분이라고 정의하자. 그리고 행렬 R은 단기 체류 상태에서 흡수 상태로 넘어가는 전이와 관련된 전이 행렬의 일부분이라고 정의하자. [표 39-2]는 Q와 R을 모두 보여 주고 있다. 행렬 $(I-Q)^{-1}R$은 이제 각 단기 체류 상태에서 각 흡수 상태로의 전이 확률을 나타내게 된다. 맨 아래 부분은 행렬 I−Q 를 나타내고 있다. 행렬 I−Q의 역행렬을 구하려면 엑셀에서 MINVERSE 함수를 사용할 때 배열 수식을 사용해야 한다. 배열 수식을 사용하려면 다음과 같은 과정을 거쳐야 한다.

1. 함수의 결괏값을 출력할 셀을 선택한다(gamblersruin.xlsx에서 K17:M19).

2. 선택된 범위의 왼쪽 가장 위 셀에 배열 함수를 입력한다. 즉, 셀 K17에 =MIN VERSE(H24:J26)이라고 입력한다.

3. [Enter↵]를 누르는 대신에 [Ctrl]+[Shift]+[Enter↵]를 눌러야 한다. 만약 오피스 365를 가지고 있다면 [Ctrl]+[Shift]+[Enter↵]를 누를 필요도 없고 셀을 범위로 선택할 필요도 없다.

마지막으로, 행렬의 곱 $(I - Q)^{-1}R$을 계산해야 한다. 이를 위해 MMULT 함수를 배열 수식을 이용해 입력할 것이다. 이 행렬의 곱은 3×2 행렬이 될 것이다. 따라서 L21:M23을 선택하고 L21에 =MMULT(K17:M19, F16:G18)을 입력한다. 그리고 [Ctrl]+[Shift]+[Enter↵]를 누른다. 우리는 0달러와 4달러에 도달할 때까지의 확률을 계산하여 아래와 같은 결과를 얻었다.

- 만약 1달러로 시작한다면, 0달러로 끝날 확률이 58%이고 4달러로 끝날 확률이 42%이다.
- 만약 2달러로 시작한다면 0달러가 될 확률이 31%이고 4달러로 끝날 확률이 69%이다.
- 만약 3달러로 시작한다면 0달러로 끝날 확률이 12%이고 4달러로 끝날 확률이 88%이다.

그렇다면 마르코프 체인이 축구 선수를 평가하는 것과 무슨 관련이 있을까? 일단 축구 경기에서 일어나는 모든 상황을 그때의 공의 위치와 공을 점유하고 있는 팀을 바탕으로 분류할 수 있다. 이때 코너킥과 페널티킥도 하나의 상황으로 포함될 것이다. 그리고 어느 한 팀이 득점하는 상황이 흡수 상태가 된다. soccermarkov1.xlsx 파일에 [표 39-3]에 나와 있는 전이 행렬이 계산되어 있다.

	G	H	I	J	K	L	M	N	O	P	Q	R	S	T	U	V	W	X	Y	Z	AA	AB	AC	AD
F	노마크 사이드 수비진형 우리볼	수비수 마크 사이드 수비진형 우리볼	노마크 중앙 수비진형 우리볼	수비수 마크 중앙 수비진형 우리볼	노마크 사이드 수비진형 상대볼	수비수 마크 사이드 수비진형 상대볼	노마크 중앙 수비진형 상대볼	수비수 마크 중앙 수비진형 상대볼	필드중앙 우리볼	필드중앙 상대볼	노마크 사이드 공격진형 우리볼	수비수 마크 사이드 공격진형 우리볼	노마크 중앙 공격진형 우리볼	수비수 마크 중앙 공격진형 우리볼	노마크 사이드 공격진형 상대볼	수비수 마크 사이드 공격진형 상대볼	노마크 중앙 공격진형 상대볼	수비수 마크 중앙 공격진형 상대볼	상대방 코너킥	상대방 페널티킥	우리팀 코너킥	우리팀 페널티킥	우리팀 득점	상대방 득점
노 마크 사이드 수비진형 우리볼	0	0.1	0.1	0.1	0.1	0	0.03	0.03	0.4	0.11	0	0	0	0	0	0	0	0	0	0	0	0	0	0
수비수 마크 사이드 수비진형 우리볼	0	0.08	0.08	0.08	0.08	0.1	0.06	0.06	0.35	0.15	0	0	0	0	0	0	0	0	0	0	0	0	0	0
노 마크 중앙 수비진형 우리볼	0	0.1	0.1	0.1	0.1	0	0.03	0.03	0.4	0.11	0	0	0	0	0	0	0	0	0	0	0	0	0	0
수비수 마크 중앙 수비진형 우리볼	0	0.08	0.08	0.08	0.08	0.1	0.06	0.06	0.35	0.15	0	0	0	0	0	0	0	0	0	0	0	0	0	0
노 마크 사이드 수비진형 상대볼	0.03	0.03	0.03	0.03	0	0.2	0.15	0.12	0.12	0	0	0	0	0	0	0.2	0.04	0	0	0	0	0	0	0.04
수비수 마크 사이드 수비진형 상대볼	0.04	0.04	0.12	0.12	0.13	0	0.09	0.16	0.16	0.02	0	0	0	0	0	0.07	0.03	0	0	0	0	0	0	0.02
노 마크 중앙 수비진형 상대볼	0.02	0.03	0.09	0.08	0.1	0	0.09	0.09	0.13	0.04	0	0	0	0	0	0.1	0.05	0	0	0	0	0	0	0.09
수미수 마크 중앙 수비진형 상대볼	0.04	0.04	0.08	0.08	0.1	0	0.09	0.09	0.17	0.03	0	0	0	0	0	0.08	0.04	0	0	0	0	0	0	0.07
필드 중앙 우리볼	0	0	0	0	0	0	0	0	0	0.2	0.1	0	0.1	0.1	0.1	0.1	0.1	0	0	0	0	0	0	0
필드중앙 상대볼	0.1	0.1	0.1	0.1	0.1	0	0	0.2	0	0	0	0	0	0	0	0	0	0	0	0	0	0	0	0
노 마크 사이드 공격진형 우리볼	0	0	0	0	0	0	0	0	0	0	0.18	0.18	0.18	0.05	0.04	0.03	0.04	0	0	0	0.07	0.03	0	0
수비수 마크 사이드 공격진형 우리볼	0	0	0	0	0	0	0	0	0	0	0.15	0.14	0.15	0.15	0.07	0.07	0.07	0	0	0	0.06	0.04	0	0
노 마크 중앙 공격진형 우리볼	0	0	0	0	0	0	0	0	0	0	0.16	0.16	0.12	0.12	0.05	0.05	0.05	0.04	0	0	0.12	0.08	0	0
수비수 마크 중앙 공격진형 우리볼	0	0	0	0	0	0	0	0	0	0	0.16	0.16	0.16	0.1	0.07	0.07	0.07	0	0	0	0.08	0.04	0	0
노 먀크 사이드 공격진형 상대볼	0	0	0	0	0	0	0.08	0.24	0	0	0	0	0	0	0.04	0.14	0.14	0.14	0.12	0.08	0	0	0	0
수비수 마크 사이드 공격진형 상대볼	0	0	0	0	0	0	0.1	0.05	0	0	0	0	0	0	0.04	0.04	0.12	0.14	0.12	0.08	0	0	0	0.04
노 먀크 중앙 공격진형 상대볼	0	0	0	0	0	0	0.09	0.23	0	0	0	0	0	0	0.04	0.14	0.14	0.14	0.12	0.08	0	0	0	0
수비수 마크 중앙 공격진형 상대볼	0	0	0	0	0	0	0.1	0.18	0	0	0	0	0	0	0.07	0.04	0.1	0.12	0.14	0.12	0	0	0	0
상대방 코너킥	0	0	0	0	0.2	0.15	0.15	0.03	0.03	0.03	0.03	0	0	0	0	0	0	0	0.06	0	0	0	0	0.12
상대방 페널티킥	0	0	0.3	0	0	0	0	0	0	0	0	0	0	0	0	0	0	0	0	0	0	0	0	0.7
우리 팀 코너킥	0	0	0	0	0	0	0	0	0	0	0	0	0.15	0.15	0.15	0.15	0.06	0.06	0.04	0.02	0	0	0.1	0
우리 팀 페널티킥	0	0	0	0	0	0	0	0	0	0	0	0	0	0	0	0	0	0.3	0	0	0	0	0.7	0
우리팀 득점	0	0	0	0	0	0	0	0	0	0	0	0	0	0	0	0	0	0	0	0	0	0	1	0
상대방 득점	0	0	0	0	0	0	0	0	0	0	0	0	0	0	0	0	0	0	0	0	0	0	0	1

[표 39-3] 축구 경기 전이 확률 행렬

각각의 단기 체류 상태에 대하여, 우리 팀 득점 혹은 상대방 득점이라는 흡수 상태로 전이될 확률을 계산하였다. 이 계산 결과는 [표 39-4]와 soccermarkov1.xlsx에서 찾아볼 수 있다.

F	G	H
	우리 팀 득점 확률	상대 팀 득점 확률
노 마크 사이드 수비 진형 우리 볼	0.627	0.373
수비수 마크 사이드 수비 진형 우리 볼	0.616	0.384
노 마크 중앙 수비 진형 우리 볼	0.627	0.373
수비수 마크 중앙 수비 진형 우리 볼	0.616	0.384
노 마크 사이드 수비 진형 상대 볼	0.512	0.488
수비수 마크 사이드 수비 진형 상대 볼	0.555	0.445
노 마크 중앙 수비 진형 상대 볼	0.499	0.501
수미수 마크 중앙 수비 진형 상대 볼	0.522	0.478
필드 중앙 우리 볼	0.693	0.307
필드 중앙 상대 볼	0.596	0.404
노 마크 사이드 공격 진형 우리 볼	0.756	0.244
수비수 마크 사이드 공격 진형 우리 볼	0.75	0.25
노 마크 중앙 공격 진형 우리 볼	0.779	0.221
수비수 마크 중앙 공격 진형 우리 볼	0.749	0.251
노 마크 사이드 공격 진형 상대 볼	0.671	0.329
수비수 마크 사이드 공격 진형 상대 볼	0.678	0.322
노 마크 중앙 공격 진형 상대 볼	0.672	0.328
수비수 마크 중앙 공격 진형 상대 볼	0.681	0.319
상대방 코너킥	0.462	0.538
상대방 페널티킥	0.188	0.812
우리 팀 코너킥	0.787	0.213
우리 팀 페널티킥	0.902	0.098

[표 39-4] 흡수 상태로의 전이 확률

이 행렬을 바탕으로 매번 공의 움직임이 가져오는 득점 확률 변화를 계산할 수 있다. 예를 들면, 만약 우리 팀 한 선수가 필드 중앙에서 공을 가지고 있으면, 위의 표 '필드 중앙 우리 볼' 행에서 볼 수 있듯이 이 상황의 가치는 0.69−0.31=0.38골이다. 왜냐하면 이 상황 이후 다음 득점이 나왔을 때 평균적으로 우리 팀이 상대 팀을 0.38골 앞서고 있기 때문이다. 이때 이 선수가 공격 진형 중앙에 노 마크인 선수에게 성공적으로 패스를 전달하면 우리 팀의 현재 가치는 0.72−0.22=0.5로 증가하게 된다. 따라서, 이 패스는 0.5−0.38=0.12골의 가치를 가지고 있다. 만약 우리가 이 0.12

골이라는 가치를 패스를 전달한 선수와 받은 선수에게 적절히 배분할 방법만 찾는다면 이는 경기 전반에 걸친 선수 퍼포먼스 측정에 단초를 제공할 것이다. 물론 흡수 마르코프 체인 모델은 공이나 퍽의 움직임이 중요한 하키나 라크로스 같은 다른 스포츠에도 적용될 수 있다. 중요한 것은 경기 중 일어나는 각 상황을 정의하고 전이 확률을 찾아내는 것이다. 그러려면 선수 트래킹 데이터를 분석하거나 모든 플레이를 하나하나 분석해 봐야 할 것이다.

페널티킥과 게임 이론

페널티킥은 스포츠에서 잊을 수 없는 수많은 명장면을 만들어 냈다. 1994년 월드컵을 기억하는 세대들에게는 결승전에서 로베르토 바지오가 실축한 페널티킥을 잊을 수 없을 것이다. 이로 인해 우승 트로피가 브라질에 넘어갔다. 이 장면은 수많은 광고에서도 사용되었다. 페널티킥 성공률이 보통 75~80% 정도이므로 페널티킥 실축은 정말 뼈아픈 경우가 많다. 페널티킥에서 골키퍼들과 키커들은 어느 방향을 노릴지 어떻게 결정할까?

최고 수준의 리그 팀들은 상대 팀들의 페널티킥 방향을 파악하기 위해 노력한다. 우선 기본적으로 오른발잡이들은 왼쪽으로 차는 것을 더 쉽게 느낀다. 치아포리(Chiappori), 레빗(Levitt), 그로시클로즈(Groseclose)[157]는 2002년 그들의 연구에서 골키퍼와 키커의 의사 결정을 게임 이론을 통해 모델화하였다. 키커의 목표는 성공률을 최대화하는 것이고 골키퍼는 이 확률을 최소화하고자 할 것이다. 두 선수 모두 선택할 수 있는 전략들이 동일하다. 즉, 오른쪽으로 슛/점프, 왼쪽으로 슛/점프,

---

157 P.-A. Chiappori, Steven Levitt, and Timothy Groseclose, "Testing mixed-strategy equilibria when players are heterogeneous: The case of penalty kicks in soccer," American Economic Review, 2002, 1138-1151.

가운데로 슛/그대로 서 있기. 페널티킥은 제로섬 게임이다. 한 선수가 이득을 얻으면 그 동일한 만큼의 손실이 상대방에게 가기 때문이다. 예를 들어 키커가 슛을 성공하면 1점을 얻고 골키퍼는 1점을 실점한다. 이 경우에 대한 보상 행렬이 [표 39-5]에 나와 있다. $P_L, P_R, \pi_L, \pi_R, \mu$는 각각 키커 K_i와 골키퍼 G_i가 각 전략을 선택했을 때의 득점 확률을 나타낸다.

K_i	G_i		
	왼쪽	중앙	오른쪽
왼쪽	P_L	π_R	π_L
중앙	μ	0	μ
오른쪽	π_R	π_R	P_R

[표 39-5] 페널티킥 보상 행렬(Chiappori et al., 2002에서 발췌)

게임 이론에서는 내시 균형을 찾는 것이 의사 결정에 가장 핵심적이다(Chapter 22 참조). 위 연구자들은 이 페널티킥 게임에서의 내시 균형은 확률 μ가 충분히 크지 않은 이상[158] 키커가 가운데로 차지 않는 것이다(따라서 골키퍼도 가운데 서 있지 않는다). 선수들은 제한된 무작위화를 통해 왼쪽이나 오른쪽 중에 결정한다. 만약 μ가 충분히 크다면, 양 선수는 세 전략 중에 일반적인 무작위화를 통해 방향을 결정한다.

이 연구자들은 프랑스와 이탈리아 1부 리그 데이터를 이용하여, 페널티킥 게임에서의 보상을 계산하였다. 이 결과는 [표 39-6]에 나와 있다. 이론적으로, 키커가 왼쪽으로 찼을 때의 성공 확률은 골키퍼가 가운데 서 있을 때나 오른쪽으로 점프할 때나 똑같아야 한다. 하지만 현실에서는 두 가지 경우의 페널티킥 성공 확률이 다르게 나타난다. 게다가 가운데로 찰 경우 가장 높은 성공률을 보인다(80%가 넘는다). 이러한 결과는 선택 편향 때문에 일어났을 수 있다. 선수들은 페널티킥 성공에 강한

---

158 μ가 충분히 큰지 결정하는 기준은 $\frac{\pi_L \pi_R - P_L P_R}{\pi_L + \pi_R - P_L - P_R}$라고 밝혔다.

자신감이 있을 때만 페널티킥을 가운데로 시도하기 때문이다. 이 연구자들은 이 데이터를 가지고 여러 번의 추가적인 분석을 했지만 여전히 키커와 골키퍼들이 그들에게 최적의 전략을 선택한다는 가설을 기각하지 못했다. 페널티킥에는 분명 운동 능력 외에 무언가가 작용하는 것처럼 보인다.

골키퍼	키커			총합
	왼쪽	중앙	오른쪽	
왼쪽	63.2	81.2	89.5	76.2
중앙	100	0	100	72.7
오른쪽	94.1	89.3	44	73.4
총합	76.7	81	70.1	74.9

[표 39-6] 실제 경기에서의 페널티킥 보상 행렬(Chiappori et al.(2002)에서 발췌)

페널티킥에 대한 또 다른 연구[159]에서는 골키퍼들이 점프하는 방향에 어떠한 편향성이 존재한다고 주장했다. 그들은 골키퍼가 가운데에 서 있는 것이 가장 높은 페널티킥 방어율(33.3%)을 보인다고 분석했다. 오른쪽이나 왼쪽으로 뛰는 경우 방어율은 13%였다. 확률 매칭 원칙[160]과 키커들이 29%의 경우에만 가운데로 찬다는 사실을 고려해 보면 골키퍼들은 29% 정도의 경우에 가운데에 머물러야 한다. 하지만 골키퍼들은 오직 6.3%의 경우에만 가운데에 서 있었다. 연구자들은 골키퍼들의 이러한 비합리적 행동을 카네만(Kahneman)과 밀러(Miller) 규범 이론(Norm Theory)[161]을 바탕으로 설명하고 있다. 규범 이론에 따르면, 우리가 어떠한 행동을 하지 않고 가만히 있으면 이때 발생한 부정적 결과의 여파가 무언가 행동을 했을 때보다 더욱 크게 느껴진다. 따라서, 만약 골키퍼가 움직이지 않고 그냥 가운데 서 있기로 선택

---

159 Michael Bar-Eli, Ofer H. Azar, Ilana Ritov, Yael Keidar-Levin, and Galit Schein, "Action bias among elite soccer goalkeepers: The case of penalty kicks," Journal of Economic Psychology, 28(5), 2007, 606-621.

160 M. F. Norman and J. I. Yellott, "Probability matching," Psychometrika, 31(1), 1966, 43-60.

161 D. Kahneman and D. T. Miller, D "Norm theory: Comparing reality to its alternatives," Psychological Review, 93, 1986, 136-153.

했을 때 키커가 왼쪽이나 오른쪽으로 슛을 한다면, 이 골키퍼와 팬 그리고 미디어는 골키퍼가 어느 한 방향으로 움직이고 키커가 중앙으로 차서 득점했을 때보다 이 실점을 더욱 뼈아프게 느낄 것이다. 골키퍼들도 인간이고 따라서 그들도 이러한 인지적 편향에서 자유로울 수 없다.

확률 매칭

확률 매칭은 의사 결정의 휴리스틱 전략 중 하나로서, 예측과 결정이 어떠한 기준에 따라 정해지는 것을 의미한다. 만약 우리가 아래와 같은 상황에서 두 가지 옵션 A와 B 중 선택해야 한다면,

1) A가 좋은 선택일 확률이 p>0.5이고 B가 좋은 선택일 확률이 (1−p)이다.
2) A와 B의 결과의 차이는 일정하다.

이 경우 여러 번의 시도를 통해 p 값을 알게 되는 순간 언제나 옵션 A를 선택하는 것이 맞다. 하지만 현실에서 사람들은 확률 p로 A를 선택하고 확률 1−p로 B를 선택한다. 즉, 사람들은 그들의 행동을 그들이 선택한 전략이 최선일 확률과 매칭하는 경향을 보인다.[162]

선수 트래킹 데이터

선수 트래킹 데이터의 중요도가 높은 순서대로 스포츠 종목들을 나열한다면 축구는 아마도 가장 위에 위치할 것이다. 축구는 공간의 싸움이다. 각 선수의 입장에서 자신이 공을 가지고 있는 순간은 얼마 되지 않는다. 아약스와 바르셀로나에서 활약했던 네덜란드의 축구 영웅 요한 크루이프의 말에 따르면, "선수들이 공을 가지고 있는 시간은 평균 3분밖에 되지 않는다. 따라서 가장 중요한 것은 공을 가지고 있지 않은 나머지 87분 동안 무엇을 할 것인가이다. 이것이 네가 좋은 선수인지 아닌

---

162 역주. 예를 들어, 홀짝을 고르는 게임에서 홀을 골랐을 때 승리 확률이 80%라면, 이 같은 게임을 여러 번 할 때 항상 홀을 골라야 한다. 하지만 사람들은 80%의 경우 홀을 고르고 20%의 경우 짝을 고르는 경향을 보인다.

지를 판가름할 것이다." 축구에서의 통계 지표들은 보통 공을 가지고 있을 때의 퍼포먼스를 분석한다. 하지만, 이는 축구라는 아름다운 게임의 단지 일부분일 뿐이다. 선수 트래킹 데이터는 공을 가지고 있지 않은 선수들이 무엇을 하고 있는지에 대한 귀중한 정보를 제공해 줄 것이다. 지난 몇 년간 많은 연구자가 공을 가지고 있지 않을 때의 움직임을 평가하는 방법에 대해 고민해 왔다. 예를 들어 페르난데즈(Fernandez)와 본(Bornn)[163]은 선수 트래킹 데이터를 이용하여 선수들이 경기장 특정 구역을 통제하는 정도(Pitch control), 공간 점유(Space occupancy), 공간 생성(Space generation)을 측정하는 지표를 개발하였다. 이 지표를 통해 그들은 동료들에게 공간을 만들어 줄 수 있는 선수들을 찾으려고 하였다(예를 들면 공격 시 상대 수비를 유인하여 동료에게 오픈 찬스를 만들어 주는 선수). 이와 비슷한 방식으로 리버풀의 데이터 분석가인 스피어맨(Spearman)[164]은 시공간 개념을 포함한 선수 트래킹 데이터를 이용하여 공이 없는 상황에서의 득점 기회를 측정하였다. 예를 들어, 이 지표를 활용하면 팀이 득점하기에 아주 좋은 위치에 자리 잡았지만 실제 공을 건드리지는 않은 선수들을 파악할 수 있다(예를 들면, 페널티 지역 아주 좋은 곳에 자리 잡았지만 윙어가 패스에 실패하여 공을 받지 못한 스트라이커). 이 모델을 사용하면 공을 잡지 않았지만 좋은 공간을 만들어 준 선수를 평가할 수 있다. 또한 미래 선수(팀) 득점을 예측하는 데도 사용할 수 있다. 이 지표가 숏뿐만 아니라 공 소유권으로부터 생성되는 기대 득점을 계산할 수 있기 때문이다. 폴 파워(Paul Power)가 이끄는 STATS Inc. 소속 연구 팀은 선수 트래킹 데이터를 활용하여 패스의 리스크와 보상을 계량화하는 모델을 만들었다.[165] 여기서의 리스크는 패스가 타깃에 정

163 J. Fernandez and L. Bornn, "Wide open spaces: A statistical technique for measuring space creation in professional soccer," in MIT Sloan Sports Analytics Conference, 2018

164 W. Spearman, "Beyond expected goals," in MIT Sloan Sports Analytics Conference, 2018.

165 P. Power, H. Ruiz, X. Wei, and P. Lucey, "Not all passes are created equal: Objectively measuring the risk and reward of passes in soccer from tracking data," in ACM SIGKDD, 2017.

확히 도달할 확률이고 보상은 이 패스가 10초 이내에 골로 연결될 확률이다. 이 연구자들은 각 패스의 리스크와 보상을 바탕으로 그룹화하여 나타내었다([그림 39-4] 참조).

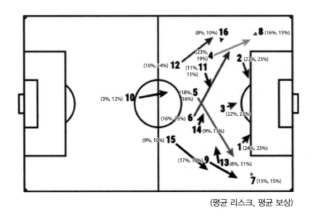

(평균 리스크, 평균 보상)

[그림 39-4] 가상의 패스들의 평균 리스크와 보상(Power et al. (2017))에서 발췌

최근 이 분야에 대한 연구가 활발히 진행되고 있고 위에 언급한 연구들은 이러한 최근 축구 애널리틱스 연구들의 몇 가지 예들이다. 이러한 연구들을 통해 스포츠는 큰 발전을 이룰 것이고 모든 빅 클럽이 이러한 트렌드를 받아들일 것이다.

CHAPTER 40

아이스하키 애널리틱스

야구에서 통계 분석가들과 기존 전문가들 사이의 전쟁이 이미 마무리되고 한참이 지난 2014년에도 아이스하키는 여전히 통계 분석보다는 기존의 전문가들에게 더 많이 의존하고 있었다. 하지만 2014년 여름 모든 것이 바뀌었다. 이 비시즌 기간에 팀들은 큰 변화를 겪었고 아마추어 아이스하키 통계학자들을 고용하여 새로운 애널리틱스의 세계로 접어들었다. 이 아이스하키에서 일어난 애널리틱스 혁명은 war-on-ice.com을 만든 샘 벤추라(Sam Ventura)를 고용하여 2016년과 2017년 2년 연속으로 우승을 차지한 피츠버그 펭귄스 덕분에 점점 더 가속화되고 있다(그와 함께 이 웹사이트를 만들었던 앤드류 토머스(Andrew Thomas)도 미네소타 와일드에 채용되었다). 이번 챕터에서는 어떻게 애널리틱스가 북미 아이스하키 리그 NHL을 변화시켰는지 알아볼 것이다.

코르시(Corsi)와 펜윅(Fenwick) 통계

농구에서 다루었던 +/− 지표는 사실 1950년대 아이스하키에서 시작되었다. 소속 팀이 득점하는 순간에 빙판 위에서 플레이하고 있던 선수들은 +1점을 얻고 소속 팀이 실점하는 순간에 빙판 위에 있던 선수들은 −1점을 받는다(상대 팀보다 선수가 한 명 적을 때나 파워플레이 시에 나온 골은 제외). 그동안 보아 왔듯이 이 기본 +/− 지표는 많은 문제점을 지니고 있다. 롭 볼맨(Rob Vollman)은 그의 책『Stat Shot(2006)』에서 "+/−는 공산주의 같다. 이론적으로는 매우 고상하지만 현실에서는 제대로 작동하지 않는다."라고 이야기했다. 농구에서 이야기했던 +/−의 문제점 중 몇 가지는 아이스하키에서 더욱 극명하게 드러난다. 예를 들어, 어떠한 선수의 +/−가 좋은 팀 동료들 덕분인지 해당 선수가 뛰어나서인지 명확히 구분할 수 없는 문제(confounding effect)는 아이스하키에서 더욱 심하게 나타난다. 아이스하키에서는 특정 선수 라인업이 더 많은 시간 함께 플레이하기 때문이다. 게다가 골키퍼는 경기 시간 내내 거의 교체되지 않고 출전한다. 따라서 골키퍼의 능력이 +/− 지표에 상당히 큰 영향을 미치게 된다. 또한 선수 교체 시의 존 스타트(zone start)에 의해 생기는 오류도 상당하다. 수비 진영에서 페이스오프[166] 할 때 투입되는 선수들은 중립 진영이나 공격 진영에서 페이스오프 할 때 투입되는 선수들보다 불리하게 된다.

조정 +/−는 이러한 문제점들을 해결하고자 도입되었다. 아이스하키에서 이 조정 +/−는 장기간에 걸쳐 선수들을 평가하는 데 높은 효용을 보였다(예: 5~10년). 하지만 팀들은 더 단기간의 선수 능력 평가 지표에 관심이 많았다(예: 한 시즌 내에서 몇 경기 동안의 퍼포먼스).

단기간의 퍼포먼스를 측정하고자 +/−를 사용하게 될 경우 표본의 수가 너무 적다

---

166 역주. 아이스하키에서 경기를 시작하거나 경기 중간에 반칙 등의 이유로 중단된 경기를 재개할 때 하는 플레이이다. 양 팀 선수가 마주 보고 심판이 중간에 퍽을 떨어뜨리면 먼저 퍽을 차지한 팀이 공격을 진행하게 된다. 농구의 점프 볼과 유사하다.

는 문제가 생긴다. 아이스하키에서 골은 그다지 자주 일어나는 상황이 아니기 때문이다. 평균적으로, 양 팀의 선수 수가 같은 상황(at even strength)에서 시도된 슛의 약 8% 정도만 골로 연결된다. 즉, 슛의 개수가 골의 개수보다 약 12배 많다는 의미이다. 코르시 지표에서 바로 이 슛의 개수를 사용한다(슛 시도(Shot Attempts, SAT)라고도 불린다). 코르시 값은 어떠한 선수가 빙판 위에서 플레이하고 있을 때 그 선수의 소속 팀이 시도한 슛의 개수와 상대 팀이 시도한 슛의 개수의 차이를 의미한다. 코르시는 두 팀의 선수 수가 같은 상황(at even strength)에서의 슛만 고려한다. 여기에는 유효 슈팅, 슛 실패, 수비수에 의해 가로막힌 슛 등을 모두 포함한다. 코르시는 퍼센트로 표현되기도 한다. 즉, Corsi%=Corsi for/(Corsi for+Corsi against)[167]이다. Corsi%가 50% 이상일 경우 평균 이상의 능력을 가진 선수이다. 예를 들어, 피츠버그 펭귄스가 시드니 크로스비가 빙판 위에서 플레이할 때 1,250개의 슛을 시도하고 같은 시간 동안 상대 팀들이 1,071개의 슛을 시도했다면, 그의 코르시는 +179이고 Corsi%는 1,250/(1,250+1,071)=53.9%이다. [표 40-1]에는 2006~2007 시즌부터 2016~2017 시즌 사이 400경기 이상 출전한 선수 중 가장 높은 Corsi%를 기록한 10명의 선수가 정리되어 있다.

선수	Corsi%	Corsi For	Corsi Against
패트리스 베르제롱(C)	58.27	8,632	6,183
파벨 다추크(C)	57.74	6,254	4,577
저스틴 윌리엄스(R)	57.49	8,232	6,086
안제 코피타르(C)	57.24	9,383	7,008
브래드 마찬드(L)	57	7,741	5,839
드류 다우티(D)	56.18	11,469	8,946
조너선 토위스(C)	55.89	8,541	6,742
패트릭 샤프(L)	55.64	7,674	6,118
알렉 마르티네스(D)	55.36	6,110	4,926
조 톨튼(C)	55.25	9,100	7,370

[표 40-1] 2006~2007 시즌부터 2016~2017 시즌까지 10년간 Corsi% 탑 10

167 Corsi for는 우리 팀이 시도한 슛의 개수, Corsi against는 상대 팀이 시도한 슛의 개수이다.

펜윅은 코르시와 비슷한 지표지만 수비수에게 막힌 숏들은 계산에서 제외한다. 이 숏들을 제외하는 이유는 수비수들이 수비에 성공한 숏들은 뛰어난 수비수들의 능력 덕분인 경우가 많기 때문이다. 예를 들어, 뛰어난 수비수가 숏을 시도하는 선수를 잘 막아 내어 공격수가 제대로 된 숏을 시도하기조차 어려운 상황이 있을 수 있다. 이런 경우 공격수가 좋은 플레이를 했다고 할 수 없을 것이다.

만약 어떠한 팀이 53~57% 정도의 Corsi%나 Fenwick%를 기록한다면, 그 팀은 숏 시도와 숏 허용 개수 사이에 유의미한 차이를 보인다고 할 수 있다. 하지만 Corsi%를 골 개수에 적용하면 실제 득실 차에 다소 이해할 수 없는 결과가 나온다. 아이스하키에서 숏 시도 회수 대비 골이 나오는 확률이 아주 작기 때문이다. 예를 들어, 2016~2017 시즌 경기당 총 골 수는 5.54이고 전체 시즌에서 6,810골이 터졌다. 만약 어떠한 팀이 55% 대 45%의 득점과 실점 비율을 기록했다면, 실제 득실 차는 약 +45골[168]일 것이다. 아이스하키 경기에서 운에 의해 기록되는 득점들을 고려해 보면 한 시즌 82경기 동안 45골이라는 득실 차는 그다지 큰 숫자가 아니다. 이와는 대조적으로, 평균적인 NHL 팀들은 한 시즌 평균 2,860개의 수비수에게 가로막히지 않는 숏을 기록한다. 만약 펜윅 지표에서도 동일하게 55% 대 45%의 비율을 기록한다면 이는 +572 펜윅[169]이 될 것이고 이는 운에 의한 득점을 고려하더라도 충분히 의미 있는 숫자이다.

2016~2017 시즌 중에 캐피탈스는 가장 높은 승점 퍼센티지(PTS%)[170]인 0.72를

---

168 역주. 상세한 계산 과정을 설명하지 않아 이해를 돕고자 예를 들어 설명하겠다. 한 팀이 총 82경기를 치르고 한 경기에서 양 팀이 기록하는 평균 골이 5.54이므로 평균적으로 한 팀은 전체 시즌 동안 455골(82×5.54)을 기록(득점+실점)하게 된다. 만약 이 455골 중 250골을 득점하고 205골을 실점했다면, 득점 55%(250/(250+204))−실점 45%(204/(250+204))의 비율을 기록한 것이다. 따라서 실제 득점과 실점의 차는 250−205=45골이 된다.

169 역주. 한 팀당 2,860개의 수비수에게 가로막히지 않은 숏을 기록하므로 양 팀 합계 5,720개를 기록하는 것이다. 이 중 55%가 우리 팀의 숏 시도이고 45%가 상대 팀의 숏 시도라면, 우리 팀 숏 시도 개수는 3,146개, 상대방 숏 시도 개수는 2,574개가 될 것이고 이 차이는 3,146−2,574=572개가 된다.

170 역주. 아이스하키에서 승점 퍼센티지는 약간 특이하게 계산된다. 승리할 경우 승점 2점, 연장전이나 숏 아웃에서 패배할 시 1점, 정규 시간에서 패배할 시 0점을 획득하고 승점 퍼센티지(PTS%)는 승점/경기 수×2로 계산한다.

기록했고 득실 차는 +84였다. 같은 시즌 캐피탈스를 플레이오프에서 누르고 올라가 스탠리컵을 차지했던 펭귄스는 승점 퍼센티지는 비슷한 수준인 0.68이었지만 득실 차는 거의 절반인 +49를 기록했다. 득실 차만 보면, 펭귄스가 캐피탈스보다 훨씬 낮은 승률을 기록했어야 한다. 하지만 실제로는 그렇지 않았다. 이 두 팀의 펜윅은 각각 +153과 +138로 매우 비슷한 수준이었다.

골을 기반으로 계산하는 지표와 슛을 기반으로 계산하는 지표는 둘 다 중요하고 각각 다른 정보를 담고 있다. 하지만, 애널리틱스가 발전하고 있는 시점에서 어느 지표를 활용해야 할지 결정하는 것이 중요한 문제이다. 앞선 챕터들에서도 이야기했듯이 선수들도 인간이고 인간은 인센티브에 반응하게 된다. 따라서, 만약 선수들이 팀들이 원하는 것이 더 많은 슛 개수라는 것을 알고 있다면, 그저 슛을 시도하는 것에만 집중할 것이다. 심지어 좋지 않은 각도에서도 슛을 시도할 것이고 확률이 떨어지는 중거리 슛도 많이 시도할 것이다. 따라서 통계 분석가들은 이 문제를 해결하고자 지표를 발전시키려고 하였고, 이에 대한 해결책 중 한 가지로 제안된 것이 골 성공 확률 모델을 이용하여 슛의 질을 평가하는 것이다.

골리들이 공격수와 교체되는 타이밍이 왜 이렇게 앞당겨졌을까?[171]

2016~2017 시즌 플레이오프에서 캐피탈스가 펭귄스에 2-0으로 앞서고 있었고 1분 51초가 남은 상황이었다. 이 상황에서 펭귄스의 승리 확률은 1% 정도였다. 이때 골리인 마크 안드레 플루어리를 빼고 골대를 비워 놓은 상태로 공격수 한 명을 추가로 투입하였다. 펭귄스는 결국 정규 시간 중 2-2 무승부를 기록했다(하지만 연장전

---

171 역주. 아이스하키 전략 중 하나로, 뒤지고 있는 경기 막판에 골키퍼를 빼고 다른 골키퍼가 아닌 공격수를 투입하는 전략을 말한다.

끝에 패했다). 만약 이 경기가 먼저 펼쳐졌다면 골리인 플루어리는 교체되기 전 최소 25~30초[172]정도는 더 빙판 위에 남아 있었을 것이다. 그리고 이렇게 했으면 펭귄스가 동점을 만들기 어려웠을 수도 있다. 일반적으로 요즘 팀들은 10년 전과 비교하여 골리들을 더 이른 시간에 공격수와 교체하곤 한다. 2014~2015 시즌 중 두 골 차로 뒤지고 있는 팀들은 약 130초가 남았을 때 골리를 공격수로 교체했다. 2007~2008 시즌에는 85초 남은 상황에서 교체했다. 2014~2015 시즌에 한 골 차로 뒤지고 있는 경우에는 평균적으로 75초가 남았을 때 골리를 교체했고 2007~2008 시즌에는 25초가 남았을 때 교체했다. 골리를 공격수로 교체하기에 적절한 타이밍은 어떻게 결정할 수 있을까?

이에 대한 답을 얻을 단순한 방법 한 가지는 뒤지고 있는 팀 i가 t만큼의 경기 시간이 남았을 때 기록할 수 있는 골의 개수가 평균 $\lambda = \mu_t \times offRtg_T \times defRtg_L$인 포아송 분포를 따른다고 가정하는 것이다. 여기서 μ_t는 t만큼의 경기 시간이 남았을 때 기록되는 리그 평균 득점이고, $offRtg_T$는 뒤지고 있는 팀 T의 공격 레이팅, $defRtg_L$은 앞서고 있는 팀 L의 수비 레이팅이다. Chapter 46에서 축구에서 이러한 방식으로 팀 레이팅을 계산하는 법에 대해 이야기할 것이다. 본 챕터에서 필요한 것은 이 레이팅들이 무엇을 의미하는지 이해하는 것이다. 예를 들어, 만약 어떠한 팀이 공격 레이팅 o=1.07을 기록하고 수비 레이팅 d=0.97을 기록하고 있다면, 이 팀은 평균적인 팀보다 7% 더 많은 득점을 기록하고 3% 적은 실점을 기록한다는 의미이다(평균적인 팀의 공격 레이팅과 수비 레이팅은 1이다). 하지만, 이 레이팅들은 최종 스코어를 이용해 계산되고, 경기 중 발생하는 양 팀 선수 숫자가 달라지는 경우를 고려하지 않는다(예: 파워플레이). 그렇다면, 어떻게 하면 공격 레이팅과 수비 레이팅을 조정하여 양 팀 선수 숫자가 달라지는 경우까지 고려할 수 있을까? 그리고 일정한 시간 t 동안의 리그 평균 득점은 어떻게 조정할 수 있을까? 두 번째 질문부터 시작해

172 https://fivethirtyeight.com/features/nhl-coaches-are-pulling-goalies-earlier-than-ever/

보자. 한 경기 중에 득점이 일어나는 시간은 무작위로 나타나며 균일하게 분포되어 있다고 가정해 보자. 그렇다면, 60분당 평균 득점을 x라고 할 때, $\mu_t = t \times x / 1800$으로 계산될 수 있다. 여기서, 1,800은 포아송 분포의 단위 시간당 평균 발생 빈도를 초당 빈도로 나타내려고 썼다. 공격과 수비 레이팅을 조정하는 것은 약간 더 까다롭다. t라는 시간 동안 뒤지고 있는 팀은 골대를 비워 놓은 상태로 파워플레이를 하는 것과 다름없다. 따라서, 공격 레이팅은 파워플레이 퍼센티지를 기반으로 조정되어야 한다. 예를 들어, 공격 레이팅이 o인 어떤 팀이 파워플레이 퍼센티지 23%를 기록하고 전체 슈팅 퍼센티지 10%를 기록하고 있다고 하자. 그렇다면, 이 팀의 공격 레이팅은 $offRtg_T = o \times 0.23/0.1$로 조정될 수 있다. 마찬가지로, 리드하고 있는 팀의 수비 레이팅은 파워플레이 킬링(killing) 퍼센티지를 이용해 조정될 수 있다. 만약 수비 레이팅이 d인 팀이 파워플레이 킬링 퍼센티지 84%를 기록하고 전체 숏 방어율 92%를 기록하고 있다면, 상대 팀이 골리를 공격수로 교체했을 때 이 팀의 수비 레이팅은 $defRtg_L = d \times 0.84/0.92$로 조정될 수 있다.

하지만, 앞서고 있는 팀도 골을 기록할 수 있다. 이 경우 우리는 앞서고 있는 팀의 승리 확률이 100%인 것으로 가정했다. 앞서고 있는 팀이 남은 시간 동안 기록하는 득점은 평균 $\rho = \mu_1 \times offRtg_L \times defRtg_T$인 포아송 분포를 따른다고 가정하자. $offRtg_L$은 골대를 비워 놓은 상대로 공격하는 앞서고 있는 팀의 공격 레이팅이고, $defRtg_T$는 골대를 비워 놓고 플레이할 때의 뒤지고 있는 팀의 수비 레이팅이다. 이 경우 공격 레이팅과 수비 레이팅을 조정하기가 매우 어렵다. 한 경기 내에서 이와 비슷한 상황이 연출되는 경우가 없기 때문이다. 따라서, 상대 팀이 골리가 없을 때의 리그 평균 득점인 변수 μ_1을 활용하여 평균값을 조정할 것이다. 그러려면 골리가 없을 때의 득점 확률(ENG percentage)을 계산할 필요가 있다. 리그 평균은 약 5%이다. 즉, 한 팀의 전체 득점 중 약 5%는 상대 팀이 골리가 없을 때 발생한다는 것이다. 따라서, μ가 전체 리그 평균 득점(2016~2017 시즌의 경우 2.77이었다)이라고 하고, τ를 한 팀이 골리 없이 경기하는 경기당 평균 시간이라고 할 때,

μ_1은 $0.05 \times \mu \times \left(\frac{1800}{\tau}\right) \times \left(\frac{t}{1800}\right)$로 표현될 수 있다. 여기서 τ는 전체 경기 중 골리 없이 경기하는 평균 시간이므로 상당히 작은 값이 될 것이라는 것을 기억해야 한다(약 20~30초).

이와 같은 정보로 한 골 차로 뒤지고 있을 때 언제 골리를 공격수로 교체해야 될지 결정할 수 있을까? 한 가지 가능한 방법은 뒤지고 있는 팀의 기대 득점을 1로 만드는 t를 찾아내는 것이다. 1보다 작은 모든 수는 경기를 동점으로 만들지 못할 것이다. 따라서, 레이팅이 1인 평균적인 팀을 가정했을 때, 2.77×0.91×2.3×(t/1800)=1이 되는 t를 찾으면 대략 5분이라는 결과가 나온다. 이는 경기를 동점으로 만들 확률이 1이 되는 값을 의미하는 것은 아니라는 점을 확실히 하고 넘어가자. 또한 뒤지고 있는 팀이 먼저 득점할 확률도 구해야 한다. 이를 계산하고자 포아송 분포에 의해 생성되는 각 이벤트 사이의 시간이 일정한 모수를 가지고 있는 지수 분포를 이루고 있다는 사실을 이용했다. 뒤지고 있는 팀의 경우 이벤트 사이의 시간의 지수 분포의 모수가 0.003이고, 앞서고 있는 팀의 경우 0.006이다(τ=25초). 결과적으로 뒤지고 있는 팀이 먼저 득점할 확률은 약 0.375이다. 이 확률은 골리가 교체되어 나가 있는 시간에 영향받지 않는다. 따라서, 골리를 경기 종료 5분 전에 공격수와 교체하게 되면 이 뒤지고 있는 팀이 동점을 만들 확률이 0.375가 된다. 반대로, 골리를 경기 종료 130초 전(2014~2015 시즌 평균)에 공격수와 교체하면 뒤지고 있는 팀의 기대 득점은 0.42이고, 동점을 만들 확률은 0.42×0.375=0.16이 된다.

위의 분석은 아주 정밀하게 이뤄지지는 않았다. 하지만 이는 코치들이 점점 더 일찍 골리를 공격수와 교체하고 있는 현상에 대한 설명을 가능하게 해 준다. 이에 대한 더욱 상세한 설명이 궁금한 독자들은 앤드류 토마스의 논문을 찾아보기 바란다.[173] 향후에는 경기 종료 직전 동점 상황에서 언제 골리를 공격수로 교체하는 것이

---

173 Andrew C. Thomas, "Inter-arrival times of goals in ice hockey," Journal of Quantitative Analysis in Sports, 3(3), 2007.

승리 확률을 높일 것인지에 대한 연구도 이루어질 것이라고 기대한다(예: 경기 종료 30초 전 공격 진영에서 페이스오프하는 경우).

페이스오프, 실력일까 운일까?

스포츠에서 항상 논쟁거리가 되는 질문 중의 하나는 승패라는 결과의 어느 정도까지가 팀이나 선수의 능력에 의한 것이고 어느 정도까지가 운에 의한 것인가에 대한 것이다. 아이스하키에서는, 특히 페이스오프에 관해서 이 논쟁이 자주 벌어진다. 이 질문에 답하고자, 우리는 세이버메트릭스 커뮤니티[174]에서 시작되어 모보우신(Mauboussin)의 책 『The Success Equation(2012)』에 의해 유명해진 분석 방법을 사용할 것이다. 이 분석법에서는 서로 독립인 두 확률 변수 X와 Y의 분산 합은 X+Y의 분산과 같다는 아주 단순한 식을 활용한다(var(X+Y)=var(X)+var(Y)). 이 분석에서 독립 변수 X와 Y는 각각 선수의 페이스오프 승리 확률과 관련된 실력과 운이다.[175]

우리는 먼저 hockey-reference.com[176]에서 2016~2017 NHL 시즌 페이스오프 승패 데이터를 다운로드받았다. 절반 정도의 선수들이 세 번 이하의 페이스오프를 플레이했고 30% 정도만이 40번 이상을 플레이했다. 플레이 수가 너무 적은 선수들로 인해 분산이 너무 커지는 경우를 예방하고자 최소 40번 이상의 페이스오프를 플레이한 선수들만 추렸고, 최종 255명이 남게 되었다. [표 40-2]는 최고/최저 승리 확률을 기록한 각 다섯 명씩을 나타내고 있다. 페이스오프 승리 확률(FOW%)의 분산은 38.27이었다.

---

174 http://www.insidethebook.com/ee/index.php/site/comments/truetalent_levelsforsportsleagues/

175 여기서 실력과 운은 서로 독립이라고 가정했다. 하지만 실제로는 서로 독립이 아닐 가능성도 꽤 높다. 샘 벤추라(Sam Ventura)가 말했듯이 실력이 좋은 선수는 그들이 운의 작용을 더 좋게 받을 수 있는 상황으로 만들어 가는 경우가 많다. 이렇게 될 경우 독립성 가정이 깨지게 된다.

176 http://moneypuck.com도 하키 애널리틱스를 위한 데이터를 제공하는 또 다른 웹사이트이다.

	선수	페이스오프 승리	페이스오프 패배	페이스오프 승리 확률
최고 승률 5명	뒤센	687	411	62.6
	버미트	744	451	62.3
	베르제롱	1086	722	60.1
	해밀턴	75	51	59.5
	안드레오프	41	28	59.4
최저 승률 5명	브르바타	17	30	36.2
	브루워	20	44	31.3
	슈말츠	84	188	30.9
	헤이즈	14	41	25.5
	케인	7	44	13.7

[표 40-2] 2016~2017 NHL 시즌 페이스오프 승리 확률 최고/최저 5명

페이스오프에 대한 기대 분산을 계산하고자 페이스오프를 플레이하는 각각의 선수가 성공 확률 0.5인 베르누이 시행을 한다고 가정했다(동전 던지기와 동일하다). 각 선수에 대하여, 그들이 플레이한 페이스오프 횟수만큼 동전 던지기를 해서 페이스오프 승리 확률을 무작위로 뽑아내었다. 예를 들어, 맷 뒤센은 1,098번의 페이스오프를 플레이했고 그중 687번을 승리했다. 이 선수의 페이스오프 승리 확률을 완전히 무작위로 추출해 내고자, 동전 던지기를 1,098번 하고 이 중 앞면(페이스오프 승리)이 몇 번 나오는지 세어 보았다. 그 결과, 49.7%의 페이스오프 승리 확률이 나왔다. 이는 페이스오프의 결과가 완전히 운에 의한 것이라는 가정하에서 나온 확률이다. 이 작업을 모든 선수에 대해서 시행하여, 각 선수의 완전히 무작위에 의한 페이스오프 승리 확률을 계산하였다. 이렇게 무작위로 계산된 페이스오프 승리 확률의 분산은 12.65였다. 간단히 말해서, 페이스오프 승리에서 운이 차지하는 비중은 약 33%(12.65/38.27)밖에 되지 않는다. 다시 말해, 페이스오프 결과의 67%는 선수들의 실력에 의한 것이다!

모든 파워플레이가 동등하게 만들어졌을까?

파워플레이와 페널티킥 능력은 아이스하키라는 게임에서 아주 중요한 요소이다. 이 두 가지 능력에 영향을 미치는 어떠한 상황적 요소가 존재할까? 예를 들어, 두 피리어드 간에 걸쳐 있는 페널티는 다른 페널티들과 통계적으로 다른 양상을 보일까? 우리는 R 패키지인 nhlscrapR을 이용하여 2014~2015 시즌 매 플레이에 대한 데이터를 다운로드하였다. [그림 40-1]은 페널티가 일어난 시점에 대한 분포를 나타내고 있다. 우리는 두 피리어드에 걸쳐 있는 페널티들에 대한 파워플레이 확률을 계산하여 이를 한 피리어드 안에서 시작되고 끝난 페널티들의 파워플레이 확률과 비교하였다. 그리고 이 결과들을 페널티가 선언된 시점에서부터 피리어드 종료까지 남은 시간 S에 따라 다시 분류하였다. [표 40-3]에 결과가 나와 있다.

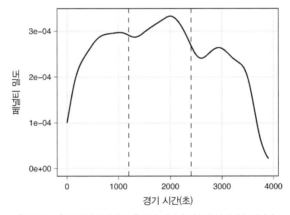

[그림 40-1] 두 번째 피리어드 후반에 페널티 개수가 갑자기 늘어난다

S(초)	두 피리어드에 걸쳐 있는 페널티 파워플레이 성공률	한 피리어드 내의 페널티 파워플레이 성공률	통계적 유의도 (비율 검정에서의 p 값)
30	14.3	19.1	0.02
60	15.8	19.1	0.07
90	16.2	19.1	0.08
110	16	19.1	0.05

[표 40-3] 두 피리어드에 걸쳐 있는 페널티 성공률이 한 피리어드 내의 페널티보다 성공률이 떨어진다

이 결과에 따르면 두 피리어드에 걸쳐 있는 파워플레이 성공률이 한 피리어드 내에서 이루어지는 파워플레이 성공률보다 낮게 나온다. 파워플레이 성공은 지속적인 퍽 소유권과 패스에 많은 영향을 받는다. 만약 이를 지속해서 유지하지 못한다면 파워플레이 성공률이 낮아질 가능성이 있다. [표 40-3]의 마지막 열에는 두 집단의 비율이 다른지 살펴보는 두 비율 검정에서의 p 값이 나타나 있다. 여기서 볼 수 있듯이 거의 대부분의 경우에서 두 집단의 비율이 동일하다는 귀무가설을 기각할 수 있다(유의 수준 0.05).

두 피리어드에 걸친 페널티의 경우 두 팀의 선수 숫자 차이가 크게 나타나는 것 아닐까(예: 5명 대 3명)? 우리는 각각의 페널티에서 양 팀 선수 숫자의 차이를 계산하여 분석하였지만, 두 피리어드에 걸친 페널티와 한 피리어드 내에서 마무리된 페널티 간의 유의미한 차이를 발견할 수 없었다. 따라서, 파워플레이 성공률의 차이는 선수 숫자 차에 의한 것은 아니라고 할 수 있다. 여기에서 두 파워플레이 성공률 간의 차인 3.1%가 팀들의 파워플레이 전략을 바꿀 만큼 중요한 수치인지는 일선 코치들의 결정에 맡기겠다. 참고로 우리는 매우 중요한 차이라고 생각한다.

여기에 더해, 파워플레이 시 선수 숫자가 모자란 팀에서 득점한 경우에 대해서도 살펴보았다. [표 40-4]에서 볼 수 있듯이 두 피리어드에 걸친 페널티와 한 피리어드 내의 페널티 간에 유의미한 차이를 찾아볼 수 없었다.

S(초)	두 피리어드에 걸쳐 있는 페널티 선수 수가 모자란 팀의 득점 확률	한 피리어드 내의 페널티 선수 수가 모자란 팀의 득점 확률	통계적 유의도 (비율 검정에서의 p 값)
30	3.4	3.1	0.81
60	3.2	3.1	0.94
90	3.4	3.1	0.75
110	3.1	3.1	0.96

[표 40-4] 두 피리어드에 걸친 페널티와 한 피리어드 내에서 마무리된 페널티에서 각각 나온 선수 수가 모자란 팀의 득점 간에 유의미한 차이가 없었다

아이스하키 분석은 2021 시즌이 시작되는 선수 트래킹 데이터를 기점으로 새로운 부흥기를 맞이할 것이다. 다른 스포츠와 마찬가지로, 아이스하키에서도 퍽이 없을 때 선수의 움직임이 매우 중요하다. 아이스하키 분석은 선수 트래킹 데이터의 덕을 톡톡히 볼 것이라고 기대한다.

두 비율 검정(Two Proportion z-test)

두 비율 검정은 아래와 같은 가설을 검증한다.

$H_0: p_1 = p_2$
$H_0: p_1 \neq p_2$

여기서 p_1과 p_2는 각각 두 개의 비율이다(예: 베르누이 시행에서의 성공 확률). 첫 번째 비율이 N_1이라는 시행에서의 결과이고 두 번째 비율이 N_2라는 시행에서의 비율이라고 가정할 때, $Z = \frac{p_1 - p_2}{\sqrt{p(1-p)(\frac{1}{N_1}+\frac{1}{N_2})}}$로 계산된다. 여기서 p는 전체 비율 $p = \frac{p_1 N_1 + p_2 N_2}{N_1 + N_2}$이다. 이 z 값의 절댓값이 1.96보다 크면 (|Z| > 1.96), 유의 수준 5%에서 귀무가설 H_0를 기각한다. |Z| > 1.645일 때는 유의 수준 10%에서 귀무가설을 기각할 수 있다.

CHAPTER 41

배구 애널리틱스

배구는 그 구조상 다른 스포츠에 비해 통계 분석이 잘 먹혀들어 갈 가능성이 많다. 하지만 스포츠 통계학자들의 주요 관심 대상에서는 비켜나 있었다. 배구 분석 연구가 부족한 것은 아마도 대중에게 공개되는 경기 데이터가 제한적이기 때문일 수 있다(혹은 연구가 부족해서 데이터가 적을 수도 있다). 이번 챕터에서는 배구에서 중요한 몇 가지 통계 분석에 대해 다루고자 한다.

배구의 피타고라스 정리

앞선 챕터들에서 보았듯이 대부분의 스포츠 종목에 득점, 실점, 승수와 관련된 피타고라스 정리가 존재한다. 각 종목에 따라, 득점이라는 개념이 약간씩 다르게 정의되어 있다(예: 농구에서는 점수, 야구에서는 런[177], 축구나 하키에서는 골). 배구에서는 득점과 관련하여 두 가지 지표를 고려해 볼 수 있다. 한 가지는 총득

---

177 미국에서는 야구에서의 점수를 point가 아닌 run이라고 표현한다.

점과 실점이고 다른 한 가지는 세트 득실이다. 지난 5년간의 그리스 프로 배구 리그 데이터를 활용하여 총득점과 총 세트 득실에 대한 피타고라스 계수를 계산하여 $\alpha_{총득점} = 10.8, \alpha_{세트\,득실} = 1.4$라는 결과를 얻었다. 이 두 가지 계수 모두 데이터를 잘 설명하지만 세트 득실의 경우가 표본 외 데이터 예측력이 조금 더 뛰어났다. [그림 41-1]은 총득점 차와 총 세트 득실 차별로 피타고라스 승리 확률 예상치와 실제 승리 확률을 나타낸 것이다. 여기서 볼 수 있듯이 두 버전 모두 실제 승리 확률과 매우 유사한 수치를 보여 준다. 하지만 총득실 세트 모델이 조금 더 나은 예측력을 보인다(y=x라인에 조금 더 가깝다).

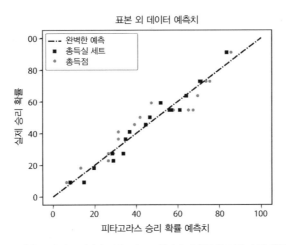

[그림 41-1] 총득실 세트 기반의 피타고라스 모형이 승리 확률을 조금 더 잘 예측한다

하지만 피타고라스 예측은 보통 시즌이 모두 종료된 후에 한 시즌 동안 승리 확률이 예상보다 낮거나 높게 나온 팀들을 가려내려고 시행되는 분석이다. 피타고라스 예측을 시즌 중 어떤 팀의 승리 확률을 예측하는 데 사용할 수 있을까? 그리스 배구 리그 2018~2019 시즌 데이터와 위에서 계산한 총득실 세트 피타고라스 모델의 지수를 이용하여, 매 라운드가 끝난 뒤 각 팀의 총득실 세트를 계산하고 이를 통해 시즌 종료 시점의 피타고라스 승리 확률 예측치를 계산하였다. [그림 41-2]는 각 라운드가 끝난 뒤의 평균 절대 오차를 나타내고 있다. 여기서 볼 수 있듯이, 시즌 막바

지로 갈수록 예측의 정확도가 올라간다. 만약 더 많은 데이터를 활용한다면 여기서
보이는 약간의 노이즈들도 해결할 수 있을 것이다.

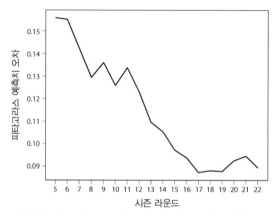

[그림 41-2] 총득실 세트 기반 피타고라스 예측치는 시즌이 갈수록 정확도가 올라간다

브래들리-테리 모델

피타고라스 공식은 총승수를 예측하는 데 적합하지만, 각 경기 내용에 대
한 예측을 하는 데는 사용하기 어렵다. 팀 레이팅을 만들고자, 매 세트의 결과
가 베르누이 시행이라고 가정하자. 이때, 팀 A가 해당 세트를 승리할 확률은
$\Pr(A > B) = P_{AB} = f(c, r_A, r_B)$이다(팀의 능력치(뒤에서 상세히 설명할 것이다)와 홈 어드
밴티지를 나타내는 상수의 함수). 브래들리-테리 모델은 팀 A가 홈 팀이라는 가정
하에 이 확률을 아래와 같은 변수로 나타낸다.

$$\log\left(\frac{\Pr(A > B)}{\Pr(B > A)}\right) = c + r_A - r_B$$

이제, 각 팀이 플레이한 이전 세트들의 결과를 활용하여 모든 팀의 능력치 r_i를
계산해 내야 한다. 이 데이터는 총 팀의 개수인 10개의 변수로 이루어져 있을 것이

다. 각각의 변숫값은 각 경기에서의 홈 팀은 1, 어웨이 팀은 -1, 나머지 팀들은 0으로 입력될 것이다. 종속 변수는 홈 팀이 해당 세트를 승리한 경우 1, 어웨이 팀이 승리한 경우 0이 입력될 것이다. 중요한 것은 타이 브레이크 세트는 포함되지 않는다는 것이다. 타이 브레이크는 25점이 아닌 15점까지만 경기하므로 다른 세트들과는 다르게 취급되어야 한다. 타이 브레이크 세트들만 따로 레이팅을 만들 수는 있겠지만 이 경우 샘플 숫자가 너무 적을 것이다. 해당 시즌 24번의 타이 브레이크밖에 없었고 이는 전체 시즌의 약 7%밖에 되지 않는다. 2018~2019 시즌 그리스 배구 리그 첫 15라운드 데이터를 이용해 모델을 만들어 [표 41-1]에 나온 것 같은 각 팀의 능력치 값을 얻을 수 있었다.

팀	브래들리-테리 능력치
Home Edge	0.3933
AEK	−0.4983
Komotini	−0.9866
Kifisia	−0.5554
Foinikas	0.386
Pamvochaikos	0.0303
Iraklis	−0.2615
Ethnikos	−0.5712
Olympiacos	1.0442
PAOK	0.941
Panathinaikos	0.4715

[표 41-1] 2018~2019 시즌 그리스 배구 리그 브래들리-테리 팀 능력치

이 브래들리-테리 능력치는 미래 경기들에 대한 승리 확률을 계산하는 데 사용될 수 있는 계수들이다. 이 능력치를 활용하여 해당 시즌 남은 게임들의 결과 예측치를 얻을 수 있었다. 특히, 모든 경기의 모든 팀에 대하여 세트 승리 확률을 계산하였다. 예를 들어, 만약 AEK가 홈에서 Iraklis와 경기한다면, 홈 팀의 세트 승리 확률은 $\frac{e^{0.3933-0.4983-(-0.2615)}}{1+e^{0.3933-0.4983-(-0.2615)}}=0.54$로 계산된다. 따라서 성공 확률이 0.54인 베르누이

분포를 이용하여 세트 승패를 시뮬레이션해 볼 수 있다. 그리고 이 과정을 여러 번 반복하여 각 팀의 승리 확률을 계산할 수 있었다. 만약 어떠한 경기에서 타이 브레이크가 치러진다면 양 팀의 승리 확률을 50 대 50으로 예측하거나 혹은 홈 팀에 계산의 기준이 되는 승리 확률을 부여할 수 있다. 예를 들어, 우리의 데이터에서는 24번의 타이 브레이크 중 홈 팀이 15번 승리한 반면 브래들리-테리 모델에서는 양 팀의 실력이 동등할 때 홈 팀의 승리 확률이 59%였다.

이러한 분석 방법으로 그리스 배구 리그 16라운드부터 22라운드까지의 승패를 예측해 본 결과 정확도 72.5%를 기록했다. [그림 41-3]에는 이 예측된 승리 확률의 신뢰도 곡선(Reliability curve)을 계산하여 표시하였다. Chapter 39에서 다루었듯이 신뢰도 곡선은 예측 모델을 평가하는 아주 간결한 방법이다. 신뢰도 곡선을 그리려면 홈 팀 승리 확률이 비슷한 경기들끼리 그룹을 만들어야 한다. 확률은 연속형 변수이므로, 그룹을 나누고자 확률을 구간별로 나누었다. 그리고 각 구간 b에 대하여 아래와 같이 (X_b, Y_b)를 계산하였다. 여기서 G_b는 한 구간 안에 있는 경기들을 의미하고 N_b는 이때 한 구간 안에 있는 경기의 개수이다.

$$X_b = \frac{\sum_{i \in G_b} P_i}{N_b}$$

$$Y_b = \frac{\sum_{i \in G_b} \mathbb{I}_i}{N_b}$$

위 식에서 P_i는 게임 i에서의 홈 팀 승리 확률이고, $\mathbb{I}_i$는 경기 결과를 나타내는 지표로서, 홈 팀이 승리하면 1이고 어웨이 팀이 승리하면 0이 된다. 만약 우리의 확률 예측 모델이 정확하게 실제 승패를 예측한다면, 이 X, Y 좌표들은 y=x 선상에 위치해야 한다. 즉, 예측된 승리 확률이 실제 승리 확률과 유사하다는 뜻이 된다. [그림 41-3]에서 볼 수 있듯이, 그리스 배구 리그에 대한 우리의 예측은 꽤 정확했다. 하지만, 예측에 활용된 경기 수가 꽤 작았고, 이것이 우리가 5개의 구간만을 사용한 이유이다. 조금 더 관심 있는 독자들은 웨시머(Weisheimer)와 팔머(Palmer)의 논문[178]에서 기상 예측에서 사용되는 신뢰도 커브에 대한 설명과 이에 대한 한계점에 대해 읽어 보길 바란다.

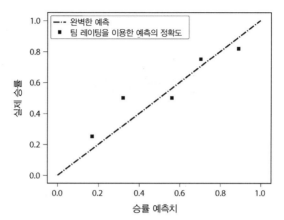

[그림 41-3] 브래들리-테리 모델의 확률 예측은 꽤 높은 정확도를 보인다

물론, 위의 분석은 팀 레이팅을 계산하는 한 가지 방법일 뿐이다. 브래들리-테리 모델을 세트 결과가 아닌 경기 결과에 직접 이용할 수도 있고, 한 세트 내에서의 득점을 예측하고자 베이지안 추론과 잘린 분포를 활용하여 모델을 만들 수도 있다.[179]

178 A. Weisheimer, and T. N. Palmer, "On the reliability of seasonal climate forecasts," Journal of the Royal Society Interface, 11(96), 2014, 20131162.

179 L. Egidi and I. Ntzoufras, "Modelling volleyball data using a Bayesian Approach," in Math Sport International Conference, 2019; V. Palaskas, I. Ntzoufras, and S. Drikos, "Bayesian modelling of volleyball sets," in Math Sport International Conference, 2019.

CHAPTER 42
골프 애널리틱스

2014년 콜롬비아 대학의 마크 브로디는 그의 책 『Every Shot Counts』를 통해 골프 애널리틱스계에 혁신을 일으켰다. PGA의 ShotLink 시스템을 통해, 브로디는 PGA 골퍼들의 1천 5백만 개의 샷에 대한 데이터를 얻을 수 있었고, 이를 이용하여, 매우 직관적인 분석을 해냈다. 브로디는 무엇이 골프 선수의 성공을 만들어 내는지 이해하도록 수많은 중요한 분석을 제공하였다. 브로디의 분석에서 가장 중요한 아이디어는 존 디완(John Dewan)이 메이저 리그 외야수들을 분석했던 방법과 매우 유사하다. 이번 챕터에서는 브로디의 뛰어난 통찰력과 이를 바탕으로 한 분석을 요약해 보고자 한다.

퍼팅

2017년 브리티시 오픈 마지막 라운드에서 조던 스피스는 30개의 퍼트를 기록했고 로리 매킬로이는 34퍼트를 기록했다. 이 수치로 조던이 로리보다 퍼팅에서 더 좋은 퍼포먼스를 보였다고 할 수 있을까? 만약 조던의 퍼트가 매 홀 3피트 퍼트였고 로리는 30피트 퍼트였다고 가정해 보면 오히려 로리의 퍼트가 조던보다 더 좋았다고 말할 수 있을 것이다.

브로디의 분석에서 핵심적인 아이디어는 스트로크 게인드(strokes gained)이다. [표 42-1](Golf.xlsx 참조)은 퍼트 거리에 따른 평균 퍼트 개수를 보여 주고 있다.

I	J
거리	평균 퍼트 수
2	1.01
3	1.04
4	1.13
5	1.23
6	1.34
7	1.42
8	1.5
9	1.56
10	1.61
15	1.78
20	1.87
30	1.98
40	2.06
50	2.14
60	2.21
90	2.4

[표 42-1] 퍼트 거리에 따른 평균 퍼트 수

예를 들어, 20피트 퍼트의 경우 PGA 선수들은 평균 1.87번 만에 홀 아웃했다. 이 표를 이용하는 방법의 예를 한 가지 들어 보자. 에릭 테일러라는 가상의 골프 선수가 그린에 공을 올린 네 홀에서 모두 8피트 퍼트를 하게 되었다고 가정하자. 이 중 세 번은 한 번의 퍼트로 홀 아웃하였고 나머지 한 번은 두 번의 퍼트를 하고 홀 아웃했다면, PGA의 8피트 퍼트 평균 퍼트 개수가 1.5개이므로 한 번의 퍼트로 홀 아웃한 세 번의 홀에서는 3×0.5=1.5퍼트를 얻었고, 두 번의 퍼트로 홀 아웃한 한 번의 홀에서는 1.5-2=-0.5퍼트를 얻었다. 즉, 에릭은 이 네 홀에서 총 한 번의 스트로크를 획득한 것이다.

또 다른 예로, [표 42-2]에 나와 있는 라운드에서 타이거 우즈는 평균적인 PGA 선수들에 비해 한 번의 스트로크를 잃었다.

거리별로 홀 아웃에 필요한 퍼트 개수를 PGA 평균과 비교하면, 각 코스 그린의 난이도도 측정할 수 있다. 브로디는 페블 비치가 가장 어려운 그린을 가지고 있다는 것을 계산해 내었다. 이 코스에서는 PGA의 평균적인 코스에 비해 라운드당 0.77번의 퍼트가 더 필요하였다.

일정 기간 최고의 퍼트 능력을 보여 준 선수를 찾으려면, 라운드당 퍼팅에서 가장 많은 스트로크를 얻은 선수를 찾기만 하면 된다. 2004~2012년 사이에는 루크 도널드(라운드당 퍼팅에서 0.7 스트로크 게인드 기록)가 퍼트에 가장 뛰어난 선수였고 타이거 우즈가 0.6으로 2등을 차지하였다.

I	J	K	L	M
타이거 우즈 라운드				총합
				−1.002
홀	퍼트 거리	퍼팅 수	평균 퍼트	스트로크 게인드
1	4	1	1.13	0.13
2	3	1	1.04	0.04
3	3	2	1.04	−0.96
4	3	1	1.04	0.04
5	1	1	1	0
6	6	1	1.34	0.34
7	22	2	1.892	−0.108
8	45	2	2.1	0.1
9	6	2	1.34	−0.66
10	12	1	1.678	0.678
11	4	2	1.13	−0.87
12	42	2	2.076	0.076
13	15	2	1.78	−0.22
14	6	1	1.34	0.34
15	5	1	1.23	0.23
16	4	1	1.13	0.13

17	13	2	1.712	−0.288
18	13	2	1.712	−0.288

[표 42–2] 타이거 우즈는 퍼팅에서 한 타를 얻었다

퍼트 거리에 따라 위 분석 결과를 조정해 보면, 아마추어들은 보통 라운드당 4번의 퍼트가 더 필요하다는 점을 밝히며 퍼트에 대한 논의를 마치겠다. 물론 그들은 프로들보다 훨씬 쉬운 그린에서 플레이한다.

티박스에서 그린까지의 샷 평가

스트로크 게인드라는 콘셉트는 골프 선수들의 드라이버, 어프로치 샷 그리고 쇼트 게임에도 적용될 수 있다.

브로디는 상황별로 해당 상황에서 홀 아웃하기 위해 몇 개의 샷이 필요한지를 살펴보았다. 만약 어떤 샷을 한 후 필요한 스트로크가 한 타 이상 줄어들면 그 샷은 좋은 샷이라고 할 수 있다. Golf.xlsx 파일과 [표 42–3]의 다양한 상황에서 홀 아웃하는 데 필요한 평균 타수가 나와 있다.

C	D	E	F	G
홀 아웃에 필요한 평균 타수				
거리	티 샷	페어웨이 샷	벙커 샷	리커버리 샷
20		2.4	2.53	
40		2.6	2.82	
60		2.7	3.15	
80		2.75	3.24	
100	2.92	2.8	3.23	3.8
120	2.99	2.85	3.21	3.78
140	2.97	2.91	3.22	3.8
160	2.99	2.98	3.28	3.81

180	3.05	3.08	3.4	3.82
200	3.12	3.19	3.55	3.87
220	3.17	3.32	3.7	3.92
240	3.25	3.45	3.84	3.97
260	3.45	3.58	3.93	4.03
280	3.65	3.69	4	4.1
300	3.71	3.78	4.04	4.2
320	3.79	3.84	4.12	4.31
340	3.86	3.88	4.26	4.44
360	3.92	3.95	4.41	4.56
380	3.96	4.03	4.55	4.66
400	3.99	4.11	4.69	4.75
420	4.02	4.15	4.73	4.79
440	4.08	4.2	4.78	4.84
460	4.17	4.29	4.87	4.93
480	4.28	4.4	4.98	5.04
500	4.41	4.53	5.11	5.37
520	4.54	4.66	5.24	5.3

[표 42-3] 퍼트 거리에 따른 평균 퍼트 수

이 표를 이용하는 방법에 대해 이야기해 보자. 에릭 테일러라는 가상의 골퍼가 홀에서 394야드 거리에서 티 샷을 한다고 해 보자. 이 선수는 최악의 티 샷을 보여 주며 114야드를 전진했다. 이 샷은 3.99-3.65=0.34스트로크를 얻게 해 준다. 하지만 에릭은 이 샷으로 한 번의 스트로크를 기록했다. 따라서 이 티 샷은 1-0.34=0.66스트로크를 잃게 만들었다. 에릭의 세컨드 샷은 홀에서 62야드 떨어진 거리의 벙커에 빠졌다. 세컨드 샷을 치기 전에 평균적인 골퍼는 홀 아웃을 위해 3.65스트로크가 필요하다. 세컨드 샷 이후의 상황에서 평균적인 골퍼들은 3.15스트로크가 필요하다. 따라서, 에릭의 세컨드 샷은 0.5-1=-0.5스트로크를 기록하게 된 것이다. 에릭의 세 번째 샷은 그린 위 홀에서 17피트 떨어진 지점에 떨어졌다. 세 번째 샷을 치기 전 평균적인 골퍼들은 3.15스트로크가 필요했고, 세 번째 샷을 친 후 평균적인 골퍼들은 1.8번의 스트로크가 필요하다. 따라서, 이 세 번째 샷은 (3.15-1.8)-1=0.35스트로크를 얻게 해 준 것이다. 마지막으로, 에릭은 이 17피트 퍼트를 성공시켰다. 이 퍼트는 1.8−1=0.8스트로크를 얻게 해 준 것이다.

2004년에서 2012년까지 타이거 우즈는 라운드당 2.8 스트로크를 얻어 최고의 골프 선수 자리에 등극했다. 브로디는 타이거 우즈의 기록을 좀 더 세분화시켜 분석하였다. 그 결과, 타이거 우즈는 드라이브 샷에서 0.6타를 얻었고, 어프로치 샷에서 1.3타, 쇼트 게임에서 0.3타 그리고 퍼팅에서 0.6타를 얻은 것으로 나타났다. 또한, 브로디는 톱 10 선수들의 경우 평균적으로 그들의 스트로크 게인드의 20%를 드라이버 샷에서 얻고, 45%를 어프로치 샷에서 얻고, 20%를 쇼트 게임에서 얻고, 15%만을 퍼팅에서 얻는다는 것을 밝혀냈다. 브로디가 2014년 「슬론 스포츠 애널리틱스」 콘퍼런스에서 이야기했던 것처럼, "보여 주려고 드라이버 샷을 치고 돈을 따려고 퍼트를 하는 것이 아니다. 실제로 중요한 것은 롱 게임이다."

스트로크 게인드에 따른 분석을 살펴보면 드라이버 능력을 향상하는 것이 얼마나 중요한지 파악할 수 있다. PGA 선수들의 경우 드라이버 거리를 20야드 증가시키면 라운드당 0.75타를 줄일 수 있는 것으로 나타났다. 놀랍게도, 브로디의 분석에 따르면, 아마추어 골퍼들의 경우, 드라이버 거리가 20야드 늘어나면, 라운드당 3타를 줄일 수 있는 것으로 나타났다. 브로디는 또한 90타대 골퍼와 80타대 골퍼의 차이를 세세하게 분석해 보았는데 그 결과 이 두 그룹은 드라이버에서 2.5타, 어프로치 샷에서 4타, 쇼트 게임에서 2.1타, 퍼팅에서 1.4타가 차이 나는 것으로 나타났다.

애널리틱스와 퍼팅 전략

아주 기본적인 물리학 법칙을 통해 주말 골퍼와 PGA 선수들의 퍼팅 능력을 크게 향상할 수 있다. 물리학과 애널리틱스를 퍼팅에 적용하려면 각 그린의 슬로프와 스피드를 알아야 한다. 슬로프 1도는 그린이 60피트당 1.5피트 상승한다는 것을 의미한다. 그린의 스팀프미터(Stimpmeter)는 해당 그린의 스피드를 나타낸다. 스팀프는 평평한 그린에서 4마일 속도로 공을 쳤을 때 공이 얼마나 굴러갈까를 측정한 지표 이다. 스팀프미터는 보통 7에서 13 사이이다. 스팀프미터가 9인 경우 퍼블릭 코스 평 균이라고 할 수 있고, PGA 코스들의 경우 스팀프미터가 평균 11 정도이다.

그린의 스피드와 슬로프별로 20피트 퍼트를 얼마나 강하게 쳐야 하는지가 [표 42-4]에 나와 있다. 예를 들어, 2도 오르막 그린에 스팀프미터가 13인 그린이라면, 20피트 퍼트를 칠 때 슬로프가 없는 그린에서 32피트 퍼트를 치듯이 쳐야 한다는 뜻이다.

슬로프	스팀프 7	스팀프 9	스팀프 11	스팀프 13
오르막 2도	26	28	30	32
오르막 1도	23	24	25	26
평지	20	20	20	20
내리막 1도	17	16	15	14
내리막 2도	14	12	10	8

[표 42-4] 20피트 퍼트를 얼마나 강하게 쳐야 할까?

퍼팅할 때, 골퍼들은 홀을 겨냥해야 할까, 홀보다 짧게 겨냥해야 할까, 홀 너머를 겨냥해야 할까? 만약 퍼팅 거리를 잘못 맞추어서 남게 되는 홀까지의 거리가 대칭적 으로 분포된다고 가정하면, 홀을 겨냥할 경우 ½의 퍼트가 홀보다 짧을 것이다. 따 라서, 골퍼들은 홀 너머를 겨냥해야 한다. 브로디는 PGA 최고의 선수들의 경우 15 피트 퍼트의 14%를 홀보다 짧게 보내는 반면, 90타를 치는 아마추어 선수들의 경우 28%를 홀보다 짧게 보낸다는 사실을 찾아내었다. 따라서, 골린이들은 반드시 홀 너 머를 겨냥해야 한다.

티 샷에서 그린까지의 전략

페어웨이 오른쪽은 OB 구역이고 왼쪽은 러프인 400야드짜리 홀을 생각해 보자. 티 샷을 어느 방향으로 쳐야 할까? 80타대를 치는 골퍼가 정가운데를 겨냥한다면, 평균 4.7타를 기록할 것이다. 만약 페어웨이 왼쪽 끝을 겨냥한다면 4.6타를 기록할 것이다. 이 차이는 라운드당 1.8타의 차이를 가져온다. 100타를 치는 골퍼들은 왼쪽 러프를 겨냥해야 한다. 이렇게 하면 가운데를 겨냥할 때보다 홀당 0.2타를 줄일 수 있다.

이번에는 도저히 투 온(two on)이 불가능한 긴 파 4홀을 생각해 보자. 많은 골퍼가 정확도를 높이려고 3번 아이언으로 티 샷을 하고 5번 아이언을 두 번 칠 것이다. 하지만 이 전략은 잘못되었다. 거리를 손해 보기 때문이다. 골퍼들은 레이업(안전하고 정확도는 높지만 홀에서 멀어진다)을 해야 할까 혹은 그냥 홀 방향으로 공을 치는 것이 나을까? [표 42-5]에 따르면, 정확도를 약간 포기하고 홀에 가깝게 치는 것이 꽤 가치 있는 선택일 수 있다. 이 숫자들에 따르면, 그린에서 30야드 떨어진 러프에 있는 것이 그린에서 80야드 떨어진 페어웨이에 있는 것보다 낫다.

골프 선수 실력	30야드 페어웨이	30야드 러프	80야드 페어웨이	80야드 러프
PGA 프로	2.5	2.7	2.7	3
80타대 아마추어	2.7	2.8	3.1	3.2
90타대 아마추어	2.9	3.1	3.4	3.5

[표 42-5] 러프와 페어웨이에서 그린까지의 거리에 따른 평균 스트로크 개수

CHAPTER 43

애널리틱스와 *e-sports* 선수들
*e-sports*의 시대

만약 누군가가 당신에게 가장 좋아하는 스포츠가 무엇이냐고 묻는다면, 대부분이 미식축구, 축구, 농구, 야구, 아이스하키, 크리켓, 테니스, 배구 등과 같은 종목을 이야기할 것이다. 하지만, 누군가가 e-sports라고 대답할 것을 예상하지는 못할 것이다. e-sports는 비디오 게임의 승부를 가리는 경기의 이름이다. e-sports 선수들은 비디오 게임을 하고, 관중들이 이를 지켜본다(심지어 관중들에게 입장료도 받는다). e-sports는 세계적으로 가장 빠르게 성장하고 있는 스포츠 종목이다. 매출은 세계적으로 매년 9.7%씩 증가하고 있다. 2018년 리그 오브 레전드(LoL) 월드 챔피언십의 경우 약 9천 9백 8십만 명의 시청자 수를 기록했다(슈퍼볼 LII의 시청자 수가 1억 3백 4십만 명이었다). e-sports에는 리그 오브 레전드, 도타, 스타크래프트 같은 실시간 전략 게임부터 스포츠 게임까지 다양한 종류가 있다. 각 e-sports 종목은 다양한 방식의 스킬이 필요하다. 이러한 스킬들은 보통 전통적인 스포츠에서 요구하는 스킬과 아주 다른 모습을 띠고 있다. 또한 e-sports는 교육에서 다양한 소프트 스킬(소통, 팀워크와 같은 대인 관계 관련 스킬)을 키우는 데 도움을 줄 수 있다.[180]

---

180 https://edtechnology.co.uk/Blog/esports-encourges-skills-development-in-education/

e-sports는 게임 로그가 기록되므로 관련 데이터도 많은 편이다. e-sports에서 선수들이 훈련하는 방식은 전통적인 스포츠와 매우 다르다. 스트렝스 코치와 컨디셔닝 코치는 멘탈 코치로 바뀌고 있다. 만약 e-sports 컴바인 같은 이벤트가 존재한다면 40야드 달리기 대신 아이 트래킹과 반응 속도 측정이 포함될 것이다. 이번 챕터에서는, 가장 유명한 몇 가지 e-sports에 대해 소개하고 데이터 분석이 어떻게 적용될 수 있을지에 대해 알아보겠다.

DOTA 2

DOTA 2는 다중 사용자 온라인 전투 아레나(Multiplayer Online Battle Arena, MOBA)라는 장르의 게임 중 하나로, 래디언트와 다이어라는 두 팀이 존재한다. 각 팀은 다섯 명의 선수로 구성되어 있고 강으로 나누어지고 3개의 연결로가 있는 맵의 반대편 부분을 차지한다. 게임의 목표는 상대방의 요새(에인션트(Ancient)라고 불린다)를 파괴하는 것이다. 각 선수는 각각의 독특한 능력을 지닌 113명의 영웅 중 한 명의 영웅을 선택한다(이것이 drafting 단계이다).

https://www.dotabuff.com/와 같은 다양한 웹사이트에서 각 영웅에 대한 기본적인 통계를 제공한다. 전통적인 스포츠에서의 박스 스코어 같은 것이다.

- **승률**: 특정 영웅을 가진 팀이 승리한 확률
- **선택 확률**: 특정 영웅이 선택된 비율(래디언트, 다이어 각각 따로 집계)
- **KDA 비율**: 어떠한 영웅이 죽기 전까지 기록한 킬과 어시스트. 이는 한 게임에서의 결과로 계산될 수도 있고, 이 영웅이 플레이한 모든 게임을 대상으로 계산될 수도 있다.

이러한 통계들은 그 자체로 큰 의미를 가지진 못한다. 영웅들은 그들만의 고유한 능력을 갖고 있지만 그들의 효용은 선수들이 이 영웅들을 어떻게 활용하는가에 달려 있기 때문이다.

만약 여러분이 DOTA 2에 정통한 게 아니라면, 이 게임에서 홈 어드밴티지를 기대하지는 않을 것이다. 하지만, 이 게임에서는 홈 어드밴티지가 관찰된다. 다양한 경기 정보를 담고 있는(예: 선수 수준, 영웅 등) 약 40,000번의 경기 데이터[181]를 분석해 본 결과 래디언트 팀이 승리한 확률이 52.5%라는 것을 알 수 있었다. 이 숫자는 선수 수준이나 영웅의 종류를 고려하지 않은 것이다. 따라서, 이러한 래디언트 팀의 높은 승리 확률은 초보 플레이어들에게는 존재하지만 프로 수준으로 가면 사라질 가능성도 있다(체스에서 흰 말을 플레이하는 경우와 비슷하다). 래디언트 팀이 약간 유리한 가장 큰 이유는 지도상에서 래디언트 팀이 왼쪽 아래 부분을 차지하는 어드밴티지가 있기 때문이다. 하지만 이 수치는 미국의 4대 스포츠에서의 홈 어드밴티지보다는 낮은 수준일 것이다. 여기에는 여러 가지 이유가 있는데, 예를 들어 다이어 팀은 래디언트 팀이 영웅을 선택한 다음에 선택하는 어드밴티지가 있다. 따라서 상대방이 선택한 영웅들을 보고 이에 맞춘 전략을 세우면서 영웅을 선택할 수 있다. 또한, 게임이 출시된 이후 다양한 패치가 개발되면서 양 팀 간의 균형을 맞춰 왔기 때문이다.

또한 우리는 통계 분석을 통해 각각의 영웅에 대해 자세히 알아볼 수 있다. 예를 들어, 특정 영웅의 승리 확률이 팀의 성적과 어떠한 관련이 있는지 그리고 해당 팀의 선수들의 수준과는 어떠한 연관성이 있는지 알아볼 수 있다. 이 글을 쓰고 있는 현재 dotabuff.com 기준 가장 높은 선택 확률을 보여 주고 있는 퍼지에 대해서 살펴보자. 우리가 가진 데이터상에서 퍼지의 승리 확률은 49.7%이다. 하지만, 만약 우리가 퍼지가 어떤 팀에 속했는지에 따라 데이터를 나누어 보면, 래디언트 팀에 퍼지

---

181 https://www.kaggle.com/c/mlcourse-dota2-win-prediction/data

가 있을 때의 승리 확률은 53.6%이고 다이어 팀에 있을 때는 46.3%였다. 비율 검정을 시행해 본 결과 이 승률 차이는 단순히 무작위로 발생한 사건이 아니었다. 게다가, 퍼지를 플레이하는 선수들의 수준도 두 그룹 간에 유의미한 차이가 없었다(차이 =0.01, p 값=0.91). 우리는 로지스틱 회귀 분석을 통해 퍼지가 있는 팀의 승리 확률을 분석해 보았다. 이 분석에는 팀(래디언트인지 다이어인지)과 퍼지를 플레이하는 선수의 수준이 조정 변수로 포함되었다. [표 43-1]은 이 분석의 결과를 보여 준다. 여기서 볼 수 있듯이, 선수의 수준을 고려하더라도, 퍼지의 승리 확률은 래디언트 팀에서 더 높게 나타났다. 우리의 데이터는 레벨 1에서 25 플레이어들(즉, 초보 플레이어)의 기록을 포함하고 있다. 아마도 그 이상의 레벨에서는 영웅이 속한 팀에 따른 승리 확률 차이가 더 적게 나타날 것이다.

변수	퍼지가 속해있는 팀 승리 확률		
	계수	표준 오차	p 값
상수	−0.17	0.03	⟨0.001
선수의 실력 수준	0.004	0.003	0.24
팀(래디언트)	0.32	0.06	⟨0.001
선수 실력 수준*팀(래디언트)	−0.003	0.005	0.48
표본 수	18,395		

[표 43-1] **퍼지를 선택한 팀의 승률**

이러한 자세한 데이터를 바탕으로, 각각의 다른 영웅이 한 팀에서 어떻게 함께 플레이하는지에 대해 살펴볼 수 있다. 이 분석은 선수의 수준을 구분 지을 수 있고, 드래프트 전략에 도움을 줄 수 있다. 이 부분은 +/− 지표를 적용하기에 아주 적합해 보인다. 이 지표를 적용하면서 예를 들어 농구와 비교해 다른 점은 각각의 영웅이 두 팀 중 어느 팀에나 속할 수 있다는 것이다. 영웅 다섯 명 조합의 가능한 개수는 경기 수보다도 훨씬 많아 우리의 데이터는 매우 적은 양이 될 수밖에 없다. 실제로는 많은 영웅이 매우 낮은 선택 확률을 가지고 있어 대체 영웅으로 생각된다. 래디언트 팀이 약간의 전략적 이점을 가진다는 것을 고려하여, 래디언트 영웅이 홈 팀이고 다이어가 어웨이 팀이라고 가정해 보자. 모든 게임에 대하여 래디언트가 승리하면 +1이고 다이어가 승리하면 0이 된다. 이때(조정) +/−는 각 영웅의 +/− 승리 확률 기여도라고 할 수 있다. 우리는 교차 검증을 포함한 능형 회귀 분석을 통해 가장 적합한 정규화 항을 찾아내었다. [표 43-2]는 우리의 분석에 따른 최고/최악의 영웅들 5명씩을 나타내고 있다. 이 회귀 분석에서의 상수항은 0.523이었다. 즉, 이는 위에서 이야기한 대로 래디언트가 이점을 가지고 있다는 뜻이다.

영웅	+/−
리키	0.072
아바돈	0.06
악령	0.058
제우스	0.057
해골 왕	0.044
암살 기사	−0.079
타이니	−0.084
퍽	−0.087
연금술사	−0.094
위습 이오	−0.097

[표 43-2] 조정 +/− 기준 최고/최악의 영웅들 각 5명

우리는 각 팀의 영웅들을 기반으로 승리 확률을 예측하고자 하였다. 만약 다이어가 다섯 명의 평균적인 선수로 구성되어 있을 때 래디언트 팀에 네 명의 평균적인 선수들과 함께 리키(Riki)가 포함되어 있다면 래디언트의 승리 확률은 0.523+0.072=0.595가 될 것이다.[182] 우리의 모델을 표본 외 데이터를 가지고 테스트

---

182 정확하게 이야기하자면, 이 수치는 확률이 아니다. 이는 특정 경기에 대한 총 레이팅이며, 이를 이용해 Platt scaling 같은 확률 조정 과정을 거쳐야 한다. Platt scaling은 분류 모델(classification)의 결과를 확률 분포로 전환하고자 할 때 사용된다. 이에 대해서는 Chapter 47에서 더 자세하게 이야기할 것이다. 지금은 이 총 레이팅이 승리 확률과 동일한 값이라고 가정하자. 앞으로 이야기하겠지만, 이 총 레이팅이 승리 확률과 매우 유사한 값을 가진다. 만약 이 총

해 보았을 때 58.5%의 정확도를 기록하였다. 이는 58.5%의 경우 승자를 정확히 예측했다는 뜻이다. [그림 43-1]은 우리의 확률 예측에 대한 검량선을 나타내고 있다. 여기서 볼 수 있듯이 확률 예측치와 실제 결과는 매우 유사하게 나타난다. 한 가지 재미있는 점은 예측된 확률들이 다른 스포츠의 결과 예상치에 비해 상당히 촘촘하게 나타난다는 점이다. 이는 결과의 불확실성이 아주 높다는 뜻이다. 또한, 조정 +/−는 예측적 지표가 아닌 기술적 지표임을 다시 한번 강조하고 싶다. 그리고, 이 예측에서 해당 영웅을 플레이하는 선수의 실력은 말할 것도 없이 중요하다. 다른 스포츠에 비해 MOBA(Multiplayer Online Battle Arena) 게임에서는 코치의 실력도 중요하다. 또한 예측 모델은 실제 선수들과 그들의 실력을 고려해야 한다. 따라서, 위의 예측 모델은 훨씬 많은 발전의 여지가 있다.

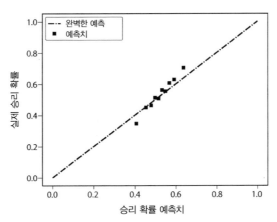

[그림 43-1] DOTA 2 영웅들에 대한 조정 +/−로부터 예상된 승리 확률은 실제 확률과 매우 유사하다

여기서 살펴본 DOTA 2 통계 분석 외에도 프로 게이머들에 대한 다양한 분석이 가능할 것이다. 예를 들어, 선수들의 전략적 선택에 대한 부분도 분석이 가능할 것이다. 농구나 미식축구팀들이 팀들만의 전략집을 가지고 있듯이, DOTA 2 선수들

레이팅이 너무 높거나 너무 낮을 때는 문제가 생기는데, 왜냐하면 이 수치가 1보다 커지거나 0보다 작아질 수 있기 때문이다. 하지만 우리의 분석에서 이러한 경우는 나타나지 않았다.

도 자신들이 선호하는 특정 와드 스폿[183]을 자주 사용한다. 이러한 위치에 대한 정보는 이 와드들을 손쉽게 파괴할 수 있도록 만들 수 있을 것이다.

NBA 2K 리그

2018년, NBA는 e-sports 리그를 운영하는 첫 번째 미국 스포츠 리그가 되었다. NBA 2K 리그는 NBA와 Take-Two Interactive의 공동 창업 벤처이다. 이 리그의 진행 방식은 NBA와 매우 유사하다. NBA 2K 콤바인을 통해 시즌이 시작하기 전에 드래프트를 진행한다. 현재 6명의 선수로 구성된 21개 팀이 존재한다. 각 선수는 특정한 특성을 가진 캐릭터를 가지고 게임에 참여한다. 예를 들어, 포인트 가드는 패스에 뛰어난 스타일과 3점 슛에 뛰어난 스타일 중에 고를 수 있다. 하지만 이러한 특성들을 분석할 수 있는 데이터가 부족한 현실이다. 예를 들어, 패스보다는 3점 슛에 뛰어난 스타일 3명으로 구성된 가드진을 갖는 것이 효과적일 수 있을까?

이 리그의 총 관리인인 브랜던 도노휴(Brendan Donohue) 콤바인에서의 데이터가 어떻게 사용되는지 몇 가지 상세한 사항들에 대해서 공개하였다.[184] 득점, 리바운드, 어시스트뿐 아니라 드리블 개수, 점프 슛 타이밍 등의 데이터들이 수집되었고, 외부 데이터 분석 팀에 의해 분석되어 드래프트 대상자들을 선택하는 데 사용되었다. 2019년 콤바인에서는, 데이터 분석을 통해 남자 선수들이 여자 선수들에게는 잘 패스하지 않는다는 것도 찾아내었다.[185] 농구 게임에서 공을 잡지 못한다면 보여 줄 것이 많지 않다는 점에서(특히 공격에서) 이는 매우 중요한 문제이다. 이 때문

---

183 와드는 적들을 볼 수 있도록 만드는 아이템이다.

184 https://2kleague.nba.com/news/post-combine-thank-you-and-congratulations-from-brendan-donohue/

185 https://www.espn.com/esports/story//id/26146486/warriors-draft-first-woman-nba-2k-league

에 통계 분석을 진행할 때 어떤 선수가 공을 잡고 있을 때 어떻게 플레이하는지에 더욱 집중하게 되었다. 이 방식을 통해 워리어스 게이밍(골든스테이트 워리어스 산하 NBA 2K 팀)은 NBA 2K 리그 최초로 여성 플레이어인 치퀴타 에반스(Chiquita Evans)를 드래프트하였다.

신체 접촉이 많은 스포츠를 장기간 플레이하였을 때의 부상 문제가 많은 관심을 받고 있는 시점에서, e-sports는 "안전한" 대안이 될 수 있을지도 모른다. e-sports 는 이미 일어나고 있는 현상이고 매우 빠르게 성장하고 있다. 이전에 볼 수 없을 정도의 속도로 데이터가 쌓이고 있다. 따라서 통계 분석의 여지도 점점 넓어지고 있다. 이제 앞으로 e-sports의 미래가 어떻게 될지 주의를 집중해 보는 일만 남았다.

PART 5
스포츠 베팅

CHAPTER 44
스포츠 베팅 101

　이번 챕터에서는, Q&A 형식을 통해 미식축구, 농구, 야구 베팅에서의 기본 개념들을 정리해 보고자 한다. 2017년 슈퍼볼에서 패트리어츠는 팰컨스를 3점 차로 이길 것이라고 예측되었고, 두 팀의 득점 총합은 59점으로 예측되었다. 어떠한 방식으로 이 게임에 베팅하는 것일까?

　이론적으로, 패트리어츠가 3점 우세라는 말은 스포츠 베팅 회사들이 패트리어츠가 3점 차 이상으로 승리할 확률과 3점 차 미만으로 승리 혹은 패배할 확률이 똑같다고 생각한다는 뜻이다(다음 챕터에서 사실은 이렇지 않을 수도 있다는 것에 대해 이야기할 것이다). 이러한 승부 예측을 패트리어츠 −3 혹은 팰컨스 +3이라고 쓴다. 이렇게 쓰는 이유는 (패트리어츠 득점−3)〉0이면 패트리어츠에 건 사람들이 이기고 (팰컨스 득점+3)〉0이면 팰컨스에 건 사람들이 이기기 때문이다.

　대부분의 스포츠 베팅 회사는 11−10 배당률 방식을 사용한다. 즉, 만약 우리가 패트리어츠에 돈을 걸었을 때, 패트리어츠가 3점 차 이상으로 승리하면 10달러를 받고, 만약 패트리어츠가 3점 차 미만으로 승리 혹은 패배할 경우 11달러를 잃는다. 만약 패트리어츠가 정확히 3점 차이로 승리하면, 이 베팅은 무효가 되며 베팅 금액은 그대로 환불된다(스프레드 베팅). 총득점에 돈을 걸 때(토털 베팅)도 비슷한 방식이다. 만약 "오버(over)"에 베팅했을 때 두 팀 득점의 합이 59점을 넘어가면 10달러를 받고, 59점 미만이면 11달러를 잃는다. 정확히 59점을 득점하면, 베팅은 무효가 되며 베팅 금액은 그대로 환불된다. 마찬가지로, "언더(under)"에 돈을 걸었을 때는 총득점이 59점 미만이면 승리하고 59점 이상이면 패배한다. 많은 사람이 이 총득점이 (여기서는 59점)이 해당 경기에서 나올 수 있는 총득점의 가장 정확한 예측치라고 생각한다. 농구에서의 스프레드 베팅과 토털 베팅도 미식축구와 동일한 방식으로 이루어진다.

어떻게 하면 스포츠 베팅에서 돈을 벌 수 있을까?

스프레드 베팅에서 승리할 확률을 p라고 하자. 만약 $10p-11(1-p)=0$이라면, 우리의 기대 수익은 0이 될 것이다. 따라서 $p=11/21=0.524$가 되면, 우리의 기대 수익이 0이 된다. 즉, 스프레드 베팅이나 토털 베팅에서 52.4% 이상의 승률을 기록하면 돈을 벌 수 있다. 만약 우리가 승률 57%를 기록할 수 있다고 가정해 보자. 1달러당 기대 수익은 얼마일까? $(0.57(10)+0.43(-11))/11=8.8\%$이다. 즉, 승률 57%를 기록하면, 상당히 좋은 수익을 얻을 수 있다는 뜻이다. 하지만 스프레드 베팅에서 장기적으로 57%의 승률을 기록하는 것은 거의 불가능한 일이다. 만약 우리가 승률 0.524 이상을 기록할 수 있다고 믿는다면, 가진 자산의 몇 퍼센트를 한 번의 게임에 베팅해야 할까? Chapter 49에서 이 질문에 답하고자 켈리 공식(Kelley growth criterion)을 사용할 것이다.

스포츠 베팅 회사들은 어떻게 돈을 벌까?

스티븐 레빗(Steven Levitt)의 NFL 베팅에 대한 글(2004)이 있기 전까지는 (Chapter 45에서 이에 대해 더 자세히 이야기할 것이다), 대부분의 사람이 스포츠 베팅 회사들이 정하는 스프레드는 사람들의 베팅 금액을 절반으로 나누어지도록 하는 숫자라고 생각하였다. 만약 이것이 사실이라면, 스포츠 베팅 회사들은 돈을 잃을 수가 없다. 예를 들어, 어떤 사람이 패트리어츠 −3(패트리어츠가 3점 차로 승리)에 10달러를 베팅했다고 해 보자. 그리고 또 다른 사람은 팰컨스 +3에 10달러를 베팅했다. 그렇다면, 이 베팅이 무승부로 무효가 되지 않는 한, 스포츠 베팅 회사들은 승리한 사람에게 10달러를 주고 패배한 사람에게서 11달러를 받아 1달러의 수익을 챙기게 된다. 스포츠 베팅 회사들의 1달러당 평균 수익은 virorish 혹은 "the vig" [186]이라고 불린다. 위의 예에서 10달러+11달러=21달러가 베팅에 사용되었고, 이 중 스포츠 베팅 회사는 1달러의 수익을 얻었다. 따라서, 1달러당 평균 수익(the vig)은 1/21=4.8%이다. 스포츠 베팅 회사는 리스크가 전혀 없는 4.8%의 수익을 얻은 것이다. 다음 챕터에서는 어떻게 똑똑한 스포츠 베팅 회사들이 도박꾼들의 편향을 이용하여 4.8%가 넘는 수익을 챙기는지에 대해서 이야기해 볼 것이다(물론 이때는 스포츠 베팅 회사들도 어느 정도의 리스크를 감수해야 한다).

머니 라인은 어떤 방식으로 작동할까?

머니 라인은 베팅하는 사람들이 점수 차에 신경 쓰지 않고 단순히 누가 게임에서 승리할지에 대해 베팅할 수 있도록 해 준다. 예를 들어, 2017 NBA 결승전의 머

---

186 역주. 번역할 만한 적당한 단어가 없어 원문 그대로 적었다.

니 라인은 워리어스 −240/캐벌리어스 +200이었다. 머니 라인에서는 음수를 가진 팀이 승리할 것으로 예측되는 팀이고 양수를 가진 팀이 상대적 약팀을 의미한다. 머니 라인을 해석하는 방법은, 위의 예에서 워리어스에 베팅하여 100달러를 따고 싶으면 240달러를 베팅해야 한다는 뜻이다. 만약 240달러를 워리어스에 베팅하고 워리어스가 승리하면, 100달러를 받는다. 만약 워리어스가 패배하면 240달러를 잃는다. 만약 캐벌리어스에 100달러를 베팅했을 때 캐벌리어스가 승리하면 200달러를 받는다. 만약 캐벌리어스가 패배하면 100달러를 잃는다. 워리어스가 승리할 확률을 p라고 하자. 리스크 중립적인 사람이라면(즉, 철저히 기대 수익에만 기반하여 의사 결정을 하는 사람이라면), $100p-240(1-p)>0$이라고 믿을 때 워리어스에 베팅할 것이고, $200(1-p)-100p>0$이라고 믿을 때 캐벌리어스에 베팅할 것이다. 각각의 부등식을 만족시키는 p를 계산해 보면, 워리어스의 승리 확률이 240/340=71% 이상이라고 믿는 사람들은 워리어스에 베팅할 것이고, 워리어스의 승리 확률이 $p<200/300=67$%라고 믿는 사람들은 캐벌리어스에 베팅할 것이다. 만약 워리어스의 실제 승리 확률이 67%와 71%의 평균인 69%라고 가정하고, 베팅하는 사람들의 워리어스의 승리 확률에 대한 예상치가 69%를 기준으로 대칭적으로 분포되어 있다고 가정하면, 워리어스에 베팅하는 사람과 캐벌리어스에 베팅하는 사람들의 숫자가 동일할 것으로 기대할 수 있다.

워리어스에 베팅한 사람 한 명과 캐벌리어스에 베팅한 사람 한 명이 있다고 가정해 보자. 만약 워리어스가 승리하면, 스포츠 베팅 회사는 워리어스에 베팅한 사람에게 100달러를 주고 캐벌리어스에 베팅한 사람에게서 100달러를 받아 수익이 0달러가 될 것이다. 반대로 캐벌리어스가 승리하면, 워리어스에 베팅한 사람에게 240달러를 받고 캐벌리어스에 베팅한 사람에게 200달러를 주게 된다. 만약 워리어스의 실제 승리 확률이 69%라면, 스포츠 베팅 회사의 1달러당 기대 수익은 0.69(0)+0.31(40))/(240+100)=3.6%가 된다.

Chapter 47에서는 스프레드를 활용해 NBA 플레이오프나 NCAA 토너먼트에서 팀들의 승리 확률을 계산하는 법에 대해 이야기할 것이다.

또 한 가지 예로 들자면, 2017년 슈퍼볼에서의 머니 라인은 패트리어츠 −120, 팰컨스 +100이었다. 따라서, 만약 패트리어츠에 베팅했는데 패트리어츠가 패배하면 120달러를 잃는다는 뜻이다. 만약 패트리어츠가 승리하면 100달러를 받는다. 만약 팰컨스에 베팅하고 팰컨스가 승리하면, 100달러를 받는다. 만약 팰컨스가 패배하면, 100달러를 잃는다.

야구에서 스포츠 베팅은 어떻게 이루어질까?

야구에서는 선발 투수가 누구인지가 게임의 승패를 크게 좌우한다. 따라서 야구 베팅에서의 머니 라인은 예정된 선발 투수가 그대로 등판할 때만 신뢰도가 있다. 예를 들어, 2017년 7월 28일 월드 시리즈 챔피언인 컵스가 밀워키 브루어스와 아주 중요한 경기를 가졌다. 경기 시작 전 배당률은 [표 44-1]에 나와 있는 것과 같았다.

경기 시간	팀명(어웨이 팀/홈 팀)	선발 투수	머니 라인	토털 라인	−1.5점 머니 라인
July 28, 2017	컵스	호세 퀸타나	−149	Over 9 −125	+100
8:10 PM	브루어스	브렌트 수터	+133	Under 9 +105	−120

[표 44-1] 컵스 대 브루어스 2017년 7월 28일 경기 배당률

이에 따르면, 컵스는 브루어스와의 어웨이 경기에서 퀸타나(Quintana)를 선발 출전시킬 예정이었고, 브루어스는 수터(Suter)를 선발 등판시킬 예정이었다. 앞서 말한 대로 머니 라인에서 음숫값을 가지고 있는 팀이 승리할 것으로 예측되는 팀이고 양숫값을 가지고 있는 팀이 상대적 약팀이다. 만약 컵스에 149달러를 베팅하고 컵스가 승리하면 우리는 100달러를 받는다. 만약 컵스가 패배하면 149달러를 잃는다. 만약

브루어스에 100달러를 베팅하고 그들이 승리하면, 133달러를 받는다. 만약 브루어스가 패배하면, 100달러를 잃는다. 관심이 있는 독자들은 위에 나왔던 워리어스 캐벌리어스 예에서의 계산과 마찬가지로 사람들이 어느 때 어느 팀에 베팅할지 계산해 볼 수 있을 것이다. 컵스의 승리 확률이 149/249=60%를 넘는다고 생각하는 사람들은 컵스에 베팅할 것이고 컵스의 승리 확률이 133/233=57% 이하라고 생각하는 사람들은 브루어스에 베팅할 것이다.

토털 머니 라인 부분은 미식축구나 농구에서와 유사하다. 양 팀의 총득점이 9점을 넘을지 넘지 않을지 베팅하는 것이다. 만약 오버에 125달러를 베팅하고 9점 이상의 득점이 나오면 100달러를 받는다. 만약 9점보다 적은 점수가 나면, 125달러를 잃는다. 언더에 베팅하고 9점 이상의 점수가 나면 100달러를 잃고, 만약 9점 이하의 점수가 나면 105달러를 받는다. 정확히 9점이 나면 베팅은 무효가 된다.

만약 컵스 -1.5점에 100달러를 베팅하고 컵스가 2점 차 이상으로 승리하면 100달러를 받는다. 만약 컵스가 패배하거나 1점 차로 승리하면, 100달러를 잃는다. 마찬가지로 만약 브루어스 +1.5점에 120달러를 베팅하고 브루어스가 승리하거나 1점 차로 패배하면 100달러를 받는다. 브루어스가 2점 차 이상으로 패배하면 120달러를 잃는다.

양방향 거래(양방)[187]이란 무엇일까?

간혹 가다가 서로 다른 스포츠 베팅 회사들이 같은 경기에 대해 약간 다른 배당률을 설정하는 경우가 있다. 아주 드문 경우지만, 양방향 거래라고 하는 베팅 조합

---

[187] 역주. 한국에서는 합법 스포츠 베팅 사이트가 하나이므로 실현 불가능한 전략이다. 물론 불법 사이트에서는 가능하지만 양방을 하느냐 마느냐를 떠나서 불법 사이트에서 도박하는 것 자체가 불법이다.

을 만들 수 있는 경우가 있다. 이 경우 리스크가 전혀 없는 수익을 만들 수 있다. 예를 들어, 두 개의 스포츠 베팅 사이트가 2020 슈퍼볼 경기에 대해서 아래와 같은 배당률을 설정했다고 해 보자.

사이트 1: 치프스 −122 포티나이너스 +112
사이트 2: 치프스 −135 포티나이너스 +125

사이트 1이 치프스에 베팅하는 사람들에게 조금 더 유리한 배당률을 제시하고 사이트 2는 포티나이너스에 베팅하는 사람들에게 조금 더 유리한 배당률을 제시하므로, 사이트 1에서는 치프스에 베팅하고 사이트 2에서는 포티나이너스에 베팅하는 것이다. 사이트 1에서 치프스에 x달러를 베팅하고 사이트 2에서 포티나이너스에 100달러를 베팅했다고 가정해 보자. 만약 치프스가 승리하면, 수익은 $100 \times (x/122) - 100$이 될 것이다. 만약 x가 122달러 이상이면 이 예상 수익은 언제나 0보다 커지게 된다. 만약 포티나이너스가 승리하면, 수익은 $125 - x$이고, 이는 x가 125보다 작을 때 항상 0보다 크게 된다. 따라서, 포티나이너스에 100달러를 베팅하고 치프스에 122에서 125 사이의 금액을 베팅하면, 리스크가 전혀 없는 확정 수익을 얻게 된다. 예를 들어, 치프스에 123.5달러를 베팅하고 포티나이너스에 100달러를 베팅하면 확정 수익은 1.23달러가 된다. 이 양방향 거래 전략의 문제점은 모든 베팅을 입력하기도 전에 이러한 배당률 차이가 바뀌어 버릴 수도 있다는 점이다. 예를 들어, 사이트 2에서 포티나이너스에 100달러를 베팅한 후 치프스에 베팅하려고 사이트 1로 옮겨가는 순간 치프스의 배당률이 −130이 되면, 양방향 거래 기회는 사라지게 된다.

실제로, 양방향 거래는 축구 베팅에서 놀라울 정도로 흔하게 사용된다. 축구에서는 홈 팀 승리, 어웨이 팀 승리, 혹은 무승부에 베팅할 수 있다. 에이버리 슈왈츠(Avery Schwartz)는 그의 예일 대학 학부 졸업 논문[188]에서, 상당히 많은 양의 축구 베팅 양방향 거래의 예들을 보여 주었다. 그의 아이디어를 잠깐 설명하자면, [표 44-2]에 나와 있는 축구 경기의 배당률을 살펴보자. 예를 들어, 만약 사이트 1에서 홈 팀 승리에 10달러를 베팅하고 홈 팀이 승리하면, 우리는 2×10달러를 받고 패배하면 10달러를 잃게 된다. soccerarb.xlsx([표 44-2])에는 해 찾기 기능을 활용하여 100달러를 베팅하려는 사람이 확정 수익을 극대화할 수 있도록 해 주는 베팅 금액 계산 방법이 나와 있다.

D	E	F	G	H	I
		배당률			
			홈 팀 승	무승부	어웨이 팀 승
		사이트 1	2	4	3.5
		사이트 2	1.5	3	5
		베팅 금액			
			홈 팀 승	무승부	어웨이 팀 승
		사이트 1	$52.63	$26.32	$0.00
		사이트 2	$0.00	$0.00	$21.05
순이익 공식	경기 결과	수익			
=G13*G8-100	홈 팀 승	$5.26	>=	0	
=H8*H13-100	무승부	$5.26	>=	0	
=I14*I9-100	어웨이 팀 승	$5.26	>=	0	
=SUM(G13,H13,I14)	총 베팅 금액	$100.00			
=MIN(F17:F19)	확정 수익	$5.26			

[표 44-2] 축구에서 양방향 거래 기회 찾기

188 https://economics.yale.edu/sites/default/files/files/Undergraduate/Nominated%20Senior%20Essays/2015-16/Schwartz_Avery_SeniorEssay%202016.pdf

베팅하는 사람은 승무패 각각 가장 높은 배당률을 제시하는 웹사이트에서 베팅한다. 따라서, 셀 G13, H13, I13에 가상의 베팅 금액을 입력한다. 그러면 F의 수익 행에 각 경기 결과의 수익이 계산되어 나온다. F20 셀은 =MIN(F17:F19) 함수를 이용해 총 베팅 금액을 계산해 주고 셀 F21은 확정 수익을 계산해 준다. MIN 함수는 Solver 모델을 비선형으로 만든다. 이 MIN 함수는 해 찾기 기능에서 GRG 비선형 엔진이 잘 돌아가지 않게 만든다. 따라서, 우리는 GRG multistart 엔진을 활용할 것이다. GRG multistart 엔진은 입력되는 초깃값들의 다양한 조합을 시도하여 최적의 값을 찾아낸다. 그다음, 이 최적값을 바탕으로 값을 변화시켜야 하는 셀의 값을 바꾸어 준다. GRG multistart 엔진에서는 값을 변화시켜야 하는 셀의 최젓값과 최곳값을 설정해 주어야 한다. 이 예에서는 0달러에서 100달러 사이이다. 우리가 사용한 해 찾기 세팅은 다음과 같다.

목표 설정: F21 최댓값

변수 셀 변경: G13, H13, I14의 베팅 금액

제한 조건에 종속:

- 변수 셀 변경 값은 0에서 100 사이
- 각각의 경기 결과에서의 기대 이익은 >=0이어야 한다. 이 제한 조건을 걸면 어떤 경기 결과가 나오더라도 돈을 잃지 않게 된다.
- 총 베팅 금액(F20)=100달러

이 해 찾기 모델을 돌려 본 결과, 다음과 같이 베팅할 경우 5.26달러의 확정 수익을 얻게 됨을 확인했다.

- 사이트 1에서 홈 팀 승리에 52.63달러 베팅
- 사이트 1에서 무승부에 26.32달러 베팅
- 사이트 2에서 어웨이 팀 승리에 21.05달러 베팅

만약 목푯값이 0일 경우, 양방향 거래 기회가 없어지게 된다.

팔레이(Parlay)[189]는 무엇일까?

팔레이는 두 개 이상의 경기 결과에 베팅하여 모두 맞혔을 때 승리하는 베팅 방식이다. 만약, 어느 한 경기라도 결과가 무효가 되면 전체 베팅이 무효가 된다. 두 경기 팔레이의 예는 인디애나폴리스 콜츠와 뉴잉글랜드 패트리어츠 경기에서 콜츠 −4에 베팅하고 시카고 베어스와 뉴올리언스 세인츠의 경기에서 베어스 −6에 베팅하는 것이다. 토털 라인 베팅과 스프레드 베팅을 묶을 수도 있고, 심지어 다른 종목 경기들을 묶을 수도 있다. 예를 들어, 두 경기에 베팅하는 팔레이에서, 두 경기 각각 50%의 베팅 승리 확률을 가지고 있다고 가정하면, 이 팔레이의 승리 확률(베팅 무효의 경우는 무시)은 $\left(\frac{1}{2}\right)^2 = 0.25$가 된다. 이때는 3−1 배당률[190]이 공정할 것이다. 이렇게 해야 100달러를 베팅했을 때의 기대 수익이 0.25(300)−0.75(100)=0달러가 되기 때문이다. 실제 배당률인 2.6−1로 계산해 보면, 100달러를 베팅했을 때 기대 수익은 0.25(260)−0.75(100)=−10달러가 된다. 스포츠 베팅 회사의 수익률이 10%인 것이다. 팔레이에 추가하는 베팅의 종류 수가 많아질수록 스포츠 베팅 회사의 수익률이 커진다. 팔레이에서의 실제 배당률과 스포츠 베팅 회사의 수익률이 [표 44−3]에 계산되어 있다.

베팅 개수	이론적 배당률	실제 배당률	스포츠 베팅 회사 수익률
2	3−1	2.6−1	10%
3	7−1	6−1	12.50%
4	15−1	12−1	18.75%
5	31−1	25−1	18.75%
6	63−1	35−1	43.75%

[표 44−3] 팔레이 베팅

189 https://economics.yale.edu/sites/default/files/files/Undergraduate/Nominated%20Senior%20Essays/2015−16/Schwartz_Avery_SeniorEssay%202016.pdf
190 승리하면 베팅 금액의 3배를 주고 패배하면 베팅 금액을 전부 가져가는 방식

스포츠 베팅 회사 수익률은 각각의 베팅이 독립적이라는 가정을 바탕으로 계산되었다. 즉, 한 베팅의 결과가 다른 베팅의 결과에 영향을 주지 않는다. 예를 들면, 두 개의 다른 경기에 대한 스프레드 베팅은 서로 독립일 것이다. 만약 캔자스시티 치프스-덴버 브롱코스 경기에서 치프스 −7에 베팅하고, 같은 경기의 토털 라인 44점 베팅을 팔레이로 묶는다면 이 두 가지 결과는 서로 독립이 아닐 것이다. 만약 치프스가 7점 차 이상으로 승리한다면, 패트릭 마홈스의 컨디션이 매우 좋은 날이었을 것이고, 총득점의 합도 44점을 넘어갈 확률이 높을 것이다. 다른 방식으로 이를 설명해 보자면, 만약 치프스가 7점 차 이상으로 승리하지 못한다면, 그날은 패트릭 마홈스의 컨디션이 좋지 않은 날일 것이다. 따라서, 이 베팅에서 승리할 확률이 낮아질 것이다. 이것이 서로 상관성이 있는 팔레이의 예다. 만약 치프스가 7점 차 이상으로 승리할 때 총득점이 44점을 넘을 확률이 70%이고, 치프스가 7점 차 이상으로 승리하지 못할 때 총득점이 44점을 넘을 확률이 30%라고 가정해 보자. 그렇다면, 이 팔레이의 승리 확률은 0.5(0.7)=0.35이다. 이는 서로 독립인 경기들을 묶은 팔레이와 비교하여 훨씬 높은 승리 확률이다. 따라서, 대부분의 스포츠 베팅 회사가 서로 상관성 있는 팔레이 베팅을 받지 않는다.

티저 베팅(Teasers)은 무엇일까?

티저 베팅은 팔레이와 유사하지만, 베팅하는 사람이 스프레드를 조정할 수 있다. 아래와 같은 스프레드를 가정해 보자.

경기 1: 로스앤젤레스 차저스 −8
경기 2: 테네시 타이탄스 +3

두 경기에 대해서 7점 티저를 적용하면 새로운 스프레드는 다음과 같다.

경기 1: 로스앤젤레스 차저스 −1(−8+7)

경기 2: 테네시 타이탄스 +10(+3+7)

x점의 티저를 적용한다는 것은, 기존 스프레드에 +x를 한다는 뜻이다. 티저 베팅에서 성공하려면 두 경기 모두에서 승리해야 한다. 만약 위와 같은 7점 티저 베팅에서 성공하려면, 차저스가 1점 차 이상으로 승리해야 하고, 타이탄스는 승리하거나 패배해도 9점 차 이하여야 한다. 만약 둘 중에 한 경기라도 스프레드와 동일한 점수 차로 끝나면 이 티저 베팅은 무효가 된다. 티저 베팅의 결과 예는 아래와 같다.

- 차저스가 2점 차로 승리하고 타이탄스가 3점 차로 패배: 티저 베팅 성공
- 차저스가 3점 차로 승리하고 타이탄스가 12점 차로 패배: 티저 베팅 실패
- 차저스가 1점 차로 승리: 티저 베팅 무효
- 차저스가 1점 차로 패배하고 타이탄스가 5점 차로 승리: 티저 베팅 실패

티저는 보통 6, 6.5, 혹은 7점을 더하는 것이 일반적이다. 스포츠 베팅 사이트인 https://www.sportsbookreview.com/best-sportsbooks/nfl-betting-sites/에서 많은 스포츠 베팅 회사의 티저 베팅 배당률을 찾아볼 수 있다. 한 가지 예가 [표 44-4]에 나와 있다. 예를 들어, 만약 우리가 두 경기 7점 티저에 베팅하고 이 티저 베팅에 승리하면, 100달러를 받게 된다. 반대로 패배하면, 135달러를 잃는다. 만약 우리가 네 경기 6점 티저에 베팅하고 네 경기 모두 결과를 맞히면, 265달러를 받게 된다. 한 경기라도 예측에 실패하면 100달러를 잃게 된다. 2000~2005년 동안 7점 티저를 고려한 상태에서 승리한 팀은 전체의 70.6%이고, 1.5%는 무효 경기가 되었으며, 27.9%는 패배하였다.

C	D	E	F	G	H
티저 점수	2팀	3팀	4팀	5팀	6팀
5.5	100	180	300	465	710
6.0	−110	165	265	410	610
6.5	−120	150	240	365	550
7.0	−135	135	215	320	460
7.5	−150	120	185	270	380

[표 44-4] 티저 베팅 배당률

두 경기 7점 티저 베팅에 100달러를 베팅했을 때의 기대 수익을 계산해 보자. 이 티저에서의 성공, 무효, 실패 확률을 먼저 계산해야 한다. 먼저 각각의 경기 결과는 독립이라는 가정이 필요하다. 즉, 한 경기에서 결과를 맞히는 것이 나머지 경기에서의 결과를 맞히는 확률에 영향을 주지 않는다. 이제, 두 경기 티저의 성공 확률을 계산할 수 있다.

- 두 경기 7점 티저 성공 확률 $0.706^2=0.498436$
- 둘 중 한 경기가 무효가 되거나 둘 다 무효가 되는 경우의 확률
  $(0.015)×(1−0.015)+(1−0.015)×(0.015)+(0.015)^2=0.029775$
- 두 경기 7점 티저 실패 확률 $1−0.498436−0.029775=0.471789$

이 티저 베팅에서 우리의 기대 수익은 $(\$100)×(0.498436)+0×(0.029775)−\$135(0.471789)=−\$13.85$이다. 따라서, 두 경기 7점 티저 베팅에서 스포츠 베팅 회사들은 $−\$13.85/\$135=10.1\%$의 수익률을 가지게 된다. 이를 통해 여러분들은 티저 베팅에 더 많은 경기가 추가될수록 스포츠 베팅 회사들의 수익률이 올라간다는 점을 알 수 있을 것이다. 결론적으로, 티저 베팅은 스프레드를 조정할 수 있다는 것 때문에 성공 확률이 높은 것처럼 보이지만 사실은 그저 일반적인 팔레이와 다를 바가 없다. 배당률이 작을 뿐이다. 팔레이와 마찬가지로 스포츠 베팅 회사들에 10%에서 20%의 수익률을 가져다주는 플레이 형식이다.

CHAPTER 45

괴짜 경제학이
스포츠 베팅을 만나다

Chapter 44에서, 스포츠 베팅 회사들이 NFL 스프레드 베팅에서 승과 패에 각각 50%씩의 베팅 금액이 들어가도록 하는 스프레드를 설정하고 11−10 배당률을 사용하여 리스크가 전혀 없는 4.8%의 확정 수익을 가져간다고 이야기했던 것을 기억해 보자.

『괴짜 경제학(Freakonomics)』이라는 책으로 유명한 스티븐 레빗(Steven Levitt)은 2004년 한 글에서, 스포츠 베팅 회사들이 베팅하는 사람들의 편향을 이용하여, 1달러당 4.8%가 넘어가는 기대 수익을 만들어 내고 있다는 것에 대해 이야기했다. 레빗은 2001 NFL 시즌 중 20,000번의 베팅 데이터를 모았다. 이 데이터를 활용해 분석해 본 결과, 50%가 훨씬 넘는 돈이 승리 예상 팀에 베팅되었고 50%보다 훨씬 적은 돈이 상대적 약팀에 베팅되었다. 홈 팀이 더 강팀일 경우, 56.1%의 돈이 홈 팀에 베팅되었고 43.9%만 약팀에 베팅되었다. 어웨이 팀이 강팀일 때는 68.2%가 강팀에 베팅되었고 31.8%만이 약팀에 베팅되었다. 이는 기존에 사람들이 믿고 있던 스프레드는 베팅 금액을 강팀과 약팀에 절반으로 나누는 지점에서 설정된다는 사실과 배치되는 결과였다. 만약 강팀에 더 많은 돈이 베팅되고 강팀이 스프레드 게임에서 승리하는 경우가 절반보다 적다면, 스포츠 베팅 회사들은 4.8%가 넘는 기대 수익을 올릴 수 있다. 이는 레빗의 데이터를 통해 검증되었다. 레빗에 따르면, 홈 팀이 강팀일 경우 스프레드 게임에서 홈 팀에 베팅하여 승리할 확률이 49.1%였다. 홈 팀이 약팀인 경우 스프레드 게임에서 홈 팀에 베팅하여 승리할 확률은 57.7%였다. 어웨이 팀이 강팀인 경우 어웨이 팀에 베팅하여 스프레드 게임에서 승리할 확률은 47.8%였다. 그리고 어웨이 팀이 약팀인 경우 어웨이 팀에 베팅하여 스프레드 게임에서 승리할 확률은 50.4%였다. 즉, 강팀에 베팅하는 것은 그다지 좋은 선택이 아니다. 이 데이터는 스포츠 베팅 회사들이 사람들이 강팀에 더 많이 베팅한다는 사실을 이용하여 수익을 극대화하려고 강팀의 스프레드를 부풀린다는 것을 보여 준다. 예를 들어, 슈퍼볼 LIII 경기의 스프레드를 설정할 때, 스포츠 베팅 회사들은 패트리어츠가 로스앤젤레스 램스를 1.5점 차 정도로 이길 것이라고 예상할 수 있다. 이 경우 스포츠 베팅 회사들은 사람들이 강팀에 더 많이 베팅할 것을 알기 때문에 스프레드를 −1.5가 아닌 −2.5로 부풀려서 설정한다. 실제로는 패트리어츠가 램스보다 1.5점밖에 앞서지 못하므로, 패트리어츠 −2.5에 베팅하는 경우 승리 확률이 50%보다 낮게 나오게 된다. 하지만 이러한 사람들의 강팀을 향한 편향 때문에 많은 돈이 패트리어츠에 쏠릴 것이다. 실제 포인트 스프레드는 1.5여야 하므로 패트리어츠는 포인트 스프레드가 −2.5인 스프레드 게임에서 승리할 확률이 50%보다 낮게 된다. 따라서, 스포츠 베팅 회사들은 강팀과 약팀에 절반씩 베팅이 걸렸을 때의 평균 기대 수익인 4.8%를 상회하는 수익을 얻게 된다.

그래서 구체적으로 스포츠 베팅 회사들은 어떤 방식으로 이러한 편향을 이용하는 것일까? 사람들은 평균적으로 49.45%의 베팅에서 승리하고 50.55%에서 패배한다는 사실을 알게 되었다. 평균적으로 스포츠 베팅 회사들은 10달러당 $0.4945(-10)+0.5055(11)=61.56\%$의 수익을 올리게 된다. 만약 사람들이 50%의 베팅에서 승리하게 된다면, 스포츠 베팅 회사들의 수익은 10달러당 평균 $0.5(-10)+0.5(11)=50\%$가 될 것이다. 이 데이터에서 볼 수 있듯이, 현재 스포츠 베팅 회사들은 돈을 거는 사람들의 승률이 50%인 상황과 비교하여 $61.56/50=23\%$의 초과 수익을 얻고 있다.

레빗은 강팀이 스프레드 게임에서 예상외로 큰 패배를 당한 경우가 있었는지 과거 데이터를 살펴보았다. 1980~2001년 사이, 홈 팀이 강팀인 경우 홈 팀이 스프레드 게임에서 승리한 확률은 48.8%였고, 어웨이 팀이 강팀인 경우 어웨이 팀이 스프레드 게임에서 승리한 확률은 46.7%였다. 즉, 홈 팀이 약팀인 경우 홈 팀에 베팅했으면 돈을 벌 수 있었던 것이다!

2002~2016 시즌 포인트 스프레드를 분석해 보고 다음과 같은 결과를 얻었다 (NFLspreads.xlsx 참고).

- 어웨이 팀이 최소 10점 이상 차로 패배할 것이라고 예측될 때, 스프레드 게임에서 어웨이 팀이 승리한 경우는 371경기 중 59.3%였다. 이 경기들에서 만약 스프레드를 1점만 더 낮게 설정했으면(예를 들어, 어웨이 팀이 +11을 어웨이 팀 +10으로 조정하면), 어웨이 팀이 스프레드 게임에서 승리한 확률은 정확히 50%였다![191] 이는 스포츠 베팅 회사들이 홈 팀이 강팀일 경우 많은 사람이 홈 팀에 베팅한다는 사실을 이용한다는 것을 보여 준다.

- 어웨이 팀이 최소 8점 이상으로 승리한다고 예측되는 경우 152경기 중 50%에서 어웨이 팀이 스프레드 게임을 승리하였다. 이 경기들에서 만약 스프레드를 2점만 더 높게 설정했으면(예를 들어, 어웨이 팀 −10을 어웨이 팀 −8로 조정하면), 어웨이 팀이 스프레드 게임에서 승리한 확률은 46.67%였다.[192] 즉, 홈 팀이 많은 점수 차로 패배할 것이라고 예상되는 게임에서도 홈 팀에 베팅하는 것은 생각보다 높은 승률을 가져다 준다. 이 예에서 어웨이 팀이 스프레드 게임에서 승리할 확률이 50%가 되게 하려면 포인트 스프레드를 2.5점 높게 설정했어야 한다.[193]

191 역주. NFLspreads.xlsx내 visitor <=−10 탭 셀 U7
192 역주. NFLspreads.xlsx내 visitor >=8 탭 셀 U8
193 역주. NFLspreads.xlsx내 visitor big reduce 3탭 셀 R8, U8

CHAPTER 46
스포츠 팀 레이팅

레빗의 연구에도 불구하고, 많은 사람이 여전히 스포츠 베팅 회사가 포인트 스프레드를 설정할 때 강팀과 약팀 각각 50%씩의 금액이 베팅되도록 설정한다고 믿고 있다. 예를 들어, 만약 스프레드 게임에서 7.5점 차로 이길 것으로 예상되는 팀에 10달러를 베팅했을 때, 이 팀이 7.5점 차 이상으로 승리하면 10달러를 받고, 그렇지 못하면 11달러를 잃는다. 만약 강팀이 스프레드 게임 승률 50%를 기록하면, 10달러 베팅의 기대 수익은 (1/2)($10)+(1/2)(−$11)=−$0.5가 된다. 즉, 평균적으로 1달러 베팅당 $0.50/$10.50($1/21)을 잃게 된다는 뜻이다. 매 게임 같은 금액을 베팅한다고 가정하자, 그렇다면 손익 분기점을 넘기는(즉, 수익을 얻는) 베팅 승리 확률 p는 아래 식을 통해 계산될 수 있다.

$$p(10)+(1-p)(-11)=0$$

이 식을 풀면 p=11/21=0.524가 된다. 따라서, 스프레드 게임에서 수익을 얻으려면 평균적으로 최소 52.4%의 승률을 기록해야 한다는 것이다.

대부분의 스포츠 베팅 회사는 NFL과 NBA 팀들의 파워 레이팅을 가지고 있다.[194] 이 레이팅은 경기하는 두 팀 중 강팀이 승리 확률 50%를 가지게 되는 스프레드를 설정하는 데 사용된다. 예를 들어, 만약 콜츠의 파워 레이팅이 +10이고 브라운즈는 −4라고 하면, 홈 어드밴티지가 없다는 가정하에 콜츠가 10−(−4)=14점 차로 승리할 것이라고 예상할 수 있다. 물론, 홈 어드밴티지를 무시할 수 없다. NFL, NBA, 대학 미식축구 리그에서 홈 어드밴티지는 보통 3점으로 계산되고 대학 남자 농구 리그에서는 4점으로 계산된다.[195] 이 챕터 후반부에 홈 어드밴티지를 어떻게 계산하는지에 대해 다룰 것이다. NFL에서의 평균 홈 어드밴티지는 3점이므로, 위의 콜츠 대 브라운즈 게임의 예에서 만약 콜츠 홈경기이면 콜츠가 14+3=17점 차로 승리한다고 예상할 수 있고, 만약 브라운즈 홈경기이면 콜츠가 14−3=11점 차로 승리한다고 예상할 수 있다. 이 파워 레이팅을 사용해 계산된 예측치는 공정한 스프레드를 설정할 수 있도록 해 준다. 강팀과 약팀 모두 스프레드 게임에서 승리할 확률이 50%이기 때문이다.

이제 파워 레이팅과 실제 경기 결과를 이용하여 포인트 스프레드를 설정하는 시스템에 대해 이야기해 볼 수 있다. NFl2016.xlsx 파일에 이 챕터에서 다루는 대부분의 분석 내용이 들어가 있다. 이제 각 팀의 파워 레이팅을 설정하고 2016 시즌 NFL에서의 홈 어드밴티지를 계산하는 다양한 방식을 보여 줄 것이다. 이 계산에서 파워 레이팅은 평균이 0이 되도록 조정할 것이다. 즉, 파워 레이팅이 +5인 팀은 평균적인 팀보다 5점 더 뛰어나다는 의미이며, −7인 경우 평균보다 7점 떨어진다는 뜻이다.

---

194 야구에서는 승리 확률이 선발 투수에게 크게 영향받는다. 이 때문에 야구 베팅 분석은 다른 스포츠에 비해 상당히 복잡하게 된다. 따라서 여기서는 야구에 대해서는 다루지 않도록 하겠다.

195 홈 어드밴티지는 점점 줄어들고 있다.(https://theconversation.com/what-really-causes-home-field-advantage-and-why-its-on-the-decline-126086)

최소 제곱(Least Squares) 레이팅

2016 NFL 정규 시즌 경기 득점을 예측하는 홈 어드밴티지와 팀 레이팅을 구하는 것으로 시작해 보자. 엑셀 해 찾기 기능을 이용하여, 각 정규 시즌 경기 예측치의 오차 제곱의 합을 최소화하는 팀 레이팅과 홈 어드밴티지를 찾아볼 것이다. 이 분석은 Least squares 탭에서 찾아볼 수 있다. [표 46-1]은 정규 시즌 파워 레이팅을 보여 주고 [표 46-2]는 시즌 첫 16경기에 대한 데이터를 보여 주고 있다. NFL 파워 레이팅과 홈 어드밴티지는 아래와 같이 계산해 볼 것이다.

B	C	D
평균	3.5792E-12	=
팀	레이팅	순위
애리조나 카디널스	1.59	13
애틀랜타 팰컨스	8.48	2
볼티모어 레이븐스	1.54	15
버펄로 빌스	−0.33	21
캐롤라이나 팬서스	−1.00	22
시카고 베어스	−7.50	28
신시내티 벵골스	1.04	16
클리블랜드 브라운스	−10.09	30
댈러스 카우보이스	6.97	3
덴버 브롱코스	4.05	6
디트로이트 라이언스	−1.40	24
그린베이 패커스	2.83	9
휴스턴 텍산스	−2.63	26
인디애나폴리스 콜츠	0.37	18
잭슨빌 재규어스	−4.97	27
캔자스시티 치프스	5.60	4
로스엔젤레스 램스	−11.09	31
마이애미 돌핀스	−2.40	25
미네소타 바이킹스	0.94	17
뉴잉글랜드 패트리어츠	9.29	1

뉴올리언스 세인츠	1.54	14
뉴욕 자이언츠	2.13	11
뉴욕 제츠	−8.52	29
오클랜드 레이더스	3.26	8
필라델피아 이글스	3.80	7
피츠버그 스틸러스	4.74	5
샌디에이고 차저스	0.06	19
샌프란시스코 포티나이너스	−11.21	32
시애틀 시호크스	2.13	10
탬파베이 버커니어스	−0.19	20
테네시 타이탄스	−1.01	23
워싱턴 레드스킨스	1.97	12

[표 46-1] NFL 2016 최소 제곱 레이팅

G	H	I	J	K	L	M	N
게임 넘버	홈 팀	어웨이 팀	홈 팀 득점	어웨이 팀 득점	득실 차	예상치	오차 제곱
1	덴버 브롱코스	캐롤라이나 팬서스	21	20	1	7.61623	43.774488
2	잭슨빌 재규어스	그린베이 패커스	23	27	−4	−5.2352	1.5256201
3	볼티모어 레이븐스	버펄로 빌스	13	7	6	4.43585	2.4465617
4	필라델피아 이글스	클리블랜드 브라운스	29	10	19	16.4576	6.4640195
5	휴스턴 텍산스	시카고 베어스	23	14	9	7.4395	2.4351647
6	캔자스시티 치프스	샌디에이고 차저스	33	27	6	8.10598	4.4351586
7	애틀랜타 팰컨스	탬파베이 버커니어스	24	31	−7	11.2424	332.78661
8	테네시 타이탄스	미네소타 바이킹스	16	25	−9	0.61658	92.478543
9	뉴올리언스 세인츠	오클랜드 레이더스	34	35	−1	0.84678	3.4106128
10	뉴욕 제츠	신시내티 벵골스	22	23	−1	−6.9951	35.940784
11	시애틀 시호크스	마이애미 돌핀스	12	10	2	7.09783	25.987845
12	댈러스 카우보이스	뉴욕 자이언츠	19	20	−1	7.40737	70.683892
13	인디애나폴리스 콜츠	디트로이트 라이언스	35	39	−4	4.33012	69.390892
14	애리조나 카디널스	뉴잉글랜드 패트리어츠	21	23	−2	−5.1296	9.7943692
15	워싱턴 레드스킨스	피츠버그 스틸러스	16	38	−22	−0.2056	474.9941
16	샌프란시스코 포티나이너스	로스엔젤레스 램스	28	0	28	2.44071	653.27738

[표 46-2] NFL 2016 첫 16경기

1단계: C 열에 임의의 팀 레이팅 시작 값을 입력하고, E1 셀에 임의의 홈 어드밴티지 시작 값을 입력한다.

2단계: G 열에는 경기 넘버가 나와 있고 H 열은 홈 팀, I 열은 어웨이 팀, J 열은 홈 팀 득점, K 열은 어웨이 팀 득점이 입력되어 있다. 예를 들어, 첫 경기는 덴버가 홈 팀, 캐롤라이나가 어웨이 팀이었고, 덴버가 21-20으로 승리하였다.

3단계: L6에 입력된 함수인 =IFERROR(J6-K6,"")를 복사하여 L7:L277에 붙여 넣기 한다. 이렇게 하면 L 열에 득실 차가 계산될 것이다. 첫 경기에서는 덴버가 21-20으로 승리하였으므로, 득실 차는 1이다. 득실 차가 음수인 경우 홈 팀이 패배했다는 뜻이다. 예를 들어, 두 번째 경기에서 잭슨빌 재규어스가 홈에서 그린베이 패커스에게 4점 차로 패배하였다. 엑셀에서 IFERROR 함수는 쉼표 앞의 함수가 제대로 작동하는지를 평가한다. 이 함수가 에러 없이 작동하면 그 함숫값을 출력하고, 에러가 발생하면 쉼표 뒤의 값을 출력한다(위 예에서는 공백을 출력). IFERROR 함수를 이용하여 수식을 입력한 뒤, L6 셀의 우측 아래 구석으로 마우스를 가져가면 조그만 십자 표시가 나온다. 이 십자 표시를 더블 클릭하면 자동으로 6행의 값이 277행까지 복사된다. 엑셀에서는 일정 범위의 셀에서 계산을 시행할 때 텍스트가 포함된 셀이나 공백인 셀은 제외한다는 사실을 반드시 기억해야 한다!

4단계: M6에 입력된 아래 함수를 복사하여 M7:M277에 복사한다.

=IFERROR(Home_edge+VLOOKUP(H6,lookpoints,2,FALSE)−

VLOOKUP(I6,lookpoints,2,FALSE)," ")

이 함수는 파워 레이팅과 홈 어드밴티지를 바탕으로 각 게임에서의 득실 차를 예측해 준다. 이 예측은 다음과 같은 아주 단순한 수식을 통해 이루어진다.

홈 어드밴티지+홈 팀 레이팅−어웨이 팀 레이팅

앞의 함수에서 VLOOKUP(H6,lookpoints,2,FALSE)은 lookpoints(B5:C36)의 첫 번째 열에서 H6 셀에 있는 값(Denver)을 찾아낸 다음 두 번째 열로 옮겨 가서 덴버의 레이팅을 가져오게 된다. 마찬가지로, VLOOKUP(I6,lookpoints,2,FALSE)은 I6에 있는 값(Carolina)을 lookpoints(B5:C36)의 첫 번째 열에서 I6에 있는 값을 찾아낸 다음 두 번째 열로 옮겨 가서 캐롤라이나의 레이팅을 가져오게 된다. 이 함수에서 숫자 2는 VLOOKUP 함수가 lookpoints 범위에서 두 번째 열에 있는 값을 가져오도록 해 준다. 마지막 FALSE는 VLOOKUP 함수가 팀 이름과 정확히 일치하는 값만을 찾아서 작동할 수 있도록 해 준다.

첫 번째 경기의 경우 [표 46-2]에 나와 있는 레이팅을 기반으로 한 우리의 예상은 덴버의 2.57+4.05-(-1.00)=7.62점 차 승리이다.

5단계: N 열에서, N6에 입력된 아래 함수를 복사하여, N7:N277에 복사하여, 각 경기 예측 오차의 제곱을 계산한다(실제 득실 차-예상 득실 차)^2.

=IFERROR((L6-M6)^2,"")

예를 들어, 첫 번째 경기에서는, 홈 팀이 1점 차로 승리하였고 우리의 예상은 홈 팀의 7.62점 차 승리였다. 따라서, 예측 오차 제곱은 $(7.62-1)^2$이다.

이때 예측 오차가 양수인 경우는 홈 팀이 예상보다 더 잘했다는 뜻이고, 음수인 경우에는 홈 팀이 예상보다 못했다는 뜻이다. 직관적으로 생각해 보면, 이 예측 오차의 합은 0이 되어야 한다. 평균적으로, 예측치가 실제보다 더 높을 경우와 예측치가 실제보다 낮을 경우가 비슷하게 나올 것이기 때문이다.

6단계: 이제 엑셀의 해 찾기 기능을 이용하여, 예측 오차 제곱의 합을 최소화하는 홈 어드밴티지와 팀 레이팅을 찾아낼 것이다. 이때 평균 팀 레이팅(셀 C3)이 0이 되도록 제한 조건을 걸어 둘 것이다. 예측 오차의 합이 아닌 평균 오차 제곱의 합을 최소화하는 값을 찾게 되면 양수와 음수가 서로 상쇄되는 현상을 예방할 수 있다.

이 책에서 사용된 모든 다른 회귀식도 오차 제곱을 최소화하는 같은 방식을 사용하고 있다. 해 찾기 기능을 통해 얻은 답인 [표 46-1]에 나와 있는 값들은 우리 데이터상의 득실 차를 가장 잘 예측하는 홈 어드밴티지와 팀 레이팅이 된다. 패트리어츠와 팰컨스가 예상대로 1, 2위를 차지하였다. 그들은 각각 소속 콘퍼런스 우승을 차지하였다. 포티나이너스, 램스, 브라운스가 가장 약팀이었다.

계산을 단순화하고자 런던과 같은 중립 지역에서 벌어진 경기의 경우 시스템상홈 팀으로 지정된 팀을 홈 팀으로 가정하고 계산하였다. 홈 어드밴티지는 2.57점이었다.

시즌 스케줄 난이도 (Strength of Schedule) 측정

이제 이 팀 레이팅으로 시즌 중 상대하는 팀들의 실력을 측정할 수 있다. 이를 위해서 엑셀의 SUMIF 함수를 사용하여 모든 상대 팀의 실력을 측정할 것이다 (Schedule Strength 탭 참조). 예를 들어, E5 셀에 입력된 아래 함수를 보자.

$$(SUMIF(Home\_Team, B5, Away\_Ability)+$$
$$SUMIF(Away\_Team, B5, Home\_Ability))/16$$

첫 번째 항은 홈 팀 열의 값이 애리조나인 각 행을 찾아서 애리조나가 상대하는 어웨이 팀의 레이팅을 모두 더한다. 두 번째 항은 어웨이 팀이 애리조나인 각 행을 찾아서 그때 애리조나가 상대하는 홈 팀의 레이팅을 모두 더한다.

[표 46-3]에 각 팀의 상대 팀 실력 지표가 계산되어 있다. 브롱코스가 가장 힘든스케줄을 소화하는 것으로 나타났고(평균 대비 경기당 1.8점 더 어려운 스케줄) 패

트리어츠가 가장 쉬운 스케줄(평균 대비 경기당 2.69점 더 쉬운 스케줄)을 소화하는 것으로 나타났다.

B	C	D	E	F
평균	1.14795E−05	=	1.14795E−05	
팀	레이팅	랭킹	시즌 스케줄 난이도	랭킹
애리조나 카디널스	1.47	15	−1.95	31
애틀랜타 팰컨스	8.59	2	0.08	18
볼티모어 레이번스	1.63	13	0.16	16
버팔로 빌스	−0.55	21	−1.66	29
캐롤라이나 팬서스	−1.16	23	1.06	6
시카고 베어스	−7.37	28	0.02	19
신시내티 벵골스	1.06	16	0.43	13
클리블랜드 브라운스	−10.03	30	1.66	2
댈러스 카우보이스	6.95	3	−0.19	21
덴버 브롱코스	4.08	6	1.80	1
디트로이트 라이언스	−1.36	24	−0.61	25
그린베이 패커스	2.88	9	0.12	17
휴스턴 텍산스	−2.59	26	0.46	12
인디애나폴리스 콜츠	0.40	18	−0.79	26
잭슨빌 재규어스	−4.94	27	0.18	15
캔자스시티 치프스	5.61	4	0.73	9
로스엔젤레스 램스	−11.13	31	−0.51	23
마이애미 돌핀스	−2.43	25	−1.38	28
미네소타 바이킹스	0.97	17	−0.29	22
뉴잉글랜드 패트리어츠	9.25	1	−2.69	32
뉴올리언스 세인츠	1.53	14	0.59	10
뉴욕 자이언츠	2.15	10	0.53	11
뉴욕 제츠	−8.55	29	−0.18	20
오클랜드 레이더스	3.27	8	1.33	4
필라델피아 이글스	3.84	7	1.59	3
피츠버그 스틸러스	4.75	5	0.25	14
샌디에이고 차저스	0.07	19	0.88	7
샌프란시스코 포티나이너스	−11.26	32	−0.57	24
시애틀 시호크스	2.09	11	−1.79	30
탬파베이 버커니어스	−0.21	20	0.73	8
테네시 타이탄스	−0.97	22	−1.16	27
워싱턴 레드스킨스	1.99	12	1.17	5

[표 46-3] **NFL 2016 시즌 스케줄 난이도(Strength of Schedule)**

평균 절대 오차(Mean Absolute Errors)를 활용한 팀 레이팅

오차 제곱을 최소화하는 것은 예상외의 결과가 나오는 경기에 많은 영향을 받게 된다. 따라서, 이 방법 대신에 오차의 절댓값의 합을 최소화하는 방법을 사용할 수도 있다(평균 절대 편차(Mean Absolute Deviation, MAD)라고 불린다). 예를 들어, 만약 어떤 경기에서 홈 팀이 예상 득실 차보다 5점을 더 큰 점수 차로 승리하고, 또 다른 경기에서는 홈 팀이 예승 득실 차보다 5점 적은 득실 차로 승리했다면, |5|+|−5|=10이라는 값을 기록하게 된다. 절댓값을 이용하는 경우에도 음수와 양수가 서로 상쇄되는 현상이 일어나지 않는다. 오차의 절댓값의 합을 최소화하는 경우 예상외의 결과가 나온 경기의 중요도가 줄어들고 예상과 비슷한 결과가 나온 경기의 중요도가 올라간다. [표 46-4]는 평균 절대 편차를 이용하여 계산한 팀들의 랭킹을 보여주고 있다.

B	C	D	E	F
팀	평균 절대 편차 기반 레이팅	평균 절대 편차 레이팅 순위	최소 제곱법 기반 레이팅	최소 제곱법 레이팅 순위
애리조나 카디널스	−0.64	20	1.5899	13
애틀랜타 팰컨스	12.74	1	8.4823	2
볼티모어 레이븐스	0.97	17	1.5373	15
버펄로 빌스	−2.98	25	−0.3321	21
캐롤라이나 팬서스	3.49	10	−1.0024	22
시카고 베어스	−8.13	29	−7.5007	28
신시내티 벵골스	−2.51	24	1.0443	16
클리블랜드 브라운스	−14.67	32	−10.087	30
댈러스 카우보이스	7.38	3	6.9694	3
덴버 브롱코스	5.70	5	4.0474	6
디트로이트 라이언스	−1.38	21	−1.3972	24
그린베이 패커스	3.78	8	2.8337	9
휴스턴 텍산스	−2.37	23	−2.6276	26

인디애나폴리스 콜츠	-3.83	26	0.3665	18
잭슨빌 재규어스	-6.13	27	-4.9679	27
캔자스시티 치프스	9.19	2	5.597	4
로스엔젤레스 램스	-7.66	28	-11.087	31
마이애미 돌핀스	-1.82	22	-2.4012	25
미네소타 바이킹스	3.52	9	0.9434	17
뉴잉글랜드 패트리어츠	7.12	4	9.2859	1
뉴올리언스 세인츠	3.00	13	1.5431	14
뉴욕 자이언츠	1.18	16	2.1285	11
뉴욕 제츠	-9.96	30	-8.5172	29
오클랜드 레이더스	4.00	7	3.2627	8
필라델피아 이글스	2.49	14	3.8038	7
피츠버그 스틸러스	3.15	12	4.7411	5
샌디에이고 차저스	0.04	18	0.0575	19
샌프란시스코 포티나이너스	-13.65	31	-11.213	32
시애틀 시호크스	1.18	15	2.1302	10
탬파베이 버커니어스	3.23	11	-0.1937	20
테네시 타이탄스	-0.57	19	-1.0064	23
워싱턴 레드스킨스	4.11	6	1.9691	12

[표 46-4] NFL 2016 시즌 평균 절대 편차를 기반으로 계산한 팀 레이팅

이 표에서 볼 수 있듯이 평균 절대 편차를 이용하면 패트리어츠가 1위에서 4위로 내려간다. 그리고 놀랍게도 팬서스는 12단계나 올라간다. 최소 제곱법과 평균 절대 편차 간의 가장 큰 차이점은, 최소 제곱법이 평균 절대 편차보다 예상외의 결과에 영향을 크게 받는다는 것이다. 이는 최소 제곱법에서 우리가 오차의 제곱을 계산하기 때문이다. 따라서 오차가 큰 경우 최종 계산 값에 큰 영향을 미치게 된다(NFL 시즌이 짧아 이 영향은 더욱 증폭된다). 반대로 평균 절대 편차는 어떠한 팀의 실력을 평가할 때 최고 혹은 최악의 경기보다는 그 팀의 평균적인 실력에 더 크게 좌우된다. 우리의 동료인 제프 사가린의 연구에 따르면 최소 제곱법에 의한 레이팅이 평균 절대 편차에 의한 레이팅보다 미래 결과를 더 잘 예측하는 것으로 나타났다.

아웃 라이어에게 받는 영향을 줄일 수 있는 또 다른 방법은 어떤 것이 있을까?

Chapter 30에서 보았듯이 표준화(Regularization)를 활용하여 회귀식의 계수를 작게 만드는 것도 좋은 방법일 것이다. 어느 정도 표준화해야 하는가는 교차 검증(cross-validation)을 통해 정할 수 있다. 엑셀 파일상의 데이터는 시즌이 모두 종료된 후의 레이팅이므로 이 레이팅의 예측력을 시험해 볼 수는 없었다. 추후 이 레이팅 계산법을 활용해 1주 차부터 K주 차까지의 결과를 바탕으로 K+1주 차의 결과를 예상하는 방식으로 이 레이팅의 예측력을 시험해 볼 수 있을 것이다.

팀의 공격력과 수비력 측정

경기 결과 외에 양 팀 총득점의 합에도 베팅할 수 있다(토털 베팅). 이를 오버/언더라고 부른다. 예를 들어, 슈퍼볼 LI에서 오버/언더는 59점이었다. 즉, 만약 오버에 베팅하면 양 팀 득점의 합이 60점 이상일 때 승리하고, 언더에 베팅하면, 양 팀 득점의 합이 58점 이하일 때 승리한다. 정확히 59점이면 무효가 된다. 이 경기에서 패트리어츠가 34-28로 승리하였으므로, 오버에 베팅한 사람들이 승리하였다.

우리는 각 팀의 공격과 수비 레이팅을 계산하여 총득점 예상치를 얻을 수 있다. 제공된 엑셀 파일의 Offense Defense 탭에서 이 분석 결과를 찾아볼 수 있다. 값을 바꿀 셀은 홈 어드밴티지, 경기당 평균 득점, 각 팀의 공격 및 수비 레이팅이다. 모든 팀의 공격과 수비 레이팅의 평균이 0이 되도록 제한 조건을 걸 것이다. 공격 레이팅이 양수인 경우 평균보다 더 많이 득점한다는 뜻이고 음수인 경우 평균보다 적게 득점한다는 뜻이다. 수비 레이팅이 양수인 경우 평균보다 더 실점을 많이 한다는 뜻이고 음수인 경우 평균보다 적게 실점한다는 의미이다.

이제 각 경기에서 홈 팀과 어웨이 팀의 득점을 예상해 보고자 한다. 이를 위해, 홈 팀과 어웨이 팀의 득점을 예상할 때 나온 오차 제곱의 합을 최소화하는 값을 찾았다. 홈 팀의 경우 다음과 같이 득점을 예측하였다.

리그 평균 득점+0.5(홈 어드밴티지)+홈 팀 공격 레이팅+어웨이 팀 수비 레이팅

어웨이 팀의 경우 아래와 같이 득점을 예측하였다.

리그 평균 득점−0.5(홈 어드밴티지)+어웨이 팀 공격 레이팅+홈 팀 수비 레이팅

위 예측에서 홈 어드밴티지는 홈 팀과 어웨이 팀 득점을 반반으로 나누었다. 각 경기에서 홈 팀과 어웨이 팀 득점의 예측 오차 제곱의 합을 최소화한 후 [표 46-5]에 정리되어 있는 것과 같은 결과를 얻었다. 예를 들어, 팰컨스가 최고의 공격력을 갖추고 있었다(평균 대비 10.53점 추가 득점). 브롱코스가 최고의 수비력을 가지고 있었다(평균 대비 6.06점 적게 실점). 램스가 최악의 공격력을 가지고 있었다(평균보다 9.46점 적게 득점) 그리고 포티나이너스가 최악의 수비력을 가지고 있었다(평균 대비 7.51점 더 실점). 각 팀의 총 레이팅은 공격 레이팅+수비 레이팅으로 계산되었다.

B	C	D	E	F	G
팀	공격 레이팅	수비 레이팅	합계 레이팅	공격 레이팅 랭킹	수비 레이팅 랭킹
애리조나 카디널스	2.37	0.78	1.59	11	16
애틀랜타 팰컨스	10.53	2.05	8.48	1	23
볼티모어 레이븐스	−1.07	−2.61	1.54	18	9
버펄로 빌스	1.84	2.17	−0.33	12	24
캐롤라이나 팬서스	−0.20	0.80	−1.00	16	17
시카고 베어스	−5.20	2.30	−7.50	28	26
신시내티 벵골스	−1.48	−2.53	1.04	20	11
클리블랜드 브라운스	−5.21	4.88	−10.09	29	30
댈러스 카우보이스	4.06	−2.91	6.97	5	7
덴버 브롱코스	−2.02	−6.06	4.05	22	1
디트로이트 라이언스	−1.34	0.06	−1.40	19	14
그린베이 패커스	4.87	2.04	2.83	3	22
휴스턴 텍산스	−5.30	−2.68	−2.63	30	8
인디애나폴리스 콜츠	3.09	2.72	0.37	8	27
잭슨빌 재규어스	−2.69	2.28	−4.97	25	25

캔자스시티 치프스	1.15	−4.45	5.60	14	5
로스엔젤레스 램스	−9.46	1.63	−11.09	32	19
마이애미 돌핀스	−0.60	1.81	−2.40	17	21
미네소타 바이킹스	−2.65	−3.59	0.94	24	6
뉴잉글랜드 패트리어츠	4.27	−5.02	9.29	4	3
뉴올리언스 세인츠	6.79	5.25	1.54	2	31
뉴욕 자이언츠	−3.23	−5.36	2.13	26	2
뉴욕 제츠	−5.55	2.97	−8.52	31	28
오클랜드 레이더스	3.52	0.25	3.26	6	15
필라델피아 이글스	1.27	−2.53	3.80	13	10
피츠버그 스틸러스	2.77	−1.97	4.74	10	12
샌디에이고 차저스	3.04	2.98	0.06	9	29
샌프란시스코 포티나이너스	−3.70	7.51	−11.21	27	32
시애틀 시호크스	−2.40	−4.53	2.13	23	4
탬파베이 버커니어스	−1.51	−1.31	−0.19	21	13
테네시 타이탄스	0.73	1.74	−1.01	15	20
워싱턴 레드스킨스	3.32	1.35	1.97	7	18

[표 46-5] NFL 2016 시즌 공격 레이팅과 수비 레이팅

승-패 기록으로 팀 순위 매기기

대학 미식축구와 대학 농구 랭킹은 지금까지 많은 논란을 일으켜 왔다. 2015년 이전에는 Bowl Championship Series(BCS)에 두 팀이 뽑혀 경기하고 승자가 전 미 대학 미식축구 챔피언이 되었다. BCS 최종 랭킹을 결정하는 중요한 요소 중 하나는 대학 미식축구팀을 평가하는 컴퓨터 랭킹의 평균이다. BCS는 득점으로 팀 랭킹을 산정할 수 없다고 결정했다. 오직 승−패 기록만이 팀 랭킹을 평가하는 기준으로 사용될 수 있었다(Chapter 58에 BCS를 대신해 도입된 대학 미식축구 플레이오프에 대해 자세히 설명을 해 놓았다). BCS는 득점이 랭킹에 영향을 미치도록 할 경우 강팀들이 사실상 승패가 결정된 이후에도 스코어를 더 올리려고 경쟁적으로 플레이하

게 될 것을 걱정했다. NCAA가 대학 농구 리그 참여 팀을 결정하고 시드를 배분할 때도, 컴퓨터 랭킹 시스템을 활용한다.[196] NCAA가 팀들이 사실상 경기 결과가 결정된 이후에도 스코어를 더 올리는 전략을 사용하는 것을 원하지 않으므로, NCAA 농구 리그 참여 팀을 결정하는 위원회는 컴퓨터 레이팅을 계산할 때 득실 차가 10점 이상인 경우 10점으로 잘라 낸다. 로지스틱 회귀 분석(Chapter 21에서 골대까지의 거리를 바탕으로 필드 골 성공 확률을 예측할 때 사용되었다)과 같은 방식을 이용하여, 승-패 기록만으로 NFL 팀들의 레이팅을 계산할 수 있다. 값을 바꿀 셀은 각 팀의 레이팅과 홈 어드밴티지로 설정하였다. Chapter 21에서 했던 것처럼, 홈 팀 승리 확률 p는 아래와 같이 계산될 수 있다.

$$\ln \frac{p}{1-p} = \text{홈 팀 레이팅} - \text{어웨이 팀 레이팅} + \text{홈 어드밴티지} \qquad (1)$$

위 식을 정리하면,[197]

$$p = \frac{e^{\text{홈 팀 레이팅} - \text{어웨이 팀 레이팅} + \text{홈 어드밴티지}}}{e^{\text{홈 팀 레이팅} - \text{어웨이 팀 레이팅} + \text{홈 어드밴티지}} + 1} \qquad (2)$$

각 팀의 레이팅을 계산하고자, 최대 우도법을 사용하였다. 즉, 우리가 관측한 실제 승패 기록의 확률을 최대로 만드는 팀 레이팅과 홈 어드밴티지 값을 찾아내었다. 최대 우도법에 대해 설명하고자, 샤킬 오닐이 자유투를 성공시킬 확률을 계산한다고 가정해 보자. 우리가 실제 관측했을 때 샤킬 오닐은 100개 중 40개를 성공시켰다. p를 샤킬 오닐이 자유투를 성공시킬 확률이라고 하면 1-p는 샤킬 오닐이 자유투에 실패할 확률이 된다. 이때, 샤킬 오닐이 40개의 자유투를 성공시키고 60개를 실패

---

196 https://www.cbssports.com/college-basketball/news/what-experts-who-met-with-ncaa-say-
      about-changes-to-tourney-selection-process/

197 즉, 이는 Chapter 41에서 다루었던 브래들리-테리 모델과 동일하다. 한마디로, 로지스틱 회귀 분석이다.

할 확률은 $\frac{100!}{60!40!}p^{40}(1-p)^{60}$이 된다. 여기서 상수는 100개의 자유투를 던졌을 때 40개를 성공시키는 다양한 방법의 개수이다. 이 확률을 최대로 만드는 값을 찾으려고 미분을 이용하면 p=0.4라는 값을 얻게 된다. 따라서, 우리는 샤킬 오닐의 자유투 성공률이 40%라고 예측하게 된다. 이 방법은 직관적으로도 논리에 맞는 방법이다.

비슷한 방식으로, 우리의 데이터에 나와 있는 결과를 관측할 확률을 최대로 만드는 팀 레이팅과 홈 어드밴티지를 찾아낼 수 있다. 각각의 경기에 대하여 아래와 같은 정보를 가지고 있다.

- 홈 팀이 승리한 각 경기에 대하여, 이 결과를 관측할 확률은 홈 팀의 승리 확률과 동일하다(식 (2)).
- 어웨이 팀이 승리한 각 경기에 대하여, 이 결과를 관측할 확률은 어웨이 팀의 승리 확률과 동일하다(즉, 1–홈 팀 승리 확률).
- 무승부로 끝난 각 경기에 대하여, 절반의 승리와 절반의 패배로 계산한다. 즉, 0.5×홈 팀 승리 확률+0.5×어웨이 팀 승리 확률을 무승부가 나올 확률로 계산한다.

모든 경기 결과가 각각 독립이라고 가정하면, 여러 경기에서의 결과에 대한 확률은 각 경기에서의 확률의 곱으로 계산할 수 있다. 그다음 이 확률의 곱을 최대화하는 팀 레이팅과 홈 어드밴티지를 고를 수 있다.[198] 엑셀 해 찾기 기능을 사용하여 얻어 낸 팀 레이팅과 홈 어드밴티지는 [표 46-6]에 정리되어 있다. 제공된 엑셀 파일에서는 Win Loss 탭에서 찾아볼 수 있다. 해 찾기 기능을 사용할 때 해법 선택 GRG 비선형 옆의 옵션 버튼을 누른 후 Multistart 사용을 체크하는 것이 좋다. 이 옵션을 사용하려면, 각 값 변경 셀에 대하여 최젓값과 최곳값을 설정해 주어야 한다. 대

---

198 엑셀 해 찾기 기능을 이용해 이 확률의 자연 로그의 합을 최대화하는 값을 찾을 수 있다. 이렇게 하는 것은 이 확률의 곱을 최대화하는 것과 동일하고 계산하기도 편리하다. 로그우도를 최대화하는 것은 엑셀이 해를 빨리 찾을 수 있도록 해 준다. 오목 함수(Concave)를 최대화하는 것이기 때문이다.

부분의 시즌 경우 홈 어드밴티지를 0에서 1 사이로 제한하고, 팀 레이팅을 −5에서 5로 제한하는 것이 가장 합리적이다. 만약 GRG Multistart를 이용한다면, 해 찾기 값이 최곳값이나 최젓값과 아주 가깝게 나올 것이다. 이때는 해 찾기의 결과가 최곳값이나 최젓값과 가깝지 않게 나올 때까지 최곳값과 최젓값의 범위를 더 넓게 설정해 주면 된다.

B	C	D	E
		홈 어드밴티지	0.46
평균	−4.574E−09	=	0
팀	레이팅	랭킹	
애리조나 카디널스	−0.47	23	
애틀랜타 팰컨스	0.96	7	
볼티모어 레이븐스	−0.01	20	
버펄로 빌스	−0.58	25	
캐롤라이나 팬서스	−0.50	24	
시카고 베어스	−1.64	30	
신시내티 벵골스	−0.37	22	
클리블랜드 브라운스	−2.78	32	
댈러스 카우보이스	1.73	2	
덴버 브롱코스	0.69	9	
디트로이트 라이언스	0.31	15	
그린베이 패커스	0.72	8	
휴스턴 텍산스	0.47	10	
인디애나폴리스 콜츠	0.09	18	
잭슨빌 재규어스	−1.39	28	
캔자스시티 치프스	1.55	3	
로스엔젤레스 램스	−1.54	29	
마이애미 돌핀스	0.32	13	
미네소타 바이킹스	0.07	19	
뉴잉글랜드 패트리어츠	1.85	1	
뉴올리언스 세인츠	−0.17	21	
뉴욕 자이언츠	1.04	5	
뉴욕 제츠	−1.18	27	
오클랜드 레이더스	1.44	4	

필라델피아 이글스	0.11	17
피츠버그 스틸러스	1.04	6
샌디에이고 차저스	−0.65	26
샌프란시스코 포티나이너스	−2.45	31
시애틀 시호크스	0.39	11
탬파베이 버커니어스	0.32	14
테네시 타이탄스	0.29	16
워싱턴 레드스킨스	0.36	12

[표 46-6] **NFL 2016 시즌 승–패 기록 기준 레이팅**

우리의 승–패 레이팅에 따르면, 패트리어츠가 최고의 팀이었고, 카우보이스가 그 다음, 치프스가 3위였다. 브라운스가 최악의 팀이었고 포티나이너스가 브라운스 바로 위에 위치했다. 이 레이팅을 사용하여 패트리어츠가 슈퍼볼 LI에서 팰컨스를 이길 확률을 예측할 수 있을까? 앞의 식 (2)를 이용하여 패트리어츠가 팰컨스를 이길 확률을 계산해 보면 $\frac{e^{1.85-0.96}}{1+e^{1.85-0.96}} = 0.79$가 된다(슈퍼볼에는 홈 어드밴티지가 없다). 이때 스포츠 베팅 마켓에서 패트리어츠 승리 확률은 0.58밖에 되지 않았다!

아마 몇몇 독자는 승–패 기록을 기준으로 계산한 레이팅의 문제점들을 예상할 것이다. 예를 들어, 하버드가 유일하게 무패를 기록 중인 대학 팀이라고 가정해 보자. 또한, 전통적 강호인 앨라배마, 클렘슨, 오하이오 주립 대학은 11승 1패를 기록하고 있다고 해 보자. 아무도 하버드가 최고의 팀이라고 생각하지 않을 것이다. 하버드는 그저 아이비리그에서 손쉬운 상대만을 만나 좋은 승–패 기록을 가진 것뿐이다. 만약 우리가 승–패 랭킹 시스템을 이용한다면, 무패를 기록 중인 팀은 무한대의 레이팅을 가질 것이다. 이는 비합리적이다. 데이비드 미즈(David Mease, 2003)는 이 문제에 대한 아주 간단한 해결책을 제시했다. 가상의 팀을 만든 뒤(파버 대학교라고 하자), 모든 팀이 이 가상의 팀인 파버 대학교를 상대로 1승 1패를 기록하고 있다고 가정하는 것이다.[199] 이렇게 한 뒤 승–패 기록을 기준으로 레이팅을 계산하면, 하버

---

199 이 방법은 라플라스 스무딩(Laplace smoothing)이라고 한다. Chapter 59에서 더 자세히 다룰 것이다.

드 같은 팀들이 전통적 강호들보다 더 낮은 레이팅을 기록하게 된다.

득점 기준 레이팅과 승-패 기록 기준 레이팅은 최근 경기에 더 많은 가중치를 주도록 수정할 수 있다. 가장 최근 경기에 1의 가중치를 주고 지난주 경기에 λ, 지지난주 경기에 λ^2의 가중치를 주는 방식으로 계속해 나가면 된다. 여기서 λ는 반드시 0에서 1 사이여야 한다. 프로 미식축구의 경우 $\lambda=0.95$로 설정하는 것이 합리적이고 대학 미식축구의 경우 $\lambda=0.9$로 설정하는 것이 미래 결과를 예측하는 데 합리적 선택이다. 여기서 $\lambda=0.9$의 의미는 지난주 경기 결과는 이번 주 경기 결과에 비해 10% 덜 반영된다는 것이다. λ 값은 교차 분석을 통해 미래 경기 결과 예측에 가장 뛰어난 값으로 조정될 수 있다. 사가린 레이팅이 팀 랭킹을 산정하는 최고의 레이팅으로 알려져 있다. 이 레이팅은 그들만의 가중치를 활용한 최소 제곱법을 사용한다. 현재 시즌 프로와 대학 미식축구 리그와 농구 리그 사가린 레이팅은 http://www.usatoday.com/sports/sagarin.htm에서 찾아볼 수 있다. 과거 시즌 자료는 http://www.usatoday.com/sports/sagarin-archive.htm에서 찾아볼 수 있다.

상식을 활용해 레이팅 시스템 수정하기

2017년 슈퍼볼 경기를 대상으로 정확한 포인트 스프레드와 토털 라인(양 팀 득점 합산)을 설정하려고 한다고 해 보자. 톰 브래디가 디플레이트 게이트 논란으로 첫 네 경기에 출전하지 못했다. 그리고 우리가 앞선 분석을 할 때 플레이오프 경기들을 고려하지 않았다. 슈퍼볼 경기 결과를 예측할 때, 톰 브래디가 출전하지 않았던 경기들을 분석에서 제외하고, 플레이오프 경기들은 포함시키고, 플레이오프 경기들은 정규 시즌 경기에 비해 두 배의 가중치를 주도록 할 것이다. 이 분석의 결과는 제공된 엑셀 파일의 Super Bowl 탭과 [표 46-7]에 정리되어 있다. 이 속성에서 볼 수 있듯 이 패트리어츠의 레이팅은 평균보다 12.9점 높았다. 이를 바탕으로 한 우리의 슈퍼볼 경기 결과 예상치는 [표 46-8]에 나와 있다.

B	C	D	E	F
평균	0.00031	0		
팀	공격	수비	합계 레이팅	랭킹
애리조나 카디널스	2.46	0.90	1.56	12
애틀랜타 팰컨스	11.85	0.95	10.90	2
볼티모어 레이븐스	−1.46	−2.57	1.11	14
버펄로 빌스	1.96	4.20	−2.24	24
캐롤라이나 팬서스	−0.11	0.61	−0.72	22
시카고 베어스	−5.44	2.19	−7.63	28
신시내티 벵골스	−1.83	−2.65	0.82	15
클리블랜드 브라운스	−5.59	4.85	−10.44	30
댈러스 카우보이스	3.86	−1.69	5.55	3
덴버 브롱코스	−2.07	−6.46	4.38	6
디트로이트 라이언스	−2.51	0.08	−2.59	25
그린베이 패커스	6.20	2.03	4.17	7
휴스턴 텍산스	−3.58	−3.10	−0.48	21
인디애나폴리스 콜츠	3.12	2.56	0.56	17
잭슨빌 재규어스	−2.86	2.05	−4.91	27
캔자스시티 치프스	0.42	−4.72	5.14	4
로스엔젤레스 램스	−9.62	1.32	−10.94	31
마이애미 돌핀스	−2.05	1.68	−3.73	26
미네소타 바이킹스	−2.92	−3.72	0.80	16
뉴잉글랜드 패트리어츠	8.54	−4.36	12.90	1
뉴올리언스 세인츠	6.83	5.15	1.67	11
뉴욕 자이언츠	−4.25	−3.86	−0.39	20
뉴욕 제츠	−5.87	2.59	−8.46	29
오클랜드 레이더스	2.61	0.70	1.91	10
필라델피아 이글스	0.93	−2.45	3.38	8
피츠버그 스틸러스	2.17	−2.65	4.82	5
샌디에이고 차저스	3.07	2.96	0.11	18
샌프란시스코 포티나이너스	−3.85	7.10	−10.95	32
시애틀 시호크스	−2.11	−5.31	3.19	9
탬파베이 버커니어스	−1.47	−1.52	0.06	19
테네시 타이탄스	0.71	1.63	−0.92	23
워싱턴 레드스킨스	2.87	1.51	1.37	13

[표 46-7] 슈퍼볼 LI 예측을 위한 팀 레이팅

J	K	L
패트리어츠	32.43	=mean(평균)+C24+D6
팰컨스	30.43	=C6+D24+mean(평균)

[표 46-8] 슈퍼볼 LI 예측

우리의 모델에 따르면 토털 라인은 62.5점이고 패트리어츠가 2점 차 승리를 거두는 것으로 나타났다.

축구 레이팅

축구 경기에서의 팀 레이팅을 산정하는 방식은 우리가 지금까지 논의해 왔던 방식들과 매우 비슷하다. 하지만 축구에서는 농구나 미식축구와 비교하여 경기당 골의 개수가 상당히 적어 추가로 고려해야 하는 사항들이 몇 가지 존재한다. 특히, 우리의 합계 모델을 이용하여 프리미어 리그 축구 경기 결과를 예측한다면, 공격 능력이 아주 약한 팀이 수비 능력이 아주 뛰어난 팀을 상대할 때 골 개수가 음수로 예측되는 경우가 발생한다. 이에 대한 대안으로 곱셈을 바탕으로 한 레이팅 시스템을 이용할 수 있다. Premierleague.xlsx 파일에서 이 방식으로 계산된 레이팅을 찾아볼 수 있다. [표 46-9]는 2012~2013 시즌 프리미어 리그 경기들의 결과와 예측치를 보여주고 있다.

C	D	E	F	G	H	I
	1.56	1.31			SSE	967.595
홈 팀	어웨이 팀	홈 팀 골	어웨이 팀 골	홈 팀 골 예측치	어웨이 팀 골 예측치	오차 제곱
아스널	선덜랜드	0	0	2.2065741	0.685281	5.33858
풀럼	노리치	5	0	1.7140745	0.94732	11.6947
뉴캐슬	토트넘	2	1	1.2274788	1.903396	1.41291
퀸즈파크	스완지	0	5	0.795072	1.176245	15.2532

레딩	스토크시티	1	1	1.0293133	1.107344	0.01238
웨스트브롬	리버풀	3	0	1.3146639	1.636298	5.51783
웨스트햄	애스턴 빌라	1	0	1.8383591	1.076671	1.86207
맨시티	사우샘프턴	3	2	2.1889042	0.689373	2.37562
위건	첼시	0	2	1.0888589	2.38716	1.33551
에버튼	맨체스터 유나이티드	1	0	1.345671	1.410237	2.10826
첼시	레딩	4	2	2.996572	0.722735	2.63827
아스톤 빌라	에버튼	1	3	0.9573654	1.737844	1.59486
첼시	뉴캐슬	2	0	2.9572095	0.774972	1.51683
맨체스터 유나이티드	풀럼	3	2	2.7033006	0.976856	1.13485
노리치	퀸스파크	1	1	1.1462551	0.811705	0.05685
사우샘프턴	위건	0	2	1.8713218	1.309321	3.97888
스완지	웨스트햄	3	0	1.4379665	0.970361	3.38155

[표 46-9] 2012~2013 프리미어 리그 경기 결과

이 곱셈 모델에서는 아래와 같은 변수들을 활용하였다.

- 경기당 평균 골 수
- 곱셈을 바탕으로 계산한 홈 어드밴티지. 예를 들어, 홈 어드밴티지가 1.1인 경우, 홈 팀 골 개수 예측치를 10% 증가시키고 어웨이 팀 골 개수 예측치를 1.1로 나눈다.
- 팀별로, 공격 골 레이팅과 수비 골 레이팅이 있다. 예를 들어, [표 46-10]에 나와 있는 것처럼, 아스널의 공격 골 레이팅은 1.43이고 수비 골 레이팅은 0.71이다. 이는, 상대 팀 능력치를 고려한 상태에서, 아스널은 프리미어 리그 평균 팀에 비해 43% 더 많은 골을 기록하고 29% 적은 실점을 기록한다는 의미이다.

K	L	M	N	O
평균	1.38			
홈	1.12	평균	1	1
		팀	공격	수비
		아스널	1.43	0.71
		풀럼	0.96	1.09
		뉴캐슬	0.84	1.34
		퀸즈파크	0.57	1.04
		레딩	0.79	1.36
Multistart		웨스트브롬	0.99	1.02
		웨스트햄	0.88	1.01
		맨시티	1.25	0.63
옵션을 사용할 때는 변경하고자 하는 셀 값의 최솟값과 최댓값이 필요하다		위건	0.94	1.36
		에버튼	1.05	0.71
		첼시	1.42	0.75
		아스톤 빌라	0.86	1.35
		맨체스터 유나이티드	1.60	0.83
		노리치	0.71	1.15
		사우샘프턴	0.89	1.13
		스완지	0.92	0.90
		토트넘	1.16	0.94
		리버풀	1.30	0.86
		스토크시티	0.66	0.84
		선덜랜드	0.78	0.99

[표 46-10] 2012~2013 프리미어 리그 공격 및 수비 레이팅

이 레이팅들을 얻으려고 아래와 같은 계산 과정을 걸쳤다.

- 경기별로 홈 팀 골 수를 예측하고자 [표 46-9] G3에 입력된 아래 수식을 G4:G382에 복사하였다.

  = mean*home*VLOOKUP(C3,lookup,2,FALSE)*

    VLOOKUP(D3,lookup,3,FALSE)

- 어웨이 팀의 골 수를 예측하기 위해 H3에 입력되어 있는 아래 수식을 H4:H382에 복사하였다.

=mean*VLOOKUP(C3,lookup,3,FALSE)*
VLOOKUP(D3,lookup,2, FALSE)/home

- 경기별 홈 팀과 어웨이 팀 득점 예상치의 오차 제곱의 합을 계산하려고 I3에 입력된 =(E3−G3)^2+(F3−H3)^2를 I4:I382에 복사하였다.

- 셀 I1에 총오차 제곱의 합을 계산하려고 =SUM(I3:I382)를 입력하였다.

- 셀 N3에 입력된 =AVERAGE(N5:N24)를 O3에 복사하여, 각 팀의 공격 레이팅과 수비 레이팅의 평균을 계산하였다. 추후 이 평균을 1로 만드는 제한 조건을 걸 것이다.

- GRG Multistart 해 찾기 기능을 사용하여, 오차 제곱의 합을 최소화하는 홈 어드밴티지와 팀 레이팅을 찾을 것이다. 타깃 셀인 I1을 최소화하는 것이 목적이며, 변숫값을 변경하는 셀은 L2(평균 골 수), L3(홈 어드밴티지) 그리고 N5:O24(팀 레이팅)이다. N3:O3=1로 제한 조건을 걸어 팀 레이팅의 평균이 1이 되도록 할 것이다. GRG Multistart 해 찾기를 사용하므로 변숫값을 변경하는 각 셀에 최곳값과 최젓값을 설정해야 한다. 최젓값은 0으로 설정하였고 최곳값은 3으로 설정하였다. 물론, 해 찾기를 통해 나온 값이 경계 값과 너무 비슷하게 나오면 범위를 넓힐 것이다. [표 46−10]에 최종 레이팅이 나와 있다.

팀들의 랭킹을 매기는 것은 그리 간단한 문제가 아니다. 만약 평균적인 공격과 수비 레이팅을 가진 팀을 상대하는 팀의 레이팅을 설정한다면, 이 팀의 랭킹은 공격 레이팅 나누기 수비 레이팅으로 계산되어야 할 것이다. 이렇게 하면 평균적인 팀을 상대할 때의 득점과 실점 비율 순서대로 랭킹이 매겨질 것이기 때문이다.

[표 46−11]에는 첼시(어웨이)와 레딩(홈) 간의 경기 예측치가 계산되어 있다. 우리의 예측치를 반올림하면 최종 예측치는 첼시의 2−1 승리이다. 이 스코어 예측을 통해 경기 결과를 예측할 수 있다. 축구에서의 골 개수, 운전자 1명에게 1년 중 발생하는 교통사고, 제품 불량률과 같이 희귀 사건을 예측할 때는 포아송 확률 변수를 사

용하는 것이 적절하다(Chapter 16에서 포아송 확률 변수에 대해 다루었다). 평균이 λ이고, 이벤트 발생 확률이 x인 포아송 확률 분포는 $\lambda^x e^{-\lambda}/x!$로 나타낼 수 있다.

L	M
첼시 레딩 경기 예측	
첼시	1.42 0.75
레딩	0.79 1.36
홈 어드밴티지	
평균 골 수	1.38
첼시	
2.38	=1.38*(1/1.12)*(1.42)*1.36
레딩	
0.916	=1.38*1.12*0.79*0.75
첼시 2.38, 레딩 0.92	

[표 46-11] **첼시 레딩 경기 예측**

예를 들어, 만약 어떠한 팀이 1.4골을 득점할 것으로 예측되면, $\dfrac{1.4^2 e^{-1.4}}{2!} = 0.242$ 의 확률로 2골을 득점한다. 엑셀에서 POISSON(x,mean,False) 함수를 사용하면, 평균이 λ이고, 이벤트 발생 확률이 x인 포아송 확률 분포의 값을 손쉽게 구할 수 있다. 각 팀의 예상 골수를 계산해 놓았다고 가정해 보자. Premierleague.xlsx 파일의 Probability 탭에는 아래 수식들을 활용하여 각 팀의 승리 확률과 무승부 확률을 예측해 놓았다. 한 경기에 10점 이상 득점하는 것은 불가능하다고 가정하였다.

$$무승부\ 확률 = \sum_{i=1}^{10} (팀1이\ i골을\ 득점할\ 확률) \times (팀2가\ i골을\ 득점할\ 확률)$$

$$팀1이\ 승리할\ 확률$$
$$= \sum_{i=1}^{10} (팀1이\ i골을\ 득점할\ 확률) \times (팀2가\ i골보다\ 적게\ 득점할\ 확률)$$
$$팀2가\ 승리할\ 확률 = 1 - 무승부\ 확률 - 팀1\ 승리\ 확률$$

[표 46-12](Probability 탭 참고)에는 첼시와 레딩 경기에서 첼시 입장에서 발생 가능한 모든 결과에 대한 발생 확률이 계산되어 있다.

A	B	C	D	E	G	H
		예상 골 수				
	첼시	2.38				
	레딩	0.92				
			골 개수	첼시	레딩	첼시가 해당 골 개수를 기록하여 승리할 확률
첼시 승리 확률	0.698		0	0.092551	0.398519	
무승부 확률	0.174		1	0.22027	0.366638	0.087782
레딩 승리 확률	0.128		2	0.262122	0.168653	0.200564

[표 46-12] 첼시 레딩 경기에서 첼시 입장에서의 경기 결과별 발생 확률 예측치

이 예측치에 따르면 첼시의 승리 확률은 70%이고 레딩의 승리 확률은 13%였다. 그리고 무승부 확률은 17%였다. 앞의 계산은 각 팀의 득점 확률에 대한 두 포아송 분포가 서로 독립이라는 가정하에 이루어졌다. 실제로는 이 두 분포는 약하게나마 상관성이 있다. 아주 작은 상관관계임에도 불구하고(보통 0.1 이하), 이로 인한 예측 모델의 오류는 상당히 큰 임팩트를 가질 수도 있다. 예를 들어, 양 팀의 골 개수 간의 상관관계로 인해 두 팀의 무승부 확률이 실제보다 작게 예측된다.[200] 칼리스 (Karlis)와 트조우프라스(Ntzoufras)[201]는 이 문제를 해결할 방법으로 두 팀의 골 개수 차이를 이용해 모델을 만드는 방식을 제시했다. 각 팀의 득점이 포아송 분포를 통해 모델화되므로, 양 팀 골 개수의 차이는 스켈램 분포를 통해 모델화시킬 수 있다. 스켈램 분포는 두 포아송 분포 간에 상관관계가 존재하더라도 동일한 형태를 유

200 D. Karlis and I. Ntzoufras, "Analysis of sports data by using bivariate Poisson models," Journal of the Royal Statistical Society: Series D (The Statistician), 52(3), 2003, 381–393.

201 Dimitris Karlis and Ioannis Ntzoufras, "Bayesian modelling of football outcomes: Using the Skellam's distribution for the goal difference," IMA Journal of Management Mathematics, 20(2), 2009, 133–145.

지한다. X와 Y를 서로 독립인 포아송 분포라고 가정하면, Z=X−Y의 분포는

$$Pr[z] = e^{\lambda_1 + \lambda_2} \left(\frac{\lambda_1}{\lambda_2}\right)^{\frac{z}{2}} I_z\left(2\sqrt{\lambda_1 \lambda_2}\right)$$

를 따른다. 이때, I_z는 수정 베셀 함수이다. X와 Y가 서로 상관관계가 존재하는 두 포아송 분포(즉, 이변수 포아송 분포)라고 할지라도 그 둘 간의 차이는 여전히 위의 분포를 따른다. 간단히 말해, 만약 우리가 골 개수 차이로 바로 모델을 만들면, 각 팀의 골 개수 간의 상관관계는 우리의 예측치에 영향을 미치지 않을 것이다.

이 모델을 Premierleague.xlsx 파일 2012_13 Skellam 탭에 구현해 놓았다. 스켈램 분포의 변수들을 레이팅의 함수로 표현하는 것부터 시작하였다.

$$\lambda_1 = mean_g home_e o_h d_a$$

$$\lambda_2 = \frac{mean_g o_a d_h}{home_e}$$

이제 스켈램 확률 밀도 함수를 통해 특정 득실 차가 나타날 가능성을 최대화하는 각 레이팅(o_h, o_a, d_h, d_a) 값과 $mean_g, home_e$ 값을 찾을 수 있다. 이 모델을 활용한 첼시 레딩 경기에서의 경기 결과별 발생 확률이 [표 46-13]에 계산되어 있다. 이 표를 통해 두 개의 독립적인 포아송 분포를 가정하고 예측했을 때보다 무승부 확률이 올라갔음을 확인할 수 있다. 참고로, 이 경기의 실제 결과는 2 대 2 무승부였다.

N	O	P	Q	R	S
골 득실		골 득실		골 득실	
−10	2.93979E−06			10	7E−13
−9	1.94632E−05			9	2.13E−11
−8	0.000116089			8	5.83E−10
−7	0.000616322			7	1.42E−08
−6	0.002868662			6	3.04E−07
−5	0.011478038			5	5.6E−06
−4	0.038448472			4	8.62E−05
−3	0.103858808			3	0.00107
−2	0.213717501			2	0.010119
−1	0.304309642	0	0.24707	1	0.066216
첼시 승리	0.675435935	무승부	0.24707	첼시 패배	0.077498

[표 46-13] 스켈램 모델을 이용한 첼시 레딩 경기 확률 분석

CHAPTER 47
득실 차 예측치를 확률로 변환하기

Chapter 46에서, 파워 레이팅(power ratings)을 어떻게 계산하는지에 대해 배웠다. 이 파워 레이팅은 어떠한 팀이 상대 팀보다 몇 점 더 득점할 것인가에 대한 예상치이다. 우리가 제시한 레이팅 시스템을 직접 돌려 볼 필요 없이 usatoday.com의 제프 사가린 웹 페이지에서 이 파워 레이팅을 언제든지 조회할 수 있다. 이번 챕터에서는, 이 파워 레이팅을 통해 한 팀의 승리 확률, 포인트 스프레드 베팅 승리 확률, 티저 베팅 승리 확률을 계산하는 방법에 대해 다룰 것이다. 또한 NBA 경기 데이터를 바탕으로, 파워 레이팅을 통해 각 팀의 플레이오프 시리즈 승리 확률을 계산해 볼 것이다. 그리고 각 팀의 NCAA 농구 토너먼트 우승 확률도 파워 레이팅을 통해 계산해 볼 것이다. 마지막으로, NFL 플레이오프 결과를 시뮬레이션해 볼 것이다.

Chapter 46에서 다루었듯이, 홈 팀이 몇 점 차로 승리 혹은 패배할 것인지는 홈 어드밴티지+홈 팀 레이팅−어웨이 팀 레이팅으로 계산할 수 있다. 홈 어드밴티지는 NFL, 대학 미식축구, NBA에서는 보통 3점 정도로 계산된다. 대학 농구의 경우 4점 정도로 계산된다. 할 스턴(Hal Stern, 1991)에 따르면, 홈 팀 득실 차의 확률 분포는 평균이 홈 어드밴티지+홈 팀 레이팅−어웨이 팀 레이팅이고 표준 편차가 14인 정규 분포에 근사한다. 제프 사가린은 NBA, 대학 농구, 대학 미식축구에서 파워 레이팅을 통한 예측치의 표준 편차가 각각 12, 10, 16점이라는 사실을 밝힌 바 있다. 이 수치들은 각 예측치의 표준 오차를 계산하면 구할 수 있다.

NFL 경기 승리 확률

이제 미식축구에 집중해 보자. 보통 정규 분포를 따르는 확률 변숫값은 분수가 될 수도 있다. 하지만 스포츠 경기에서의 득실 차는 반드시 정수이다. 따라서, 홈 팀이 a에서 b점 사이(a와 b 포함, a⟨b)의 점수로 승리할 확률을 계산하도록 할 것이다 (득실 차는 a−0.5와 b+0.5 사이). 엑셀 함수 NORM.DIST(x,mean,sigma,True)는 평균과 표준 편차가 정해져 있는 정규 확률 변숫값에 대한 확률을 반환해 준다. 이 함수를 이용하여, 어떠한 팀이 스프레드 베팅 결과에서 승리할 확률, 경기에서 승리할 확률 그리고 티저 베팅에서 승리할 확률을 계산해 볼 수 있다.

> *파워 레이팅에 따르면 콜츠가 7점 차로 이겨야 한다. 하지만 스포츠 베팅 회사들의 스프레드는 −4이다(콜츠가 4점 앞설 것으로 예측).*
> *콜츠가 이 스프레드 베팅에서 승리할 확률은 얼마나 될까?*

만약 득실 차≥4.5이면 콜츠가 스프레드 베팅에서 승리한다. 득실 차가 3.5에서 4.5 사이이면, 이 베팅은 무효가 된다. 콜츠가 스프레드 베팅에서 승리할 확률은 1−NORM.DIST(4.5,7,14,TRUE)=0.571이다.

$$\text{베팅이 무효가 될 확률}=\text{NORM.DIST}(4.5,7,14,\text{TRUE})-\text{NORM.DIST}(3.5,7,14,\text{TRUE})=0.028$$

따라서, 베팅이 무효가 될 확률을 무시하고, 콜츠에 베팅했을 때 스프레드 베팅에서 승리할 확률이 0.571/(1-0.028)=58.7%가 될 것이다. 그리고 41.3%의 확률로 스프레드 베팅에서 패배할 것이다. [그림 47-1]은 이 이벤트에 대한 확률 밀도 함수 그래프이다. 우측의 검은 부분은 콜츠가 스프레드 베팅에서 승리할 확률을, 가운데 부분의 아주 조그만 하얀 부분은 베팅이 무효가 될 확률을, 좌측의 회색 부분은 콜츠가 스프레드 베팅에서 패배할 확률을 나타낸다.

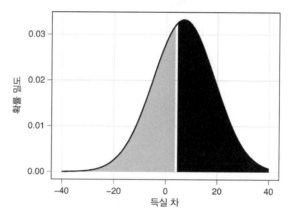

[그림 47-1] 7점 차로 승리할 것으로 예상된 콜츠가 스프레드가 −4인 스프레드 베팅에서 승리할 확률

2017 슈퍼볼에서 패트리어츠가 3점 차로 승리할 것으로 예측되었다. 그들이 경기에서 승리할 확률은 얼마일까?

이번에는, 포인트 스프레드가 경기 결과의 실제 평균과 동일하다고 가정하겠다(앞에서 이야기했지만, 스포츠 베팅 시장에서의 스프레드는 경기 결과의 평균과 동일하지 않을 수 있지만 파워 레이팅을 통해 계산된 스프레드는 경기 결과의 평균과 동일하다고 가정해도 큰 문제가 없다). 패트리어츠는 1점 이상 더 득점하면 승리할 것이다. 혹은 연장전에 돌입하면 승리 확률이 0.5가 될 것이다. 패트리어츠가 1점 차 이상으로 승리할 확률은 =1-NORM.DIST(0.5,3,14,TRUE)=0.571이다.

$$정규 시간 무승부 확률=\text{NORM.DIST}(0.5,3,14,\text{TRUE})-$$
$$\text{NORM.DIST}(-0.5,7,14,\text{TRUE})=0.028$$

따라서, 패트리어츠가 2017년 슈퍼볼 경기에서 승리할 확률은 $0.571+0.5\times$ (0.0285)=0.585이다. 이 경기에서의 머니 라인은 패트리어츠 −150, 팰컨스 +130이 었다.[202] 머니 라인이 이렇게 설정되었다면, 패트리어츠 승리 확률이 60% 이상이라 고 생각될 때 패트리어츠 승리에 베팅해야 한다. 반대로 패트리어츠 승리 확률이 56.5% 이하라고 생각되면, 팰컨스에 베팅해야 한다. 이 두 확률의 평균은 58.3%이 고, 이는 포인트 스프레드를 통해 계산된 패트리어츠의 경기 승리 확률(58.5%)과 거 의 일치한다.

> **콜츠가 8점 차로 승리할 것으로 예측된 경기에서 7점 차 티저 베팅**
> **콜츠 승리에 돈을 걸었다. 이 티저 베팅에서 승리할 확률은 얼마일까**
> **(콜츠가 8-7=1점 차 이상으로 승리할 확률)?**

만약 콜츠가 2점 차 이상으로 승리한다면 티저 베팅에서 승리한다. 만약 콜츠가 1점 차로 이기면 티저 베팅은 무효가 된다. 만약 정규 시간이 동점으로 끝나 연장전 에 돌입하면 콜츠가 연장전에서 승리하였을 때 티저 베팅에서 승리하게 된다. 콜츠 가 연장전에서 승리할 확률은 0.5라고 가정하자.

콜츠가 2점 차 이상으로 승리할 확률$=1-\text{NORM.DIST}(1.5,8,14,\text{TRUE})=0.679$

---

202 머니 라인이 ≥100인 팀의 경우, 승리 확률은 P=100/(100+머니 라인)으로 계산할 수 있다. 머니 라인이 ≤100인 팀의 경우 승리 확률은 P=|머니 라인|/(100+|머니 라인|)이다. 두 팀의 승리 확률의 합은 1이 되지 않는다. 이는 스포츠 베팅 회사들의 수수료 때문이다. 하지만 팀 i의 팀 j를 상대로 한 승리 확률은 $P_i/(P_i+P_j)$로 쉽게 정규화시킬 수 있다.

$$\text{베팅이 무효가 될 확률}=\text{NORM.DIST}(1.5,8,14,\text{TRUE})-\text{NORM.}$$
$$\text{DIST}(0.5,8,14,\text{TRUE})=0.025$$

$$\text{연장전에 갈 확률}=\text{NORM.DIST}(0.5,8,14,\text{TRUE})-$$
$$\text{NORM.DIST}(-0.5,8,14,\text{TRUE})=0.024$$

따라서, 베팅이 무효가 되지 않았을 때 콜츠가 티저 베팅에서 승리할 확률은 $(0.679+0.5\times0.024)/(1-0.025)=70.9\%$이다.

Chapter 44에서 다루었듯이, 7점 티저 베팅의 경우 70.6%의 승리 확률을 보인다. 이는 우리가 위의 예에서 예측한 콜츠의 티저 베팅 승리 확률 70.9%와 상당히 비슷한 수치이다. 티저 베팅의 경우, 정규 시간에 무승부가 돼도 승리할 확률이 조금 남아 있다. 물론 15점 차로 승리할 것으로 예상되는 팀에 7점 티저 베팅한 경우 정규 시간 무승부가 되면 베팅에서 승리할 확률이 거의 없다고 보는 것이 맞다.

2017년 NBA 결승전에서 워리어스가 캐벌리어스를 이길 확률은 얼마일까?

이제 파워 레이팅을 통해 NBA 팀이 플레이오프 시리즈에서 승리할 확률을 계산하는 법에 대해 이야기해 보자. NBA 플레이오프에서는 먼저 4승을 차지한 팀이 시리즈 승리를 가져가게 된다. 이 예에서의 확률은 닫힌 해를 갖게 됨에도 불구하고, 우리는 몬테카를로 시뮬레이션을 사용해 보도록 하겠다(Chapter 4 참조). 즉, 우리는 7경기 시리즈에 대한 시뮬레이션을 수천 번 돌려 보고 각 팀이 승리하는 경우의 수를 세어 볼 것이다. NBA에서 홈 팀의 득실 마진은 평균이 홈 어드밴티지+홈 팀 레이팅-어웨이 팀 레이팅이고 표준 편차가 12인 정규 분포를 따른다. 다시 한번 말하지만, 여기서의 표준 편차 12는 과거 실제 경기에서 수집된 데이터를 바탕으로 계산된 수치이다.

엑셀에서 NORM.INV(rand(),mean,sigma)를 이용하면, 주어진 평균과 표준 편차를 따르는 정규 확률 변수를 만들어 낼 수 있다. RAND()는 무작위로 0과 1 사이의 수를 생성해 준다. Rand()=p라고 가정해 보자. 그러면, 위 함수는 특정 정규 확률 변수의 백분위수(percentile)를 계산해 준다. 따라서, RAND()=0.5라면, 백분위수인 50을 출력할 것이고, RAND()=0.9라면 백분위수인 90을 출력할 것이다.

플레이오프 시리즈 승리 확률을 계산하고자 워리어스와 캐벌리어스 간의 2017년 NBA 결승전을 살펴보겠다. 두 팀의 정규 시즌 성적으로 우리의 파워 레이팅을 계산해 보면 다음과 같다. 워리어스=+11.35, 캐벌리어스=+2.89. 따라서, 워리어스 홈경기일 때 그들의 스프레드는 11.35−2.89+3=11.46이고 클리블랜드 홈경기일 때 워리어스의 스프레드는 11.35−2.89−3=5.46이다. 즉, 워리어스 홈경기(1, 2, 5, 7차전)의 결과를 =NORM.INV(RAND(),11.46,12)로 시뮬레이션해 볼 수 있고, 클리블랜드 홈경기(3, 4, 6차전)의 결과를 =NORM.INV(RAND(),5.46,12)로 시뮬레이션해 볼 수 있다. 이 시리즈가 실제로는 7차전까지 가지 않더라도, 엑셀에서는 7차전의 결과까지 모두 시뮬레이션해 보았다. 그리고 만약 워리어스가 4경기 이상 승리하였으면 워리어스가 승리한 것으로 정의하였다. 엑셀의 데이터 표 기능을 활용하여, 이 시리즈를 1,000번 시뮬레이션해 보았다. 이 중 한 번의 시뮬레이션이 샘플로 [표 47-1]에 나타나 있다.

C	D	E	F	G	H
워리어스	11.35				
캐벌리어스	2.89				
		경기	홈/어웨이	워리어스 예상 득실 마진	무작위 수
		1	H	11.46	0.77901
		2	H	11.46	0.82323
		3	A	5.46	0.88214
		4	A	5.46	0.16985
		5	A	5.46	0.25074
		6	H	11.46	0.72284
		7	H	11.46	0.08146
		워리어스 승수	4	=COUNTIF(I8:I14,")0")	
		워리어스가 시리즈에서 승리했는가?	1	=IF(E16)=4,1,0)	
		워리어스 승리 확률	0.948	=AVERAGE(J21:J1020)	

[표 47-1] 워리어스 캐벌리어스 결승전 시뮬레이션 샘플

이 샘플에서, 워리어스의 시리즈 승리 확률은 95%였다. 만약 레이팅을 산출할 때 플레이오프 경기들도 포함시켰다면, 워리어스의 시리즈 승리 확률은 조금 더 낮게 나왔을 것이다. 실제 경기에서는 워리어스가 5경기 만에 최종 우승을 확정지었다.

NCAA 대학 농구 토너먼트에서의 승리 확률

우리는 비슷한 방법으로 NCAA 대학 농구 토너먼트를 수천 번 시뮬레이션을 돌려 볼 수 있다. 「USA Today」에 포스팅되는 사가린의 파워 레이팅을 사용하기를 추천한다. NCAA2017.xlsx 파일에 우리가 어떻게 이 시뮬레이션을 돌렸는지가 나와 있다.

본격적인 분석을 진행하기에 앞서, 먼저 플레이-인(play-in) 경기들을 분석해야 한다. [표 47-2]에 우리가 이 경기들을 어떻게 시뮬레이션을 돌렸는지 나와 있다.

BP	BQ	BR	BS	BT	BU	BV	BW	BX
	팀	레이팅	승자					
65	마운트 세인트 메리스 대학교	67.55	65	=IF(NORM.INV(RAND(),BR2−BR3,10))0,BP2,BP3)				
66	뉴올리언스 대학교	68.16						
67	캔자스 스테이트 대학교	84.15	67	=IF(NORM.INV(RAND(),BR5−BR6,10))0,BP5,BP6)				
68	웨이크 포레스트 대학교	83.87						
69	노스캐롤라이나 센트럴 대학교	78.44	69	=IF(NORM.INV(RAND(),BR8−BR9,10))0,BP8,BP9)				
70	캘리포니아 대학교 데이비스	68.81						
71	프로비던스 대학교	81.27	72	=IF(NORM.INV(RAND(),BR11−BR12,10))0,BP11,BP12)				
72	남캘리포니아 대학교	82.45						

[표 47−2] 플레이−인 경기 시뮬레이션

BR 열에는 사가린의 레이팅을 입력했다. 그리고 BS 열에 있는 수식을 통해 각 플레이−인 경기 결과를 시뮬레이션했다. 예를 들어, 프로비던스−남캘리포니아 경기의 승자를 예측하고자 프로비던스 대학교의 득실 마진을 평균 −1.18점, 표준 편차 10을 따르는 정규 확률 변수를 통해 시뮬레이션을 돌렸다. 그림에서 보인 시뮬레이션에서는 뉴올리언스 대학교, 웨이크 포레스트 대학교, 노스캐롤라이나 센트럴 대학교, 프로비던스 대학교가 승리하여 64강에 진출하였다.

다음으로, [그림 47−4]에 나와 있는 것과 같이 2행에 각 팀의 이름을 입력하였고, 4행에는 각 팀의 사가린 레이팅을 입력하였다(레이팅은 토너먼트가 시작하기 직전의 레이팅이었다.). 첫 16개 열에 입력된 팀들은 4개 지역 중 무작위로 선정하여 입력하였다. 그다음 16개 열에는 4강에서 첫 번째 16개 열에 입력된 지역 승자와 맞붙게 되는 지역 팀들을 입력하였다. 그다음 두 번의 16개 열에는 남은 두 지역을 무작위로 입력하였다. 각 지역 내에서는 대진표에 나타나 있는 순서대로 팀명을 입력하였다. 이런 방식으로 입력한 이유는 4강전 이후의 경기들에서 각 지역 승자가 실제 만나야 하는 상대 팀과 만나도록 하려는 것이다. 대부분의 대진표는 팀들을 그들의 시드에 따라 배열한다. 예를 들어 1번 시드, 16번 시드, 8번 시드, 9번 시드, 4번 시드,

13번 시드, 5번 시드, 12번 시드, 3번 시드 14번 시드, 6번 시드 11번 시드, 7번 시드, 10번 시드, 2번 시드, 15번 시드. 1행에 입력된 코드 넘버는 1에서 60까지 오름차순으로 되어 있다. 플레이-인 경기 승자들은 예외이다. 이 팀들의 경우 해당 플레이-인 경기의 승자에 대한 정보를 가져와야 했다. 예를 들어 [표 47-3]의 B1 셀에는 =BS2가 입력되어 있다. 이는 플레이-인 경기 승자 정보를 가져오려는 것이다. B2 셀에는 =VLOOKUP(BS2,BP2:BQ3,2)이 입력되어 있다. 이 함수는 플레이-인 승자의 팀 이름을 가져오는 함수이다. B3 셀에는 =B1이 입력되어 있다. 이는 플레이-인 승자의 코드 넘버를 다시 한번 가져온다. 또한 이 팀들의 레이팅을 플레이-인 경기 시뮬레이션 표에서 가져오도록 VLOOKUP 함수가 다시 한번 사용되었다.

2017 동부 지역 1라운드 결과 시뮬레이션 샘플이 [표 47-4]에 나와 있다.

A	B	C	D	E	F	G	H	I	J
빌라노바	마운트 세인트 메리스	위스콘신	버지니아텍	버지니아	윌밍턴	플로리다	동테네시 주립	서던 메소디스트	웨이크 포레스트
1	65	2	3	4	5	6	7	8	68
93.93	67.55	89.01	82.93	91.23	79.91	91	78.32	88.73	83.87

[표 47-3] 팀 데이터 입력

A	B	C	D	E	F	G	H	I	J
빌라노바	마운트 세인트 메리스	위스콘신	버지니아텍	버지니아	윌밍턴	플로리다	동테네시 주립	서던 메소디스트	웨이크 포레스트
1	65	2	3	4	5	6	7	8	68
93.93	67.55	89.01	82.93	91.23	79.91	91	78.32	88.73	83.87
East									
1		65		2		3		4	
24.08659	1			-3.87463	3			24.34093	4
1		3		4		6		8	
2.409695	3			6.608489	4			8.549981	8
		3	4		8		13		
	9.030932	4			-1.013837246	13			

		4		13			
		5.583170866	4				

[표 47-4] 동부 지역 시뮬레이션

빌라노바는 플레이-인 승자인 뉴올리언스 대학교와 맞붙었고 최종 득실 마진은 셀 A7에 입력된 아래 수식을 통해 계산되었다.

$$=\text{NORM.INV}(\text{RAND}(), \text{HLOOKUP}(A6, \text{Ratings}, 2, \text{FALSE})-$$
$$\text{HLOOKUP}(C6, \text{Ratings}, 2, \text{FALSE}), 10)$$

NCAA 토너먼트에서는 홈 어드밴티지가 없다는 사실을 주의해야 한다. 만약 어떤 팀이 그 대학이 위치하고 있는 도시나 그 근처 도시에서 경기한다면, 2점의 홈 어드밴티지를 줄 수 있다. 빌라노바가 약 24점 차로 이길 것이라고 예측되었다. 따라서, 위 엑셀 파일의 A9에 1이 입력된다. 빌라노바가 다음 라운드로 진출했다는 뜻이다.

빌라노바의 다음 경기 결과는 아래 함수를 통해 시뮬레이션하였다.

$$=\text{NORM.INV}(\text{RAND}(), \text{HLOOKUP}(A9, \text{Ratings}, 2, \text{FALSE})-$$
$$\text{HLOOKUP}(C9, \text{Ratings}, 2, \text{FALSE}), 10)$$

A3:BL4는 Ratings라고 이름을 붙였다. HLOOKUP 함수는 VLOOKUP과 동일한 방식으로 작동한다. 하지만 HLOOKUP에서 세 번째 변수는 이 함수가 값을 불러올 행을 의미(이 경우 지정된 범위에서 두 번째 행, 즉, 4번 행을 의미)한다. D16 셀에서 볼 수 있듯이 이 시뮬레이션 샘플에서는 빌라노바가 동부 지역 우승을 차지하였다.

다른 지역들의 경기 결과들도 비슷한 방식으로 예측되었다. [표 47-5]는 4강전인 파이널 포 결과 시뮬레이션을 나타내고 있다(59행 참조). 해당 시뮬레이션에서는 빌라노바와 루이빌이 4강전에서 승리하였다. 64행에는 결승전 결과가 시뮬레이션 되어 있다. 이 샘플에서는 루이빌이 10점 차로 승리하였다.

A	B	C	D	E	F	G	H
	중서부		서부		동부		남부
	1		19		44		54
	4622219	15			26.22644165	44	
		승자				승자	
		빌라노바				루이빌	
결승							
	1		44				
	-4645032161	44					
		승자					
		루이빌					

[표 47-5] **파이널 포 시뮬레이션**

그다음 엑셀의 데이터 표 기능을 활용해서 이러한 시뮬레이션을 1,000번 돌려 보았다. 그리고 COUNTIF 함수를 사용하여 각 팀이 토너먼트에서 우승을 차지한 횟수의 비율을 표로 만들었다. [표 47-6]에 우리의 모델에서 예측한 토너먼트 우승 확률 상위 10팀을 정리해 놓았다. 이 모델에서 예측된 1, 2위 팀인 곤자가와 노스캐롤라이나가 실제로 결승에서 맞붙었고, 노스캐롤라이나가 최종 우승하였다. 결승전이 열리기 전, 이 모델에 따라 만든 브라켓이 ESPN 브라켓 챌린지에서 상위 1%에 랭크되었다.

BI	BJ
팀	우승 확률
곤자가	0.151
노스캐롤라이나	0.117
빌라노바	0.101
켄터키	0.075
웨스트버지니아	0.069
캔자스	0.07
루이빌	0.051
듀크	0.061
오리건	0.041
베일러	0.029

[표 47-6] 2017 NCAA 토너먼트 우승 확률 상위 10개 팀

NCAA 토너먼트 브라켓

매년 많은 사람이 NCAA 토너먼트 브라켓을 만든다. 이 브라켓을 만들 때 각 경기에서 누가 승리할지 맞히려면, 우리의 시뮬레이션상의 해당 경기에서 더 많이 승리한 팀을 고르면 된다. 예를 들어, 동부 지역 우승 팀을 고르려면, 우리의 시뮬레이션상에서 동부 지역 우승자를 나타내는 셀 D16을 살펴보면 된다. 여러 번의 시뮬레이션을 돌려 보고 D16 셀에 가장 많이 나타나는 팀을 브라켓에 포함하면 된다. 2017년의 경우 이 시뮬레이션을 돌려 보면 빌라노바가 압도적으로 많이 선택될 것이다. 따라서, 브라켓에 동부 지역 우승 팀으로 빌라노바를 선택하면 된다.

NFL 플레이오프 시뮬레이션

NFLplayoffsimjanl_2017.xlsx 파일은 NFL 플레이오프 경기들을 시뮬레이션할 수 있는 템플릿이다. NFL 플레이오프 시뮬레이션은 앞의 NCAA 토너먼트 시뮬레이션과 비슷한 방법으로 돌아간다. 한 가지 차이점은 매 라운드 시드 배정을 다시 하여 시드가 높은 팀의 홈에서 경기를 한다는 것이다. [표 47-7]에 나와 있는 것과 같이, C 열에 NFC 팀들을 시드 순서대로 입력한 다음 AFC 팀들을 그 밑에 시드 순서대로 입력해 놓았다. 그다음 D 열에 각 팀의 레이팅을 입력하였다(여기서 우리는 최소 제곱 레이팅을 사용하였다). 레이더스의 경우 의도적으로 레이팅을 7점 낮추었다. 해당 시즌 주전 쿼터백인 데이비드 카와 백업 쿼터백인 매트 맥글로인이 모두 부상을 당해 3번 쿼터백이 경기에 나섰기 때문이다. F9를 누르고 나면 데이터 표에서 이 시뮬레이션을 10,000번 돌려 준다. E-G 열에는 각 팀의 콘퍼런스 우승 확률과 슈퍼볼 우승 확률이 계산되어진다. AFC 팀들이 대체적으로 약해 패트리어츠의 AFC 우승 확률은 61%였고 슈퍼볼 우승 확률은 35%였다. 물론 패트리어츠가 실제로 슈퍼볼을 차지하였다.

B	C	D	E	F	G
		레이팅	NFC 콘퍼런스	AFC 콘퍼런스	슈퍼볼
1	댈러스 카우보이스	6.97	0.416	0.000	0.199
2	애틀랜타 팰컨스	8.48	0.410	0.000	0.220
3	시애틀 시호크스	2.13	0.064	0.000	0.023
4	그린베이 패커스	2.83	0.061	0.000	0.023
5	뉴욕 자이언츠	2.13	0.035	0.000	0.014
6	디트로이트 라이언스	-1.4	0.014	0.000	0.004
1	뉴잉글랜드 패트리어츠	9.29	0.000	0.597	0.340
2	캔자스시티 치프스	5.6	0.000	0.255	0.119
3	피츠버그 스틸러스	4.74	0.000	0.107	0.050
4	휴스턴 텍산스	-2.63	0.000	0.023	0.006

| 5 | 오클랜드 레이더스 | −3.74 | 0.000 | 0.010 | 0.002 |
| 6 | 마이애미 돌핀스 | −2.4 | 0.000 | 0.008 | 0.002 |

[표 47–7] 2017 NFL 플레이오프 예상 확률

승리 확률 조정과 Platt Scaling

이번 챕터에서 우리는 어떻게 팀 레이팅을 이용해 승리 확률을 계산하는지에 대해 살펴보았다. 그렇다면 이렇게 구한 승리 확률이 얼마나 정확한지는 어떻게 테스트할 수 있을까? 정확도를 측정하려면, 이 확률을 바이너리 사건(승 혹은 패)으로 전환시키고 우리의 예측이 실제 결과와 맞아떨어지는 비율을 계산하면 된다. 예를 들어, https://thepredictiontracker.com과 같은 웹사이트에서는 다양한 예측치의 정확도를 지속해서 분석하고 있다. 하지만, 어떤 사람들에게는 승리 확률의 정확도를 계산하는 것이 가장 좋은 지표가 아닐 수도 있다. 예를 들어, 만약 이 정보를 스포츠 베팅에 이용하고 싶다면, 단순히 예측치가 얼마나 정확한지보다 스프레드 베팅에서 승리할 정확한 확률을 구하고 싶을 수도 있다. 이를 통해 베팅에서의 예상 손익을 계산해 볼 수 있기 때문이다. 따라서, 예측 모델을 확률 보정(probability calibration)을 통해 평가하는 것이 중요하다. 이를 위해서는 예측 모델의 검증 곡선(validation curve)을 그려 보아야 한다. 앞서 Chapter 39에서 검증 곡선에 대하여 이야기한 바 있지만, 어떻게 모델의 보정을 향상할 수 있는지에 대해 다시 살펴보도록 하겠다.

보통 로지스틱 회귀 모형은 결과를 확률로 계산하는 것이 용이한 편이다. 로지스틱 회귀 모형의 결과를 직접적으로 확률로 전환시켜 해석이 가능하기 때문이다. 하지만, 다른 분류 모형들은 그렇지 않다. 이러한 모델들은 단순히 분류 점수를 보여주고, 이 분류 점수들을 다시 확률로 변환시켜 주는 과정을 거쳐야 하기 때문이다. 이 과정에서 다양한 이유로 인해 정확하지 않은 확률로 변환되는 현상이 발생한다.

예를 들어, 모델의 가정이 잘못되었다거나 모델에서 빠뜨린 변수(omitted variable)가 있는 경우이다. 특히, 모델에서 빠뜨린 변수가 있는 경우 회귀 분석을 통해 얻은 팀 레이팅으로 계산한 승리 확률에 문제가 발생한다. 여러 중요한 예측 변수가 고려되지 않았을 수 있기 때문이다. 다행히도, 확률 모델을 조금 더 정확하게 만들 수 있는 방법이 존재한다. 가장 유명하고 많이 사용되는 방법은 Platt Scaling이다.[203] Platt Scaling은 로지스틱 회귀 분석의 결괏값을 그대로 다시 동일한 로지스틱 회귀 모형에 독립 변수로 대입하여 분석하는 방법이다. 더 구체적으로 이야기하자면, 만약 f(x)가 원래 모델의 분류 점수(즉, 확률)라면, Platt Scaling은 새로운 확률을 아래와 같이 추정한다.

$$\Pr(y = 1|x) = \frac{1}{1 + e^{(Af(x)+B)}}$$

여기서 A와 B는 분석에서 얻은 계수들이다.

Platt Scaling의 효과를 보여 주고자, 2016 NFL 시즌 팀 레이팅을 통해 승리 확률을 계산해 보겠다. 4~16주차 사이의 정규 시즌 모든 경기에 대하여, Chapter 46에서 설명했던 오차 제곱 회귀 분석을 통해 팀 레이팅을 계산하였다. 그리고 이를 통해 다음 주 경기의 홈 팀 승리 확률을 계산하였다. 그다음, 이 모델의 신뢰도 커브(reliability curve)와 log-loss[204]를 계산하였다. Log-loss는 예측 모델의 정확도를 측정하는 지표이다. Log-loss는 아래와 같이 정의된다.

$$log - loss = -\frac{1}{N} \sum_{i=1}^{N} (y_i \log(p_i) + (1 - y_i) \log(1 - p_i))$$

---

203 J. Platt, "Probabilistic outputs for support vector machines and comparisons to regularized likelihood methods," in Advances in Large Margin Classifiers, 10(3), 1999, 61-74.
204 역주. 모델에서의 예측치와 실제 결과 사이의 오차를 정의하는 함수. 예측 모델의 성능을 나타내는 지표로 쓰인다.

이 식에서 y_i는 경기 i에서 홈 팀이 승리하였을 때 1이고 패배하였을 때 0이다.[205] p_i는 우리 모델에서 예측된 경기 i에서의 홈 팀 승리 확률이다. Log-loss가 작을수록 더 좋은 모델이다. 처음 세운 모델 분석을 마친 후, Platt scaling을 이용하여, 원래 모델의 결과를 보정한 후 보정된 모델의 신뢰도 커브와 log-loss를 다시 계산하였다.

[그림 47-2]에 결과가 나와 있다. 그림의 윗부분은 원래 모델과 보정된 모델의 검증 곡선을 나타내고 있다. 원래 모델을 살펴보면, 예측값이 실젯값과 꽤 비슷함을 알 수 있다(검증 곡선이 y=x선과 비슷하게 움직인다). 특히 확률이 30% 이상인 경우에는 더 잘 예측하는 것으로 보인다. Log-loss는 0.67로 계산되었다. Platt Scaling을 한 후 log-loss 값이 약간 내려가서 0.64를 기록했다. Platt Scaling에 사용된 계숫값은 A=-1.17, B=2.74였다. [그림 47-3]은 Platt Scaling을 통해 얻어 확률 보정에 사용된 S자 함수를 보여 주고 있다. 신뢰도 곡선은 y=x선과 거의 비슷하게 나타났다. 하지만, [그림 47-2]의 아래쪽에서 볼 수 있듯이, Platt Scaling은 예측치의 신뢰도를 떨어뜨린다(예측 확률의 범위). 보정 모델이 산출하는 확률의 범위는 [0.27, 0.8]인 반면, 보정이 덜 된 원래 모델의 경우 출력하는 확률의 범위가 [0.08, 0.92]이다. 이는 [그림 47-3]의 S자 함수에서도 확인할 수 있다. Platt Scaling에 입력하는 값들이 이미 확률값이라는 것을 고려해 볼 때, S자 함수는 이 확률들을 더 작은 범위에 나타내게 된다(그림 세로축의 검은 선 사이).

---

205 NFL 경기에서 무승부 확률은 1% 이하이므로 무승부인 경우는 분석에서 제외하였다.

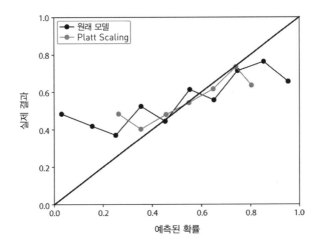

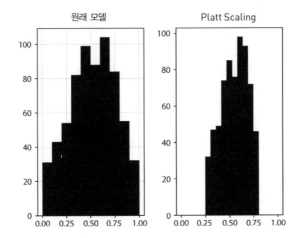

[그림 47-2] Platt Scaling은 승리 확률을 더 잘 보정해 준다(그림 위쪽).
하지만, 신뢰도를 떨어뜨린다(그림 아래쪽)

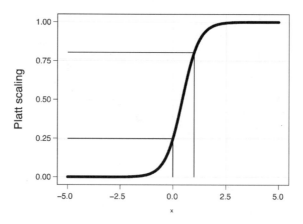

[그림 47-3] 승리 확률 모델을 보정하고자 S자 함수가 사용되었다. 이 보정 모델의 신뢰도는 원래 모델보다 낮게 나타난다

Platt Scaling은 확률 모델을 보정하는 다양한 방법 중 한 가지이다. 예를 들어, 확률 모델을 보정하는 데 Isotonic 회귀 분석을 이용할 수도 있다. 관심이 있는 독자들은 쿤(Kuhn)과 존슨(Johnson)의 책인 『Applied Predictive Modeling』[206]을 읽어보길 추천한다.

챕터 47 부록:
데이터 표 기능을 이용하여 시뮬레이션 돌리기

Chapter 1 부록에서 엑셀 데이터 표 기능에 대해 간략하게 설명한 바 있다. Nbaplayoffs2017.xlsx 파일에서 워리어스와 캐벌리어스 간의 플레이오프 시리즈를 1,000번 시뮬레이션해 보았다. 셀 E16에는 만약 이 시리즈가 7차전까지 갔을 때 워리어스가 몇 경기에서 승리할 것인가가 계산되어 있다. 그리고 셀 E20에는 워리어스가 시리즈에서 승리하였을 때 1, 패배하였을 때 0이 입력되도록 되어 있다.

206 M. Kuhn and K. Johnson, Applied Predictive Modeling, Springer, 2016.

셀 E20을 1변수 데이터 표의 결괏값으로 설정했다. 우리가 데이터 표를 설정할 때(표 범위는 J21:J1020), 열 입력 셀에는 비어 있는 셀 아무 곳이나 입력했다. 그다음 엑셀은 선택된 열 입력 셀에 1을 입력한 다음 셀 E20의 값을 계산한다. 엑셀은 RAND() 함수를 다시 시행하고 그 결과가 워리어스 캐벌리어스 플레이오프 시리즈의 첫 번째 시뮬레이션 결과가 된다. 그다음, 엑셀은 비어 있는 열 입력 셀에 2를 입력한다. 그다음 RAND() 함수가 다시 실행되고, 두 번째 시뮬레이션 결과가 계산된다. 따라서, 우리의 데이터 표는 이 시리즈를 1,000번 시뮬레이션을 돌리게 된다. 이를 통해 워리어스가 승리하는 경우가 95% 정도라는 것을 알 수 있었다.

데이터 표를 사용하면 가끔 엑셀이 느려지는 경우가 있다. 이 때문에, 데이터 표를 활용해 시뮬레이션을 돌릴 때는, 보통 수식 탭에 있는 계산 옵션으로 가서 데이터 표만 수동을 선택한다. 이렇게 하면, F9(혹은 Fn+9) 키를 누를 때만 데이터 표가 다시 계산된다.

CHAPTER 48
NCAA 평가 도구
(NCAA Evaluation Tool, NET)

대학 농구 시즌 동안, 농구 팬들은 '3월의 광란(NCAA 토너먼트)' 팀 선정과 시드 선정을 간절하게 기다린다. NCAA 팀 선정 위원회는 각 팀의 상대적 능력을 정확하게 평가하고자 한다. 거의 40년 동안(1981년부터 2018년까지), NCAA 토너먼트 팀 선정 위원회는 팀의 승패 기록만을 사용하길 원했고, 각 팀이 얼마나 많은 득점을 올리는지는 고려하지 않았다. NCAA는 만약 토너먼트 진출 팀 선정에 득점을 고려하게 되면, 강팀들이 약팀들을 만났을 때 계속 득점만을 올리려는 시도를 할 것이라고 걱정했다. Chapter 46에서 설명했던 로지스틱 회귀 분석을 이용하여 NFL 팀들의 실력을 측정하는 랭킹 시스템이 오로지 승률만으로 대학 농구 팀들을 평가하는 데도 아주 잘 활용될 수 있다. 하지만 NCAA는 37년 동안 매우 복잡하고 오류 투성이인 RPI(Rating Percentage Index)를 사용해 왔다. 이 책의 이전 버전에서 우리는 NCAA가 이제 이 시스템을 버리기를 희망했다. 다행스럽게도, 2018년 드디어 NCAA가 이 시스템을 버렸다.

RPI를 대체한 것은 NET(NCAA Evaluation Tool)이다. NET는 다섯 개 변수를 고려한다.

- 팀 가치 인덱스
- 순 효율
- 승률
- 조정 승률
- 득점 마진

이제 각각의 변수에 대해 살펴보자.

팀 가치 인덱스: 상대 팀과 경기장 위치(홈/어웨이/중립)를 고려한 경기 결과에 따른 팀 레이팅. 득점 마진은 10점이 한도이다. 연장전에 돌입한 경우, 득점 마진은 1점으로 제한된다. 경기가 치러진 날짜는 고려되지 않는다(즉, 시즌 첫 경기나 콘퍼런스 결승전이나 똑같은 가중치를 갖는다). NCAA는 팀 가치 인덱스가 어떻게 계산되는지 세부 사항을 공개하지 않는다. 하지만 우리가 앞선 챕터들에서 설명했던 팀 레이팅을 바탕으로 한 회귀 분석과 매우 유사할 것으로 추정된다.

순 효율: 100번의 공 소유권당 득점과 실점 간의 차이. 공격 공 소유권 횟수를 계산하고자 NET는 다음의 공식을 이용한다. N(공격 공 소유권)=FGA+TO−OREB+0.475FTA 마찬가지로, 수비 공 소유권 횟수를 계산하려면 다음의 공식을 이용한다. N(수비 공 소유권)=OppFGA+OppTO−OppOREB+0.475OppFTA 예를 들어, [표 48-1]은 조지아테크와 피츠버그 간의 2020년 경기 박스 스코어를 보여 주고 있다. 이 경기에서 피츠버그의 순 효율은 +30.32였다. 즉, 피츠버그가 조지아테크를 100번의 공 소유권당 30점 앞섰다는 의미이다. 반대로 조지아테크의 순 효율은 −30.32이다. 한 시즌 전체 순 효율은 모든 경기의 박스 스코어 기록들을 모두 더해서 구해진다. 이러한 방식의 순 효율 계산이 가져오는 한 가지 문제점은 팀 가치 인덱스를 계산할 때 득실 마진을 10점으로 제한했던 것을 무의미하게 만든다는 점이다. 팀들은 여전히 최대한 득점을 많이 올리려고 할 것이다. 팀 가치 인덱스에서 득실 마진이 10점으로 제한되지만 순 효율은 득점을 많이 할수록 올라가기 때문이다.

	점수	필드 골 시도(FGA)	실책(TO)	공격 리바운드(OREB)	자유투 시도(FTA)	공 소유권
피츠버그	73	57	8	11	15	61.13
조지아테크	64	50	22	13	27	71.83
피츠버그	공격 효율성	119.43				
	수비 효율성	89.11				
	순 효율	30.32				

[표 48-1] 박스 스코어에서 순 효율 계산하기

승률: 기본적인 한 팀의 승률이다. 즉, 승수/총경기 수.

조정 승률: 조정 승률에서는 각 경기가 어디서 치러졌는지가 중요하다. 구체적으로 이야기하자면, 원정 승리는 1.4승과 같고, 홈 승리는 0.6승과 같다. 중립 경기 승리는 1승이다. 이와 마찬가지로, 원정 패배는 0.6패로 계산되고, 홈 패배는 1.4패로 계산된다. 중립 경기 패배는 1패이다. 이제 피츠버그가 홈에서 2승, 원정에서 1패, 중립에서 1패를 기록했다고 하자. 그러면 피츠버그의 조정 승률은 1.2승-1.6패, 즉, 0.428이다.

득점 마진: 총득점 빼기 총실점. 득실 마진의 최대 한도는 10점(10점 이상 차이로 승리해도 득점 마진은 10점이다)이고 연장전에 갈 경우 1점이다.

NCAA는 어떻게 이 다섯 가지 변수를 조합하여 최종 랭킹을 매기는지 세부 사항을 공개하지 않는다. 하지만, NCAA는 이 다섯 가지 항목을 통해 향후 경기 결과들을 잘 예측하는 것이 최종 목적이라는 점을 밝히고 있다. 따라서, 과거 시즌 데이터를 이용해서 NCAA가 대학 농구 경기를 예측하는 모델을 교차 검증하고 있다고 가정하는 것이 합리적일 것이다.

NET가 RPI보다 나은가? 물론 모든 랭킹 지표는 장단점이 있다. 따라서, 여기서는 단순하게 이 두 지표를 통해 얻은 랭킹들을 비교해 보고자 한다. 예를 들어, 만약 이 두 지표의 결과가 비슷하다면, NET를 사용할 필요가 없지 않은가? 우리는 NET가 처음 도입되었던 2018~2019 시즌 NET와 RPI 랭킹 데이터를 모아 스피어맨 랭크 상관 계수를 구해 보았다. 그 결과 0.95라는 매우 높은 상관 계수를 얻었다. 하지만, 이를 조금 더 자세히 들여다보니, 상관 계수가 이렇게 높은 이유는 두 지표 모두 효과적으로 약팀들에 낮은 랭킹을 부여하기 때문이었다. 만약 톱 10, 톱 25팀들만을 분석할 경우, 두 지표는 여전히 상관관계가 있긴 하지만 상관성이 훨씬 약해졌다. [표 48-2]에 상관관계 분석 결과를 정리해 놓았다.

톱 k	스피어맨
10	0.45
25	0.72
50	0.86
100	0.87
200	0.88
300	0.93
353	0.95

[표 48-2] 톱 k 팀들을 대상으로 한 RPI와 NET 간의 스피어맨 랭크 상관 계수

시간이 지나면 팬, 미디어, 팀들이 NET를 개선해야 한다고 요구할지도 모른다. 언젠가는 이러한 요구가 생길 것이라고 믿지만 정확히 언제 일어날지에 대해서는 필자도 알 수 없다.

CHAPTER 49
최적의 베팅 금액 설정

콜츠 −12에 베팅하는 것이 매우 높은 승률을 가지고 있다고 믿고 있는 상황을 가정해 보자. 우리는 콜츠가 이 스프레드 베팅에서 승리할 확률이 90%라고 믿는다. 이러한 경우는 실제로 발생하기 어렵겠지만 일단은 이러한 상황이 존재한다고 가정해 보자! 우리가 가진 총자산의 몇 퍼센트를 이 경기에 베팅해야 할까? 승리 확률이 90%인 베팅에 총자산 전부를 베팅하면, 첫 번째로 베팅에서 패배했을 때 모든 돈을 날려 버릴 것이다. 따라서, 아무리 승리 확률이 높아도, 매우 보수적으로 베팅 금액을 산정해야 한다.

에드워드 켈리(Edward Kelley, 1956)는 베팅할 때 한 번의 베팅에 총자산의 몇 퍼센트를 걸어야 하는지 계산하는 방법을 제시했다. 켈리의 연구에 대한 이야기는 윌리엄 파운드스톤(William Poundstone)의 「Fortune's Formula(2005)」에 매우 잘 설명되어 있다. 켈리는 매 베팅 시의 장기 기대 수익률을 최대화하는 것이 최종 목표라는 가정에서부터 출발했다. 예를 들어, 승리 확률이 60%라면, 우리가 가진 자산의 14.55%를 베팅해야 한다. 이 경우 장기적으로 우리의 자산은 베팅당 평균 1.8%씩 증가할 것이다. 최적의 베팅 금액을 설정하는 켈리의 공식은 다음과 같다. 1달러에서 시작한다고 가정해 보자. 베팅 후 현재 자산의 자연 로그의 기댓값을 최대화하

는 퍼센티지를 계산한다. kelley.xlsx에는 엑셀 해 찾기 기능을 이용하여 아래 변수
들을 바탕으로 한 최적 베팅 금액을 계산해 놓았다.

- WINMULT=이겼을 때 1달러당 이익
- LOSEMULT=패배했을 때 1달러당 손실
- PROBWIN=승리 확률
- PROBLOSE=패배 확률

전형적인 미식축구 포인트 스프레드 베팅을 예로 들자면, WINMULT=1이
고 LOSEMULT=1.1이다. 슈퍼볼 머니 라인 베팅에서 콜츠 −240에 베팅한다면,
WINMULT=100/240=0.417이고 LOSEMULT=1이다. 슈퍼볼 머니 라인 베팅에서
베어스 +220에 베팅한다면 WINMULT=220/100=2.2이고 LOSEMULT=1이다. 켈
리는 승리 확률이 p라고 할 때 우리의 최종 자산 자연 로그의 기댓값이 최대가 되게
하는 전체 자산의 퍼센티지(f)만큼을 베팅해야 한다고 하였다.

$$p \times \ln(1 + WINMULT \times f) + (1-p) \times \ln(1 - LOSEMULT \times f) \qquad (1)$$

위의 식의 값이 최대가 되도록 하는 f 값을 찾으려고 위 식의 미분값이 0이 되도
록 하는 f 값을 찾아보았다. 위 식을 미분하면 다음과 같다.

$$\frac{p \times WINMULT}{(1 + WINMULT \times f)} + \frac{(1-p) \times LOSEMULT}{(1 - LOSEMULT \times f)}$$

이 식을 0으로 만드는 f는

$$f = \frac{pWINMULT - (1-p)LOSEMULT}{WINMULT \times LOSEMULT}$$

위 식에서의 분자는 베팅에서 1달러당 기대 이익이다. 이 식에 따르면, 최적의 베팅 금액 퍼센티지는 승리 확률에 대한 1차 함수이다. 이는 참 명쾌한 식이다!

켈리는 또한 장기적으로 총자산의 f만큼을 베팅하는 것이 베팅당 장기 자산 성장률을 $e^{기대\ln(최종\ 자산)}$으로 만들어 준다는 점도 밝혔다. 여기서 기대 ln(최종 자산)은 앞의 (1) 식이다.

위의 f에 관한 식을 단순화하면 다음과 같이 표현할 수 있다.

$$f = \frac{p}{LOSEMULT} - \frac{q}{WINMULT}$$

이 식에 따르면 승리 확률이 올라가거나 WINMULT가 올라갈 때 베팅 금액을 키워야 한다는 점이 명확하다. 또한 패배 확률이 올라가거나 LOSEMULT가 올라갈 때 베팅 사이즈를 줄여야 한다.

한 가지 예로, 승률이 60%인 NFL 포인트 스프레드 베팅의 최적 베팅 금액을 계산해 보자. 여기서 f는 다음과 같다.

$$f = \frac{0.6(1) - 0.4(1.1)}{1(1.1)} = 0.145$$

[표 49-1]에 켈리 공식을 사용했을 때의 베팅당 최적 베팅 금액과 기대 자산 성장률을 정리해 놓았다.

M	N	P
승률	베팅 퍼센티지	베팅당 기대 성장률
0.54	0.0309	0.053%
0.55	0.0500	0.138%
0.56	0.0691	0.264%
0.57	0.0882	0.430%
0.58	0.1073	0.639%
0.59	0.1264	0.889%
0.6	0.1455	1.181%
0.61	0.1645	1.516%
0.62	0.1836	1.896%
0.63	0.2027	2.320%
0.64	0.2218	2.790%
0.65	0.2409	3.307%
0.66	0.2600	3.873%
0.67	0.2791	4.488%
0.68	0.2982	5.154%
0.69	0.3173	5.873%
0.7	0.3364	6.647%
0.71	0.3555	7.478%
0.72	0.3745	8.368%
0.73	0.3936	9.319%
0.74	0.4127	10.335%
0.75	0.4318	11.418%
0.76	0.4509	12.572%
0.77	0.4700	13.800%
0.78	0.4891	15.106%
0.79	0.5082	16.496%
0.8	0.5273	17.973%
0.81	0.5464	19.544%
0.82	0.5655	21.214%
0.83	0.5845	22.991%
0.84	0.6036	24.883%
0.85	0.6227	26.898%
0.86	0.6418	29.047%
0.87	0.6609	31.342%
0.88	0.6800	33.795%
0.89	0.6991	36.424%
0.9	0.7182	39.246%

[표 49-1] 켈리 공식과 승률에 따른 평균 자산 성장률

[그림 49-1]과 [그림 49-2]는 최적 베팅 퍼센티지 및 기대 장기 성장률과 베팅 승률과의 관계를 도식화해 놓았다.

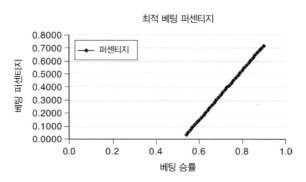

[그림 49-1] 베팅 승리 확률에 따른 최적 베팅 퍼센티지

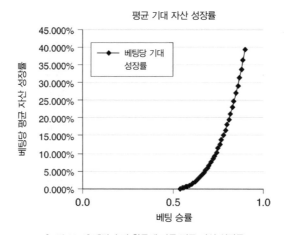

[그림 49-2] 베팅 승리 확률에 따른 평균 자산 성장률

앞서 이야기했듯이, 최적 베팅 퍼센티지는 베팅 승리 확률의 일차 함수이다. 하지만 평균 자산 성장률은 베팅 승리 확률 증가보다 빠르게 증가한다.

최적 베팅 퍼센티지의 중요성을 보여 주려고, 우리가 미식축구 포인트 스프레드 베팅에서 승률 60%를 기록한다고 가정해 보자. [표 49-2]는 각 경기에서 베팅하는 총자산의 퍼센티지에 따라서 장기 평균 성장률이 어떻게 변하는지 보여 주고 있다.

K	L
f	평균 성장률
0.05	0.67%
0.1	1.06%
0.15	1.18%
0.2	1.01%
0.25	0.53%
0.3	−0.28%
0.35	−1.43%
0.4	−2.96%
0.45	−4.91%
0.5	−7.33%

[표 49-2] f 값에 따른 평균 장기 성장률

만약 우리가 각 경기에 자산의 30% 이상을 베팅했다면, 장기적으로 베팅 승률 60%를 기록하더라도 우리의 자산은 오히려 줄어들 것이다!

CHAPTER 50

캘커타
(Calcuttas)

　캘커타 경매에서는 모든 참여자가 NCAA 대학 농구 토너먼트나 골프 마스터스 토너먼트와 같은 대회 참가 팀(선수)에 대해 경매에 입찰한다. 이번 챕터에서는, NCAA 대학 농구 토너먼트 캘커타 경매에 집중하도록 하겠다. 각 팀에 대한 입찰은 보통 무작위 순서로 시작된다. 그리고 각각의 팀은 가장 높은 금액을 입찰한 사람에게 낙찰된다. 여기서 낙찰받은 사람(owner)은 낙찰받은 해당 팀의 토너먼트 성적에 따라 상금을 받게 된다. 토너먼트가 끝난 후, 입찰된 금액의 총합이 일정 퍼센티지에 따라 나눠진다. 예를 들어 아래와 같이 상금이 정해진다고 가정해 보자.

- 1승을 거둔 팀에는 총입찰금의 2%를 지불
- 2승을 거둔 팀에는 총입찰금의 5%를 지불
- 3승를 거둔 팀에는 총입찰금의 15%를 지불
- 4승을 거둔 팀에는 총입찰금의 20%를 지불
- 5승을 거둔 팀에는 총입찰금의 25%를 지불
- 우승 팀에는 총입찰금의 33%를 지불

가끔 실력이 좋지 않은 팀에도 입찰을 유도하려고, 가장 성적이 좋지 않은 팀의 오너에게 5%를 지불하기도 한다.

이 캘커타 경매는 명확한 제로섬 게임이다. 따라서, 만약 어떠한 팀의 기대 성적에 따른 상금보다 낮은 금액으로 낙찰받으면, 평균적으로 돈을 벌게 된다. 캘커타 경매에서 성공하려면 가장 중요한 것은 총입찰금이 얼마나 될지 잘 예측하는 것이다.

먼저, 각 팀이 총입찰금의 몇 퍼센트를 받을지 계산해야 한다. 우리가 Chapter 47에서 했던 것처럼 시뮬레이션을 돌려 각 팀이 몇 승을 거둘 것인지에 대한 확률을 계산해 볼 수 있다. 이렇게 하면, 각 팀이 최종적으로 총입찰금의 몇 퍼센트를 받을지 대략 계산해 볼 수 있다. 2015년 NCAA 대학 농구 토너먼트 데이터를 바탕으로 한 이러한 계산은 calcutta.xlsx에서 찾아볼 수 있다([표 50-1] 참고).

E	F	G	H	I	J	K	L	M
		16	8	4	2	1	1	1
	각 팀이 받는 퍼센티지	0.00125	0.00625	0.0375	0.1	0.25	0.33	
	총 퍼센티지	2	5	15	20	25	33	
	몇 팀이 이 금액을 받는가?	16	8	4	2	1	1	
팀	0	1	2	3	4	5	6	기대 퍼센티지
켄터키	0.0024	0.0532	0.0668	0.1132	0.1954	0.1446	0.4244	0.20047
위스콘신	0.0156	0.1112	0.209	0.2476	0.2392	0.0706	0.1068	0.08754
버지니아	0.0164	0.1956	0.1842	0.2398	0.145	0.1266	0.0924	0.08703
듀크	0.0166	0.1358	0.2096	0.23	0.1792	0.1386	0.0902	0.09244
빌라노바	0.0118	0.1338	0.196	0.2656	0.1656	0.1414	0.0858	0.09158
애리조나	0.0076	0.2036	0.1846	0.2638	0.2116	0.055	0.0738	0.07056
곤자가	0.0206	0.2206	0.231	0.2412	0.142	0.093	0.0516	0.06524
노스캐롤라이나	0.1214	0.2472	0.4036	0.125	0.0774	0.0146	0.0108	0.02247
노트르담	0.0774	0.3484	0.2506	0.2516	0.0472	0.0152	0.0096	0.02312
캔자스	0.096	0.3174	0.2628	0.259	0.04	0.0154	0.0094	0.0227
아이오와 주립	0.0552	0.2588	0.385	0.1746	0.0774	0.0396	0.0094	0.03002
오클라호마	0.0792	0.2822	0.4156	0.1344	0.0552	0.0248	0.0086	0.02255
유타	0.24	0.2404	0.3212	0.1102	0.0532	0.0272	0.0078	0.02113
루이빌	0.1306	0.3052	0.3704	0.124	0.048	0.0174	0.0044	0.01795

베일러	0.159	0.2722	0.3686	0.1328	0.0526	0.012	0.0028	0.01681
웨스트버지니아	0.2702	0.2696	0.4066	0.0288	0.0188	0.004	0.002	0.0075
위치토 주립	0.3324	0.3688	0.1616	0.1156	0.0158	0.0042	0.0016	0.00896
메릴랜드	0.2866	0.36	0.317	0.0218	0.0106	0.0028	0.0012	0.0054
미시건 주립	0.3312	0.502	0.0764	0.0604	0.0216	0.0074	0.001	0.00771
아칸소	0.2108	0.4872	0.2386	0.0444	0.0166	0.0016	0.0008	0.00609
북아이오와	0.1918	0.44	0.2772	0.0642	0.0222	0.0038	0.0008	0.00812
아이오와	0.4216	0.4276	0.085	0.0454	0.0144	0.0052	0.0008	0.00577

[표 50-1] NCAA 2015 기대 캘커타 상금

예를 들어, 켄터키는 총입찰금의 20.04%를 받을 것으로 예측되었고 위스콘신은 8.8%를 받을 것으로 예측되었다.

입찰이 시작되기 전에, 총입찰금의 규모를 예측해야 한다. 이는 쉽지 않은 예측이 겠지만, 작년 총입찰금 규모와 동일할 것이라는 가정에서 출발해 볼 수 있을 것이다. 전체 입찰금 규모가 50,000달러로 예측된다고 가정해 보자. 그리고 캔자스가 첫 번째 입찰 대상 팀이라고 가정해 보자. 캔자스가 각 라운드를 통과할 확률을 기반으로 계산해 보면 이 팀은 최종적으로 총입찰금의 약 2.27%를 받을 것이다. 만약 캔자스를 0.0227×(50,000)=$1,135보다 낮은 금액으로 낙찰받을 수 있다면, 기대 수익이 양수가 될 것이고 따라서 이 입찰에 참여하여 낙찰을 노려봐야 한다. 만약 이 입찰에서 캔자스에 $2,000 정도의 가치가 매겨진다면, 이를 바탕으로 총입찰금의 규모는 [(1/0.0227)]×$2,000=$88,091이라고 판단할 수 있다. 노트르담이 다음 입찰 팀으로 올라왔다고 가정해 보자. 만약 노트르담을 0.023×($88,091)=$2,026 이하로 낙찰받을 수 있다면 수익을 볼 것이다. 만약 노트르담에 $2,500 정도의 가치가 매겨진다면, 이제 총입찰금의 규모를 다음과 같이 다시 예측해야 한다. [1/(0.023+0.0227)]×(4,500)=$98,468 그리고 이런 방식으로 쭉 진행될 것이다.

PART 6

방법론 및 기타

CHAPTER 51

어떻게 데이터를 구할까?

데이터를 모으고 시각화하기

스포츠 애널리틱스는 데이터를 바탕으로 이루어진다. 2016~2017 시즌 NBA 경기 결과 데이터가 필요한가? 웹 브라우저를 켜고 Google에 접속하여 2016~2017 NBA 경기 결과라고 검색해 보라. 손쉽게 www.basketball-reference.com을 찾을 수 있을 것이다. 그리고 이 웹사이트에서 원하는 데이터를 얻을 수 있다. 이미 많은 사람들이 데이터를 모으고 저장하는 힘든 과정들을 끝내 놓았다. 하지만, 항상 이렇지는 않다. 특히, 과거에 자주 사용되었던 데이터가 아니라면 이렇게 쉽게 데이터를 모으는 것이 불가능할 것이다. 따라서, 최근 스포츠 데이터 과학자에게는 웹사이트나 온라인 데이터베이스에서 원하는 데이터를 모으는 능력을 갖추는 것이 필수적이다.

스포츠 데이터를 모으는 방법은 크게 두 가지가 있다. 첫 번째는, 해당 데이터를 보유한 주체가 그 데이터를 대중에게 공개하고 Application Programming Interface(API)를 제공하는 경우이다. API는 사람들이 직접 작성한 코드를 통해 특정 데이터에 접근하여 데이터를 끌어올 수 있도록 하는 일종의 고리 같은 것이다. 일반적으로 API는 횟수 제한이 걸려 있다. 즉, 한 사람이 일정 시간 동안(보통 하루 동안) API를 통해 특정 데이터에 접근할 수 있는 횟수가 제한되어 있다. 두 번째 경우는, API가 제공되지 않지만 데이터가 웹 서버에 저장되어 있는 경우이다. 보통 HTML 파일로 저장되어 있다(여러 개의 HTML 파일인 경우도 있다). 이 경우에는 HTML 파일을 다운로드 받아 필요한 정보들을 얻어야 한다. 물론, 이 과정을 직접 손으로 진행할 수는 없다. 여러분들이 이를 시작해 볼 수 있도록 몇 가지 예를 제공할 것이다. 하지만, 관심 있는 독자들은 자동 웹 데이터 스크롤링에 관한 자료들을 읽어 보기를 강력하게 권장한다.

데이터를 가지고 있는 주체가 API를 제공하는 경우부터 살펴보자. NHL은 그들의 통계 기록 웹사이트에 접근할 수 있는 API를 제공하고 있다. NHL API를 살펴보기 전에 확장 URL이 무엇인지 알아보자. 만약 우리가 구글에서 무언가를 찾아보고자 한다면, 일단 웹 브라우저를 켜고 구글의 URL인 www.google.com을 입력한 다음 검색창에 검색하려는 키워드를 입력할 것이다. 하지만 URL을 조금 다르게 입력해도 이렇게 얻을 수 있는 검색 결과와 똑같은 결과를 얻을 수 있다. 만약 URL에 https://www.google.com/search?q=nba라고 입력하면, 구글 웹 페이지의 검색창에 NBA라고 검색하지 않고도 똑같은 검색 결과를 얻을 수 있다. 이것이 확장 URL이다. 확장 URL은 그 안에 이미 사용자가 지정한 특정 작업을 수행할 수 있도록 하는 내용을 포함하고 있다. 위의 예에서, 확장 URL은 "search"라는 기능을 포함하고 있고 쿼리가 "q"로 특정되어 있다. 데이터를 제공하는 웹사이트의 API도 이러한 확장 URL과 매우 비슷하다. 데이터를 실제로 끌어오는 방법은 여러 가지가 있지만, 가장 중요한 점은, URL 안에 특정 구조가 짜여 있고 이를 통해 사용자가 데이터 제공자와 커뮤니케이션하여 원하는 데이터를 끌어올 수 있도록 한다는 것이다. 따라서 이러한 URL들의 포맷을 파악하는 것이 중요하다. 이 포맷은 대부분의 경우 데이터 제공자가 문서로 만들어 놓는다. API는 사용자가 데이터의 다양한 부분에 접근할 수 있도록 하는 엔드포인트(endpoints)들을 가지고 있다. 그리고 각 엔드포인트는 구체적인 입력값을 통해 사용자가 데이터를 필터링할 수 있도록 한다. 한 가지 예로, NHL의 API는 OpenAPI 3.0을 사용한다.[207] 사용자가 필요한 데이터를 얻으려면 세 가지 구성 요소가 포함된 URL을 만들어야 한다. (i) 베이스 URL. 이는 사용자가 데이터를 얻으려면 방문해야 하는 서버에 대한 정보를 담고 있다. (ii) 엔드포인트 경로 (iii) 입력값. 예를 들어, NHL API의 베이스 URL은 https://statsapi.web.nhl.com/api/v1이다. 사용자가 특정 데이터에 접근하려면 엔드포인트를 이용해 이 URL을 확장 URL로 만들어야 한다. 예를 들어, /game/{id}/feed/live라는 엔드포인트가 존재한다. 이 엔드포인트는 과거 경기에 대한 정보를 담고 있다. 따라서, 만약 사용자가 베이스 URL을 확장하여 https://statsapi.web.nhl.com/api/v1/game/{id}/feed/live라고 입력한다면, 세부적인 각 경기 데이터를 모을 수 있다. 하지만, 아직 끝난 것이 아니다. 이 엔드포인트는 괄호 안에 세부 정보를 입력해야 사용할 수 있다. 이것이 우리가 원하는 특정 데이터를 끌어올 수 있도록 하는 입력값이다. 이 경우에는, 필요한 입력값이 경기 ID 하나이다. 우리가 데이터를 끌어오려는 경기 ID인 2019020110을 알고 있다고 가정해 보자[208](사실은 경기 ID를 끌어올 수 있는 또 다른 엔드포인트가 존재한다). 사용자가 웹 브라우저에 https://statsapi.web.nhl.com/api/v1/game/2019020110/feed/live를 입력하면, 해당 경기에 대한 상세한 정보가 담긴 JSON 파일을 받을 수 있을 것이다. 이 데이터에는 숏, 위치, 페널티 등 모든 정보가 담겨 있다. API는 사용자의 데이터를 분석하고자 체계적으로 데이터를 받을 수 있도록 도와준다. 하지만 API에서 제공하는 포맷을 정확히 따라야 한다. 베이스 URL은 아파트 단지 주소, 엔드포인트는 아파트 내 특정 동 1층 현관 출입문, 입력값은 실제 집으로 들어가는 문 비밀번호라고 생각하면 쉬울 것 같다. 만약 잘못된 비밀번호를 입력하면, 문을 열고 들어갈 수 없을 것이다. 하지만, 현관문 비밀번호

---

207 https://swagger.io/docs/specification/about/

208 경기 ID는 특정 포맷을 가지고 있다. 첫 번째 4자리 숫자는 시즌을 의미하고(예: 2019는 2019~2020 시즌), 다음 두 자리는 경기 종류(예: 02는 정규 시즌 경기), 마지막 4자리는 몇 번째 경기인지를 나타낸다(예: 0110은 시즌 110번째 경기).

가 종종 바뀌듯이 API도 마찬가지로 시간이 지나면서 조금씩 변화한다. 따라서, 데이터 제공자가 API 버전을 바꾸었는지 항상 확인해 보아야 한다. 언젠가 엔드포인트가 바뀌었을 수도 있다.

이제 API가 없는 경우에 대해 이야기해 보자. 이 경우, 끌어오려는 데이터를 가지고 있는 웹 페이지를 직접적으로 관리하는 라이브러리를 이용할 필요가 있다. 예를 들어, 2016~2017 시즌 NBA 데이터는 https://www.basketball-reference.com/leagues/NBA_2017_games-{month}.html에서 찾을 수 있다. 여기서 {month}에는 해당 월을 입력해야 한다(예: "october", "november"). 이 URL은 API URL이 아니다. API URL은 컴퓨터가 읽을 수 있는 포맷으로 데이터를 출력한다. 예를 들어, JSON, XML, CSV와 같은 형식이다. 하지만 이 예에서의 URL은 데이터가 포함된 HTML 파일이 들어 있는 웹 페이지를 불러온다. 이렇게 될 경우 좋은 점과 안 좋은 점이 있다. 좋은 점은, 이렇게 불러온 웹 페이지의 HTML 파일에 데이터가 있다는 것이다! 안 좋은 점은, 이 데이터들을 추출하려면 추가적인 작업이 필요하다는 것이다. 이 웹 페이지에서 HTML 파일을 다운로드 하면, 여기에 해당 정보들을 웹 페이지에서 어떻게 표시해야 할지에 관한 HTML 마크업이 포함되어 있다. 따라서, 분석 라이브러리를 통해 이 마크업들을 처리하고(예, 파이썬 BeautifulSoup) 필요한 데이터를 끌어와야 한다.[209] 하지만, API의 경우처럼, 웹 페이지 구조도 바뀔 수 있다. 따라서, 변경 사항을 항상 확인해야 한다.

HTML 스크래핑을 사용할 때, 사용자가 지나치게 많은 데이터를 스크래핑하고 있지는 않은지 확인하고자 웹 서버가 사용자의 IP 주소를 추적할 수도 있다. 만약 사용자가 자동화된 스크래핑 프로그램을 사용하고 있다고 생각하면, IP 주소를 차단할 수도 있다. 이렇게 하는 이유 중 하나는, 너무 많은 양을 스크래핑할 경우 동

---

209 이 책의 GitHub 페이지에, 파이썬을 이용하여 basketball-reference.com에 있는 데이터들을 어떻게 끌어올 수 있는지 상세한 예를 올려놓았다.

시간에 해당 웹 사이트를 이용하는 다른 사용자들에게 방해가 되기 때문이다. 서버의 리소스는 무한하지 않다. 따라서, 만약 사용자의 코드가 너무 많은 리퀘스트를 빠른 속도로 처리하고자 하면, 서버 리소스의 많은 부분을 한 번에 사용하게 된다. 이렇게 되면 다른 사용자들은 해당 웹사이트를 사용할 수 없다. 따라서, 스크래핑할 때는 리퀘스트의 속도를 적절히 조절하는 것이 중요하다. 코드를 작성할 때 일정 숫자를 리퀘스트한 후 잠시 쉬게(sleep) 하는 코드를 삽입하는 것이 가장 쉬운 방법이다.

대중적인 API의 경우, 대부분의 사람이 미리 래퍼(wrapper) 라이브러리를 만들어 사용자들이 세부적 구조를 모르더라도 API를 이용해 데이터를 끌어갈 수 있도록 해 놓는다. 래퍼 라이브러리는 사용자가 문을 열 수 있는 열쇠를 쉽게 찾을 수 있도록 하는 태그라고 생각하면 된다. 일반적인 경우 래퍼 라이브러리는 매우 직관적인 구조를 가지고 있어, 프로그래머들이 세부적인 구조에 대한 지식 없이도 서드 파티 API에 쉽게 접근할 수 있도록 해 준다. 예를 들어, 맥스 호로위츠(Max Horowitz), 로널드 유르코(Ronald Yurko), 새뮤얼 벤투라(Samuel Ventura)가 개발한 nflscrapR이 바로 R을 통해 NFL API에 쉽게 접근할 수 있도록 해 주는 래퍼 라이브러리이다.

효과적인 시각화 작업

모든 통계 분석가는 그들의 분석 내용을 사람들에게 효과적으로 전달하는 능력을 갖추어야 한다. 스포츠 애널리틱스에서는 실제 분석 내용을 실행에 옮겨야 하는 감독이나 코치들이 통계 분석에 대한 기술적 용어와 모델링에 대해 익숙하지 않은 경우가 많아 이와 같은 효과적인 커뮤니케이션 능력이 특히 중요하다. 따라서 효과적인 데이터를 시각화하고자 그들이 어떠한 결론을 내리거나 중요한 정보를 얻어 갈 수 있도록 해 주어야 한다. 데이터 시각화에서 "해야 할 것과 하지 말아야 할 것"에 대해 책을 쓰자면 책 한 권 전체를 채우고도 모자랄 것이다. 따라서 이 책에서는 데이터 시각화에 대한 가장 기본적인 원칙들만을 짚고 넘어가고자 한다. 스포츠에서 통계 분석 내용을 실제로 받아들이고 사용해야 하는 사람들에게 도움을 줄 수 있도록 더 손쉽게 데이터를 시각화할 수 있는 도구들에 대해서도 이야기할 것이다.

데이터 시각화는 크게 두 가지 목적으로 사용할 수 있다. (i) 스토리를 이해하고자 (즉, 데이터 탐색) 그리고 (ii) 스토리텔링을 위하여(즉, 설명). 어떤 목적이든 간에, 데이터를 시각화할 때는 사람들이 어떻게 정보를 받아들이고, 읽고, 처리하는지에 대해 염두에 두어야 한다. 예를 들어, 색상의 밝기를 통해 랭킹을 표현하고자 할 때는 색상 선택이 상당히 중요하다. 잘못된 색상 선택은 정보를 읽고 이해하는 데 큰 어려움을 주게 된다. 우리가 원하는 정보를 시각화할 때는 다음 내용을 고려해야 한다.

- 데이터 사용자들이 정보를 쉽게 해석하고 이해할 수 있어야 한다.
- 시각화 자료를 최대한 단순하게 만들어야 한다. 적을수록 좋다.
- 데이터를 왜곡하면 안 된다.
- 데이터를 읽는 사람이 색맹일 수도 있다는 점을 기억해야 한다.

데이터 시각화에서 흔한 문제점 중 하나는(의도적이든 의도적이지 않든 간에), 데이터를 왜곡하여 표현하는 것이다. 이러한 일이 일어나는 이유 중 하나는 잉크 양 비례의 법칙(principle of proportional ink)을 위반하는 경우이다. 이 원칙에 따르면, 만약 그래프에 표현되는 색이 칠해진 부분이 어떠한 값을 의미한다면, 이 색이 칠해진 부분의 넓이는 이 값이 나타내는 비율과 정확히 일치해야 한다. 즉, 우리가 어떤 데이터를 막대그래프를 통해 표현한다면, 세로축에 있는 값을 절대로 잘라서는 안 된다. 만약 세로축을 잘라 내는 경우가 생긴다면, 이 원칙을 어기게 될 것이고, 데이터 사용자들에게 오해를 불러일으킬 수 있다. [그림 51-1]은 이러한 원칙 위반의 예를 보여 주고 있다.

[그림 51-1] 세로축의 왜곡으로 인해 잉크 양 비례의 원칙을 위반하고 있다. 두 번째 막대가 세 번째 막대보다 거의 두 배가 길지만, 실제 값 차이는 겨우 4.1% 포인트밖에 되지 않는다(출처: PFF)

요즘에는 많은 데이터 분석 도구가 다양한 형태의 그래프와 시각화 자료들을 만들 수 있도록 지원하고 있다. 스포츠 데이터 분석가들에게 중요한 것 한 가지는 실제 의사 결정을 내리는 사람들이 그들의 분석 결과를 잘 사용할 수 있도록 만드는 것이다. 따라서 스포츠 데이터 분석가들은 사용자들이 데이터의 다양한 측면을 볼 수 있도록 해 주는 것이 필요하다. 시중에 나와 있는 오픈 소스 소프트웨어 중에 가장 도움이 되는 것은 R의 shiny 라이브러리와 Python의 bokeh 라이브러리이다.[210] 이 라이브러리들은 데이터 분석가들이 그들의 결과를 시각화하는 웹 인터페이스를 만들어 데이터 사용자들이 분석 결과를 이용할 수 있도록 도와준다. 그 결과물들은 웹 서버에 올려 둘 수도 있다(이렇게 하면 데이터 사용자가 웹 브라우저만 있으면 특정 통계 분석 소프트웨어가 없어도 결과를 볼 수 있다). 시각화 자료를 만든 사람이 소유한 웹 서버에 올려놓게 되면 누가 이 자료에 접근하는지 혹은 얼마나 리소스가 남아 있는지 등을 관리하기에 용이하다. 하지만, 일반적인 데이터 분석가들의 경우, 이러한 웹 서버를 유지하는 것은 비용적으로 효율적인 방법이 아니다. 비용이 부담되는 경우, 다양한 클라우드 서비스를 이용하는 것이 좋은 방법이다. 예를 들어,

---

210 이 책의 깃허브 페이지에 예시들을 올려놓았다.

shinyapps.io나 heroku.com은 무료로 서비스를 제공하고 있다.

[그림 51-2]는 shiny app에서 얻을 수 있는 미식축구 경기에서 네 번째 다운 시도에서의 의사 결정 모형 데이터 시각화 결과를 나타내고 있다. 이 모델은 Chapter 21에서 다루었던 분석을 바탕으로 만들어졌다. 이 앱의 사용자가 입력 변수들을 입력할 수 있도록 되어 있다(예, 다시 첫 번째 다운 시도를 획득하려고 남은 야드, 골라인에서부터의 거리, 남은 시간). 그러면 이 앱이 필드 골 성공 확률과 네 번째 다운 시도 성공 확률을 기반으로 최적의 값을 찾아 그림으로 표현해 준다. 이 앱은 또한 해당 값들에 대한 리그 평균을 동그라미로 표현해 준다. 이 예에서는, 상대방 진영 36야드 남은 지점에서 4번째 다운 시도 2야드 남은 상황을 맞이했을 때에 대한 분석 결과를 보여 준다. 여기서 볼 수 있듯이 리그 평균 의사 결정 내용은, 그냥 정상적인 플레이를 하는 것이다. 입력값을 변경하면, 이 앱이 자동으로 계산을 다시 하여 새로운 그래프를 그려 준다. 이 예는 상당히 직관적이고 쉬운 내용이지만, 더 복잡한 분석 내용도 이러한 과정을 통해 시각화할 수 있다. 하지만, 데이터 시각화를 진행할 때는, 항상 "적을수록 좋다."라는 말을 기억하길 바란다. 그리고 또 한 가지는, "효과적으로 내용을 전달할 수 없으면, 제대로 알고 있는 것이 아니다!"

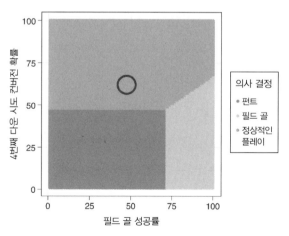

[그림 51-2] 네 번째 다운 시도 의사 결정 그래프(Shiny App). https://athlytics.shinyapps.io/4thDown/ 참조

엑셀에서 텍스트 마이닝하기

엑셀에 대한 가장 큰 오해 중 하나는 이 소프트웨어가 텍스트를 분석하는 데 적합하지 않다고 생각하는 것이다. 당연히 파이썬과 같은 프로그램이 텍스트를 분석하기에 더 파워풀한 도구인 것은 맞지만, 엑셀로도 기본적인 텍스트 마이닝을 진행할 수 있다. 예를 들어, pro-football-reference.com의 Play Index Game Play Finder에 대해 살펴보자. 이 도구는 NFL에서 나온 모든 플레이를 잘게 쪼개어 텍스트나 엑셀 파일로 다운로드 받을 수 있도록 해 준다. 이 정보들은, 스크리미지의 시작 라인, 플레이에 대한 설명, 터치다운, 남은 야드, 해당 플레이의 가치(이 가치가 어떻게 계산되는지는 제공되지 않는다)와 같은 내용들을 담고 있다. 이러한 분석의 예로, 2014년 휴스턴 텍산스에 대한 분석을 해 볼 수 있다. Texansfinal.xlsx 파일에서 볼 수 있는 것과 같이 텍산스의 1번째 다운 시도 10야드 남은 상황에서의 경기내용들을 다운로드 받을 수 있다. [표 51-1]의 5번째 줄에 나와 있는 것처럼, 이 상황에서 터치다운 패스 58야드를 통해 5.27점을 획득했다는 것을 확인할 수 있다. 이때, 러싱과 패스 공격에서 각각 평균 몇 점을 획득했는지, 플레이당 득점의 표준 편차는 얼마인지 계산해 보자.

M	N	O	P	Q	R
	횟수	평균 득점	표준 편차	하방 리스크	
패스	167	0.044	1.605	−0.486	
러싱	285	−0.142	0.725	−0.303	
EPA	득점	패스	쿼터백 색	패스/러싱	하방 리스크
7	5.27	18		pass	0
7	3.69			run	0
3.64	3.36			run	0
4.31	3.24	18		pass	0
6.74	3.03	18		pass	0

[표 51-1] 2014 텍산스 첫 번째 다운 시도 10야드 남은 상황 분석

1. 엑셀 파일에서 O7에 입력된 =IFERROR(FIND("pass",J7,1),"")를 O8:O458에 복사한다. 이를 통해 해당 플레이가 패스 플레이였는지 확인한다. 만약 플레이 설명에 패스라는 단어가 들어 있으면, FIND 함수가 패스라는 단어로 시작하는 데이터가 들어 있는 셀의 위치를 나타내는 숫자를 반환한다. 다른 모든 경우에는 이 셀을 빈칸으로 남겨 둔다.

2. 비슷한 방법으로, P7에 입력된 =IFERROR(FIND("sack",J7,1),"")를 복사하여, P8:P458에 복사한다. 이를 통해 쿼터백 색을 당했는지 확인한다. 그리고 Q7에 입력된 =IF(LEN(O7)+LEN(P7)〉0,"pass","run")를 Q8:Q458에 복사하여, 해당 플레이가 패스였는지 러싱이었는지 확인한다. 만약 패스나 쿼터백 색 열의 7열에 무언가 입력되어 있으면, 해당 플레이는 패스이거나 쿼터백 색이다. 그다음 만약 LEN(O7)+LEN(P7)이 0보다 크면 해당 플레이는 패스 플레이이다. 다른 모든 경우는 러싱 플레이로 간주된다.

3. N2와 N3에는 =COUNTIF(Pass_or_Run,"pass")와 =COUNTIF(Pass_or_Run,"run")를 통해 몇 번의 패스와 러싱 플레이가 있었는지 확인한다. 첫 번째 함수는 패스의 숫자를, 두 번째 함수는 러싱의 숫자를 반환한다.

4. O2와 O3에는 =AVERAGEIF(Pass_or_Run,"pass",Pts_Gained)와 =AVERAGEIF(Pass_or_Run,"run",Pts_Gained)를 통해 플레이당 평균 득점을 계산한다. 첫 번째 함수는 패스나 쿼터백 색에서의 평균 득점을, 두 번째 함수는 러싱에서의 평균 득점을 계산한다.

5. P2와 P3에는 =STDEV(IF(Pass_or_Run="pass",Pts_Gained," "))와 =STDEV(IF(Pass_or_Run="run",Pts_Gained," "))를 배열 수식을 통해 입력한다. 배열 수식을 입력하려면, 함수가 들어갈 위치들을 먼저 선택한 다음, 함수를 입력하고, [Ctrl]+[Shift]+[Enter↵]를 눌러야 한다. 만약 최신 오피스 365 버전을 가지고 있다면 [Ctrl]+[Shift]+[Enter↵]를 누를 필요가 없다. 첫 번째 함수는 각 열의 데이터를 확인하고 패스 플레이일 때의 플레이 가치를 포함하고 있는 배열(array)을 만들어 준다. 패스가 아닌 경우에는 빈칸으로 남겨 둔다. 엑셀은 텍스트는 무시하고 넘어간다. 따라서, 이 함수는 각 패스 시도

당 득점의 표준 편차를 계산해 준다. 마찬가지로, 두 번째 함수는 각 러싱 시도당 득점의 표준 편차를 계산해 준다.

이를 통해 우리는 텍산스가 첫 번째 다운 시도 10야드 남은 상황에서 37%의 경우에서 패스를 시도하고 63%의 경우에서 러싱을 시도했다는 것을 알게 되었다. 러싱 공격을 더 많이 시도했음에도 불구하고, 패스 공격은 플레이당 평균 0.04점을 득점하도록 해 주었고, 러싱 공격은 평균 0.14점을 잃게 만들었다. 이 결과에 따르면, 텍산스는 첫 번째 다운 시도에서 더 많은 패스 시도가 필요했음을 알 수 있다. 하지만 패스와 러싱 플레이에서의 표준 편차를 살펴보면, 패스 공격이 러싱 공격보다 두 배 정도 더 위험하다는 것을 알 수 있다.

재무 분야에서는 표준 편차를 통해 투자 자산의 리스크를 평가하곤 한다. 하지만 이것은 그다지 좋은 생각은 아니다. 왜냐하면, 우리는 하방으로의 리스크만을 계산해야 하지 상방으로의 리스크는 계산할 필요가 없기 때문이다. 마찬가지로, 패스와 러싱 공격을 평가할 때, 우리는 플레이당 목표 점수(0이라고 하자)를 선택하고 이 목표를 달성하지 못할 때 평균적으로 어느 정도 차이로 달성하지 못하는지 계산해 보아야 한다. 이를 위해, R 열에 해당 플레이에서 0점을 달성하지 못했을 때 어느 정도 차이로 달성하지 못했는지를 계산해 놓았다(득점한 경우에는 0이 입력되도록 해 놓았다). AVERAGEIF 함수를 이용하여, 계산해 보았을 때, 패스 플레이의 경우 하방 리스크가 플레이당 0.49였고, 러싱 플레이의 경우 플레이당 0.3이었다.

엑셀에 대한 또 다른 오해는 우리가 엑셀을 통해 데이터 스크래핑 자동화 프로그램을 짜지 못한다는 것이다. 하지만, 이는 사실이 아니다. 마이크로소프트 데이터 엔지니어인 린타로 마츠다(Rintaro Masuda)[211]는 단 한 번의 클릭으로 NBA 데이터를 끌어올 수 있는 엑셀 파일을 제공해 주었다. 마츠다는 우리가 NBA stats 웹 페이

---

211 https://github.com/rintaromasuda

지에 있는 팀 레벨 데이터를 끌어올 수 있는 2021-22_v1.7.xlsm을 만들어 주었고, 린타로 마츠다의 깃허브에서 확인할 수 있다. "Controller" 탭을 이용하여, 데이터를 받으려는 팀을 선택한 후, "View" 탭에서 클릭 한 번만 하면, 기본적인 박스 스코어 스탯부터 고급 스탯과 상대방 스탯까지 다양한 통계치를 다운로드 받을 수 있다.

CHAPTER 52

제한된 데이터로 선수들을 평가하기

베이지안 이론

스포츠에서는 종종 제한적인 정보만으로 선수를 평가해야 하는 상황이 생긴다. 예를 들면, 30번의 패스 시도만을 기록한 쿼터백과 계약해야 할까? 그의 패스 시도당 야드의 확률 분포는 어떻게 될까? 50야드 이상의 거리에서 5번의 필드 골밖에 시도해 보지 않은 키커는 어떨까? 그와 계약해야 할지 말아야 할지 어떻게 결정할수 있을까?

이와 비슷한 문제들에 답하고자 확률 이론에 가장 중요한 이론 중 하나를 사용해야 한다. 바로 베이지안 이론이다. 베이지안 이론은 과학적 방법론들이 작동하는 원리와 동일하다. 일단 우리가 어떠한 가설에 대해 선험적으로 가지고 있는 사전 확률에서부터 출발한다. 그다음, 더 많은 데이터를 모으고, 우리의 사전 확률을 업데이트해 나간다. 이것이 베이지안 추론의 기본 방법론이다. 만약 베이지안 이론에 대한 더 상세한 수학적 내용에 관심 없는 독자들은 뒤이어 나오는 부분은 건너뛰어도 좋다.

어떠한 사건 A에 대해 우리가 선험적으로 가지고 있는 사전 확률이 P(A)라고 가정해 보자. 그다음 새로운 사건인 B를 관찰한 후 우리의 사전 확률을 업데이트해 주어야 한다. 구체적으로, 아래와 같이 확률을 계산하게 된다(즉, B가 주어졌을 때 A의 조건부 확률).

$$P(A|B) = \frac{P(B|A)}{P(B)} \times P(A) \qquad (1)$$

조건부 확률과 전체 확률의 법칙을 이해하고 나면, 베이지안 이론을 상당히 쉽게 이해할 수 있다. 대부분의 경우, 우리는 이 세상에 존재하는 다양한 사건의 확률을 계산하려고 한다. 그리고 우리의 확률 계산을 바꾸는 데 사용하게 될 정보들을 획득하게 된다. 스포츠 외의 예를 이용하여 설명해 보자. 예를 들어, 유방암 관련 위험 인자가 전혀 없는 40세 여성을 생각해 보자. 이 경우 사건 C=(이 여성이 암이 걸리는 사건), 사건 NC=(이 여성이 암에 걸리지 않는 사건)으로 가능한 상황을 정의할 수 있다. 다른 정보가 전혀 없는 상태에서, 이 사건들에 대한 사전 확률은 P(C)=0.004, P(NC)=0.996으로 주어졌다고 가정하자.

이제 추가적인 정보를 얻게 되면 이러한 사전 확률을 수정해야 한다(예: 유방 조영술 결과). 유방 조영술에서 양성(+) 판정을 받았다고 가정해 보자. 우리의 사전 확률을 업데이트하고자, 유방 조영술에서의 양성 판정 정확도에 대한 확률을 알아야 한다. 이 경우 확률은 P(+|C)=0.8, P(+|NC)=0.1로 알려져 있다. 이를 이용해, 우리의 사전 확률(0.004)을 유방 조영술에서 양성 판정을 받은 후 암에 걸릴 확률로 업데이트해야 한다. 이 새로운 확률(P(C|+))은 사후 확률(posterior)이라고 불린다. 베이지안 이론과 전체 확률의 법칙을 적용하면 아래와 같은 결과를 얻을 수 있다.

$$P(C|+) = \frac{P(+|C)P(C)}{P(+)} \times \frac{P(+|C)P(C)}{P(+|C)P(C) + P(+|NC)P(NC)}$$

$$= \frac{0.8 \times 0.004}{0.8 \times 0.004 + 0.996 \times 0.1} = 0.031$$

놀랍게도, 양성 판정을 받았음에도 불구하고, 이 여성이 실제 암에 걸릴 확률은 매우 낮다. 이는 대부분의 여성이 유방암을 가지고 있지 않기 때문이고, 유방 조영술의 거짓 양성 비율이 매우 높기 때문이다. 이 확률을 10,000명의 여성 샘플을 이용해 표현해 보자면, 아래 표에 나온 것과 같이 분류될 것이다.

	양성 판정	음성 판정
암인 경우	$10000 \times (0.004) \times (0.8) = 32$	$10000 \times (0.004) \times (1-0.8) = 8$
암이 아닌 경우	$10000 \times (0.996) \times (0.1) = 996$	$10000 \times (0.996) \times (0.8) = 8964$

[표 52-1]

첫 번째 열에 유방 조영술 결과가 양성인 1,028명의 여성이 분류되어 있다. 따라서, 양성 판정을 받은 후에 이 여성들이 실제 암에 걸릴 확률은 32/1,028=0.031이다.

베이지안 이론에 대한 마지막 예로, 「Parade」 잡지의 "Ask Marilyn" 칼럼에 실려 유명해진 Marilyn Vos Savant의 「Let's Make a Deal」 문제에 대해 살펴보자. 세 개의 문이 있고 그중 한 개의 문 뒤에는 자동차가 숨겨져 있다. 다른 두 개의 문 뒤에는 염소가 숨겨져 있다. 만약 문 하나를 선택한다면(예를 들어 첫 번째 문이라고 하자), 「Let's Make a Deal」의 진행자인 몬티 홀(Monty Hall)이 두 번째나 세 번째 문 중 하나를 열어서 염소를 보여 줄 것이다. 그런 다음 당신이 선택한 문을 바꿀지 그대로 유지할지 선택할 수 있다. 바꿔야 할까 그대로 있어야 할까?

예를 들어 몬티 홀이 두 번째 문을 열었다고 해 보자. 그렇다면 아래와 같은 상황이 벌어질 것이다.

- 가능한 상황은 $D_i, i \in \{1,2,3\}$으로 정의된다. 즉, 문 i 뒤에 자동차가 있는 사건.
- $S_i, i \in \{1,2,3\}$을 몬티 홀이 문 i를 여는 사건으로 정의하자.
- 우리는 $P(D_1) = P(D_2) = P(D_3) = \frac{1}{3}$이 사전 확률임을 알고 있다.
- $P(S_3|D_1) = \frac{1}{2}, P(S_2|D_1) = \frac{1}{2}, P(S_3|D_2) = 1, P(S_2|D_3) = 1$이다. 물론, $P(S_i|D_i) = 0$이다.

몬티 홀이 문 2를 열었을 때, 우리는 자동차가 문 1이나 문 3 뒤에 있다는 것을 알 수 있다. 베이지안 이론을 통해 아래와 같이 계산해 보면 다음과 같다.

$$P(D_3|S_2) = \frac{P(S_2|D_3) \times P(D_3)}{P(S_2|D_3) \times P(D_3) + P(S_2|D_2) \times P(D_2) + P(S_2|D_1) \times P(D_1)}$$

$$= \frac{1 \times \frac{1}{3}}{1 \times \frac{1}{3} + 0 \times \frac{1}{3} + \frac{1}{2} \times \frac{1}{3}} = \frac{2}{3}$$

따라서, $P(D_1|S_2) = 1 - \left(\frac{2}{3}\right) = \frac{1}{3}$이 된다. 즉, 우리의 선택을 문 3번으로 바꾸어야 한다는 것이다!

이제 벤 로슬리스버거(Ben Roethlisberger)가 명예의 전당에 입성할 것인지에 대해 새로운 정보를 얻었을 때 어떻게 베이지안 이론을 이용할지에 대해서 알아보자. 이 예에서는, 로슬리스버거가 첫 번째 명예의 전당 투표에서 헌액이 확정될 사전 확률이 P(A)라고 가정하자. 이제, 그가 나이 38살에 프로 볼에 선정되었다는 새로운 정보를 얻게 되었다고 하자. 이를 이용해 우리의 사전 확률을 업데이트해야 한다. $\frac{P(B|A)}{P(B)}$ 항은 사건 B가 사건 A가 일어나도록 하는 데 어느 정도의 도움을 주는가를 나타낸다. 따라서 베이지안 식은 다음과 같이 정리할 수 있다. 사후 확률=사전 확률 ×새로운 정보가 해당 사건이 일어나도록 하는 데 주는 도움의 정도.

앞의 식 (1)은 어떠한 특정 확률값을 찾는 베이지안 이론을 보여 주고 있다. 즉, 우리가 찾으려는 확률의 예측치인 확률값을 계산한다. 하지만 종종 이 예측된 확률 값을 둘러싼 불확실성에 대해 관심이 생길 경우도 많다. 따라서, 특정 확률값만을 찾기보다 확률 분포를 만드는 것이 더 적당할 수도 있다. 베이지안 이론을 이런 방식으로 적용할 수도 있다.

$$\pi(A|B) = \frac{f(B|A)}{f(B)} \times \pi(A) \qquad (2)$$

이 식에서, $\pi(A)$는 사건 A에 대한 사전 확률 밀도 함수이고 $\pi(A \mid B)$는 사건 B(예: 로슬리스버거가 프로 볼에 선발된 사건)가 발생한 후의 사후 확률 함수이다. $f(B \mid A)$는 사건 B를 관측하게 될 확률이다. 그리고 $f(B)$는 이 데이터의 전체 확률이다. $f(B)$는 전체 확률의 법칙을 통해 계산할 수 있다. 다시 한번 수식을 사용하자면, $f(B) = \int f(B \mid A)\pi(A)dA$이다.

확률 분포를 위한 베이지안 이론에 대해 더 설명하고자, 사전 확률 분포가 평균이 μ이고 표준 편차가 τ인 정규 분포를 따르는 ($N(\pi, \tau^2)$) 사건 A에 대해 생각해 보자. 예를 들어, 버로우(Burrow)의 첫 시즌 평균 패스 시도당 야드 θ에 대한 우리의 예측치가 그동안의 신인 쿼터백들의 데이터에서 얻은 분포인 평균이 μ이고 표준 편차가 τ인 정규 분포를 따른다고 하자. 우리가 버로우에 대한 새로운 정보를 얻게 되면(예: 새로운 패스 시도), 우리는 그의 패스 시도당 야드에 대한 확률 분포를 업데이트해야 한다. 이 경우, $f(B \mid A)$도 정규 분포를 따른다($N(\theta, \sigma^2)$). 이때 σ^2는 정해진 값이고(예: 버로우의 패스 시도당 야드의 분산은 다른 신인 쿼터백들의 기록과 비슷할 것이라고 가정하는 것이 합리적일 것이다. 혹은 데이터가 많지 않긴 하지만 그의 과거 데이터에서 계산할 수도 있다), θ는 알려지지 않은 버로우의 평균 패스 시도당 야드이다. 따라서, 이제 식 (2)의 우변을 계산할 수 있다. 그리고 θ에 대한 사후 확률 분포를 얻을 수 있다. 이 경우 사후 확률도 정규 분포를 따를 것이다. 정규 분포와 같은 사전 정보의 경우, 우도 함수에 대한 닫힌 형태의 해가 존재한다. 따라서, 사후 확률 분포의 경우에도 마찬가지로 닫힌 형태의 해가 존재한다. 또한 사전 확률 분포와 사후 확률 분포가 같은 분포족(same family)인 경우에 이를 공액 분포(conjugate distribution)라고 부른다.

이제 베이지안 이론의 확률 분포를 이용하여 NFL 키커들의 능력을 평가하는 방법에 대한 상세한 예를 보여 주도록 하겠다.

키커 능력 평가하기

당신의 팀(혹은 시카고에 있는 한 맥줏집[212])에서 새로운 키커를 불러 평가하는 시간을 가졌다. 스페셜 팀 코치는 그에게 50야드 필드 골 20개를 시켰고, 이 키커는 그중 16개를 성공시켰다. 이 선수와 계약해야 하는지 결정할 때 그의 50야드 필드 골 성공률을 어떤 식으로 활용할 수 있을까?

베이지안 이론(식 (2))을 활용해 보자. 우리가 관심 있는 변수는 이 키커의 50야드 필드 골 성공률인 σ_{50}이다(간단하게 표현하여 σ). 첫째로, 이 선수의 σ_{50}에 대한 사전 확률 분포를 정해야 한다. 이는 NFL 전체 키커들의 성공 확률을 이용할 수 있다. 평균적으로, 50야드 필드 골 성공률은 약 70%이다. 몇몇 키커가 매우 좋은 성공률을 기록하고 있지만(예: 저스틴 터커), 대부분의 경우, 리그 평균인 70% 언저리의 성공률을 기록하고 있다. 게다가, 이 성공률은 0에서 1까지의 범위를 가지고 있다. 즉, 정규 분포는 σ_{50}의 사전 확률 분포로 적합하지 않다. 이와 같은 행동을 모델화하려면 베타 분포를 사용하는 것이 적절하다.

$$f_{Beta}(\sigma; \alpha, \beta) = \frac{1}{B(\alpha, \beta)} \sigma^{\alpha-1}(1-\sigma)^{\beta-1}, B(\alpha, \beta) = \frac{(\alpha-1)! \, (\beta-1)!}{(\alpha+\beta-1)!}, 0 \leq \sigma \leq 1$$

α와 β는 분포의 평균을 결정한다. $E[\sigma] = \frac{\alpha}{\alpha+\beta}$. 우리의 사전 확률 분포에서는 α=5, β=2를 선택하였다. 이렇게 할 때 평균 성공률이 약 70%가 되기 때문이다. [그림 52-1]의 좌측이 이 분포를 나타낸다.

이제 성공률이 σ인 키커가 20번 필드 골을 시도했을 때 16번을 성공시킬 확률을 구해야 한다. 이때 20번의 킥 시도를 베르누이 시행으로 볼 수 있다.[213] 따라서,

---

212 https://www.sbnation.com/nfl/2019/1/12/18180142/chicago-bears-fans-field-goal-challenge-fails
213 사실 베타 분포는 베르누이 우도의 공액 사전 확률 분포이다.

$f(16 \text{ of } 20|\sigma) = \binom{20}{16}\sigma^{16}(1-\sigma)^4$가 된다. 즉, 최종 확률은,

$$f(16 \text{ of } 20) = \int_0^1 \binom{20}{16}\sigma^{16}(1-\sigma)^4 \frac{1}{B(\alpha,\beta)}\sigma^{\alpha-1}(1-\sigma)^{\beta-1}d\sigma$$

가 된다. 이를 통해 최종적으로 [그림 52-1]의 우측에 나타난 50야드 필드 골 성공률에 대한 사후 확률 분포 $\pi(\sigma|16 \text{ of } 20)$를 얻을 수 있다.

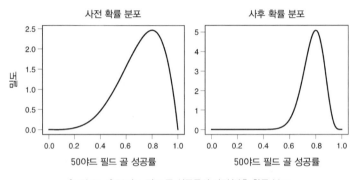

[그림 52-1] 50야드 필드 골 성공률의 사전/사후 확률 분포

이 사후 확률 분포를 활용해, 우리가 평가하고 있는 키커의 실제 50야드 필드 골 성공률이 80% 이상일 확률을 계산할 수 있다. 이 확률은 $\Pr[kicker \geq 80\%] = \int_{0.8}^1 \pi(\sigma|16 \text{ of } 20)d\sigma$이다. 즉, 그림에 나와 있는 사후 확률 분포 곡선에서 θ=0.8과 θ=1 사이 곡선 아랫부분의 넓이이다. 이 예에서는, 42%로 계산되었다. 일반적인 키커의 경우, 80% 이상의 50야드 필드 골 성공률을 보일 확률은 평균적으로 34% 정도로 훨씬 낮은 확률을 가진다. 만약 20개 중 16개를 성공시킨 키커에게 다시 한번 20개를 시도하도록 하고 이 키커가 다시 한번 16개를 성공시키면, 우리의 사후 확률 분포를 업데이트하게 된다. 이 경우 50야드 필드 골 성공률이 80% 이상일 확률이 44%가 된다.

베이지안 이론은 우리에게 다양한 정보를 제공해 줄 수 있는 매우 강력한 분석 툴이다.

사전 확률 선택하기

베이지안 이론을 사용할 때 가장 어려운 점 한 가지는 어떻게 사전 확률을 선택하는가이다. 베이지안 학파와 빈도주의 학파 간의 논쟁에 대한 부분은 잠시 제쳐 두고, 아래와 같은 몇 가지 제안을 하고자 한다.

데이터를 구할 수 있을 때는 데이터를 바탕으로 사전 확률을 설정해야 한다. 예를 들어, 앞에 언급된 예에서는 현재 NFL 키커들의 퍼포먼스가 평가하려는 키커의 사전 확률 분포로 사용될 수 있다. 베타 분포를 선택한 부분은 임의적인 선택으로 보일 수도 있지만, 이에 관한 부분은 분석자가 원칙에 입각한 결정을 내려야 할 것이다. 다양한 분포가 현재 분석자가 가지고 있는 데이터에 적절하게 들어맞을 수 있다. 분석자는 가장 알맞은 분포를 사전 확률 분포로 선택해야 할 것이다. 경험이 있는 분석자라면, 현재 가진 데이터에 맞지 않는 분포들을 빠르게 선별해 낼 수 있을 것이다. 예를 들어, 앞의 키커 능력 측정의 경우에는 정규 분포와 맞지 않다.

어떤 사전 확률을 선택하는지는 매우 중요하다. 그리고 데이터가 존재하지 않을 때는 분석자가 최대한 올바른 추정을 통해 결정해야 한다. 하지만, 어떤 경우에는 양질의 추가적 데이터를 통해 사전 확률이 전혀 의미가 없어지는 현상도 발생한다. 예를 들어, 앞에서 언급했던 유방암 예시에서, 한 여성이 진짜로 암을 가지고 있다고 가정해 보자. 두 번째 유방 조영술에서 양성 판정을 받으면, 이 여성이 암을 가지고 있을 확률이 20%로 올라가게 된다. 세 번째 유방 조영술에서도 양성 판정을 받으면 이 확률이 66.6%로 올라가게 된다. 여기서 볼 수 있듯이, 믿을 만한 새로운 증거들이 축적되면 확률이 실젯값에 근사하게 된다. 그렇다고 해도 베이지안 이론의 중요 속성 중의 하나는 우리가 전혀 다른 두 가지 사전 확률에서 시작하는 것이다. 새로운 데이터를 계속해서 축적해 나가면, 두 가지 사전 확률이 서로 가까워지고 결국 두 사전 확률 모두 실제 확률에 수렴하게 된다는 것이다. 네이트 실버(Nate Silver)는 그의 책 『The Signal and the Noise(2015)』에서 재미있는 예시를 통해 이 특성을 설명했다. 세 명의 투자자가 현재 그들이 주가 상승장에 있는지 하락장에 있는지를 판별해 내고자 하고 있다. 그들은 지금이 상승장인지에 대한 각기 다른 사전 확률(90%, 50%, 10%)을 가지고 있다. 그들은 주식 시장을 매일 들여다보면서 상승하는지 하락하는지 살펴보게 된다. 이때, 상승하는 경우가 60%가 넘는다면 각 투자자가 가지고 있던 사전 확률과 상관없이 결국 모든 투자자가 현재 주가 상승장이라는 것에 동의하게 될 것이다.

포티나이너스가 가로폴로(Garoppolo)를 영입한 건 좋은 선택이었을까?

결론적으로 가로폴로가 포티나이너스를 슈퍼볼에 진출시켰기 때문에 많은 사람이 이 질문에 좋은 선택이었다고 대답할 것이다. 하지만, 객관적인 분석을 통해 이 결정이 내려졌던 시점으로 돌아가 옳은 결정이었는지 살펴보고자 한다. ESPN의 브라이언 버크가 이 결정이 내려졌던 시점에서 가지고 있던 지미 가로폴로에 대한 모든 정보를 종합하여 분석해 보았다.[214] 가로폴로는 패트리어츠에서 2016년 톰 브래디가 출장 정지를 당했을 때 두 번의 선발 출전을 기록했다. 이때 그는 63번의 패스를 시도했다. 이는 매우 작은 샘플 크기이다. 따라서, 여기서의 질문은 이 63번의 패스에서 어떠한 정보를 얻을 수 있는가? 이다. 버크는 베이지안 이론을 활용하여 1라운드 쿼터백 대신 가로폴로를 영입하는 것이 옳은 결정인지를 살펴보았다. 그의 분석에 따르면 가로폴로가 일반적인 1라운드 쿼터백보다 더 뛰어날 확률은 약 64%였다. 따라서 가로폴로와 2018년 2라운드 드래프트 픽을 맞바꾼 포티나이너스의 선택은 매우 훌륭했다고 할 수 있다.

214 http://www.espn.com/nfl/story/_/id/18741560/jimmy-garoppolo-edge-rookie-qbs

CHAPTER 53

행렬 인수 분해를 통해
잠재 패턴 찾아내기

종종 스포츠 데이터는 행렬로 표현될 수 있다. 여기서 행은 보통 어떠한 주체를 나타내고 열은 관측값(예: 변숫값)을 나타낸다. 예를 들어, NBA 선수나 팀의 슈팅 패턴은 행렬 S를 통해 표현될 수 있다. 이때 행은 선수(혹은 팀)를 나타내고, 열은 숫을 시도한 위치를 나타낸다. 이 행렬의 각 요소 S_{ij}는 각 선수(혹은 팀) i가 위치 j에서 시도한 숫의 개수를 나타낸다. 이때 각 위치는 세부적으로 나누어져 있어야 한다. 코트 위에 격자무늬를 그려 각 열이 하나의 격자를 나타내게 하거나 혹은 코트를 여러 개 구역으로 나누는 것이 가능할 것이다(예: 중거리 숫, 오른쪽 코너 3점 등). 선수 트래킹 데이터도 행렬을 통해 표현될 수 있다. 이때는 행은 각 스냅 샷을 나타내고, 열은 코트 내의 위치를 나타낼 수 있을 것이다. 이 행렬의 (i, j)는 스냅 샷 i에서 위치 j에 들어가 있는 선수들의 숫자를 나타낸다. 데이터를 행렬을 통해 표현할 때 좋은 점은, 행렬을 분석하는 다양한 분석 툴을 활용할 수 있다는 점과 잠재 패턴을 찾아낼 수 있다는 점이다. 잠재 패턴을 찾아내는 것은 우리가 관심 있어 하는 변수(예: 슈팅 패턴)를 원래의 데이터보다 간결하게 표현할 수 있도록 해 준다. 가장 기본적인 툴은 행렬 인수 분해이다. 행렬 인수 분해를 하는 목적은 주어진 행렬을 두 행렬의 곱으로 표현하고자 함이다. 예를 들어 S라는 행렬을 W라는 행렬과 H라는 행렬의 곱으로 나타낼 수 있다(S=WH). 이 행렬들에서 행의 값들은 기존 행렬을 변환한 것이다. 이를 통해 원래 데이터인 S의 잠재 패턴을 찾아낼 수 있다. 다음에 나오는 내용들을 읽어 보면 더 명확하게 이해할 수 있을 것이다.

스포츠에서의 예에 대해 설명하기에 앞서, 행렬 인수 분해에 대해 조금 더 자세히 이해하고 넘어가자. 행렬을 인수 분해하는 방법은 여러 가지가 있지만, 우리는 비음수 행렬 인수 분해라는 방법을 사용할 것이다. 이 방법은 음수를 포함하지 않은 행렬들을 처리하는 기법이다. S를 원래 데이터 행렬이라고 하고, 비음수 행렬 인수 분해를 통해 W와 H를 찾아내는 방법에 대해 알아보자. 즉, S=WH인 W와 H를 찾아내는 것이다(실제로는 S≈WH). 이때, W와 H도 음수를 포함하지 않은 행렬이어야 한다. 이 인수 분해를 하려면 아래 수식을 풀어내야 한다.

$$\min_{W,H} \|S - WH\|_F^2$$
$$s.t. W_{ij} \geq 0, \forall\, i, j, H_{ij} \geq 0, \forall\, i, j$$

(1)

위 수식의 목적은 S와 WH 간의 거리를 최소화하는 행렬 W와 H를 찾는 것이다. 데이터에 따라서, W나 H 혹은 W와 H 모두에 정규화 항(regularization)을 붙여 주는 것이 좋을 수도 있다. 이는 우리가 Chapter 30에서 조정 +/−를 계산하려고 정규화 항을 이용했던 것과 비슷하다. 행렬 S가 n×m 행렬이라고 가정하자. 그렇다면 행렬 W는 반드시 n개의 행을 가지고 있어야 하고 H는 반드시 m개의 열을 가지고 있어야 한다. 또한, 행렬 W의 열의 개수는 행렬 H의 행 개수와 똑같아야 한다. W의 열 개수와 H의 행 개수(이를 k라고 하자)는 우리가 인수 분해를 하기 전에 미리 정해야 한다.

예를 들어, 행렬 S가 다음과 같다면,

$$S = \begin{pmatrix} 5 & 5 & 0 & 0 & 0 & 0 & 0 \\ 4 & 4 & 0 & 0 & 0 & 0 & 0 \\ 5 & 5 & 0 & 0 & 0 & 0 & 0 \\ 0 & 0 & 4 & 4 & 0 & 0 & 0 \\ 0 & 0 & 3 & 3 & 0 & 0 & 0 \\ 0 & 0 & 4 & 4 & 0 & 0 & 1 \\ 0 & 0 & 0 & 0 & 5 & 5 & 0 \\ 0 & 0 & 0 & 0 & 4 & 4 & 0 \end{pmatrix}$$

K=4일 때 비음수 행렬 인수 분해는 아래와 같다.

$$W = \begin{pmatrix} 2.7 & 0 & 0 & 0 \\ 2.1 & 0 & 0 & 0 \\ 2.7 & 0 & 0 & 0 \\ 0 & 0 & 0.02 & 4.8 \\ 0 & 0 & 0.01 & 3.6 \\ 0 & 0 & 1.4 & 0 \\ 0 & 4.8 & 0 & 0 \\ 0 & 3.8 & 0 & 0 \end{pmatrix}$$

$$H = \begin{pmatrix} 1.9 & 1.9 & 0 & 0 & 0 & 0 & 0 \\ 0 & 0 & 0 & 0 & 1.04 & 1.04 & 0 \\ 0 & 0 & 2.9 & 2.9 & 0 & 0 & 0.7 \\ 0 & 0 & 0.8 & 0.8 & 0 & 0 & 0 \end{pmatrix}$$

여기서 행렬 W와 H가 의미하는 바는 무엇일까? NBA 슈팅 데이터 분석을 통해 설명하면 더욱 확실하게 이해할 수 있을 것이다. 일단 여기서는 행렬 H의 열이 원래 행렬인 S 열의 선형 결합인 잠재 패턴을 의미한다는 점만 알아 두자. 예를 들어, H 행렬의 첫 번째 행은 행렬 S의 첫 두 열에 동일한 가중치를 부여한 선형 결합이다. 여기서 나머지 열들은 전혀 고려되지 않는다. 행렬 W는 행렬 S의 행을 변환한 것이다. 예를 들어, 행렬 W의 첫 번째 행은 첫 번째 행에 대한 정보만을 담고 있다(2, 3, 4열의 값은 0이다). 이 예에서 행렬 S의 구조는 분석자가 눈으로만 살펴봐도 패턴을 찾을 수 있도록 되어 있다(사실 WH는 S와 거의 동일하다). 현실에서의 데이터에서 는 잠재 패턴이 이렇게 쉽게 파악되지 않는 경우가 대부분이다. 앞으로 설명하겠지만, 비음수 행렬 인수 분해는 데이터와 패턴을 더 간단하게 만들어 쉽게 이해할 수 있도록 도와줄 것이다.

NBA 슈팅 패턴 분석

농구에서 숏을 선택(shot selection)하는 과정은 한 팀이나 선수의 공격 성향을 알아보는 다양한 지표 중 한 가지로 쓰인다. 그리고 이는 보통 숏 차트를 통해 분석된다. 숏 선택 그 자체가 어떻게 그 숏이 만들어지게 되었는지에 대해 아무것도 알려 주지 않지만, 이러한 경향을 파악하는 것은 선수나 팀을 비교하거나 선수 스카우팅 할 때 아주 중요할 것이다. 보통 숏 차트는 휴리스틱을 통해 분석된다(대부분의 경우 그냥 눈으로 분석). 데이터 안에 숨겨져 있는 특정 패턴을 찾으려는 체계적인 접근을 사용하는 경우는 거의 없다. 비음수 행렬 인수 분해가 이를 위해 사용될 수 있다. 어떻게 분석하는지 보여 주려고 우리는 2014~2015 NBA 시즌 모든 숏 데이터를 사용했다. 이 데이터는 348명의 선수가 시도한 184,209번의 숏에 대한 정보가 담겨 있다. 어떠한 숏이 시도된 경기, 그때의 남은 경기 시간, 숏이 시도된 위치 그리고 해당 숏의 결과와 같은 정보들을 포함하고 있다. 이 정보들을 이용하여, [그림 53-1]과 같은 숏 차트를 만들 수 있다. 이 그림에서는 아이재아 토마스가 보스턴 셀틱스로 트레이드된 후 시도했던 숏들에 대해 분석해 놓았다.

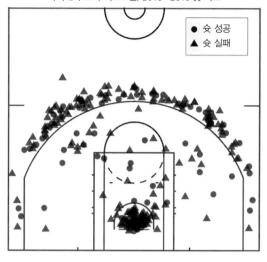

● 숏 성공
▲ 숏 실패

[그림 53-1] 숏 차트 예시

  아이재아 토마스의 숏 차트는 12차원 벡터로 표현이 가능하다. 각 차원은 코트 내의 12개 구역 중 하나를 의미한다(백코트는 제외했다. 백코트에서 시도되는 숏은 평균적으로 0.5% 미만으로 아주 적기 때문이다). 각 차원 내의 값은 아이재아 토마스가 각 구역에서 시도한 숏의 개수를 의미한다. 즉, 전체 데이터 세트를 행렬을 이용해 표현할 수 있다. 이때 행은 각 선수를 나타내고 열은 각 코트 내 구역을 의미한다. 그러므로 행렬 S는 288×12 행렬이 된다(한 시즌 총 50개 미만의 숏을 시도한 선수들은 제외했다). 이 행렬 내의 값 S_{ij}는 선수 i가 구역 j에서 시도한 숏의 총개수를 의미한다. 이제 비음수 행렬 인수 분해를 시도해 볼 수 있다. 행렬 H는 k 개의 잠재 슈팅 패턴을 의미하게 될 것이다. 이는 코트 내 다양한 구역에서의 숏 빈도를 의미한다. 행렬 W는 데이터상의 각 선수를 k 개의 패턴에 대한 선형 결합으로 나타내게 될 것이다.

  우리가 대답해야 할 첫 번째 질문은 '얼마나 많은 패턴을 입력해야 하는가?'이다. 즉, k 값을 얼마로 선택해야 하는지 결정해야 한다. 이 질문에 대한 답을 구하는 것은 매우 중요한 문제이고, 과학보다는 예술 영역에 가까운 부분이다. k 값에 대한 몇 가지 기본적인 제한 조건이 있다. 우선, k≤min(m,n)이어야 한다. 즉, 잠재 패턴의 개수는 행렬에서 가장 수가 적은 차원의 개수보다 적어야 한다. 앞에서 언급했듯이, 행렬 인수 분해를 사용하는 목적은 선수들의 슈팅 패턴을 더 간결하게 표현하려는 것이다. 앞의 예에서는 아이재아 토마스는 12차원 벡터로 표현되었다. 만약 우리가 12보다 더 큰 수를 선택한다면, 행렬 인수 분해를 통해 새롭게 표현하는 것이 아무런 의미가 없을 것이다. 이 제한 조건은 k 값은 상한선에 대한 가이드만을 제시해 준다. 정확한 k 값은 어떻게 선택할 수 있을까? 다양한 k 값에 대한 S≈WH 근사치의 정확도를 비교해 보는 것으로 시작해 볼 수 있다. 하지만 한 가지 문제점은 k 값을 증가시킴에 따라 이 근사치도 단조롭게 증가할 것이라는 것이다. 추가적인 변수가 유의미한 정보를 제공하지 못할 수도 있다. 이를 이해하고자 위에서 언급한 288×12 행렬에 대해 생각해 보자. 만약 k=1이라면, 12차원의 정보를 하나의 숫자로 표현하고자 하는 것이다. 따라서 이 근사치의 오류는 상당히 클 것이다. k를 증가시킴에 따라 이 근사치의 정확도는 올라갈 것이고, k=12를 넘어가는 순간이 근사치의 오류는 0에 거의 수렴할 것이다. 하지만 이렇게 하는 순간 우리가 새로운 정보를 얻는 것도 아니고 기존 데이터가 더 간결해지지도 않는다. 이 문제를 해결하려고, 원래 데이터를 여러 번 다시 샘플링하고, 여기서 얻어진 패턴의 안정성을 기반으로 k 값을 선택하는 방법을 사용할 수 있다. 또 다른 방법은, k 값을 증가시킬 때 발생하는 근사치의 오류를 추정하는 것이다. 그리고 k 값 증가에 따른 근사치 정확도의 개선 폭이 느려지기 시작하는 시점(효용 체감)의 k 값을 선택하는 것이다. [그림 53-2]에서 볼 수 있듯이 k>12일 때 오류는 거의 0에 가깝다. 그리고 k=10 근처에서 근사치 정확도의 향상이 눈에 띄게 적어진다는 것을 알 수 있다. 이렇게 k 값을 구하는 방법은 Chapter 37에서 다루었던 군집의 개수를 선택하는 것과 매우 유사한 방법이다.

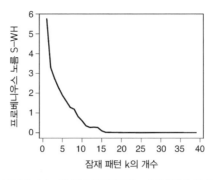

[그림 53-2] k를 증가시킴에 따라 기존 행렬 근사치 정확도가 향상된다. 하지만 근사치의 정확도와
새로운 데이터의 간결함 사이에 균형을 맞출 수 있는 k 값을 선택해야 한다

[그림 53-3]은 k=10일 때의 결과를 나타낸다. 이 그림에서의 농구 코트 그림들은 10개의 잠재 패턴을 의미한다(행렬 H의 행). 각 코트 구역은 행렬 H의 각 열에 해당하고, 색상의 밝기는 해당 값을 의미한다. 코트 그림 아래의 숫자들은 행렬 W의 행들을 의미한다. 즉, 각 선수의 데이터를 새롭게(간결하게) 다시 표현한 것이다. 예를 들어 첫 번째 행에 있는 스테판 커리의 경우 패턴 4번이 가장 두드러지게 나타난다(계수가 가장 크다). 가장 마지막 행에 있는 크리스 폴과 4번째 행에 있는 라마커스 알드리지는 중거리 슛 패턴에서 가장 높은 계수를 보여 준다. 세 번째 행에 있는 르브론 제임스의 경우 그의 신체 능력을 바탕으로 한 페인트 존에서의 공격이 상당히 강한 것으로 나타난다. 이 계수들은 각 선수가 시도한 총 슛 개수와 비례한다(르브론 제임스, 크리스 폴, 라마커스 알드리지, 스테판 커리는 2014~2015 시즌 아리자보다 훨씬 많은 슛을 시도했다. 따라서 그들의 계수가 더 크게 나타난다). 우리가 k=10을 선택했을 때 나타나는 또 다른 흥미로운 결과는 몇몇 패턴이 매우 비슷한 결과를 나타낸다는 것이다. 예를 들어 3번 패턴과 8번 패턴은 매우 유사하다(대부분 페인트 존에서의 슛). 그리고 만약 우리가 더 적은 숫자의 잠재 패턴을 설정했으면, 이 패턴들은 아마도 하나의 패턴으로 합쳐졌을 것이다. 이러한 방식으로 여러 k 값을 테스트해 보면서 패턴 간의 유사성을 바탕으로 k 값을 다시 설정할 수도 있다.

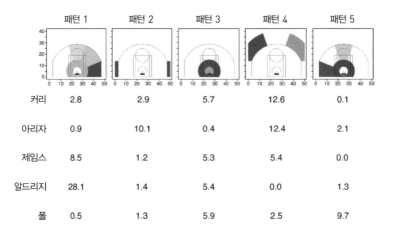

	패턴 1	패턴 2	패턴 3	패턴 4	패턴 5
커리	2.8	2.9	5.7	12.6	0.1
아리자	0.9	10.1	0.4	12.4	2.1
제임스	8.5	1.2	5.3	5.4	0.0
알드리지	28.1	1.4	5.4	0.0	1.3
폴	0.5	1.3	5.9	2.5	9.7

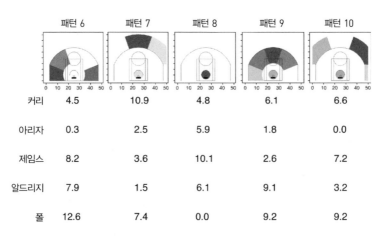

	패턴 6	패턴 7	패턴 8	패턴 9	패턴 10
커리	4.5	10.9	4.8	6.1	6.6
아리자	0.3	2.5	5.9	1.8	0.0
제임스	8.2	3.6	10.1	2.6	7.2
알드리지	7.9	1.5	6.1	9.1	3.2
폴	12.6	7.4	0.0	9.2	9.2

[그림 53-3] 비음수 행렬 인수 분해를 통해 얻은 10개의 패턴과 5명 선수의 계수

위의 분석에서 우리는 코트 구역을 나누는 공간적 입도(spatial granularity)를 사용하였다. 이렇게 함으로써 숏 차트에 대한 몇몇 디테일이 사라져 버렸다. 한 구역 안에서 시도된 모든 숏이 동일하게 취급되기 때문이다. 만약 우리가 코트 구역을 더 상세하게 나눈다면 더 세부적인 패턴들을 알 수 있을 것이다. 예를 들어, 우리가 가진 행렬에서의 열을 코트 구역으로 사용하는 대신에, 코트를 1×1피트(feet) 셀로 나눈 격자무늬 구역을 사용해 비음수 행렬 인수 분해를 해 볼 수 있다. 이렇게 하면, 12개의 코트 내 구역이 아닌 47×50=2,350개의 구역이 우리 행렬의 열이 될 것이다.

이러한 공간적 입도는 코트 내 각 구역에서 시도된 숏의 분포에 대한 훨씬 더 상세한 정보를 제공해 줄 것이다. 이렇게 분석하는 경우 비음수 행렬 인수 분해의 차원 감소와 데이터 표현에 대한 효과를 체감할 수 있을 것이다. 비음수 행렬 인수 분해를 하지 않을 경우 한 선수의 숏을 표현하려면 2,350차원의 벡터(코트 구역의 수)가 필요하다. 하지만 비음수 행렬 인수 분해를 사용하면, 한 선수의 숏 패턴을 확연히 적은 숫자의 차원으로 표현할 수 있다(선택된 잠재 패턴의 개수). 각 차원은 단순히 코트 내의 특정 구역이 아닌 데이터에서 추출된 패턴 중 하나가 된다. 밀러(Miller), 본(Bornn), 애덤스(Adams), 골즈베리(Goldsberry)[215]는 비음수 행렬 인수 분해를 슈팅 빈도가 아닌 득점을 바탕으로 계산한 강도 표면(intensity surface)에 적용할 경우, 훨씬 더 정확한 정보를 얻을 수 있다는 것을 보여 주었다. 이렇게 할 경우 공간 입도를 너무 세밀하게 나누었을 때 발생하는 몇몇 구역에서의 너무 적은 샘플 숫자로 인한 노이즈를 제거할 수 있다.

마지막으로, 여기서 우리가 비음수 행렬 인수 분해를 소개하였지만, 또 다른 행렬 인수 분해 방법들도 사용될 수 있다. 고버그(Gohberg), 카슈크(Kaashoek), 스핏코브스키(Spitkovsky)[216]의 연구에 행렬 인수 분해에 대해 아주 잘 설명되어 있다.

215 A. Miller, L. Bornn, R. Adams, and K. Goldsberry, "Factorized point process intensities: A spatial analysis of professional basketball," in International Conference on Machine Learning, January 2014, 235-243.

216 Israel Gohberg, Marinus A. Kaashoek, and Ilya M. Spitkovsky, "An overview of matrix factorization theory and operator applications," Factorization and Integrable Systems, Birkhäuser, Basel, 2003, 1-102.

CHAPTER 54

스포츠에서의 네트워크 분석

    농구나 축구와 같은 팀 스포츠에서 가장 중요한 요소 중 하나는 코트에 나와 있는 선수 간의 상호 작용과 이 상호 작용이 만들어 내는 근본적인 관계들이다. 예를 들어, 서로 패스를 주고받는 선수들이 매우 복잡한 패스의 조합을 만들어 낸다. 이를 통해 팀이 구현하려는 전략을 구사하고 좋은 퀄리티의 슛을 시도할 수 있도록 만든다. 그리고 각 팀은 다른 팀들과 승패에 대한 관계를 맺게 된다. 이러한 관계의 패턴을 연구하고자, 네트워크 분석을 사용할 수 있다. 이 분석은 스포츠 애널리틱스의 연구 분야에 아주 큰 도움을 줄 수 있다. 네트워크란, 두 가지 서로 다른 부분으로 구성되어 있다. 바로 객체와 이 객체 간의 관계이다. 여기서 객체(노드(node)라고 불리기도 한다)는 각 선수(한 팀에서의 패스에 대해 연구할 때)나 팀(팀 간의 승-패 관계를 연구할 때)이 된다. 서로 관계를 맺고 있는 두 개의 노드는 네트워크 안에서 서로 관계를 맺고 있다(연결되어 있다). 이는 에지(edge) 혹은 링크(link)라고 불린다. 가장 단순한 경우에는 이 관계가 상호적이다(예: 조는 닉과 친구고 닉도 조와 친구다). 하지만 많은 경우, 이 관계에 방향성이 존재한다(예: 르브론 제임스에서 앤서니 데이비스로). 또한 이 에지에는 가중치(weight)를 통해 이 관계의 강도를 나타내게 된다(예: 르브론 제임스가 앤서니 데이비스에게 몇 번을 패스했는지).

패스 네트워크

네트워크 분석을 스포츠에 적용하는 가장 직관적인 방법은 패스 네트워크를 분석하는 것이다. 즉, 누가 누구에게 패스했는지에 대한 정보를 구축하는 것이다. 피웰(Fewell)과 그의 동료들은 2010년 플레이오프 1라운드 데이터를 바탕으로 16개 플레이오프 진출 팀들에 대한 패스 네트워크를 작성했다. 이 네트워크에서 각 에지는 두 노드 간의 패스 숫자를 바탕으로 가중치가 주어졌다. 이 네트워크 안에서 각 노드는 서로 다른 선수들을 의미한다(더 구체적으로는 각 선수의 포지션). 그들은 또한 시작 노드와 엔드 노드를 추가하여, 공 소유권이 시작되는 방식(예: 리바운드)과 끝나는 방식(예: 실책, 필드 골 성공)에 대한 정보도 포함했다. 서로 비슷한 크기가 작은 네트워크(노드의 숫자가 적은 네트워크)들을 분석할 때 생기는 문제점 중 하나는 관측치가 쌓일수록 모든 노드가 연결된다는 것이다. 농구공 소유권이 바로 이런 경우이다. 두 선수 간에 최소한 한 번이라도 패스가 이루어질 가능성이 매우 높기 때문이다. 이 문제점을 해결하고자 사용되는 일반적인 방법은 에지의 가중치에 일정한 기준을 설정하고 이 기준치보다 낮은 가중치를 가지는 에지들은 제거하는 것이다. 피웰과 그의 동료들은 일정한 기준치를 설정하는 대신 가장 빈도가 많은 관계부터 빈도가 적은 관계 순으로 순위를 매기고, 특정 백분위수 이하의 관계(에지)들을 제거하는 방식을 사용했다(그들은 60분위수를 사용했다). 이 네트워크들은 노드들이 연결되는 패턴들을 바탕으로 공격의 불확실성과 같은 부분을 연구하는 데 사용될 수 있다. 또한 한 팀에서의 선수들 역할에 대해 살펴볼 수도 있다. 피웰과 그의 동료들 연구에 따르면 시카고 불스와 셀틱스는 매우 중앙화된 구조를 가지고 있다. 포인트 가드 포지션이 중앙에 위치하고 있으면서, 60%의 인바운드 패스를 받고, 나머지 패스들의 대부분을 도맡아서 전달한다. 이러한 네트워크에서 포인트 가드 노드를 제거하면, 노드들이 연결되지 않는 네트워크가 될 것이다. 반대로, 캐벌리어스나 레이커스의 경우에는 이런 중앙화된 구조에서 벗어나 있다. 이 두 팀 리더들의 역할 때문일 것이다(르브론 제임스와 코비 브라이언트). 이러한 네트워크를 통해 무엇을 알 수 있을까? 중앙화된 네트워크는 장단점이 존재한다. 이는 해당 팀의 선수 간에 명확하게 분류된 역할이 존재한다는 뜻이다. 다른 한편으로는, 이러한 네트워크에서는 몇몇 선수가 팀의 플레이에서 소외되고 있다는 것을 의미한다. 따라서 상대방 수비의 경우 이를 이용할 수 있다(예: 이렇게 소외된 선수를 마크하는 수비수를 다른 선수의 더블 팀에 활용).

이러한 네트워크 분석을 활용할 수 있는 좋은 분야 중 하나는 무형인 어떠한 속성을 계량화하는 것이다. 네트워크의 가치는 노드들에 있는 것이 아니라 노드 간의 관계들이 만들어 내는 패턴 속에 숨어 있다. 즉, 같은 노드들을 가지고도 연결 패턴에 따라 완전히 다른 결론과 가치를 가질 수도 있다. 이는 스포츠에서의 네트워크뿐만 아니라 다른 어떤 네트워크에서도 마찬가지이다. 예를 들어, 연필과 다이아몬드의 예를 살펴보자.[217] 이 둘은 모두 중앙이 탄소 원자(노드)로 이루어져 있다. 하지만, 이 두 물건의 가치가 엄청나게 차이 나는 이유는 이 탄소 원자가 어떤 방식으로 연결되어 있는지가 다르기 때문이다. 스포츠 팀 네트워크에서도 마찬가지이다. 많은 사람이 특정 팀을 두고 호흡이 잘 맞는 팀이라는 이야기를 할 때가 있다. 이런 팀들은 각 개인 선수의 능력치만을 고려했을 때보다 이들이 팀으로 묶여 있을 때 훨씬 좋은 성과를 내는 경우이다. 이 팀의 가치는 개별 선수들의 능력치의 합보다 훨씬 큰 것이다. 우리는 Chapter 32에서 개별 선수들의 조정 +/-와 라인업 레이팅을 통해 특정 라인업이 기대치 대비 어떠한 성과를 보이는지 수치화해 보았다. 이때 우리는 단순히 각 선수의 공헌도를 더해서 계산하였다. 네트워크 분석 툴은 이 선수 간의 패스 네트워크의 관계를 계량화할 수 있도록 해 준다. 그중 한 가지 방법이 대수적 연결성(Algebraic Connectivity)이다. 이것에 대해 이야기하기 전에 네트워크 분

---

217 이 예시는 네트워크 분석의 개척자인 니콜라스 크리스타키스(Nicholas Christakis)의 Ted 강연에서 가져왔다. https://www.ted.com/talks/Nicholas_christakis_the_hidden_influence_of_social_networks

석과 선형 대수에 대해 잠깐 소개하고 넘어가자.

모든 네트워크는 그 기반의 관계들을 설명하는 인접 행렬을 통해 나타낼 수 있다. 이 인접 행렬 A는 n 행과 n 열을 가지고 있다(여기서 n은 네트워크 안의 노드 개수이다). 그리고 이 행렬의 구성 요소 A_{ij}는 노드 i와 j 간에 연결되어 있는지 그렇지 않은지를 나타낸다. 또한 n 개의 행과 n 개의 열을 가지고 있는 대각 차수 행렬 D를 정의해 볼 수 있다. i 번째 대각선에 있는 요소는 노드 i의 차수를 의미한다. 즉, 노드 i에 연결된 모든 에지의 개수를 의미한다. 이 두 가지 행렬을 가지고, 이 네트워크에 대한 라플라시안 행렬(Laplacian Matrix)을 L=D−A로 정의할 수 있다. 모든 행렬은 고웃값(eigenvalues)과 고유 벡터(eigenvectors)를 가지고 있다. 이에 대해 이해하는 가장 직관적인 방법은 행렬 M을 벡터 x를 입력했을 때 벡터 y=Mx를 반환하는 선형 변환으로 보는 것이다. 행렬 M의 고유 벡터는 행렬 M의 선형 변환 결과에서 방향이 바뀌지 않는 벡터이다. 고웃값은 스케일링 변수이다. 행렬 M에 대해 고웃값 λ과 고유 벡터 x는 Ax=λx의 해가 된다($x \neq 0$). 고웃값과 고유 벡터는 조정 이론(control theory)이나 얼굴 인식 기술에서의 안정성 분석과 같이 수많은 분야에 사용된다.

네트워크에서 라플라시안 행렬의 가장 작은 고웃값은 언제나 0이다. 그리고 두 번째로 작은 고웃값 $λ_2$는 네트워크 연결성에 대한 정보를 나타낸다. 만약 두 번째로 작은 고웃값도 0이면, 이 네트워크는 연결되어 있지 않은 것이다. 일반적으로 $λ_2$ 값이 높을수록 해당 네트워크의 연결성이 좋은 것이다. [그림 54-1]은 7개의 노드를 가지고 있는 네트워크의 예시를 인접 행렬 A와 차수 행렬 D와 함께 보여 주고 있다. 라플라시안 행렬의 고웃값은 0, 0.37, 1.57, 2, 3, 3.47, 4.6이다. 만약 우리가 노드 3과 6 사이의 에지를 제거하면, 이 네트워크는 연결되지 않는다. 이 경우 라플라시안 행렬의 두 번째로 작은 고웃값은 0이 되며, 이때 고웃값은 0, 0, 1.38, 2, 2, 3.62, 4이다. 만약 우리가 노드 3과 4 사이, 3과 1 사이의 에지들도 제거하면, 우리는 세 개의 연결되지 않은 요소를 가지게 되고 이때 고웃값은 0, 0, 0, 1, 2, 3, 3이다.

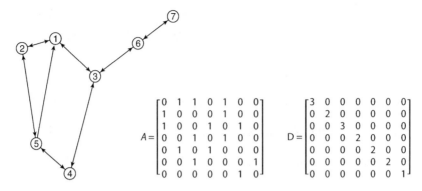

[그림 54-1] 네트워크 인접 행렬, 차수 행렬의 예시

2017년 MIT 슬론 스포츠 애널리틱스 콘퍼런스 ESPN 해커톤에서, 필자가 팀 케미스트리 고윳값(team chemistry eigenvalue)이라고 이름 지은 패스 네트워크의 대수적 연결성을 통해 스포츠에서 무형의 변수들을 수치화하는 방법에 대해 보여 준바 있다. 이 분석에서 한 경기에서의 득실 차와 두 팀 간의 팀 케미스트리 고윳값의 차이에는 중간 정도의 상관성이 존재한다는 사실을 보여 주었다(r=0.59). 하지만 이 상관관계는 통계적으로 유의하지 않았다. 이는 이 두 변수 간에 실제로 아무 관계가 없거나 혹은 데이터의 샘플 수가 너무 적어서 해당 테스트에 충분한 검정력이 없기 때문일 것이다. 어느 팀 선수 간의 호흡을 수치화하는 데 라플라시안 고윳값을 사용해야 하는 것은 아니다. 하지만 네트워크 분석은(아직도 많이 사용되고 있진 않지만) 스포츠에서 무형의 변수들을 수치화하는 아주 강력한 도구임이 틀림없다.

이와 비슷한 네트워크 분석이 축구 연구에서도 사용되어 왔다. 축구에서의 패스 네트워크의 통계적 속성들은 작은 세계(small-world) 행동을 보여 주는 것으로 나타났다. 즉, 모든 노드 쌍 사이에는 짧은 링크가 존재하고 특정 세 선수가 삼각형을 이루어 다른 모든 선수와 우연이라고 하기 힘들 정도로 많이 연결된 현상이 발견되었다.[218]

218 Takuma Narizuka, Ken Yamamoto, and Yoshihiro Yamazaki, "Statistical properties of position-dependent ball-passing networks in football games," Physica A: Statistical Mechanics and Its Applications, 412, 2014, 157-168.

지아르마티(Gyarmati), 곽(Kwak), 로드리게스(Rodriquez)[219]는 2014년 네트워크 분석을 더 깊게 다루어 단순히 한 번의 패스가 아닌 패스들의 전개 과정을 분석하였다. 그들은 2012~2013 시즌 스페인, 이탈리아, 잉글랜드, 프랑스, 독일 1부 리그 팀들의 경기 데이터를 활용하여 공 소유권 내에서 세 번의 패스가 이어진 경우들을 찾아내고, 각 팀의 경기 중에 이런 경우가 얼마나 많았는지 살펴보았다. 그리고 그들은 이 패스 전개 과정을 무작위로 생성된 패스 네트워크와 비교하여 각 패스 전개 과정에 대한 표준화 점수(z-score)를 계산하였다. 그들은 패스 전개 과정 분석을 통해 각 팀이 사용하는 특정 전략들을 밝혀낼 수 있었다. 짧고 빠른 패스들로 이루어진 티키타카 스타일로 유명한 FC 바르셀로나는 이 방법으로 분석했을 때 눈에 확 띄었다. 이는 전통적인 분석 방법(예: 패스 숫자, 골 수, 패스 타이밍 등)으로는 찾아낼 수 없는 결과였다. 특히 바르셀로나는 ABAC의 패스 전개 과정(선수 A가 B에게 패스하고 B가 다시 A에게 패스한 후 A가 C에게 패스)을 다른 어떤 팀보다 더 많이 사용했다(최소 2.5 표준 편차만큼의 차이가 있었다). 또한 FC 바르셀로나는 ABCD의 패스 전개 과정을 다른 어떤 팀보다 적게 사용했다. 다섯 개의 서로 다른 패스 전개 과정[220]들의 표준화 점수를 이용하여, 팀들을 그들의 패스 전개 과정에 따라 클러스터화할 수 있다. 이는 5개의 패스 전개 과정 벡터가 될 것이다. [그림 54-2]는 스페인 리그를 대상으로 k-means를 통해 얻은 클러스터들을 나타내고 있다. 이 시각화 작업의 목적은 5차원의 변수들이 첫 번째 두 개의 주성분(PC1과 PC2)에 투사된 것이다. 주성분 분석(Principal Component Analysis, PCA)은 비음수 행렬 인수 분해와 같이 어떠한 데이터의 차원을 축소시켜 주는 방법이다. 이를 통해 기존 데이터 내에서의 변화량은 유지한 채 다차원의 벡터를 더 적은 차원의 벡터에 투사할 수 있게 된다. 축구 데이터 분석 결과에서 볼 수 있듯이 바르셀로나는 다른 어떤 팀과도

219 Laszlo Gyarmati, Haewoon Kwak, and Pablo Rodriguez, "Searching for a unique style in soccer," in SIGKDD workshop on Large Scale Sports Analytics, 2014.
220 이 다섯 가지 전개 과정은 ABAB, ABAC, ABCA, ABCB, ABCD이다.

같은 클러스터에 속해 있지 않는 것을 확인할 수 있다!

주성분 분석(Principal Component Analysis)

주성분 분석의 아이디어는 간단하다. 우리의 데이터가 m×n 행렬의 형태를 띠고 있을 때, 먼저 공분산 행렬인 C_x를 계산한다. 이때 원래 데이터의 주성분은 공분산 행렬 C_x의 고유 벡터이다. 그다음, 공분산 행렬의 고유 벡터 중 몇 가지를 선택함으로써 원래 데이터의 차원을 축소할 수 있다. 몇 개의 주성분(예를 들어 r 개)을 선택할지 결정할 때 가장 일반적으로 사용되는 기준은 고윳값인 λ_i를 사용하는 것이다. 여기서 r는 $\frac{\sum_{i=1}^{r} \lambda_i^2}{\sum_{i=1}^{n} \lambda_i^2} > 0.95$를 만족시키는 가장 작은 값이다. 즉, r 개의 주성분들이 전체 데이터의 95%를 설명하도록 한다는 뜻이다. 이 식에서 0.95는 상황에 맞게 변경될 수 있다. 주성분 분석에 관심 있는 독자들은 조너선 쉬렌스(Jonathon Shlens)의 글을 읽어 보기를 추천한다. 스페인 리그 팀 클러스터로 다시 돌아가 보자. 주성분 분석의 목적이 데이터 시각화일 때, r 값은 1, 2, 3 중에 하나가 된다. 그리고 [그림 54-2]에 나온 것과 같이 가장 일반적인 값은 r=2이다.

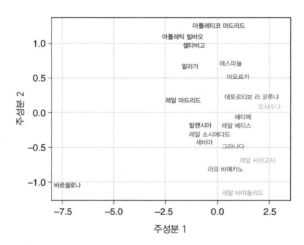

[그림 54-2] 세 번의 패스 전개 과정을 바탕으로 살펴볼 때, 바르셀로나는 아주 특이하게도 자기 혼자만의 클러스터를 만들고 있다(출처: Gyarmati et al., 2014)

유잉 이론(Ewing Theory)

데이브 시릴리(Dave Cirilli)는 설명할 수 없는 이유로 패트릭 유잉의 팀들(조지타운과 뉴욕 닉스)이 유잉이 결장했을 때 더 잘한다는 사실을 깨달았다. 시릴리와 시몬스는 이와 비슷한 현상(어떠한 팀이 슈퍼스타가 빠졌을 때 더 잘하는 현상)을 유잉 이론이라고 이름 지었다. 스키너(Skinner, 2010)[221]는 네트워크 이론과 교통 정체 흐름에 대한 브라에스의 역설[222]을 바탕으로 유잉 이론이 실제로 타당하다는 것을 보여 주었다. 요약하자면, 브라에스의 역설은 교통 흐름에 대한 어떠한 네트워크의 정체를 줄이려는 목적으로 새로운 링크를 추가하면(즉, 새로운 도로), 오히려 반대의 효과가 난다는 주장이다. 한 가지 예로, 뉴욕시에서는 타임스 스퀘어 주변 차량 통행이 통제되었을 때, 교통 체증이 심해질 것이라는 우려와 달리 오히려 교통 체증이 한결 덜해졌다. 이 역설이 작동하는 주된 이유는 개인들이 사회적으로 최적인 해결책에는 관심이 적고 그들 자신만의 효용을 높이려고 이기적으로 행동하기 때문이다. 최종적으로 개인들의 입장에서는 균형점을 찾아 행동하지만, 불행하게도 이는 사회적으로 최적인 상태가 아닌 것이다.

스키너가 보여 준 유잉 이론이 타당하다는 주장에 대한 예에 대해 자세히 알아보기 전에, 유잉 이론에서 가장 중요한 부분인 스킬 커브(skill curves)에 대해 알아봐야 한다. 이 개념은 딘 올리버(Dean Oliver)의 책 『Basketball on Paper(2004)』에서 소개되었다. 스킬 커브의 핵심 아이디어는 어떠한 선수의 효율성은 일관적이지 않고 그 선수의 활용성에 따라 변한다는 것이다. 어떠한 선수의 효율성은 그 선수의 활용성 x의 함수이다. 즉, $f(x)$. 여기서 활용성은 한 팀의 전체 슈팅 시도에서 해당 선수가 시도한 슛 개수의 비율이다(혹은 한 선수의 사용 빈도일 수도 있다. 이 경

---

221 B. Skinner, "The price of anarchy in basketball," Journal of Quantitative Analysis in Sports, 6(1), 2010.
222 D. Braess, A. Nagurney, and T. Wakolbinger, "On a paradox of traffic planning," in Transportation Science, 39(4), November 2005.

우 이 선수를 활용한 플레이의 비율이다). 그리고 효율성은 eFG(effective field goal) 나 TS%(true shooting percentage)와 같은 다양한 지표를 통해 측정될 수 있다. 예를 들어, [그림 54-3]은 스키너의 논문에 나온 레이 앨런(Ray Allen)의 스킬 커브이다. 스킬 커브에 대한 문제점 중 한 가지는, 선수들의 활용성에 대한 데이터 내의 변동량이 매우 작다는 것이다. 다시 말해, 르브론 제임스는 팀 전체 슈팅의 5% 정도를 시도하는 일이 절대 없을 것이고 후보 선수들이 50% 이상을 시도하는 일도 절대 없을 것이다. 이는 스킬 커브를 추정하는 데 문제를 일으킨다. 그럼에도 불구하고, 대부분의 연구자가 공통으로 인정하는 것은 선수들의 스킬 커브는 선수들의 활용성(팀 전체 슈팅 개수에서 이 선수가 차지하는 비중)이 커질수록 떨어진다는 것이다. 이는 교통 흐름 네트워크에서 나타나는 현상과 비슷하다. 많이 사용되는 도로일수록 효율성이 떨어진다.

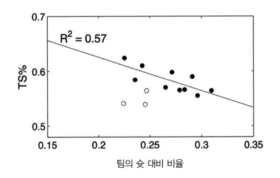

[그림 54-3] 레이 앨런의 스킬 커브(출처: Skinner(2010))

이 스킬 커브에 대한 이해를 바탕으로 두 가지 공격 전략에 대한 예를 살펴보자 ([그림 54-4]). 왼쪽 그림에서는 선수 1 혹은 2가 공을 드리블하여 골대 근처까지 간 후 슛을 시도하거나 선수 5에게 패스하는 전략이다. 각각의 링크에는 해당 플레이의 효율성이 적혀 있다. 예를 들어, 선수 1의 경우 이 선수가 골대 근처로 드리블해 나갈수록 효율성이 떨어진다. 하지만 이는 선수 2가 드리블하게 하는 것보다는 언제나 더 좋은 옵션이다. 선수 2의 드리블 효율성은 0.5로 고정되어 있기 때문이다. 따라서, 내시 균형 전략에 따라 선수 1은 언제나 골대를 향해 드리블하게 된다. 골대 근처까지 간 다음에는 두 가지 옵션이 있다. (i) 선수 5에게 패스 혹은 (ii) 직접 숏을 시도. 만약 선수 5가 공을 받으면 그는 다시 두 가지 옵션이 생긴다. 직접 숏을 시도하거나 선수 1 혹은 2에게 다시 패스하거나. 선수 1이 숏을 시도할 때의 효율성은 언제나 선수 2나 선수 5가 숏을 시도할 때의 효율성보다 작거나 같다. 따라서, 선수 1이 숏을 시도할 경우는 없을 것이다. 결과적으로, 내시 균형 전략에 의해, 선수 1은 골대 근처로 드리블한 후 선수 5에게 패스하게 되고, 이제 남은 것은 선수 5가 선수 2에게 패스할지 혹은 숏을 시도할지 결정하는 것이다. 여기서 선수 5가 숏을 시도하는 것과 선수 2에게 패스하는 것의 비율을 어느 정도로 맞춰야 할지 계산하려면 각각의 효율성을 계산해 봐야 한다. 이 예에서는, 1/3의 경우에 선수 5가 숏을 시도해야 하고 2/3의 경우에 선수 2에게 패스하여 이 선수가 숏을 시도하도록 해야 한다 (기대 TS%가 2/3일 때). 선수 1의 돌파 효율성이 0.5라고 했을 때, 이 공격 전략의 전체적인 효율성은 0.5×2/3=0.33이다.

이제 비슷한 공격 전개 과정을 선수 5가 없는 상황에서 분석해 보자. 이는 [그림 54-4]의 오른쪽에 표현되어 있다. 이 경우, 두 선수는 동일하게 좋은 옵션이다. 따라서 그들은 반반씩 숏을 시도할 것이다. 따라서 전체적인 효율성은 0.5×(1−0.5× 0.5)=0.375이다. 선수 5가 있을 때보다 효율성이 높게 나온다!

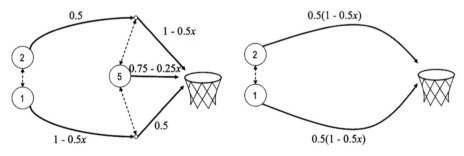

[그림 54-4] 선수 5가 개인 효율성이 가장 높은 선수임에도 불구하고 오른쪽에 나와 있는 선수 5가 빠진 공격 전략의 전체 효율성이 더 높게 나온다(출처: Skinner(2010))

다시 한번 말하자면, 어떠한 팀이 내시 균형에 따라 플레이를 진행하려고 할 때, 이 팀은 각각의 상황에서 가장 효율적인 부분을 찾아가려고 노력할 것이다. 하지만, 이는 팀 전체적으로 보았을 때 최선의 선택이 아니다. 스키너에 따르면 [그림 54-4]의 왼쪽에 나와 있는 전략의 경우, 선수 1과 2가 반반씩 드리블하고, 선수 2와 5가 반반씩 슛을 시도하는 것이 가장 효율적이다. 이렇게 하면 전체적 효율성이 0.43이 된다. 내시 균형을 사용하는 두 가지 시나리오보다 더 효율성이 높다. 즉, 팀들이 공격을 진행하는 각 개별 상황을 하나씩 고려한다면, 전체 공격 효율성은 33%밖에 되지 않는다. 하지만 최상의 전략은 효율성 43%를 기록한다. 스키너가 전하려는 메시지는, 슈퍼스타가 빠졌을 때 팀 실력이 오히려 향상되는 이유는 이 선수가 코트에 있을 때 발생하는 근시안적인 전략적 접근 때문이다.

네트워크를 통해 팀 레이팅을 측정하는 방법

앞선 챕터에서, 단순 회귀 분석을 통해 팀 레이팅을 측정하는 방법에 대해 다루었다. 팀 레이팅을 측정하는 또 다른 방법은 네트워크 분석을 활용하는 것이다. 이 레이팅 시스템에서 중요한 것은 누가 누구를 이겼는지에 대한 관계이다. 이 네트워크의 노드는 각 팀이고, 링크는 승-패 관계를 나타낸다. 이 링크에는 방향성이 있다. 만약 팀 i가 팀 j에게 패배한다면 링크는 i에서 j로 향할 것이다. 이 링크에는 해당 게임의 득실 차가 주석으로 붙을 것이다.

네트워크 분석을 통해 팀들의 순위를 매기는 방법에는 여러 가지가 있다. 이 중 가장 간단한 것은 한 네트워크상에서 가장 중요한 노드를 찾아내는 방법인 PageRank[223]를 이용하는 것이다. PageRank는 구글의 설립자들에 의해 개발되어 서

---

223 Lawrence Page, et al., The PageRank Citation Ranking: Bringing Order to the Web, Stanford InfoLab, 1999.

치 엔진의 핵심 작동 원리로 이용되고 있다. PageRank의 핵심 아이디어는 (i) 다른 많은 노드가 특정 노드로 연결되고 있거나 (ii) 중요한 웹사이트들이 특정 노드로 연결되고 있을 때, 이 특정 노드(즉, 웹사이트)는 매우 중요한 웹사이트라는 것이다. PageRank가 작동되는 방식은 네트워크상의 무한 랜덤 워크를 통해 표현될 수 있다. 각 단계에서, 랜덤 워크는 확률$(1-\alpha)$로 네트워크상의 노드를 무작위로 선택한다. 그리고 확률 α로 현재 머물고 있는 노드에서 밖으로 나가는 링크 중 한 가지를 무작위로 선택한다. 만약 우리가 랜덤 워크를 무한히 진행시킨다면, 노드 j의 PageRank는 랜덤 워크가 노드 j를 지나쳐 간 비율이 된다. 즉, PageRank는 위에서 묘사한 랜덤 워크의 평형 상태에서의 해 π를 의미한다. 이는 다음과 같은 식으로 표현할 수 있다. $\pi = D(D - \alpha A)^{-1}\mathbf{1}$. 여기서 1은 단위 벡터(모든 길이가 1인 벡터)이다.

PageRank의 개념을 스포츠 팀 랭킹에 적용하면, 많은 팀을 상대로 승리한 팀을 중요한 팀이라고 정의할 수 있다. 이때 승리를 거둔 상대 팀들도 중요한 팀일 경우 이 팀은 더욱더 중요한 팀이 된다. 이렇게 하면, 팀 랭킹에서 스케줄 난이도도 자연스럽게 고려하게 된다. 우리는 SportsNetRank[224]라고 이름 지은 스포츠에서의 랭킹 시스템을 개발하여 미래 경기 결과 예측을 통해 그 성능을 테스트해 보았다. SportsNetRank의 미래 경기 결과 예측력을 보여 주기에 앞서, PageRank 계산을 이해하고자 간단한 예를 살펴보자. 여섯 개 팀이 각각의 상대 팀과 한 번씩 경기를 치르는 작은 리그를 가정해 보자(총 15경기). 첫 번째 여섯 경기 이후에 [표 54-1]에 나온 것과 같은 매치업에 따라 네트워크를 작성해 보았다.

패자	T1	T1	T2	T4	T6	T5
승자	T2	T3	T3	T5	T5	T1

[표 54-1] 여섯 개 팀으로 이루어진 리그 매치업 예

224 K. Pelechrinis, E. Papalexakis, and C. Faloutsos, "SportsNetRank: Network-based sports team ranking," in ACM SIGKDD workshop on Large Scale Sports Analytics, 2016.

이 네트워크에서의 인접 행렬은 다음과 같다.

$$A = \begin{bmatrix} 0 & 0 & 0 & 0 & 1 & 0 \\ 1 & 0 & 0 & 0 & 0 & 0 \\ 1 & 1 & 0 & 0 & 0 & 0 \\ 0 & 0 & 0 & 0 & 0 & 0 \\ 0 & 0 & 0 & 1 & 0 & 1 \\ 0 & 0 & 0 & 0 & 0 & 0 \end{bmatrix}$$

그리고 차수 행렬은 아래와 같다.

$$D = \begin{bmatrix} 2 & 0 & 0 & 0 & 0 & 0 \\ 0 & 1 & 0 & 0 & 0 & 0 \\ 0 & 0 & 1 & 0 & 0 & 0 \\ 0 & 0 & 0 & 1 & 0 & 0 \\ 0 & 0 & 0 & 0 & 1 & 0 \\ 0 & 0 & 0 & 0 & 0 & 1 \end{bmatrix}$$

$\alpha = 0.85$일 때(0.85는 PageRank를 계산할 때 사용되는 일반적인 값이다.[225] 즉, 85%의 경우에 랜덤 워크가 현재 위치에서 밖으로 나가는 링크 중 하나를 따라간다는 뜻이다), 아래와 같은 결과를 얻는다.

$$(D - \alpha A)^{-1} = \begin{bmatrix} 0.50 & 0.00 & 0.00 & 0.36 & 0.43 & 0.36 \\ 0.43 & 1.00 & 0.00 & 0.31 & 0.36 & 0.31 \\ 0.79 & 0.85 & 1.00 & 0.57 & 0.67 & 0.57 \\ 0.00 & 0.00 & 0.00 & 1.00 & 0.00 & 0.00 \\ 0.00 & 0.00 & 0.00 & 0.85 & 1.00 & 0.85 \\ 0.00 & 0.00 & 0.00 & 0.00 & 0.00 & 1.00 \end{bmatrix}$$

최종적인 PageRank 벡터는 $\pi = (3.3, 2.4, 4.4, 1, 2.7, 1)^T$ 혹은 이를 정규화하면, $\pi = (0.22, 0.16, 0.3, 0.07, 0.18, 0.07)^T$이다. 여기서 확인할 수 있듯이 가장 높은 랭킹을 차지한 팀은 2승 0패를 기록한 팀 T3이다. 팀 T1이 1승 2패를 기록하여 2위를

---

225 여기서 논의한 것과 같은 예측 모델에서는 Chapter 30에서 논의했던 검증 세트(validation set)를 통해 α 값을 설정할 수도 있다.

기록하였다. 팀 T1이 2위인 이유는 이 1승이 팀 T1과의 경기 전까지 2승을 기록 중이던 팀 T5를 상대로 한 것이기 때문이다.

SportsNetRank에 대한 평가로 돌아가 보자. 우리는 τ주차의 경기 결과를 예측하려고 $\tau-1$주차까지의 경기 결과들을 이용했다. 예측 알고리즘은 매우 간단하다. 만약 $\pi_i(\tau-1) > \pi_j(\tau-1)$이면, 팀 i가 τ주차 경기에서 팀 j를 꺾을 것이라고 예측된다. [표 54-2]는 2009~2015 시즌 NFL 경기들에 대한 예측 결과를 나타내고 있다. PageRank 대신에 승률을 가지고 비슷한 알고리즘을 활용한 예측치의 정확도도 함께 실어 놓았다. SportsNetRank는 총예측 정확도 약 61%를 기록하였다(표준 편차 1.2%). 반면 승률을 기반으로 예측했을 경우 52%의 예측 정확도를 기록하였다. PageRank에서의 α 값을 변경하면(예: 교차 검증을 통해서) SportsNetRank의 정확도는 더욱 올라갈 수 있다. 하지만, 기본값인 $\alpha = 0.85$를 사용해도 SportsNetRank의 정확도는 마이크로소프트의 코타나(Cortana)[226]와 ESPN의 FPI[227]에 필적할 정도로 뛰어나다. 그들보다 훨씬 간단한 모델임에도 불구하고 말이다! SportsNetRank는 확률에 기반한 예측치를 제공하진 않는다. 이는 각 팀의 랭킹에 기반하여 승-패 두 가지 중 한 가지 결과를 예측하는 랭킹 모델이다. 하지만, 각 팀의 실제 PageRank 값을 이용해 로지스틱 회귀 모형을 만들어 홈 팀의 승리 확률을 예측할 수도 있다.

---

226 https://www.firstscribe.com/bing-predicts-looks-average-in-nfl-week-17-wildcard-weekend-preview/

227 http://www.espn.com/blog/statsinfo/post//id/123048/a-guide-to-nfl-fpi

연도	SportsNetRank	승률
2009	0.64	0.57
2010	0.56	0.5
2011	0.64	0.58
2012	0.65	0.56
2013	0.56	0.5
2014	0.66	0.56
2015	0.59	0.53

[표 54-2] SportsNetRank는 NFL 경기 결과 예측에서 약 61%의 정확도를 기록했다

COVID-19 팬데믹 중에 치러진 NCAA 콘퍼런스 토너먼트를 위한 시드 배정을 할 때 PageRank를 활용한 예측 방식의 정확도를 확인할 수 있었다. 팬데믹으로 인한 거리 두기 제한 조치로 인해 같은 콘퍼런스 내에서도 팀 간 상당히 불균형적인 스케줄을 소화할 수밖에 없었다. 이로 인해 승률이 각 팀의 실력을 올바르게 평가하지 못하게 되었다. 예를 들어, ACC 콘퍼런스 막바지에 조지아테크는 승률을 기반으로 7번 시드를 배정받았다(최종적으로는 4번 시드를 받았다). 하지만, 이때 조지아테크는 PageRank 방식으로는 2위를 기록하고 있었다. 조지아테크는 결국 ACC 우승을 차지하였다. 결승전 상대였던 플로리다 주립대는 PageRank 기준 1위였고 승률 기준으로 2번 시드를 받았다.

네트워크 구조는 스포츠에서 매우 쉽게 찾아볼 수 있다. 예를 들어, 선수 교체 네트워크를 구축할 수도 있고(어떤 선수가 누구와 교체되는가) 스크린 네트워크, 핸드오프 네트워크, 픽 앤드 롤 네트워크 등과 같은 분석이 가능하다. 이러한 각 네트워크 구조는 다양한 관계를 나타내고 다양한 정보를 포함하고 있을 것이므로 이를 통해 팀과 선수들의 실력에 대한 더 깊은 이해가 가능해진다. 최신 네트워크 분석 방법들은 이러한 분석을 더욱 쉽게 만들어 줄 것이다. 예를 들어, Network embeddings는 네트워크상의 노드 간의 연결 구조를 벡터를 이용해 표현할 수 있도록 도와주는 방법이다. 이렇게 나온 벡터들은 전통적인 통계적 학습 모델에 입력 변수로 활용될 수 있을 것이다. 예를 들어, 선수 교체 네트워크에서 나타난 선수들의

벡터를 찾으면 쉽게 비슷한 선수들을 찾아낼 수 있다. 네트워크 분석에 대해 더 깊이 설명하는 것은 이 책의 범위 밖이므로 관심 있는 독자들을 위한 자료 한 가지만 소개하고 넘어가겠다. Easley and Kleinberg의 『Networks, Crowds, and Markets: Reasoning About a Highly Connected World(2010)』이다. 이 책은 저자들의 개인 홈페이지에서 e북으로도 읽을 수 있다.[228]

---

228 https://www.cs.cornell.edu/home/kleinber/networks-book/

CHAPTER 55

일로 레이팅
(Elo Ratings)

물리학자인 아르패드 일로(Arpad Elo)는 1960년대에 체스 선수들의 레이팅을 매기는 시스템을 개발하였다. 일로 레이팅 시스템의 핵심 아이디어는 각 경기가 끝난 후 선수 간에 레이팅 점수를 교환하는 것이다. 승자는 패자의 레이팅에서 x 점만큼을 빼서 기존의 레이팅에 더하게 된다. 따라서, 일로 레이팅은 제로섬 레이팅이다. 그렇다면 여기서 질문은, 승자에게 얼마나 많은 점수를 주어야 하는가?(패자에게서 얼마나 많은 점수를 빼앗아 와야 하는가?) 이다. 기본적인 아이디어는 만약 승자가 이미 경기 전부터 승리할 것으로 예상된 경우 점수를 조금만 가져오고, 이변이 일어나는 경우 점수를 많이 가져오는 것이다. 여기서 경기 전 예상치는 경기 전 두 선수의 레이팅으로부터 계산된다.

자세히 설명하자면, 만약 팀 A가 팀 B와 경기를 가질 때, 그들의 일로 레이팅이 각각 R_A와 R_B라면, A가 B에게 패배하지 않을 확률은 $E_A = \frac{1}{1+10^{\left(\frac{R_B-R_A}{400}\right)}}$로 계산된다. 만약 홈 어드밴티지를 추가하고 싶다면(체스에서는 흑/백 중 백을 두는 선수의 경우이다), 위 식을 $E_A = \frac{1}{1+10^{\left(\frac{R_B-R_A-H_e}{400}\right)}}$로 업데이트하면 된다. 여기서 H_e는 일로 레이팅에서의 홈 어드밴티지이다. H_e를 계산하는 방법은 경기를 갖는 두 팀의 실력이 동일한 경우를 가정해 보는 것이다(즉, $R_A = R_B$). NFL에서 홈 팀은 약 58%의 승률을 기록한다. 즉, $E_A = \frac{1}{1+10^{\left(\frac{-H_e}{400}\right)}} = 0.58$이다. 이 식을 풀면 H_e는 약 56이 나온다.

다시 한번 설명하자면, E_A는 무승부가 없는 경우 A가 승리할 확률이다. 만약 무승부가 존재하는 경우라면, E_A는 A가 이기거나 무승부가 되는 확률을 의미한다. 일로 레이팅에서는 승리와 무승부 확률을 따로 계산하는 것이 불가능하다. 일로 레이팅은 무승부를 절반의 승리/패배로 취급한다. 따라서 E_A는 승리 확률과 무승부 확률의 절반의 합이 된다. 예를 들어, 만약 $E_A = 0.6$이라면, 이는 승리 확률 60%+무승부 확률 0%일 수도 있고, 승리 확률 40%+무승부 확률 40%일 수도 있다. 이제 선수 A가 선수 B를 이긴 상황을 가정해 보자. S_i는 선수 i가 승리하는 사건을 나타낸다고 할 때, $S_A = 1$이고 $S_B = 0$이 된다(무승부인 경우 $S_A = S_B = 0.5$이다). 선수 A의 일로 레이팅은 이제 $R'_A = R_A + K(S_A - E_A)$가 된다. 여기서 K 값을 어떻게 설정하느냐에 따라 이 모델이 새로운 결과를 얼마나 빠르게 반영할 것인가와 전체적인 이 시스템의 정확도가 얼마나 좋을 것인가를 결정할 것이다. K 값이 클 경우 새로운 결과에 더 많은 영향을 받을 것이다(특히 예상과 다른 결과가 나왔을 경우). K 값을 작게 설정하면, 한 선수의 일로 레이팅이 변화하려면 많은 예상외의 결과가 필요할 것이다. 이 일로 레이팅 프로세스는 베이지안 추론과 비슷한 면이 있다. 이 시스템이 새로운 관측치를 얻을 때마다(승, 패, 무승부), 선수나 팀 레이팅이 이 새로운 데이터에 반응하여 변화하기 때문이다. 이 새로운 데이터가 얼마나 강력한 정보를 담고 있느냐에 레이팅이 얼마나 변하는지가 달려 있다.

일로 레이팅 시스템은 오늘날 여러 스포츠에 쓰이고 있다. 네이트 실버의 FiveThirtyEight.com에서는 일로 레이팅을 기반으로 다양한 예측치를 계산한다. 일로 레이팅을 실제로 활용하려면 몇 가지 극복해야 할 과제가 존재한다. 중요한 몇 가지만 꼽아 보자면,

1. 팀의 첫 시작 레이팅 설정
2. 시즌이 바뀔 때 레이팅을 어떻게 다시 설정해야 하는지

3. 새롭게 추가된 팀은 어떻게 해야 하는지

4. K 값은 어떻게 설정해야 하는지

첫 시작 레이팅을 선택하는 것은 이 시스템 전체에 단기적인 영향을 미치게 된다. 장기적으로는, 시작 레이팅의 영향력은 미미해질 것이다. 예를 들어, *FiveThirtyEight.com*은 각 리그가 출범했던 때부터 팀들의 일로 레이팅을 계산한다. 따라서, 시작 레이팅이 얼마였는지는 현재 시즌 결과 예측에 큰 영향을 미치지 못한다. 하지만, 만약 팀들이 시즌별로 선수 로스터에 많은 변화를 주는 경우 과거 데이터를 기반으로 레이팅 시스템을 만드는 것은 그다지 좋은 생각이 아닐 것이다. 그렇다면 시작 레이팅은 어떻게 설정하는 것이 좋을까? 가장 일반적인 선택은, 모든 팀이 같은 레이팅에서 출발하도록 설정하는 것이다. 하지만, 이것은 그다지 좋은 생각이 아니다. 2017년 잉글랜드 패트리어츠와 뉴욕 제츠의 실력이 차이가 많이 난다는 것은 시즌이 시작하기도 전에 이미 모두가 알고 있었다.

스포츠 베팅 시장을 한번 살펴보자. 베팅 시장은 시즌이 시작하기 전, 팀들이 얼마나 많은 승수를 기록할 것인지에 대해 베팅하는 게임이 있다. 이 게임에서의 베팅 라인은 각 팀의 기대 승수로 해석될 수 있다. 사람들은 해당 팀이 기대 승수보다 더 많은 승리를 거둘지 더 적은 승리를 거둘지 베팅한다. 이 베팅 라인은 수많은 정보를 모아 시즌 시작 전 각 팀의 실력을 평가한 기대 지표이다. 이 정보를 통해 매 시즌 시작 시점에 각 팀의 시작 레이팅을 정하는 것이 가능할 것이다. 구체적으로 설명하자면, 베팅 마켓에서의 기대 승수와 이를 이용한 시작 레이팅을 통해 얻어진 기대 승수 간의 오차 제곱을 최소화하는 레이팅을 찾을 수 있을 것이다. 이 계산을 할 때 미리 정해진 평균 레이팅에 맞춰지도록 제한 조건을 걸 수도 있다(예: FiveThirtyEgiht는 1,500을 이 평균 레이팅으로 사용한다).

팀 i가 팀 H_S와 홈경기를 치르고 팀 V_S와 어웨이 경기를 치른다고 가정하자. 이 때, 레이팅 R을 바탕으로 계산한 팀 i의 기대 승수는 다음과 같다.

$$E(W_i|R, H_e) = \sum_{j \in H_S} \frac{1}{1 + 10^{\left(\frac{R_j - R_i - H_e}{400}\right)}} + \sum_{j \in V_S} \frac{1}{1 + 10^{\left(\frac{R_i - R_j - H_e}{400}\right)}}$$

l_i를 팀 i의 베팅 마켓에서의 기대 승수라고 하면, 아래 최적화 문제를 풀어 레이팅 R을 구할 수 있다.

$$\min_R \sum_{i=1}^{32} (l_i - E[W_i|R, H_e])^2$$

이때, $\sum_i R_i = 1,500$으로 제한 조건을 걸었다(이 값은 평균 일로 레이팅을 어떻게 설정할 것인가에 따라 조정할 수 있다). [표 55-1]은 2017년 NFL 시즌 시작 일로 레이팅 계산 결과와 스포츠 베팅 시장에서 예측된 정규 시즌 총승수를 보여 주고 있다. 여기서 볼 수 있듯이 몇몇 팀이 8승을 거둘 것이라고 예측되었다. 이 팀들이 리그의 평균적인 팀들이다. 하지만 그들의 일로 레이팅은 우리가 일로 레이팅 평균이라고 가정한 1,500과는 거리가 있다. 그 이유 중 하나는 NFL 팀들의 스케줄이 서로 다르기 때문이다. 예를 들어, 일로 레이팅이 평균 이하인 팀들도 실력이 좋지 않은 팀들과 쉬운 경기들이 여러 번 있는 경우 8승을 거둘 것으로 예측될 수 있다. 일로 레이팅이 평균보다 높은 팀들의 경우도 마찬가지이다. 몇몇 팀은 강한 상대팀을 여러 번 상대해야 하는 경우가 생기므로 일로 레이팅이 평균보다 높더라도 8승밖에 거두지 못할 것으로 예측될 수 있다. 만약 $H_e = 56$이라는 값을 사용하지 않는다면, 위의 최적화 문제에 추가적인 변수로 이를 집어넣어 계산할 수도 있다. 또한 Chapter 46에서 다루었던 시즌 전 회귀 분석 레이팅을 구할 때도 이와 비슷한 방식을 이용할 수 있다는 점을 언급하고 넘어가겠다.

팀	레이팅	베팅 라인(승수 예측)
애리조나 카디널스	1466	8
애틀랜타 팰컨스	1578	9.5
볼티모어 레이븐스	1532	9.5
버펄로 빌스	1431	6
캐롤라이나 팬서스	1518	8.5
시카고 베어스	1383	5.5
신시내티 벵골스	1504	8.5
클리블랜드 브라운스	1323	4.5
댈러스 카우보이스	1578	9.5
덴버 브롱코스	1549	8.5
디트로이트 라이언스	1479	7.5
그린베이 패커스	1589	10
휴스턴 텍산스	1502	8.5
인디애나폴리스 콜츠	1506	9
잭슨빌 재규어스	1373	6
캔자스시티 치프스	1575	9
로스앤젤레스 차저스	1491	7.5
로스엔젤레스 램스	1360	5.5
마이애미 돌핀스	1495	7.5
미네소타 바이킹스	1510	8.5
뉴잉글랜드 패트리어츠	1726	12.5
뉴올리언스 세인츠	1499	8
뉴욕 자이언츠	1549	9
뉴욕 제츠	1341	4.5
오클랜드 레이더스	1612	10
필라델피아 이글스	1502	8
피츠버그 스틸러스	1607	10.5
샌프란시스코 포티나이너스	1307	4.5
시애틀 시호크스	1580	10.5
탬파베이 버커니어스	1529	8.5
테네시 타이탄스	1492	8.5
워싱턴 레드스킨스	1488	7.5

[표 55-1] 베팅 마켓에서의 승수 예측을 바탕으로 한 2017 시즌 NFL 시작 일로 레이팅

앞에서 언급한 대로, FiveThirtyEight.com은 리그 출범일로부터 시작 일로 레이팅을 계산하는 약간 다른 방식을 사용한다. 이 경우, 시작 레이팅을 선택하는 것은 현재 시즌 경기 결과를 예측하는 데 거의 영향을 미치지 않는다. 하지만, 이 방식은 또 다른 문제점이 있다. 한 시즌 막바지의 레이팅을 다음 시즌 시작할 때의 레이팅으로 전환해야 할 때 어떤 방식을 택할 것인가? 이에 대한 문제이다. 누군가는 그냥 건드리지 말고 놔두어야 한다고 주장할 수도 있다. 하지만, 앞서 언급했듯이, 이는 그다지 좋은 생각이 아니다. 2016년 덴버 브롱코스는 슈퍼볼을 차지했다. 이 해가 페이튼 매닝이 브롱코스에서의 마지막 시즌이었다. 따라서, 2017년 이후 브롱코스는 더 이상 같은 수준의 팀이라고 할 수 없다. FiveThirtyEight.com이 사용하는 방식은 팀 레이팅을 평균에 회귀시키는 것이다. 일로 레이팅 평균이 1,500을 활용하여, 팀 A의 시즌 시작 레이팅을 다음과 같이 계산한다. $R_{A,start} = 0.75 \times R_{A,end} + 0.25 \times 1505$. 이 식에서 $R_{A,end}$는 해당 팀의 전 시즌 마지막 일로 레이팅이다. 이 가중 평균은 작년 마지막 레이팅의 75%와 평균 레이팅 25%로 이루어져 있다. 하지만 여기서 평균 레이팅은 1,500이 아닌 1,505이다. 이는 이 웹사이트에서 사용한 실제 일로 레이팅의 평균이다. 이러한 방식의 일로 레이팅 산정이 가지는 또 하나의 문제점은 새롭게 리그에 합류하는 팀들의 레이팅을 산정하는 방식이다. 각 팀은 레이팅 1,300으로 시작한다. 따라서, 평균 일로 레이팅이 1,500보다 한참 밑으로 내려가게 된다. 장기적으로 이러한 문제를 피하고자 FiveThirtyEight.com은 새로운 팀이 생길 경우를 대비하여 각 팀에 1,500보다 약간 높은 레이팅을 부여한다.

일로 레이팅을 활용하고자 또 한 가지 생각해 봐야 할 문제점은 K 값을 어떻게 설정해야 하는가이다. 한 번 더 이야기하자면, K 값은 일로 레이팅이 얼마나 빠르게 새로운 데이터에 반응할 것인지를 컨트롤한다. K 값이 작으면 일로 레이팅의 변동성이 작아질 것이다. 하지만 이 경우 각 팀의 시작 일로 레이팅에 영향을 많이 받을 것이다. 시작 일로 레이팅이 적절하게 설정되지 않을 경우 예측 정확도가 확연히 떨어질 것이다. 따라서, 가장 합리적으로 K 값을 설정할 수 있는 방법에 대해 고민해 봐야 한다. 각 스포츠마다 적절한 K 값이 다를 수 있다. 예를 들어 FiveThirtyEight. com은 NBA와 NFL에서 약 20 정도의 K 값을 사용하고, MLB에서는 이보다 작은 값을 사용한다. K 값이 이 모델의 정확도를 결정하는 핵심적 변수라는 점을 고려하면, K 값을 설정할 때 과거 경기 결과들과 검증 세트를 이용하는 것이 좋은 방법이다. 분석을 간편하게 하고자 무승부가 없다고 가정한다. 서로 다른 K 값들은 검증 세트에서의 다양한 경기에 대해 서로 다른 승리 확률을 제시할 것이다. 이때, 가장 뛰어난 확률 예측치를 보인 K 값을 선택하면 된다. 즉, $\frac{1}{N}\sum_{i=1}^{N}(S_i - E_i)^2$의 값을 최소화하는 값을 찾으면 된다. 이 식에서 S_i는 경기 i에서 홈 팀이 승리하면 1이고 그렇지 않으면 0이다. E_i는 경기 i에서 일로 레이팅에 따른 홈 팀의 승리 확률이다.

글리코 레이팅(Glicko Ratings)

일로 레이팅이 체스 선수들을 평가하고자 개발되었으므로 이 레이팅의 개선된 버전에 대하여 이야기해야만 할 것 같다. 글리코 레이팅은 마크 글리크맨(mark Glickman)에 의해 개발되었다. 이 레이팅의 핵심적인 아이디어는 레이팅의 편차인 RD를 계산한 것이다. RD는 선수 혹은 팀 레이팅의 표준 편차와 동일한 값으로, 이 레이팅의 불확실성을 측정한다. 예를 들어, 레이팅이 1,600이고 RD가 30인 선수의 실제 레이팅은 99.7%의 신뢰도로 1,510과 1,690 사이일 것이다(평균 ±3×표준 편차 사이). RD는 경기가 끝난 후 선수 레이팅을 업데이트할 때 쓰인다. 예를 들어, 만약 한 선수의 RD 값이 낮다면, 이는 그 선수의 실제 레이팅에 불확실성이 낮다는 의미이다. 따라서, 한 경기가 끝난 후 레이팅의 변화가 적어야 한다. RD는 경기를 치를수록 계속 변하게 된다. 보통 경기를 많이 치를수록 RD 값이 낮아진다. 하지만, 만약 어떤 선수가 장기간 아무 경기도 하지 않으면 그 값이 천천히 증가하게 된다. 마크 글리크맨은 관심 있는 사람들을 위해 상세한 설명과 사용 방안을 제시했다.

CHAPTER 56

서로 다른 시대의 선수들 비교하기

Chapter 15에서 우리는 테드 윌리엄스가 2019년에 선수 활동을 했으면 과연 0.406을 기록할 수 있었을까에 대해 논의했다. 우리의 분석을 하려면 서로 다른 시기에 활동한 투수들과 수비수들의 능력을 비교해 봐야만 했다. Chapter 15에서는 아주 단순한 분석을 활용하여, 테드 윌리엄스가 2019년에 플레이했다면 0.406을 기록하기는 어려웠을 것이라는 결론을 내렸다. 이번 챕터에서는 WINVAL 레이팅을 이용하여, NBA 선수들의 실력이 2000년 이래로 향상되었는지 퇴보했는지를 살펴보고자 한다. 그리고, 베리(Berry), 리즈(Reese), 라르키(Larkey)의 1999년 연구를 요약해 볼 것이다. 이들은 MLB, NHL, 프로 골프에서 시간의 변화에 따른 선수들의 실력 변화를 분석했다. 마지막으로, 상대적으로 단순한 방식을 활용하여 서로 다른 시기의 야구 선수들을 비교하는 방법을 제시한 피터슨(Peterson), 페너(Penner), 스탠리(Stanley)의 2011년 연구에 대해 살펴볼 것이다.

2000~2007년 NBA 선수들의 실력 변화 분석

우리는 WINVAL 선수 레이팅을 활용하여, 2000~2007 시즌 NBA 선수들의 실력 변화를 살펴볼 것이다. 예를 들어, 만약 덕 노비츠키가 2004~2005 시즌 레이팅 +10을 기록했다면, 이는 그가 2004~2005 시즌의 리그 평균적인 대체 선수 대비 48분당 10점을 팀에 더 기여했다는 뜻이다. WINVAL 레이팅을 활용하여, 2000~2007 시즌 선수들의 상대적 능력 변화를 측정해 볼 수 있다. 무작위로 2006~2007 시즌을 선택하여 이 시즌 선수들의 실력 수준이 0이라고 가정해 보자. 예를 들어, 2003~2004 시즌 선수들의 실력 수준이 +4라면, 평균적으로 2003~2004 시즌 선수들이 2006~2007 시즌 선수들보다 4점 정도 더 뛰어난 선수라는 뜻이다. 여기서 우리가 사용할 데이터는 해당 시즌 각 선수의 WINVAL 레이팅이다. 이 분석에서는 최소 1,000분 이상 출전한 선수들만을 대상으로 했다. 엑셀해 찾기 기능을 활용하여 아래와 같이 계산하였다.

- 각 선수에 대해 2006~2007 시즌 대비 상대적 능력치를 계산하였다. 예를 들어, 만약 덕 노비츠키의 레이팅이 +10이라면, 이는 그가 48분당 2006~2007 시즌의 평균적인 선수 대비 10점을 더 득점했다는 뜻이다.
- 각 시즌 실력 수준을 계산하였다. 예를 들어, 만약 2002~2003 시즌 실력 수준이 −3이라면, 2002~2003 시즌에 활약한 선수들은 2006~2007 시즌에 활약한 선수들 대비 3점을 덜 득점한다는 뜻이다.

계속해서 덕 노비츠키를 예로 설명을 이어가 보자. 우리는 매 시즌 다음과 같은 계산을 할 수 있다.

(덕 노비츠키의 2006~2007 시즌 대비 상대적 능력치)=   (1)

(덕 노비츠키의 x 시즌 레이팅)+(x 시즌의 2006~2007 시즌 대비 실력 수준)

예를 들어, 만약 덕 노비츠키가 2002~2003 시즌 +10을 기록하고 2002~2003 시즌 선수들이 2006~2007 시즌 선수들보다 5점이 더 뛰어나다면, 덕 노비츠키는 2006~2007 시즌 평균적인 선수 대비 48분당 15점을 앞선다고 할 수 있다. 위의 (1) 식을 정리하면,

(덕 노비츠키의 x 시즌 레이팅)=(덕 노비츠키의 2006~2007   (2)

시즌 대비 상대적 능력치)−(x 시즌의 2006~2007 시즌 대비 실력 수준)

(2) 식의 좌변은 이미 알고 있다. 하지만, 우변 값들은 계산이 필요하다. Chapter 46에서 다루었던 팀 레이팅을 계산하는 방법을 바탕으로 엑셀 해 찾기 기능을 이용하여, 모든 시즌 모든 선수의 합을 최소화하는 각 선수의 2006~2007 시즌 대비 상대적 능력치와 각 시즌의 2006~2007 시즌 대비 실력 수준을 구할 수 있다.

$$[(\text{선수의 x 시즌 레이팅})-\{(\text{선수의 2006~2007 시즌 대비 상대적 능력치})-(\text{x 시즌의 2006~2007 시즌 대비 실력 수준})\}]^2$$

이 식을 풀면, [표 56-1]과 같은 결과를 얻을 수 있다. 이 표에는 각 시즌 2006~2007 시즌 대비 실력 수준이 계산되어 있다.

시즌	상대적 선수 실력 수준
1999~2000	−0.32
2000~2001	−0.78
2001~2002	−0.56
2002~2003	−0.69
2003~2004	−0.17
2004~2005	−0.53
2005~2006	−0.02
2006~2007	0

[표 56–1] 2006~2007 시즌 대비 각 시즌의 실력 수준

예를 들어, 2000~2001 시즌의 경우 평균적인 2006~2007 시즌 선수들에 비하여 0.78점 정도 떨어지는 것으로 나왔다. 또한, 2005~2006 시즌 선수들의 실력은 사실상 2006~2007 시즌 선수들의 실력과 차이가 없는 것으로 나타났다.

스포츠에서 서로 다른 시기를 비교하는 더 정교한 방법

베리(Berry), 리즈(Reese), 라르키(Larkey)는 1999년 그들의 연구에서 메이저 리그 야구 선수와 프로 골프 선수들 그리고 NHL 하키 선수들의 시간에 따른 실력 변화를 분석하였다. 그들의 주된 목표는 서로 다른 시기의 선수들의 능력을 비교하는 것이었다. 그들은 1996년을 기준이 되는 시즌으로 삼고 (1)과 (2)와 같은 식을 만들었다. 또한, 각 선수의 나이가 그들의 실력에 미치는 영향도 고려하여 분석하였다. 그들의 결과를 요약한 내용은 다음과 같다.

아이스하키, 골프, 야구에서 선수들 나이의 영향

아이스하키 선수들의 경우, 선수들의 득점 능력이 27세까지 꾸준히 증가하다가 가파르게 떨어진다는 사실을 찾아냈다. 또한 골프 선수들의 경우 30~34세까지 꾸준히 실력이 증가하다가 30~34세 즈음에는 큰 변화가 없었다. 야구의 경우, 홈런을 생산하는 능력은 29세까지 증가하다가 떨어진다. 타격 능력은 27세에 피크를 찍고 떨어진다. 하지만 아이스하키에서처럼 급격하게 하락하지는 않는다.

고트(Greatest Of All-Time, GOAT) 비교하기

또한 그들의 연구에 따르면, 마리오 르미외(Mario Lemieux)와 웨인 그레츠키(Wayne Gretsky)가 역사상 가장 위대한 두 명의 아이스하키 선수였다. 이 연구에 따르면 그들의 전성기 시절에 마리오 르미외는 187골을 기록할 수 있었을 것이고 웨인 그레츠키는 181골을 기록할 수 있었을 것이다. 과거의 선수 중에 가장 뛰어났던 선수는 고디 호위(Gordie Howe)이다. 그는 119골을 기록할 것으로 추정되었다. 이 숫자들은 이 선수들이 기준이 되는 해(1996년)에 뛰었다면 기록했을 골의 숫자이다.

골프에서는 잭 니클라우스, 톰 왓슨, 벤 호건이 가장 위대한 골프 선수였다. 예를 들어, 1996년 그랜드 슬램 토너먼트에서 잭 니클라우스가 전성기 시절 능력을 가지고 뛰었다면 라운드당 평균 70.42타를 기록했을 것이고, 왓슨은 70.72타, 호건은 71.12타를 기록했을 것이다. 그들의 연구에 따르면 타이거 우즈는 라운드당 약 71.77타를 기록했을 것이라고 추정되었다. 이때 타이거 우즈는 그의 커리어를 시작한 지 얼마 되지 않은 상태였다. 이 때문에 타이거 우즈의 능력이 약간 과소평가 되었다.

이 연구자들은 또한 타이 콥을 역사상 가장 훌륭한 타자로 꼽았다. 그가 만약 그의 전성기 능력을 가지고 1996년 시즌에 뛰었다면, 그는 타율 0.368을 기록했을 것이다. 두 번째는 토니 그윈이었다. 그의 전성기 실력으로 1996년에 뛰었다면 타율 0.363을 기록했을 것이다. 마지막으로 마크 맥과이어가 역사상 가장 뛰어난 홈런 타자였다. 이 연구에 따르면 만약 맥과이어가 그의 전성기 실력으로 1996년에 뛰었다면, 타수당 평균 0.104개의 홈런을 쳤을 것이다. 두 번째는 텍사스 레인저스의 후안 곤살레스였다. 그의 전성기 실력으로 1996년에 뛰었다면 타수당 0.098개의 홈런을 기록했을 것이다. 레전드 베이브 루스는 타수당 약 0.094개를 기록했을 것이다. 이 연구는 배리 본즈가 그의 홈런 기록을 세우기 전에 이루어져 배리 본즈의 능력을 완벽하게 분석하지는 못했다. 그들의 연구에서는 그가 1996 시즌에 전성기 실력으로 뛰었다면 0.079개의 홈런을 기록할 것이라고 추정했다.

관심이 있는 독자들은 베리, 리즈, 라르키의 논문을 꼭 읽어 보길 권하고 싶다. 그들의 연구는 수학적으로 정교한 모델을 통해 누가 가장 뛰어난 홈런 타자인가? 등의 질문에 답해 주고 있다.

시대 간 비교를 하는 더 간단한 접근

피터슨, 페너, 스탠리의 2011년 연구에서는 야구 선수들을 비교하는 더 간단한 방식의 분석이 이루어졌다. 우리 모두 미국 소비자 물가 지수(US Consumer Price Index, CPI)가 서로 다른 시간의 물가를 기준이 되는 연도(현재는 1982~1984)와 비교하여 구해진다는 사실을 알고 있을 것이다. 이와 비슷한 방식으로, 이 연구자들은 선수들의 기록을 1890~2010 시즌 메이저 리그 평균을 기준치로 활용하여 정규화하였다.

간단한 예를 통해 그들의 분석 방법을 이해할 수 있다. 배리 본즈는 2001년 한 시즌 동안 73개의 홈런을 기록했다. 1920년 베이브 루스는 54홈런을 기록했다. 둘 중 어떤 기록이 더 뛰어난 것일까? 이 연구자들은, 베이브 루스의 1920년 홈런 기록이 최고의 기록이었다고 주장했다. 베이브 루스의 기록은 128개의 홈런에 상응하는 기록이고 배리 본즈의 2001년 기록은 47개 정도의 기록이라고 주장했다. 기본적으로 이 연구자들은 선수의 홈런 기록을 그들의 홈런 개수에 다음의 값을 곱해 조정하였다.

1890~2010 시즌 MLB 타석당 평균 홈런/
(분석하려는 시즌 동안 MLB 타석당 평균 홈런)

이 아이디어를 설명하고자, 1890~2010 시즌 타석당 평균 홈런이 0.019라고 가정해 보자. 그리고 분석하려는 시즌 타석당 평균 홈런이 0.038개라고 가정해 보자. 그렇다면, 선수들의 홈런 기록을 반으로 줄여야 한다. 이 선수들은 타자 친화적인 시즌에 뛰었기 때문이다. 이 연구자들은 100타수 이하를 기록한 선수들은 분석에서 제외하였다. 따라서 아래 계산은 그들의 결과와 정확히 일치하지는 않을 것이다.

2001년 내셔널 리그의 타석당 홈런 개수는 0.03이었고 1920년 아메리칸 리그 타석당 홈런은 0.008이었다. 또한, 1890~2010 시즌 동안 타석당 홈런 개수는 0.019였다. 따라서,

1920년 베이브 루스의 홈런 개수 조정값=54×(0.019)/(0.008)≈128
2001년 배리 본즈의 홈런 개수 조정값=73×(0.019)/(0.03)≈46

배리 본즈의 73홈런은 이 연구에서 계산한 톱 50에도 들지 못한다. 베이브 루스의 1920년 홈런 개수는 이 리스트에서 1위를 차지하였다. 이 연구자들은 서로 다른 시대의 선수들은 상대적으로 비슷한 능력을 가지고 있다고 가정한다. 이는 꽤 합리

적인 가정이라고 생각된다. 다니엘 에크(Daniel Eck)는 대부분의 MLB 선수 레이팅이 최근에 뛰었던 선수들을 과대평가하는 경향이 있다고 주장했다. 필자는 이 의견에 동의하는 편이다.

이들의 연구는 야구에는 적합할 수 있지만, NFL이나 NBA는 아마도 적용하기 힘들 것이다. 이 리그들에서는 그동안 경기 결과에 영향을 미치는 많은 룰 개정이 있어 왔기 때문이다. 예를 들어 NBA는 1979~1980 시즌에 처음으로 3점 슛을 도입하였고, 2008년에는 핸드 체킹이 강력하게 규제되었다(이로 인해 공격력이 상당히 증가하였다). 1978년에는 NFL이 룰을 개정하여, 수비수가 스크리미지 5야드 이내에서만 리시버와 접촉할 수 있도록 하였다(이 구역 외에서는 제한된다). 패스 블로킹 룰은 손과 팔을 뻗는 것을 허용하였다. 이러한 변화들은 패스 공격들을 더 수월하게 해, 팀당 패스 야드가 1977년 1,976야드에서 1978년 2,541야드로 급상승했다. 킥오프 위치도 바뀌었고, 골대도 뒤로 이동했으며, 2점 컨버전도 새롭게 도입되었다. 최근 선수 부상을 방지하는 다양한 NFL 룰 개정은 공격을 더 유리하게 만들었다. 이러한 많은 룰 개정은 선수들의 퍼포먼스에 많은 영향을 미치게 되었다.

CHAPTER 57

선수들의 피로도는
정말 퍼포먼스에 많은 영향을 미칠까?
(DOES FATIGUE MAKE COWARDS OF US ALL?)

NBA 백투백(Back-to-Back) 경기와 NFL 바이 위크(Bye Weeks)

"피로는 모두를 겁쟁이로 만든다(Fatigue makes cowards of us all)."는 그린베이 패커스의 코치인 빈스 롬바르디가 인용하여 매우 유명해진 문장으로, 피로도가 높을 때는 최고의 실력이 발휘되지 못한다는 뜻이다. 이번 챕터에서는, 아래 언급된 두 가지 경기 상황을 사용하여, 피로도가 팀 퍼포먼스에 엄청나게 큰 영향을 미치지는 않는다는 점에 대해 설명하고자 한다.

- 두 경기를 연속으로 치르는 NBA 팀들의 경우 연속으로 치르는 두 경기 중 두 번째 경기에서 유의미한 수준으로 기대 이하의 퍼포먼스를 보였다.
- NFL 팀들의 경우 한 주를 쉰 후 치르는 경기(after bye week)에서 유의미하게 기대 이상의 퍼포먼스를 보이지 못했다.

NBA 백투백 경기들

NBA 팀은 보통 10에서 20경기 정도를 이틀 연속 치른다. 이러한 경기들을 백투백 경기라고 부른다. 보통 백투백 경기들은 다른 도시에서 치러진다. 예를 들자면, 매버릭스가 금요일에 미네소타에서 경기를 하고 토요일에는 홈으로 돌아와 댈러스에서 경기를 하는 경우가 있을 수 있다. NBA는 절대로 한 팀이 3일 연속 경기를 갖도록 스케줄을 짜지 않는다. NBA는 2017~2018 시즌부터 시즌을 일주일 연장하여, 어떤 팀도 5일간 4경기를 치르는 일이 없도록 하였다.

선수들이 전날 밤에 경기를 치르고 장거리 이동까지 하는 경우 피로감이 올라갈 것이고 이는 다음날 경기 결과에 유의미한 영향을 미칠 것이라고 생각할 수 있다. 2018~2019 NBA 정규 시즌 경기 기록을 활용하여, 백투백 경기에서의 퍼포먼스에 대해 알아보았다. 우리의 분석은 Chapter57.xlsx 파일에 수록되어 있다. 경기를 치르는 두 팀 중 한 팀만 백투백 경기를 치르는 경우, 사가린 레이팅과 홈 어드밴티지를 이용하여 다음과 같이 경기 결과를 예측하였다.

백투백 경기 예측=(백투백 경기를 치르는 팀 레이팅)−
(상대 팀 레이팅)+(백투백 경기를 치르는 팀이 홈 팀인 경우 홈 어드밴티지: +3,
백투백 경기를 치르는 팀이 어웨이 팀인 경우 홈 어드밴티지: −3)

그리고 각 경기에서 예측 오차를 다음과 같이 정의하였다.

백투백 예측 오차=
백투백 경기 실제 득실 차−백투백 경기 예측치

역사적으로, 사가린 레이팅을 이용하여 NBA 경기 득실 마진을 예측했을 때 이 예측치의 표준 편차는 약 12점이고, 실제 득실 마진은 정규 분포를 따른다. 만약 백투백 경기로 인해 팀의 퍼포먼스가 떨어진다면, 평균적으로 백투백 예측 오차의 값이 음수가 될 것이다. Chapter 11에서 다루었던 가설 검증을 실시하여 이를 테스트해 보자.

H_0: 백투백 경기는 퍼포먼스에 아무 영향을 미치지 않는다.

H_1: 백투백 경기는 퍼포먼스에 영향을 미친다.

귀무가설이 참이라고 할 때, 각 백투백 경기 예측 오차는 평균이 0이고 표준 편차가 12인 정규 분포를 따른다. 동일한 확률 분포(identically distributed)를 가진 n개의 확률 변수의 평균은 개별 확률 변수의 평균과 동일하고 표준 편차는 (개별 확률 변수의 표준 편차)/$\sqrt{n}$이다. 따라서, 만약 n개의 백투백 경기가 있을 때, 백투백 경기가 퍼포먼스에 아무 영향이 없다면, 이 예측 오차들의 평균은 평균이 0이고 표준 편차가 $\frac{12}{\sqrt{n}}$인 정규 분포를 따를 것이다. 2018~2019 시즌에 둘 중 한 팀이 백투백 경기를 치른 경우는 291번이었다. 이 데이터에서 백투백 예측 오차의 합=−551.1이었다. 따라서, 백투백 경기를 하는 팀은 평균적으로 예상보다 551.1/291=1.89점 적게 득점하였다. 이 값의 표준화 점수는 $\frac{-1.89}{12/\sqrt{291}} = -2.69$이다. 따라서, 백투백 경기가 퍼포먼스에 아무 영향이 없다는 귀무가설을 기각할 수 있다. 백투백 경기에서 기대 득점보다 1.89점 이하로 득점하는 경우는 비정상적인 경우이다.

NFL에서 bye week(경기 없이 쉬는 주)는 팀 퍼포먼스에 어떤 영향을 미칠까?

NFL 정규 시즌에서, 각 팀은 경기가 없이 쉬는 주를 갖는다. 이를 바이 위크(bye week)라고 부른다. 보통 바이 위크를 갖고 돌아오는 팀은 상대보다 유리하다고 생각하는 의견이 지배적이다. 한 주를 쉬면서 선수들이 컨디션을 회복할 수 있고 코치들도 상대방을 분석할 시간이 더 많기 때문이다. 우리는 이러한 믿음이 근거가 없다는 것을 밝혀 볼 생각이다. 앞에서 NBA 백투백 경기를 분석했던 것과 비슷한 방법을 사용할 것이다. 우리의 데이터는 2014~2018 정규 시즌 바이 위크 바로 다음 경기 결과들로 이루어져 있다. 두 팀이 모두 바이 위크에서 돌아오는 팀인 경우는 제외하였다. 이렇게 해서 총 136경기의 결과를 가지고 분석을 진행하였다(Chapter57.xlsx 참조). 앞에서 했던 것처럼, 바이 위크 경기 예측치를 다음과 같이 계산하였다.

바이 위크 경기 예측=(바이 위크에서 돌아오는 팀 레이팅)−(상대 팀 레이팅)+

(바이 위크에서 돌아오는 팀이 홈 팀인 경우 홈 어드밴티지: +3,

바이 위크에서 돌아오는 팀이 어웨이 팀인 경우 홈 어드밴티지: −3)

그리고 각 경기에 대하여 바이 위크 예측 오차를 다음과 같이 정의하였다.

바이 위크 예측 오차=

바이 위크 경기 실제 득실 차−바이 위크 경기 예측치

136경기에서, 바이 위크 경기 예측 오차는 0.35점이었다. 즉, 바이 위크를 마치고 돌아오는 팀이 예상보다 0.35점 더 득점한다는 뜻이다. 여기서 다시 한번 사가린 레이팅을 이용하였다. NFL의 경우 실제 득실 마진의 표준 편차가 14점이었다. 따라서, 바이 위크에서 돌아온 팀은 예상치보다 $\frac{0.35}{14/\sqrt{136}} = 0.29$ 표준 편차만큼 더 득점하였다. 이 표준 편차는 정상 범주 안에 들어오는 값이다. 따라서, NFL에서 바이 위크를 갖고 돌아온 팀이 예상보다 더 좋은 성적을 거둔다는 결론을 내릴 수 없다.

이 분석을 시행하는 또 다른 방법은 바이 위크에서 돌아오는 것이 팀의 승리 확률과 상관관계를 가지고 있는지를 보는 것이다. 모든 경기와 팀에 대하여 해당 팀이 바이 위크에서 돌아오는 팀인지에 대한 더미 변수를 만들고 이때의 사가린 레이팅에 따른 기대 득실 마진을 계산해 볼 수 있다. 이 변수를 활용해 로지스틱 회귀 분석을 시행하면 바이 위크 더미 변수가 팀 승리에 유의미한 예측 변수인지 알아볼 수 있다. 2009~2016 시즌 데이터를 활용해 [표 57-1]에 나와 있는 것과 같은 결과를 얻었다. 여기서 볼 수 있듯이, 이 결과는 우리의 앞선 분석 결과와 일치하였다. 바이 위크를 갖고 돌아오는 것은 승리와 아무런 상관관계를 보이지 않았다(사가린 레이팅과 홈 어드밴티지를 고려한 상태에서).

변수	계수	P 값
상수	−0.02	0.62
바이 위크	−0.02	0.89
레이팅	0.13	⟨0.0001

[표 57-1] 바이 위크를 갖고 돌아오는 것은 승리 확률과 아무런 상관관계를 보이지 않았다

CHAPTER 58

대학 미식축구 플레이오프

만약 당신이 대학 미식축구 팬이라면, 2014년 NCAA가 두 팀 간의 Bowl Championship Series(BCS) 시스템을 네 팀이 치르는 대학 미식축구 플레이오프 (College Football Playoff, CFP) 시스템으로 변경했다는 사실에 대해 잘 알고 있을 것이다. 이 챕터에서는 기존의 BCS 시스템과 현재의 CFP 시스템에 대해 논의하고, 현재 CFP 시스템과 관련된 이슈들에 대해 이야기할 것이다. 그리고, 어떠한 변수들이 플레이오프 경기 출전에 영향을 미치는지 알아볼 것이다.

BCS 시스템의 간단한 역사

1997년부터 시행된 이 시스템에서는 다음의 네 가지 변수에 의해 팀 랭킹이 정해진다.[229]

---

[229] 자세한 정보를 위해서는 이 웹사이트를 방문해 보길 바란다: https://en.wikipedia.org/wiki/Bowl_Championship_Series#History_leading_to_the_creation_and_dissolution_of_the_BCS

- 투표
- 컴퓨터 랭킹
- 스케줄 난이도
- 팀 성적

1998년 1월 4일 첫 번째 BCS 경기에서, 테네시가 플로리다 스테이트를 23–16으로 꺾었다. 2001년, 상위 15개 팀을 이길 경우 가산점을 부여하는 승리의 질 변수가 추가되었다. 2001 시즌, 네브래스카는 챔피언십 경기에서 마이애미에 37–14로 처참하게 패배했다. 많은 사람이 네브래스카가 챔피언십 경기에 오른 것은, 그들이 손쉬운 상대들을 상대로 기록한 일방적인 승리들이 컴퓨터 레이팅을 급격하게 올렸기 때문이라고 생각했다. 따라서, 2002 시즌부터, BCS 컴퓨터 레이팅은 승리할 때의 득실 차를 알고리즘에서 제외했다. 2004년에는 팀 성적, 스케줄 난이도, 승리의 질 변수가 랭킹에서 제외되었다. 컴퓨터 레이팅이 이들 변수들을 이미 반영하고 있었기 때문이다. 이제 현재의 랭킹 시스템에 대해 알아보자.

CFP 랭킹

CFP 랭킹은 대학 팀 선발 위원회에서 만들고 있다. 그리고 CFP 집행부가 이 팀 선발 위원회의 멤버들을 임명하고 있다. 이 집행부는 FBS 콘퍼런스당 한 명씩의 대표와 노트르담 대표로 구성되어 있다.

이렇게 임명된 팀 선발 위원회는 BCS에서 사용하는 통계치보다는 주관적인 평가에 의해 랭킹을 매긴다. 시즌이 끝나면, CFP 랭킹 상위 네 개 팀이 플레이오프를 치러 챔피언을 가린다. 플레이오프는 두 경기로 이루어져 있다. 첫 번째 라운드에서는 1위 팀과 4위 팀, 2위 팀과 3위 팀이 맞붙고, 이 두 경기의 승자가 결승전에서 맞붙어 전국 챔피언 자리를 놓고 겨루게 된다.

CFP와 관련된 이슈들

BCS 시스템에서 CFP 시스템으로 전환하였을 때, 팬과 팀들이 그동안 가지고 있었던 많은 불만이 해소될 수 있었다. 하지만, 언제나 그렇듯이 새 시스템도 시간이 지나면서 문제점들이 드러나기 시작했다. 2017~2018 시즌, Big Ten 챔피언인 오하이오 스테이트와 유일하게 무패를 기록 중이던 센트럴 플로리다가 네 팀이 겨루는 플레이오프에 진출하지 못했다. CFP 커미티는 대신 SEC 콘퍼런스 두 팀을 선정하였다(나중에 이 두 팀이 결승에서 맞붙었다). 2018~2019 시즌에도, Big Ten 콘퍼런스 챔피언인 오하이오 스테이트와 또 무패를 기록 중이던 센트럴 플로리다가 다시 한번 플레이오프에서 제외되었다. 더군다나, 많은 사람이 상당히 어려운 스케줄 난이도를 소화하면서도 2패만을 기록하고 있던 조지아가 플레이오프에 진출해야 한다고 생각했다. CFP는 플레이오프 진출 팀의 수를 늘리는 방안에 대해서 공식적으로 논의한 바 없지만, 많은 팬, 코치, 전문가들이 8팀 플레이오프를 제안하고 있다(이렇게 한다고 하더라도 시간이 흐르면 어떤 팀이 플레이오프에 진출해야 하는지에 대한 논쟁은 끊임없이 이어질 것이긴 하다).

어떤 팀이 좋은 팀인가?

플레이오프 진출 팀이 BCS에서 사용하던 컴퓨터 시스템이 아닌 위원회 멤버들의 주관적인 투표에 의해 이루어진다면, 우리는 당연히 이들에게 무엇이 좋은 팀을 만드는지에 대해 물어봐야만 한다.

어떠한 통계치가 대학 미식축구팀의 실력을 잘 예측하는지 알아보기 위해, 다양한 팀 스탯과 기자단 투표 결과(Associated Press, AP) 랭킹을 가지고 회귀 분석을 돌려 보았다. 대학 미식축구 플레이오프는 2014년부터 시행되어 의미 있는 회귀 분석을 시행하기에는 데이터가 너무 작았다. 따라서, 우리는 기자단 투표 결과(1968년부터 기록이 있다)와 2008~2016년 sports-reference.com 데이터를 활용하였다.

먼저 연관 있는 변수들을 찾으려고 수비, 공격, 스페셜 팀에 대한 세 개의 회귀 분석을 실시하였다. 이를 통해 수비에서는 일곱 개의 변수를 선정하였다: 게임당 태클 포 로스(tackles for loss), 수비 레드 존 터치다운 확률, 수비 레드 존 필드 골 확률, 경기당 실점, 실책, 플레이당 허용 야드, 게임 등 허용 야드. 이들 수비 지표 중에 통계적으로 영향이 있는 지표(유의 수준 0.05에서)는 수비 레드 존 터치다운 확률과 경기당 실점이었다. 다음으로 다섯 가지 스페셜 팀 통계 지표가 기자단 투표 결과(AP)에 영향이 있는지 알아보는 회귀 분석을 실시하였다. 필드 골 확률, 평균 킥 리턴, 평균 펀트 리턴, 평균 킥 리턴 허용, 평균 펀트 리턴 허용. 스페셜 팀 변수 중에는 유의미한 예측 변수가 없었다. 공격 지표로는 다섯 가지가 포함되었다. 경기당 득점, 레드 존 터치다운 확률, 레드 존 필드 골 확률, 경기당 공 소유 시간, 실책. 이 중 경기당 득점, 경기당 공 소유 시간, 실책이 기자단 투표 결과에 유의미한 영향을 미쳤다.

이 모든 변수가 어떤 식으로 팀 성공에 영향을 미치는지 전체적인 그림을 그려 보려고, 공격과 수비 지표들을 모두 포함하여 회귀 분석을 시행해 보았다. 또한, 해당 팀이 Power Five 콘퍼런스 소속 팀인지 아닌지도 추가하였다(노트르담은 이 팀의 ACC와의 연관성 때문에 Power Five 소속으로 분류하였다). 이 회귀 분석의 결과는 [표 58-1]에 나와 있다.

모형

회귀 모형	
R	0.655687099
R 제곱	0.429925572
수정된 R 제곱	0.41423545
추정값의 표준 오차	5.531341397
표본 수	225

분산 분석

	자유도	제곱합	평균 제곱	F	유의 확률
회귀 모형	6	5030.129193	838.3548655	27.40103459	2.88058E-24
잔차	218	6669.870807	30.59573765		
합계	224	11700			

	계수	표준 오차	t	유의 확률	95% 신뢰 구간 하한	95% 신뢰 구간 상한
상수	41.87687461	7.870361899	5.320832148	2.5579E-07	26.36513426	57.38861496
경기당 득점	-0.635696423	0.065833943	-9.656058779	1.36113E-18	-0.76544891	-0.505943936
경기당 공 소유 시간	-704.7751082	281.8915326	-2.500164165	0.01315016	-1260.356709	-149.1935077
수비 레드 존 터치다운 확률	-0.04922546	0.049899853	-0.986485077	0.324988746	-0.14757336	0.049122439
경기당 실점	0.645234289	0.09954453	6.481865826	5.96096E-10	0.449041416	0.841427161
Power Five 콘퍼런스?	-4.948638115	0.975112708	-5.074939619	8.29325E-07	-6.870493212	-3.026783017
실책	0.108833794	0.078490946	1.386577677	0.166986899	-0.045864452	0.263532039

[표 58-1] 기자단 투표 결과에 대한 회귀 분석 결과

순서형 로지스틱 회귀 분석

앞의 예에서, 종속 변수(기자단 투표 결과)는 원칙적으로 순서형 변수이다. 그러므로, 순서형 로지스틱 회귀 분석을 사용하여 분석하는 것이 적절할 것이다. 순서형 로지스틱 회귀 분석은 멀티클래스 로지스틱 분석의 한 가지 방법이다. 멀티클래스 로지스틱 회귀 분석에서 종속 변수는 미리 설정된 값을 가지고 있고 이때 이 설정

된 값들에는 특정한 순서가 없다. 순서형 로지스틱 회귀 분석에서도 종속 변수가 미리 설정된 값을 가지고 있지만 이 분석 방법에서는 각 카테고리의 순서가 정해져 있다. 예를 들어, 기자단 투표 결과에서 1이라는 값은 가장 뛰어난 팀, 25는 가장 뒤처지는 팀을 의미한다. 따라서, 1이 25보다 더 좋은 값이라는 분명한 순서가 정해져 있다. 멀티클래스 로지스틱 회귀 분석에서 특정값이 관측될 로그 오즈(log odds)는 독립 변수들의 선형 결합으로 구해진다. 하지만, 이 경우 종속 변숫값에 대한 순서가 고려되지 않는다. 순서형 로지스틱 회귀 분석은 로그 오즈의 순서에 따라 누적되는 사건들을 사용함으로써 이러한 한계점을 극복하였다.

다른 회귀 분석들과 마찬가지로, 우리는 각 독립 변수의 계수로 이루어진 벡터 w 를 통해 회귀 분석 결과를 해석할 수 있다. 하지만, 이 모델은 $\theta_1 < \theta_2 < \cdots < \theta_{K-1}$ 을 만족시키는 K−1 개의 절편 값들도 가지고 있다(여기서 K는 종속 변수의 카테고리 개수이다). 순서형 로지스틱 회귀 분석 모형 결과는 다음 식과 같이 해석될 수 있다. $\Pr(y \leq i|x) = \frac{1}{1+e^{-(\theta_i - w \cdot x)}}$. 만약 특정 카테고리에 속할 확률을 계산하고 싶다면 다음을 이용하면 된다. $\Pr(y = i|x) = \Pr(y \leq i|x) - \Pr(y \leq i-1|x)$

이제 공격과 수비 지표들을 활용하여 순서형 로지스틱 회귀 분석을 시행해 보자. [표 58−2]에 전체 모델이 나와 있다. 두 개의 표 중 첫 번째 표는 계수들을 나타내고 있고, 두 번째 표는 24개의 절편 값을 나타내고 있다. 이 모델은 데이터의 75%를 활용해 만들어졌고 나머지 25%를 활용해 이 모델을 테스트하였다. 이와 같은 멀티 클래스 분석들은 보통 톱(top) N 지표를 통해 평가한다. 만약 실젯값이 분석 결과에서의 톱 N 개의 카테고리 안에 포함되어 있으면, 이때 이 예측은 정확했다고 평가한다. 당연하게도, N 값이 클수록 모델의 예측력도 좋아질 것이다. N=3일 때, 14%의 테스트 데이터들이 정확하게 예측되었다. 만약 14%가 너무 낮아 보인다면, 이 데이터에 25개의 카테고리가 있다는 사실을 기억해 보길 바란다. 즉, 무작위로 배치했을 경우 정확도가 4% 정도라는 뜻이다. 만약 N=10이라면, 실젯값이 톱 N 개의 카테고리 안에 포함될 확률은 72%이다. 이 모델의 정확도를 평가하는 또 다른 방법은 순서형 회귀 분석에서 얻은 기대 확률 분포를 이용하여 각 테스트 데이터의 기대 순위를 매겨 보는 것이다. 예를 들어, 만약 샘플 i에 대한 예측 확률 분포가 $P_{i,r}$, $r \in \{1, 2, 3, \cdots, 25\}$라면 이 샘플에 대한 기대 순위는 $\sum_{r=1}^{25} r \times P_{ir}$이다. [그림 58-1]은 이 모델에서 얻은 기대 순위와 실제 순위를 나타내고 있다. 여기서 볼 수 있듯이, 우리는 이 분석에서 얻은 선형 추세선이 y=x선과 같다는 가설을 기각할 수 없다. 즉, 예측된 순위가 실제 순위와 매우 가깝다는 뜻이다. 물론 예측이 들어맞지 않는 경우도 무시할 수 없을 만큼 존재하긴 한다. 이는 샘플의 크기가 작아서일 수도 있고, 중요 변수 누락(omitted variables)에 의한 문제일 수도 있고, 이 레이팅을 산정하는 방식 자체의 문제일 수도 있다(예: 기자단 투표 결과가 매년 일관적인 기준으로 행해지지 않는 경우).

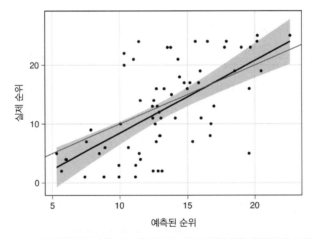

[그림 58-1] 순서형 회귀 분석 모델 예측 결과는 실제 순위와 강한 상관관계를 보인다
($\rho = 0.83, p < 0.001$)

A	종속 변수	
	순위	
경기당 득점	−0.179*** (0.026)	
경기당 공 소유 시간	−0.04 (0002)	
수비 레드 존 터치다운 확률	−0.013 (0.018)	
경기당 실점	0.213*** (0.038)	
Power Five 콘퍼런스	−1.608*** (0.404)	
실책	0.053* (0.030)	
샘플 수	168	

*p〈0.1; **p〈0.05; ***p〈0.001

B	종속 변수	
	순위	
1|2	−7.66*** (1.44)	
2|3	−6.56*** (1.40)	
3|4	−6.05*** (1.39)	
4|5	−5.52*** (1.37)	
5|6	−5.24*** (0.404)	
6|7	−4.95*** (0.03)	
7|8	−4.74*** (1.35)	
8|9	−4.41*** (1.34)	
9|10	−4.22** (1.34)	
10|11	−3.91*** (1.35)	
11|12	−3.75** (1.34)	
12|13	−3.51** (1.33)	
13|14	−3.26** (1.33)	
14|15	−3.05** (1.34)	
15|16	−2.87** (1.33)	
16|17	−2.63** (1.32)	
17|18	−2.32* (1.32)	
18|19	−2.11 (1.33)	
19|20	−1.90 (1.33)	
20|21	−1.63 (1.33)	
21|22	−1.29 (1.32)	
22|23	−0.85 (1.31)	
23|24	−0.21 (1.32)	
24|25	0.44 (1.35)	
샘플 수	168	

*p〈0.1; **p〈0.05; ***p〈0.001

[표 58-2] 기자단 투표 결과에 대한 순서형 로지스틱 회귀 분석 결과

CHAPTER 59

스포츠에서의 치명적 실패들을 계량화하기

    팬들과 미디어는 언제나 강팀들이 무너지는 경우를 매우 흥미롭게 지켜본다(혹은 멋지게 복귀하는 경우-스포츠 경기에는 언제나 두 팀이 있다는 것을 기억해 보자). 이렇게 어떠한 팀이 무너지는 경우는 종종 매우 중요한 경기에서 일어나고 따라서 이는 자세하게 기록에 남는 경우가 많다. 2007년 MLB 시즌 17경기 남은 상황에서 뉴욕 메츠는 내셔널 리그 동부 지구에서 필라델피아 필리스에 7경기 앞선 리드를 지키고 있었다. 하지만 이후 메츠는 무너졌고 필리스가 동부 지구 우승을 차지하였다. 이를 지켜본 토드 베렌트(Todd Behrendt)는 "스포츠 역사상 최악의 실패"라는 글을 쓰기도 했다. 2015~2016 시즌 결승에서 워리어스는 캐벌리어스를 상대로 3−1로 앞서다가 무너졌고, 팰컨스는 슈퍼볼 LI에서 패트리어츠에 28−3으로 앞선 상황에서 역전당했다. 2019~2020 시즌 매버릭스는 14분 남은 상황에서 30점 차 리드를 지키지 못하고 랩터스에 역전당했다. 이 챕터에서는, 몇 가지 가정을 바탕으로 이러한 실패가 일어날 확률들을 계산해 볼 것이다. 따라서, 역사상 최악의 실패는 가장 일어날 확률이 낮았던 실패가 될 것이다.

워리어스가 2016년 NBA 결승전
3 대 1 리드를 역전당할 확률은 얼마일까?

2016년 워리어스는 NBA 역사상 정규 시즌 최대승인 73승을 기록하였다. 그들은 2년 연속 챔피언이 될 것이라고 거의 확실시되고 있었다. 또한 그들은 실제로 결승전에서 3 대 1로 시리즈를 리드하고 있었다. 하지만 결국 그들은 챔피언 반지를 끼는 데 실패하고 말았다. 캐벌리어스가 이 결승전 시리즈를 역전할 가능성은 얼마였을까? 스포츠 베팅 시장에 따르면, 워리어스는 5, 6, 7경기에서 각각 8점, 2.5점, 5점 차로 승리할 것으로 예측되었다. Chapter 47에서 이야기했듯이, 최종 득실 마진은 평균이 예상 득실 마진(베팅 라인)이고 표준 편차가 12점인 정규 분포를 따른다. 따라서, 우리는 스포츠 베팅 시장의 예측을 이용해 매 경기 워리어스의 승리 확률을 [표 59–1]과 같이 계산할 수 있다.

경기	예상 득실 마진(베팅 라인)	워리어스 승리 확률
5경기(홈)	8	0.75
6경기(어웨이)	2.5	0.58
7경기(홈)	5	0.66

[표 59–1] 2015~2016 시즌 NBA 결승전 워리어스의 승리 확률

각 경기의 결과가 서로 독립이라는 가정하에, 워리어스가 역전당할 확률은 아래와 같다.

$$1 - \Pr[\text{캐벌리어스 우승 확률}] = 1 - ((1-0.75) \times (1-0.58) \times (1-0.66)) = 0.035$$

따라서, 워리어스가 결승전 시리즈 3 대 1 상황에서 역전당할 확률은 낮긴 하지만 그렇다고 아예 불가능한 수준으로 낮은 것은 아니었다. 그해 워리어스가 워낙 대단한 시즌을 보냈기에 많은 사람이 이 확률이 거의 0에 가깝다고 생각했을 뿐이다.

패트리어츠가 슈퍼볼 LI에서
역전승할 확률은 얼마였을까?

슈퍼볼 LI에서 팰컨스는 3쿼터 8분 31초 남은 상황(전체 경기 22분 31초 남은 상황)에서 28 대 3으로 리드하고 있었다. 팰컨스가 첫 번째 슈퍼볼 우승을 달성하는 것은 시간문제인 것처럼 보였다. 하지만 결국 역전당했다. 이 역전승이 일어날 확률은 얼마였을까? Chapter 47에서 다루었던 것처럼, NFL 경기 결과는 평균이 예상 득실 마진이고 표준 편차가 14인 정규 분포를 따른다. 스포츠 베팅 마켓에서는 뉴잉글랜드가 3점 차로 승리할 것이라고 예측했다. 우리는 경기 전체 중 일부 시간대에만 관심이 있기 때문에, 기대 득실 마진에 대한 표준 편차는 14가 아닐 것이다. 전체 경기 중 n 분만큼에 대한 표준 편차는 아래와 같이 계산할 수 있다.

$$\frac{경기\ 전체\ 득실\ 마진의\ 표준\ 편차}{\sqrt{경기\ 시간/n}} \qquad (1)$$

따라서, 경기 종료까지 22분 30초 남은 상황에서의 표준 편차는 $\frac{14}{\sqrt{60/22.5}} = 8.5$이다. 마찬가지로, 패트리어츠가 60분 경기에서 3점 차로 승리할 것으로 예상되었으므로, 22.5분 남은 상황에서는 3×(22.5/60)=1.13점 앞설 것으로 예상될 수 있다. 이러한 상황에서 패트리어츠가 역전할 가능성은 아래와 같이 계산된다.

$$\text{NORMDIST}(-25.5,-1.13,8.5,\text{TRUE})+0.5\times(\text{NORMDIST}$$
$$(-24.5,-1.13,8.5,\text{TRUE})-\text{NORMDIST}(-25.5,-1.13,8.5,\text{TRUE}))$$

첫 번째 항은 남은 시간 동안 팰컨스가 득실 마진 −25.5점 이하를 기록하여 경기에서 패배할 확률을 계산해 준다. 두 번째 항은 팰컨스가 남은 시간 동안 득실 마진 25점을 기록한 후 연장전에서 패배할 확률을 계산해 준다. 이 계산에 따르면 패트리어츠가 역전할 확률은 약 0.15%다. 이는 666분의 1에 해당하는 확률이다!

(1)번 식을 도출하는 방법

최종 득실 마진은 경기 시간 내의 매 1분당 득실 마진의 합으로 나타낼 수 있다. 60분 경기를 치르는 NFL의 경우,

최종 득실 마진=첫 1분간 득실 마진+두 번째 1분간 득실 마진+⋯+60번째 1분간 득실 마진.

각 1분당 득실 마진 간 독립이라는 가정하에, 총분산은 개별 분산의 합이다. 즉, 60×(각 1분당 분산)=14^2이다. 따라서, 매 1분당 표준 편차는 $\frac{14}{\sqrt{60}}$이다. 이에 따라, n 분 간의 득실 마진의 분산은 $n \times \left(\frac{14}{\sqrt{60}}\right)^2$이 된다. 최종적으로, n 분 간의 표준 편차는 $\frac{14}{\sqrt{60/n}}$가 된다.

보너스로, 슈퍼볼 LIV에서 일어났던 사건에 대해 이야기해 보자. 카일 섀너핸(Kyle Shanahan)은 슈퍼볼 LI에서 팰컨스의 공격 담당 코치였다. 그리고 이 경기 후 포티나이너스의 감독으로 자리를 옮겼다. 슈퍼볼 LIV 경기 중 8분 33초 남은 상황에서 섀너핸은 롬바르디 트로피를 받을 준비가 다 되어 있었다. 포티나이너스는 치프스에 펀트하기 전 10점을 앞서 있었기 때문이다. 하지만 결국 그들은 패하고 말았다. 위에서 진행했던 것과 동일한 분석을 통해 이 사건이 일어날 확률을 계산해 보면(치프스가 1.5점 차로 승리할 것으로 예상되었던 경기였다),

$$\text{NORMDIST}(-10.5, -0.21, 5.2, \text{TRUE}) + 0.5 \times (\text{NORMDIST}$$
$$(-9.5, -0.21, 5.2, \text{TRUE}) - \text{NORMDIST}(-10.5, -0.21, 5.2, \text{TRUE})) = 3\%$$

슈퍼볼 LI에서 나왔던 역전보다는 낮은 확률이다. 하지만 워리어스가 3 대 1에서 역전당한 확률과 비슷한 확률이 나왔다!

2019~2020 NBA 시즌 매버릭스가 토론토에 당한 역전은 일어날 확률이 얼마였을까?

2019~2020 NBA 시즌, 매버릭스가 토론토에서 어웨이 경기를 하고 있었다. 경기 종료까지 14분 30초 남은 상황에 매버릭스는 30점 차로 앞서고 있었다. 하지만 이 경기는 매버릭스 역사상 가장 큰 역전패로 기록되고 말았다. 경기 전에는, 랩터스가 1.5점 차로 앞설 것으로 예상되는 상황이었다.[230] 앞과 똑같은 분석 방법을 적용하면, 경기 종료까지 14분 30초 남은 상황에서 득실 차의 표준 편차는 $\frac{12}{\sqrt{48/14.5}} = 6.6$이다. 따라서, 매버릭스가 역전당할 확률은 다음과 같이 계산한다.

NORMDIST(−30.5,−0.45,6.6,TRUE)+0.5×(NORMDIST(-29.5,-0.45,6.6,TRUE)-NORMDIST(-30.5,-0.45,6.6,TRUE)=0.0004%. 즉, 2,500분의 1이다.

경기 내 기대 승리

스포츠에서 크게 역전되는 경우를 평가하는 또 다른 방법은 경기 내 승리 확률을 계산하는 것이다. 이 모델은 Chapter 8에서 다루었던 야구에서 기대 승수를 계산하는 모델과 유사하다. 예를 들어, [표 59−2]는 슈퍼볼 LI에서의 다양한 경기 내 승리 확률 모델의 예측 결과를 보여 주고 있다.

---

230 14.5분이 남은 상황으로 계산해 보면 1.5*(14.5/48)=0.45점 차로 앞설 것으로 예상된다.

모델	역전이 일어날 확률
ESPN	500분의 1
nsflscrapR	100분의 1
PFR	1,000분의 1
Gambletron	20분의 1
iWinRNFL	50분의 1

[표 59-2] 슈퍼볼 LI 경기에서 역전이 일어날 확률

이 모델들은 승리 확률에 영향을 미칠 수 있는 다양한 변수를 고려한다(예: 기용 가능한 선수, 남은 타임아웃 횟수). 또한, 경기 중 다양한 상황 변화에 탄력적으로 적용이 가능하다. 예를 들어, 십 년 전 NBA 경기들과 비교했을 때, 이제는 큰 점수 차로 이기고 있더라도 그다지 안심할 수 없다. 최근 훨씬 빨라진 경기 흐름과 3점 슛을 많이 시도하는 트렌드 때문이다. 그럼에도 불구하고 이 표에 나와 있는 모델들은 상당히 다른 예측 결과를 보이고 있다. 어떤 모델이 가장 정확한 예측을 하고 있는지 어떻게 알 수 있을까? 이에 대한 명확한 답변을 하기는 어렵다. 결국에는 "모든 모델이 틀리겠지만 몇몇은 유용하게 활용되긴 할 것이다." NFL의 데이터 분석 담당자인 마이크 로페즈(Mike Lopez)는 그의 웹사이트에 기고한 글에서 이 주제에 대해 심도 깊게 다루었다.[231] [표 59-2]에 나와 있는 숫자들도 이 웹 페이지에서 얻은 것이다. 이제, Chapter 8에서 소개한 기대 승수 모델을 활용하여, 야구에서 일어난 처참한 역전패에 대해 알아보자.

231 https://statsbylopez.com/2017/03/08/all-win-probability-models-are-wrong-some-are-useful/

1986년 월드 시리즈 6번째 경기에서 버크너(Buckner)의 실책 이전까지 메츠의 승리 확률은 얼마였을까?

[그림 59-1]은 9회 말 2사 주자 없는 상황에서 메츠가 경기를 이길 확률이 약 1.4%라는 사실을 기대 승수 파인더(Win Expectancy Finder)를 활용하여 보여 주고 있다. 실제 경기에서 메츠는 10회 말에 공격을 하고 있었지만 이 분석에서는 9회 말로 가정하고 분석하였다. 9회 말 공격에서의 승리 확률과 10회 말 공격에서의 승리 확률은 동일하기 때문이다.

경기: 3033

홈 팀 승리: 41

기대 승리 확률: 0.014

[그림 59-1] 1986년 월드 시리즈 6번째 경기에서 메츠가 역전할 확률

1929년 월드 시리즈 4번째 경기에서 애슬레틱스가 컵스에 8 대 0으로 뒤지고 있는 상황에서 역전할 확률은 얼마일까?

기대 승수 파인더를 다시 이용해 보자. [그림 59-2]는 7회 말 7점 뒤진 상황에서의 승리 확률은 약 1,000분의 6이라는 사실을 보여 주고 있다. 물론, 8점 차가 날 경우 역전할 확률이 약간 더 낮아질 것이다. 기대 승수 파인더는 같은 상황에서 8점 차가 나는 경기를 415경기 찾을 수 있었다. 하지만 이 중 단 한 경기에서도 역전이 일어나지 않았다. 그렇다면 8점 차가 나는 경우 역전승할 확률이 0이라고 말할 수 있을까? 확률이 거의 0에 수렴하는 결과를 보여 주는 아주 큰 샘플 데이터를 가지고 있다고 하더라도, 해당 사건이 실제 일어나는 것이 불가능하다고 확신할 수는 없다. 이 때문에, 라플라스(Laplace)는 해당 사건에 대한 가짜 빈도를 추가하여 이 확률을 약간 평활화(smoothing)하는 방법을 제안하였다. 이 경우에는, 8점 차에서 역전할 확률을 (0+1)/(415+2)=0.002로 계산할 수 있을 것이다. 즉, 1,000분의 2 확률이다(Chapter 46에서 다루었던 파버 대학교를 기억하는가?).

[그림 59-2] 1929년 월드 시리즈에서 8-0으로 이기고 있던 시카고 컵스가 역전패당할 확률

라플라스 평활화(smoothing)

이 평활화 방법은 라플라스가 내일 해가 뜰 확률을 계산할 때 사용했다고 전해진다. 그의 주장은 비록 아주 많은 샘플 데이터가 있다고 하더라도, 내일 다시 해가 뜰 확률이 100%라고 확실할 수 없다는 것이다. 그는 이 문제를 해결하고자 가짜 빈도를 활용하는 것을 제안했다. 일반적으로, 만약 우리가 어떠한 두 개의 결과(Yes/No)가 있는 사건을 N 번 관측하게 되면, y 번의 Yes와 n 번의 No를 관측하게 된다. 이때, Yes를 관측할 확률은 y/N이 된다. 만약 우리가 이 계산에 라플라스 평활화를 적용하고자 하면, 우리는 $(y+\alpha)/(N+2\alpha)$를 계산하면 된다. 만약 $\alpha=1$로 선택하면, (y+1)/(N+2)가 되고 이를 애드원(Add-One) 스무딩이라고 부른다. 이 식은 Chapter 32에서 다루었던, prior가 2개 관측값 중 한 개가 성공(success)인 베이지안 평균과 비슷하다.

CHAPTER 60

데일리 판타지 스포츠
(DAILY FANTASY SPORTS)

「데일리 판타지 스포츠」는 판타지 스포츠 게임 중 상대적으로 최근에 개발된 게임 방식으로, 지난 십 년간 드래프트킹스(DraftKings)와 팬듀엘(FanDuel)과 같은 사이트에서 많은 인기를 얻었다. 「데일리 판타지 스포츠」를 즐기는 사람들은 프로 선수들로 팀을 꾸려(여기서도 샐러리 캡이 적용된다), 다수의 사람과 경쟁하거나 한 명의 상대방과 일대일 대결을 한다. 각 게임 참가자는 연봉을 지불한다. 유명하고 실력이 뛰어난 선수들은 더 많은 연봉을 요구하게 된다. 이 게임의 승패는 판타지 점수를 통해 결정된다. 판타지 점수는 해당 선수가 팀 승리에 도움이 되는 기록을 달성했을 때 점수를 얻는 방식이다(예: 러싱 야드, 패스 성공, 터치다운). 반대로 팀 승리에 해가 되는 플레이를 했을 때는 점수가 깎이게 된다(예: 가로채기를 당하거나 펌블하는 경우). 각 스포츠 종목으로 점수를 매기는 방식은 약간씩 다르겠지만 일반적으로 이와 비슷한 콘셉트로 판타지 점수를 매기게 된다. 「데일리 판타지 스포츠」는 매일매일의 개별 경기 결과를 바탕으로 승부를 가릴 수도 있고, 한 주의 전체 경기들을 합산하여 승부를 가리기도 한다. 기존 로티세리 야구(rotisserie baseball)와 같은 판타지 스포츠와 가장 크게 다른 점은 이 게임이 전체 시즌 결과에 대해 플레이하는 것이 아니고 그보다 훨씬 짧은 기간에 대한 결과를 가지고 겨룬다는 것이다.

어떻게 하면 최상의 판타지 스포츠 팀을 꾸릴 수 있을까?

우리가 판타지 농구 팀을 만든다고 가정해 보자. 이 게임의 규칙은 한 팀이 아래와 같이 총 8명의 선수로 구성되어 있어야 한다는 것이다.

- 포인트 가드 한 명(PG)
- 슈팅 가드 한 명(SG)
- 스몰 포워드 한 명(SF)
- 파워 포워드 한 명(PF)
- 센터 한 명(C)
- 가드 한 명(G) [PG 혹은 SG]
- 포워드 한 명(F) [SF 혹은 PF]
- 유틸리티 한 명(U) [다섯 개 포지션 중 아무 포지션이나 가능]

마지막 세 개 포지션은 합성 포지션("synthetic" 혹은 "flex" 포지션)이라고 불린다. 게임 참가자들은 해당 룰에 따라 포지션에 대한 제한이 조금 덜한 상태에서 세 명의 선수를 선발할 수 있다. 이렇게 선수들을 선발할 때, 최소한 두 개 이상의 팀과 두 개 이상의 경기에서 선수를 선발해야 한다(즉, 가장 좋아하는 팀의 선수들로만 이루어진 팀을 만들 수는 없다).

만약 최적화라는 관점에서 이에 대해 생각해 보면, 최적의 로스터를 구성하는 것은 초기 수학적 학습 모델 중 하나인 배낭 문제(냅색 문제, knapsack)와 매우 유사하다. 기본적인 아이디어는 담을 수 있는 최대 무게가 정해진 배낭에 넣을 수 있는 물건들을 잘 선별하여 가장 높은 가치를 갖도록 만드는 것이다. 우리의 경우, 규칙에 맞는 정확한 숫자의 농구 선수들을 선발하여 우리 팀에 포함시키는 것이 목적이다. 이때 우리는 주어진 샐러리 캡 한도 안에서 가장 높은 기대 판타지 점수를 만들고자 한다.

각 선수 i에 대하여, 비용(연봉)이 C_i라고 하자. 그리고 예상 판타지 점수가 P_i라고 하자. 우리가 결정해야 하는 것은 간단하다. 어떤 8명의 선수를 우리 팀에 포함할 것인가? 이에 대한 대답을 할 때 각 선수에 대하여 개별적으로 생각해 보는 방식으로 의사 결정 모델을 만들 것이다. 먼저 각 선수 i에 대해 이 선수가 선택되었을 때 값이 1이고 선택되지 않았을 때 값이 0인 바이너리 변수 x_i를 만들 것이다. 이때, 우리의 최종 목적이 우리가 선택한 선수들의 기대 판타지 점수를 최대로 하는 것임을 기억해 보자. 이는, $\text{Max} \sum_i p_i x_i$로 나타낼 수 있다. 우리가 어떤 선수를 선택하면 그 선수의 예상 판타지 점수가 하나씩 더해질 것이다. 이때 우리는 주어진 예산 B 이상을 사용할 수 없다. 따라서, 우리가 선택한 모든 선수의 비용(연봉)이 B보다 작아야 한다. 따라서, $\sum_i c_i x_i < B$여야 한다. 다음으로, 우리는 딱 8명의 선수만 선택해야 한다. 따라서, $\sum_i x_i = 8$이 되어야 한다. 첫 번째 다섯 명의 선수는 상대적으로 찾아내기가 쉽다. 수식으로는 다음과 같이 표현될 것이다. $\sum_{i \in PG} x_i = 1, \sum_{i \in SG} x_i = 1, \sum_{i \in SF} x_i = 1, \sum_{i \in PF} x_i = 1, \sum_{i \in C} x_i = 1$ 이제 나머지 세 개의 합성 포지션에 대해 생각해 봐야 한다. 첫째로, 가드의 경우 포인트 가드나 슈팅 가드 중에 뽑을 수 있다. 따라서, 두 개의 바이너리 변수 g_{PG}와 g_{SG}를 만들 것이다. 만약 포인트 가드를 뽑으면 첫 번째 변수가 1, 두 번째 변수가 0이 되고 슈팅 가드를 뽑으면 두 번째 변수가 1, 첫 번째 변수가 0이 된다. 우리는 이 둘 중에 한 포지션에서만 선수를 뽑을 수 있어 $g_{PG} + g_{SG} = 1$이라는 제약 조건을 추가해야 한다. 마찬가지로, 포워드에 대해 두 개의 바이너리 변수 f_{SF}와 f_{PF}를 만들고 제약 조건으로 $f_{SF} + f_{PF} = 1$을 추가할 것이다. 유틸리티 포지션에 대해서는 다섯 개의 바이너리 변수를 추가해야 한다. $u_{PG}, u_{SG}, u_{SF}, u_{PF}, u_C$. 그리고 제약 조건은 $u_{PG} + u_{SG} + u_{SF} +$

$u_{PF} + u_C = 1$이 된다. 이제 포지션별로 한 명씩만 뽑을 수 있다고 설정한 제약 조건을 수정하는 것만 하면 된다. 이 제약 조건은 포지션당 최대 세 명의 선수까지 뽑을 수 있는 것으로 수정해야 한다. 따라서, $\sum_{i \in PG} x_i = 1 + g_{PG} + u_{PG}, \sum_{i \in SG} x_i = 1 + g_{SG} + u_{SG}, \sum_{i \in SF} x_i = 1 + f_{SF} + u_{SF}, \sum_{i \in PF} x_i = 1 + f_{PF} + u_{PF}, \sum_{i \in C} x_i = 1 + u_C$ 가 된다. 더 간단하게 표현할 수 있는 식이 있지만, 이렇게 표현하는 것이 더 이해하기 쉬울 것이라고 생각한다. 이제 본격적으로 시작해 보자. 팀과 경기에 대한 제약 조건을 나중에 필요할 때 생각해 보도록 하자.

최종적인 수식은 아래와 같다.

목적 함수

$$\text{Max} \sum_i p_i x_i$$

s.t.제약 조건

$$\sum_i c_i x_i < B \text{(샐러리 캡)}$$

$$\sum_i x_i = 8 \text{(총선수 수)}$$

$$\sum_{i \in PG} x_i = 1 + g_{PG} + u_{PG} \text{(포인트 가드)}$$

$$\sum_{i \in SG} x_i = 1 + g_{SG} + u_{SG} \text{(슈팅 가드)}$$

$$\sum_{i \in SF} x_i = 1 + f_{SF} + u_{SF} \text{(스몰 포워드)}$$

$$\sum_{i \in PF} x_i = 1 + f_{PF} + u_{PF} \text{(파워 포워드)}$$

$$\sum_{i \in C} x_i = 1 + u_C \text{(센터)}$$

$$g_{PG} + g_{SG} = 1 \text{(추가 가드 포지션)}$$

$$f_{SF} + f_{PF} = 1 \text{(추가 포워드 포지션)}$$

$$u_{PG} + u_{SG} + u_{SF} + u_{PF} + u_C = 1 \text{(유틸리티 포지션)}$$

이때 바이너리 변수들은

$$x_i, \forall\, i(\text{각 선수})$$

$$g_{PG}, g_{SG}, f_{SF}, f_{PF}, u_{PG}, u_{SG}, u_{SF}, u_{PF}, u_C(\text{합성 포지션})$$

데이터를 통해 이 문제를 풀어 보자

NBA 시즌 중 일반적인 경우, 하루에 3경기에서 12경기 정도가 열린다. 2019년 2월 1일의 경우, 5경기가 열렸다. 우리가 분석할 데이터는 이날 열린 5경기에 참가한 10개 팀 97명 선수의 기록이다. 이 데이터 중 첫 10명의 선수에 대한 기록은 Chapter60.xlsx 파일의 Data_01FEB2019 탭에서 찾아볼 수 있다([표 60-1]).

	A	B	C	D	E	F	G	H
	선수 이름	연봉($K)	팀	포지션	상대 팀	연봉 변화	경기당 출전 시간(분)	예상 판타지 점수
	마리오 헤조냐	4.2	NYK	SF	BOS	−200	18.9	55.11
	카일 앤더슨	4.4	MEM	PG	@ CHA	−1200	29.8	48.23
	카딤 알렌	3.3	NYK	PG	BOS	−200	17.9	41.26
	폴 밀샙	5	DEN	PF	HOU	−400	25.7	49.24
	브루노 카보클로	3.4	MEM	SF	@ CHA	−500	22.9	38.13
	웨인 엘링턴	3.6	MIA	SG	OKC	−700	22	36.36
	몬테 모리스	5.1	DEN	PG	HOU	600	24.4	41.29
	타일러 존슨	4.2	MIA	PG	OKC	−1100	25.6	47.78
	게리 해리스	5.3	DEN	SG	HOU	−200	29.9	40.8
	저스틴 홀리데이	4.1	MEM	SG	@ CHA	−200	32.5	39.51

[표 60-1] 2019년 2월 1일 경기들에 대한 「데일리 판타지 스포츠」 데이터

이 표에서, 각 선수의 연봉과 함께 이 선수들이 어느 팀에서 뛰고 있는지, 그들이 선택될 수 있는 포지션이 무엇인지, 각 경기에서의 예상 판타지 점수 등을 찾아볼 수 있다. 이 예에서, 각 선수는 한 개 포지션에만 선발될 수 있다. 실제 「데일리

「판타지 스포츠」에서는 많은 선수가 두 개 포지션에 선발될 수 있다. 「데일리 판타지 스포츠」에 익숙한 사람들은 자신만의 예상 판타지 점수를 계산하는 모델을 개발하기도 하지만 초보자들은 보통 예상 판타지 점수를 제공하는 웹사이트 중 한 군데에서 다운로드 받는 것이 일반적이다. 예상 판타지 점수가 높을수록, 더 많은 연봉을 요구한다. 하지만 이는 매번 그런 것은 아니다. 이 데이터 파일을 살펴보면, 가장 높은 샐러리가 필요한 선수는 제임스 하든($12.9K)이고, 그의 예상 판타지 점수는 60.46점이다.

이제 앞에서 논의한 최적화 모델을 만들어 보자. 이 모델은 첨부된 파일의 Model1 탭에서 찾아볼 수 있다. A에서 F 열까지는 위에 나온 데이터가 입력되어 있다. 다만 각 열의 제목만 바꾸었다. B 열의 제목은 Salary에서 c_i로 변경하였다. 마찬가지로, F 열은 ProjectedFP에서 p_i로 변경하였다. G 열은 각 선수에 대한 바이너리 결정 변수 x_i를 나타낸다. 각 선수가 선택될 수 있는 포지션을 표현할 방법이 필요했다. 따라서, H에서 L 열까지, 각 선수가 해당 포지션에 뽑힐 수 있으면 1 아니면 0을 입력하였다. H2에서 L98 셀까지는 우선 엑셀의 IF 함수를 이용해 값을 채워 넣었다(예: 셀 H3에는 =IF($D3=H$2,1,0)를 입력하였다). 하지만, 엑셀 해 찾기 기능에서 나타날 문제점들을 피하려고, 값 복사 기능을 이용하여, 함수를 없애고 값만 채워 넣었다.

M에서 Q 열까지는 각 선수가 특정 포지션에 선택되었는지를 나타낸다. 예를 들어, [그림 60-2]에서 볼 수 있듯이, O3 셀에 입력된 1은 마리오 헤조냐(Mario Hezonja)가 우리 팀에 스몰 포워드 포지션으로 선택되었다는 것을 의미한다. 이는 셀 G3에 있는 바이너리 변수 x_i와 셀 J3을 곱하여 계산되었다(= $G3*J3). R 열도 비슷한 방식으로 ($p_i$ 곱하기 x_i) 선택된 선수의 예상 판타지 점수를 계산하였다(=F3*G3). 예를 들어 헤조냐가 선택된 경우, 그는 우리 팀에 27.57점의 판타지 점수를 추가시켜 줄 것이다.

A	B	C	D	E	F	G	선택될 수 있는 포지션					선택된 포지션					R
선수 이름	c_i	팀	포지션	상대 팀	p_i	x_i	포인트 가드	슈팅 가드	스몰 포워드	파워 포워드	센터	포인트 가드	슈팅 가드	스몰 포워드	파워 포워드	센터	예상 판타지 점수
마리오 헤조냐	4.2	NYK	SF	BOS	27.57	1	0	0	1	0	0	0	0	1	0	0	27.57
카일 앤더슨	4.4	MEM	PG	@ CHA	27.99	0	1	0	0	0	0	0	0	0	0	0	0
카딤 알렌	3.3	NYK	PG	BOS	20.64	0	1	0	0	0	0	0	0	0	0	0	0
폴 밀샙	5	DEN	PF	HOU	30.19	0	0	0	0	1	0	0	0	0	0	0	0
브루노 카보클로	3.4	MEM	SF	@ CHA	20.4	0	0	0	1	0	0	0	0	0	0	0	0

[표 60-2] 2019년 2월 1일 「데일리 판타지 스포츠」 데이터 계산 결과

이 데이터의 아래쪽으로 내려가면 찾을 수 있는 100에서 107행에서 이 모델의 마지막 부분을 찾을 수 있다([표 60-3]). 100행은 다섯 개의 포지션에 선발된 선수들의 총숫자와 기대 판타지 점수 그리고 샐러리 캡에 대한 정보를 나타내고 있다. 101행은 셀 G101(SUM(G3:G99))을 I101과 똑같게 세팅함으로써 선발될 수 있는 총선수 숫자를 8명으로 제한하고 있다. 102에서 104행까지는 합성 포지션에 대한 바이너리 결정 변수들을 나타낸다. 이때의 제한 조건인 한 명의 가드, 한 명의 포워드, 한 명의 유틸리티 포지션을 선발할 수 있다는 것도 함께 나타내고 있다. 106행과 107행은 각 다섯 개의 포지션에 선발될 수 있는 선수의 총숫자의 범위를 나타내고 있다.

G	H	I	J	K	L	M	N	O	P	Q	R	S	T	U	V
0	0	0	0	1	0	0	0	0	0	0	0	0			샐러리 캡
총						2	2	1	1	1	277.9	50	<=	50	예산
8	=	8													
가드						0	1				1	=		1	
포워드								1	0		1	=		1	
유틸리티						1	0	0	0	0	1	=		1	
상한						1	1	1	1	1					
하한						2	2	2	1	2					

[표 60-3] 2019년 2월 1일 「데일리 판타지 스포츠」 해 찾기 모델 결과

여기서 볼 수 있듯이, 우리는 포인트 가드 두 명, 슈팅 가드 두 명, 스몰 포워드 한 명, 파워 포워드 두 명, 센터 한 명, 총 8명의 선수를 선발하였다. 이는 M100: Q100에 나타나 있다. 총 기대 판타지 점수는 277.9점이다(셀 R100). 그리고 우리는 샐러리 캡인 $50K를 다 써 버렸다(S100). 선발된 선수들은 [표 60-4]에 나와 있다. 이 선수들이 이 모델을 통해 선발될 수 있는 최선의 라인업이다.

선수 이름	팀	상대 팀	포지션	연봉	기대 판타지 점수
마리오 헤조냐	NYK	BOS	SF	4.2	27.57
차일 앤더슨	MEM	@CHA	PG	4.4	27.99
폴 밀샙	DEN	HOU	PF	5	30.19
웨인 엘링턴	MIA	OKC	SG	3.6	20.87
저스틴 홀리데이	MEM	@CHA	SG	4.1	22.4
케네스 퍼리드	HOU	@DEN	PF	6.9	36.58
니콜라 요키치	DEN	HOU	C	10.8	57.37
러셀 웨스트브룩	OKC	@MIA	PG	11	55.94
총합				50.0	277.9

[표 60-4] 2019년 2월 1일 「데일리 판타지 스포츠」 농구에서 최적의 선수 선발 결과

물론 이 모델에서는 최소 두 개 이상의 팀과 두 개 이상의 경기에서 선수를 선발해야 한다는 제약 조건은 고려하지 않았다. 하지만, 결과를 보니 이에 대해 걱정할 필요는 없는 것 같다. 종종, 최적의 결과를 찾을 때 이런 방식으로 약간 수월한 길을 택할 수 있다. 만약 우리의 결과가 이 두 가지 추가적인 제약 조건을 만족시키지 못한다면, 이에 대한 제약 조건을 추가시킬 수는 있을 것이다. 하지만 이렇게 할 경우, 엑셀에서 무료 버전으로 제공되는 해 찾기 기능(변수 개수 200개, 제약 조건 100개만 가능하다)으로는 분석이 불가능하게 될 것이다.

우리가 제시한 결과는 실제로 분석이 가능하면서도 기대 판타지 득점을 최대화하는 우리의 최적화 모델 목적도 달성하고 있다. 하지만, 만약 이 「데일리 판타지 스포츠」 라인업을 현실에서 입력하게 되면, 승리하기가 쉽지 않을 것이다. 왜 그럴까? 기

댓값의 또 다른 이름이 평균이라는 사실을 기억해 보자. 다시 말하면, 이 모델에서는 8명의 선수로 이루어진 판타지 팀의 평균 퍼포먼스를 최대화한 것이다. 하지만, 현실에서는 훨씬 더 정교한 모델을 활용하는 수백 수천 명의 사람과 경쟁하게 된다.

어떻게 하면 승리 확률을 높일 수 있을까?

먼저, 목적 함수를 변경해야 한다. 기대 판타지 점수를 최대화하는 대신, 선택된 선수들의 판타지 점수의 상한값을 최대화해야 한다. 이를 위해, 기대 판타지 점수 외에 몇 가지 추가적인 정보가 필요하다. 이 정보들은 여러 가지 방법으로 얻을 수 있는데, 우선 분산과 표준 편차 같은 익숙한 수치부터 시작해 볼 수 있다. 이 수치들은 보통 그들의 퍼포먼스의 상한선과 하한선을 계산하는 데 활용될 수 있기 때문이다. 기대 판타지 점수의 변동성은 항상 대칭적인 것은 아니다. 따라서, 상한선과 하한선이 모두 높은 선수를 찾는 것이 중요하다([표 60-5]).

A	B	C	D	E	F	G
선수 이름	연봉($K)	팀	포지션	상대 팀	연봉 변화	경기당 출전 시간(분)
마리오 헤조냐	4.2	NYK	SF	BOS	−200	18.9
카일 앤더슨	4.4	MEM	PG	@ CHA	−1200	29.8
카딤 알렌	3.3	NYK	PG	BOS	−200	17.9
폴 밀샙	5	DEN	PF	HOU	−400	25.7
브루노 카보클로	3.4	MEM	SF	@ CHA	−500	22.9
웨인 엘링턴	3.6	MIA	SG	OKC	−700	22
몬테 모리스	5.1	DEN	PG	HOU	600	24.4
타일러 존슨	4.2	MIA	PG	OKC	−1100	25.6
게리 해리스	5.3	DEN	SG	HOU	−200	29.9
저스틴 홀리데이	4.1	MEM	SG	@ CHA	−200	32.5

[표 60-5] 2019년 2월 1일 「데일리 판타지 스포츠」 추가 데이터

이를 모델화하는 방법들은 아래와 같다. 이 중 첫 세 가지 방법은 Chapter60.xlsx 파일에 나와 있다.

- 상한선을 최대화하는 방법(가장 직관적인 방법이다). 이 모델은 Model2 탭에 나와 있다. 이렇게 선수들을 선발하면 전혀 다른 라인업이 나온다. 이는 MaxiMax(최댓값을 최대화하는) 형태의 라인업이다. 만약 선발된 8명 모두 이날 좋은 플레이를 펼친다면, 이 판타지 팀의 판타지 점수가 매우 높게 나올 것이다.

- 하한선을 최대화하는 방법(이것도 매우 직관적인 방법이다). 이 모델은 Model3 탭에 나와 있다. 이 방식으로 선수들을 선발해도 전혀 다른 라인업을 얻게 된다. 이 모델은 MaxiMin(최솟값을 최대화하는) 형태의 라인업이기 때문이다. 이 모델을 활용하면 그다지 좋은 결과를 얻지는 못할 것이다. 이 모델이 매우 보수적인 결과를 만들어 내는 모델이기 때문이다.

- 상한선과 하한선의 선형 결합을 최대화하는 방법(약간 더 복잡하지만 그다지 어렵지는 않다). Model4 탭의 상한선에 60%, 하한선에 40% 가중치를 부여하는 예시가 실려 있다. 예를 들어, 헤조냐의 통합 판타지 점수는 T3 셀에 =(X3*F3+Y3*G3)*I3 으로 계산되어 있다. X3 셀은 상한선에 적용되는 가중치를 나타내고 Y3은 하한선에 적용되는 가중치를 나타낸다. 이 둘의 합은 언제나 1이어야 한다. 이 모델을 사용해도 역시나 전혀 다른 라인업을 얻게 된다. 이 모델을 이용할 때는 원하는 대로 가중치를 조절해도 된다.

- 「데일리 판타지 스포츠」 게임을 통해 얻게 되는 상금이 양수가 될 확률을 최대화하는 방법이다.

마지막 방법이 어떻게 모델화될 수 있는지에 대해 간단히 알아보자. 11,000명이 참여하고 상위 2,235명(20%)에게 상금을 나누어 주는 가상의 「데일리 판타지 스포츠」 게임을 생각해 보자. 다시 말해, 이 게임에서 상금을 받으려면 80%의 경쟁자들을 이겨야 한다. 게임 참가자들의 판타지 점수가 평균이 260이고 표준 편차가 30인 정규 분포를 따른다고 가정하면, =NORMSINV(0.8)=0.84를 얻을 수 있다. 즉, 260+(0.84)×30=285점 이상을 기록하면 상금을 받을 수 있다. 이때, 1-NORMSDIST(285,260,30,1)를 최대화하는 결괏값을 얻으려면 엑셀에서 제공하는 무료 버전 해 찾기 기능보다 뛰어난 분석 툴이 필요하다. 이 분석을 하려면 Analytic Solver나 OpenSolver(www.opensolver.org)를 이용할 수 있을 것이다.

찾아보기

영어(A~Z)

숫자

MATHLETICS
수 학 으 로   풀 어 보 는   스 포 츠

1판 1쇄 발행 2023년 11월 13일

저   자 | Wayne L. Winston, Scott Nestler,
　　　　 Konstantinos Pelechrinis
역   자 | 현문섭
발 행 인 | 김길수
발 행 처 | (주)영진닷컴
주   소 | (우)08507 서울특별시 금천구 가산디지털 1로 128
　　　　 STX-V 타워 4층 401호
등   록 | 2007. 4. 27. 제 16-4189호

©2023. (주)영진닷컴

ISBN | 978-89-314-6959-2

YoungJin.com **Y.**
영진닷컴